中國國家圖書館編

國家圖書館藏敦煌遺書

第七十七冊　北敦〇五六三七號——北敦〇五七四七號

北京圖書館出版社

圖書在版編目(CIP)數據

國家圖書館藏敦煌遺書·第七十七册/中國國家圖書館編;任繼愈主編.—北京:北京圖書館出版社,2008.2

ISBN 978-7-5013-3229-8

Ⅰ.國… Ⅱ.①中…②任… Ⅲ.敦煌學—文獻 Ⅳ.K870.6

中國版本圖書館CIP數據核字(2007)第178563號

ISBN 978-7-5013-3229-8

書名	國家圖書館藏敦煌遺書·第七十七册
著者	中國國家圖書館編 任繼愈主編
責任編輯	徐蜀 孫彦
封面設計	李璀

出版	北京圖書館出版社 (100034 北京西城區文津街7號)
發行	010-66139745 66151313 66175620 66126153 66174391(傳真) 66126156(門市部)
E-mail	cbs@nlc.gov.cn(投稿) btsfxb@nlc.gov.cn(郵購)
Website	www.nlcpress.com
經銷	新華書店
印刷	北京文津閣印務有限責任公司

開本	八開
印張	50
版次	2008年2月第1版第1次印刷
印數	1-250册(套)

書號	ISBN 978-7-5013-3229-8/K·1456
定價	990.00圓

目錄

相即著我人眾生壽者是故不應取法不應
取非法以是義故如來常說汝等比丘知我
說法如筏喻者法尚應捨何況非法
須菩提於意云何如來得阿耨多羅三藐三
菩提耶如來有所說法耶須菩提言如我解
佛所說義无有定法名阿耨多羅三藐三菩
提亦无有定法如來可說何以故如來所說
法皆不可取不可說非法非非法所以者何
一切賢聖皆以无為法而有差別
須菩提於意云何若人滿三千大千世界七
寶以用布施是人所得福德寧為多不須菩
提言甚多世尊何以故是福德即非福德性
是故如來說福德多若復有人於此經中受
持乃至四句偈等為他人說其福勝彼何以
故須菩提一切諸佛及諸佛阿耨多羅三藐
三菩提法皆從此經出須菩提所謂佛法者
即非佛法
須菩提於意云何須陁洹能作是念我得須
陁洹果不須菩提言不也世尊何以故須陁
洹名為入流而无所入不入色聲香味觸法
是名須陁洹須菩提於意云何斯陁含能作

BD05748 號　金剛般若波羅蜜經　（5-1）

故須菩提一切諸佛及諸佛阿耨多羅三藐
三菩提法皆從此經出須菩提所謂佛法者
即非佛法
須菩提於意云何須陁洹能作是念我得須
陁洹果不須菩提言不也世尊何以故須陁
洹名為入流而无所入不入色聲香味觸法
是名須陁洹須菩提於意云何斯陁含能作
是念我得斯陁含果不須菩提言不也世尊
何以故斯陁含名一往來而實无往來是名
斯陁含須菩提於意云何阿那含能作是念
我得阿那含果不須菩提言不也世尊何以
故阿那含名為不來而實无來是故名阿那
含須菩提於意云何阿羅漢能作是念我得
阿羅漢道不須菩提言不也世尊何以故實
无有法名阿羅漢世尊若阿羅漢作是念我
得阿羅漢道即為著我人眾生壽者世尊佛
說我得无諍三昧人中最為第一是第一離
欲阿羅漢我不作是念我是離欲阿羅漢世
尊我若作是念我得阿羅漢道世尊則不說
須菩提是樂阿蘭那行者以須菩提實无所
行而名須菩提是樂阿蘭那行
佛告須菩提於意云何如來昔在然燈佛所
於法有所得不世尊如來在然燈佛所於法
實无所得須菩提於意云何菩薩莊嚴佛土
不不也世尊何以故莊嚴佛土者則非莊嚴
是名莊嚴是故須菩提諸菩薩摩訶薩應如

BD05748 號　金剛般若波羅蜜經　（5-2）

佛告須菩提於意云何如来昔在然燈佛所
於法有所得不世尊如来在然燈佛所於法
實无所得須菩提於意云何菩薩莊嚴佛土
不不也世尊何以故莊嚴佛土者則非莊嚴
是名莊嚴是故須菩提諸菩薩摩訶薩應如
是生清淨心不應住色生心不應住聲香味
觸法生心應无所住而生其心須菩提譬如有
人身如須弥山王於意云何是身為大不
須菩提言甚大世尊何以故佛説非身是名
大身須菩提如恒河中所有沙數如是沙等
恒河於意云何是諸恒河沙寧為多不須菩
提言甚多世尊但諸恒河尚多无數何況其
沙須菩提我今實言告汝若有善男子善女
人以七寶滿尒所恒河沙數三千大千世界以
用布施得福多不須菩提言甚多世尊佛
告須菩提若善男子善女人於此經中乃至
受持四句偈等為他人説而此福德勝前福
德復次須菩提隨説是經乃至四句偈等當
知此處一切世間天人阿脩羅皆應供養如
佛塔廟何況有人盡能受持讀誦須菩提當
知是人成就最上第一希有之法若是經典
所在之處則為有佛若尊重弟子
尒時須菩提白佛言世尊當何名此經我等
云何奉持佛告須菩提是經名為金剛般若
波羅蜜以是名字汝當奉持所以者何須菩
提佛説般若波羅蜜則非般若波羅蜜須菩

BD05748 號　金剛般若波羅蜜經　（5–3）

知是人成就最上第一希有之法若是經典
所在之處則為有佛若尊重弟子
尒時須菩提白佛言世尊當何名此經我等
云何奉持佛告須菩提是經名為金剛般若
波羅蜜以是名字汝當奉持所以者何須菩
提佛説般若波羅蜜則非般若波羅蜜須菩
提於意云何如来有所説法不須菩提白佛
言世尊如来无所説須菩提於意云何三千
大千世界所有微塵是為多不須菩提言甚
多世尊須菩提諸微塵如来説非微塵是名
微塵如来説世界非世界是名世界須菩提
於意云何可以三十二相見如来不不也世
尊不可以三十二相得見如来何以故如来説
三十二相即是非相是名三十二相須菩提若
有善男子善女人以恒河沙等身命布施若
復有人於此經中乃至受持四句偈等為他
人説其福甚多
尒時須菩提聞説是經深解義趣涕淚悲泣
而白佛言希有世尊佛説如是甚深經典我
從昔来所得慧眼未曾得聞如是之經世尊
若復有人得聞是經信心清淨則生實相當
知是人成就第一希有功德世尊是實相者
則是非相是故如来説名實相世尊我今得
聞如是經典信解受持不足為難若當来世
後五百歲其有衆生得聞是經信解受持是
人則為第一希有何以故此人无我相人相
[illegible]

BD05748 號　金剛般若波羅蜜經　（5–4）

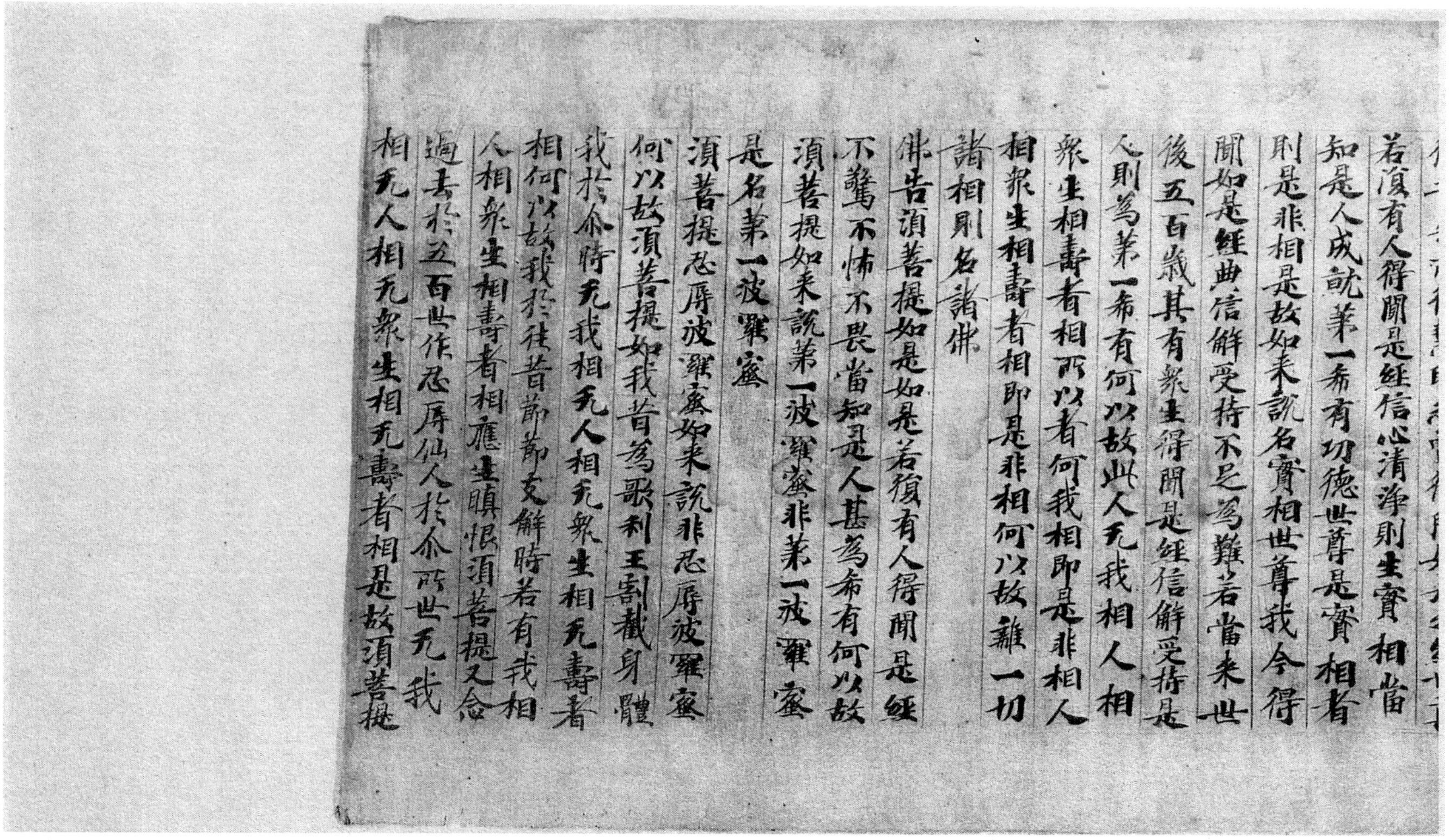
若復有人得聞是經信心清淨則生實相當
知是人成就第一希有功德世尊是實相者
則是非相是故如來說名實相世尊我今得
聞如是經典信解受持不足為難若當來世
後五百歲其有眾生得聞是經信解受持是
人則為第一希有何以故此人无我相人相
眾生相壽者相所以者何我相即是非相人
相眾生相壽者相即是非相何以故離一切
諸相則名諸佛
佛告須菩提如是如是若復有人得聞是經
不驚不怖不畏當知是人甚為希有何以故
須菩提如來說第一波羅蜜非第一波羅蜜
是名第一波羅蜜
須菩提忍辱波羅蜜如來說非忍辱波羅蜜
何以故須菩提如我昔為歌利王割截身體
我於爾時无我相无人相无眾生相无壽者
相何以故我於往昔節節支解時若有我相
人相眾生相壽者相應生瞋恨須菩提又念
過去於五百世作忍辱仙人於爾所世无我
相无人相无眾生相无壽者相是故須菩提

BD05748 號　金剛般若波羅蜜經　（5–5）

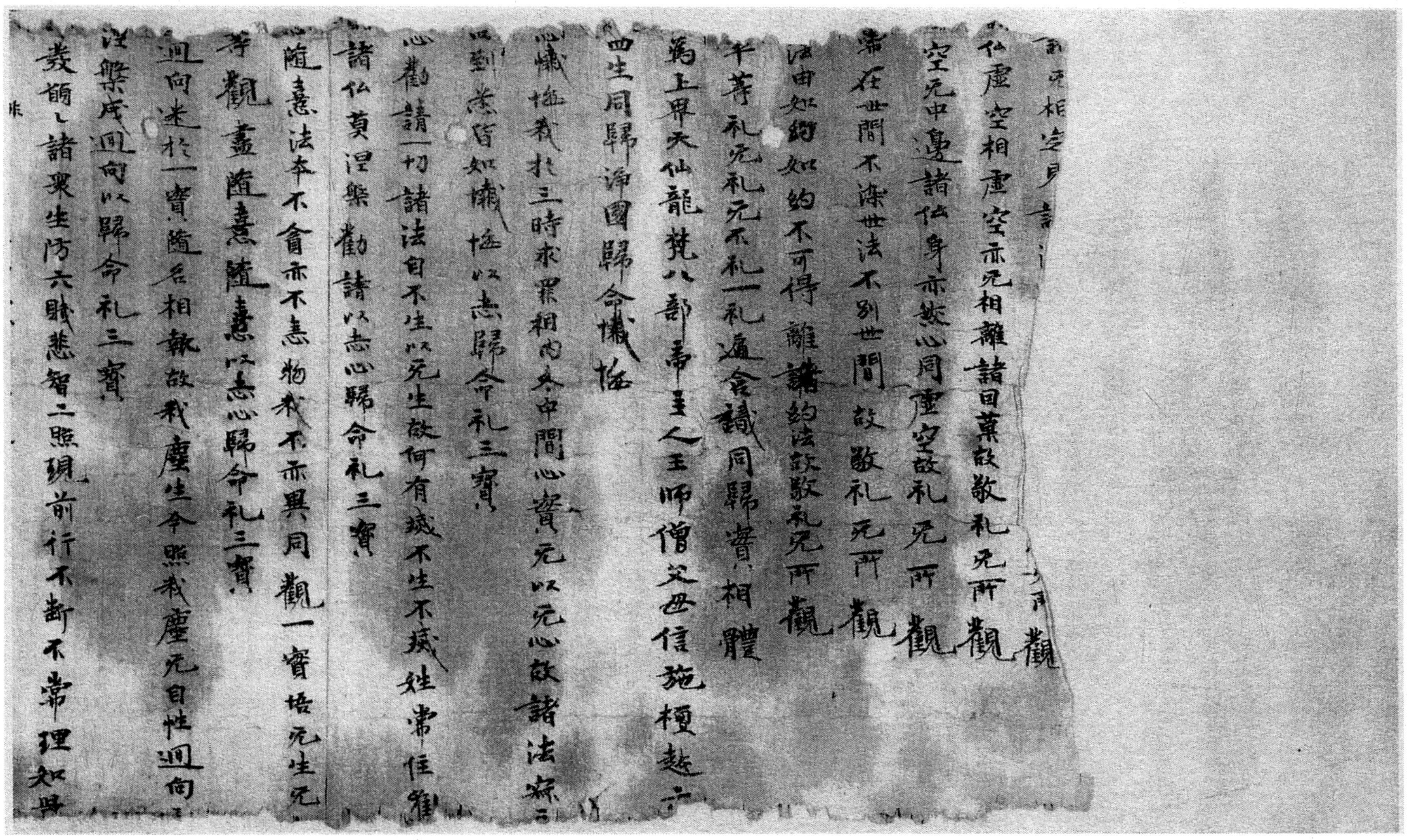
[illegible]无相[illegible]觀
仏虛空相虛空亦无相離諸因果故敬礼无所觀
空无中邊諸仏身亦然心同虛空故礼无所觀
常在世間不染世法不別世間故敬礼无所觀
法由如幻如幻不可得離諸幻法故敬礼无所觀
平等礼无礼无不礼一礼遍含識同歸實相體
為上界天仙龍梵八部帝主人王師僧父母信施檀越六
四生同歸淨國歸命懺悔
心懺悔我於三時求罪相內外中間心實无以无心故諸法寂
到意皆如懺悔以志歸命礼三寶
心勸請一切諸法自不生以无生故何有滅不生不滅性常住難
諸仏莫涅槃勸請以志心歸命礼三寶
心隨喜法本不會亦不忘物我不亦異同觀一實悟无生死
等觀盡隨喜隨喜以志心歸命礼三寶
迴向迷於一實隨名相執故我塵生今照我塵无自性迴向
涅槃成迴向以歸命礼三寶
義頓頓諸衆生除六賊悲智二照現前行不斷不常理知[illegible]

BD05749 號　七階佛名經　（2–1）

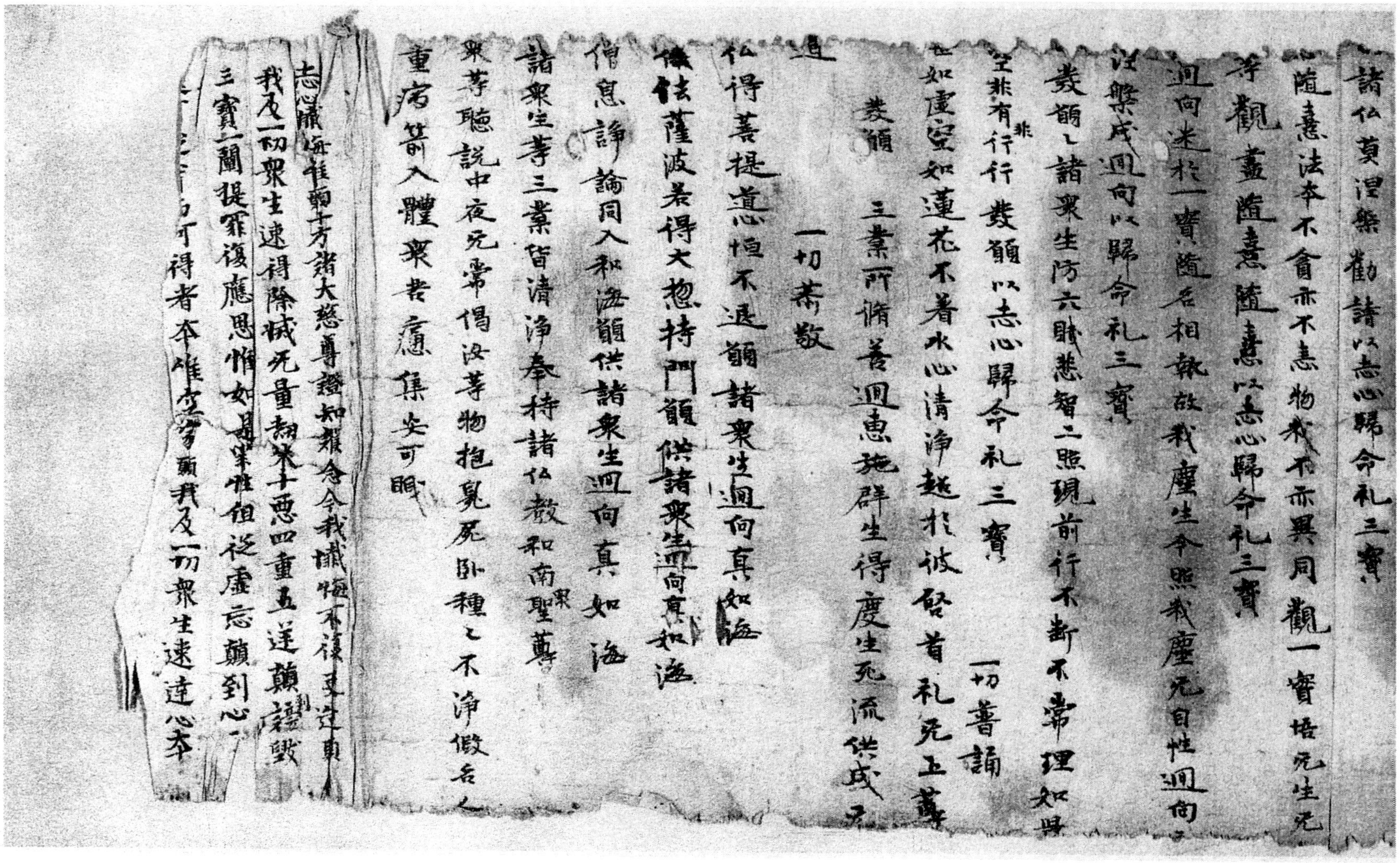

諸仏莫涅槃勸請以志心歸命礼三寶
隨意法本不會亦不意物我不亦異同觀一寶悟无生死
等觀盡隨意隨意以志心歸命礼三寶
迴向迷於一寶隨名相執故我塵生今照我塵无自性迴向
涅槃成迴向以歸命礼三寶
發願ヽ諸衆生防六賊悲智二照現前行不斷不常理知無
空非有非行行 發願以志心歸命礼三寶 一切善誦
也如虛空如蓮花不著水心清淨越於彼稽首礼无上尊
發願 三業所脩善迴惠施群生得度生死流供成无
道 一切恭敬
仏得菩提道心恒不退願諸衆生迴向真如海
法薩波若得大揔持門願供諸衆生迴向真如海
僧息諍論同入和海願供諸衆生迴向真如海
諸衆生等三業皆清淨奉持諸仏教和南聖衆尊
衆等聽說中夜无常偈汝等物抱臭屍臥種ヽ不淨假名人
重病箭入體衆苦痛集安可眠
志心懺悔惟願十方諸大慈尊證知護念今我懺悔不復更造
我及一切衆生速得除滅无量劫來十惡四重五逆顛讚毀
三寶一闡提罪復應思惟如是業惟但從虛妄顛到心
…可得者本唯空 願我及一切衆生速達心本

BD05749 號　七階佛名經　　(2–2)

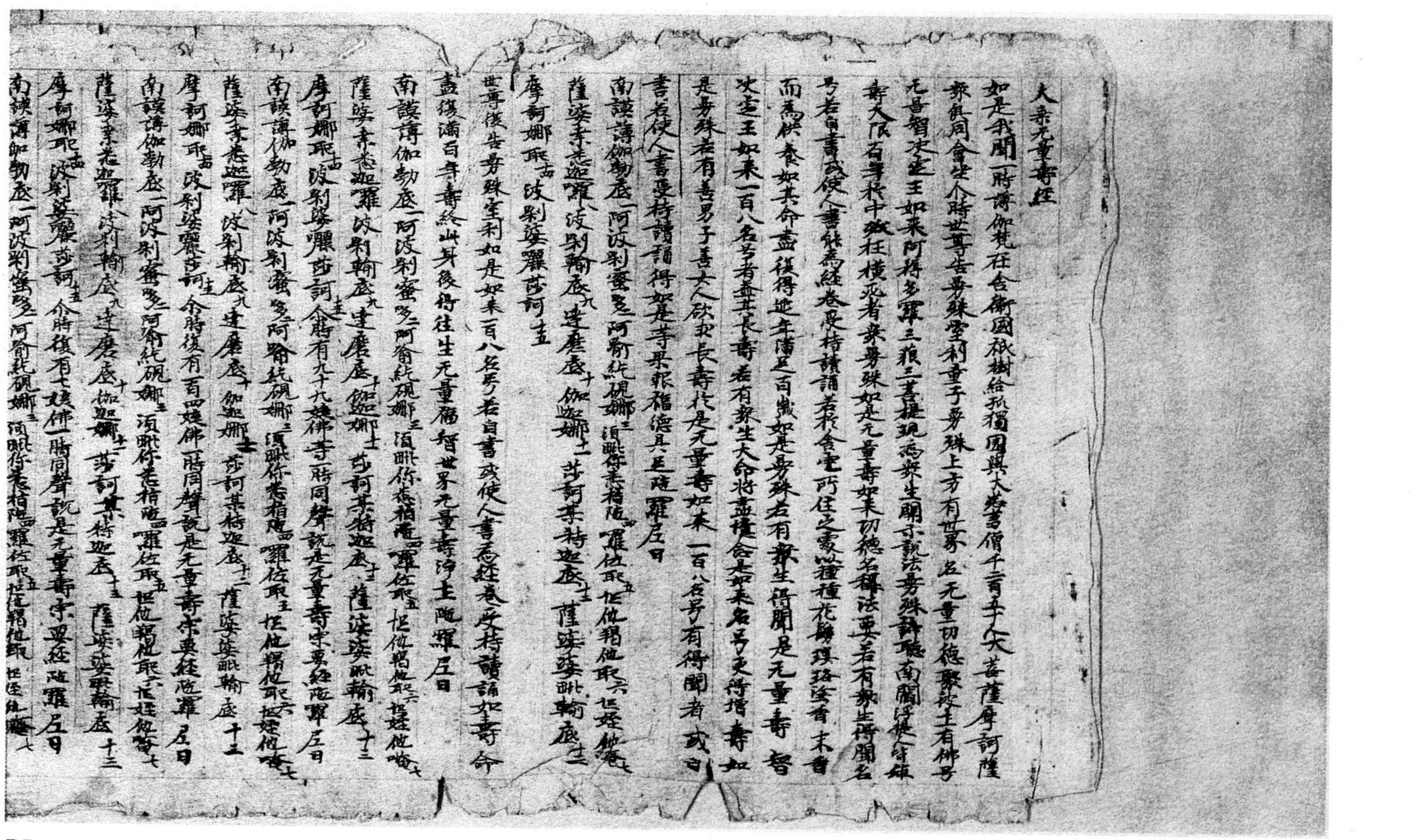

大乘无量壽經
如是我聞一時薄伽梵在舍衛國祇樹給孤獨園與大苾芻僧千二百五十人大菩薩摩訶薩
衆俱爾時世尊告曼殊室利童子曼殊上方有世界名无量功德聚彼土有佛号
无量智決定王如來阿羅訶三藐三菩提現為衆生開示說法曼殊室利聽南閻浮提人壽命
壽大限百年於中数在橫死者衆曼殊如是无量壽如來功德名稱法要若有衆生得聞名
号若自書或使人書能為経巻受持讀誦若於舍宅所住之處以種種花鬘瓔珞塗香末香
而為供養如其命盡復得延年滿足百歲如是曼殊若有衆生得聞是无量壽智
決定王如來一百八名号者益其長壽若有衆生大命將盡憶念是如來名号更得增壽如
是曼殊若有善男子善女人欲求長壽於是无量壽如來一百八名号有得聞者或自
書若使人書受持讀誦得如是等果報福德具足陀羅尼曰
南謨薄伽勃底一阿波剁蜜多二阿喻紇硯娜三須毗你悉指陀四囉佐耶五怛他羯他耶六怛姪他唵七
薩婆桒悉迦囉八波剁輸底九達磨底十伽迦娜十一莎訶莫持迦底十二薩婆婆毗輸底十三
摩訶娜耶十四波剁婆囉莎訶十五
世尊復告曼殊室利如是如來一百八名号若自書或使人書為經卷受持讀誦如其壽命
盡後滿百年壽終此身後得往生无量福智世界无量壽淨土陀羅尼曰
南謨薄伽勃底一阿波剁蜜多二阿喻紇硯娜三須毗你悉指陀四囉佐耶五怛他羯他耶六怛姪他唵七
薩婆桒悉迦囉八波剁輸底九達磨底十伽迦娜十一莎訶莫持迦底十二薩婆婆毗輸底十三
摩訶娜耶十四波剁婆囉莎訶十五
南謨薄伽勃底一阿波剁蜜多二阿喻紇硯娜三須毗你悉指陀四囉佐耶五怛他羯他耶六怛姪他唵七
薩婆桒悉迦囉八波剁輸底九達磨底十伽迦娜十一莎訶莫持迦底十二薩婆婆毗輸底十三
摩訶娜耶十四波剁婆囉莎訶十五爾時有九十九姟佛等一時同聲說是无量壽宗要經陀羅尼曰
南謨薄伽勃底一阿波剁蜜多二阿喻紇硯娜三須毗你悉指陀四囉佐耶五怛他羯他耶六怛姪他唵七
薩婆桒悉迦囉八波剁輸底九達磨底十伽迦娜十一莎訶莫持迦底十二薩婆婆毗輸底十三
摩訶娜耶十四波剁婆囉莎訶十五爾時復有百四姟佛一時同聲說是无量壽宗要經陀羅尼曰
南謨薄伽勃底一阿波剁蜜多二阿喻紇硯娜三須毗你悉指陀四囉佐耶五怛他羯他耶六怛姪他唵七
薩婆桒悉迦囉八波剁輸底九達磨底十伽迦娜十一莎訶莫持迦底十二薩婆婆毗輸底十三
摩訶娜耶十四波剁婆囉莎訶十五爾時復有七姟佛一時同聲說是无量壽宗要經陀羅尼曰
南謨薄伽勃底一阿波剁蜜多二阿喻紇硯娜三須毗你悉指陀四囉佐耶五怛他羯他耶六怛姪他唵七

BD05750 號　無量壽宗要經　　(5–1)

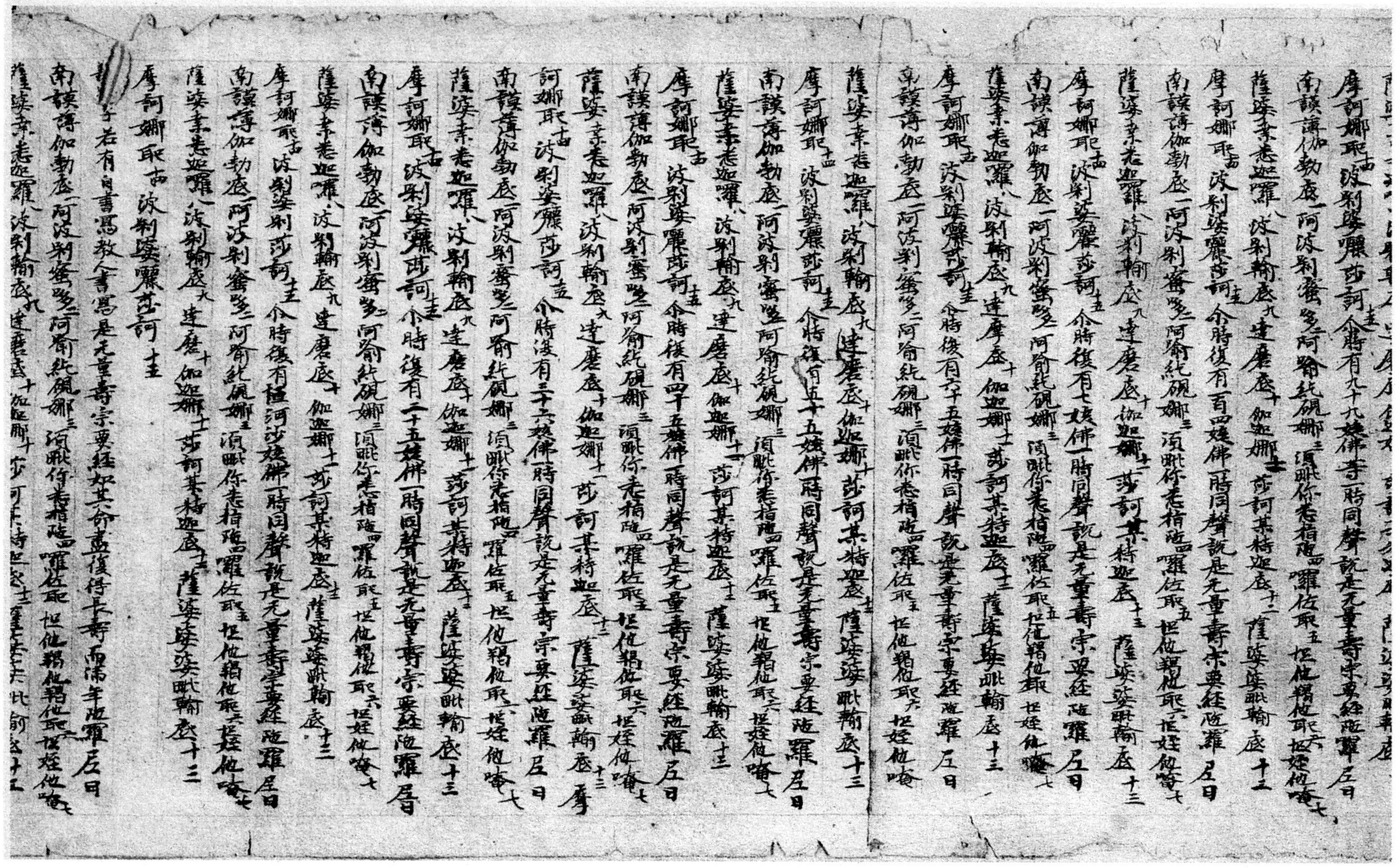

BD05750 號　無量壽宗要經　（5–2）

BD05750 號　無量壽宗要經　（5–3）

若有自書寫教人書寫是无量壽宗要經受持讀誦當命終時有九十九姟佛現其人前千佛授
手能遊一切佛刹莫於此經生於疑惑陀羅尼曰
南謨薄伽勃底一阿波唎蜜多二阿諭紇硯娜三須毗你悉指陀四囉佐耶五怛他羯他耶六怛姪他唵七
薩婆桑悉迦羅八波唎輸底九達磨底十伽迦娜十一莎訶莫特迦底十二薩婆婆毗輸底十三
摩訶娜耶十四波唎婆羅莎訶十五　若有自書寫教人書寫是无量壽宗要經受持讀誦常得
四天大王隨其衛護陀羅尼曰　南謨薄伽勃底一阿波唎蜜多二阿諭紇硯娜三須毗你悉指陀四
囉佐耶五怛他羯他耶六怛姪他唵七　薩婆桑悉迦羅波唎輸底九　達磨底十伽迦娜　莎訶莫特
迦底十二　薩婆婆毗輸底十三　摩訶娜耶十四　波唎婆羅莎訶十五
若有自書寫教人書寫是无量壽宗要經受持讀誦當得往生西方極樂世界阿彌陀淨土陀羅
尼曰　南謨薄伽勃底一阿波唎蜜多二阿諭紇硯娜三須毗你悉指陀四囉佐耶五怛他羯他耶六怛姪他唵七
薩婆桑悉迦羅八波唎輸底九達磨底十伽迦娜十一莎訶莫特迦底十二　薩婆婆毗輸底十三
摩訶娜耶十四波唎婆羅莎訶十五　若有方所自書寫使人書是无量壽經典之處則為是塔
皆應恭敬作禮若是畜生或為鳥獸得聞是經如是等類皆當不久得成一切種智陀羅尼曰
南謨薄伽勃底一阿波唎蜜多二阿諭紇硯娜三須毗你悉指陀四囉佐耶五怛他羯他耶六怛姪他
唵七薩婆桑悉迦羅八波唎輸底九達磨底十伽迦娜十一莎訶莫特迦底十二　薩婆婆毗
輸底十三摩訶娜耶十四波唎婆羅莎訶十五　若有於是无量壽經自書寫若使人書畢竟不受女人之身陀羅尼曰
南謨薄伽勃底一阿波唎蜜多二阿諭紇硯娜三須毗你悉指陀四囉佐耶五怛他羯他耶六怛姪他唵七薩婆桑悉迦羅八
波唎輸底九達磨底十伽迦娜十一莎訶莫特迦底十二　薩婆婆毗輸底十三　摩訶娜耶十四　波唎婆羅莎訶
若有能於是經少分能惠施者等於三千大千世界滿中七寶布施陀羅尼曰　南謨薄伽勃底一
阿波唎蜜多二阿諭紇硯娜三須毗你悉指陀四囉佐耶五怛他羯他耶六怛姪他唵七薩婆桑悉迦羅八波唎輸
底九達磨底十伽迦娜十一莎訶莫特迦底十二　薩婆婆毗輸底十三摩訶娜耶十四波唎婆羅莎訶十五
若有能供養是經者則是供養一切諸經等无有別異陀羅尼曰　南謨薄伽勃底一阿波唎
蜜多二阿諭紇硯娜三須毗你悉指陀四囉佐耶五怛他羯他耶六怛姪他唵七薩婆桑悉迦羅八波唎輸底九
達磨底十伽迦娜十一莎訶莫特迦底十二　薩婆婆毗輸底十三　摩訶娜耶十四　波唎婆羅莎訶十五
如是毗婆尸佛　尸棄佛　毗舍浮佛　俱留孫佛　俱那含牟尼佛　迦葉佛　釋迦牟尼佛
若有人以七寶供養如是七佛其福有限書寫受持是无量壽經典所有功德不可限量陀羅尼曰
南謨薄伽勃底一阿波唎蜜多二阿諭紇硯娜三須毗你悉指陀四囉佐耶五怛他羯他耶六怛姪他唵七薩婆桑悉
迦羅八波唎輸底九達磨底十伽迦娜十一莎訶莫特迦底十二薩婆婆毗輸底十三摩訶娜耶十四波唎婆羅莎訶十五
若有七寶等於須彌以用布施其福上能知其限量是无壽經典其福不可知數陀羅尼曰
南謨薄伽勃底一阿波唎蜜多二阿諭紇硯娜三須毗你悉指陀四囉佐耶五怛他羯他耶六怛姪他唵七薩婆桑悉
迦羅八波唎輸底九達磨底十伽迦娜十一莎訶莫特迦底十二薩婆婆毗輸底十三摩訶娜耶十四波唎婆羅莎訶十五

BD05750號　無量壽宗要經

(5-4)

如是毗婆尸佛　尸棄佛　毗舍浮佛　俱留孫佛　俱那含牟尼佛　迦葉佛　釋迦牟尼佛
若有人以七寶供養如是七佛其福有限書寫受持是无量壽經典所有功德不可限量陀羅尼曰
南謨薄伽勃底一阿波唎蜜多二阿諭紇硯娜三須毗你悉指陀四囉佐耶五怛他羯他耶六怛姪他唵七薩婆桑悉
迦羅八波唎輸底九達磨底十伽迦娜十一莎訶莫特迦底十二薩婆婆毗輸底十三摩訶娜耶十四波唎婆羅莎訶十五
若有七寶等於須彌以用布施其福上能知其限量是无壽經典其福不可知數陀羅尼曰
南謨薄伽勃底一阿波唎蜜多二阿諭紇硯娜三須毗你悉指陀四囉佐耶五怛他羯他耶六怛姪他唵七薩婆桑悉
迦羅八波唎輸底九達磨底十伽迦娜十一莎訶莫特迦底十二薩婆婆毗輸底十三摩訶娜耶十四波唎婆羅莎訶十五
如是四大海水可知滴數是无量壽經典所生果報不可數量陀羅尼曰
南謨薄伽勃底一阿波唎蜜多二阿諭紇硯娜三須毗你悉指陀四囉佐耶五怛他羯他耶六怛姪他唵七薩婆桑
悉迦羅八波唎輸底九達磨底十伽迦娜十一莎訶莫特迦底十二薩婆婆毗輸底十三摩訶娜耶十四波唎婆羅莎訶十五
若有自書使人書寫是无量壽經典又能讀持供養即如恭敬供養一切十方佛土如來无有別異
陀羅尼曰　南謨薄伽勃底一阿波唎蜜多二阿諭紇硯娜三須毗你悉指陀四囉佐耶五怛他羯他耶六怛
姪他唵七　薩婆桑悉迦羅八波唎輸底九達磨底十伽迦娜十一莎訶莫特迦底十二　薩婆婆毗輸底十三
摩訶娜耶十四　波唎婆羅莎訶十五

布施力能成正覺　悟布施力人師子　布施力能聲普聞　慈悲階漸最能入
持戒力能成正覺　悟持戒力人師子　持戒力能聲普聞　慈悲階漸最能入
忍辱力能成正覺　悟忍辱力人師子　忍辱力能聲普聞　慈悲階漸最能入
精進力能成正覺　悟精進力人師子　精進力能聲普聞　慈悲階漸最能入
禪定力能成正覺　悟禪定力人師子　禪定力能聲普聞　慈悲階漸最能入
智慧力能成正覺　悟智慧力人師子　智慧力能聲普聞　慈悲階漸最能入
尒時如來說是經已一切世間天人阿循羅揵闥婆等聞佛所說皆大歡喜信受奉行

佛說无量壽宗要經

張涓子

BD05750號　無量壽宗要經

(5-5)

貪麁弊色聲香味觸也若貪著生愛則為所
燒汝等速出三界當得三乘聲聞辟支佛佛乘
我今為汝保任此事終不虛也汝等但當勤
脩精進如來以是方便誘進衆生復作是言
汝等當知此三乘法皆是聖所稱歎自在无
繫无所依求乘是三乘以无漏根力覺道禪
定解脫三昧等而自娛樂便得无量安隱快
樂舍利弗若有衆生内有智性從佛世尊聞
法信受慇懃精進欲速出三界自求涅槃是
名聲聞乘如彼諸子為求羊車出於火宅若
有衆生從佛世尊聞法信受慇懃精進求自
然慧樂獨善寂深知諸法因緣是名辟支佛
乘如彼諸子為求鹿車出於火宅若有衆生
從佛世尊聞法信受勤脩精進求一切智佛
智自然智无師智如來知見力无所畏慜念
安樂无量衆生利益天人度脫一切是名大
乘菩薩求此乘故名為摩訶薩如彼諸子為
求牛車出於火宅舍利弗如彼長者見諸子
等安隱得出火宅到无畏處自惟財富无量

BD05751號　妙法蓮華經卷二

（3–1）

從佛世尊聞法信受勤脩精進求一切智佛
智自然智无師智如來知見力无所畏慜念
安樂无量衆生利益天人度脫一切是名大
乘菩薩求此乘故名為摩訶薩如彼諸子為
求牛車出於火宅舍利弗如彼長者見諸子
等安隱得出火宅到无畏處自惟財富无量
等以大車而賜諸子如來亦復如是為一切
衆生之父若見无量億千衆生以佛教門出
三界苦怖畏險道得涅槃樂如來尒時便作
是念我有无量无邊智慧力无畏等諸佛法
藏是諸衆生皆是我子等與大乘不令有人
獨得滅度皆以如來滅度而滅度之是諸衆
生脫三界者悉與諸佛禪定解脫等娛樂之
具皆是一相一種聖所稱歎能生淨妙第一
之樂舍利弗如彼長者初以三車誘引諸子
然後但與大車寶物莊嚴安隱第一然彼長
者无虛妄之咎如來亦復如是无有虛妄初
說三乘引導衆生然後但以大乘而度脫之
何以故如來有无量智慧力无所畏諸法之
藏能與一切衆生大乘之法但不盡能受舍
利弗以是因緣當知諸佛方便力故於一佛
乘分別說三佛欲重宣此義而說偈言
譬如長者　有一大宅　其宅久故　而復頓弊
堂舍高危　柱根摧朽　梁棟傾斜　基陛頹毀
牆壁圮坼　泥塗褫落　覆苫亂墜　椽梠差脫

BD05751號　妙法蓮華經卷二

（3–2）

利弗以是因緣當知諸佛方便力故於一佛
乘分別說三佛欲重宣此義而說偈言
譬如長者　有一大宅　其宅久故　而復頓弊
堂舍高危　柱根摧朽　梁棟傾斜　基陛頹毀
牆壁圮坼　泥塗褫落　覆苫亂墜　椽梠差脫
周障屈曲　雜穢充遍　有五百人　止住其中
鵄梟鵰鷲　烏鵲鳩鴿　蚖蛇蝮蠍　蜈蚣蚰蜒
守宮百足　狖狸鼷鼠　諸惡蟲輩　交橫馳走
屎尿臭處　不淨流溢　蜣蜋諸蟲　而集其上
狐狼野干　咀嚼踐蹋　嚌齧死屍　骨肉狼藉
由是群狗　競來搏撮　飢羸慞惶　處處求食
鬪諍摣掣　啀喍嗥吠　其舍恐怖　變狀如是
處處皆有　魑魅魍魎　夜叉惡鬼　食噉人肉
毒蟲之屬　諸惡禽獸　孚乳產生　各自藏護
夜叉競來　爭取食之　食之既飽　惡心轉熾
鬪諍之聲　甚可怖畏　鳩槃荼鬼　蹲踞土埵
或時離地　一尺二尺　往返遊行　縱逸嬉戲
捉狗兩足　撲令失聲　以腳加頸　怖狗自樂
復有諸鬼　其身長大　裸形黑瘦　常住其中
發大惡聲　叫呼求食　復有諸鬼　其咽如針
復有諸鬼　首如牛頭　或食人肉　或復噉狗
頭髮蓬亂　殘害兇險　飢渴所逼　叫喚馳走
夜叉餓鬼　諸惡鳥獸　飢急四向　窺看窗牖

BD05751號　妙法蓮華經卷二　（3–3）

作又此所以示問覆律所意既不名可學二種差別何為作犯以三歷三心犯則罪多
為上品者若意作犯有根本事故九句俱有罪則以三歷三心犯既於進脩法上作元根
本事故与前別若對事脩亦有兩个九句者勝儀並云何以前脩階降不異合為
一九今時更弁者何若緣前但约法離作持門中亦不可學九句未對事明故時重出今
詳事即可學不可學事非是造房等事今取於時心犯中同前作持亦並不可學九故言
兩个九句謂可學迷不可學迷也又於心犯中且據學不學位言兩个九盡理應言亦有兩
个八句細分通上總有八个九句兩个八句不同勝解於作持心犯中一乃更分法事別者便成十
二九也　略如上引者上篇聚義中引多了論釋近遠方便等第五篇中但心起身口者以言羅
名同名第五篇其實是聚非篇攝也　廣如卷物明之者指同前略如上引之文也
名為邪業者邪期從犍作煙盜等業七緣義如後說者關緣境經緣差境差想心擬
心善心息上具緣成犯中第七門略說而非盡理也　通豆五緣者一是比丘二有所對三須
有心四心境相應五事成究竟　草繫者論二云比丘為賊所剝故比丘結以草繫之乃至
致噬日炙於中上座為說法云命充常等乃至王因猎獵見說偈云　觀時似無病肥
壯足氣力如何被草繫盡夜不轉側比丘報云敬之不復雅時草甚危但為佛世尊金
剛之所制王大生慙令人解放淡板者亦是第二卷說海中船破得一板仵讓与座順聖教
故乃至海神感其精誠接置岸上合掌說偈云　汝真是比丘實是苦行者男尔
為沙門故實稱斯名或是遠惡者所閒桂不閒故或是事輕者勝云如突入王宮提寶
等事重不閒令又解如五分云若食不足或父母親戚苦樂等若任怨失道意聽破安去
時開以安居事輕時緣聽去如更重事豈可聽耶或以輕遮重者如以下篇聞於上篇等
如會三衣不及聞其捨法豈有離衣之罪且以小聞大也　一緣二意急者如急場數犯者取

杜足氣力以何被草繫盡形不轉側比丘報言敬之不復難時草甚危但為弘世尊金
剛之所王大生歡令人解放後板者只是第二卷疏後中船破得一板庁讓与座順聖教
故乃至海神感其精誠接置岸上合掌說偈言　汝真是比丘實是苦行者吾今
為沙門汝實稱斯名或是遮惡者陜間桂不開故或是事輕者勝去如突入王宮掘寶
等事重不開今文解如五分云若食不足或父母親戚苦樂等若住恐失道意聽破安去
時則以安居事輕時緣聽去如更重事豈可聽耶或以輕遮重者如以下篇開於上篇等
如會三衣不及開其捨法豈可開衣之罪且以小開大也　一緣二意急者如急場數犯者取
急文新謹攝誤犯者取緩文新文解或前急後緩或前緩後急等三處詳定務
令得所也　不同想心以至果故者謂人想不果必至果也若尓忽作非人想豈非只自心都
若非即瀾前第三緣收故不同也　兩明二犯者以時級通罸二緣相校名兩明即兩處俱
明犯緣名二犯只可正作二犯也彼切韻所也外為衣食身者人言謂長衣受食等者非蓋
謂与外道衣食等是知謗賣說義該兩眾者且謗与說尼律文中无別緣起直
列戒本故知大小二謗俱互殘提也論其賣處尼八夷中賣處夷戒及大僧賣處戒
並去除比丘尼賣餘人言故知尼賣四夷八夷並得夷罪僧賣四八俱得提罪然尼下
學提中後有賣處戒直列戒本故知殘及重蘭賣之俱互犯提也　餘通可知者
如盜煞等通一切門故言可知　非通四趣者人天非畜也境仍是寬者謂加外色及永風
空等　如觀許等者如殺諍戒境想云觀作觀想迴僧戒文云許作許想染心衣
食者尼受漏心男子衣食犯殘境想云染染汙心想二篇六戒者謂奪解二處媒嫁二房
對有卅五者本立境想只擬長量輕重今以輕重相形疏者稱之為對上下文中卅五處疏
也卅中一者迴僧也九十五者頌曰　疏地生重日讚足動非殘受酒飲處發　如是等應知
境想義故稱卅五對　二房含七者前房四重一過量二不處分三有妨四有難後房三
重除過量盜煙燒壞各二重者盜中一五錢過五錢有主无主想擬等為一對二取減
五錢有主无主想擬等為一對媒嫁中一媒嫁想二人人女女想燒語前戒中一處處語想
二人人女女想壞生中一離地種子生非生想二依地草木生非生想等尼中非先者且如尼戒
傳卅六戒中除十戒謂煙斛二房二處讚食日暮兩足等餘十六戒同謂三義媒迴疏處擬
壞非殘不酒二重賣發等有二不同毳斛五句染心四句合十戒有餘並略无也
已如初述者如前制意云並皆合有縱欲文但多是略耳法中理无乃至如盜煞等者前
列境中盜煞既是內報中制故令不應弁法有无若時立弁多皆理无便成雜乱也如
衹二隨咸有境想等者時下引例證誠隨舉等略二引他部同文順成二引當部異
文反顯然衹中名法想為境想故彼十八隨舉比丘戒云舉不舉想越不舉舉想越
舉舉想想不舉想无犯隨擯沙弥戒云驅不想等准前應知二引當部反顯中言媒處
等反此者前言盜煞等以无可對法故是其理无今媒處隨舉等既約法為境明是

已如初述者如前制意云並皆合有縱文但多是略耳法中理无乃至如盜煞等者前
列境中盜煞既是由報中制故今不應弁法有无若此立并多皆理无便成雜乱也如
祇二隨成有境想等者此下引例證成隨舉等略一引他部同文唱成二引當部異
文文顯然祇中名法想為境想故彼十八隨舉比丘戒云舉不舉想越不舉舉想越
舉舉想提不舉舉想无犯隨擯沙弥戒云驅不想等准前應知二引當部文顯中言媒處
等文此者前言盜煞等以无可對法故是其理无今媒處隨舉等既約法為境明是
理有然媒處等文中既有文例隨等明是理有也亦可觀作觀想諫作諫想非法等略者
意云雖知善觀及以設諫若作如法想發諍違諫並得提罪作非法想即不得罪故應文
言如如法想提知法非法疑想等吉　文无者略今詳如文觀不觀想諫不諫想即是如法綺
非法想不觀觀想不諫諫想即是非法作如法想有何差別須更作耶故鈔言亦可也
婬夷轉想及迷並得夷蘭者但於正道起非道想作滿滿失失意不同本迷轉想正道皆
夷後心並蘭　以此義五者勝灑並云此轉想義故有五句今詳此是雙結上二門以此重輕
想對義故五犯不犯義故或四五　又解重輕之中等者外伏責云輕想對之有第三成五句者
何以續說第三落在兩通以彼二戒是輕重故為此故有斯解此仍是縱解便方正義如盜
戒中本是或四五者与前第二自分或四五有少不同前第二是本迷之中成或四五此叙初師
本縛合明成四五之語同作者即別作迷人也及下但有或四五亦同初師本縛合成或也
餘准可知者下篇類准也　謂如学家受食高下著衣等並犯中无輕重也　八品未均者
如前復易中約三時心重輕等八句不同也　陶鑄者成燒練義也　或約趣湯者言其趣
者本情專注准在一境若言湯者通諸无准也　或約措悮者夫立措悮義者並是不委
本心之謂也　趣事曲尋想即雖分隨名赴之後容有別錯既現緣二境相別顯然及至造
趣事容交互即名為錯若論悮者准對一境緣去謂彼心想謬妄故謂之悮或隨自他
者有三例一自造他境二他造自境三自造自境　教人自成兩業各分者如盜戒中列善
見師徒等文其盜言儀證自業不与教他業合多人通使緣別同業者如煞戒中教人展轉
至百千人承後人煞通皆犯夷是也又如俱舍論云軍等若同事皆同如作者等也
懺六聚法十六　上明持犯被其上行專精不犯之人脫有中下遇緣起犯理須治救故

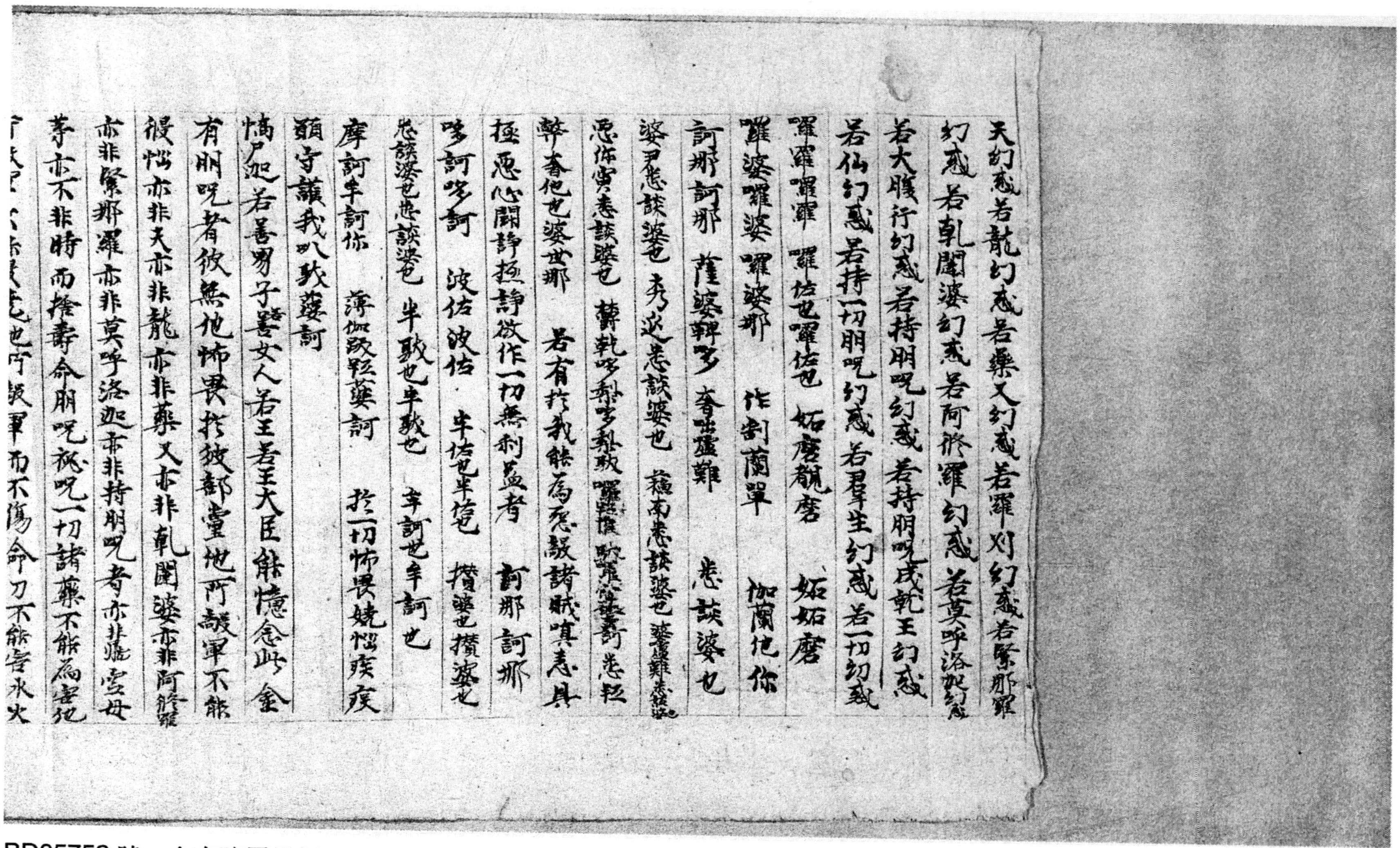
天幻惑若龍幻惑若藥叉幻惑若羅刹幻惑若緊那羅
幻惑若乾闥婆幻惑若阿脩羅幻惑若莫呼洛伽幻惑
若大腹行幻惑若持明呪幻惑若持明呪成就王幻惑
若仙幻惑若持一切明呪幻惑若畢生幻惑若一切幻惑
囉羅囉囉　囉佉也囉佉也　姤磨覩磨　姤姤磨
囉婆囉婆　囉婆耶　作剎蘭單　伽蘭他你
訶那訶那　薩婆鉢多　奢哆盧難　悉䟦婆也
婆尸悉䟦婆也　夷迦悉䟦婆也　[illegible]
悉佛實悉䟦婆也　[illegible]　悉羅
幹奢他也婆世那　若有於我能為惡敵諸賊嗔恚具
極惡心鬪諍極諍欲作一切無利益者　訶那訶那
哆訶哆訶　波佉波佉　半佉也半佉也　攢婆也攢婆也
悉䟦婆也悉䟦婆也　半䭾也半䭾也　娑訶也娑訶也
摩訶半訶你　薄伽䟦羝莫訶　於一切怖畏燒惱疾疫
願守護我叭䟦莫訶
憍尸迦若善男子善女人若王若王大臣能憶念此金
有明呪者彼無他怖畏於彼鄰國他所敵軍不能
侵惱亦非天亦非龍亦非藥叉亦非乾闥婆亦非阿脩羅
亦非緊那羅亦非莫呼洛迦亦非持明呪者亦非鬼母
等亦不非時而捨壽命明呪秘呪一切諸藥不能為害他
[illegible]所敵軍而不傷命刀不能害水火

BD05753號　金有陀羅尼經

（2–1）

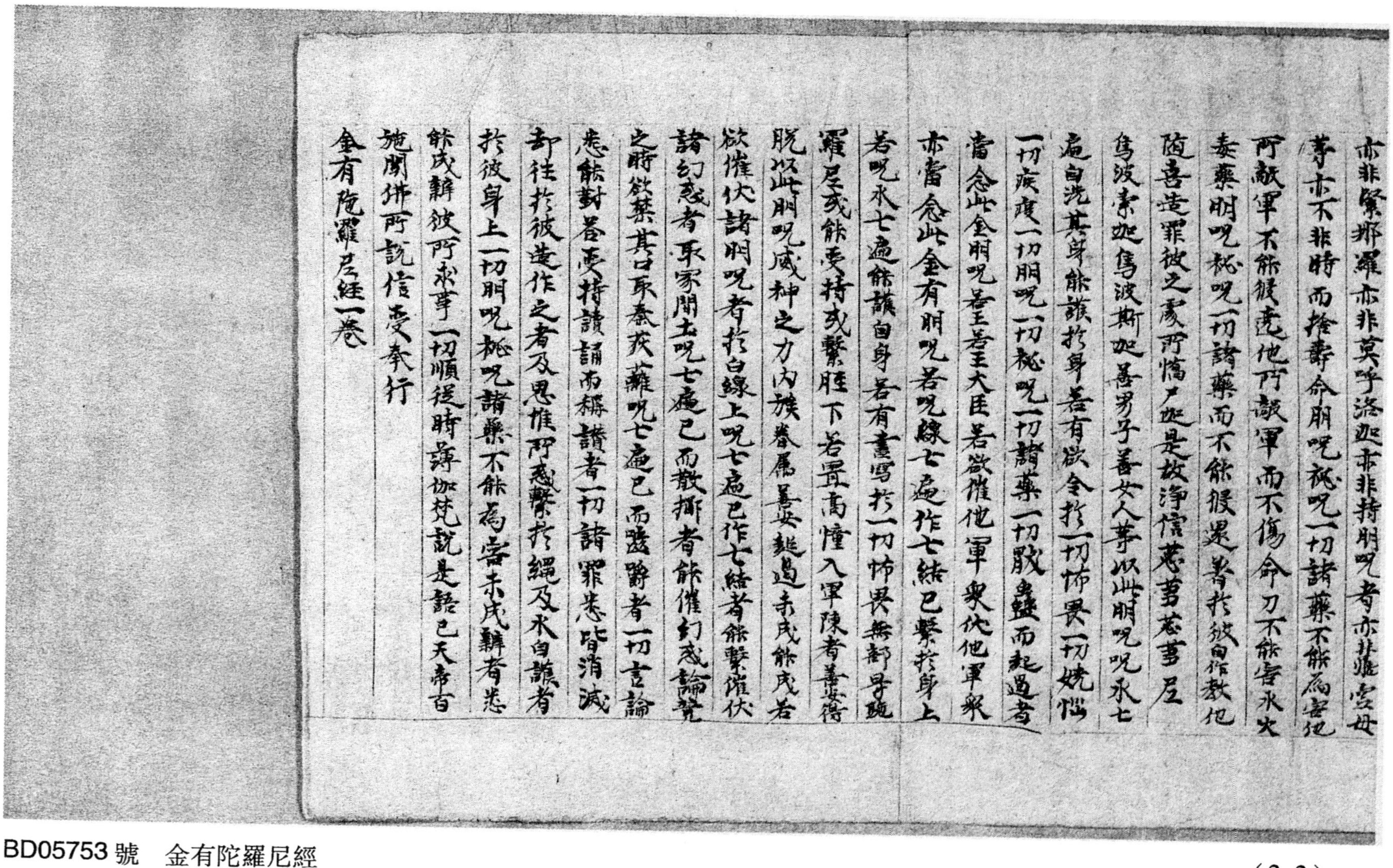
亦非緊那羅亦非莫呼洛迦亦非持明呪者亦非鬼母
等亦不非時而捨壽命明呪秘呪一切諸藥不能為害他
所敵軍不能侵擾他所敵軍而不傷命刀不能害水火
毒藥明呪秘呪一切諸藥而不能侵擾著於彼自作教他
隨喜造罪彼之處所憍尸迦是故淨信若善若善尼
烏波索迦烏波斯迦善男子善女人等以此明呪呪水七
遍自洗其身能護於身若有欲令於一切怖畏一切燒惱
一切疾疫一切明呪一切秘呪一切諸藥一切厭蠱而起過者
當念此金明呪若王若王大臣若欲摧他軍衆伏他軍衆
亦當念此金有明呪若呪線七遍作七結已繫於身上
若呪水七遍能護自身若有書寫於一切怖畏無鄰母魅
羅尼或能受持或繫脛下若置高幢入軍陣者善安得
脫以此明呪威神之力內族眷屬善安越過亦成能成若
欲摧伏諸明呪者於白線上呪七遍已作七結者能繫摧伏
諸幻惑者取冢間土呪七遍已而散擲者能摧幻惑論覺
之時欲禁其口取秦艽藥呪七遍已而嚼齧者一切言論
悉能對答受持讀誦而稱讚者一切諸罪悉皆消滅
欲往於彼造作之者及思惟所惑繫於繩及水自護者
於彼身上一切明呪秘呪諸藥不能為害未成辦者悉
能成辦彼所求事一切順從時薄伽梵說是語已天帝百
施聞佛所說信受奉行
金有陀羅尼經一卷

BD05753號　金有陀羅尼經

（2–2）

如是等恒河是諸恒河所有沙數佛世界如
是寧為多不甚多世尊佛告須菩提尒所國
土中所有衆生若干種心如来悉知何以故
如来說諸心皆為非心是名為心所以者何
須菩提過去心不可得現在心不可得未来
心不可得須菩提於意云何若有人滿三千
大千世界七寶以用布施是人以是因緣得
福多不如是世尊此人以是因緣得福甚多
須菩提若福德有實如来不說得福德多以
福德无故如来說得福德多
須菩提於意云何佛可以具足色身見不不
也世尊如来不應以具足色身見何以故如
来說具足色身即非具足色身是名具足色
身須菩提於意云何如来可以具足諸相見
不不也世尊如来不應以具足諸相見何以
故如来說諸相具足即非具足是名諸相具足
須菩提汝勿謂如来作是念我當有所說法
莫作是念何以故若人言如来有所說法即
為謗佛不能解我所說故須菩提說法者无

BD05754號　金剛般若波羅蜜經　（4–1）

身須菩提於意云何如来可以具足諸相見
不不也世尊如来不應以具足諸相見何以
故如来說諸相具足即非具足是名諸相具足
須菩提汝勿謂如来作是念我當有所說法
莫作是念何以故若人言如来有所說法即
為謗佛不能解我所說故須菩提說法者无
法可說是名說法
須菩提白佛言世尊佛得阿耨多羅三藐三
菩提為无所得耶如是如是須菩提我於阿
耨多羅三藐三菩提乃至无有少法可得是
名阿耨多羅三藐三菩提復次須菩提是法
平等无有高下是名阿耨多羅三藐三菩提
以无我无人无衆生无壽者脩一切善法則
得阿耨多羅三藐三菩提須菩提所言善法
者如来說非善法是名善法
須菩提若三千大千世界中所有諸須弥山
王如是等七寶聚有人持用布施若人以此
般若波羅蜜經乃至四句偈等受持讀誦為
他人說於前福德百分不及一百千万億分
乃至筭數譬喻所不能及
須菩提於意云何汝等勿謂如来作是念我
當度衆生須菩提莫作是念何以故實无有
衆生如来度者若有衆生如来度者如来則
有我人衆生壽者須菩提如来說有我者則
非有我而凡夫之人以為有我須菩提凡夫
者如来說則非凡夫

BD05754號　金剛般若波羅蜜經　（4–2）

須菩提於意云何汝等勿謂如来作是念我
當度衆生須菩提莫作是念何以故實无有
衆生如来度者若有衆生如来度者如来則
有我人衆生壽者須菩提如来說有我者則
非有我而凡夫之人以為有我須菩提凡夫
者如来說則非凡夫
須菩提於意云何可以卅二相觀如来不須
菩提言如是如是以卅二相觀如来佛言須
菩提若以卅二相觀如来者轉輪聖王則是
如来須菩提白佛言世尊如我解佛所說義
不應以卅二相觀如来尒時世尊而說偈言
若以色見我　以音聲求我　是人行邪道　不能見如来
須菩提汝若作是念如来不以具足相故得
阿耨多羅三藐三菩提須菩提莫作是念如
来不以具足相故得阿耨多羅三藐三菩提
須菩提汝若作是念發阿耨多羅三藐三菩
提者說諸法斷滅莫作是念何以故發阿耨
多羅三藐三菩提者於法不說斷滅相須菩
提若菩薩以滿恒河沙等世界七寶布施若
復有人知一切法无我得成於忍此菩薩勝
前菩薩所得功德須菩提以諸菩薩不受福
德故須菩提白佛言世尊云何菩薩不受福
德須菩提菩薩所作福德不應貪著是故
說不受福德
須菩提若有人言如来若来若去若坐若卧
是人不解我所說義何以故如来者无所從

BD05754號　金剛般若波羅蜜經　（4–3）

須菩提若有人言如来若来若去若坐若卧
是人不解我所說義何以故如来者无所從
来亦无所去故名如来
須菩提若善男子善女人以三千大千世界
碎為微塵於意云何是微塵衆寧為多不甚
多世尊何以故若是微塵衆實有者佛則不
說是微塵衆所以者何佛說微塵衆則非微
塵衆是名微塵衆世尊如来所說三千大千
世界則非世界是名世界何以故若世界實
有者則是一合相如来說一合相則非一合相
是名一合相須菩提一合相者則是不可說
但凡夫之人貪著其事須菩提若人言佛說
我見人見衆生見壽者見須菩提於意云何
是人解我所說義不世尊是人不解如来所
說義何以故世尊說我見人見衆生見壽者
見即非我見人見衆生見壽者見是名我見
人見衆生見壽者見須菩提發阿耨多羅三
藐三菩提心者於一切法應如是知如是見
如是信解不生法相須菩提所言法相者如
来說即非法相是名法相須菩提若有人以
滿无量阿僧祇世界七寶持用布施若有善
男子善女人發菩薩心者持於此經乃至四
句偈等受持讀誦為人演說其福勝彼云
何為人演說不取於相如如不動何以故

BD05754號　金剛般若波羅蜜經　（4–4）

所生何故不名為有始
一情言有始者是无始　又言
之始經云有始之法畢歸終盡以神
盡義此盡者是盡无所盡正以懽
所盡也何以知衆生有始也仁王經云
第一義神明始起異於木石故知一切神明皆有始也
无始之始无所不始此言皆對情之謂也　轉有為明
論𦍃　問日衆生循何行斷何煩惱得成佛也　答日猶
中万行斷五住地煩惱得成佛也　問日作之法有何
答日因中行者作果中行者始終一神明行者相
續不斷故得言作　問日若如此解者得言因
中无常入果中常者　答日若尒果中常者便是
可作可合法若是可作可合有何異於生死作法
問日若如此解者何故楞伽經云我不滅涅槃之
不捨所作是故名涅槃若如此者有捨可有何
可續今就體通宗解義小異於前昔日或心去來
妄想因緣於涅槃法上作无明解今日解故返指昔
日无明正是今日涅槃非寂靜生死非雜亂是以知
又仁王經云菩薩未成佛以菩提為煩惱　菩薩成佛時
以煩惱為菩提故知二法可　問日菩薩未成佛何故名

問曰若如此解者何故楞伽經云我不證涅槃之
不捨所住是故名涅槃若如此者有何捨可有何
可續今說體通宗解義小異於前昔日迷心去衰
妄想因緣於涅槃法上作无明解今日解故返指昔
日无明正是今日涅槃非寂靜生死非雜亂是以知也
又仁王經云菩薩未成佛以菩提為煩惱菩薩成佛時
以煩惱為菩提故知二法耳 問曰菩薩未成佛何故名
菩提為煩惱菩薩成佛時何故以煩惱為菩提
答曰一切有无名相无不是法界體性法界體性耳是
菩提正以菩薩惑鄣未盡名法界有无之相稱
為煩惱菩薩成佛時會真如妙解則知本來所謂
生滅妄想分別耳是无為菩提故云菩薩未成佛
以菩提為煩惱菩薩成佛時以煩惱為菩提 問曰昔
昔惑心在懷名曰无明今日解時返指昔日无明正是今
日涅槃可謂轉无明以為明 問曰若无明可轉云何言
涅槃非寂靜生死雜亂 答曰此言轉者對情妄轉
理中无有明之无无明當此會解之時非以今日始得
此解通知本來无有明之无〻明何轉之有 此言轉者
對衆生一念之心故云轉耳其實无轉之无〻轉
三教對於三佛論第四 一者六識對應佛其教聲 二者七識
對報佛其教行 三者八識對法佛其教圓 問曰六
識是生滅法應身是可見相對之无嫌七識法知心相
謝則真如不顯解慧圓滿方成報身相惑既除理
无對妄得七識對報佛 答曰一者目分相應報二者顯見
對治報目分相應報者初地以上分證真如界得行

BD05755號　融即相無相論　（15–2）

對報佛其教行　三者八識對法佛其教圓　問曰六
識是生滅法應身是可見相對之无嫌七識法知心相
謝則真如不顯解慧圓滿方便報身相或既除理冒
无對妄得七識對報佛　答曰一者自分相應報二者顯見
對治報自分相應報者初地以上分證真如名得行
報相應報用亦以分證真如故行中作解脫不思議用
是故名為行報相應報用顯見相應用者若无罣後
一塵不得歡解或盡亦以罣後一塵故得歡解滿
之遍界是第八識塵在遍界是有對義對義屬於
前滿義屬於後懷循隆後无常不對懷融隆消
何時有對所言者以无對為對故維摩云夫說法者
无說无不无說之說亦之亦既得安說亦无對之對
何故不名為對生滅法知後一念心更不起第一生前
照法知對於報佛後解滿之對於真如一法而顯常
用故路日而顯常寂故路日无顯　問曰法緣後一念心是
真如非是　答曰是也　問曰言一念者界是存相云何
是真如也　答曰此存一念者非執此一念以存於念為欲懷
念以歡解言一念會真始時非是滅此一念以知无念
通知无始以來本无生亦无滅可滅言生滅者亦對衆
生塵妄之情　三根對於三教論第五　問曰一切聲中亦有
聲教之有非者有所解言都是聲教　問曰若太何
故維摩經云我此室中常說六波羅蜜不退轉地之
行明緒有行教也金剛三昧海經云如來入金剛三昧用
意業說佛意業法十地菩薩於中不聞不緒明知有圓
教也今執體通宗解義教有三種其三者何一者聲教對
於六識二者行教對於七識三者圓教對於八識　問曰經

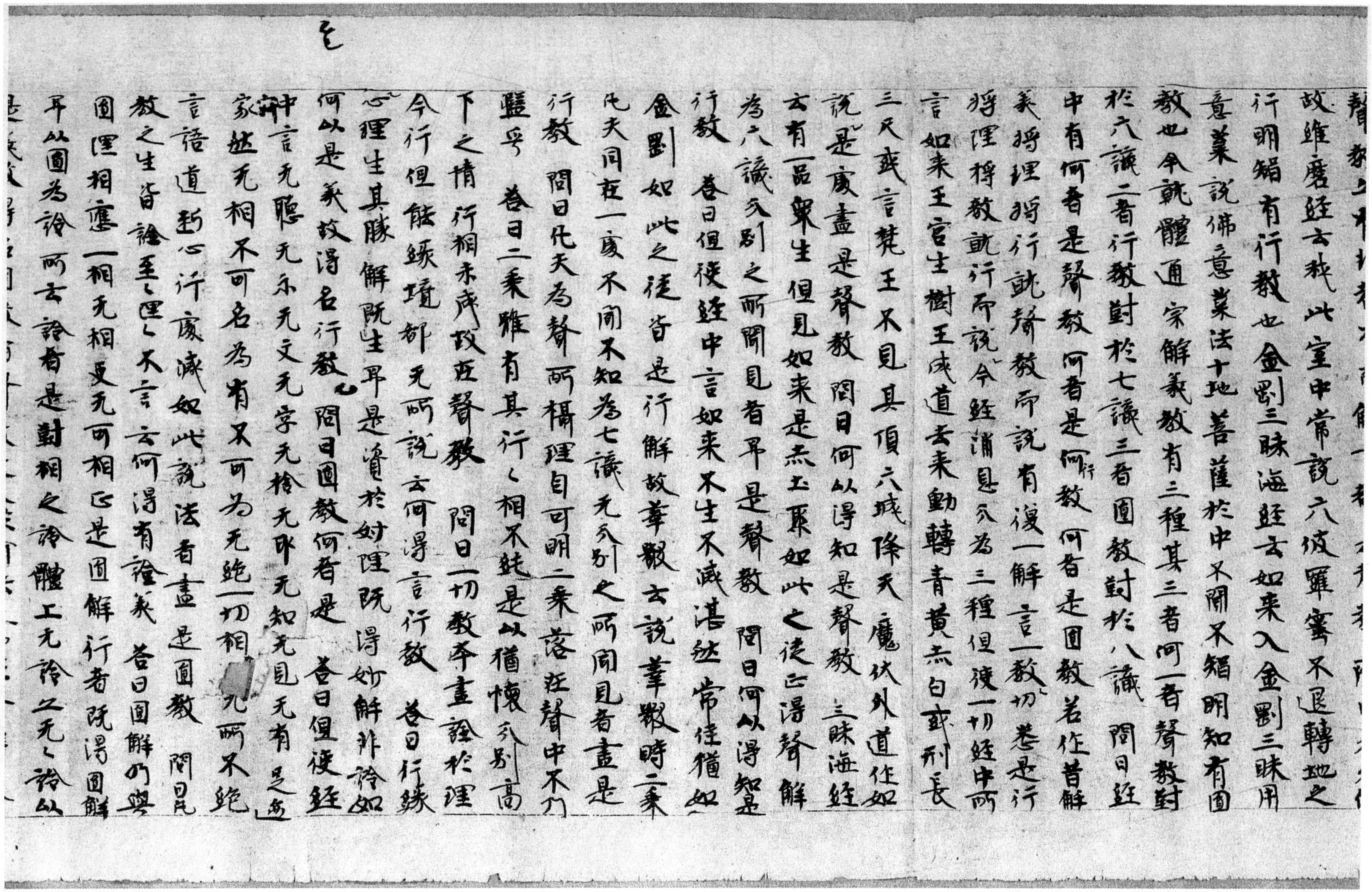

故維摩經云我此室中常說六波羅蜜不退轉地之
行明𦊱有行教也金剛三昧海經云如来入金剛三昧用
意業說佛意業法十地菩薩於中不聞不𦊱明知有圓
教也今就體通宗解義教有三種其三者何一者聲教對
於六識二者行教對於七識三者圓教對於八識 問曰經
中有何者是聲教何者是行教何者是圓教若依昔解
義將理將行就聲教所說有復一解言一切教悉是行
將理將教就行所說今經消息分為三種但復一切經中所
言如来王宮生樹王成道去来動轉青黃赤白或刑長
三尺或言梵王不見其頂六賊降天魔伏外道住如
說是處盡是聲教 問曰何以得知是聲教 三昧海經
云有一品衆生但見如来是赤土聚如此之徒正得聲解
為六識分別之所聞見者畢是聲教 問曰何以得知是
行教 答曰但彼經中言如来不生不滅湛然常住猶如
金剛如此之徒皆是行解故華嚴云說華嚴時二乘
凡夫同在一處不聞不知為七識无分別之所聞見者盡是
行教 問曰凡夫為聲所攝理自可明二乘落在聲中不入
聾乎 答曰二乘雖有其行行相不能是以猶懷分別高
下之情行相未成故在聲教 問曰一切教本盡詮於理
今行但能緣境都无所說云何得言行教 答曰行緣
心理生其勝解既生畢是資於妙理既得妙解非詮如
何以是義故得名行教也 問曰圓教何者是 答曰但彼經
辯中言无聽无示无文无字无捨无取无知无見无有是處
家然无相不可名為有又不可為无絕一切相无所不絕
言語道斷心行處滅如此說法者盡是圓教 問曰凡
教之生皆詮至理理不言云何得有詮義 答曰圓解乃與
圓理相應一相无相更无可相正是圓解行者既得圓解
耳以圓為詮所云詮者是對相之詮體上无詮之无詮以

BD05755 號　融即相無相論　　（15–4）

寂然无相不可名為有不可名為无絕一切相九所不絕
言語道斷心行處滅如此說法者盡是圓教 問曰旣
教之生皆論至〻理〻不言云何得有論義 答曰圓解乃與
圓理相應一相无相更无可相正是圓解行者既得圓解
耳以圓為論所云論者是對相之論體上无論〻之无〻論以
是義故得名圓教而聲教之人於何法上而作聲解 答
正於行上理上證作聲解 問曰行教而於何法上而作行解
答曰於聲上理上而作行解 問曰圓教人於三教中作何教解
答曰三教中正作一教解何以得知若就理中无一无二旦就諸
衆用上以明於其實无三可得故法華經云无二无三乃
是无三之三无一之一就體而言求一尚不可得豈容有
一三之異哉一不異三之一三不異一之三 若以體融之然非
一之非三之非三非〻三〻言一言三者對相之謂 釋三佛有
說无說論第六 問曰三佛何者是 答曰一者應佛二者報佛
三者法佛 問曰三佛為盡說法為不說法 答曰有兩解
言唯應佛說法報佛法佛不說 又復一解報佛應佛
說法唯法佛不說何以得知報佛說法案華嚴經
是以知之今就通宗辨義小異於前若以循相望於
三佛盡皆說法若以真如望於循相三佛如來不說何
以得知三佛解一也 問曰法報二佛不說法者可知所言
應佛无說其義安在 答曰若應佛說法者何故金剛
般若經云如來无所說法應化非真佛亦非說法者
又大集經云我從得道夜至入涅槃日不曾說一字
又涅槃云若知諸佛常不說法是名菩薩具足多
聞 問曰若三佛不說法者何雖從誰聞此經也衆生復隨
誰法而得悟道 答曰一切衆生无始妄相熏習因緣於
不聞法上妄作聞解何以得知涅槃經云不聞聞聞不聞
是故今日所有聲教所有聞說法者皆是不聞〻所聞

又涅槃云若知諸佛常不說法是名菩薩具足多
聞　問曰若三佛不說法者阿難從誰聞此經也衆生隨聞
誰法而得悟道　答曰一切衆生无始妄相勳習因緣於
不聞法上妄作聞解何以得知涅槃經云不聞聞聞不聞
是故今日所有聲教所有聞說法者皆是不聞々所取
者作聞々而取不能生解斷惑是故涅槃云我五指頭
實无五師子直以慈善根力復諸衆生見是事正以
如來自體法者皆是不聞々若作聞々而取不能解斷
惑是故涅槃云我五指頭實无五師子直以慈善根力
復諸衆生見如是事正以如來自體真集熏脩之力故
能復一切衆生不見體上性作其見不聞法上作其聞解　問
曰何以得知不聞法上作其聞解　答曰涅槃經云不聞不
聞者名大涅槃故知一切衆生於不聞法上作於聞解
問曰若衆生於不聞處作聞解者非是虛妄　若是虛
妄耶是大患何由能除煩惱又何由得聞經悟道
答曰經實非妄也但衆生妄心作聞實不可聞實不
可聞實不可聞解語其經體都非可聞不聞也故言
聞者在如妄心致論至理有何法而可名之無一切盡妄情是故
維摩經云心相得解脫時寧有垢不有義及涅槃卅二皆空
云三佛說不說皆是妄情也所言說者及乃是无說之說
所言聞者乃是不聞之聞々者是對心不聞不聞是說
相
辯共成佛為不共成論第七　問曰衆生成佛為各々作
為不別作　答曰當家解言各々別作非共作也　問曰何故
有人解言同常住等正覺　答曰雖復常理是同作佛
就者所以復有異釋迦弥勒是其義　問曰若令常理
乃可是常者應无常何以得知常遍不別者處有
異耶得者非无常也　答曰譬如一室雖百千燈燈明是一

相非共佛者不共所說與十 問曰

為不別作　答曰當家解言各各別作非共作也　問曰何故
有人解言同常住等正覺　答曰雖復常理是同住佛
說者所以經有異釋迦弥勒是其義　問曰若佘常理
乃可是常者應无常何以得知常遍不別者　處有
異耶得者非无常也　答曰譬如一室然百千燈燈明是一
不相妨礙燈炷恒別　事同者義遍義同常住等正
覺　問曰若明度是一者義則永正釋迦者異於无量
佛者豈非別也若當別者可不常中有半常半无常何
以得知佛佛自相違恒有顯數　若是顯數即是无常處
又人解真淨等功共作一佛无二无差但佛有无量用遍圓
界終日差用遍名為无量佛无差用遍名為一佛擬用恒
異語體恒一何以得知十地經云一佛无量佛无量佛即是
一佛　問曰若用同法界終日有差別　用无差別相理應如
是但用法滿足无所假待若无所假待用何法利益也
又問　若用法已足更不須用者　諸佛則无益物之力　答曰今
曰說正宗中解義小異於前本家主未成佛以前有　妄相
心故稍作佛時冬冬別異今日斷盡始知昔日妄相正是
今日无相今日无相不異昔日妄相何以得知楞伽經云愚
癡聲聞捨生死求於涅槃不知涅槃生死正是一體若
佘本无所隱今无所顯但對眾生說故其隱顯可循
成之如是若言至理无一佛无多佛无共作无異作但對
眾生直言共成佛又言作无量佛其實无一佛可得耶
有多異佛也乃是无處之處无所不處共處別處　皆是對
治之談耳　有執无執論第八　問曰眾生修何行斷何法生死衛去
雖何惑得免於執着也　答曰若執普教法判聲聞正以最於生
死循道去鄣入无餘涅槃意謂是指南之解眼今本章千佛出世

成之如是。若言至理无一佛无多佛无共作无異作，但對
衆生直言共成佛，又言作无量佛，其實无一作，可得寧
有多異佛也。此乃是无處之處，无所不處，共處別處，皆是對
治之談耳。有執无執論第八。問曰：衆生脩何行，斷何生死，離去
離何執，得免於執著也。答曰：若執昔教，法判聲聞正以厭於生
死，脩道去郭，入无餘涅槃，意謂是指南之解。聖人今章千佛出世
不聞不知，豈非大執也。凡夫寧樂野秆之身，不樂涅槃空寂，不
能真解，但欲正身口之惡，望離諸苦，還是大執。問曰：菩薩云何
脩行法界无分別？經云：若見五蓋是可惡，五根是可益，為執著。
若言一切法有一切法无，亦是執著。若言一切亦无，又言一切亦非有一切亦
非无，皆不離執。若言空本義，然復是增上慢人，終不免執也。知
何遣之？答曰：若能不取空不取有，不着一切境界，云寫沖廓，
无寄无染，粗可虛會妙指，此會是无會之會，不可名不可
導。問曰：若取无為无為染者，亦何能離執也。答曰：今就正果
解善小異於前，凡一切法不問有為无為，皆是執著，但有為執
重，无為執輕。若能解心滿足時，知何者是有為，知何者是无
為，一相融解，有无本空，是以都万惑不待遣而自滅，寂
惣不待斷而自除，玄寂實嘿，體絕形名，凡所不能凡，
聖所不能聖，知所不能知，求所不能求，體非有无，不離有无，
而非有无之所能執，自體无郭，郭无所郭，自體无蹤，蹤无
所蹤，豈有何解可解，豈有何執可執。夫執者對於不執，
不執不執者對於執，理中无執亦无，執執与不執皆是忘情耳。
淨土論第九。問曰：淨土淨識，二土為當同體，為當別體？
答曰：有解言，淨識二土各各別體。問曰：若各各別者，何故維
摩經言：心淨故則佛土淨，土正以佛土淨，故知淨識在
心不在土也。答曰：若爾，何故法華經云：變識作其淨土

不執不執者對於執理中无執，然无々執々与不執皆是忘情耳
淨土論第九。問曰：淨土淨識，二土為當同體，為當別體？
答曰：有解言淨識二土各々別體。問曰：若各々別者，何故維
摩經言心淨故則佛土淨，土亞以佛土淨故知淨識在
心不在土也。　答曰：若尒，何故法華經云變識作其淨土
移其天人，三變土田無復始鄣，於淨土以此經故知淨識土
別，本不相及也。　問曰：若知何解？何故經云我見釋迦牟尼
佛土淨，常若此有復經言仁者心有高下，不依佛慧，故
見此土為不淨耳。有法華經言大火劫燒時，我此土安隱，
天人常充滿，故知同界異見。何以得知？維摩羅識論
云唯識无境界，以无塵妄見，復有十地經云三界唯
一心作，故知淨識土唯在於心。何以得知？經云心垢故眾
生垢，心淨故眾生淨，故知淨識在心耳。　問曰：若尒，何
故卅三天唯是其淨，娑婆世界純見於識无量壽佛
國无動，如來諸菩薩充滿世界，娑婆國土而无一賢
也？　答曰：若尒，所見唯自心分別，非土有其美別也。何
以得知？法華經云我常在靈鷲山及餘諸住處
何故乃言无一賢有无之來在識心耶？非是土有淨是故
經言日月行閻浮提，而盲者不見，非日月咎，故知唯在
識心也。　問曰：何者為報土？何者為應土？何者為國家土？　答曰：
依六識所見卅三天餘方報生淨土，果報土因宮宅皆
百寶莊嚴者，盡是報土。但使諸佛神力為作變現種
々自在者，皆是如來權應土也。若就法界緣起界
而與大用者，皆是无鄣閡圓用土也。若就常用自體

百寶莊嚴者盡是報土但使諸佛神力為作變現種
々自在者皆是如來權應土也若融法界緣起無窮
而興大用者皆是无鄣閡圓用土也若融常用自體
恒寂遍无見无證始是窮源至極之妙土也若對衆生
可有鄣閡圓寂差別若融至理真如注達真淨常向
不可得寧有報應圓寂之差別可見也所言見淨
土者皆對衆生而辯論真如自實之體无淨不
淨可夫言淨以對无淨夫言无淨以對於淨自體
无見不見義無有淨穢之可存乎 二諦論第十
問曰二諦者有幾種差別 答曰依如前目解義
乃有五種二諦何者為五一為融因緣故有是世諦无性
故空是第一義諦二融假名宗中假名故有是世諦
无自實故是第一義諦三融教通宗三乘為世諦一
乘為第一義諦四融相通宗中自金剛已還所有
善惡二業有為无為虛空无漏等業皆是世諦唯
有涅槃一性佛是第一義諦五融正宗明二諦法界緣起
无有之因義為世諦方中妙寂之理義同第一義諦問
曰世諦中有第一義諦不 答曰涅槃云有問曰若二
諦同處者豈非相鄣閡 答曰衆生罪故恒見
穢猶故恒見淨真猶水光同池暉潤殊別不相涉
[illegible]

曰世諦中有第一義諦不　答曰涅槃云有　問曰若二
諦同處者豈非相鄣閡　答曰衆生罪故恒見
穢福故恒見淨真猶水光同池暉潤殊別不相染
閡　問曰若二諦同處不相染閡者何故仁王言辯
如牛二角二諦常不見其義何也　答曰下偈言或者
見二解者常見一故稱二諦同處不相鄣閡也　問曰二
諦常同處人見異者何故法界體性經云第一義諦中
尚无第一義豈況有世諦此是何謂也　答云五種二諦
及二之諦者皆是對衆生人歡初五中二後一若說法
性至實而論一尚不可得寧有五二之差別哉若
據相理之无言說法界體緣起界實而無圓用圓用
遍義辯為二若界有常實遍恒一恒二一二之來皆
對衆生而辯此二及是无二之二二无不二也　十二因緣論第
十一問曰十二因緣有幾種　答曰依如常解衆經唯有
一種十二因緣　問曰何故室從經云乃有二種十二因緣復十有
緣經云有一百卅四種十二因緣　答曰十二因緣乃有一百卅四種
今且論一種可空捷言三種者二種是外物因緣是万物
生長十二因緣二是時節十二因緣一者与今所解因緣同　問曰
何者是一百卅四種因緣　答曰但一枝中具十二十二枝中有言

二種十二因緣問曰何故空德經云乃有二種十二因緣沒十有
緣經云有一百卅四種十二因緣答曰十二因緣乃有一百卅四種
今且論一種可空捷言三種者二種是外物因緣是万物
生長十二因緣二是時節十二因緣一者与今所解因緣同問曰
何者是一百卅四種因緣答曰但一枝中具十二十二枝中有百
卅四枝問曰何者因緣根本答曰无明一枝與後十一枝作根
本也問曰无明枝中云何得具老死枝也答曰一時中具也是
故經言若今生時生之老之死若不具者何故言
生時明知一時具也是故安般經云一念具八百生滅經云一
者念念老生是十一老二者終身老罪復一枝果報老是
老无前十二老枝幸何能起後老死枝也正以前有十一老
枝作因緣強故得招後老死枝也問曰前十一老死云何
名老死後果報老死云何名老死也答曰前十一枝老死夭
明不知實知闇於咸事防起名生枝夏曰老死謝曰死
問曰後窮終老死云何答曰滅刑從已業名之為老報
盡已業絕名之為死非是緣自面疵名之為老橫尸
在地名之為死此乃是果報老死不開十二枝也問曰
云何具一枝具十二枝答曰生若非生何能生於生滅若
非滅何能滅於滅懷若非懷何能懷於懷正以當時有
故能辯於後也如四大雖復相返而同時生死共相感
後何故不得當時且六也　禪枝論第十三　問曰禪枝有藥

BD05755號　融即相無相論

云何具一枝具十二枝　答曰生若非生何能生於生滅若
非滅何能滅於滅懷若非懷何能懷於懷正以當時有
彼彼能辯於後也知四大雖復相返而同時生死共相感
後何故不得當時具也　禪枝論第十二　問曰禪枝有幾
枝答曰有人解言初禪五枝二禪四枝三禪五枝四禪四禪
枝合十八枝　問曰四禪有枝理自明矣未知四空有枝不
也答曰有人解言作四禪有枝四空无枝也　問曰若四空
无枝何故脩行道地經言空處慧明門中有十八枝也
識處悲明門中有十八枝不用處喜明門中有十八枝也悲
想非非處捨明門中有十八枝答曰向言无枝者正以非六
識所見故言无耳　問曰為枝在前為根本定在前也　答曰
有人解言枝在於初根本定在於後何以得知枝之言因[illegible]
彼能發生禪初定也　問曰若枝先定後者何故脩行道地言
因初禪定緣發生五枝也因五枝故發十三昧因三昧發于知
慧也　答曰所言枝在前者初備定時或學五門十二門為
定前或作微想不淨因緣慈悲定門天我等觀藉此五種方
便得入禪初禪故還藉五枝入禪初也猶不相違可　問曰禪枝
為有色為无色也　答曰有人解言非是色也又問若禪枝
无色者有何故脩行經云初禪枝根本定皆作黃金色二
禪作真珊瑚色三禪定作琉璃色四禪定作白摩尼
色　答曰前所言无色者非是六識所見故言无遍言有四種
[illegible]

為有色為无色也 答曰有之解言非是色也 又問若禪枝
无色者有何故論律經云初禪枝報梵定皆作黃金色 二
禪作真珊瑚色 三禪定作琉璃色 四禪定作白摩尼
色 答曰前所言无色者非是六識所見故言无道 言有四種
色者乃是七識所見境界爾不相承也 問曰有人身在四禪
起初禪愛染便退 失四禪定生於初禪 是何身身退也 答
有人解言正是報身退也 問曰有之身在欲地修四禪
定滿足後時退失四禪定果 從初身觀於初禪 此是
何身也 答曰身乃无量略分為四 一是報身 滅身 三名
定身 四名慧身 今之所明起初禪初愛生初禪者非報
身也 何以得知非報身也 欲地常不發定身 修四禪定來
去來書百千退沒 乃是定身為往不報身尸 問曰定身
也 此粗可寄意中陰報生報身 證轉等世 問曰是
事為是報身為是定慧身也 答皆是報身 問曰若
都是報身者 佛在世一身修道獲得四沙門果 豈不逕
那含果也 若逕那含果者報身猶在 欲成果時捨斯陀含
得那含果用何生得也 若欲以報身得者報身常不異也
答曰非是報身 何以得知報不關道 不須捨後方始證果
修相方便雖有相資遣業義 成身相康闕於定身
欲得定先須捨於前成相 然後方得證定身也 捨定身
證於慧身 經言 生報轉世等 皆如是也 乃至十一人之不

得那合果用何生得也若欲以報身得前報身宗不異也
答非是報身何以得知報不斷道不須捨後方始證果也
猶相方便雖有相須還藥義成身相廣闊於空身
欲得空先須捨於前成相然後方得證空身也捨空身
證於菩身經言生般轉世等皆如是也乃至十一人之不
異也都非捨報身此七識為作循相无漏觀行所明非
是報六識也若作報身亦不斷乃是无枝之枝也融
即相无相論一卷　承相王五門佛性義一卷共五箇門
第一佛性門第二衆生門第三脩道門第四諦門第五
融門　盡覺所知切佛自然成道大聖論陰僧悲盡天
有餘是故我今贊首礼敬頂奉等融道義願令三寶
實加護　天盡自利利他故
夫融者善見者奧之雲海中祇之妙藏真空之雲穗
圓鋭義之乎斯乃可天子之良淨通同之大鼓已彼我之
泣立禪尊許　沙彌三摩耽所寫

大般若波羅蜜多經卷第二百七十
初分難信解品第卅四之八十九　　三藏法師玄奘奉　詔譯
善現一切智智清淨故身界清淨身界清淨
故五根清淨何以故若一切智智清淨若身
界清淨若五根清淨无二无二分无別无斷
故一切智智清淨故觸界身識界及身觸身
觸為緣所生諸受清淨觸界乃至身觸為緣
所生諸受清淨故五根清淨何以故若一切智
智清淨若觸界乃至身觸為緣所生諸受
清淨若五根清淨无二无二分无別无斷故
善現一切智智清淨故意界清淨意界清淨
故五根清淨何以故若一切智智清淨若意
界清淨若五根清淨无二无二分无別无斷
故一切智智清淨故法界意識界及意觸意
觸為緣所生諸受清淨法界乃至意觸為緣
所生諸受清淨故五根清淨何以故若一切
智智清淨若法界乃至意觸為緣所生諸受
清淨若五根清淨无二无二分无別无斷故

BD05756 號　大般若波羅蜜多經卷二七〇　（3–1）

故五根清淨何以故若一切智智清淨若意
界清淨若五根清淨无二无二分无別无斷
故一切智智清淨故法界意識界及意觸意
觸為緣所生諸受清淨法界乃至意觸為緣
所生諸受清淨故五根清淨何以故若一切
智智清淨若法界乃至意觸為緣所生諸受
清淨若五根清淨无二无二分无別无斷故
善現一切智智清淨故地界清淨地界清淨
故五根清淨何以故若一切智智清淨若地
界清淨若五根清淨无二无二分无別无斷
故一切智智清淨故水火風空識界清淨水
火風空識界清淨故五根清淨何以故若一
切智智清淨若水火風空識界清淨若五根
清淨无二无二分无別无斷故善現一切智
智清淨故无明清淨无明清淨故五根清淨
何以故若一切智智清淨若无明清淨若五
根清淨无二无二分无別无斷故一切智智
清淨故行識名色六處觸受愛取有生老死
愁歎苦憂惱清淨行乃至老死愁歎苦憂惱
清淨故五根清淨何以故若一切智智清淨
若行乃至老死愁歎苦憂惱清淨若五根清
淨无二无二分无別无斷故
善現一切智智清淨故布施波羅蜜多清淨
布施波羅蜜多清淨故五根清淨何以故若
一切智智清淨若布施波羅蜜多清淨若五
根清淨无二无二分无別无斷故一切智智
清淨故淨戒安忍精進靜慮般若波羅蜜多
[illegible]

BD05756 號　大般若波羅蜜多經卷二七〇　（3–2）

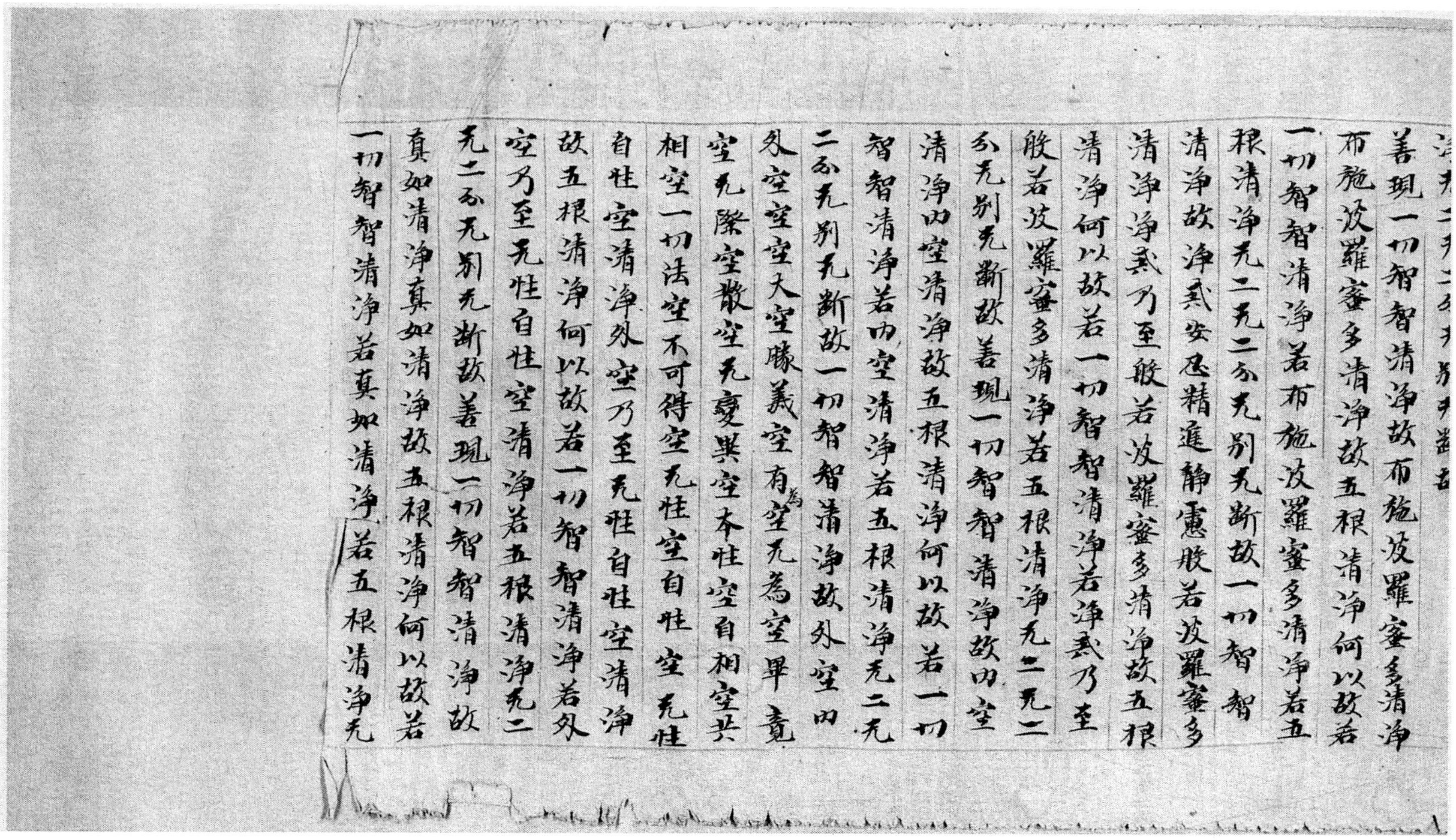

[illegible]无二无二分无別无斷故
善現一切智智清淨故布施波羅蜜多清淨
布施波羅蜜多清淨故五根清淨何以故若
一切智智清淨若布施波羅蜜多清淨若五
根清淨无二无二分无別无斷故一切智智
清淨故淨戒安忍精進靜慮般若波羅蜜多
清淨淨戒乃至般若波羅蜜多清淨故五根
清淨何以故若一切智智清淨若淨戒乃至
般若波羅蜜多清淨若五根清淨无二无二
分无別无斷故善現一切智智清淨故內空
清淨內空清淨故五根清淨何以故若一切
智智清淨若內空清淨若五根清淨无二无
二分无別无斷故一切智智清淨故外空內
外空空空大空勝義空有為空无為空畢竟
空无際空散空无變異空本性空自相空共
相空一切法空不可得空无性空自性空无性
自性空清淨外空乃至无性自性空清淨
故五根清淨何以故若一切智智清淨若外
空乃至无性自性空清淨若五根清淨无二
无二分无別无斷故善現一切智智清淨故
真如清淨真如清淨故五根清淨何以故若
一切智智清淨若真如清淨若五根清淨无

BD05756號　大般若波羅蜜多經卷二七〇　（3–3）

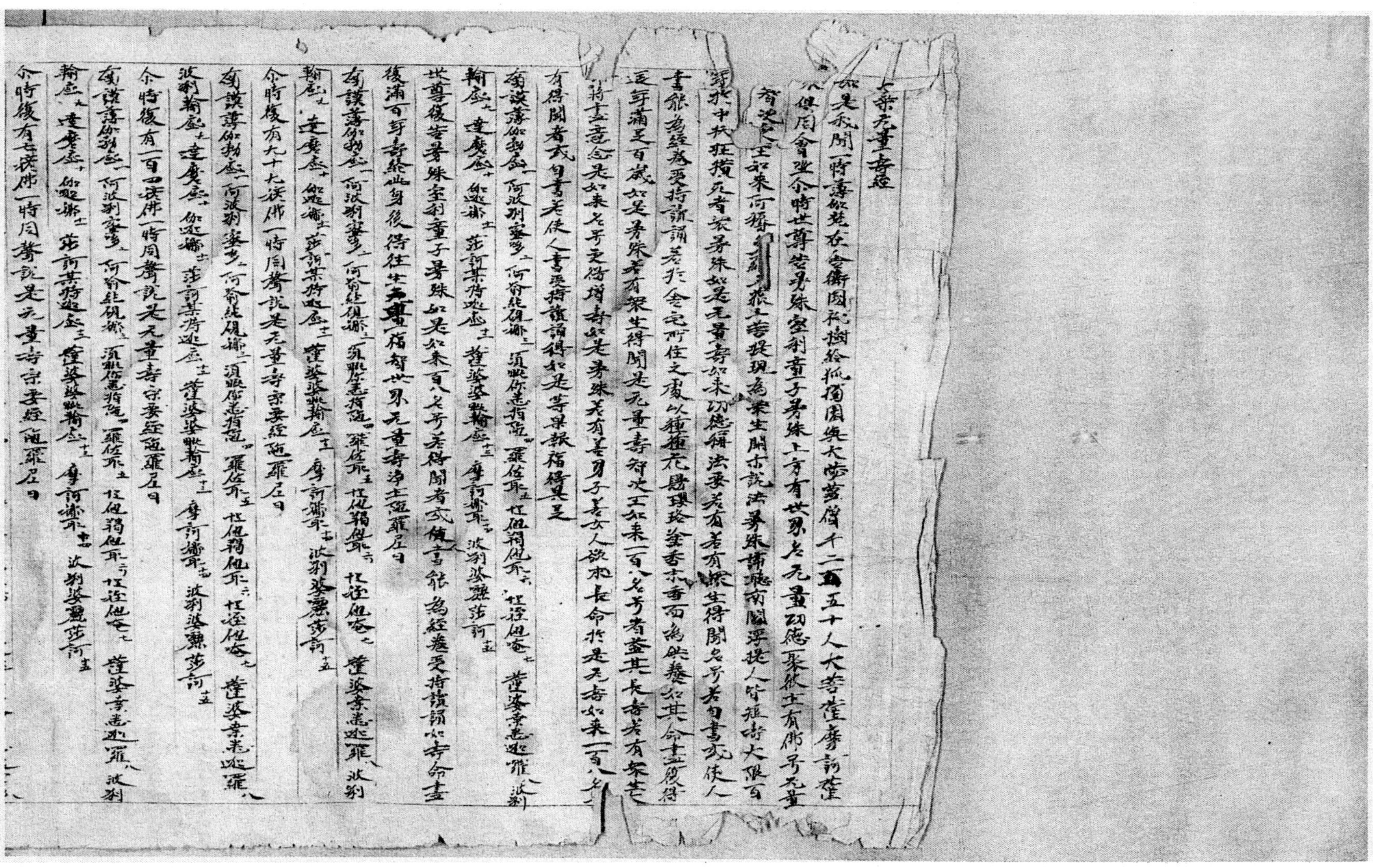

大乘无量壽經
如是我聞一時薄伽梵在舍衛國祇樹給孤獨園與大苾芻僧千二百五十人大菩薩摩訶薩
俱周會坐尒時世尊告曼殊室利童子曼殊上方有世界名无量功德聚彼土有佛号无量
智決定王如來[illegible]菩提現為衆生開示說法曼殊諦聽南閻浮提人皆短壽大限百
年於中夭枉橫死者衆曼殊如是无量壽如來功德名稱法要若有衆生得聞名号若自書或使人
書能為經卷受持讀誦若於舍宅所住之處以種種花鬘瓔珞塗香末香而為供養如其命盡復得
延年滿足百歲如是曼殊若有衆生得聞是无量壽智決定王如來一百八名号者益其長壽若有衆生
[illegible]意念是如來名号更得增壽如是曼殊若有善男子善女人欲求長命於是无壽如來一百八名[illegible]
[illegible]

BD05757號　無量壽宗要經　（5–1）

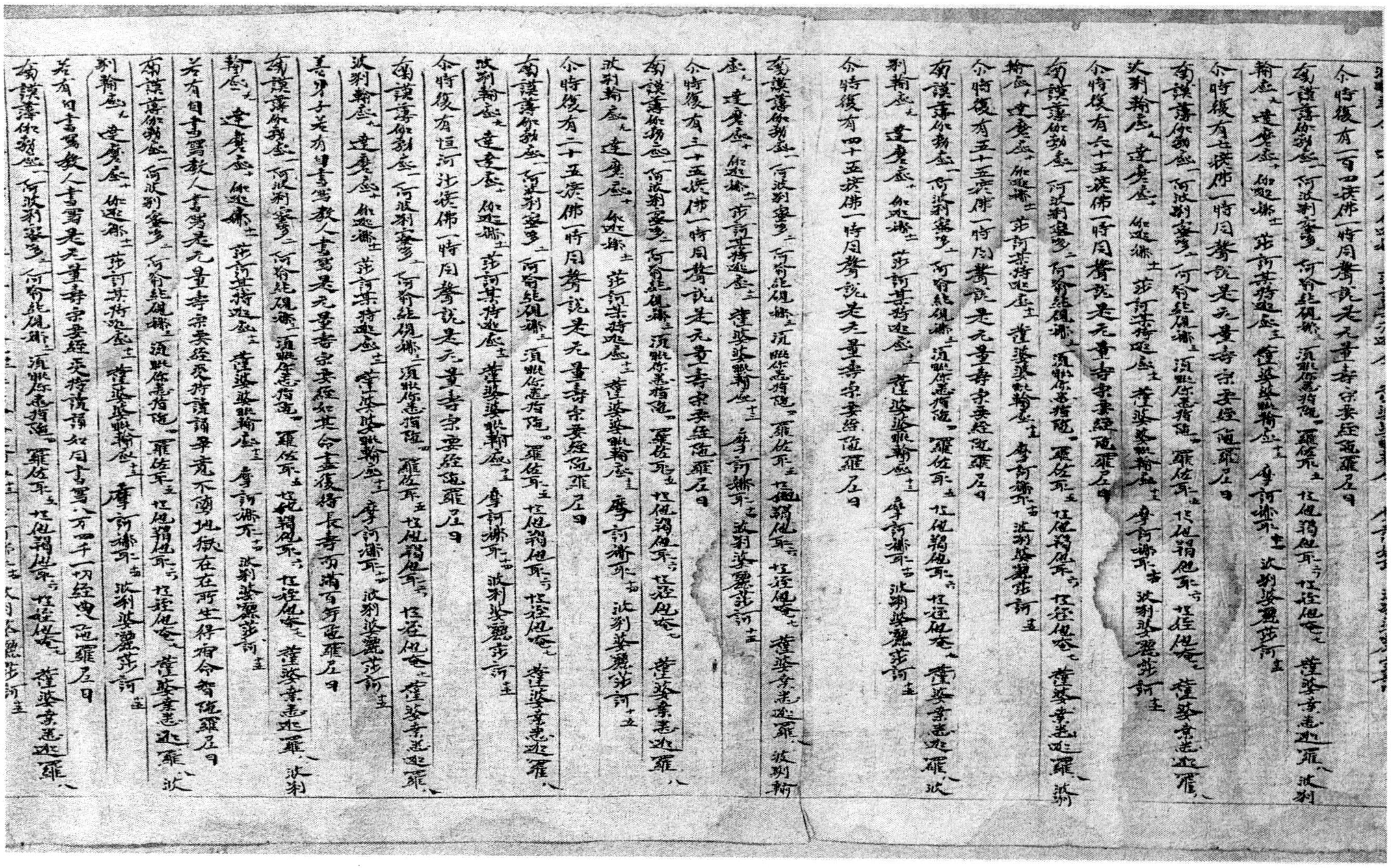

BD05757 號　無量壽宗要經　　（5–2）

BD05757 號　無量壽宗要經　　（5–3）

若有自書寫教人書寫是无量壽宗要經受持讀誦常得四天大王隨其衛護陀羅尼曰
南謨薄伽勃底一 阿波唎蜜多二 阿喻紇硯那三 須毗你悉指陀四 囉佐耶五 怛他羯他耶六 怛姪他七 薩婆桑悉迦羅八 波唎
輸底九 達磨底十 伽迦娜十一 莎訶娑持迦底十二 薩婆婆毗輸底十三 摩訶娜耶十四 波唎婆嚟莎訶十五
若有自書寫教人書寫是无量壽宗要經受持讀誦當得往生西方極樂世界阿彌陀淨土陀羅尼曰
南謨薄伽勃底一 阿波唎蜜多二 阿喻紇硯那三 須毗你悉指陀四 囉佐耶五 怛他羯他耶六 怛姪他七 薩婆桑悉迦羅八 波唎
輸底九 達磨底十 伽迦娜十一 莎訶娑持迦底十二 薩婆婆毗輸底十三 摩訶娜耶十四 波唎婆嚟莎訶十五
若有方所自書寫教人書寫是无量壽經典之處則為是塔皆應恭敬作禮若是畜生或為鳥獸得聞
是經如是等類皆當不久得成一切種智陀羅尼曰
南謨薄伽勃底一 阿波唎蜜多二 阿喻紇硯那三 須毗你悉指陀四 囉佐耶五 怛他羯他耶六 怛姪他七 薩婆桑悉迦羅八 波唎
輸底九 達磨底十 伽迦娜十一 莎訶娑持迦底十二 薩婆婆毗輸底十三 摩訶娜耶十四 波唎婆嚟莎訶十五
若有於是无量壽經自書寫若使人書寫畢竟不受女人之身陀羅尼曰
南謨薄伽勃底一 阿波唎蜜多二 阿喻紇硯那三 須毗你悉指陀四 囉佐耶五 怛他羯他耶六 怛姪他七 薩婆桑悉迦羅
波唎輸底九 達磨底十 伽迦娜十一 莎訶娑持迦底十二 薩婆婆毗輸底十三 摩訶娜耶十四 波唎婆嚟莎訶十五
若有能於是經少分能惠施者當於三千大千世界滿中七寶布施陀羅尼曰
南謨薄伽勃底一 阿波唎蜜多二 阿喻紇硯那三 須毗你悉指陀四 囉佐耶五 怛他羯他耶六 怛姪他七 薩婆桑悉迦羅
波唎輸底九 達磨底十 伽迦娜十一 莎訶娑持迦底十二 薩婆婆毗輸底十三 摩訶娜耶十四 波唎婆嚟莎訶十五
若有能供養是經者則是供養一切諸經等无有異陀羅尼曰
南謨薄伽勃底一 阿波唎蜜多二 阿喻紇硯那三 須毗你悉指陀四 囉佐耶五 怛他羯他耶六 怛姪他七 薩婆桑悉迦羅
波唎輸底九 達磨底十 伽迦娜十一 莎訶娑持迦底十二 薩婆婆毗輸底十三 摩訶娜耶十四 波唎婆嚟莎訶十五
如是毗婆尸佛尸弃佛毗舍浮佛俱留孫佛俱那含牟尼佛迦葉佛釋迦牟尼佛若有人以七寶供養
如是七佛其福有限書寫受持是无量壽經典所有功德不可限量陀羅尼曰
南謨薄伽勃底一 阿波唎蜜多二 阿喻紇硯那三 須毗你悉指陀四 囉佐耶五 怛他羯他耶六 怛姪他七 薩婆桑悉迦羅
波唎婆嚟莎訶九 達磨底十 伽迦娜十一 莎訶娑持迦底十二 薩婆婆毗輸底十三 摩訶娜耶十四 波唎婆嚟莎訶十五
若有七寶等於須彌以用施其福上能知其限量是无量壽經典其福不可知數陀羅尼曰
南謨薄伽勃底一 阿波唎蜜多二 阿喻紇硯那三 須毗你悉指陀四 囉佐耶五 怛他羯他耶六 怛姪他七 薩婆桑悉迦羅
波唎輸底九 達磨底十 伽迦娜十一 莎訶娑持迦底十二 薩婆婆毗輸底十三 摩訶娜耶十四 波唎婆嚟莎訶十五
如是四大海水可知滴數是无量壽經典所生果報不可數量陀羅尼曰
南謨薄伽勃底一 阿波唎蜜多二 阿喻紇硯那三 須毗你悉指陀四 囉佐耶五 怛他羯他耶六 怛姪他七 薩婆桑悉迦羅
波唎輸底九 達磨底十 伽迦娜十一 莎訶娑持迦底十二 薩婆婆毗輸底十三 摩訶娜耶十四 波唎婆嚟莎訶十五
若有自書若使人書寫是无量壽經典又能讚持供養即如是恭敬一切十方佛土如來无有別異
陀羅尼曰
南謨薄伽勃底一 阿波唎蜜多二 阿喻紇硯那三 須毗你悉指陀四 囉佐耶五 怛他羯他耶六 怛姪他七 薩婆桑悉迦
羅 波唎輸底九 達磨底十 伽迦娜十一 莎訶娑持迦底十二 薩婆婆毗輸底十三 摩訶娜耶十四 波唎婆嚟莎訶十五

BD05757號　無量壽宗要經　（5–4）

如是四大海水可知滴數是无量壽經典所生果報不可數量陀羅尼曰
南謨薄伽勃底一 阿波唎蜜多二 阿喻紇硯那三 須毗你悉指陀四 囉佐耶五 怛他羯他耶六 怛姪他七 薩婆桑悉迦羅
波唎輸底九 達磨底十 伽迦娜十一 莎訶娑持迦底十二 薩婆婆毗輸底十三 摩訶娜耶十四 波唎婆嚟莎訶十五
若有自書若使人書寫是无量壽經典又能讚持供養即如是恭敬一切十方佛土如來无有別異
陀羅尼曰
南謨薄伽勃底一 阿波唎蜜多二 阿喻紇硯那三 須毗你悉指陀四 囉佐耶五 怛他羯他耶六 怛姪他七 薩婆桑悉迦
羅 波唎輸底九 達磨底十 伽迦娜十一 莎訶娑持迦底十二 薩婆婆毗輸底十三 摩訶娜耶十四 波唎婆嚟莎訶十五
布施力能成正覺　悟布施力人師子　布施力能聲響聞　慈悲階漸衆能入
持戒力能成正覺　悟持戒力人師子　持戒力能聲響聞　慈悲階漸衆能入
忍辱力能成正覺　悟忍辱力人師子　忍辱力能聲響聞　慈悲階漸衆能入
精進力能成正覺　悟精進力人師子　精進力能聲響聞　慈悲階漸衆能入
禪定力能成正覺　悟禪定力人師子　禪定力能聲響聞　慈悲階漸衆能入
智慧力能成正覺　悟智慧力人師子　智慧力能聲響聞　慈悲階漸衆能入
尒時如來說是經已一切世間天人阿脩羅乾闥婆等聞佛所說皆大歡喜信受奉行
佛說无量壽宗要經

僉晏兒寫

BD05757號　無量壽宗要經　（5–5）

時　舍衛
第乞已還至本處飯
座而坐時長老須菩
偏袒右肩右膝著地合
有世尊如來善護念
世尊善男子善女人
提心應云何住云何降伏
哉須菩提如汝所說如來
付屬諸菩薩汝今諦聽
善女人發阿耨多羅三藐三
住如是降伏其心唯然世尊
佛告須菩提諸菩薩摩訶
心所有一切衆生之類若卵
生若化生若有色若无色若
非有想若非无想我皆令入
度之如是滅度无量无數无
生得滅度者何以故須菩提
人相衆生相壽者相即非菩
復次須菩提菩薩於法
所謂不住色布施不住聲
菩提菩薩應如是布施不住
菩薩不住相布施其福德

BD05758 號　金剛般若波羅蜜經　（8–1）

生得滅度者何以故須菩提
人相衆生相壽者相即非菩
復次須菩提菩薩於法
所謂不住色布施不住聲
菩提菩薩應如是布施不住
菩薩不住相布施其福德
於意云何東方虛空可思量
菩提南西北方四維上下虛
也世尊須菩提菩薩无住相
如是不可思量須菩提菩薩
須菩提於意云何可以身相見
世尊不可以身相得見如何以
說身相即非身相佛告須菩提
是虛妄若見諸相非相則見如來
須菩提白佛言世尊頗有衆生得
說章句生實信不佛告須菩提
來滅後後五百歲有持戒脩福
能生信心以此為實當知是人不
佛三四五佛而種善根已於无量
種諸善根聞是章句乃至一念
菩提如來悉知悉見是諸衆生得
福德何以故是諸衆生无復我相
相壽者相无法相亦无非法相何
衆生若心取相則為著我人衆生壽
法相即著我人衆生壽者何以故若取
相即著我人衆生壽者是故不應取法
取非法以是義故如來常說汝等比丘知我
法如栰喻者法尚應捨何況非法

BD05758 號　金剛般若波羅蜜經　（8–2）

相壽者相无法相亦无非法相何
衆生若心取相則爲著我人衆生壽
法相即著我人衆生壽者何以故若取
相即著我人衆生壽者是故不應取法
取非法以是義故如來常說汝等比丘知我
法如筏喻者法尚應捨何況非法
須菩提於意云何如來得阿耨多羅三藐三
菩提耶如來有所說法耶須菩提言如我解
佛所說義无有定法名阿耨多羅三藐三菩
提亦无有定法如來可說何以故如來所說
法皆不可取不可說非法非非法所以者何
一切賢聖皆以无爲法而有差別
須菩提於意云何若人滿三千大千世界七
寶以用布施是人所得福德寧爲多不須菩
提言甚多世尊何以故是福德即非福德性
是故如來說福德多若復有人於此經中受
持乃至四句偈等爲他人說其福勝彼何以
故須菩提一切諸佛及諸佛阿耨多羅三藐
三菩提法皆從此經出須菩提所謂佛法者
即非佛法
須菩提於意云何須陁洹能作是念我得須
陁洹果不須菩提言不也世尊何以故須陁
洹名爲入流而无所入不入色聲香味觸法
是名須陁洹須菩提於意云何斯陁含能作
是念我得斯陁含果不須菩提言不也世尊
何以故斯陁含名一往來而實无往來是名
斯陁含須菩提於意云何阿那含能作是念
我得阿那含果不須菩提言不也世尊何以

洹名爲入流而无所入不入色聲香味觸法
是名須陁洹須菩提於意云何斯陁含能作
是念我得斯陁含果不須菩提言不也世尊
何以故斯陁含名一往來而實无往來是名
斯陁含須菩提於意云何阿那含能作是念
我得阿那含果不須菩提言不也世尊何以
故阿那含名爲不來而實无來是故名阿那
含須菩提於意云何阿羅漢能作是念我得
阿羅漢道不須菩提言不也世尊何以故實
无有法名阿羅漢世尊若阿羅漢作是念我
得阿羅漢道即爲著我人衆生壽者世尊佛
說我得无諍三昧人中最爲第一是第一離
欲阿羅漢我不作是念我是離欲阿羅漢世
尊我若作是念我得阿羅漢道世尊則不說
須菩提是樂阿蘭那行者以須菩提實无所
行而名須菩提樂阿蘭那行
佛告須菩提於意云何如來昔在然燈佛所
於法有所得不世尊如來在然燈佛所於法
實无所得須菩提於意云何菩薩莊嚴佛
土不不也世尊何以故莊嚴佛土者則非莊
嚴是名莊嚴是故須菩提諸菩薩摩訶薩應如
是生清淨心不應住色生心不應住聲香味
觸法生心應无所住而生其心須菩提譬如
有人身如須弥山王於意云何是身爲大不須
菩提言甚大世尊何以故佛說非身是名大身
須菩提如恒河中所有沙數如是沙等恒河
於意云何是諸恒河沙寧爲多不須菩提言
甚多世尊但諸恒河尚多无數何况其沙須

嚴是名莊嚴是故須菩提諸菩薩摩訶薩應如
是生清淨心不應住色生心不應住聲香味
觸法生心應无所住而生其心須菩提譬如
有人身如須彌山王於意云何是身為大不須
菩提言甚大世尊何以故佛說非身是名大身
須菩提如恒河中所有沙數如是沙等恒河
於意云何是諸恒河沙寧為多不須菩提言
甚多世尊但諸恒河尚多无數何況其沙須
菩提我今實言告汝若有善男子善女人以
七寶滿尒所恒河沙數三千大千世界以用
布施得福多不須菩提言甚多世尊佛告須
菩提若善男子善女人於此經中乃至受持
四句偈等為他人說而此福德勝前福德復
次須菩提隨說是經乃至四句偈等當知此
處一切世間天人阿脩羅皆應供養如佛塔
廟何況有人盡能受持讀誦須菩提當知是
人成就最上第一希有之法若是經典所在
之處則為有佛若尊重弟子
尒時須菩提白佛言世尊當何名此經我等
云何奉持佛告須菩提是經名為金剛般
若波羅蜜以是名字汝當奉持所以者何須
菩提佛說般若波羅蜜則非般若波羅蜜須
菩提於意云何如來有所說法不須菩提白佛
言世尊如來无所說須菩提於意云何三千
大千世界所有微塵是為多不須菩提言甚
多世尊須菩提諸微塵如來說非微塵是名
微塵如來說世界非世界是名世界須菩提
於意云何可以卅二相見如來不不也世尊

BD05758 號　金剛般若波羅蜜經　（8–5）

言世尊如來无所說須菩提於意云何三千
大千世界所有微塵是為多不須菩提言甚
多世尊須菩提諸微塵如來說非微塵是名
微塵如來說世界非世界是名世界須菩提
於意云何可以卅二相見如來不不也世尊
不可以三十二相得見如來
何以故如來說卅二相即是非相是名卅二相
須菩提若有善男子善女人以恒河沙等身命
布施若復有人於此經中乃至受持四句偈等
為他人說其福甚多
尒時須菩提聞說是經深解義趣涕淚悲泣
而白佛言希有世尊佛說如是甚深經典我
從昔來所得慧眼未曾得聞如是之經世尊
若復有人得聞是經信心清淨則生實相當
知是人成就第一希有功德世尊是實相者
則是非相是故如來說名實相世尊我今得
聞如是經典信解受持不足為難若當來世
後五百歲其有眾生得聞是經信解受持是
人則為第一希有何以故此人无我相人相眾
生相壽者相所以者何我相即是非相人相
眾生相壽者相即是非相何以故離一切
諸相則名諸佛佛告須菩提如是如是若復
有人得聞是經不驚不怖不畏當知是人甚
為希有何以故須菩提如來說第一波羅蜜
非第一波羅蜜是名第一波羅蜜
須菩提忍辱波羅蜜如來說非忍辱波羅蜜
何以故須菩提如我昔為歌利王割截身體

BD05758 號　金剛般若波羅蜜經　（8–6）

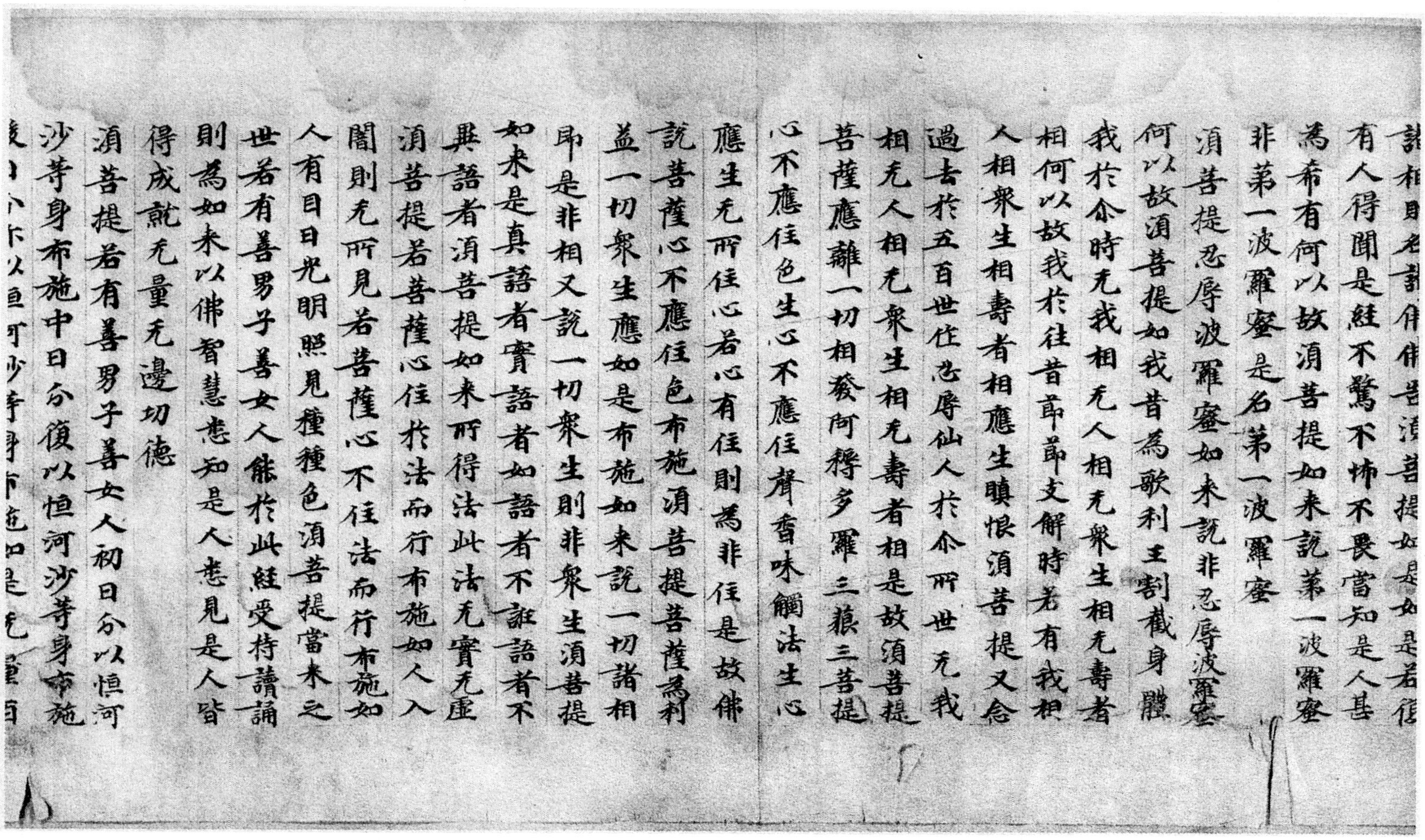

諸相即名諸佛佛告須菩提如是如是若復
有人得聞是經不驚不怖不畏當知是人甚
為希有何以故須菩提如來說第一波羅蜜
非第一波羅蜜是名第一波羅蜜
須菩提忍辱波羅蜜如來說非忍辱波羅蜜
何以故須菩提如我昔為歌利王割截身體
我於介時无我相无人相无衆生相无壽者
相何以故我於往昔節節支解時若有我相
人相衆生相壽者相應生瞋恨須菩提又念
過去於五百世作忍辱仙人於介所世无我
相无人相无衆生相无壽者相是故須菩提
菩薩應離一切相發阿耨多羅三藐三菩提
心不應住色生心不應住聲香味觸法生心
應生无所住心若心有住則為非住是故佛
說菩薩心不應住色布施須菩提菩薩為利
益一切衆生應如是布施如來說一切諸相
即是非相又說一切衆生則非衆生須菩提
如來是真語者實語者如語者不誑語者不
異語者須菩提如來所得法此法无實无虛
須菩提若菩薩心住於法而行布施如人入
闇則无所見若菩薩心不住法而行布施如
人有目日光明照見種種色須菩提當來之
世若有善男子善女人能於此經受持讀誦
則為如來以佛智慧悉知是人悉見是人皆
得成就无量无邊功德
須菩提若有善男子善女人初日分以恒河
沙等身布施中日分復以恒河沙等身布施
後日分亦以恒河沙等身布施如是无量百

BD05758號　金剛般若波羅蜜經　（8–7）

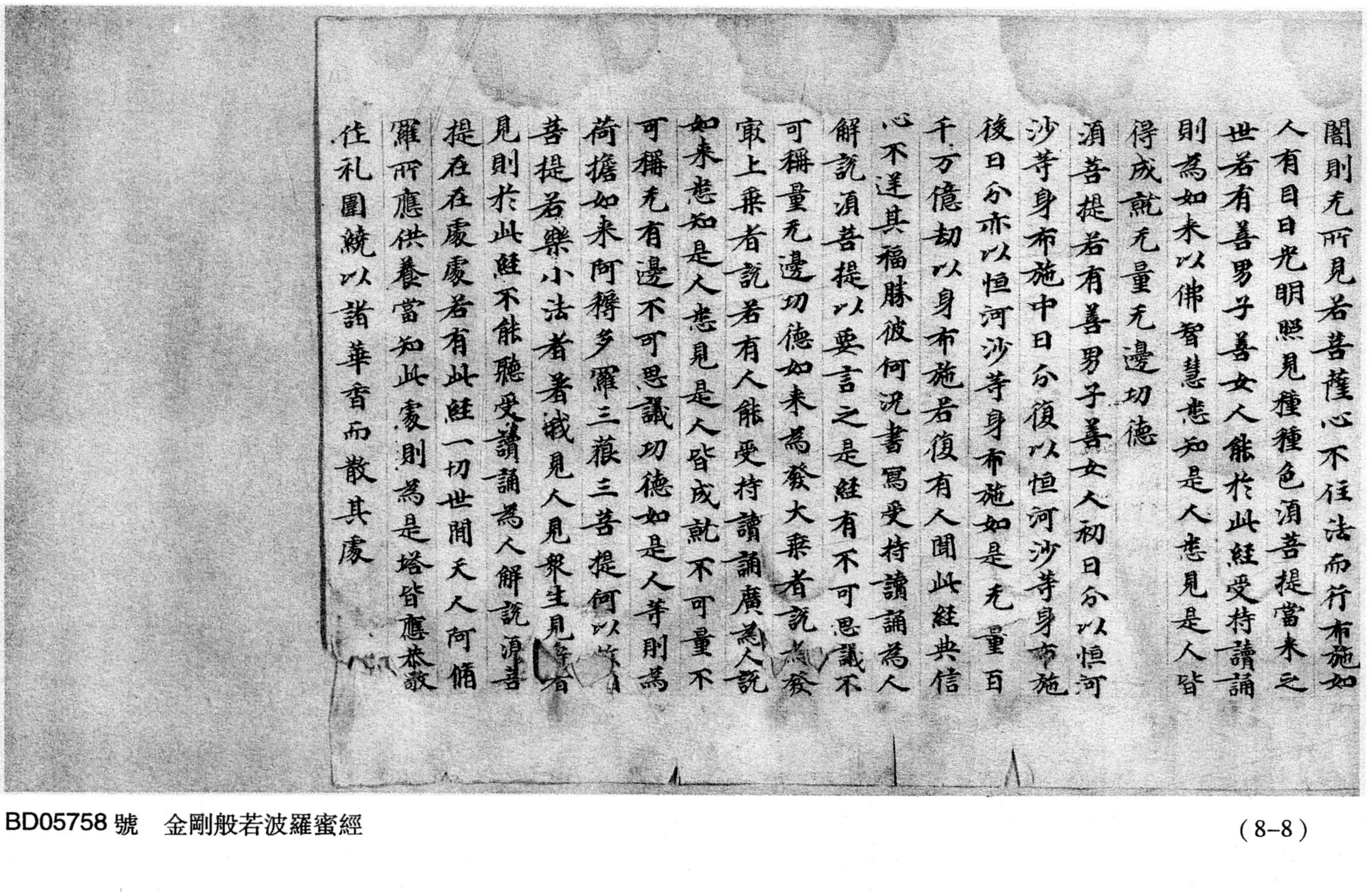

闇則无所見若菩薩心不住法而行布施如
人有目日光明照見種種色須菩提當來之
世若有善男子善女人能於此經受持讀誦
則為如來以佛智慧悉知是人悉見是人皆
得成就无量无邊功德
須菩提若有善男子善女人初日分以恒河
沙等身布施中日分復以恒河沙等身布施
後日分亦以恒河沙等身布施如是无量百
千万億劫以身布施若復有人聞此經典信
心不逆其福勝彼何況書寫受持讀誦為人
解說須菩提以要言之是經有不可思議不
可稱量无邊功德如來為發大乘者說為發
最上乘者說若有人能受持讀誦廣為人說
如來悉知是人悉見是人皆成就不可量不
可稱无有邊不可思議功德如是人等則為
荷擔如來阿耨多羅三藐三菩提何以故須
菩提若樂小法者著我見人見衆生見壽者
見則於此經不能聽受讀誦為人解說須菩
提在在處處若有此經一切世間天人阿脩
羅所應供養當知此處則為是塔皆應恭敬
作礼圍繞以諸華香而散其處

BD05758號　金剛般若波羅蜜經　（8–8）

掌即發願言以此
一切都食緣是功德
為眷屬次後作佛　　巨捨身發大
捨言若有有情飢食我肉渴飲我血既飲噉
已願令一切有情因食我肉發菩提心未來
當得法喜等食資自性身飲我血者離諸
愛渴當獲法水灌注心原受法王位資變化身
以是義故疾得无上正等菩提又迦葉波我
於因地初發心時三度死捨至第四生即能
生捨不生貪愛於寶王佛時已悟心理即作薩
埵王子施身餓虎飼於七子為為月光大
王廣慧千首為為建拏太子布施妻兒為
為慈力悲王施軀於五夜叉為求法故於雪山
中求半偈句以放其身餧其羅剎若我廣說
无始身来生捨身命於百千劫為不說盡
何以故都由因中發大勇猛死捨身故迦葉
復白佛言世尊如是等人檀行捨身无量功
德不審未施以前多生造罪捨身福報先世
惡業得滅以不佛言迦葉波若有有情多生

BD05759號1　要行捨身經　（11-1）

[illegible]以施其身餧其羅剎若我廣說
无始身來生捨身命於百千劫亦不說盡
何以故都由因中發大勇猛死捨身故迦葉
復白佛言世尊如是菩人檀行捨身无量功
德不審未施以前多生造罪捨身福報先世
惡業得滅以不佛言迦葉汝若有有情多生
煞害一切有情遍索訶界四重五逆謗方等
經乃至食噉有情血肉如是等罪无量无邊
若能一發其心一切身分普濟有情除飢渴患
如上之罪悉皆消滅從无始來所有殃咎速滅
无餘緣捨身故即是大懺悔志誠慚愧十
方三世一切諸佛皆共稱歎善男子善女人
是真精進假使有人從无始來多作惡業
偷僧祇物常住僧物現前僧物淨說法大升
重秤如是等罪應入㮈落迦傍生餓鬼多百
千劫不得解脫忍推來𥝢即請名集索訶世
界三明六通具八解脫大阿羅漢若凡若聖
一切僧尼聚在一處欲滅其罪亦不可滅何
以故即有百千殑伽沙索訶世界一切衆僧
清淨衆海即不來集以是因緣罪難除滅
是故稱云常住僧物普通法界上至諸佛下
及沙彌悉皆有分不如有人發大檀言一切生
生處願施此身皮肉筋骨心心相續至於命終
如上疊咎一切消滅天曹地府具有薄藉自然
除滅以是因緣我見是利故勸有情

及沙弥悉皆有分不如有人發大捨言一切生
生處願施此身皮肉觔骨心心相續至於命終
如上豐各一切消滅天曹地府具有薄籍自然
除滅以是因緣我見是利故勸有情當施身
分畢定獲得无上菩提爾時佛告弥勒菩薩
言慈氏如是葉經汝當護持於贍部洲廣宣流
布无令斷絕爾時弥勒白佛言世尊如來滅後惡世之
中若有善男子善女人發勇猛心以身布施一切
情為種波羅蜜故普願有情不受飢苦如是等
人我於龍花初首皆令得度唯願更不有慮爾
時大梵天王釋提恒因四天王等白佛言世尊如是
等人我等從今為作大護不令有人作於留難
所以者何是人定得无上菩提爾時慶喜白佛言
當何名之佛告慶喜此經名為諸佛要行捨
身功德經汝當受持爾時一切天人阿素洛等
聞佛所說信受奉行

佛說捨身發願文

十方三世諸佛當證知弟子某甲等願從今身
盡未來際常以內財外財生施死施今生既盡復
以此分段之身皮肉觔骨頭目髓腦及以手足施
与一切飢餓眾生願償宿債仰放菩薩當行之蹤
捨身血肉在屍陁林所以此捨身善根以集當集現
集一切善根以此善根願共一切眾生生生之處於

BD05759號1　要行捨身經
BD05759號2　捨身發願文
（11–3）

以此分段之身皮肉筋骨頭目髓腦及以手足施
与一切飢餓衆生願償宿債仰放菩薩苦行之蹤
捨身血肉在屍陁林所以此捨身善根以集當集現
集一切善根以此善根願共一切衆生生生之處於
身命財不生貪著永除三障永離貪窮常見一
切諸佛菩薩及善知識恒聞正法福智具足一時
作佛又以此飢膚血肉以施衆生飛鳥禽獸悉皆充
足願捨无量无邊阿僧祇衆生悉令飽滿乃至一念不生悔悋
如是次第遍滿十方如恒沙等諸佛世界捨身血肉給
施衆生以報恩故行檀波羅蜜劫劫之中生生之上
相續无盡復作是願願諸衆生取我肉時隨取隨
生回食我肉離飢渴苦悉發阿耨多羅三藐三菩提
心若有食血肉者飢渴苦息遠離廿五有飢渴之患又
用此身以施禽獸為佛道故持此血施於前境起
大悲捨施設同王子摩訶薩埵濟物捐身願窮生界
命終之後願捨身隨順佛言一依林葬又以此善根願
共一切衆生應以死屍身得度者願捨死屍身普遍
法界度脫衆生應以食死屍血肉得度者願捨死
屍血肉普遍法界度脫衆生應以白骨身得度者願
捨白骨身普遍法界度脫衆生願捨无常不淨之身獲
得常住清淨法身廣大如法界究竟如虛空盡未
来際无有休息

大方廣華嚴十惡品經

大覺世尊將欲涅槃若住一劫若減一劫謂

捨白骨身普遍法界度脫衆生願捨无常不淨之身獲
得常住清淨法身廣大如法界究竟如虛空盡未
來際无有休息

大方廣華嚴十惡品經

大覺世尊將欲涅槃若住一劫若減一劫謂
諸衆生除諸病苦可分別不佛告迦葉為
諸衆生在於世界分別有二何以故生苦為樂
生樂為苦佛告迦葉諦聽諦聽吾當為汝說
正法要何以故譬如有人身遇重病寢臥牀
褥心念大乘常不放捨譬如有人遠到他方空山迥
野有恐懼之心心念大常乘不放捨譬如有人貧
窮衣不蓋形食不充口心念大乘常不放
捨如是之人是真菩薩則非凡夫諸善男子
譬如國王統領國事多饒金銀真珠摩瑶車
璖馬瑙珊瑚虎珀琉璃寶纓珞不念大乘死入地
獄譬如凡夫在於世界多饒奴婢象馬牛羊絹
帛布匹大小穀豆皆以具足不念大乘死入地獄
是故今日生苦為樂生樂為苦迦葉菩薩白
佛言世尊寶如聖教寶如聖教迦葉菩薩白佛
言世尊何者為善佛告迦葉一切衆生若脩善
根一者不害衆生二者不行放逸三者不飲
酒四者不食宍五者常行大慈如是之人不斷善
根迦葉菩薩白佛言世尊如佛所說受佛教者
不聽飲酒佛告迦葉善哉善哉汝解我意一切
衆生不飲酒者是我真子則非凡夫善男子

BD05759號3　大方廣華嚴十惡品經　（11–5）

根一者不害衆生二者不行放逸三者不飲
酒四者不食宍五者常行大慈如是之人不斷善
根迦葉菩薩白佛言世尊如佛所說受佛教者
不聽飲酒佛告迦葉善哉善哉汝觧我意一切
衆生不飲酒者是我真子則非凡夫善男子飲
酒者或君不識臣或臣不識君或子不識父或
父不識子或弟不識兄或兄不識弟或姊不識
妹或妹不識姊或妻不識夫或夫不識妻或師
不識弟子或弟子不識師或不識内外眷屬善
男子現前顛倒何况未来善男子一切衆生不
食酒宍者得發阿耨多羅三藐三菩提心尒時世
尊告諸大衆言善男子汝好諦聽舍婆提國
有吉槃陁女為人酤酒釵梳落在井中八万羅漢圍遶
井住汲水飲之即便昏醉不識如来尒時如来為
諸羅漢演説法要是諸羅漢旣聞法已酒便
得醒来至佛所白佛言世尊我今脩道得四
道果何故今日不識如来佛告諸善男子舍
婆提國有吉槃陁女為人酤酒釵梳落在井中
汝今飲水以便昏醉我今為汝除却顛倒汝今
見我汝生恐心吉槃陁女為人受苦墮鋸林地獄
鋸此女身作其百段吹令微塵還復聚合受
形訖竟身長三尺顔色青黒頭上無毛兩耳閉
塞復無兩目亦无鼻孔下脣褰多手無十指
脚兩足皆由酤酒豈况飲酒之人雖先飲酒又

見我汝生惡心吉槃陁女爲人受苦墮鋸林地獄
鋸此女身作其百段吹令微塵還復聚合受
形訖竟身長三尺顏色青黑頭上無毛兩耳閉
塞復無兩目亦无鼻孔下脣褰芻手無十指
脚兩足皆由酤酒豈況飲酒之人雖先飲酒又
乃發露心生重悔如懷慙愧又莫更飲譬如有
人身遇重病乃值良師貴藥塗之回藥得差懺
悔之人亦復如是心生重悔又莫更作得阿耨
多羅三藐三菩提心
尒時世尊告諸大衆比丘比丘尼優婆塞優
婆夷受若受五戒者若受二百五十戒者若受威
儀具足之戒者若受戒者不聽飲酒飲酒者犯
波羅提木叉罪比丘比丘尼若犯此者即入地
獄若凡夫人犯突吉羅罪八万劫中入於地
獄迦葉菩薩白佛言世尊酒亦无命如來
何故說酒爲苦佛告迦葉舍婆提國有耆崛魔
羅飲酒醉亂婬犯其母煞其父母復與
外人共通持刀害之是故今日說酒爲苦尒
時世尊告迦葉菩薩言佛子我說諸白衣
及出家菩受我戒者不聽酤酒與人不聽到
酒家不聽嗹喬人酒不聽共人麴釀聲聞弟子
亦復如是菩薩摩訶薩制心聲聞制形善男
子不聽酤酒與比丘若與者五百世无臂共比丘
麴釀五百世耳聾耳聽障絕常不聞聲語比

酒家不聽徑觸人酒不聽共人麴釀聲聞弟子
亦復如是菩薩摩訶薩制心聲聞制形善男
子不聽酤酒與比丘若與者五百世无臂共比丘
麴釀五百世耳聾耳聽陣絕常不聞聲語比
丘酒家者五百世為啞口不能語强觸比丘
酒者隨截膝地獄縱廣八万由旬縱廣正等
觸比丘酒者亦復如是迦葉菩薩白佛言
其中力士其數五百持其刀劍截其兩膝强
世尊食肉者得何等罪佛告迦葉善哉善哉一
切衆生不食肉者是吾遺腹子則非凡夫善
男子一切衆生若受大乘大般涅槃善男子
一切衆生若住一劫不聽食肉食肉者即食父
母眷屬肉迦葉菩薩白佛言世尊食肉者
隨何處地獄佛告迦葉食肉者墮阿鼻地
獄縱廣正等八万由旬四方有門一一門外各有
猛火東西南北交過徹地周帀鐵牆鐵網彌
覆其地赤鐵上火徹下下火徹上鐵釦鐵鉤鐵鉾鐵
鋒持火燒之驅食肉之人入此地獄受其大苦心
生重悔而懊惱慚愧又莫更食猶如濁水置之明珠
以珠威力水即為清如煙雲除月則清明作惡能悔
亦復如是佛告迦葉一切衆生食肉者斷大慈種不
食肉者有大功德千万分不如其一迦葉菩薩白
佛言世尊羮肉炙肉斬肉煞生之人分別幾處
佛告迦葉羮肉者墮鑊湯地獄縱廣五百由旬
其中有水其下有火持火燒之潰潰乃沸踊

亦復如是佛告迦葉一切衆生食肉者斷大慈種不食肉者有大功德千万分不如其一迦葉菩薩白佛言世尊煑肉炙肉斬肉煞生之人分別幾處佛告迦葉煑肉者墮鑊湯地獄縱廣五百由巡其中有水其下有火持火燒之潰潰乃沸驗煑肉之人入此地獄受其大苦炙肉之人墮炙林地獄縱廣八万由巡其上鐵林其下有火持火燒之驗炙肉之人卧之在上肉乾燋爛受其大苦斬肉之人墮剉碓地獄其中力士其數五百斬令万段吹令微塵還復受形即還斬之受其大苦迦葉菩薩白佛言世尊食肉者非如來弟子即是外道眷屬也佛告迦葉食肉者不覺不知不聞不見若當食肉或君食臣肉或臣食君肉或子食父肉或父食子肉或弟食兄肉或兄食弟肉或妹食姉肉或姉食妹肉或妻食夫肉或夫食妻肉佛告迦葉食肉之人即食父母眷屬肉迦葉菩薩白佛言世尊食肉者墮何處地獄佛告迦葉食肉者墮糞穢地獄縱廣正等八万由巡其中有糞乃深万丈驗食肉之人入此地獄受其大苦五百万世無有出期善男子食肉者猶如群狗各各爭骨食肉之人各各貪多善男子斬肉者即斬其父割肉者即割其母譬如父死必作牛羊持刀害之即是其父一切衆生心則顛到食肉者即食父肉鹽骨者即鹽父骨若說

受其大苦五百万世無有出期善男子食肉
者猶如群狗各各爭骨食肉之人各各貪多善男
子斷肉者即斷其父割肉者即割其母譬如父
死必任牛羊持刀害之即是其父一切衆生心
則顛倒食肉者即食父肉噉骨者即噉父骨若飲
肉汁即飲父血善男子一切衆生若有慚愧不應
食肉雖先食肉又能發露心生重悔亦發阿耨多羅
三藐三菩提心迦葉菩薩白佛言世尊唯願如来
爲我觧說破齋者墮何處地獄佛告迦葉破齋
者墮餓鬼地獄其中餓鬼身長五百由旬其咽如
針頭如太山手如龍爪朝食三千暮食八百一呼
三万驅破齋之人入此地獄受其大苦復離此地
獄受其大苦復離此地獄逕其太山猶如須弥持
火燒之猶如緋色驅破齋之人將背倚之肉乾燋
爛受其大苦復離此苦轉形更受善男子若食
齋訖者或裹服齋食者與父母兄弟君臣師長
朋友知識未來世中墮鐵輪地獄左脇入右脅出
銅灌口若受齋食者亦復如是
佛言食雜肉者當墮地獄三人共償倍半相迎同入
地獄迦葉菩薩白佛言世尊寶如聖教寶如聖教迦
葉菩薩白佛言世尊唯願如来爲我觧說不飲酒不
食肉者得得幾所福佛告迦葉假使有人象馬牛
羊琉璃珎寶瓔珞國城妻子持用布施猶亦不如有
能斷酒肉百千万分不如其一復置是事假使有人百

BD05759 號 3　大方廣華嚴十惡品經　（11–10）

葉菩薩白佛言世尊唯願如来為我解說不飲酒不
食肉者得得幾所福佛告迦葉假使有人象馬牛
羊琉璃珎寶瓔珞國城妻子持用布施猶亦不如有
能斷酒肉百千万分不如其一復置是事假使有人百
千兩金遍滿三千大千世界持用布施猶亦不如
有人能斷酒肉百千万分不如其一復置是事假使
有人能鑄金為人數百持用布施猶亦不如有人能
斷酒肉百千万分不如其一復置是事假使有人造
作幡華寶蓋遍滿三千大千世界猶亦不如有人能
斷酒肉百千万分不如其一復置是事假使有人造大
浮圖寶塔簷相次如稻麻竹葦上至梵天不如有
人能斷酒肉百千万分不如其一善男子不食肉
者現世菩薩則非凡夫善男子不食肉者常无肉想食
肉之人以見猪羊雞雜食肉之人見而生害昂生肉想以
是義故不聽食肉迦葉菩薩白佛言世尊寶如聖教
寶如聖教佛生迦葉一切衆生譬如有人年已八
十分窮孤老後生一子極甚憐愍一手把金一手
把飯二團俱授如過與子要兒命時不識其
金而取其飯一切衆生亦復如是我愍一切衆
猶如慈父衆生不授我式者非我咎也
大方廣華嚴十惡品經

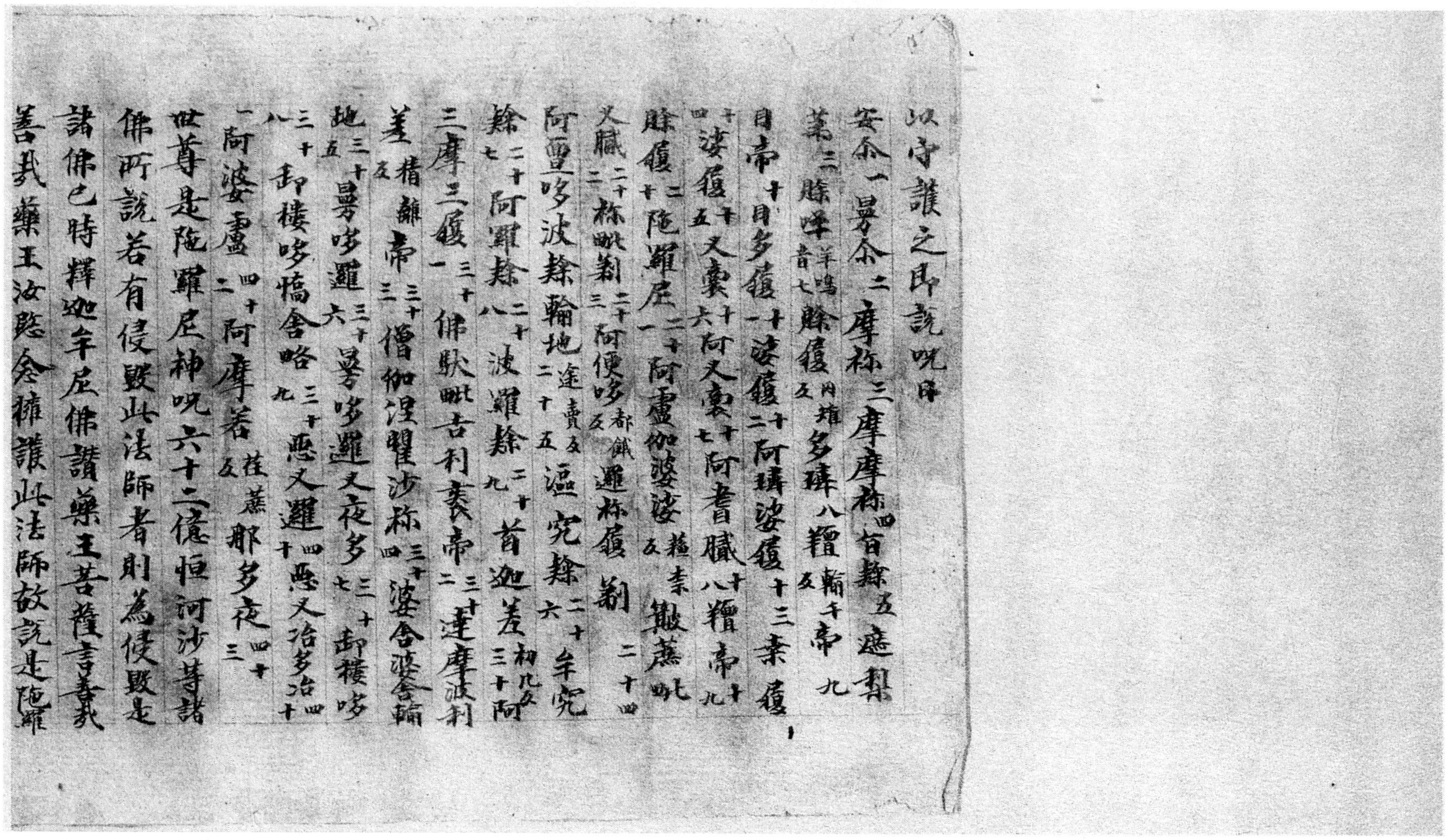
以守護之即說呪曰
安尒一 曼尒二 摩祢三 摩摩祢四 旨隸五 遮梨
第六 賒咩羊鳴音七 賒履多瑋八 羶輸干反帝九
目帝十 目多履十一 娑履十二 阿瑋娑履十三 桑履
十四 娑履十五 叉裔十六 阿叉裔十七 阿耆膩十八 羶帝十九
賒履二十 陀羅尼二十一 阿盧伽婆娑蒱苦反簸蔗毗
叉膩二十二 祢毗剃二十三 阿便哆都餓反邏祢履剃二十四
阿亶哆波隸輸地途賣反二十五 漚究隸二十六 牟究
隸二十七 阿羅隸二十八 波羅隸二十九 首迦差初几反三十 阿
三磨三履三十一 佛䭾毗吉利袠帝三十二 達磨波利
差猜離反帝三十三 僧伽涅瞿沙祢三十四 婆舍婆舍輸
地三十五 曼哆邏三十六 曼哆邏叉夜多三十七 郵樓哆
三十八 郵樓哆憍舍略三十九 惡叉邏四十 惡叉冶多冶四十一
阿婆盧四十二 阿摩若荏蔗反那多夜四十三
世尊是陀羅尼神呪六十二億恒河沙等諸
佛所說若有侵毀此法師者則為侵毀是
諸佛已時釋迦牟尼佛讚藥王菩薩言善哉
善哉藥王汝愍念擁護此法師故說是陀羅

BD05760號　妙法蓮華經卷七　（5–1）

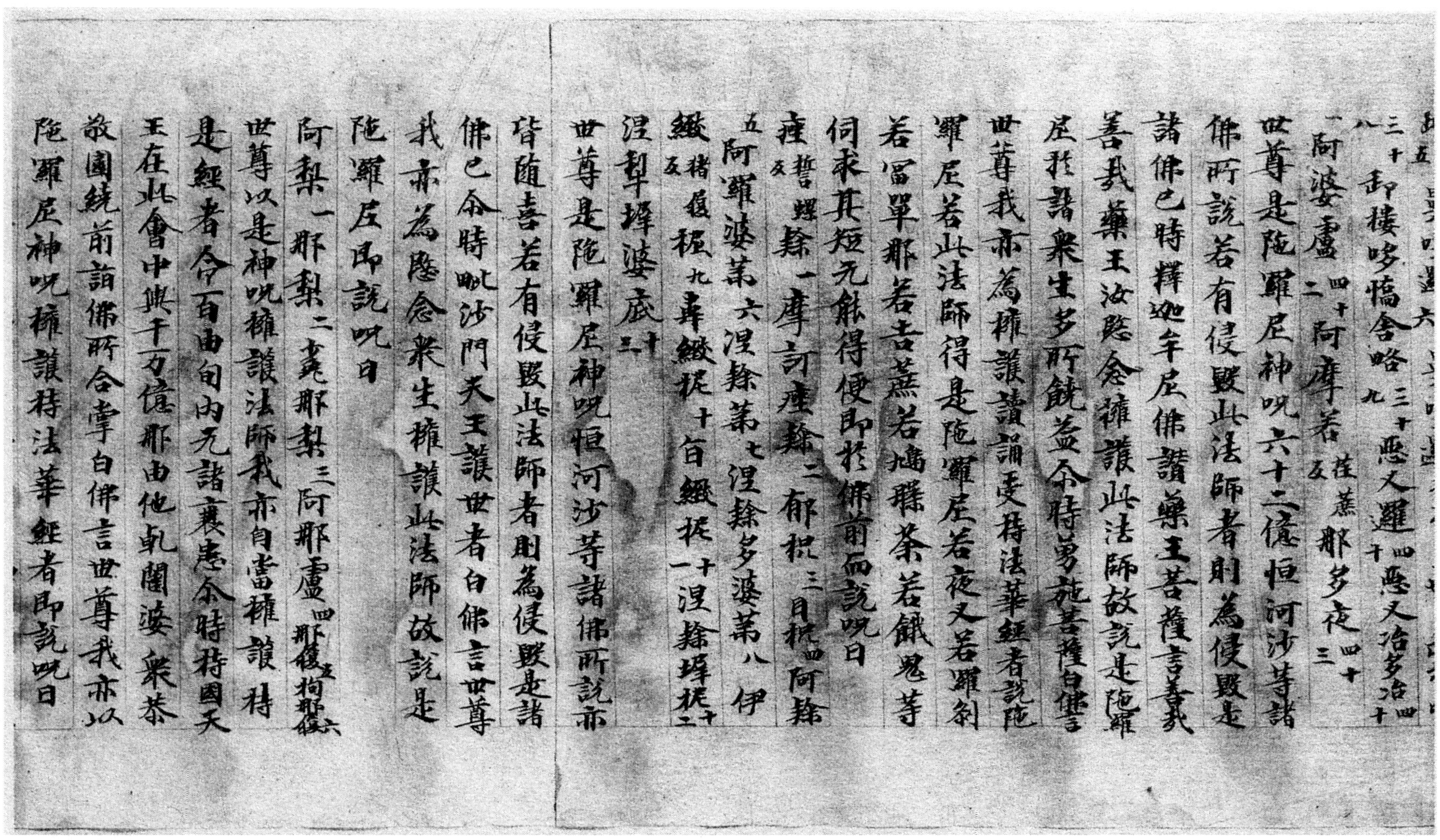
三十八 郵樓哆憍舍略三十九 惡叉邏四十 惡叉冶多冶四十一
阿婆盧四十二 阿摩若荏蔗反那多夜四十三
世尊是陀羅尼神呪六十二億恒河沙等諸
佛所說若有侵毀此法師者則為侵毀是
諸佛已時釋迦牟尼佛讚藥王菩薩言善哉
善哉藥王汝愍念擁護此法師故說是陀羅
尼於諸衆生多所饒益尒時勇施菩薩白佛言
世尊我亦為擁護讀誦受持法華經者說陀
羅尼若此法師得是陀羅尼若夜叉若羅刹
若富單那若吉蔗若鳩槃荼若餓鬼等
伺求其短无能得便即於佛前而說呪曰
痤誓螺反隸一 摩訶痤隸二 郁枳三 目枳四 阿隸
五 阿羅婆第六 涅隸第七 涅隸多婆第八 伊
緻猪履反柅九 韋緻柅十 旨緻柅十一 涅隸墀柅十二
涅犁墀婆底十三
世尊是陀羅尼神呪恒河沙等諸佛所說亦
皆隨喜若有侵毀此法師者則為侵毀是諸
佛已尒時毗沙門天王護世者白佛言世尊
我亦為愍念衆生擁護此法師故說是
陀羅尼即說呪曰
阿梨一 那梨二 㝹那梨三 阿那盧四 那履五 拘那履六
世尊以是神呪擁護法師我亦自當擁護持
是經者令百由旬內无諸衰患尒時持國天
王在此會中與千万億那由他乹闥婆衆恭
敬圍繞前詣佛所合掌白佛言世尊我亦以
陀羅尼神呪擁護持法華經者即說呪曰

BD05760號　妙法蓮華經卷七　（5–2）

阿那盧　那履　拘那履
世尊以是神呪擁護法師我亦自當擁護持
是經者令百由旬内无諸衰患尒時持國天
王在此會中與千万億那由他乹闥婆衆恭
敬圍繞前詣佛所合掌白佛言世尊我亦以
陁羅尼神呪擁護持法華經者即說呪曰
阿伽祢一　伽祢二　瞿利三　乹陁利四　栴陁利五
摩蹬耆六　常求利七　浮樓莎柅八　頞底九
世尊是陁羅尼神呪四十二億諸佛所說若
有侵毀此法師者則爲侵毀是諸佛已尒時
有羅刹女等一名藍婆二名毗藍婆三名曲
齒四名華齒五名黒齒六名多髮七名无厭
足八名持瓔珞九名睪帝十名奪一切衆生
精氣是十羅刹女與鬼子母并其子及眷
屬俱詣佛所同聲白佛言世尊我等亦欲擁
護讀誦受持法華經者除其衰患若有伺
求法短者令不得便即於佛前而說呪曰
伊提履一　伊提泯二　伊提履三　阿提履四　伊
提履五　泥履六　泥履七　泥履八　泥履九　泥履
十　樓醯十一　樓醯十二　樓醯十三　樓醯十四　多醯十五　多
醯十六　多醯十七　兜醯十八　㝹醯十九
寧上我頭上莫惱於法師若夜叉若羅刹若
餓鬼若冨單那若吉蔗若毗陁羅若揵䭾若
烏摩勒伽若阿跋摩羅若夜叉吉蔗若人吉
蔗若熱病若一日若二日若三日若四日若
至七日若常熱病若男形若女形若童男
形童女形乃至夢中亦復莫惱即於佛前

BD05760號　妙法蓮華經卷七　（5–3）

餓鬼若冨單那若吉蔗若毗陁羅若揵䭾若
烏摩勒伽若阿跋摩羅若夜叉吉蔗若人吉
蔗若熱病若一日若二日若三日若四日若
至七日若常熱病若男形若女形若童男
形童女形乃至夢中亦復莫惱即於佛前
而說偈言
若不順我呪　惱亂說法者　頭破作七分　如阿梨樹枝
如殺父母罪　亦如壓油殃　斗秤欺誑人　調達破僧罪
犯此法師者　當獲如是殃
諸羅刹女說此偈已白佛言世尊我等亦當
身自擁護受持讀誦脩行是經者令得安隱
離諸衰患消衆毒藥佛告諸羅刹女善哉善
哉汝等但能擁護受持法華名者福不可量
何况擁護具足受持供養經卷華香瓔珞末香
塗香焼香幡蓋伎樂然種種燈蘇燈油燈
諸香油燈蘇摩那華油燈瞻蔔華油燈婆師
迦華油燈優鉢羅華油燈如是等百千種供
養者睪帝汝等及眷屬應當擁護如是法
師說是陁羅尼品時六万八千人得无生法忍
妙法蓮華經妙莊嚴王本事品第二十七
尒時佛告諸大衆乃往古世過无量无邊不
可思議阿僧祇劫有佛名雲雷音宿王華智
多陁阿伽度阿羅呵三藐三佛陁國名光明
莊嚴劫名憙見彼佛法中有王名妙莊嚴其
王夫人名曰淨德有二子一名淨藏二名淨眼
是二子有大神力福德智慧久脩菩薩所
行之道所謂檀波羅蜜尸羅波羅蜜羼提

BD05760號　妙法蓮華經卷七　（5–4）

其汝等但能擁護受持法華名者福不可量
何況擁護具足受持供養經卷華香瓔珞末香
塗香燒香幡蓋伎樂然種種燈蘇燈油燈
諸香油燈蘇摩那華油燈瞻蔔華油燈婆師
迦華油燈優鉢羅華油燈如是等百千種供
養者睪帝汝等及眷屬應當擁護如是法
師說是陁羅尼品時六万八千人得无生法忍
妙法蓮華經妙莊嚴王本事品第二十七
尒時佛告諸大衆乃往古世過无量无邊不
可思議阿僧祇劫有佛名雲雷音宿王華智
多陁阿伽度阿羅呵三藐三佛陁国名光明
莊嚴劫名憙見彼佛法中有王名妙莊嚴其
王夫人名曰淨德有二子一名淨藏二名淨眼
是二子有大神力福德智慧久脩菩薩所
行之道所謂檀波羅蜜尸羅波羅蜜羼提
波羅蜜毗梨耶波羅蜜禪波羅蜜般若波羅蜜
方便波羅蜜慈悲喜捨乃至三十七助道法
皆悉明了通達又得菩薩淨三昧日星宿三

BD05760 號　妙法蓮華經卷七　（5–5）

……身而為說……而為說
度者即現大自在天……將軍身而為
天大將軍身得度者即現……毗沙門身
說法應以毗沙門身得……
而為說法應以小王身得度者即現小王身
而為說法應以長者身得度者即現長者身
而為說法應以居士身得度者即現居士身
而為說法應以宰官身得度者即現宰官身
而為說法應以婆羅門身得度者即現婆羅
門身而為說法應以比丘比丘尼優婆塞優
婆夷身得度者即現比丘比丘尼優婆塞……
婆夷身而為說法應以長者居士宰官……
門婦女身得度者即現婦女身而為說
以童男童女身得度者即現童男童女身
為說法應以天龍夜叉乾闥婆阿脩羅迦
羅緊那羅摩睺羅伽人非人等身得度者
皆現之而為說法應以執金剛神得度者即
現執金剛神而為說法无盡意是觀世音菩薩
成就如是功德以種種形遊諸國土度脫衆
生是故汝等應當一心供養觀世音菩薩是

BD05761 號　妙法蓮華經卷七　（4–1）

為說法應以天龍夜叉乾闥婆阿脩羅迦
羅緊那羅摩睺羅伽人非人等身得度者
皆現之而為說法應以執金剛神得度者即
現執金剛神而為說法无盡意是觀世音菩薩
成就如是功德以種種形遊諸國土度脫衆
生是故汝等應當一心供養觀世音菩薩是
觀世音菩薩摩訶薩於怖畏急難之中能施
无畏是故此娑婆世界皆号之為施无畏者
无盡意菩薩白佛言世尊我今當供養觀世
音菩薩即解頸衆寶珠瓔珞價直百千兩金
而以與之作是言仁者受此法施珎寶瓔珞時
觀世音菩薩不肯受之无盡意復白觀世
音菩薩言仁者愍我等故受此瓔珞尒時佛
告觀世音菩薩當愍此无盡意菩薩及四衆
天龍夜叉乾闥婆阿脩羅迦樓羅緊那羅摩
睺羅伽人非人等故受是瓔珞即時觀世音
菩薩愍諸四衆及於天龍人非人等受其瓔
珞分作二分一分奉釋迦牟尼佛一分奉多
寶佛塔无盡意觀世音菩薩有如是自在神
力遊於娑婆世界尒時无盡意菩薩以偈問曰
世尊妙相具　我今重問彼　佛子何因緣　名為觀世音
具足妙相尊　偈荅无盡意　汝聽觀音行　善應諸方所
弘誓深如海　歷劫不思議　侍多千億佛　發大清淨願
我為汝略說　聞名及見身　心念不空過　能滅諸有苦
假使興害意　推落大火坑　念彼觀音力　火坑變成池
或漂流巨海　龍魚諸鬼難　念彼觀音力　波浪不能沒
或在須彌峯　為人所推墮　念彼觀音力　如日虛空住

BD05761 號　妙法蓮華經卷七　（4–2）

具足妙相尊　偈荅无盡意　汝聽觀音行　善應諸方所
弘誓深如海　歷劫不思議　侍多千億佛　發大清淨願
我為汝略說　聞名及見身　心念不空過　能滅諸有苦
假使興害意　推落大火坑　念彼觀音力　火坑變成池
或漂流巨海　龍魚諸鬼難　念彼觀音力　波浪不能沒
或在須彌峯　為人所推墮　念彼觀音力　如日虛空住
或被惡人逐　墮落金剛山　念彼觀音力　不能損一毛
或值怨賊遶　各執刀加害　念彼觀音力　咸即起慈心
或遭王難苦　臨刑欲壽終　念彼觀音力　刀尋段段壞
或囚禁枷鎖　手足被杻械　念彼觀音力　釋然得解脫
呪詛諸毒藥　所欲害身者　念彼觀音力　還著於本人
或遇惡羅刹　毒龍諸鬼等　念彼觀音力　時悉不敢害
若惡獸圍遶　利牙爪可怖　念彼觀音力　疾走无邊方
蚖蛇及蝮蝎　氣毒煙火燃　念彼觀音力　尋聲自迴去
雲雷鼓掣電　降雹澍大雨　念彼觀音力　應時得消散
衆生被困厄　无量苦逼身　觀音妙智力　能救世間苦
具足神通力　廣脩智方便　十方諸國土　无剎不現身
種種諸惡趣　地獄鬼畜生　生老病死苦　以漸悉令滅
真觀清淨觀　廣大智慧觀　悲觀及慈觀　常願常瞻仰
无垢清淨光　慧日破諸闇　能伏災風火　普明照世間
悲體戒雷震　慈意妙大雲　澍甘露法雨　滅除煩惱炎
諍訟經官處　怖畏軍陣中　念彼觀音力　衆怨悉退散
妙音觀世音　梵音海潮音　勝彼世間音　是故須常念
念念勿生疑　觀世音淨聖　於苦惱死厄　能為作依怙
具一切功德　慈眼視衆生　福聚海无量　是故應頂禮
尒時持地菩薩即從座起前白佛言世尊若
有衆生聞是觀世音菩薩品自在之業普

BD05761 號　妙法蓮華經卷七　（4–3）

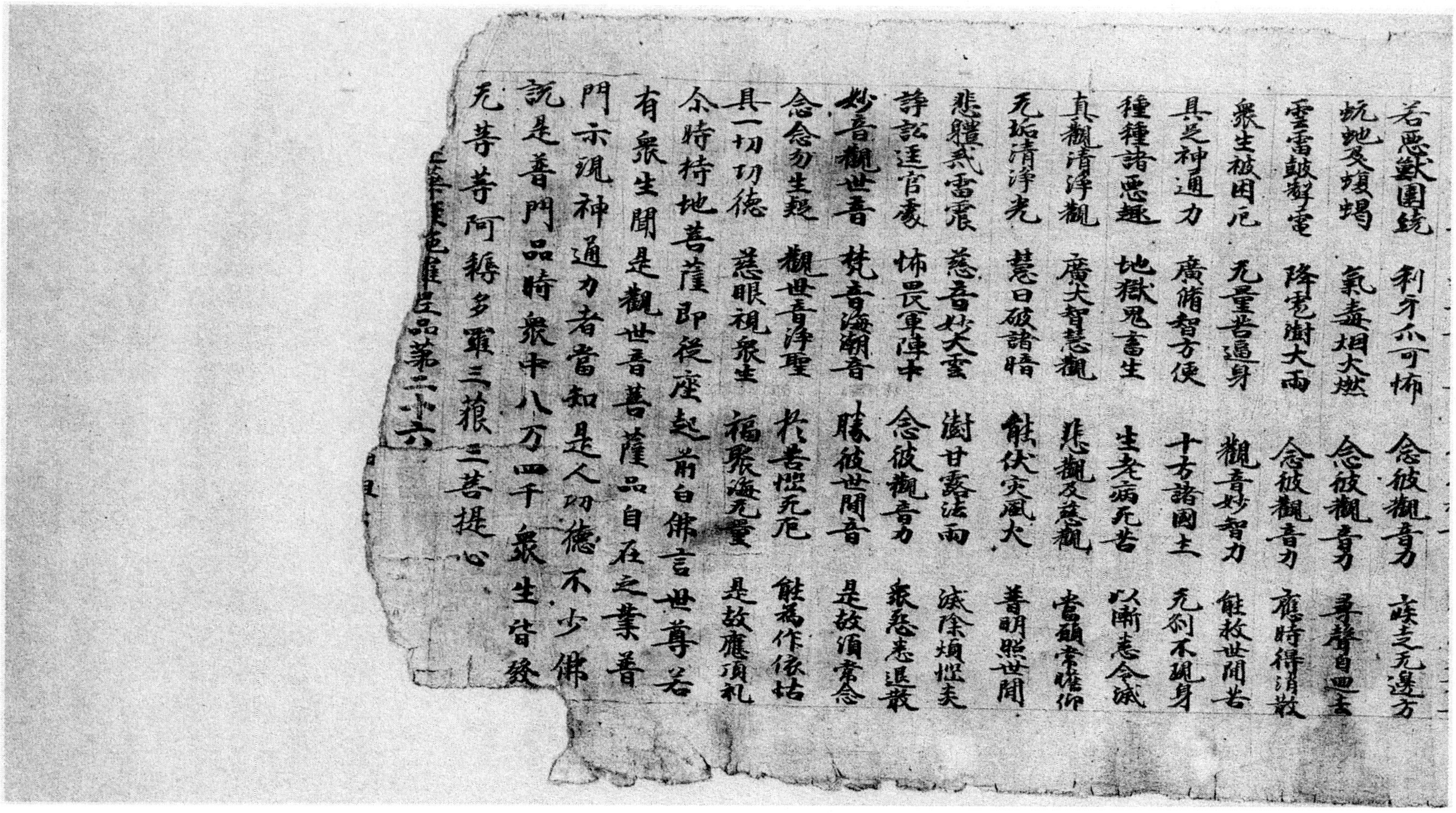
若惡獸圍繞　利牙爪可怖　念彼觀音力　疾走无邊方
蚖蛇及蝮蠍　氣毒烟火燃　念彼觀音力　尋聲自迴去
雲雷鼓掣電　降雹澍大雨　念彼觀音力　應時得消散
衆生被困厄　无量苦逼身　觀音妙智力　能救世間苦
具足神通力　廣修智方便　十方諸國土　无刹不現身
種種諸惡趣　地獄鬼畜生　生老病死苦　以漸悉令滅
真觀清淨觀　廣大智慧觀　悲觀及慈觀　常願常瞻仰
无垢清淨光　慧日破諸闇　能伏災風火　普明照世間
悲體戒雷震　慈意妙大雲　澍甘露法雨　滅除煩惱焰
諍訟經官處　怖畏軍陣中　念彼觀音力　衆怨悉退散
妙音觀世音　梵音海潮音　勝彼世間音　是故須常念
念念勿生疑　觀世音淨聖　於苦惱死厄　能為作依怙
具一切功德　慈眼視衆生　福聚海无量　是故應頂禮
尒時持地菩薩即從座起前白佛言世尊若
有衆生聞是觀世音菩薩品自在之業普
門示現神通力者當知是人功德不少佛
說是普門品時衆中八万四千衆生皆發
无等等阿耨多羅三藐三菩提心
[illegible]品第二十六

BD05761號　妙法蓮華經卷七　（4–4）

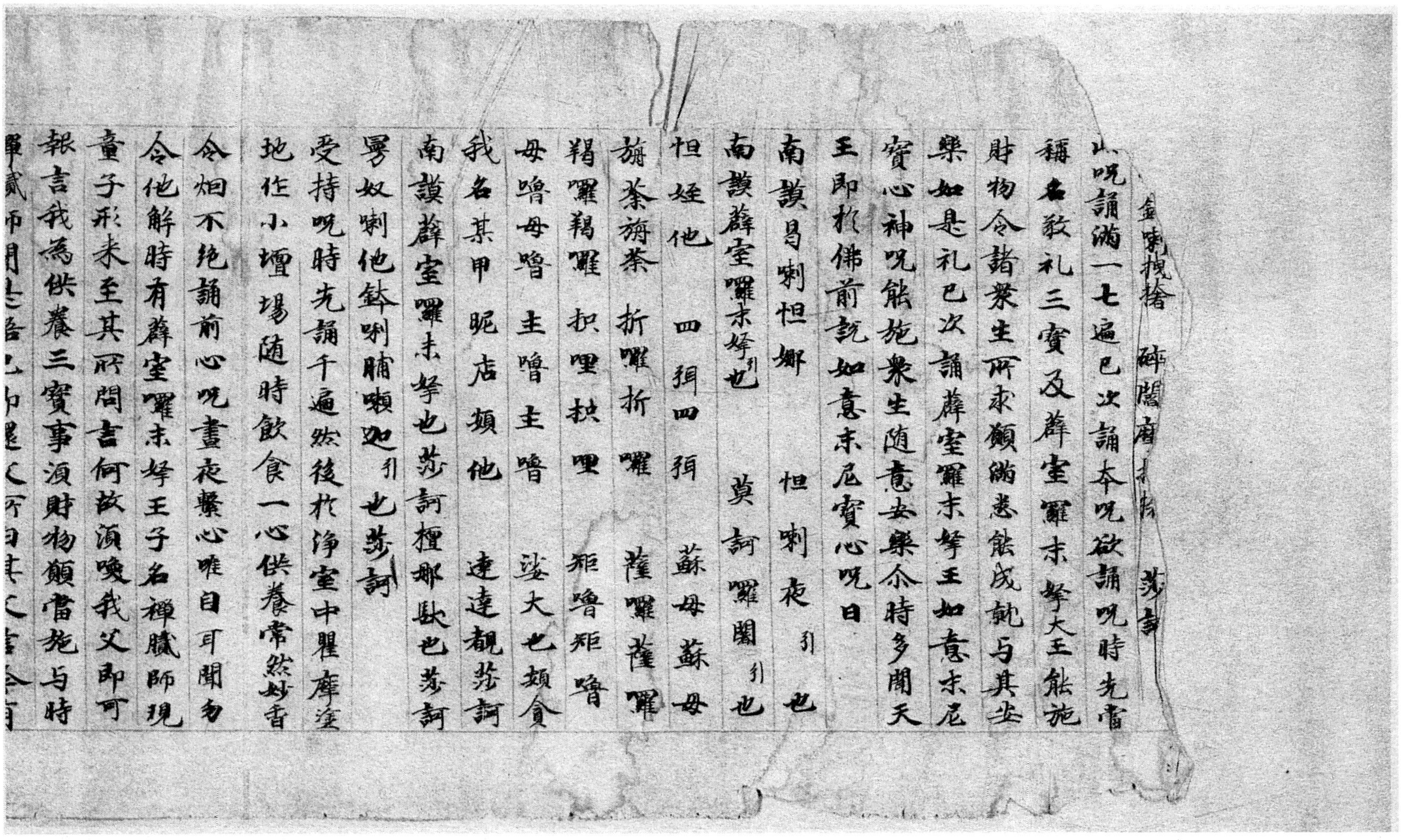
金[illegible]攞捨　碎闍唐[illegible]　莎訶
此呪誦滿一七遍已次誦本呪欲誦呪時先當
稱名敬礼三寶及薜室羅末拏大王能施
財物令諸衆生所求願滿悉能成就与其安
樂如是礼已次誦薜室羅末拏王如意末尼
寶心神呪能施衆生隨意安樂尒時多聞天
王即於佛前說如意末尼寶心呪曰
南謨曷喇怛娜　怛喇夜引也
南謨薜室囉末拏引也　莫訶囉闍引也
怛姪他　四弭四弭　蘇母蘇母
旃荼旃荼　折囉折囉　薩囉薩囉
羯囉羯囉　枳哩枳哩　矩嚕矩嚕
母嚕母嚕　主嚕主嚕　娑大也　頞貪
我名某甲　昵店　頞他　達達覩　莎訶
南謨薜室囉末拏也　莎訶　檀那馱也　莎訶
曼奴喇他　鉢喇脯喇娜也引　莎訶
受持呪時先誦千遍然後於淨室中瞿摩塗
地作小壇場隨時飲食一心供養常然妙香
令烟不絕誦前心呪晝夜繫心唯自耳聞勿
令他解時有薜室羅末拏王子名禪膩師現
童子形來至其所問言何故須喚我父即可
報言我為供養三寶事須財物願當施与時
禪膩師聞是語已即還父所白其父言今有

BD05762號　金光明最勝王經卷六　（8–1）

地作小壇場隨時飲食一心供養常然妙香
令炬不绝誦前心呪晝夜繫心唯自耳聞勿
令他解時有薜室囉末拏王子名禪膩師現
童子形来至其所問言何故須喚我父即可
報言我為供養三寶事須財物願當施与時
禪膩師聞是語已即還父所白其父言今有
善人發至誠心供養三寶少乏財物為斯請
召其父報日汝可速去日日与彼一百迦利
沙波拏（此是根本梵音雖自貝齒而隨方不定或是貝齒或是金銀銅鐵等錢然摩揭陁現今通用一迦利沙波拏有一千六百貝齒總數可以准知若准物直隨處不定若人持呪得成就者獲物之時自知其數有本云每日与一百陳那羅即金錢也乃至盡形日日常得西方求者多有神驗除不至心也）
其持呪者見是相已知事得成常須獨處淨
室燒香而卧可於林邊置一香篋每至天曉
觀其篋中獲所求物每得物時當日即須供
養三寶香花飲食兼施貧乏皆令罄盡不得
停留於諸有情起慈悲念勿生瞋誑諂害之
心若起瞋者即失神驗常可護心勿令瞋恚
又持此呪者於每日中憶我多聞天王及男
女眷屬稱揚讚歎恒以十善共相資助令彼
天等福力增明衆善普臻證菩提處彼諸天
衆見是事已皆大歡喜共来擁衛持呪之人
又持呪者壽命長遠經無量歲永離三塗常
無災厄亦令獲得如意寶珠及以伏藏神通
自在所願皆成若求官榮無不稱意亦解
一切禽獸之語

BD05762 號　金光明最勝王經卷六

（8–2）

衆見是事已皆大歡喜共来擁衛持呪之人
又持呪者壽命長遠經無量歲永離三塗常
無災厄亦令獲得如意寶珠及以伏藏神通
自在所願皆成若求官榮無不稱意亦解
一切禽獸之語
世尊若持呪時欲得見我自身現者可於月
八日或十五日於白疊上畫佛形像當用木
膠雜彩莊飾其畫像人為受八戒於佛左邊
作吉祥天女像於佛右邊作我多聞天像并
畫男女眷屬之類安置坐處咸令如法布列
花彩燒衆名香然燈續明晝夜無歇上妙飲
食種種珎奇發慇重心隨時供養受持神呪
不得輕心請召我時應誦此呪
南謨室唎健那也　勃　陁　引　也
南謨薜室囉末拏也　藥　叉　囉　闍　引　也
莫　訶　囉　闍　阿　地　囉　闍　也
南　麼　室　唎　耶　褱　莫　訶　提　鞞　引　褱
怛　姪　他　怛囉怛囉咄嚕咄嚕
末　囉　末　囉　窣卒吐窣卒吐
漢　娜　漢　娜　末尼羯諾迦
跋折囉薜瑠璃也　目底迦楞訖㗚哆
設　唎　囉　褱　蒱引薩婆薩埵
呬　哆　迦引　摩　薜室囉末拏
室　唎　夜　提　鼻　跋臘婆　引　也
翳呬翳呬麼毗藍婆　瞿㗚拏瞿㗚拏
末（麻八反）喇婆袜喇婆　達馱呬　麼　麼

BD05762 號　金光明最勝王經卷六

（8–3）

設唎囉囊　蒲引薩婆薩埵
呬哆迦引摩　薜室囉末拏
室唎夜提卑　馱曬婆引也
醫呬醫呬麼毗藍婆　瞿嘌拏瞿嘌拏
秣麻八反唎婆秣唎婆　達馱呬　麼麼
阿目迦那末寫自稱己名　達哩設那迦末寫
達哩設南　麼麼末那
鉢喇昌羅大也　莎訶
世尊我若見此誦呪之人復見如是盛興供
養即生慈愛歡喜之心我即變身作小兒形
或作老人苾芻之像手持如意末尼寶珠并
持金囊入道場內身現恭敬口稱佛名語持
呪者曰隨汝所求皆令如願或隱林藪或造
寶珠或欲衆人愛寵或求金銀等物欲持諸
呪皆令有驗或欲神通壽命長遠及勝妙樂
無不稱心我今且說如是之事若更求餘皆
隨所願悉得成就寶藏無盡功德無窮假使
日月墜墮于地或可大地有時移轉我此實
語終不虛然常得安隱隨心快樂世尊若有
人能受持讀誦是經王者誦此呪時不假疲
勞法速成就世尊我今為彼貧窮困厄苦惱
衆生說此神呪令獲大利皆得富樂自在無
患乃至盡形我當擁護隨逐是人為除災厄
亦復令此持金光明最勝王經流通之者及
持呪人於百步內光明照燭我之所有千藥
叉神亦常侍衛隨欲駈使無不遂心我說實

BD05762號　金光明最勝王經卷六　（8–4）

衆生說此神呪令獲大利皆得富樂自在無
患乃至盡形我當擁護隨逐是人為除災厄
亦復令此持金光明最勝王經流通之者及
持呪人於百步內光明照燭我之所有千藥
叉神亦常侍衛隨欲駈使無不遂心我說實
語無有虛誑唯佛證知時多聞天王說此呪
已佛言善哉大王汝能破裂一切衆生貧窮
苦網令得富樂說是神呪復令此經廣行於
世時四天王俱從座起偏袒一肩頂礼雙足
右膝著地合掌恭敬以妙伽他讚佛功德
佛面猶如淨滿月　亦如千日放光明
目淨脩廣若青蓮　齒白齊密猶珂雪
佛德無邊如大海　無限妙寶積其中
智慧德水鎮恒盈　百千勝定咸充滿
足下輪相皆嚴飾　轂輞千輻悉齊平
手足鞔網遍莊嚴　猶如鵝王相具足
佛身光曜等金山　清淨殊特無倫疋
亦如妙高功德滿　故我稽首佛山王
相好如空不可測　逾於千月放光明
皆如燄幻不思議　故我稽首心無著
尒時四天王讚歎佛已世尊亦以伽他而答
之曰
此金光明最勝經　無上十力之所說
汝等四王常擁衛　應生勇猛不退心
此妙經寶極甚深　能与一切有情樂
由彼有情安樂故　常得流通贍部洲

BD05762號　金光明最勝王經卷六　（8–5）

之曰

此金光明最勝經　無上十力之所說
汝等四王常擁衛　應生勇猛不退心
此妙經寶極甚深　能与一切有情樂
由彼有情安樂故　常得流通贍部洲
於此大千世界中　所有一切有情類
餓鬼傍生及地獄　如是苦趣悉皆除
住此南洲諸國王　及餘一切有情類
由經威力常歡喜　皆蒙擁護得安寧
亦使此中諸有情　除衆病苦無賊盜
賴此國土弘經故　安隱豐樂無違惱
若人聽受此經王　欲求尊貴及財利
國土豐樂無違諍　隨心所願悉皆從
能令他方賊退散　於自國界常安隱
由此最勝經王力　離諸苦惱無憂怖
如寶樹王在宅內　能生一切諸樂具
最勝經王亦復然　能与人王勝功德
譬如澄潔清冷水　能除飢渴諸熱惱
最勝經王亦復然　令樂福者心滿足
如人室有妙寶篋　隨所受用悉從心
最勝經王亦復然　福德隨心無所乏
汝等天主及天衆　應當供養此經王
若能依教奉持經　智慧威神皆具足
現在十方一切佛　咸共護念此經王
見有讀誦及受持　稱歎善哉甚希有
若有人能聽此經　身心踊躍生歡喜

BD05762 號　金光明最勝王經卷六　（8–6）

汝等天主及天衆　應當供養此經王
若能依教奉持經　智慧威神皆具足
現在十方一切佛　咸共護念此經王
見有讀誦及受持　稱歎善哉甚希有
若有人能聽此經　身心踊躍生歡喜
常有百千藥叉衆　隨所住處護斯人
於此世界諸天衆　其數無量不思議
悉共聽受此經王　歡喜護持無退轉
若人聽受此經王　威德勇猛常自在
增益一切人天衆　令離衰惱益光明

爾時四天王聞是頌已歡喜踊躍白佛言世尊我從昔來未曾得聞如是甚深微妙之法心生悲喜涕淚交流舉身戰動證不思議希有之事以天曼陁羅花摩訶曼陁羅花而散佛上作是殊勝供養佛已白佛言世尊我等四王各有五百藥叉眷屬當處處擁護是及說法師以智光明而為助衛若於此經所有句義忘失之處我皆令彼憶念不忘并与陁羅尼殊勝法門令得具足復欲令此最勝經王所在之處為諸衆生廣宣流布不速隱沒爾時世尊於大衆中說是法時無量衆生皆得大智聰叡辯才攝受無量福德之聚離諸憂惱發喜樂心善明衆論登出離道不復退轉速證菩提

金光明最勝王經卷第六

BD05762 號　金光明最勝王經卷六　（8–7）

句義忘失之處我皆令彼憶念不忘并与陁
羅尼殊勝法門令得具足復欲令此最勝經
王所在之處為諸衆生廣宣流布不速隱沒
尒時世尊於大衆中說是法時無量衆生皆
得大智聰叡辯才攝受無量福德之聚離
諸憂惱發喜樂心善明衆論登出離道不復
退轉速證菩提

金光明最勝王經卷第六

胝陟尸 敲昌兩 鼇亭歷從文 歜田見 飭乘力 掠良灼 讖士咸
窶劬矩 塵摩可 颯蘇合 薜蒲明 擔車者 拏奴加 窣孫骨 嚧盧盍 嗢致
䶩末般 歠以芮

BD05762 號　金光明最勝王經卷六　（8–8）

脩行布施波羅蜜多脩行淨戒安忍精進靜
慮般若波羅蜜多安住內空外空內外
空空空大空勝義空有為空無為空畢竟空
無際空散空無變異空本性空自相空共相
空一切法空不可得空無性空自性空無性
自性空脩行四念住脩行四正斷四神足五
根五力七等覺支八聖道支安住苦聖諦安
住集滅道聖諦脩行四靜慮脩行四無量四
無色定脩行八解脫脩行八勝處九次第定
十遍處脩行陁羅尼門脩行三摩地門脩行
空解脫門脩行無相無願解脫門脩行極喜
地脩行離垢地發光地焰慧地極難勝地現
前地遠行地不動地善慧地法雲地脩行五
眼脩行六神通脩行佛十力脩行四無所畏
四無礙解大慈大悲大喜大捨十八佛不共
法脩行三十二大士相八十隨好脩行無忘
失法脩行恒住捨性脩行一切智脩行道相
智一切相智脩行一切菩薩摩訶薩行脩行

BD05763 號　大般若波羅蜜多經卷三九〇　（4–1）

前地遠行地不動地善慧地法雲地脩行五
眼脩行六神通脩行佛十力脩行四無所畏
四無礙觧大慈大悲大喜大捨十八佛不共
法脩行三十二大士相八十隨好脩行無忘
失法脩行恒住捨性脩行一切智脩行道相
智一切相智脩行一切菩薩摩訶薩行脩行
諸佛無上正等菩提脩行菩薩道若未圓滿
不能證得所求無上正等菩提世尊云何菩
薩摩訶薩脩菩薩道令得圓滿能證無上正
等菩提佛告善現若菩薩摩訶薩脩行般
若波羅蜜多方便善巧脩行布施波羅蜜多時
不得布施不得能施不得所施不得所為亦
不遠離如是諸法而行布施波羅蜜多是菩
薩摩訶薩則能圓滿脩菩薩道善現若菩薩
摩訶薩脩行般若波羅蜜多方便善巧脩行
淨戒安忍精進靜慮般若波羅蜜多時不得
淨戒安忍精進靜慮般若不得能脩不得所
脩不得所為亦不遠離如是諸法而行淨戒
安忍精進靜慮般若波羅蜜多是菩薩摩
訶薩則能圓滿脩菩薩道如是善現諸菩薩摩
訶薩脩行般若波羅蜜多方便善巧脩菩薩
道令得圓滿能證無上正等菩提善現若菩
薩摩訶薩脩行般若波羅蜜多方便善巧安
住內空時不得內空不得能住不得所住不
得所為亦不遠離如是諸法而住內空是菩
薩摩訶薩則能圓滿脩菩薩道善現若菩薩

BD05763號　大般若波羅蜜多經卷三九〇　（4–2）

道令得圓滿能證無上正等菩提善現若菩
薩摩訶薩脩行般若波羅蜜多方便善巧安
住內空時不得內空不得能住不得所住不
得所為亦不遠離如是諸法而住內空是菩
薩摩訶薩則能圓滿脩菩薩道善現若菩薩
摩訶薩脩行般若波羅蜜多時方便善巧安
住外空內外空空空大空勝義空有為空無
為空畢竟空無際空散空無變異空本性空
自相空共相空一切法空不可得空無性空
自性空無性自性空時不得外空乃至無性
自性空不得能住不得不住不得所為亦不
遠離如是諸法而住外空乃至無性自性空
是菩薩摩訶薩則能圓滿脩菩薩道如是善
現諸菩薩摩訶薩脩行般若波羅蜜多方便
善巧脩菩薩道令得圓滿能證無上正等菩
提善現若菩薩摩訶薩脩行般若波羅蜜多
方便善巧脩行四念住時不得四念住不得
能脩不得所脩不得所為亦不遠離如是諸
法而脩四念住是菩薩摩訶薩則能圓滿脩
菩薩道善現若菩薩摩訶薩脩行般若波
羅蜜多方便善巧脩行四正斷四神足五根五
力七等覺支八聖道支時不得四正斷乃至
八聖道支不得能脩不得所脩不得所為
亦不遠離如是諸法而脩四正斷乃至八聖
道支是菩薩摩訶薩則能圓滿脩菩薩道
如是善現諸菩薩摩訶薩脩行般若波羅
蜜多方便善巧脩菩薩道令得圓滿能證

BD05763號　大般若波羅蜜多經卷三九〇　（4–3）

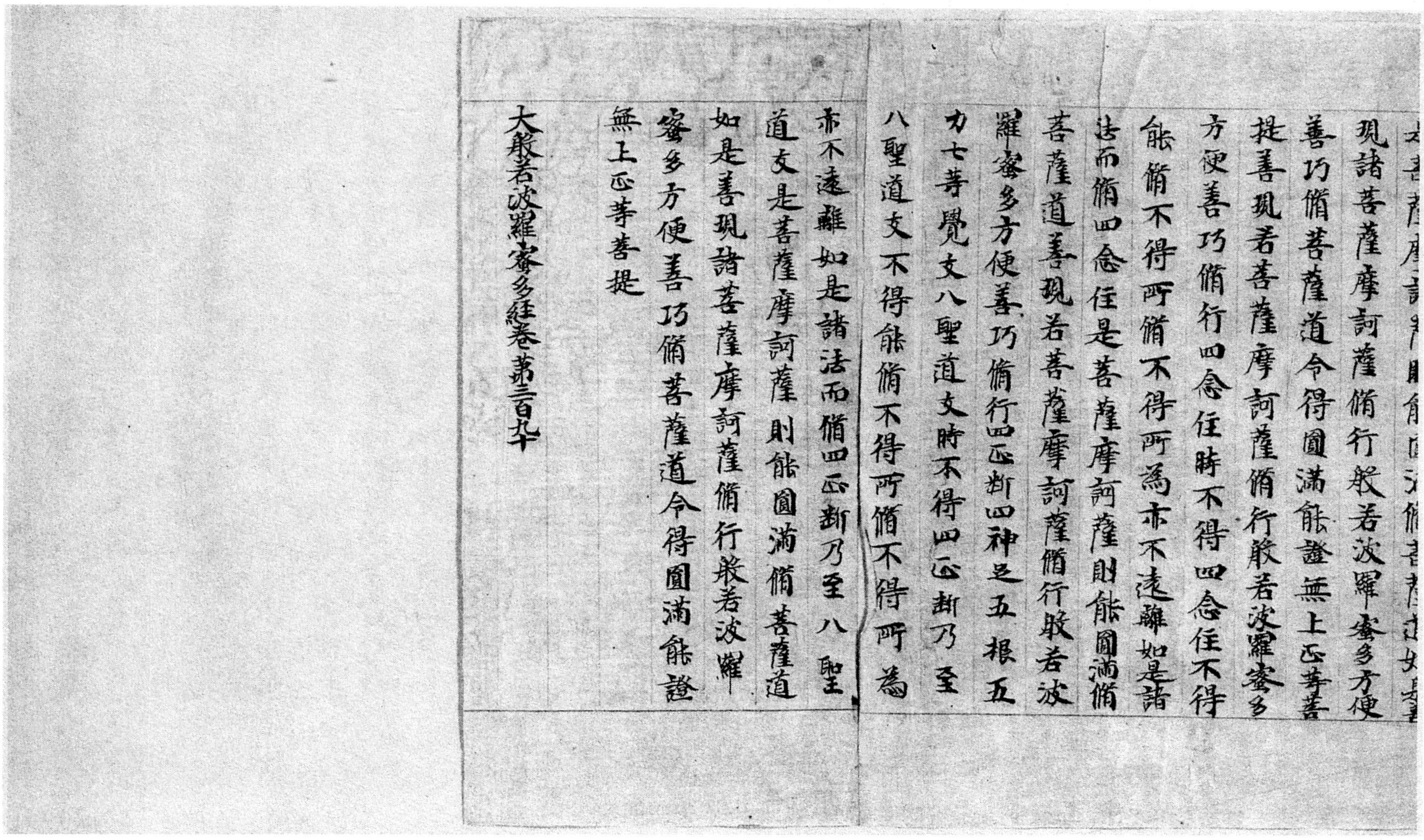
現諸菩薩摩訶薩脩行般若波羅蜜多方便
善巧脩菩薩道令得圓滿能證無上正等菩
提善現若菩薩摩訶薩脩行般若波羅蜜多
方便善巧脩行四念住時不得四念住不得
能脩不得所脩不得所為亦不遠離如是諸
法而脩四念住是菩薩摩訶薩則能圓滿脩
菩薩道善現若菩薩摩訶薩脩行般若波
羅蜜多方便善巧脩行四正斷四神足五根五
力七等覺支八聖道支時不得四正斷乃至
八聖道支不得能脩不得所脩不得所為
亦不遠離如是諸法而脩四正斷乃至八聖
道支是菩薩摩訶薩則能圓滿脩菩薩道
如是善現諸菩薩摩訶薩脩行般若波羅
蜜多方便善巧脩菩薩道令得圓滿能證
無上正等菩提
大般若波羅蜜多經卷第三百九十

BD05763 號　大般若波羅蜜多經卷三九〇　（4–4）

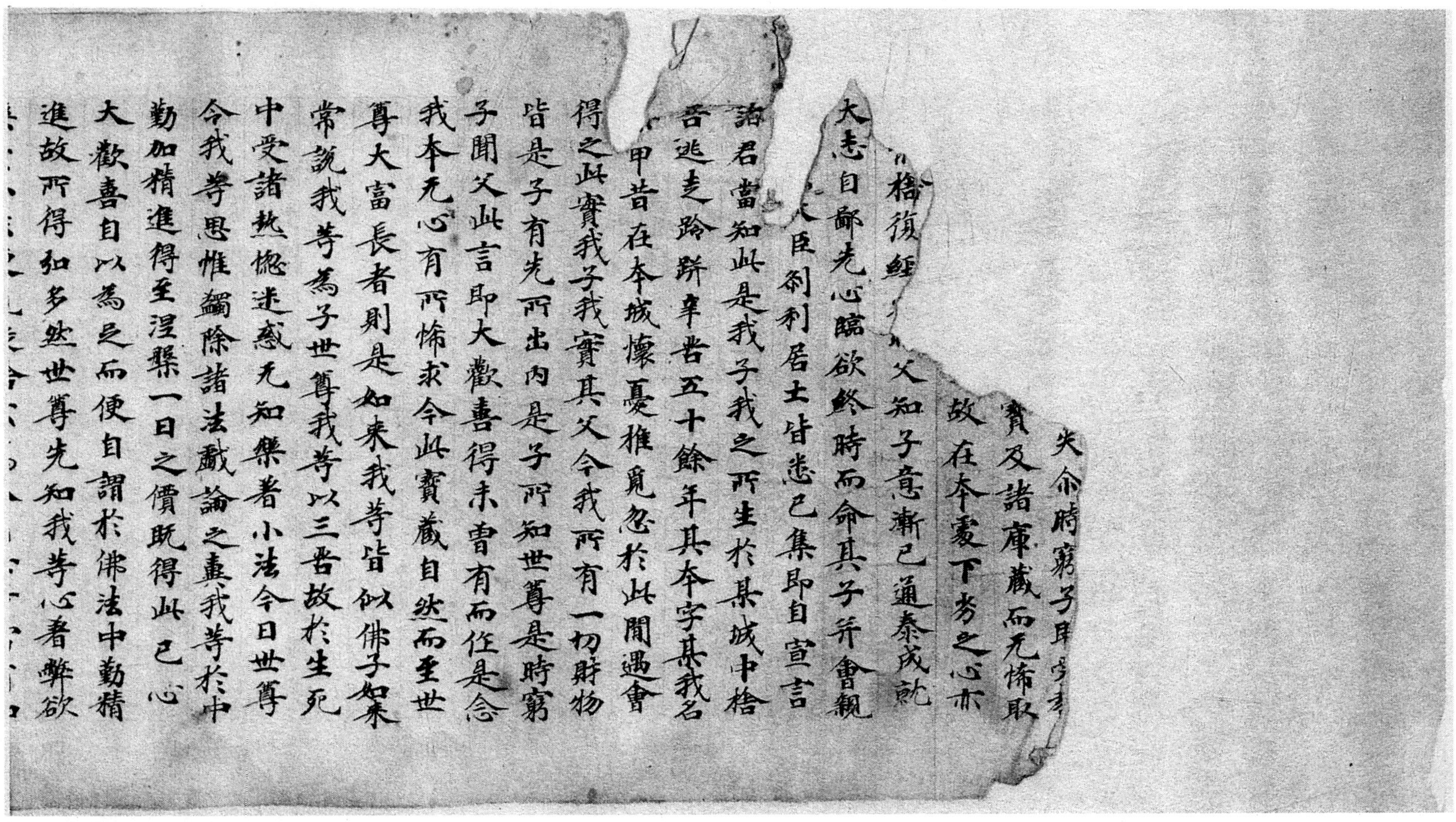
失尒時窮子
寶及諸庫藏而无悕取
故在本處下劣之心亦
捨復經…父知子意漸已通泰成就
大志自鄙先心臨欲終時而命其子并會親
…大臣剎利居士皆悉已集即自宣言
諸君當知此是我子我之所生於某城中捨
吾逃走跉跰辛苦五十餘年其本字某我名
某甲昔在本城懷憂推覓忽於此間遇會
得之此實我子我實其父今我所有一切財物
皆是子有先所出內是子所知世尊是時窮
子聞父此言即大歡喜得未曾有而作是念
我本无心有所悕求今此寶藏自然而至世
尊大富長者則是如來我等皆似佛子如來
常說我等為子世尊我等以三苦故於生死
中受諸熱惱迷惑无知樂著小法今日世尊
令我等思惟蠲除諸法戲論之糞我等於中
勤加精進得至涅槃一日之價既得此已心
大歡喜自以為足而便自謂於佛法中勤精
進故所得弘多然世尊先知我等心著弊欲

BD05764 號　妙法蓮華經卷二　（6–1）

其大富長者則是如來我等皆似佛子如來
常說我等為子世尊我等以三苦故於生死
中受諸熱惱迷惑无知樂著小法今日世尊
令我等思惟蠲除諸法戲論之糞我等於中
勤加精進得至涅槃一日之價既得此已心
大歡喜自以為足而便自謂於佛法中勤精
進故所得弘多然世尊先知我等心著弊欲
樂於小法便見縱捨不為分別汝等當有如
來知見寶藏之分世尊以方便力說如來智
慧我等從佛得涅槃一日之價以為大得於
此大乘无有志求我等又因如來智慧為諸
菩薩開示演說而自於此无有志願所以者
何佛知我等心樂小法以方便力隨我等說
而我等不知真是佛子今我等方知世尊於
佛智慧无所悋惜所以者何我等昔來真是
佛子而但樂小法若我等有樂大之心佛則
為我說大乘法於此經中唯說一乘而昔於
菩薩前毀呰聲聞樂小法者然佛實以大乘
教化是故我等說本无心有所悕求今法王
大寶自然而至如佛子所應得者皆已得之
尒時摩訶迦葉欲重宣此義而說偈言
我等今日　聞佛音教　歡喜踊躍　得未曾有
佛說聲聞　當得作佛　无上寶聚　不求自得
譬如童子　幼稚无識　捨父逃逝　遠到他土
周流諸國　五十餘年　其父憂念　四方推求
求之既疲　頓止一城　造立舍宅　五欲自娛
其家巨富　多諸金銀　車𤦲馬瑙　真珠瑠璃

BD05764號　妙法蓮華經卷二　（6–2）

佛說聲聞　當得作佛　无上寶聚　不求自得
譬如童子　幼稚无識　捨父逃逝　遠到他土
周流諸國　五十餘年　其父憂念　四方推求
求之既疲　頓止一城　造立舍宅　五欲自娛
其家巨富　多諸金銀　車𤦲馬瑙　真珠瑠璃
象馬牛羊　輦轝車乘　田業僮僕　人民眾多
出入息利　乃遍他國　商估賈人　无處不有
千万億眾　圍繞恭敬　常為王者　之所愛念
羣臣豪族　皆共宗重　以諸緣故　往來者眾
豪富如是　有大力勢　而年朽邁　益憂念子
夙夜惟念　死時將至　癡子捨我　五十餘年
庫藏諸物　當如之何　尒時窮子　求索衣食
從邑至邑　從國至國　或有所得　或无所得
飢餓羸瘦　體生瘡癬　漸次經歷　到父住城
傭賃展轉　遂至父舍　尒時長者　於其門內
施大寶帳　處師子座　眷屬圍繞　諸人侍衛
或有計算　金銀寶物　出內財產　注記券疏
窮子見父　豪貴尊嚴　謂是國王　若是王等
驚怖自恠　何故至此　覆自念言　我若久住
或見逼迫　強驅使作　思惟是已　馳走而去
借問貧里　欲往傭作　長者是時　在師子座
遙見其子　嘿而識之　即勑使者　追捉將來
窮子驚喚　迷悶躃地　是人執我　必當見殺
何用衣食　使我至此　長者知子　愚癡狹劣
不信我言　不信是父　即以方便　更遣餘人
眇目矬陋　无威德者　汝可語之　云當相雇
除諸糞穢　倍與汝價　窮子聞之　歡喜隨來

BD05764號　妙法蓮華經卷二　（6–3）

遥見其子　嘿而識之　即勑使者　追捉將來
窮子驚喚　迷悶躃地　是人執我　必當見殺
何用衣食　使我至此　長者知子　愚癡狹劣
不信我言　不信是父　即以方便　更遣餘人
眇目矬陋　无威德者　汝可語之　云當相雇
除諸糞穢　倍與汝價　窮子聞之　歡喜隨來
為除糞穢　淨諸房舍　長者於牖　常見其子
念子愚劣　樂為鄙事　於是長者　著弊垢衣
執除糞器　往到子所　方便附近　語令勤作
既益汝價　并塗足油　飲食充足　薦席厚暖
如是苦言　汝當勤作　又以軟語　若如我子
長者有智　漸令入出　經二十年　執作家事
示其金銀　真珠頗梨　諸物出入　皆使令知
猶處門外　止宿草庵　自念貧事　我无此物
父知子心　漸已曠大　欲與財物　即聚親族
國王大臣　剎利居士　於此大眾　說是我子
捨我他行　經五十歲　自見子來　已二十年
昔於某城　而失是子　周行求索　遂來至此
凡我所有　舍宅人民　悉以付之　恣其所用
子念昔貧　志意下劣　今於父所　大獲珍寶
并及舍宅　一切財物　甚大歡喜　得未曾有
佛亦如是　知我樂小　未曾說言　汝等作佛
而說我等　得諸无漏　成就小乘　聲聞弟子
佛勑我等　說冣上道　脩習此者　當得成佛
我承佛教　為大菩薩　以諸因緣　種種譬喻
若干言辭　說无上道　諸佛子等　從我聞法
日夜思惟　精勤脩習　是時諸佛　即授其記

BD05764 號　妙法蓮華經卷二　（6–4）

佛亦如是　知我樂小　未曾說言　汝等作佛
而說我等　得諸无漏　成就小乘　聲聞弟子
佛勑我等　說冣上道　脩習此者　當得成佛
我承佛教　為大菩薩　以諸因緣　種種譬喻
若干言辭　說无上道　諸佛子等　從我聞法
日夜思惟　精勤脩習　是時諸佛　即授其記
汝於來世　當得作佛　一切諸佛　祕藏之法
但為菩薩　演其實事　而不為我　說斯真要
如彼窮子　得近其父　雖知諸物　心不悕取
我等雖說　佛法寶藏　自无志願　亦復如是
我等內滅　自謂為足　唯了此事　更无餘事
我等若聞　淨佛國土　教化眾生　都无欣樂
所以者何　一切諸法　皆悉空寂　无生无滅
无大无小　无漏无為　如是思惟　不生喜樂
我等長夜　於佛智慧　无貪无著　无復志願
而自於法　謂是究竟　我等長夜　脩習空法
得脫三界　苦惱之患　住冣後身　有餘涅槃
佛所教化　得道不虛　則為已得　報佛之恩
我等雖為　諸佛子等　說菩薩法　以求佛道
而於是法　永无願樂　導師見捨　觀我心故
初不勸進　說有實利　如富長者　知子志劣
以方便力　柔伏其心　然後乃付　一切財物
佛亦如是　現希有事　知樂小者　以方便力
調伏其心　乃教大智　我等今日　得未曾有
非先所望　而今自得　如彼窮子　得无量寶
世尊我今　得道得果　於无漏法　得清淨眼
我等長夜　持佛淨戒　始於今日　得其果報

BD05764 號　妙法蓮華經卷二　（6–5）

以方便力　柔伏其心　然後乃付　一切財物
佛亦如是　現希有事　知樂小者　以方便力
調伏其心　乃教大智　我等今日　得未曾有
非先所望　而今自得　如彼窮子　得无量寶
世尊我今　得道得果　於无漏法　得清淨眼
我等長夜　持佛淨戒　始於今日　得其果報
法王法中　久脩梵行　今得无漏　无上大果
我等今者　真是聲聞　以佛道聲　令一切聞
我等今者　真阿羅漢　於諸世間　天人魔梵
普於其中　應受供養　世尊大恩　以希有事
憐愍教化　利益我等　无量億劫　誰能報者
手足供給　頭頂礼敬　一切供養　皆不能報
若以頂戴　兩肩荷負　於恒沙劫　盡心恭敬
又以美饍　无量寶衣　及諸卧具　種種湯藥
牛頭栴檀　及諸珎寶　以起塔廟　寶衣布地
如斯等事　以用供養　於恒沙劫　亦不能報
諸佛希有　无量无邊　不可思議　大神通力
无漏无為　諸法之王　能為下劣　忍于斯事
取相凡夫　隨宜為說　諸佛於法　得最自在
知諸衆生　種種欲樂　及其志力　隨所堪任
以无量喻　而為說法　隨諸衆生　宿世善根
又知成熟　未成熟者　種種籌量　分別知已
於一乘道　隨宜說三

BD05764號　妙法蓮華經卷二

（6–6）

不如是世尊如來有天眼須菩提於意云何
如來有慧眼不如是世尊如來有慧眼須菩
提於意云何如來有法眼不如是世尊如來
有法眼須菩提於意云何如來有佛眼不也
是世尊如來有佛眼須菩提於意云何恒河
中所有沙佛說是沙不如是世尊如來說是
沙須菩提於意云何如一恒河中所有沙有
如是等恒河是諸恒河所有沙數佛世界如
是寧為多不甚多世尊佛告須菩提尒所
國土中所有衆生若干種心如來悉知何以故
如來說諸心皆為非心是名為心所以者何
須菩提過去心不可得現在心不可得未來
心不可得須菩提於意云何若有人滿三千
大千世界七寶以用布施是人以是因緣得
福多不如是世尊此人以是因緣得福甚多
須菩提若福德有實如來不說得福德多
以福德无故如來說得福德多
須菩提於意云何佛可以具足色身見不不

BD05765號　金剛般若波羅蜜經

（5–1）

心不可得須菩提於意云何若有人滿三千
大千世界七寶以用布施是人以是因緣得
福多不如是世尊此人以是因緣得福甚多
須菩提若福德有實如來不說得福德多
以福德无故如來說得福德多
須菩提於意云何佛可以具足色身見不不
也世尊如來不應以具足色身見何以故如來
說具足色身即非具足色身是名具足色身須
菩提於意云何如來可以具足諸相見不不
也世尊如來不應以具足諸相見何以故如
來說諸相具足即非具足是名諸相具足須
菩提汝勿謂如來作是念我當有所說法莫
作是念何以故若人言如來有所說法即為
謗佛不能解我所說故須菩提說法者无法
可說是名說法須菩提白佛言世尊佛得阿
耨多羅三藐三菩提為无所得耶如是如是
須菩提我於阿耨多羅三藐三菩提乃至无
有少法可得是名阿耨多羅三藐三菩提復
次須菩提是法平等无有高下是名阿耨多
羅三藐三菩提以无我无人无眾生无壽者脩
一切善法則得阿耨多羅三藐三菩提須菩
菩提所言善法者如來說非善法是名善法
須菩提若三千大千世界中所有諸須彌山
王如是等七寶聚有人持用布施若人以此
般若波羅蜜經乃至四句偈等受持讀誦為
他人說於前福德百分不及一百千萬億分乃

菩提所言善法者如來說非善法是名善法
須菩提若三千大千世界中所有諸須彌山
王如是等七寶聚有人持用布施若人以此
般若波羅蜜經乃至四句偈等受持讀誦為
他人說於前福德百分不及一百千萬億分乃
至筭數譬喻所不能及
須菩提於意云何汝等勿謂如來作是念我
當度眾生須菩提莫作是念何以故實无有
眾生如來度者若有眾生如來度者如來則
有我人眾生壽者須菩提如來說有我者則
非有我而凡夫之人以為有我須菩提凡夫
者如來說則非凡夫須菩提於意云何可以
三十二相觀如來不須菩提言如是如是以
三十二相觀如來佛言須菩提若以三十二
相觀如來者轉輪聖王則是如來須菩提白
佛言世尊如我解佛所說義不應以三十二
相觀如來尒時世尊而說偈言
若以色見我　以音聲求我　是人行邪道　不能見如來
須菩提汝若作是念如來不以具足相故得阿
耨多羅三藐三菩提須菩提莫作是念如
來不以具足相故得阿耨多羅三藐三菩提
須菩提汝若作是念發阿耨多羅三藐三菩提
提者說諸法斷滅相莫作是念何以故發阿
耨多羅三藐三菩提者於法不說斷滅相須
菩提若菩薩以滿恒河沙等世界七寶布施

來不以具足相故得阿耨多羅三藐三菩提
須菩提汝若作是念發阿耨多羅三藐三菩
提者說諸法斷滅相莫作是念何以故發阿
耨多羅三藐三菩提者於法不說斷滅相須
菩提若菩薩以滿恒河沙等世界七寶布施
若復有人知一切法无我得成於忍此菩薩勝
前菩薩所得功德須菩提以諸菩薩不受福
德故須菩提白佛言世尊云何菩薩不受
福德須菩提菩薩所作福德不應貪著是故
說不受福德須菩提若有人言如來若來若
去若坐若卧是人不解我所說義何以故如
來者无所從來亦无所去故名如來
須菩提若善男子善女人以三千大千世界碎
為微塵於意云何是微塵衆寧為多不甚
多世尊何以故若是微塵衆實有者佛則
不說是微塵衆所以者何佛說微塵衆則非
微塵衆是名微塵衆世尊如來所說三千大千
世界則非世界是名世界何以故若世界實有
者則是一合相如來說一合相則非一合相
是名一合相須菩提一合相者則是不可
說但凡夫之人貪著其事須菩提若人言佛
說我見人見衆生見壽者見須菩提於意
云何是人解我所說義不世尊是人不解如來
所說義何以故世尊說我見人見衆生見壽
者見即非我見人見衆生見壽者見是名我
見人見衆生見壽者須菩提發阿耨多羅三

BD05765號　金剛般若波羅蜜經

（5–4）

微塵衆是名微塵衆世尊如來所說三千大千
世界則非世界是名世界何以故若世界實有
者則是一合相如來說一合相則非一合相
是名一合相須菩提一合相者則是不可
說但凡夫之人貪著其事須菩提若人言佛
說我見人見衆生見壽者見須菩提於意
云何是人解我所說義不世尊是人不解如來
所說義何以故世尊說我見人見衆生見壽
者見即非我見人見衆生見壽者見是名我
見人見衆生見壽者須菩提發阿耨多羅三
藐三菩提心者於一切法應如是知如是見如
是信解不生法相須菩提所言法相者如
來說即非法相是名法相須菩提若有人
以滿无量阿僧祇世界七寶持用布施若有
善男子善女人發菩薩心者持於此經乃至
四句偈等受持讀誦為人演說其福勝彼云
何為人演說不取於相如如不動何以故
切有為法　如夢幻泡影　如露亦如電　應作如是
佛說是經已長老須菩提及諸比丘比丘
優婆塞優婆夷一切世間天人阿脩羅
所說皆大歡喜信受奉行

金剛般若波羅蜜經

BD05765號　金剛般若波羅蜜經

（5–5）

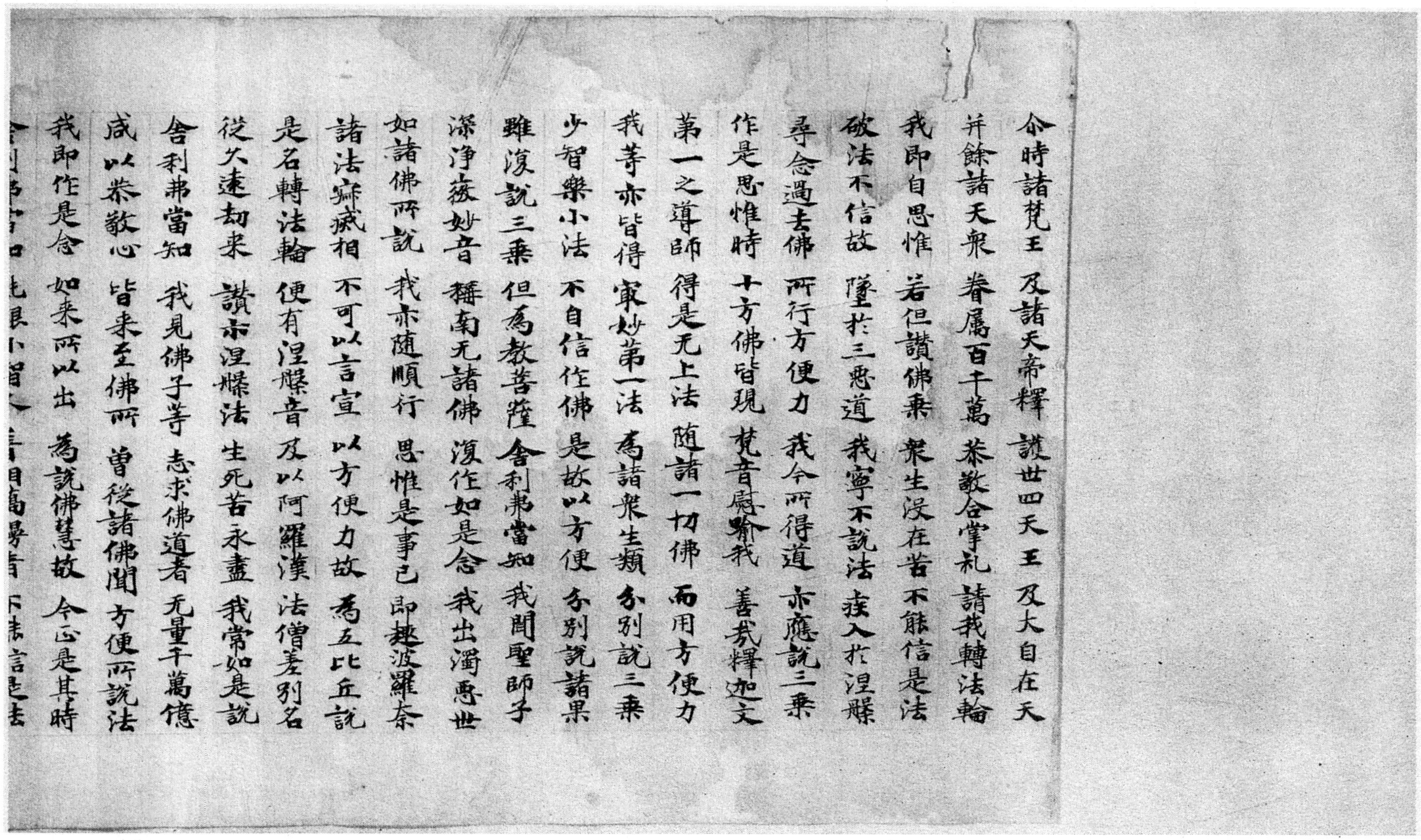

尒時諸梵王　及諸天帝釋　護世四天王　及大自在天
并餘諸天衆　眷屬百千萬　恭敬合掌禮　請我轉法輪
我即自思惟　若但讚佛乘　衆生沒在苦　不能信是法
破法不信故　墜於三惡道　我寧不說法　疾入於涅槃
尋念過去佛　所行方便力　我今所得道　亦應說三乘
作是思惟時　十方佛皆現　梵音慰喻我　善哉釋迦文
第一之導師　得是无上法　隨諸一切佛　而用方便力
我等亦皆得　最妙第一法　為諸衆生類　分別說三乘
少智樂小法　不自信作佛　是故以方便　分別說諸果
雖復說三乘　但為教菩薩　舍利弗當知　我聞聖師子
深淨微妙音　稱南无諸佛　復作如是念　我出濁惡世
如諸佛所說　我亦隨順行　思惟是事已　即趣波羅奈
諸法寂滅相　不可以言宣　以方便力故　為五比丘說
是名轉法輪　便有涅槃音　及以阿羅漢　法僧差別名
從久遠劫來　讚示涅槃法　生死苦永盡　我常如是說
舍利弗當知　我見佛子等　志求佛道者　无量千萬億
咸以恭敬心　皆來至佛所　曾從諸佛聞　方便所說法
我即作是念　如來所以出　為說佛慧故　今正是其時
舍利弗當知　鈍根小智人　著相憍慢者　不能信是法

BD05766號　妙法蓮華經卷一　　(3–1)

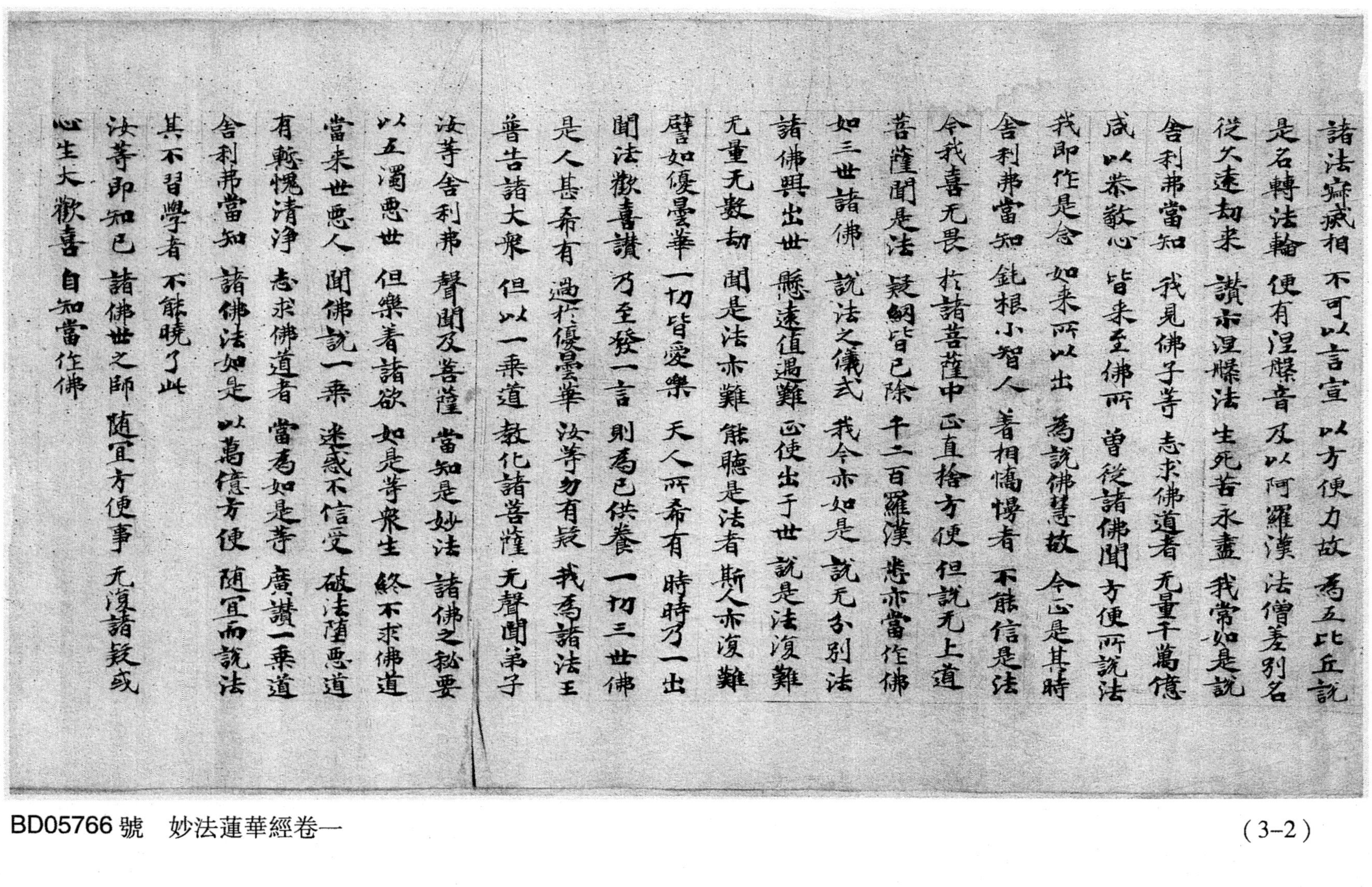

諸法寂滅相　不可以言宣　以方便力故　為五比丘說
是名轉法輪　便有涅槃音　及以阿羅漢　法僧差別名
從久遠劫來　讚示涅槃法　生死苦永盡　我常如是說
舍利弗當知　我見佛子等　志求佛道者　无量千萬億
咸以恭敬心　皆來至佛所　曾從諸佛聞　方便所說法
我即作是念　如來所以出　為說佛慧故　今正是其時
舍利弗當知　鈍根小智人　著相憍慢者　不能信是法
今我喜无畏　於諸菩薩中　正直捨方便　但說无上道
菩薩聞是法　疑網皆已除　千二百羅漢　悉亦當作佛
如三世諸佛　說法之儀式　我今亦如是　說无分別法
諸佛興出世　懸遠值遇難　正使出于世　說是法復難
无量无數劫　聞是法亦難　能聽是法者　斯人亦復難
譬如優曇華　一切皆愛樂　天人所希有　時時乃一出
聞法歡喜讚　乃至發一言　則為已供養　一切三世佛
是人甚希有　過於優曇華　汝等勿有疑　我為諸法王
普告諸大衆　但以一乘道　教化諸菩薩　无聲聞弟子
汝等舍利弗　聲聞及菩薩　當知是妙法　諸佛之祕要
以五濁惡世　但樂著諸欲　如是等衆生　終不求佛道
當來世惡人　聞佛說一乘　迷惑不信受　破法墮惡道
有慚愧清淨　志求佛道者　當為如是等　廣讚一乘道
舍利弗當知　諸佛法如是　以萬億方便　隨宜而說法
其不習學者　不能曉了此
汝等既知已　諸佛世之師　隨宜方便事　无復諸疑惑
心生大歡喜　自知當作佛

BD05766號　妙法蓮華經卷一　　(3–2)

如三世諸佛 說法之儀式 我今亦如是 說无分別法
諸佛興出世 懸遠值遇難 正使出于世 說是法復難
无量无數劫 聞是法亦難 能聽是法者 斯人亦復難
譬如優曇華 一切皆愛樂 天人所希有 時時乃一出
聞法歡喜讚 乃至發一言 則為已供養 一切三世佛
是人甚希有 過於優曇華 汝等勿有疑 我為諸法王
普告諸大衆 但以一乘道 教化諸菩薩 无聲聞弟子
汝等舍利弗 聲聞及菩薩 當知是妙法 諸佛之秘要
以五濁惡世 但樂著諸欲 如是等衆生 終不求佛道
當来世惡人 聞佛說一乘 迷惑不信受 破法墮惡道
有慚愧清淨 志求佛道者 當為如是等 廣讚一乘道
舍利弗當知 諸佛法如是 以萬億方便 隨宜而說法
其不習學者 不能曉了此
汝等即知已 諸佛世之師 隨宜方便事 无復諸疑惑
心生大歡喜 自知當作佛

妙法蓮華經第一

BD05766號　妙法蓮華經卷一　（3–3）

[illegible]中來鼠猫生身者從食齋殘竟飲食酒
宍中來蜈公蚰蜒生身者從毒姤害中來蜂
蠆蠍毒生身者從祝咀出家法身中來蝘蜓
蛣蝎生身者從欺忽三寶中來蜘蛛無善生
身者從慳貪盜取中來蚊盲蚕虱生身者從
慢法輕道中來邊夷下賤髡頭斷髮眼深鼻
長身體臭穢者從欲生邪淫不信因緣中來
如此皆生犯罪因死經地獄受罪說更生方得
此身亦有見世即報而生身者悉由先身所犯
報得此身也普濟汝當精心信奉明亦將來
令男女知其惡業因緣故說頌曰
慳貪不肯布施者　後生貧窮少衣食
不敬師尊行輕慢　後生下賤奴婢身
借貸拒債欺負者　後生牛羊猪狗中
破齋飲食酒宍者　後生飢寒在餓鬼
破誡及懷諸嫉妬　後生鳥獸虫蛇身
毀壞經像及輕慢　後生虫癩膿爛形
穢汙經像及玄壇　後生醜陋不具足
非謗三寶所書[illegible]　後生[illegible]舌者[illegible]

BD05767號　太上洞玄靈寶業報因緣經卷二　（4–1）

借貸抵債欺負者　後生牛羊猪狗中
破齋飲食酒宍者　後生飢寒在餓鬼
破誡及懷嫉妬　後生鳥獸虫虵身
毀壞經像及輕慢　後生虫癩膿爛形
穢污經像及玄壇　後生醜陋不具足
誹謗三寶并訾毀　後生无舌猪羊狗
偷盜經像諸財物　後生邊夷得下賤
煞害衆生无慈念　後生魚鱉与六畜
嫉妬勝己欺賢良　後生惡獸毒虵身
惡口視旦无期度　後生猛虎風狂病
耽淫愛色道骨肉　後生猴猪廁溷中
飲食酒宍及五辛　後生臭腥狂邪病
毀破天尊諸形像　死入九幽生病癩
訾毀三洞大經法　死入地獄生野獸
訕誹出家法身者　見世病癩生六畜
破壞靈觀玄壇者　眉毛墮落身爛壞
不敬三寶真聖身　見世愚癡作畜生
不信經法与宿命　見世盲聾生鳥獸
不信罪福因緣者　見世奴婢六夷
不信出家生輕忽　見世跛躃為猪狗
穢污三寶清淨地　見世臭腥生糞土
淫犯出家清淨身　見世孤窮生廁溷
邪淫好色无親踈　見世風邪生猴猪
劫奪三寶諸財物　見世貧窮作奴婢
偷盜常住及假損　見世風病作牛羊
費用偷盜信施物　見世顛狂為愚癡
喫食三寶菓菜等　見世消渴得瘦病

BD05767 號　太上洞玄靈寶業報因緣經卷二　（4–2）

淫犯出家清淨身　見世孤窮生廁溷
邪淫好色无親踈　見世風邪生猴猪
劫奪三寶諸財物　見世貧窮作奴婢
偷盜常住及假損　見世風病作牛羊
費用偷盜信施物　見世顛狂為愚癡
喫食三寶菓菜等　見世消渴得瘦病
偷盜齋食清淨供　見世礔礰生餓鬼
偷取齋物將凡用　見世飢寒不得食
陵忽罵詈出家人　見世風閑遭牢獄
破齋違誡犯禁忌　見世咽病生餓虎
損害生命无畏懼　見世財命禁鏁厄
食宍臭腥常血穢　見世百病不離身
嗜酒昌狂无尊卑　見世猛火惡鬼煞
好喫五辛及臭物　見世臭腥生糞穢
綺語戲弄出家人　見世猨猴生鳥獸
手足攣縮不申展　不敬三寶得此報
手足斷壞无支節　不敬師尊得此報
兩目俱盲无所見　不信經法得此報
舌根爛壞及音瘂　毀訾大乘得此報
言詞謇吃不能語　道說出家得此報
鼻塞不聞香与臭　好食五辛得此報
身體爛壞膿血流　毀謗三寶得此報
脣騫齒露鼻梁倒　破壞道場得此報
舉身虫出宍臭爛　笑弄三寶得此報
背脊曲跌背脚折　欺忽三寶得此報
顛狂風邪迷或病　不信因緣得此報
[illegible]醜陋所[illegible]重　呪詛三寶得此報

BD05767 號　太上洞玄靈寶業報因緣經卷二　（4–3）

兩目俱盲无所見　不信經法得此報
舌根爛壞及音啞　毀呰大乘得此報
言詞謇吃不能語　道說出家得此報
鼻塞不聞香与臭　好食五辛得此報
身體爛壞膿血流　毀謗三寶得此報
脣褰齒露鼻梁倒　破壞道場得此報
舉身虫出宍臭爛　笑弄三寶得此報
臂脊曲跌背脚折　欺忽三寶得此報
顛狂風邪迷或病　不信因緣得此報
形容醜陋並瘡腫　祝咀三寶得此報
眼赤口漏鼻不正　調戲三寶得此報
愚癡憃騃无意智　誑惑三寶得此報
劫賊煞害取財物　侵奪三寶得此報
大水漂溺沉沒者　躭色嗜酒得此報
猛火燒灼形焦爛　損費三寶得此報
毒虵吞噬及螫齧　打罵出家得此報
毒虵入口及鼻孔　惡口祝咀得此報
毒虵惡虫入竅穴　邪婬放蕩得此報
虎狼猛獸咬食者　陰謀毒惡得此報

BD05767號　太上洞玄靈寶業報因緣經卷二　（4–4）

告諸比丘作如是言
見法即能見佛作是語已默
何故作如是說其事云何何者因緣何者是法
云何見因緣即能見法云何見法即能見佛作
勒菩薩摩訶薩答具壽舍利子言今佛
告諸比丘若見因緣即能見法若見於法即
者此中何者是因緣言因緣者此有故彼有此
謂无明緣行行緣識識緣名色名色緣六入六入緣觸觸
緣受受緣愛愛緣取取緣有有緣生生緣老死愁歎
苦憂惱而得生起如是唯生純極大苦諸聚此中无明
滅行滅故識滅識滅故名色滅名色滅故六入滅六入滅故觸滅
觸滅故受滅受滅故愛滅愛滅故取滅取滅故有滅有滅故生滅
生滅故老死愁歎苦憂惱得滅如是唯滅純極大苦之聚此是世尊
所說因緣之法何者是法所謂八聖道正見正思惟正語正業正
命正精進正念正定此是八聖道支果及涅槃世尊所說名之
為法　何者是佛所謂知一切法者名之為佛以彼慧
眼及法身能見作菩提學无學法故　云何見因緣
如佛所說若能見因緣之法常无壽離壽如實性
无錯謬性无生无起无作无為无障㝵无境界寂
靜无畏无侵奪不寂靜相者是　若能如是於法
亦見常无壽離壽如實性无生无起无作无為无
障㝵无境界寂靜无畏无侵奪不寂靜相者得正智
故能悟勝法以无上法身而見於佛　問曰何故名
因緣荅曰有因有緣名為因緣非无因无緣故是故名為因
緣之法世尊略說因緣之相彼緣生果如來出現若不現出法性常

即名法身能見佛善於學无學法故　云何見因緣
如佛所說若能見因緣之法常无壽離壽如實性
无錯謬性无生无起无作无為无障导无境界寂
靜无畏无侵奪不寂靜相者是　若能如是於法
亦見常无壽離壽如實性无生无起无作无為无
障导无境界寂靜无畏无侵奪不寂靜相者得智
故能悟勝法以无上法身而見於佛　問曰何故名
因緣荅曰有因有緣名為因緣非无因无緣故是故名為因
緣之法世尊略說因緣之相彼緣生果如來出現若不現出法性常
住乃至法性法住性法定性與因緣相應性真如性无錯謬性无變
異性真實際性不虛妄性不顛倒性等作如是說此　此因緣法
以其二種而得生起云何為二所謂因相應緣相應彼復有二謂
內及外此中何者是外因緣法因相應所謂從種生芽從芽生葉
從葉生莖從莖生節從節生穗從穗生花從花生實若无有種
芽即不生乃至若无有花實亦不生有種芽生如是有花實亦得
生彼種亦不作是念我能生芽芽亦不作是念我從種生乃至
花亦不作是念我能生實實亦不作是念我從花生雖然有
種故而芽得生如是有花故實即而能成就應如是觀外因
緣法因相應義　應云何觀外因緣法緣相應義謂六界
和合故以何六界和合所謂地水火風空時界等和合外因緣
法而得生起應如是觀外因緣法相應義　地界者能持於
種水界者潤漬於種火界者能暖於種風界者動搖於種
空者不障於種時則能變種子若无此眾緣種則不能
而生於芽若外地界无不具足如是乃至水火風空時等无
不具足一切和合種子滅時而芽得生此中地界不作是念我
能住持種子如是水界亦不作是念我能潤漬於種火界亦不
作是念我能暖於種子風界亦不作念我能動搖於種空界亦不
作念我能不障於種時亦不作念我能變於種子種子亦不作是念
我能生芽芽亦不作是念我今從此眾緣而生雖然有此眾緣而種滅時
芽即得生如是有花之時實即得生彼芽亦非自作亦非他作非自
他俱作非自在作亦非時變非自性生亦非无因而生雖然地水火風空時
界等和合種滅之時而芽得生是故應如是觀外因緣法緣相應義
應以五種觀彼外因緣法何故為五不常不斷不移從於小因而生大
果與彼相似云何不常為芽與種各別異故彼芽非種非壞種時而芽得
生亦非不滅而得生起種壞之時而芽得生是故不常云何不斷非過

作念我能不障於種時亦不作念我能壞於種子亦不作是念
我能生芽芽亦不作是念我今從此衆緣而生雖然有此衆緣而種滅時
芽即得生如是有花之時實即得生彼芽亦非自作亦非他作非自
他俱作非自在作亦非時變非自性生亦非无因而生雖然地水火風空時
界等和合種滅之時而芽得生時故應如是觀外因緣法緣相應義
應以五種觀彼外因緣法何故為五不常不斷不移從於小因而生大
果與彼相似云何不常為芽與種各別異故彼芽非種非壞種壞時而芽得
生亦非不滅而得生起種壞之時而芽得生是故不常云何不斷非
去種壞而生於芽亦非不滅而得生起種子亦壞當尒之時如秤
而芽得生是故不斷云何不移芽與種別芽非種故是故不移云何
而生果從小種子而生大果是故從於小因而生大果云何與彼相似如
𥻘種生彼果故是故與彼相似是以五種觀外因緣之法如是內因緣
亦以二種而得起生云何為二所以謂因相應緣相應何者是內因緣法
因相應義所謂從始无明緣行乃至生緣老死若无明不生
亦不有乃至若无有生老死非有如是有无明故行乃得生
乃至有生故老死得有无明亦不作是念我能生行行亦不
作是念我從无明而生乃至生亦不作是念我能生於老死
老死亦不作念我從生有雖然有无明故行乃得生如是有生
故老死得有是應故如是觀內因緣法因相應義
應云何觀內因緣法緣相應事為六界和合故以何六界和
合所謂地水火風空識界等和合故應如是觀內因緣法
地相應事 何者是內因緣法地界之相為此身中作堅硬
何者名為地界為合此身而聚集者名為水界能消身
所食飲嚼噉者名為火界為此身中作內外出入息者名
為風界為此身中作虛通者名為空界五識身相應
及有漏意識猶如束蘆能成就此身名色芽者為
識界若无此此衆緣身則不生若內地界无不具足如
是乃至水火風空識界等无不具足一切和合身即
得生彼地界亦不作是念我能而作身中堅硬之事
水界亦不作是念我能為身作而聚集火界亦不作念
我能而消身所食飲嚼噉之事風界亦不作是念我能
成作內外出入息空界亦不作念我能而作身中虛通之事

BD05768號　大乘稻芉經

亦有漏意識猶如束蘆能成就此身名色芽者爲
識界若无此此眾緣身則不生若内地界无不具足如
是乃至水火風空識界等无不具足一切和合身即
得生彼地界亦不作是念我能而作身中堅硬之事
水界亦不作是念我能爲身作而聚集火界亦不作念
我能而消身所食飲敢爵之事風界亦不作是念我能
成作内外出入息空界亦不作念我能而作身中虛通之事
識界亦不作念我能成就此身色之芽身不作是念我
從此衆緣而生雖然有此衆緣之時身即得生彼地界
亦非是我非是衆生非命者非生者非儒童非作者非男
非女非黃門非自在非我所亦非餘等如是乃至水界火界風
界空界識界亦非是衆生非命者非生者非儒童非作者
非男非女非黃門非自在非我所亦非餘等何者是无
明於此六界起於一想一念想常想堅牢想樂想衆
生命者養育士夫人儒童作者我我所想等及餘種
種无知此是无明故於諸境界起貪瞋癡於諸境界
起貪瞋癡者此是无明緣行而於諸事能了別者
名之爲識與識俱生四取蘊者此是名色依名色諸
根名爲六入三法和合之爲觸覺受觸者名爲受於
貪著名之爲愛增長愛者名之爲取從取而生能
生業者名之爲有而從彼因所生之蘊名之爲生生已
蘊成熟者名之老死已蘊滅壞者名爲死臨終之時
內具貪著及熱惱者名之爲愁從愁而生諸言辭者
名之爲嘆五識身受苦者名之爲苦作意意識
受諸苦者名之爲憂具如是等及隨煩惱者名之爲
惱大黑闇故故名无明造作故名諸行了別故名識相
依故名名色生門故名有生蘊故名生蘊熟故名老
蘊壞故名死愁故名愁嘆故名嘆惱身故名苦惱心

貪着名之為愛增長愛者名之為取從取而生能
生業者名之為有而從彼因所生之蘊名之為生生已
蘊成熟者名之老死已蘊滅壞者名為死臨終之時
內具貪着及熱惱者名之為愁從愁而生諸言辭者
名之為嘆五識身受苦者名之為苦作意意識
受諸苦者名之為憂具如是等及隨煩惱者名之為
惱大黑闇故故名无明造作故名諸行了別故名識相
依故名名色生門故名有生蘊故名生蘊熟故名老
蘊壞故名死愁故名愁嘆故名嘆惱身故名苦惱心
故名憂煩惱故名惱復次不了真性顛倒无知名為
无明如是有无明故能成三行所謂福行罪行不動行
從於福行而生福行識者此是无明緣行從於罪行而生罪
行識者此則名為行緣識從不於動行而生動行識者此則
名為識緣名色名色增長故從六入門中能成事者此是
名色緣六入從於六入而生六聚觸者此是六入緣觸從
於所觸而生彼受者此則名為觸緣受了別受已而生樂
着染者則名為受緣愛知已而生樂着深故不欲遠離好
色及於安樂而生願樂者此是愛緣取生願樂已從身
口意造後有業者此是取緣有從於彼業所生蘊者此是
有緣生生已諸蘊成熟及滅壞者此則名為生緣老死是
故彼因緣十二法支互相為因互相為緣非常非常无非
為……有受非盡法非壞法非

無伺求得其便者若魔若魔子若魔女若
魔民若為魔所著者若夜叉若羅剎若鳩槃
荼若毗舍闍若吉蔗若富單那若韋陁羅等
諸惱人者皆不得便是人若行若立讀誦此經
我尒時乘六牙白象王與大菩薩衆俱詣其
所而自現身供養守護安慰其心亦為供養
法華經故是人若坐思惟此經尒時我復乘
白象王現其人前其人若於法華經有所忘失
一句一偈我當教之與共讀誦還令通利尒時
受持讀誦法華經者得見我身甚大歡喜
轉復精進以見我故即得三昧及陁羅尼名為
旋陁羅尼百千萬億旋陁羅尼法音方便陁
羅尼得如是等陁羅尼世尊若後世後五
百歲濁惡世中比丘比丘尼優婆塞優婆夷
求索者受持者讀誦者書寫者欲脩習是
法華經於三七日中應一心精進滿三七日已我
當乘六牙白象與無量菩薩而自圍繞以一切
衆生所喜見身現其人前而為說法示教利
喜亦復與其陁羅尼呪得是陁羅尼故無有

BD05769號　妙法蓮華經卷七　（5–1）

百歲濁惡世中比丘比丘尼優婆塞優婆夷
求索者受持者讀誦者書寫者欲脩習是
法華經於三七日中應一心精進滿三七日已我
當乘六牙白象與無量菩薩而自圍繞以一切
衆生所喜見身現其人前而為說法示教利
喜亦復與其陁羅尼呪得是陁羅尼故無有
非人能破壞者亦不為女人之所惑乱我身
亦自常護是人唯願世尊聽我說此陁羅尼
即於佛前而說呪曰
阿檀地(途賣反)一 檀陁婆地二 檀陁婆帝三 檀陁鳩舍
隸四 檀陁脩陁隸五 脩陁隸六 脩陁羅婆底七
佛䭾波羶禰八 薩婆陁羅尼阿婆多尼九 薩
婆婆沙阿婆多尼十 脩阿婆多尼十一 僧伽
婆履叉尼十二 僧伽涅伽陁尼十三 阿僧祇十四 僧伽
波伽地十五 帝隸阿惰僧伽兜略(盧遮反)十六 阿羅帝婆
羅帝十七 薩婆僧伽三摩地伽蘭地十八 薩婆達磨
脩波利剎帝十九 薩婆薩埵樓䭾憍舍略阿㝹伽
地二十 辛阿毗吉利地帝二十一
世尊若有菩薩得聞是陁羅尼者當知普賢
神通之力若法華經行閻浮提有受持者應
作此念皆是普賢威神之力若有受持讀誦正
憶念解其義趣如說脩行當知是人行普
賢行於無量無邊諸佛所深種善根為諸如
來手摩其頭若但書寫是人命終當生忉利
天上是時八萬四千天女作衆伎樂而來迎之

BD05769號　妙法蓮華經卷七　（5–2）

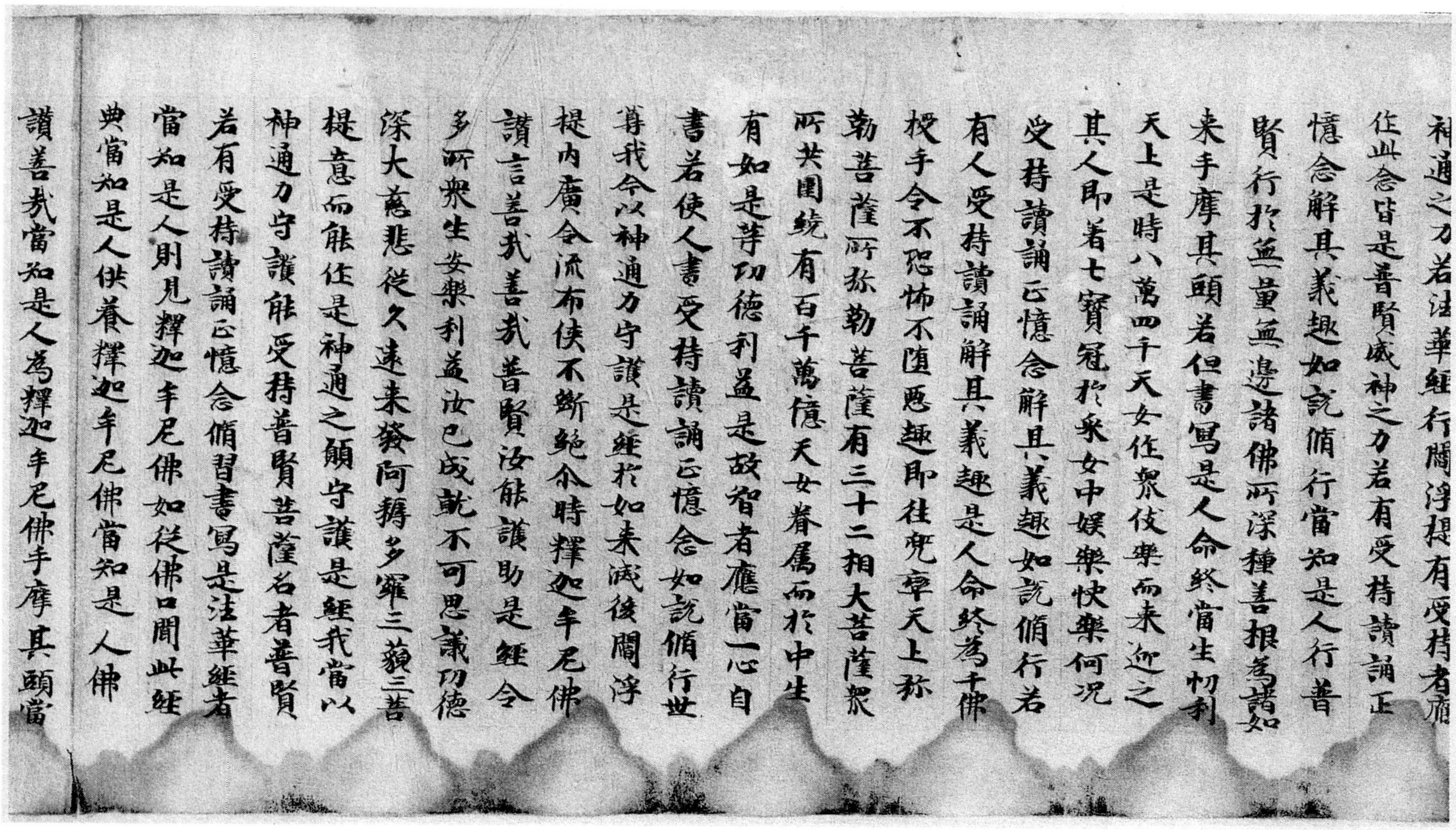
神通之力若法華經行閻浮提有受持者應
作此念皆是普賢威神之力若有受持讀誦正
憶念解其義趣如說脩行當知是人行普
賢行於無量無邊諸佛所深種善根為諸如
來手摩其頭若但書寫是人命終當生忉利
天上是時八萬四千天女作眾伎樂而來迎之
其人即著七寶冠於婇女中娛樂快樂何況
受持讀誦正憶念解其義趣如說脩行若
有人受持讀誦解其義趣是人命終為千佛
授手令不恐怖不墮惡趣即往兜率天上彌
勒菩薩所彌勒菩薩有三十二相大菩薩眾
所共圍繞有百千萬億天女眷屬而於中生
有如是等功德利益是故智者應當一心自
書若使人書受持讀誦正憶念如說脩行世
尊我今以神通力守護是經於如來滅後閻浮
提內廣令流布使不斷絕尒時釋迦牟尼佛
讚言善哉善哉普賢汝能護助是經令
多所眾生安樂利益汝已成就不可思議功德
深大慈悲從久遠來發阿耨多羅三藐三菩
提意而能作是神通之願守護是經我當以
神通力守護能受持普賢菩薩名者普賢
若有受持讀誦正憶念脩習書寫是法華經者
當知是人則見釋迦牟尼佛如從佛口聞此經
典當知是人供養釋迦牟尼佛當知是人佛
讚善哉當知是人為釋迦牟尼佛手摩其頭當

BD05769號　妙法蓮華經卷七　（5–3）

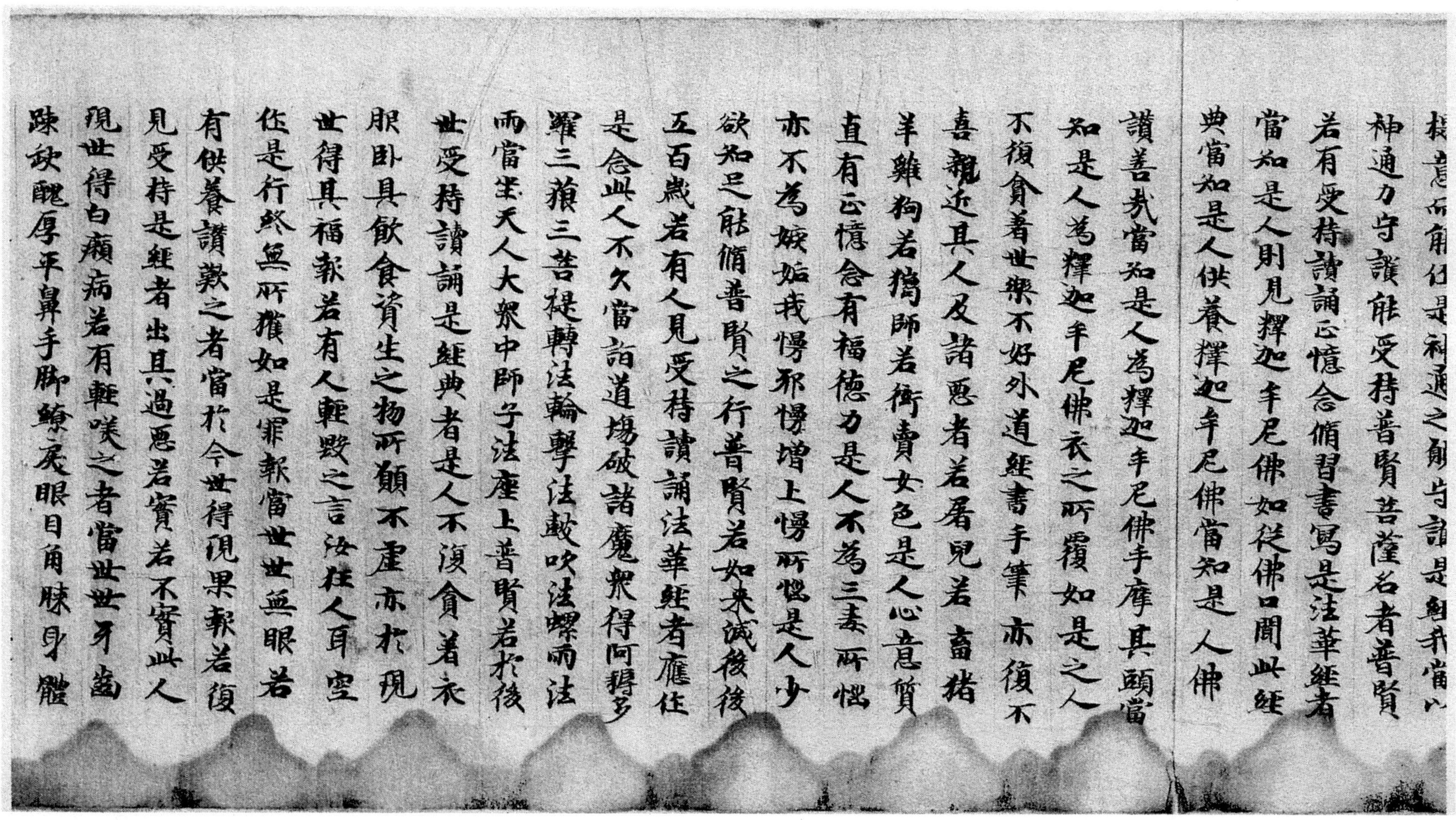
提意而能作是神通之願守護是經我當以
神通力守護能受持普賢菩薩名者普賢
若有受持讀誦正憶念脩習書寫是法華經者
當知是人則見釋迦牟尼佛如從佛口聞此經
典當知是人供養釋迦牟尼佛當知是人佛
讚善哉當知是人為釋迦牟尼佛手摩其頭當
知是人為釋迦牟尼佛衣之所覆如是之人
不復貪著世樂不好外道經書手筆亦復不
喜親近其人及諸惡者若屠兒若畜猪
羊雞狗若獵師若衒賣女色是人心意質
直有正憶念有福德力是人不為三毒所惱
亦不為嫉妬我慢邪慢增上慢所惱是人少
欲知足能脩普賢之行普賢若如來滅後後
五百歲若有人見受持讀誦法華經者應作
是念此人不久當詣道場破諸魔眾得阿耨多
羅三藐三菩提轉法輪擊法鼓吹法螺雨法
雨當坐天人大眾中師子法座上普賢若於後
世受持讀誦是經典者是人不復貪著衣
服臥具飲食資生之物所願不虛亦於現
世得其福報若有人輕毀之言汝狂人耳空
作是行終無所獲如是罪報當世世無眼若
有供養讚歎之者當於今世得現果報若復
見受持是經者出其過惡若實若不實此人
現世得白癩病若有輕笑之者當世世牙齒
踈缺醜脣平鼻手腳繚戾眼目角睞身體

BD05769號　妙法蓮華經卷七　（5–4）

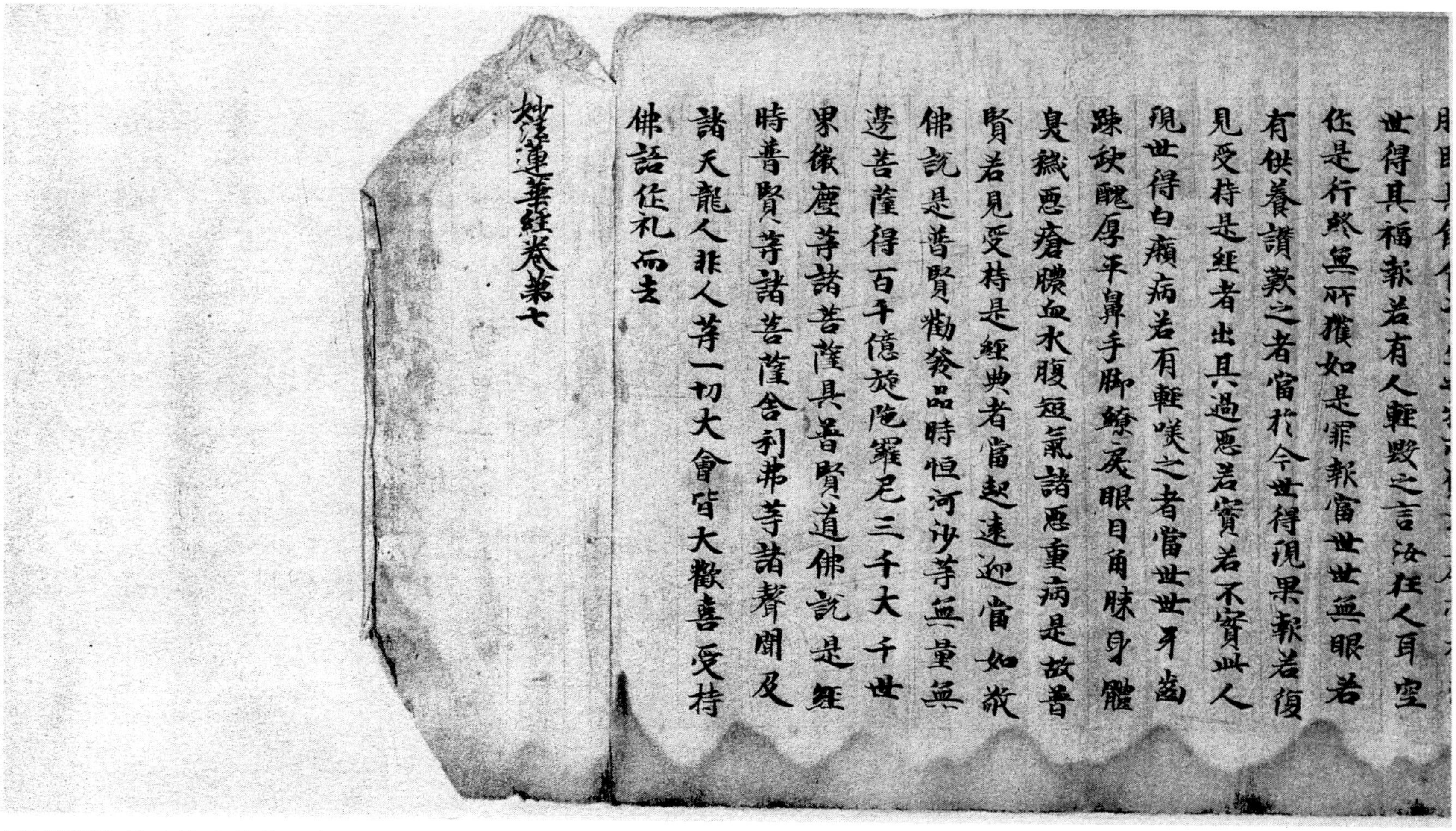

服臥具飲食資生之物所願不虛亦於現
世得其福報若有人輕毀之言汝狂人耳空
作是行終無所獲如是罪報當世世無眼若
有供養讚歎之者當於今世得現果報若復
見受持是經者出其過惡若實若不實此人
現世得白癩病若有輕咲之者當世世牙齒
踈缺醜脣平鼻手腳繚戾眼目角睞身體
臭穢惡瘡膿血水腹短氣諸惡重病是故普
賢若見受持是經典者當起遠迎當如敬
佛說是普賢勸發品時恒河沙等無量無
邊菩薩得百千億旋陀羅尼三千大千世
界微塵等諸菩薩具普賢道佛說是經
時普賢等諸菩薩舍利弗等諸聲聞及
諸天龍人非人等一切大會皆大歡喜受持
佛語作禮而去

妙法蓮華經卷第七

BD05769 號　妙法蓮華經卷七　（5–5）

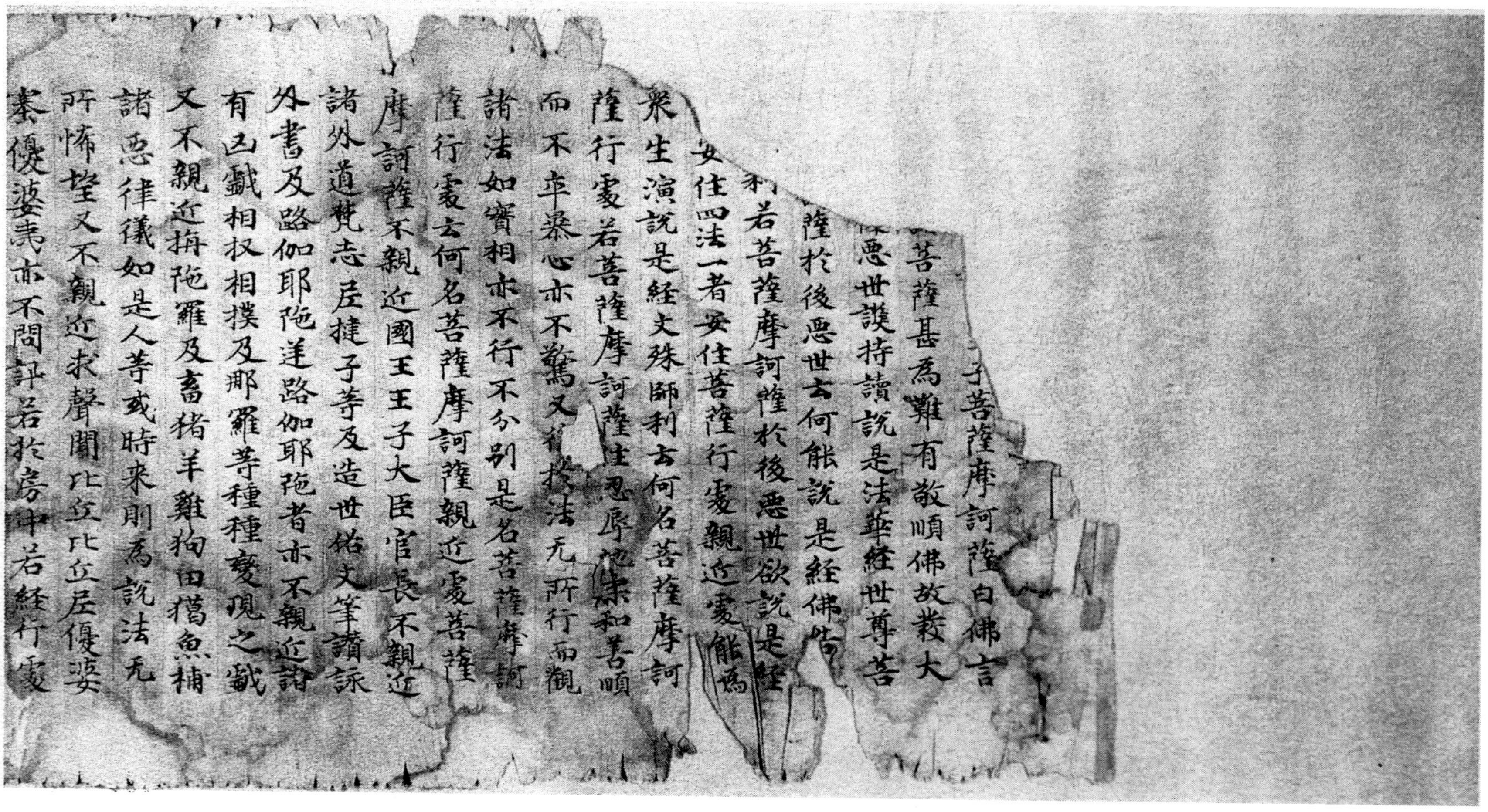

子菩薩摩訶薩白佛言
菩薩甚為難有敬順佛故發大
惡世護持讀說是法華經世尊菩
薩於後惡世云何能說是經佛告
利若菩薩摩訶薩於後惡世欲說是經
安住四法一者安住菩薩行處親近處能為
眾生演說是經文殊師利云何名菩薩摩訶
薩行處若菩薩摩訶薩住忍辱地柔和善順
而不卒暴心亦不驚又復於法無所行而觀
諸法如實相亦不行不分別是名菩薩摩訶
薩行處云何名菩薩摩訶薩親近處菩薩
摩訶薩不親近國王王子大臣官長不親近
諸外道梵志尼揵子等及造世俗文筆讚詠
外書及路伽耶陀逆路伽耶陀者亦不親近諸
有凶戲相扠相撲及那羅等種種變現之戲
又不親近旃陀羅及畜猪羊雞狗畋獵漁捕
諸惡律儀如是人等或時來者則為說法無
所悕望又不親近求聲聞比丘比丘尼優婆
塞優婆夷亦不問訊若於房中若經行處

BD05770 號　妙法蓮華經卷五　（2–1）

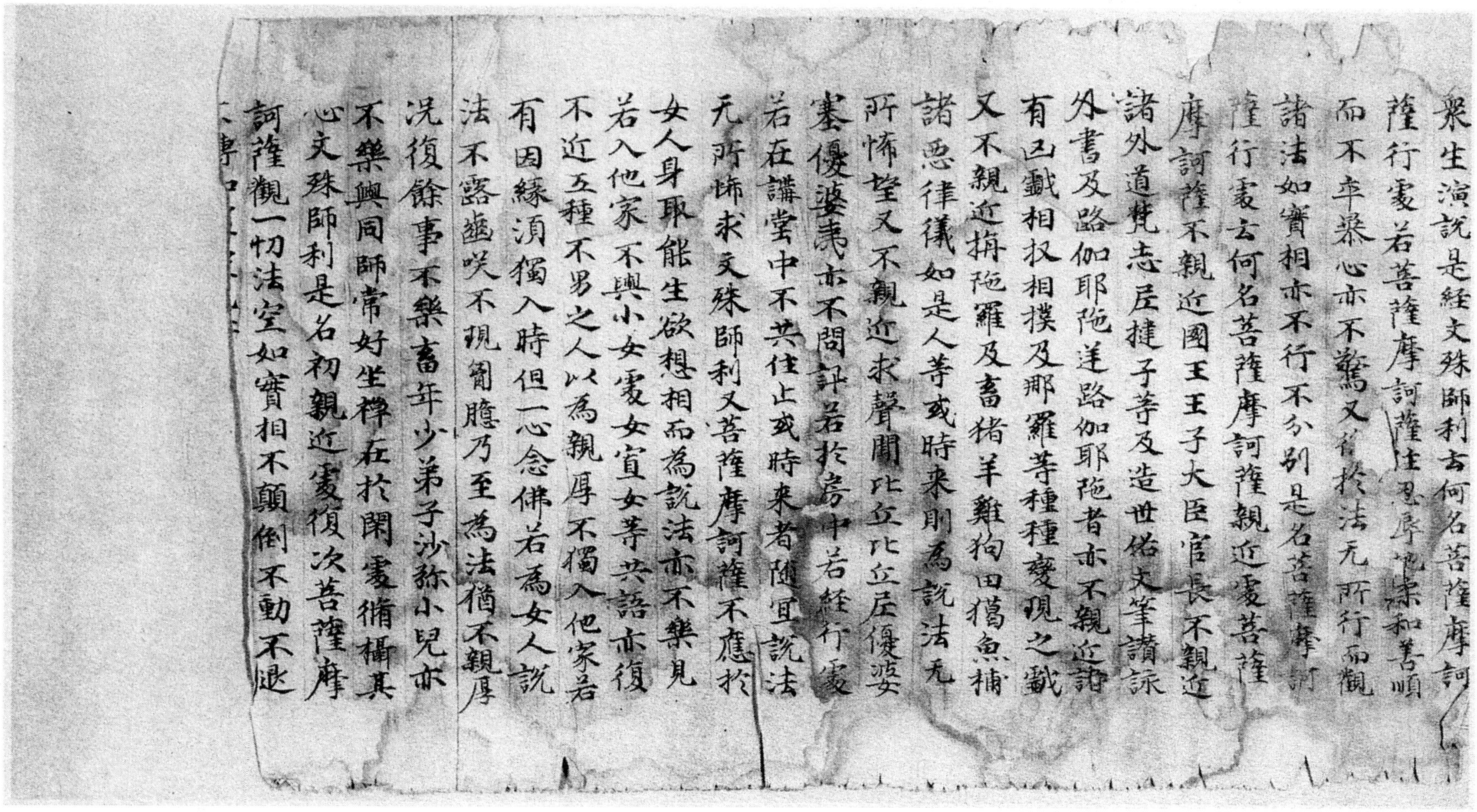

衆生演說是經文殊師利云何名菩薩摩訶
薩行處若菩薩摩訶薩住忍辱地柔和善順
而不卒暴心亦不驚又復於法无所行而觀
諸法如實相亦不行不分別是名菩薩摩訶
薩行處云何名菩薩摩訶薩親近處菩薩
摩訶薩不親近國王王子大臣官長不親近
諸外道梵志尼揵子等及造世俗文筆讚詠
外書及路伽耶陁逆路伽耶陁者亦不親近諸
有凶戲相扠相撲及那羅等種種變現之戲
又不親近旃陁羅及畜猪羊雞狗畋獵魚捕
諸惡律儀如是人等或時來者則為說法无
所悕望又不親近求聲聞比丘比丘尼優婆
塞優婆夷亦不問訊若於房中若經行處
若在講堂中不共住止或時來者隨宜說法
无所悕求文殊師利又菩薩摩訶薩不應於
女人身取能生欲想相而為說法亦不樂見
若入他家不與小女處女寡女等共語亦復
不近五種不男之人以為親厚不獨入他家若
有因緣須獨入時但一心念佛若為女人說
法不露齒咲不現胷臆乃至為法猶不親厚
況復餘事不樂畜年少弟子沙弥小兒亦
不樂與同師常好坐禪在於閑處脩攝其
心文殊師利是名初親近處復次菩薩摩
訶薩觀一切法空如實相不顛倒不動不退

BD05770 號　妙法蓮華經卷五　（2–2）

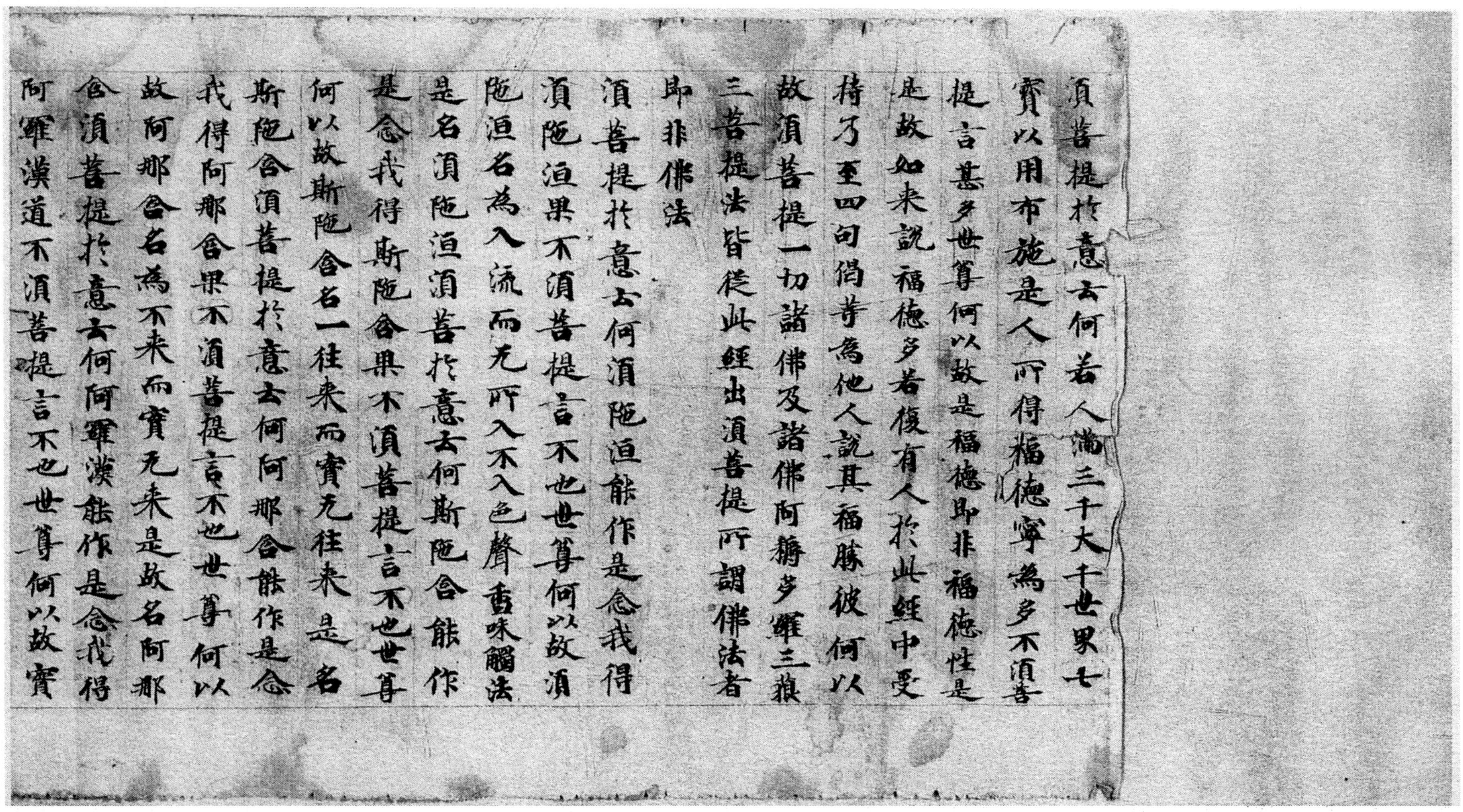

須菩提於意云何若人滿三千大千世界七
寶以用布施是人所得福德寧為多不須菩
提言甚多世尊何以故是福德即非福德性是
故如來說福德多若復有人於此經中受
持乃至四句偈等為他人說其福勝彼何以
故須菩提一切諸佛及諸佛阿耨多羅三藐
三菩提法皆從此經出須菩提所謂佛法者
即非佛法
須菩提於意云何須陁洹能作是念我得
須陁洹果不須菩提言不也世尊何以故須
陁洹名為入流而无所入不入色聲香味觸法
是名須陁洹須菩提於意云何斯陁含能作
是念我得斯陁含果不須菩提言不也世尊
何以故斯陁含名一往來而實无往來是名
斯陁含須菩提於意云何阿那含能作是念
我得阿那含果不須菩提言不也世尊何以
故阿那含名為不來而實无來是故名阿那
含須菩提於意云何阿羅漢能作是念我得
阿羅漢道不須菩提言不也世尊何以故實

BD05771 號　金剛般若波羅蜜經　（5–1）

何以故斯陁含名一往来而實无往来是名
斯陁含須菩提於意云何阿那含能作是念
我得阿那含果不須菩提言不也世尊何以
故阿那含名為不来而實无来是故名阿那
含須菩提於意云何阿羅漢能作是念我得
阿羅漢道不須菩提言不也世尊何以故實
无有法名阿羅漢世尊若阿羅漢作是念我
得阿羅漢道即為著我人衆生壽者世尊佛
說我得无諍三昧人中取為第一是第一離
欲阿羅漢我不作是念我是離欲阿羅漢世
尊我若作是念我得阿羅漢道世尊則不
須菩提是樂阿蘭那行者以須菩提實无所行
而名須菩提是樂阿蘭那行
佛告須菩提於意云何如来昔在然燈佛所
於法有所得不世尊如来在然燈佛所於法
實无所得
須菩提於意云何菩薩莊嚴佛土不不也世
尊何以故莊嚴佛土者則非莊嚴是名莊嚴
是故須菩提諸菩薩摩訶薩應如是生清淨
心不應住色生心不應住聲香味觸法生心
應无所住而生其心須菩提譬如有人身如
須弥山王於意云何是身為大不須菩提言
甚大世尊何以故佛說非身是名大身
須菩提如恒河中所有沙數如是沙等恒河

BD05771號　金剛般若波羅蜜經　（5–2）

心不應住色生心不應住聲香味觸法生心
應无所住而生其心須菩提譬如有人身如
須弥山王於意云何是身為大不須菩提言
甚大世尊何以故佛說非身是名大身
須菩提如恒河中所有沙數如是沙等恒河
於意云何是諸恒河沙寧為多不須菩提言
甚多世尊但諸恒河尚多无數何況其沙須
菩提我今實言告汝若有善男子善女人以
七寶滿尒所恒河沙數三千大千世界以用
布施得福多不須菩提言甚多世尊佛告須
菩提若善男子善女人於此經中乃至受持
四句偈等為他人說而此福德勝前福德
復次須菩提隨說是經乃至四句偈等當知
此處一切世間天人阿脩羅皆應供養如佛
塔廟何況有人盡能受持讀誦須菩提當知
是人成就最上第一希有之法若是經典所在
之處則為有佛若尊重弟子
尒時須菩提白佛言世尊當何名此經我等
云何奉持佛告須菩提是經名為金剛般若
波羅蜜以是名字汝當奉持所以者何須菩
提佛說般若波羅蜜則非般若波羅蜜須
菩提於意云何如来有所說法不須菩提白佛
言世尊如来无所說須菩提於意云何三千
大千世界所有微塵是為多不須菩提言甚
多世尊須菩提諸微塵如来說非微塵是名

BD05771號　金剛般若波羅蜜經　（5–3）

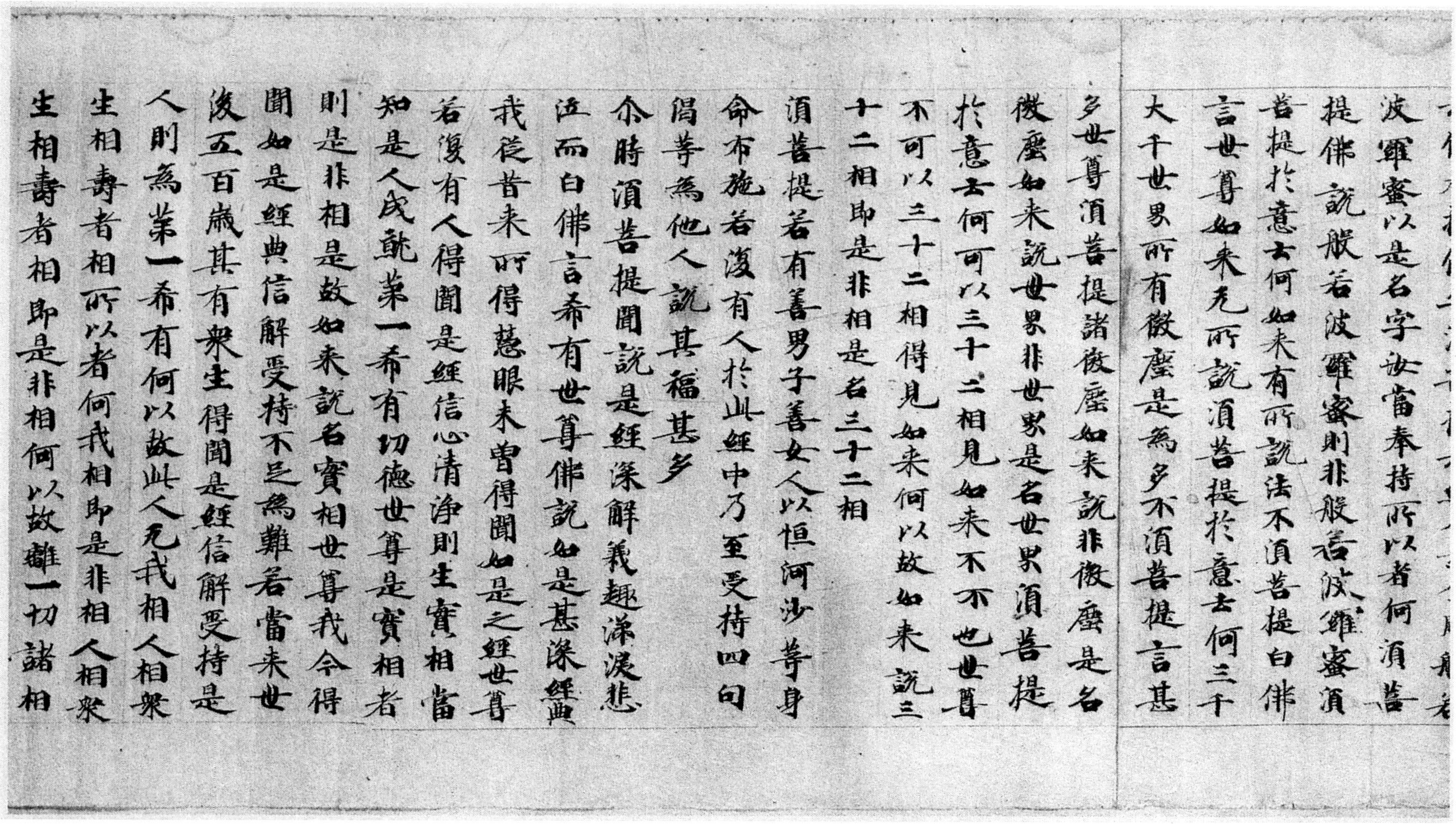
波羅蜜以是名字汝當奉持所以者何須菩
提佛說般若波羅蜜則非般若波羅蜜須
菩提於意云何如来有所說法不須菩提白佛
言世尊如来无所說須菩提於意云何三千
大千世界所有微塵是為多不須菩提言甚
多世尊須菩提諸微塵如来說非微塵是名
微塵如来說世界非世界是名世界須菩提
於意云何可以三十二相見如来不不也世尊
不可以三十二相得見如来何以故如来說三
十二相即是非相是名三十二相
須菩提若有善男子善女人以恒河沙等身
命布施若復有人於此經中乃至受持四句
偈等為他人說其福甚多
尒時須菩提聞說是經深解義趣涕淚悲
泣而白佛言希有世尊佛說如是甚深經典
我從昔来所得慧眼未曾得聞如是之經世尊
若復有人得聞是經信心清淨則生實相當
知是人成就第一希有功德世尊是實相者
則是非相是故如来說名實相世尊我今得
聞如是經典信解受持不足為難若當来世
後五百歲其有衆生得聞是經信解受持是
人則為第一希有何以故此人无我相人相衆
生相壽者相所以者何我相即是非相人相衆
生相壽者相即是非相何以故離一切諸相

BD05771號　金剛般若波羅蜜經　（5–4）

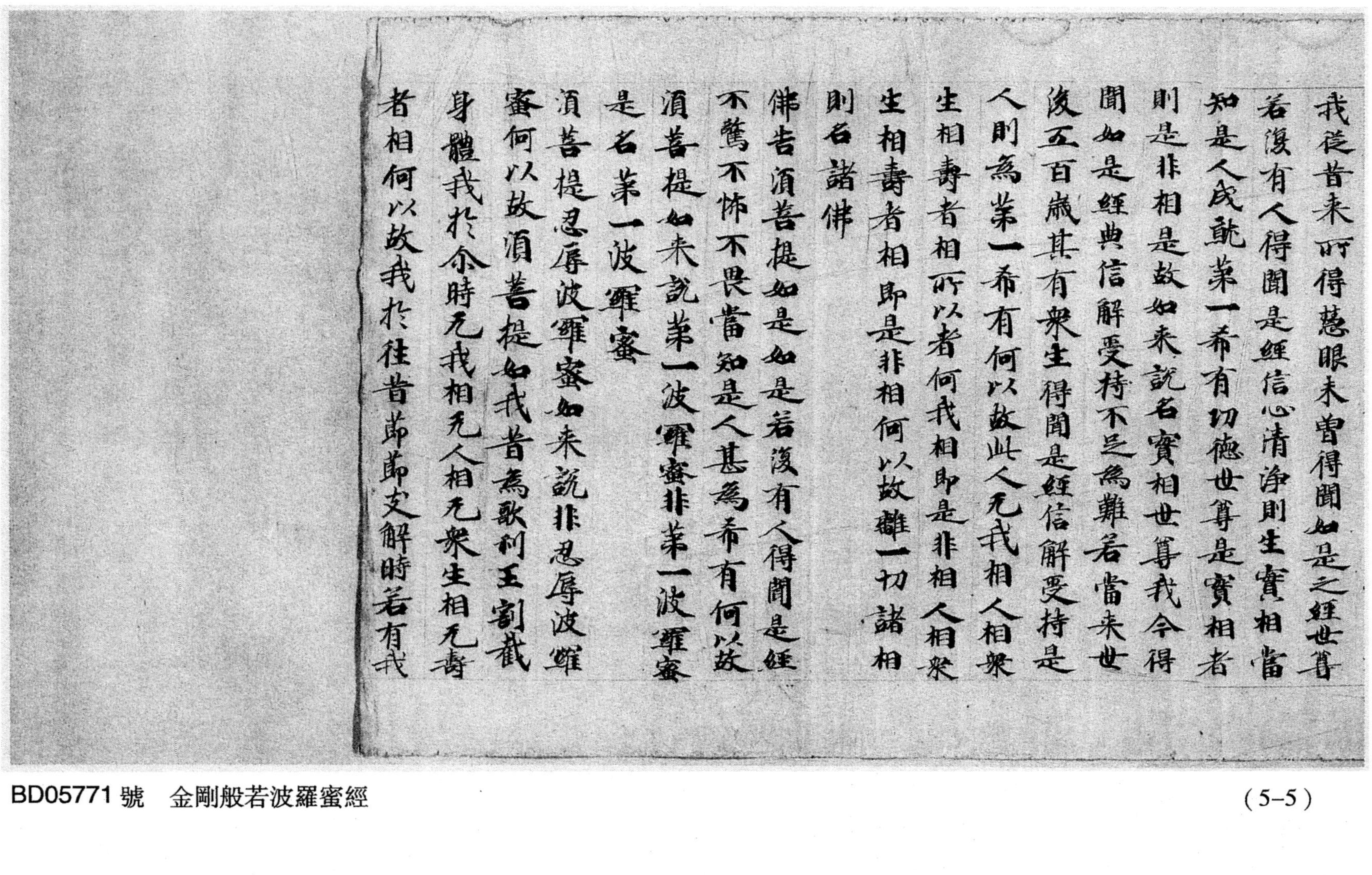
我從昔来所得慧眼未曾得聞如是之經世尊
若復有人得聞是經信心清淨則生實相當
知是人成就第一希有功德世尊是實相者
則是非相是故如来說名實相世尊我今得
聞如是經典信解受持不足為難若當来世
後五百歲其有衆生得聞是經信解受持是
人則為第一希有何以故此人无我相人相衆
生相壽者相所以者何我相即是非相人相衆
生相壽者相即是非相何以故離一切諸相
則名諸佛
佛告須菩提如是如是若復有人得聞是經
不驚不怖不畏當知是人甚為希有何以故
須菩提如来說第一波羅蜜非第一波羅蜜
是名第一波羅蜜
須菩提忍辱波羅蜜如来說非忍辱波羅
蜜何以故須菩提如我昔為歌利王割截
身體我於尒時无我相无人相无衆生相无壽
者相何以故我於往昔節節支解時若有我

BD05771號　金剛般若波羅蜜經　（5–5）

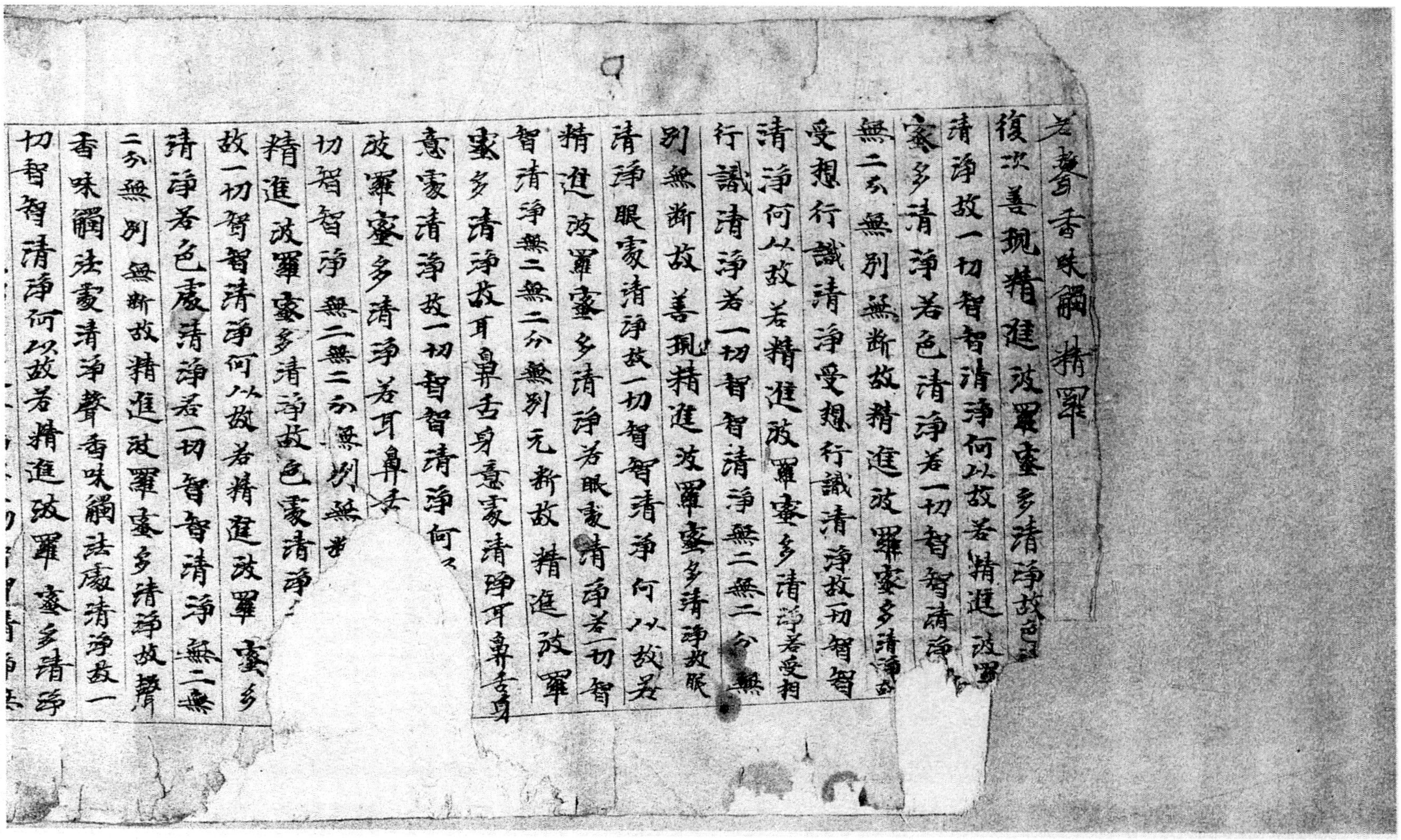

色聲香味觸精羅
復次善現精進波羅蜜多清淨故色處
清淨故一切智智清淨何以故若精進波羅
蜜多清淨若色清淨若一切智智清淨
無二分無別無斷故精進波羅蜜多清淨故
受想行識清淨受想行識清淨故一切智智
清淨何以故若精進波羅蜜多清淨若受想
行識清淨若一切智智清淨無二無二分無
別無斷故善現精進波羅蜜多清淨故眼
清淨眼處清淨故一切智智清淨何以故若
精進波羅蜜多清淨若眼處清淨若一切智
智清淨無二無二分無別元斷故精進波羅
蜜多清淨故耳鼻舌身意處清淨耳鼻舌身
意處清淨故一切智智清淨何以
波羅蜜多清淨若耳鼻舌
切智智淨無二無二分無別無
精進波羅蜜多清淨故色處清淨
故一切智智清淨何以故若精進波羅蜜多
清淨若色處清淨若一切智智清淨無二無
二分無別無斷故精進波羅蜜多清淨故聲
香味觸法處清淨聲香味觸法處清淨故一
切智智清淨何以故若精進波羅蜜多清淨

BD05772號　大般若波羅蜜多經（兌廢稿）卷二〇六　（2–1）

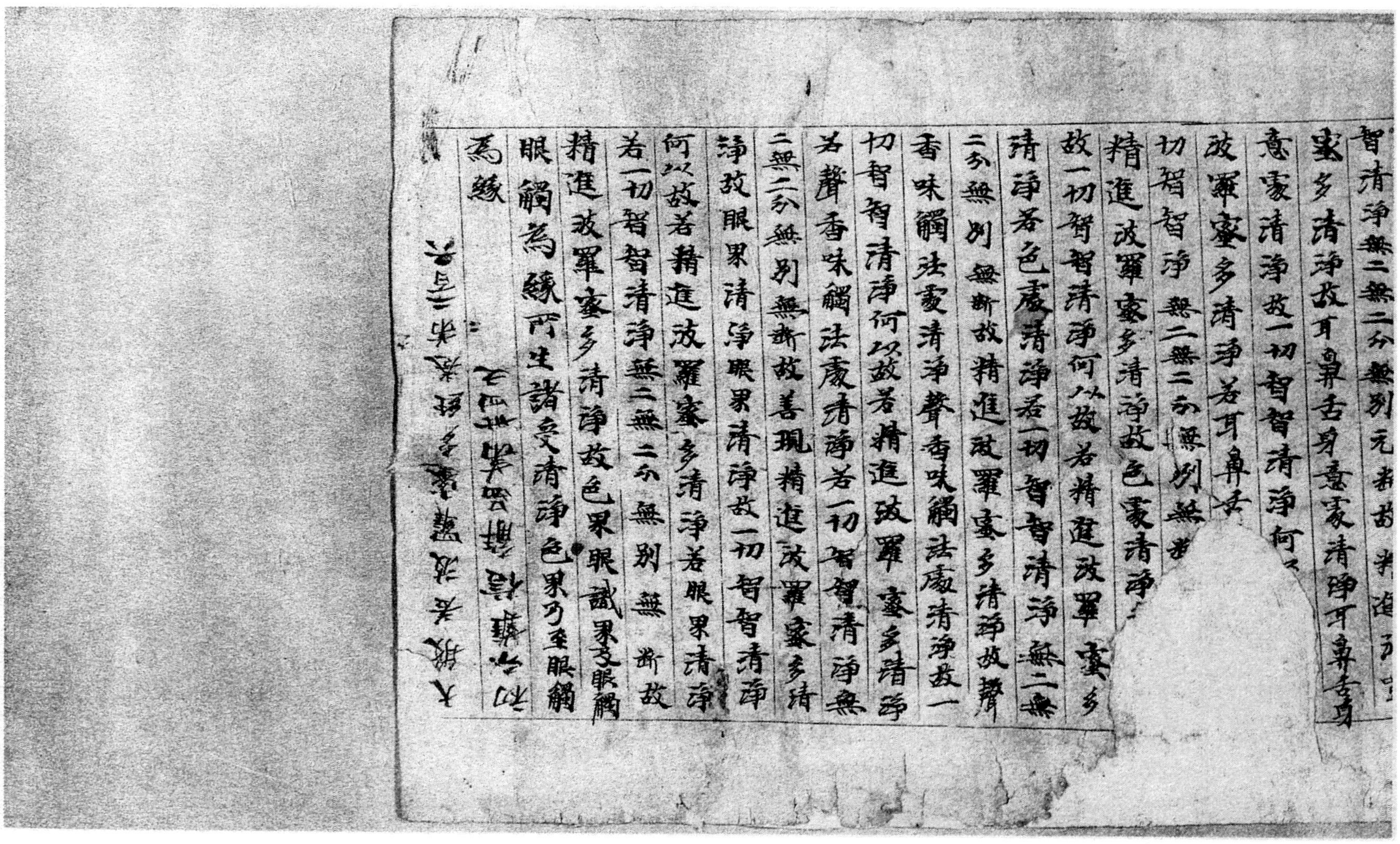

智清淨無二無二分無別元斷故精進波
蜜多清淨故耳鼻舌身意處清淨耳鼻舌身
意處清淨故一切智智清淨何以
波羅蜜多清淨若耳鼻舌
切智智淨無二無二分無別無
精進波羅蜜多清淨故色處清淨
故一切智智清淨何以故若精進波羅蜜多
清淨若色處清淨若一切智智清淨無二無
二分無別無斷故精進波羅蜜多清淨故聲
香味觸法處清淨聲香味觸法處清淨故一
切智智清淨何以故若精進波羅蜜多清淨
若聲香味觸法處清淨若一切智智清淨無
二無二分無別無斷故善現精進波羅蜜多清
淨故眼界清淨眼界清淨故一切智智清淨
何以故若精進波羅蜜多清淨若眼界清淨
若一切智智清淨無二無二分無別無斷故
精進波羅蜜多清淨故色界眼識界及眼觸
眼觸為緣所生諸受清淨色界乃至眼觸
為緣

BD05772號　大般若波羅蜜多經（兌廢稿）卷二〇六　（2–2）

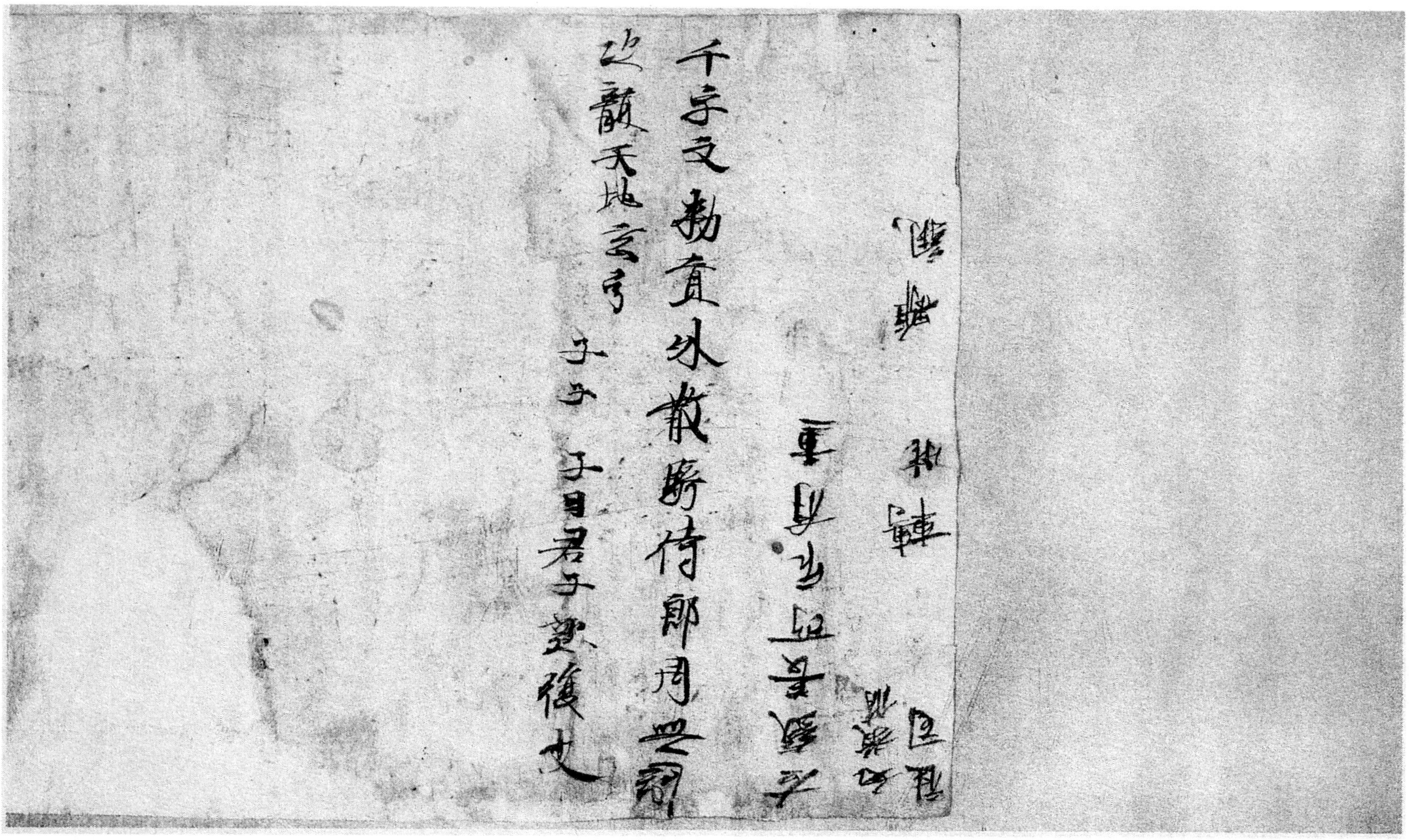

BD05772號背　雜寫　（2–1）

BD05772號背　雜寫　（2–2）

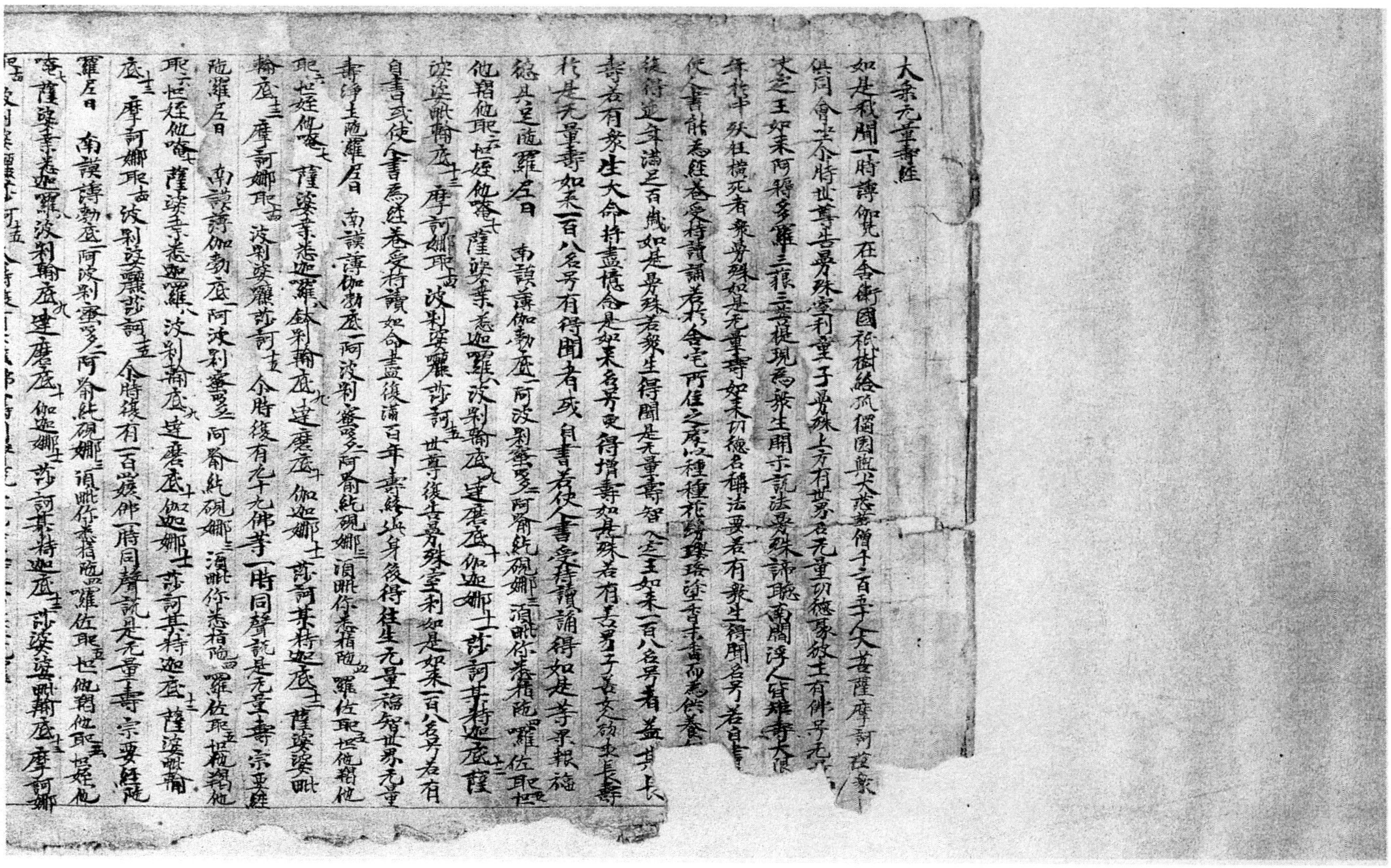

BD05773 號　無量壽宗要經　　（4–1）

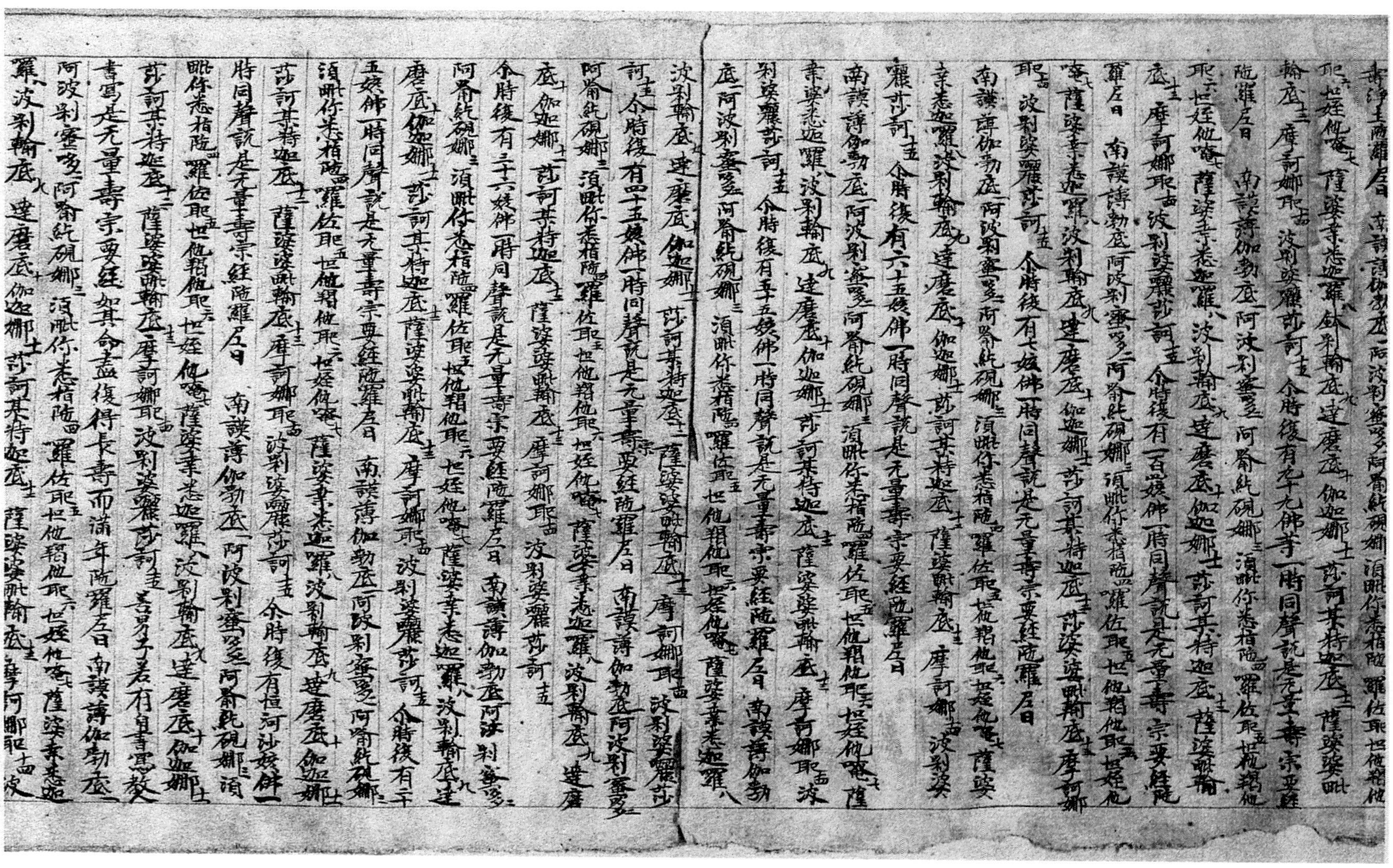

BD05773 號　無量壽宗要經　　（4–2）

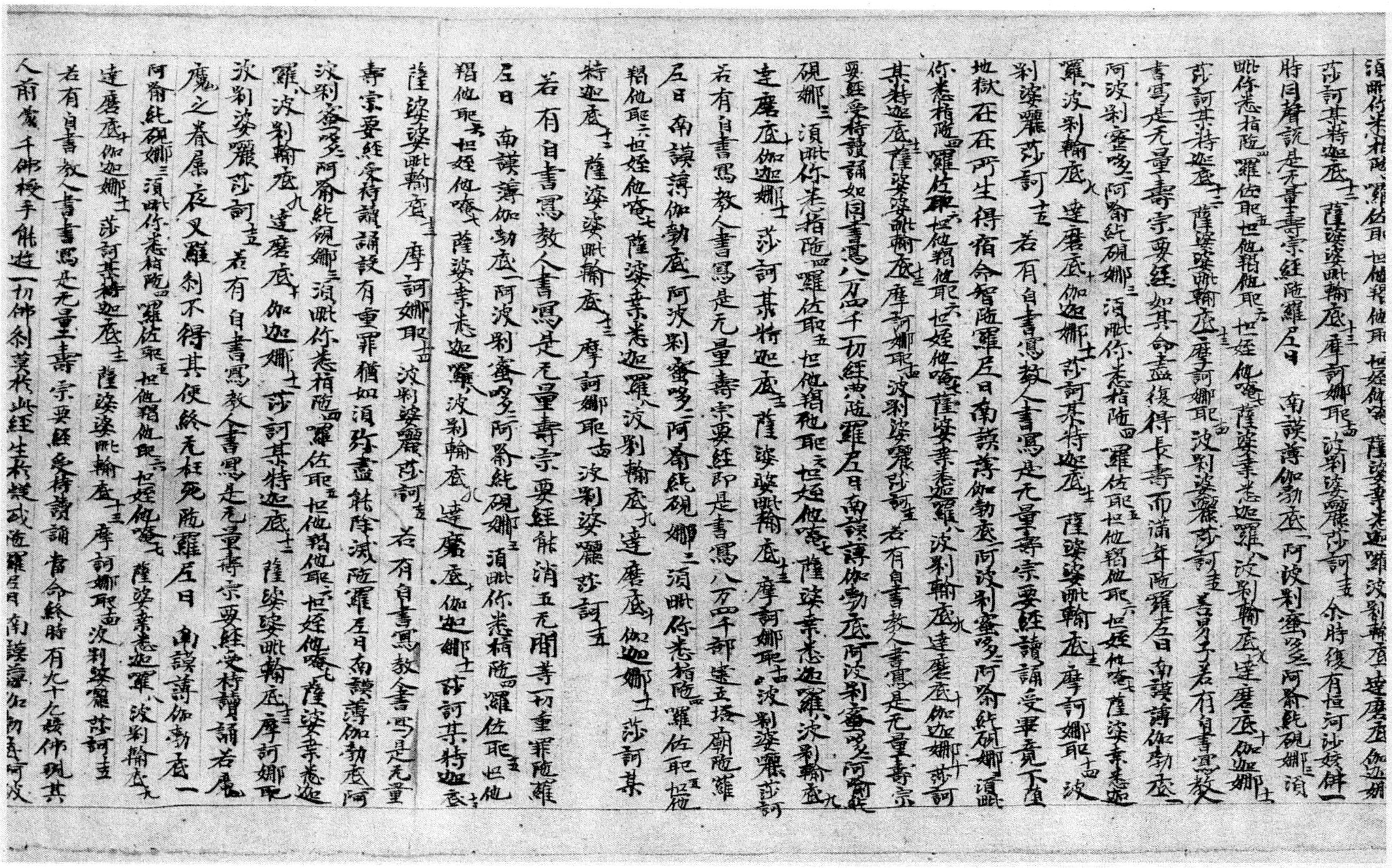

須毗你悉栺陁四 羅佐耶五 怛他羯他耶六 怛姪他唵七 薩婆桑悉迦羅八 波唎輸底九 達磨底十 伽伽娜十一
莎訶某特迦底十二 薩婆婆毗輸底十三 摩訶娜耶十四 波唎婆羅莎訶十五 尒時復有恒河沙數佛一
時同聲說是无量壽宗經陁羅尼曰 南謨薄伽勃底一 阿波唎蜜多二 阿喻紇硯娜三 須
毗你悉栺陁四 羅佐耶五 怛他羯他耶六 怛姪他唵七 薩婆桑悉迦羅八 波唎輸底九 達磨底十 伽伽娜十一
莎訶某特迦底十二 薩婆婆毗輸底十三 摩訶娜耶十四 波唎婆羅莎訶十五 若男子若有自書寫教
書寫是无量壽宗要經 如其命盡復得長壽而滿年陁羅尼曰 南謨薄伽勃底一
阿波唎蜜多二 阿喻紇硯娜三 須毗你悉栺陁四 羅佐耶五 怛他羯他耶六 怛姪他唵七 薩婆桑悉迦
羅八 波唎輸底九 達磨底十 伽伽娜十一 莎訶某特迦底十二 薩婆婆毗輸底十三 摩訶娜耶十四 波
唎婆羅莎訶十五 若有自書寫教人書寫是无量壽宗要經讀誦受畢竟不墮
地獄在在所生得宿命智陁羅尼曰 南謨薄伽勃底一 阿波唎蜜多二 阿喻紇硯娜三 須毗
你悉栺陁四 羅佐耶五 怛他羯他耶六 怛姪他唵七 薩婆桑悉迦羅八 波唎輸底九 達磨底十 伽伽娜十一 莎訶
某特迦底十二 薩婆婆毗輸底十三 摩訶娜耶十四 波唎婆羅莎訶十五 若有自書教人書寫是无量壽宗
要經受持讀誦如同書寫八万四千一切經典陁羅尼曰 南謨薄伽勃底一 阿波唎蜜多二 阿喻紇
硯娜三 須毗你悉栺陁四 羅佐耶五 怛他羯他耶六 怛姪他唵七 薩婆桑悉迦羅八 波唎輸底九
達磨底十 伽伽娜十一 莎訶某特迦底十二 薩婆婆毗輸底十三 摩訶娜耶十四 波唎婆羅莎訶
若有自書寫教人書寫是无量壽宗要經即是書寫八万四千部建立塔廟陁羅
尼曰 南謨薄伽勃底一 阿波唎蜜多二 阿喻紇硯娜三 須毗你悉栺陁四 羅佐耶五 怛他
羯他耶六 怛姪他唵七 薩婆桑悉迦羅八 波唎輸底九 達磨底十 伽伽娜十一 莎訶某
特迦底十二 薩婆婆毗輸底十三 摩訶娜耶十四 波唎婆羅莎訶十五
若有自書寫教人書寫是无量壽宗要經能消五无間等一切重罪陁羅
尼曰 南謨薄伽勃底一 阿波唎蜜多二 阿喻紇硯娜三 須毗你悉栺陁四 羅佐耶五 怛他
羯他耶六 怛姪他唵七 薩婆桑悉迦羅八 波唎輸底九 達磨底十 伽伽娜十一 莎訶某特迦底十二
薩婆婆毗輸底十三 摩訶娜耶十四 波唎婆羅莎訶十五 若有自書寫教人書寫是无量
壽宗要經受持讀誦設有重罪猶如須弥盡能除滅陁羅尼曰 南謨薄伽勃底一 阿
波唎蜜多二 阿喻紇硯娜三 須毗你悉栺陁四 羅佐耶五 怛他羯他耶六 怛姪他唵七 薩婆桑悉迦
羅八 波唎輸底九 達磨底十 伽伽娜十一 莎訶某特迦底十二 薩婆婆毗輸底十三 摩訶娜耶
波唎婆羅莎訶十五 若有自書寫教人書寫是无量壽宗要經受持讀誦若魔
魔之眷屬夜叉羅剎不得其便終无枉死陁羅尼曰 南謨薄伽勃底一
阿喻紇硯娜三 須毗你悉栺陁四 羅佐耶五 怛他羯他耶六 怛姪他唵七 薩婆桑悉迦羅八 波唎輸底九
達磨底十 伽伽娜十一 莎訶某特迦底十二 薩婆婆毗輸底十三 摩訶娜耶十四 波唎婆羅莎訶十五
若有自書教人書書寫是无量壽宗要經受持讀誦當命終時有九十九億佛現其
人前來千佛授手能遊一切佛剎莫於此經生於疑惑陁羅尼曰 南謨薄伽勃底阿波

BD05773 號　無量壽宗要經　（4–3）

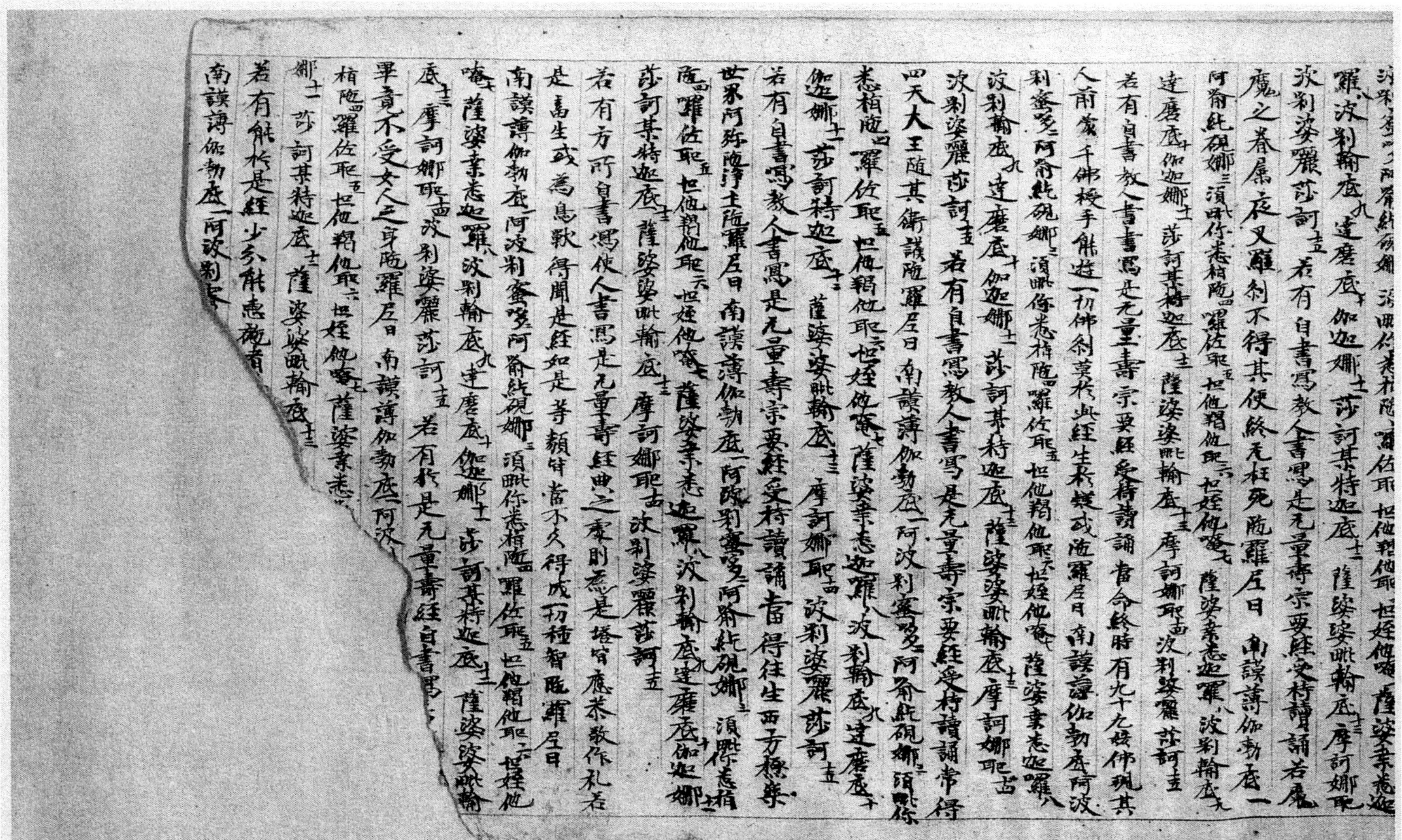

波唎蜜多二 阿喻紇硯娜三 須毗你悉栺陁四 羅佐耶五 怛他羯他耶六 怛姪他唵七 薩婆桑悉迦
羅八 波唎輸底九 達磨底十 伽伽娜十一 莎訶某特迦底十二 薩婆婆毗輸底十三 摩訶娜耶
波唎婆羅莎訶十五 若有自書寫教人書寫是无量壽宗要經受持讀誦若魔
魔之眷屬夜叉羅剎不得其便終无枉死陁羅尼曰 南謨薄伽勃底一
阿喻紇硯娜三 須毗你悉栺陁四 羅佐耶五 怛他羯他耶六 怛姪他唵七 薩婆桑悉迦羅八 波唎輸底九
達磨底十 伽伽娜十一 莎訶某特迦底十二 薩婆婆毗輸底十三 摩訶娜耶十四 波唎婆羅莎訶十五
若有自書教人書書寫是无量壽宗要經受持讀誦當命終時有九十九億佛現其
人前來千佛授手能遊一切佛剎莫於此經生於疑惑陁羅尼曰 南謨薄伽勃底阿波
唎蜜多二 阿喻紇硯娜三 須毗你悉栺陁四 羅佐耶五 怛他羯他耶六 怛姪他唵七 薩婆桑悉迦羅八
波唎輸底九 達磨底十 伽伽娜十一 莎訶某特迦底十二 薩婆婆毗輸底十三 摩訶娜耶十四 波
唎婆羅莎訶十五 若有自書寫教人書寫是无量壽宗要經受持讀誦常得
四天大王隨其衛護陁羅尼曰 南謨薄伽勃底一 阿波唎蜜多二 阿喻紇硯娜三 須毗你
悉栺陁四 羅佐耶五 怛他羯他耶六 怛姪他唵七 薩婆桑悉迦羅八 波唎輸底九 達磨底十
伽伽娜十一 莎訶某特迦底十二 薩婆婆毗輸底十三 摩訶娜耶十四 波唎婆羅莎訶十五
若有自書寫教人書寫是无量壽宗要經受持讀誦當得往生西方極樂
世界阿弥陁淨土陁羅尼曰 南謨薄伽勃底一 阿波唎蜜多二 阿喻紇硯娜三 須毗你悉栺
陁四 羅佐耶五 怛他羯他耶六 怛姪他唵七 薩婆桑悉迦羅八 波唎輸底九 達磨底十 伽伽娜十一
莎訶某特迦底十二 薩婆婆毗輸底十三 摩訶娜耶十四 波唎婆羅莎訶十五
若有方所自書寫使人書寫是无量壽經典之處則為是塔皆應恭敬作礼若
是畜生或為鳥獸得聞是經如是等類皆當不久得成一切種智陁羅尼曰
南謨薄伽勃底一 阿波唎蜜多二 阿喻紇硯娜三 須毗你悉栺陁四 羅佐耶五 怛他羯他耶六 怛姪他
唵七 薩婆桑悉迦羅八 波唎輸底九 達磨底十 伽伽娜十一 莎訶某特迦底十二 薩婆婆毗輸
底十三 摩訶娜耶十四 波唎婆羅莎訶十五 若有於是无量壽經自書寫
畢竟不受女人之身陁羅尼曰 南謨薄伽勃底一 阿波
栺陁四 羅佐耶五 怛他羯他耶六 怛姪他唵七 薩婆桑悉
娜十一 莎訶某特迦底十二 薩婆婆毗輸底十三
若有能於是經少分能惠施者
南謨薄伽勃底一 阿波唎

BD05773 號　無量壽宗要經　（4–4）

在在處處若有此經一切世間天人阿脩羅
所應供養當知此處則為是塔皆應恭敬
作禮圍遶以諸華香而散其處
復次須菩提善男子善女人受持讀誦此經
若為人輕賤是人先世罪業應墮惡道以
今世人輕賤故先世罪業則為消滅當得阿
耨多羅三藐三菩提須菩提我念過去无量阿
僧祇劫於然燈佛前得值八百四千万億那
由他諸佛悉皆供養承事无空過者若復有
人於後末世能受持讀誦此經所得功德於
我所供養諸佛功德百分不及一千万億分
乃至筭數譬喻所不能及須菩提若善男子
善女人於後末世有受持讀誦此經所得功
德我若具說者或有人聞心則狂亂狐疑不信
須菩提當知是經義不可思議果報亦不可思議
尒時須菩提白佛言世尊善男子善女人發
阿耨多羅三藐三菩提心云何應住云何降伏
其心佛告須菩提善男子善女人發阿耨

BD05774 號　金剛般若波羅蜜經

（3–1）

須菩提當知是經義不可思議果報亦不可思議
尒時須菩提白佛言世尊善男子善女人發
阿耨多羅三藐三菩提心云何應住云何降伏
其心佛告須菩提善男子善女人發阿耨
多羅三藐三菩提者當生如是心我應滅度
一切衆生滅度一切衆生已而无有一衆生
實滅度者何以故若菩薩有我相人相衆生
相壽者相則非菩薩所以者何須菩提實无
有法發阿耨多羅三藐三菩提者
須菩提於意云何如來於然燈佛所有法得
阿耨多羅三藐三菩提不不也世尊如我解
佛所說義佛於然燈佛所无有法得阿耨多
羅三藐三菩提佛言如是如是須菩提實无
有法如來得阿耨多羅三藐三菩提須菩提
若有法如來得阿耨多羅三藐三菩提者然
燈佛則不與我受記汝於來世當得作佛号釋
迦牟尼以實无有法得阿耨多羅三藐三菩
提是故然燈佛與我受記作是言汝於來世
當得作佛号釋迦牟尼何以故如來者即諸
法如義若有人言如來得阿耨多羅三藐三
菩提須菩提實无有法佛得阿耨多羅三藐
三菩提須菩提如來所得阿耨多羅三藐三
菩提於是中无實无虛是故如來說一切法
皆是佛法須菩提所言一切法者即非一切
法是故名一切法須菩提譬如人身長大須菩提
言世尊如來說人身長大則為非大身是名大身

BD05774 號　金剛般若波羅蜜經

（3–2）

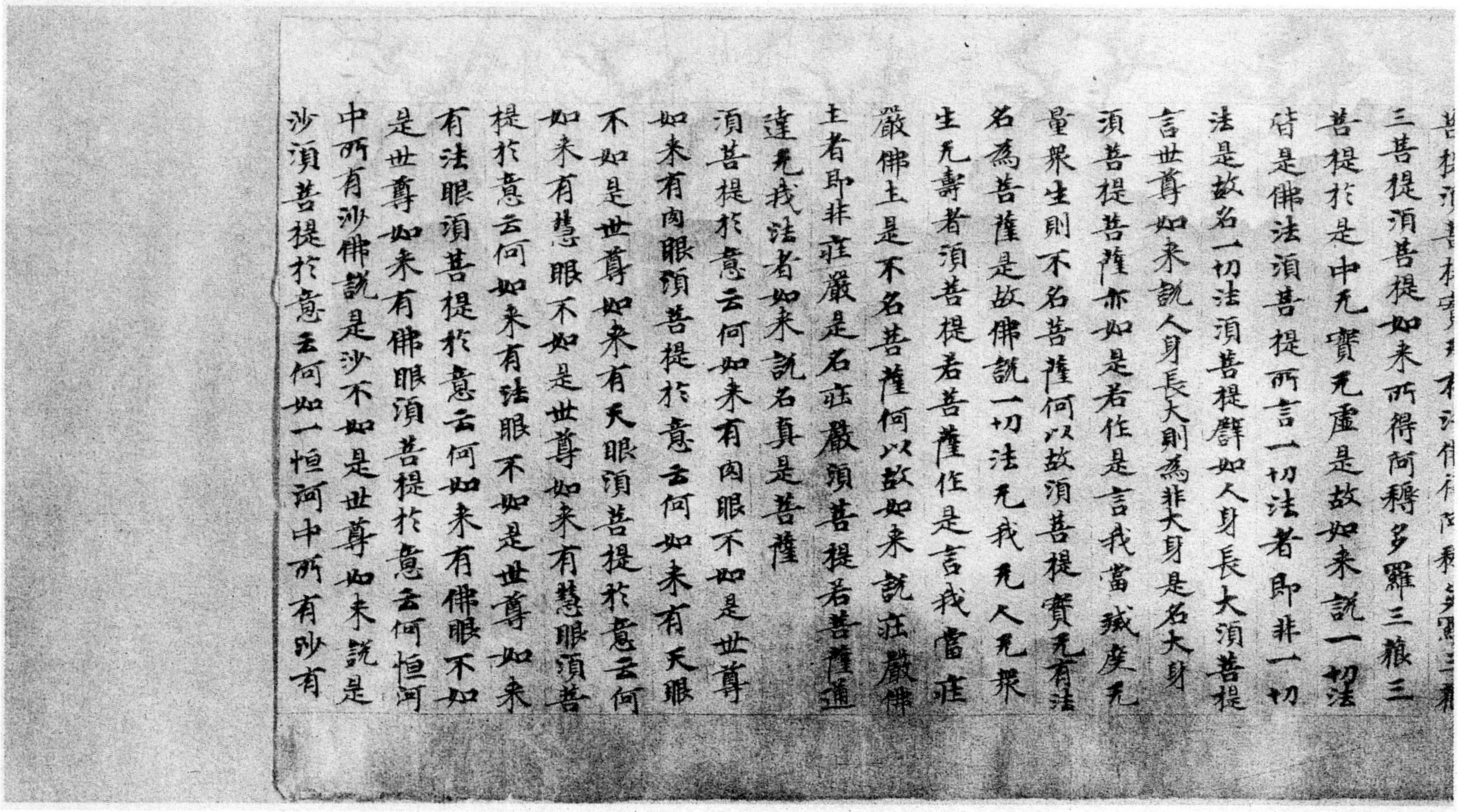

菩提須菩提實无有法佛得阿耨多羅三藐
三菩提須菩提如來所得阿耨多羅三藐三
菩提於是中无實无虛是故如來說一切法
皆是佛法須菩提所言一切法者即非一切
法是故名一切法須菩提譬如人身長大須菩提
言世尊如來說人身長大則為非大身是名大身
須菩提菩薩亦如是若作是言我當滅度无
量衆生則不名菩薩何以故須菩提實无有法
名為菩薩是故佛說一切法无我无人无衆
生无壽者須菩提若菩薩作是言我當莊
嚴佛土是不名菩薩何以故如來說莊嚴佛
土者即非莊嚴是名莊嚴須菩提若菩薩通
達无我法者如來說名真是菩薩
須菩提於意云何如來有肉眼不如是世尊
如來有肉眼須菩提於意云何如來有天眼
不如是世尊如來有天眼須菩提於意云何
如來有慧眼不如是世尊如來有慧眼須菩
提於意云何如來有法眼不如是世尊如來
有法眼須菩提於意云何如來有佛眼不如
是世尊如來有佛眼須菩提於意云何恒河
中所有沙佛說是沙不如是世尊如來說是
沙須菩提於意云何如一恒河中所有沙有

BD05774 號　金剛般若波羅蜜經　（3–3）

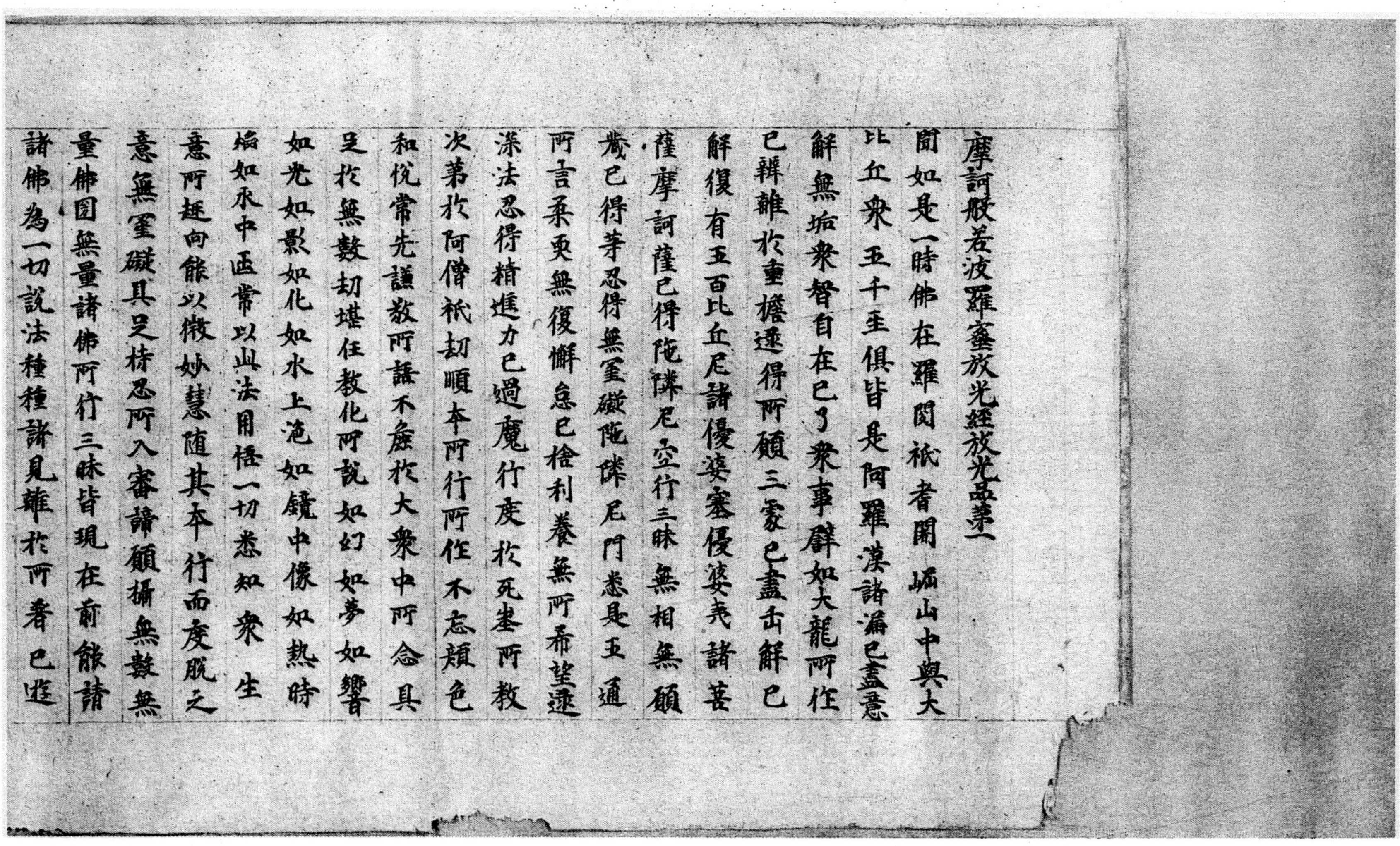

摩訶般若波羅蜜放光經放光品第一
聞如是一時佛在羅閱祇耆闍崛山中與大
比丘衆五千人俱皆是阿羅漢諸漏已盡意
解無垢衆智自在已了衆事譬如大龍所作
已辦離於重擔逮得所願三處已盡正解已
解復有五百比丘尼諸優婆塞優婆夷諸菩
薩摩訶薩已得陀隣尼空行三昧無相無願
悉已得等忍得無罣礙陀隣尼門悉是五通
所言柔軟無復懈怠已捨利養無所希望逮
深法忍得精進力已過魔行度於死生所教
次第於阿僧祇劫順本所行所作不忘顏色
和悅常先謙敬所語不麁於大衆中所念具
足於無數劫堪任教化所說如幻如夢如響
如光如影如化如水上泡如鏡中像如熱時
焰如水中月常以此法用悟一切悉知衆生
意所趣向能以微妙慧隨其本行而度脫之
意無罣礙具足於忍所入審諦頒攝無數無
量佛國無量諸佛所行三昧皆現在前能請
諸佛為一切說法種種諸見離於所著已進

BD05775 號　放光般若經（異卷）卷一　（20–1）

如光如影如化如水上沲如鏡中像如熱時
焰如水中盂常以此法用悟一切悉知衆生
意所趣向能以微妙慧隨其本行而度脫之
意無罣礙具足持忍所入審諦領攝無數無
量佛國無量諸佛所行三昧皆現在前能請
諸佛為一切說法種種諸見離於所著已逮
藏於百千三昧而自娛樂諸菩薩者德皆如
是其名曰護諸繫菩薩寶來菩薩導師菩薩
龍施菩薩所受則能說菩薩雨而菩薩雨玉
菩薩賢護菩薩妙意菩薩有持意菩薩增益
意菩薩現無癡菩薩善發菩薩過步菩薩常
應菩薩不置遠菩薩懷日藏菩薩意不缺減
菩薩現音聲菩薩不雅威菩薩寶印手菩薩
常舉手菩薩慈氏菩薩及餘億那術百千菩
薩俱盡是補處應尊位者復有異菩薩無央
數億百千及諸尊者子皆悉來會
尒時世尊自敷高坐結跏趺坐正受定意三
昧其三昧名三昧王一切三昧悉入其中住是
三昧已持天眼觀視世界尒時世尊放足
下千輻相輪光明從廣腨腸上至肉髻身中
処處各放六十億百千光明悉照三千
大千國土無不遍者其光明復照東方西方
南方北方四維上下如恒邊沙諸佛國土衆
生之類其見光明者畢志堅固悉發無上正
真道意尒時世尊復放身毛一諸毛孔皆
放光明復照三千大千國土復照十方無數

BD05775號　放光般若經（異卷）卷一　（20–2）

大千國土無不遍者其光明復照東方西方
南方北方四維上下如恒邊沙諸佛國土衆
生之類其見光明者畢志堅固悉發無上正
真道意尒時世尊復放身毛一諸毛孔皆
放光明復照三千大千國土復照十方無數
恒邊沙國土一切衆生見光明者畢志發無
上正真道意世尊復以諸如來無所著等正
覺法放大光明悉遍三千大千國土復照十
方無數恒邊沙國土一切衆生見光明者亦
畢志悉發無上正真道意尒時世尊出廣長
舌遍三千大千國土遍已從其舌根復放無
央數億百千光明一一光明化為千葉寶華
其色如金一一華者上皆有坐佛一一諸佛
皆說六度無極一切衆生聞說法者皆發無
上正真道意其舌光明一一華像復照十方
恒邊沙國土一切衆生見其光明聞說法者
亦發無上正真道意是時世尊於師子坐三
昧其三昧者名師子遊戲身放神足感動三
千大千國土六反震動三昧威神令此三千
大千國土地皆柔爽跛蹴踊沒諸 有地獄餓
鬼蠕動之類及八難處皆悉解脫得生天上
人中齊第六天適生天上人中已皆大歡喜
即識宿命來詣佛所稽首受法如是十方恒
邊沙國土諸三惡趣及八難處亦離勤苦生
天上人中齊第六天適生歡喜亦識宿命各
各自至其國佛所稽首受法尒時三千大千

BD05775號　放光般若經（異卷）卷一　（20–3）

人中齊第六天適生天上人中已皆大歡喜
即識宿命來詣佛所稽首受法如是十方恒
邊沙國土諸三惡趣及八難處亦離勤苦生
天上人中齊第六天適生歡喜亦識宿命各
各自至其國佛所稽首受法尒時三千大千
國土諸盲者得視聾者得聽瘂者能言瘻
者得申拘躄者得手足狂者得正亂者得定病
者得愈飢渴者得飽滿羸者得力老者得少
裸者得衣一切衆生皆得同志相視如父如
母如兄如弟并行十善淳脩梵事無有瑕穢
澹然快樂辟如比丘得第三禪一切衆生皆
逮於智調已自守不嬈衆生尒時世尊坐師
子牀於此三千大千國土其德特尊光明色
像威德巍巍辟如山王須弥衆山無能及者
尒時世尊如諸如來無所著等正覺法以大
普音遍三千大千國土諸首陁會天及諸梵
天第六天王釋天四王天其中諸天及諸衆
生悉見師子坐聞佛所說各持天上所有種
種名香種種名華來詣佛所供養如來無所
著等正覺於是三千大千國土其中衆生各
持世間所有名香水陸諸華來詣佛所供養
世尊是時諸天香華衆生香華所可供養散
如來上者於空中合化成大臺於其臺中垂
諸憧幡幢幡華蓋玉色縺綵華蓋光明悉遍
照三千大千國土皆作金色十方恒邊沙諸
佛國土亦復如是是時閻浮提人意自念言

BD05775號　放光般若經（異卷）卷一　（20–4）

持世間所有名香水陸諸華來詣佛所供養
世尊是時諸天香華衆生香華所可供養散
如來上者於空中合化成大臺於其臺中垂
諸憧幡幢幡華蓋玉色縺綵華蓋光明悉遍
照三千大千國土皆作金色十方恒邊沙諸
佛國土亦復如是是時閻浮提人意自念言
今日如來無所著等正覺獨為我等說法不
在餘處諸三千大千國土中諸衆生亦各念
言今日如來在我前坐獨為我等說法不在
餘國尒時世尊於師子坐復放光明照於三
千大千國土其中衆生見光明者盡見東方
恒邊沙佛及弟子衆悉見是閻沙訶國土釋
迦文佛及諸會衆十方國土各各相見亦復
如是東方度如恒邊沙國有世界名寶迹其
佛号寶事如來無所著等正覺今現在說般
若波羅蜜教化一切有菩薩名普明見釋迦
文佛光明變化威神感動便白寶事如來
言今日何緣有是佛身光明變化感動如是寶
事如來告普明曰西方極遠有世界名沙訶
其佛号釋迦文今現在為諸菩薩說般若波
羅蜜是其瑞應普明白佛言唯然世尊我欲
詣彼見釋迦文佛礼事供養彼國菩薩皆得
揔持得諸三昧越越三昧佛告普明欲往隨
意時寶事佛便以千葉金色蓮華與普明言
持是供養釋迦文佛重告普明汝詣彼國橋
持威儀無失法度所以者何彼國菩薩奉持

BD05775號　放光般若經（異卷）卷一　（20–5）

羅蜜是其瑞應普明白佛言唯然世尊我欲
詣彼見釋迦文佛礼事供養彼國菩薩皆得
総持得諸三昧越越三昧佛告普明欲往隨
意時寶事佛便以千葉金色蓮華與普明言
持是供養釋迦文佛重告普明汝詣彼國攝
持威儀無失法度所以者何彼國菩薩奉持
律行是坐汝今生彼是時普明菩薩與無央
數百千菩薩無數比丘諸善男子善女人來
從東方來所經諸佛皆以香華供養礼事来
詣忍界見釋迦文佛稽首作礼普明菩薩白
釋迦文佛言寶事如來致問慇勤問許世尊
坐起輕利氣力如常不今奉此華供養世尊
佛即受之釋迦文佛便以此華散於東方恒
邊沙佛國其華遍至二華者皆有坐佛皆
說般若波羅蜜教化衆生聞是教者皆發
無上正真道意彼善男子善女人隨普明菩薩
来者皆礼事釋迦文佛足所獻香華供養世
尊南方度如恒邊沙國有世界名度憂其佛
号無憂威如來無所著等正覺有菩薩名離
憂西方度如恒邊沙國有世界名滅惡其佛
号寶上如来無所著等正覺有菩薩名意行
北方度如恒邊沙有世界名勝其佛号仁王
如来無所著等正覺有菩薩名施勝下方度
如恒邊沙有世界名聲其佛号賢威如来無
所著等正覺有菩薩名妙華上方度如恒邊
沙有世界名思樂其佛号思樂威如来無所
著等正覺有菩薩名思樂施如是六方菩薩

BD05775號　放光般若經（異卷）卷一

（20–6）

北方度如恒邊沙有世界名勝其佛号仁王
如来無所著等正覺有菩薩名施勝下方度
如恒邊沙有世界名聲其佛号賢威如来無
所著等正覺有菩薩名妙華上方度如恒邊
沙有世界名思樂其佛号思樂威如来無所
著等正覺有菩薩名思樂施如是六方菩薩
各白其佛此何變化而現於此其佛各報諸
菩薩言去此極遠有忍世界佛号釋迦文為
諸菩薩說般若波羅蜜是其瑞應彼諸菩薩
各白其佛欲詣忍界見釋迦文佛礼事供養
尒時諸佛各與寶華及諸無數百千菩薩諸
比丘僧善男子善女人俱来詣此所經諸國
土各以香華供養諸佛次詣忍界見釋迦文
佛供養礼事問訊皆如東方諸菩薩比尒時
一時之頃三千大千世界其地所有皆成為
寶諸樹草木悉為香華懸諸幢幡繒綵華
蓋譬如華迹世界普華如来國土文殊師利善
住意王天子及諸大威神菩薩所處國土此
忍世界所有珍妙亦如彼國尒時衆會諸天
魔梵諸龍鬼神沙門婆羅門世界人民諸菩
薩摩訶薩及新發意者皆悉来集佛知衆會
已定告舍利弗言菩薩摩訶薩當習行般若
波羅蜜舍利弗白言言欲逮知一切諸法當
云何行般若波羅蜜佛告舍利弗菩薩摩訶
薩行般若波羅蜜者未曾不布施有財有施
有受者為行檀波羅蜜知罪知福為行尸波

BD05775號　放光般若經（異卷）卷一

（20–7）

已定告舍利弗言菩薩摩訶薩當習行般若
波羅蜜舍利弗白言言欲逮知一切諸法當
云何行般若波羅蜜佛告舍利弗菩薩摩訶
薩行般若波羅蜜者未曾不布施有財有施
有受者為行檀波羅蜜知罪知福為行尸波
羅蜜不起恚意為行羼提波羅蜜身口常精
進意不懈怠為行惟逮波羅蜜於六情無所
味為行禪波羅蜜佛告舍利弗菩薩摩訶薩
行般若波羅蜜定意不起當具四意止四意
斷四神足五根五力七覺意賢聖八品道當
具足空無三昧無相三昧無願三昧具足四
禪四等四無形三昧具八解脫得九次第禪
當復知九想新死想膖腫束薪想青瘀想膿
血想食不消想骨節分離想久骨想燒焦
可億想已知諸想當念佛志法志比丘僧志
在施戒志在安般守意志在無常苦空無我
人想無所樂想無生滅想無道想無盡想無
所起想善想法想豫知一切眾生之意是謂
為慧便得覺意三昧無畏三昧有想有畏無
想無畏亦無想亦無畏所不知根當知已知
當知欲過八惟卻十二衰具足佛十力十八
法四無所畏四無礙慧大慈大悲覺知一切菩
薩慧者當習般若波羅蜜菩薩摩訶薩欲
具足薩云若離於生死習緒者當學般若波
羅蜜如是舍利弗是為菩薩摩訶薩行般若
波羅蜜復次舍利弗菩薩摩訶薩欲上菩薩

BD05775號　放光般若經（異卷）卷一　（20–8）

法四無所畏四無礙慧大慈大悲覺知一切菩
薩慧者當習般若波羅蜜菩薩摩訶薩欲
具足薩云若離於生死習緒者當學般若波
羅蜜如是舍利弗是為菩薩摩訶薩行般若
波羅蜜復次舍利弗菩薩摩訶薩欲上菩薩
位者欲過聲聞辟支佛地欲住阿惟越致地
聲當學般若波羅蜜欲住六通知一切人意所
趣向者當學般若波羅蜜欲勝羅漢辟支
佛慧者當學般若波羅蜜菩薩摩訶薩欲
得諸陀鄰尼三昧門諸眾智門者當學般若
波羅蜜諸聲聞辟支佛家所作布施持戒
勸助種種功德欲過其上者當學般若波羅蜜
菩薩摩訶薩欲知聲聞辟支佛家諸所有戒
三昧智慧解脫見解脫慧欲過其上者當學
般若波羅蜜菩薩摩訶薩欲行少施少試少
忍少進少禪所習行少而得大報功德無量
者當學般若波羅蜜菩薩摩訶薩欲使親族
身體如佛形像者當學般若波羅蜜菩薩摩
訶薩欲具足大士三十二相八十種好成諸
菩薩種姓逮得鳩摩羅浮者當學般若波羅
蜜菩薩摩訶薩常不欲離諸佛世尊供養諸
佛種種所行欲成功德者當學般若波羅蜜
菩薩摩訶薩欲滿一切眾生之願欲求飲食
車乘象馬履屣衣裘香華瓔飾牀臥之具給
眾所求能令具足欲得是者當學般若波羅
蜜復次舍利弗菩薩摩訶薩欲使恒邊沙佛國

BD05775號　放光般若經（異卷）卷一　（20–9）

蜜菩薩摩訶薩常不欲離諸佛世尊供養諸
佛種種所行欲成功德者當學般若波羅蜜
菩薩摩訶薩欲滿一切衆生之願欲求飲食
車乘烏馬履屣衣裘香華瓔飾牀卧之具給
衆所求能令具足欲得是者當學般若波羅
蜜復次舍利弗菩薩摩訶薩欲使恒邊沙佛国
土中人悉具足行六波羅蜜者當學般若
波羅蜜菩薩摩訶薩欲行功德使正至佛者
當學般若波羅蜜菩薩摩訶薩欲使十方恒
邊沙佛国土諸佛世尊所讚歎功德者當學
般若波羅蜜菩薩摩訶薩欲一發意超越十
方恒邊沙諸佛国土悉遍至者當學般若波
羅蜜菩薩摩訶薩欲發一音都使十方盡聞
其聲者當學般若波羅蜜菩薩摩訶薩欲護
一切十方諸佛剎土使不斷者當學般若波
羅蜜菩薩摩訶薩欲住内空外空大空㝡空
空空有為空無為空至竟空無限空所有空
自性空一切諸法空無所倚空無所有空欲
知是空事法者當學般若波羅蜜菩薩摩訶
薩欲覺知一切諸佛諸法如者當學般若波
羅蜜欲知一切諸法性者當學般若波羅蜜
欲知一切諸法真際者當學般若波羅蜜舍
利弗菩薩摩訶薩如是為行般若波羅蜜當
作是住復次舍利弗菩薩摩訶薩欲知三千
大千国土其中塵數及諸樹木生草枝葉莖
節悉欲知是數者當學般若波羅蜜菩薩摩
訶薩欲以一毛破為百分以一分毛取三千

利弗菩薩摩訶薩如是為行般若波羅蜜當
作是住復次舍利弗菩薩摩訶薩欲知三千
大千国土其中塵數及諸樹木生草枝葉莖
節悉欲知是數者當學般若波羅蜜菩薩摩
訶薩欲以一毛破為百分以一分毛取三千
大千国土其中海水數知幾渧悉知其數不
娆水性欲得是者當學般若波羅蜜三千大
千国土其中火起譬如劫盡燒時欲一時吹滅
大火者當學般若波羅蜜三千大千国土
其中大風起吹須弥大山令如糠糩能以一
指鄣其風力令不起者當學般若波羅蜜
菩薩摩訶薩欲一結跏趺坐悉遍滿三千大千
国土虚空欲得是者當學般若波羅蜜三千
大千国土諸須弥山能持一手擧著他方無
數佛国欲得是者當學般若波羅蜜菩薩摩
訶薩能以一鉢之飯充飽十方恒邊沙佛及
弟子衆悉令滿足者當學般若波羅蜜又以
珎寶服飾幢幡繒蓋香華供養恒邊沙佛及
弟子衆欲得是者當學般若波羅蜜欲使十
方恒邊沙国其中衆生悉具於試三昧智慧
解脱見解脱慧沙門四道乃至無餘泥洹欲
得是者當學般若波羅蜜復次舍利弗菩薩
摩訶薩行般若波羅蜜者若布施當作是念
使我得大果報得生尊者家梵志大姓家迦
羅越家生四王天上乃至第六天中因是布
施得第一禪上至四禪空無形禪作是布施

得是者當學般若波羅蜜復次舍利弗菩薩
摩訶薩行般若波羅蜜者若布施當作是念
使我得大果報得生尊者家梵志大姓家迦
羅越家生四王天上乃至第六天中因是布
施得第一禪上至四禪空無形禪作是布施
得賢聖八品道得須陁洹上至阿羅漢辟支
佛者當學般若波羅蜜復次舍利弗菩薩摩
訶薩行般若波羅蜜以慧方便具足六波羅
蜜舍利弗白佛言菩薩摩訶薩云何布施具
足六波羅蜜佛言菩薩摩訶薩行檀波羅蜜
者當習無所猗法其所布施及受者令具足
諸波羅蜜是為具足檀波羅蜜於善於惡不
與罪福是為尸波羅蜜無瞋無恚是為羼提
波羅蜜意無懈怠是為惟逮波羅蜜於無所
著不起狐疑是為禪波羅蜜離於諸法是為
般若波羅蜜復次舍利弗菩薩摩訶薩欲知
過去當來今現在諸佛世尊之德者當學般
若波羅蜜欲度有為無為之法當學般若波
羅蜜欲覺過去當來今現在諸佛諸法如者
法相所起欲逮覺滅際者欲過聲聞辟支佛
前欲為一切諸佛給所當者欲為諸佛世尊
內眷屬者畐大眷屬者欲得菩薩眷屬者欲
報大施者欲行無想施者欲不起惡意者欲
不起恚恨意者欲不起懈怠意者欲不起乱
意者欲不起惡智者當學般若波羅蜜復次
舍利弗菩薩摩訶薩欲使一切立於布施戒

BD05775 號　放光般若經（異卷）卷一　（20–12）

內眷屬者畐大眷屬者欲得菩薩眷屬者欲
報大施者欲行無想施者欲不起惡意者欲
不起恚恨意者欲不起懈怠意者欲不起乱
意者欲不起惡智者當學般若波羅蜜復次
舍利弗菩薩摩訶薩欲使一切立於布施戒
念作務勸助功德者當學般若波羅蜜菩薩
摩訶薩欲立五眼者當學般若波羅蜜何等
為五眼肉眼天眼智眼法眼佛眼復次舍利
弗菩薩摩訶薩欲得天眼見十方諸佛者天
耳聽十方諸佛所說法者欲悉知諸佛意者
當學般若波羅蜜菩薩摩訶薩欲聞十方諸
佛所說不斷乃至阿耨多羅三藐三菩者當
學般若波羅蜜復次舍利弗菩薩摩訶薩欲
見過去諸佛現在諸佛世尊剎土者當學般
若波羅蜜菩薩摩訶薩欲聞十方諸佛所說
十二部經欲諷誦者及諸聲聞所未曾聞者
當學般若波羅蜜菩薩摩訶薩欲聞十方諸
佛所可說法甫當所說悉欲識知遍教眾生
者當學般若波羅蜜過去當來今現在諸佛
所說諸法欲盡聞知聞已遍教一切說者當
學般若波羅蜜十方恒邊沙諸佛世界有窈
冥之處日月所不照欲持光明悉遍照者當
學般若波羅蜜十方恒沙諸佛世界有初不
聞佛音法音僧音者能立眾生皆使正見聞
三寶音者當學般若波羅蜜復次舍利弗告
菩薩摩訶薩願欲令十方恒沙世界眾生盲

BD05775 號　放光般若經（異卷）卷一　（20–13）

冥之處日月所不照欲持光明悉遍照者當
學般若波羅蜜十方恒沙諸佛世界有初不
聞佛音法音僧音者能立衆生皆使正見聞
三寶音者當學般若波羅蜜復次舍利弗告
菩薩摩訶薩願欲令十方恒沙世界衆生盲
者得視聾者得聽狂者得志裸者得衣飢渴者
得飽滿當學般若波羅蜜菩薩摩訶薩欲令
十方恒沙国其中衆生諸在罪地三惡趣者
欲令解脫皆得人身者當學般若波羅蜜欲
使恒沙世界皆令衆生具足戒行三昧智慧
解脫見解脫慧從須陁洹至阿羅漢辟支佛
乃至阿耨多羅三耶三菩及諸佛威儀者當
學般若波羅蜜復次舍利弗菩薩摩訶薩欲
悉知道事俗事者當學般若波羅蜜欲使行
時足離地四寸而輪跡現諸四天王及阿迦
膩吒天與無央數諸天眷屬圍繞共至佛樹
當使諸天以天上疊為坐使我成阿耨多羅
三耶三菩所遊行處所住處悉為金剛
當學般若波羅蜜菩薩摩訶薩欲使出家之
日即成阿耨多羅三耶三菩即出家日便轉
法輪使無央數阿僧祇人遠塵離垢諸法法
眼淨無央數阿僧祇人漏盡意解無央數阿
僧祇人得阿惟越致成阿耨多羅三耶三菩
如是菩薩摩訶薩當學般若波羅蜜菩薩摩
訶薩願佐佛時為無央數弟子衆一時說法
便於坐上得阿羅漢發菩薩意者得阿惟越

BD05775號　放光般若經（異卷）卷一

（20–14）

眼淨無央數阿僧祇人漏盡意解無央數阿
僧祇人得阿惟越致成阿耨多羅三耶三菩
如是菩薩摩訶薩當學般若波羅蜜菩薩摩
訶薩願佐佛時為無央數弟子衆一時說法
便於坐上得阿羅漢發菩薩意者得阿惟越
致成阿耨多羅三耶三菩無央數菩薩為僧
其壽命無量其光明隨其壽不增減當學般
若波羅蜜菩薩摩訶薩成阿耨多羅三耶三
菩時欲令国土無婬怒癡之名衆生智慧悉
皆得等常念布施常念淨戒自調自撿不嬈
衆生般泥洹後欲使法無滅盡之名當學般
若波羅蜜菩薩摩訶薩自願得阿耨多羅三
耶三菩時其有聞我聲者必至阿耨多羅三
耶三菩欲得如是者當學般若波羅蜜
摩訶般若波羅蜜無見品第二
復次舍利弗菩薩摩訶薩行般若波羅蜜發
是念時四天王皆歡喜意念言我曹亦當復
以四鉢奉上菩薩如前王法奉諸佛鉢忉利
天王及第六天王皆歡喜意念言是菩薩成
佛時我曹亦當奉侍給使減損阿須倫種增
益諸天衆三千大千国土中諸阿迦膩吒天
各各歡喜亦復念言是菩薩摩訶薩行般若
波羅蜜成佐佛時我曹亦當勸助請佛使轉
法輪如是舍利弗菩薩摩訶薩行般若波羅
蜜時於六波羅蜜轉增益具足善男子善女
人各各歡喜意自念言我當為是菩薩作父

BD05775號　放光般若經（異卷）卷一

（20–15）

各各歡喜亦復念言是菩薩摩訶薩行般若
波羅蜜成作佛時我曹亦當勸助請佛使轉
法輪如是舍利弗菩薩摩訶薩行般若波羅
蜜時於六波羅蜜轉增益具足善男子善女
人各各歡喜意自念言我當為是菩薩作父
母兄弟妻子眷屬朋友知識尒時四天王及
諸阿迦膩吒天各各念言當使是菩薩常脩
梵行從初發意至成作佛莫使與色欲共會
犯欲者失梵行況行道者是菩薩常脩梵行
者必成至佛不從犯欲而得成道舍利弗白
佛言菩薩要當有父母妻子眷屬耶佛告舍
利弗菩薩或有父母無妻子或有菩薩從初
發意作童男行至成作佛不娶妻色或有菩
薩以漚惒拘舍羅於五欲中亦現發阿耨多
羅三耶三菩意出家舍利弗辟如幻師善於
幻法化作五樂色欲於中自恣共相娛樂於
意云何是幻師所作寧有所服食者不舍利
弗言不也世尊幻無所有如是舍利弗菩薩
以漚惒拘舍羅亦現有欲於色欲中育養一
切無所沾汙觀欲如火辟如惡家說欲之惡
志常織之菩薩雖在欲中亦現常懼是念行
權菩薩尚作是意何況新學發意者乎舍利
弗白佛言菩薩當云何行般若波羅蜜佛告
舍利弗菩薩行般若波羅蜜者不見有菩薩
亦不見字亦不見般若波羅蜜悉無所見亦
不見不行者何以故菩薩空字亦空空無有

權菩薩尚作是意何況新學發意者乎舍利
弗白佛言菩薩當云何行般若波羅蜜佛告
舍利弗菩薩行般若波羅蜜者不見有菩薩
亦不見字亦不見般若波羅蜜悉無所見亦
不見不行者何以故菩薩空字亦空空無有
五陰何謂五陰色陰痛陰想陰行陰識陰五
陰則是空空則是五陰何以故但字耳以字
故名為道以字故名為菩薩以字故為空
以字故名為五陰其實亦不生亦不滅亦無著
亦無斷菩薩作如是行者亦不見生亦不見
滅亦不見著亦不見斷何以故但以空為
法立名假号為字耳菩薩行般若波羅蜜不
見諸法之字以無所見故無所入

摩訶般若波羅蜜假号品第三

復次舍利弗行般若波羅蜜菩薩當作是觀
菩薩者但字耳佛亦字耳般若波羅蜜亦字
耳五陰者亦字耳舍利弗一切有言吾我者
亦皆字耳索吾我亦無有吾我亦無眾生亦
無所生亦無生者亦無自生無人無生無作
無造亦無成者亦無受者亦無積者無見
無得何以故一切諸法無所有用空故是故菩
薩於一切字法都無所見於所無見中復不
有見菩薩作是行般若波羅蜜除諸佛過一
切諸聲聞辟支佛上用無所有空故何以故
一切不見所入處故舍利弗菩薩如是者為
行般若波羅蜜辟如一閻浮提內其中所有

薩於一切字法都無所見於所無見中復不
有見菩薩作是行般若波羅蜜除諸佛過一
切諸聲聞辟支佛上用無所有空故何以故
一切不見所入處故舍利弗菩薩如是者為
行般若波羅蜜譬如一閻浮提內其中所有
樹木生草稻麻甘蔗藂林竹葦悉如舍利弗
目揵連等其數如是智慧神足其德無量欲
比行般若波羅蜜菩薩終不可得比無數億
百千倍不可以譬喻為比何以故舍利弗菩
薩持智慧度脫一切衆生故復次舍利弗菩
薩行般若波羅蜜所念智慧一日之中過諸
聲聞辟支佛上舍利弗置閻浮提其中草木
三千大千國土如舍利弗目揵連等其數滿
中復置是事十方恒邊沙悉如舍利弗目揵
連等盡滿其中其數如是不可計量欲比菩
薩行般若波羅蜜者百分千分巨億萬分不
得為比行般若波羅蜜菩薩持是智慧比諸
聲聞辟支佛之智慧百千萬倍不以為比舍
利弗白佛言唯世尊弟子所有智慧從須陁
洹至聲聞辟支佛上至菩薩諸佛世尊是諸
衆智不相違背無所出生其實皆空無有差
別不出不生其實空者不有差殊優劣云何
世尊言行般若波羅蜜菩薩一日之念出過
聲聞辟支佛上乎佛告舍利弗所以出彼上
者是菩薩行般若波羅蜜一日之念言我當
以道法因緣當為衆生覺一切法度脫衆生

BD05775 號　放光般若經（異卷）卷一

（20–18）

別不出不生其實空者不有差殊優劣云何
世尊言行般若波羅蜜菩薩一日之念出過
聲聞辟支佛上乎佛告舍利弗所以出彼上
者是菩薩行般若波羅蜜一日之念言我當
以道法因緣當為衆生覺一切法度脫衆生
云何舍利弗諸聲聞辟支佛頗有是念不耶
舍利弗言唯世尊諸聲聞辟支佛初無是念
是故舍利弗當作是知當作是念諸聲聞辟
支佛所有之智欲比菩薩之智百分千分巨
億萬倍不可為比復次舍利弗聲聞辟支佛
頗作是念言我當行六波羅蜜教犢衆生淨
佛國土具足佛十種力四無所畏四無礙慧
具足佛十八法當成阿惟三佛使不可計阿
僧祇人令得泥洹頗有是念不舍利佛言唯
世尊無有是念佛言菩薩能尒菩薩行六波
羅蜜具足十八法成阿惟三佛當度脫一切衆
生舍利弗譬如熒火蟲不作是念言我光明
照閻浮提普令大明如是舍利弗諸聲聞
辟支佛亦無是念言我當行六波羅蜜具足
十八法成阿惟三佛度脫衆生舍利弗譬如
日出遍照閻浮提莫不蒙明者如是菩薩行
六波羅蜜具足十八法成阿惟三佛度不可
計一切衆生舍利弗白佛言云何菩薩過羅
漢辟支佛地逮得阿惟越致地嚴世佛道地
佛告舍利弗菩薩從初發意以來常行六波
羅蜜住空無想無願之法過阿羅漢辟支佛

BD05775 號　放光般若經（異卷）卷一

（20–19）

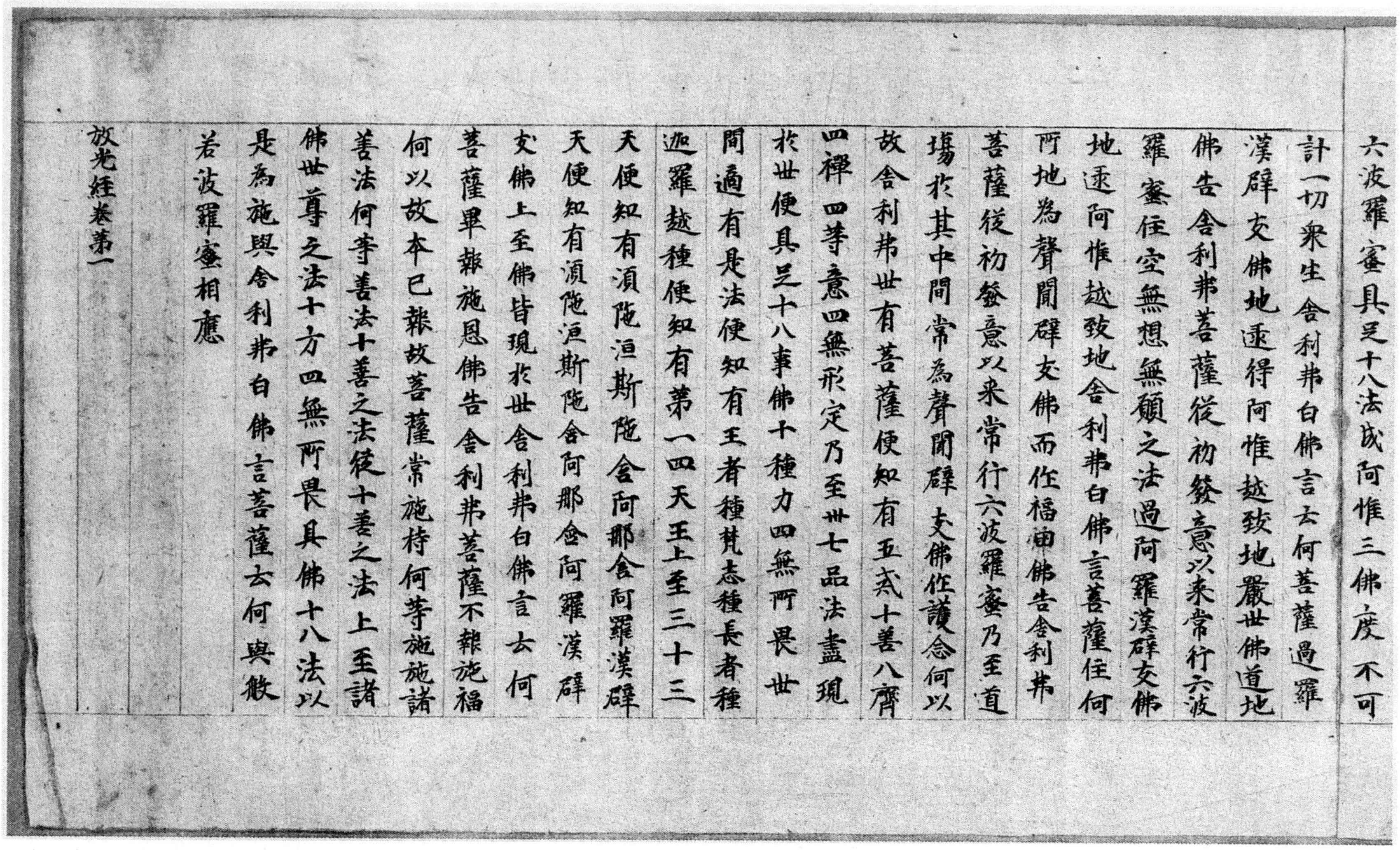

六波羅蜜具足十八法成阿惟三佛度不可
計一切衆生舍利弗白佛言云何菩薩過羅
漢辟支佛地逮得阿惟越致地嚴世佛道地
佛告舍利弗菩薩從初發意以來常行六波
羅蜜住空無想無願之法過阿羅漢辟支佛
地逮阿惟越致地舍利弗白佛言菩薩住何
所地為聲聞辟支佛而作福田佛告舍利弗
菩薩從初發意以來常行六波羅蜜乃至道
場於其中間常為聲聞辟支佛作護念何以
故舍利弗世有菩薩便知有五戒十善八齋
四禪四等意四無形定乃至卅七品法盡現
於世便具足十八事佛十種力四無所畏世
間適有是法便知有王者種梵志種長者種
迦羅越種便知有第一四天王上至三十三
天便知有須陁洹斯陁含阿那含阿羅漢辟
天便知有須陁洹斯陁含阿那含阿羅漢辟
支佛上至佛皆現於世舍利弗白佛言云何
菩薩畢雜施恩佛告舍利弗菩薩不雜施福
何以故本已雜故菩薩常施持何等施施諸
善法何等善法十善之法從十善之法上至諸
佛世尊之法十方四無所畏具佛十八法以
是為施與舍利弗白佛言菩薩云何與般
若波羅蜜相應

放光經卷第一

BD05775號　放光般若經（異卷）卷一　　（20–20）

BD05775號背　勘記　　（1–1）

般若波羅蜜舍利弗言
羅蜜非但以空故可更亦廣說有三乘
取菩薩者以般若波羅蜜利益諸菩
長復次攝者是般若波羅蜜中有十地
地至一地乃至第十地、義從六波羅蜜乃
如先說化菩薩說般若波羅蜜於一切法導先故得捷疾
辯有人雖有能捷疾鈍根故不能深入以能深入故利是利
辯說諸法實相無邊無盡故名樂說無盡般若中無諸
戲論故無能問難斷絕者名不可斷辯斷法愛故隨衆
生所應而為說法名隨應辯說趣涅槃利益之事故
名義辯說一切世間第一之事所謂大乘名是世間最上
辯須菩提然其問言如是舍利弗作是念須菩提
常樂說空何以故更無所說般若波羅蜜廣說三乘
之教應當更有因緣須菩提答般若波羅蜜雖廣
說三乘法非有定相皆是以十八空和合故說攝取
菩薩七種辯如是亦是以空智慧故
大智度第廿八品釋論
尒時釋提桓因及三千大千世界中四天王天乃至阿迦
膩吒諸天作是念慧命須菩提為雨法雨我等寧化
作花散佛菩薩摩訶薩比丘僧須菩提及般若波羅
蜜上釋提桓因及三千大千世界中諸天化作花散佛
上菩薩摩訶薩比丘僧及須菩提上亦供養般若波羅蜜

菩薩十[illegible]

大智度第廿八品釋論

爾時釋提桓因及三千大千世界中四天王天乃至阿迦
膩吒諸天作是念慧命須菩提為雨法雨我等寧可化
作花散佛菩薩摩訶薩比丘僧須菩提及般若波羅
蜜上釋提桓因及三千大千世界中諸天化作花散佛
菩薩摩訶薩比丘僧及須菩提上亦供養般若波羅蜜
是時三千大千世界花悉周遍於虛空中化成花臺端嚴
殊妙須菩提念心是天子所散花天上未曾見如是
花比是花是化花非樹生花是諸天子所散花從心樹生
非樹生也釋提桓因知須菩提心念語須菩提言大
德是花非生花亦非意樹須菩提語釋提桓因言憍
尸迦汝言是花非生花亦非意樹生憍尸迦是若非生法不
名為花釋提桓因語須菩提言大德但是花不生色
亦不生受想行識亦不生須菩提言憍尸迦非但是花
不生色亦不生若不生是不名為色受想行識亦不生若
不生是不名為識六入六識六觸因緣生諸受亦如是
檀波羅蜜不生若不生是不名檀波羅蜜乃至般若波
羅蜜不生若不生是不名般若波羅蜜內空不生若不
生是不名內空乃至無法有法空不生若不生是不名無
法有法空四念處不生若不生是不名四念處乃至十八
不共法不生若不生是不名十八不共法乃至一切種智不生若不生是不名一切種智
釋曰釋提桓因及諸天聞須菩提所說般若波羅蜜
義一切法盡是實相無所分別唯說空於諸法無所破亦
不失諸行業果報聞人於佛前能說是甚深法
故釋提桓因等皆歡喜作是念須菩提所說法無
身無影譬如時雨如有國土亢旱種蒔及種種用水溉者
不足若時雨普降無不沾洽無不如願小乘法亦如

義一切法盡是實相无所分別雖說空於諸法无所破亦
不失諸行業果報散花人於佛前能說是甚深法
故釋提桓因其心歡喜作是念須菩提所說法无
㝵无鄣譬如時雨如有因緣澍種時及種用水當留
不足若時雨普降无不沾洽无不如願小乘法亦如
是初種讚嘆布施持戒禪定无常等諸觀有量
有限未後說涅槃此中須菩提所明初從發心乃至佛道
雖說諸法實相无所分別譬如大雨遍滿閻浮提无
所不潤又如地先雖有數子无雨則不生行者亦如是
雖有因緣不得法雨發心者退未發者往若得法雨發
心者增長未發者發以是故說如雨法雨復次譬如惡
風疫五諸熱毒氣等得雨則消滅法雨亦如是惡覺
觀憂五三不善毒一切見惡風一切煩惱惡虫及諸惡知識等得
般若波羅蜜法雨則皆除滅人蒙時雨故供養天諸天聞
法雨大利益欲供養故作是念我等寧可作花散佛諸
大菩薩比丘僧及須菩提上亦供養般若波羅蜜以須
菩提善說般若波羅蜜歎又重故顯名供養是般若波
羅蜜易說諸法空又上說得如化人聽法隨其相故以化
花供養復次諸天當歡喜時便稱心供養不容還取故
即作化花散佛上須菩提諸菩薩比丘僧及般若波羅蜜
花散佛上是供養佛寶散諸菩薩須菩提及般若波羅
蜜是供養法寶散諸比丘僧是供養僧寶作是念已隨
喜變化供養三寶大福德成就故心生所欲皆得如
意不從池來問曰花臺端嚴為是誰力荅曰是諸天
力諸天福德自來故小能為大有人言是佛神力佛以此
般若波羅蜜有大功德因時少而果報甚大成就佛道是故
現此奇特須菩提即時分別知實花釋提桓因知須菩提

BD05776號　大智度論卷五五　（9–3）

意變化供養三寶大福德成就故心生所欲皆得如
意不從他來問曰花臺端嚴為是誰力答曰是諸天
力諸天福德自在故小能為大有人言是佛神力以此
般若波羅蜜有大功德因時少而果報甚大成就佛道是故
現此奇特須菩提即時分別知實花釋提桓因知須菩提
覺是變化花語須菩提言大德是花非生花音言是之
化无生空无所出須菩提是般若波羅蜜諸法无生相空故
以无生花供養意樹生者諸天意隨所念則得以要言之
天樹隨所欲應念則至故言意樹釋提桓因難須菩提
故言是花天生何以言是花不從意樹生須菩提反質言
若不生何以名花不生法中无所分別所謂是花是非花是
時釋提桓因心疑而問但是花无生諸法亦无生須菩提答
非但是花不生色亦不生何以故若一法空則一切法皆空若
行者於一法中了了決定知空則一切法中皆亦明了若五衆不生
則非五衆相乃至一切種智亦如是五衆從因緣和合生无
有定性但有假名、實相者所謂五衆如法性實際須菩
提所說不遠此理何以故聖人知名字是俗諦實相是
第一義諦有所說者隨凡夫人第一義諦中无說此亦无諦
乃至一切種智亦如是衆生空乃至知見者音聲空故須陁洹
但有假名乃至佛亦如是尒時釋提桓因作是念慧命須
菩提甚知甚深不壞假名而說諸法相佛知釋提桓因心
所念語釋提桓因如是如是憍尸迦須菩提甚知甚深不壞
假名而說諸法相釋提桓白佛言大德須菩提云何不壞
假名而說諸法相佛言釋提桓因色但假名須菩提不亦壞
假名而說諸法相受想行識但假名須菩提亦不壞假
名而說諸法相所以者何是諸法相无壞不壞故須菩提亦所說
无壞不壞眼乃至意觸因緣生諸受亦如是檀波羅蜜

假名而說諸法相佛告釋提桓因色但假名須菩提不亦壞
假名而說諸法相受想行識但假名須菩提亦不壞假
名而說諸法相以昔何是諸法相无壞不壞故須菩提亦不說
无壞不壞眼乃至意觸因緣生諸受亦如是檀波羅蜜
乃至般若波羅蜜內空乃至无法有法空四念處乃至十八不共
法亦如是須陀洹果乃至阿羅漢果辟支佛道菩薩道佛
道一切智一切種智亦如是須陀洹乃至阿羅漢辟支佛
是但假名須菩提不壞假名而說諸法相何以故是諸法
相无壞不壞故須菩提所說亦无壞不壞如是憍尸
迦須菩提不壞假名而說諸法相須菩提語釋提桓
因如是如是憍尸迦如佛所說諸法但假名菩薩摩訶薩
當作是知諸法但假名應如是學般若波羅蜜憍尸迦
菩薩摩訶薩作如是學為不學色不學受想行識
何以故不見色當可學者不見受想行識當可學者菩
薩摩訶薩如是學為不學檀波羅蜜何以故不見檀
波羅蜜當可學者乃至不學般若波羅蜜何以故不見
般若波羅蜜當可學者如是學為不學內空乃至无法（何以故不見內空乃至无法有法空）
有法空當可學者如是學為不學四念處乃至十八不共
法何以故不見四念處乃至十八不共法當可學者如是學
為不學須陀洹果乃至一切種智何以故不見須陀洹果乃
至一切種智當可學者尒時釋提桓因語須菩提言菩
薩摩（可）薩何因緣故不見色乃至不見一切種智須菩提
言色色空乃至一切種智一切種智空憍尸迦色空不學色空乃至
一切種智空不學一切種智空憍尸迦若如是不學空
是名學空以不二故是菩薩摩訶薩學色空以不二故
乃至學一切種智空不二故若學色空不二故乃至學一切種
智空不二故是菩薩摩訶薩能學檀波羅蜜不二故乃

言色〻空乃至一〻切〻種〻智〻空〻憍尸迦色空不學色空乃至
一切種智空不學一切種智空憍尸迦若如是不學空
是名學空以不二故是菩薩摩訶薩學色空以不二故
乃至學一切種智空不二故若學色空不二故乃至學一切種
智空不二故是菩薩摩訶薩能學檀波羅蜜不二故乃
至能學般若波羅蜜不二故能學四念處不二故乃至
能學十八不共法不二故能學須陀洹果不二故能學一切
種智不二故是菩薩能學无量无邊阿僧祇佛法若
能學无量无邊阿僧祇法是菩薩不為色增學不為
色減學乃至不為一切種智增學不為一切種智減學
若不為色增減乃至不為一切種智增減學菩薩不為
色受想行識學不為色減學亦不為受想行識受學
亦不為減學乃至一切種智亦不為受學亦不為減學舍利
弗語須菩提菩薩摩訶薩如是學不為受色學不為
減色學乃至一切種智亦不為受學亦不為減學須菩提
言菩薩摩訶薩若如是學不為受色學不為減色學
乃至一切種智亦不為受學亦不為減須菩提何因緣故
菩薩摩訶薩不為受色學不學乃至一切種智亦不為
受學亦不為減學須菩提言是色不可受亦无受色者
乃至一切種智不可受亦无受者內空故如是舍利弗菩
薩摩訶薩一切法不受故乃至一切種智是時舍利弗語須
菩提菩薩摩訶薩如是學般若波羅蜜能到一切種智
耶須菩提言菩薩摩訶薩如是學般若波羅蜜能到
一切種智一切法受不故舍利弗語須菩提若菩
薩於一切法不受不減學者菩薩摩訶薩云何能到一
切種智須菩提言菩薩摩訶薩行般若波羅蜜不見
色生不見色減不見色受不見色不受不見色垢不見淨
色不見色增不見色減何以故舍利弗色色性空故受想行

BD05776號　大智度論卷五五　（9–6）

一切種智一切法受不故舍利弗語須菩提菩薩摩訶
薩於一切法不受不滅學者菩薩摩訶薩云何能到一
切種智須菩提言菩薩摩訶薩行般若波羅蜜不見
色生不見色滅不見色受不見色垢不見淨
色不見色增不見色減何以故舍利弗色性空故受想行
識亦不見生亦不見滅亦不見受亦不垢見亦
不見淨亦不見增亦不見減何以故識性空故乃至一切種智
亦不見生亦不見滅亦不見受亦不見垢亦不
見淨亦不見增亦不見減何以故一切種智性空故如是
舍利弗菩薩摩訶薩為一切法不生不滅不受不捨不垢
不淨不合不散不增不減故學般若波羅蜜能到一切種
智無所學無所到故釋提桓因歡喜言須菩提其知
甚深不壞假名而說諸法相爾時佛讚須菩提如言如
是如釋提桓因所言問曰佛何故讚須菩提答曰未佛
不自高弟子承順佛法有人言佛所說弟子不受弟子所說
佛不聽如凡夫人衆說法時破一切語不受以佛无吾我心
故讚須菩提言如是復次佛以大悲欲令衆生信受須
菩提所說故讚言甚知甚深菩薩知一切法假名則應
般若波羅蜜學所以者何一切法但有假名皆隨順般若波
羅蜜畢竟空相故如是學不學色者假名法中无有定色
若无色者云何學色何以故菩薩以五眼求色而不見是色
若我无若我我等相乃至一切種智亦如是何以故不見色者
答曰色中色相空不可得故不可見即是自相空乃至一切
種智亦如是復次不學色者是色空即是自空不能學
色空以諸法行於他相不行自相故譬如人乘馬非馬乘馬
問曰若如是不學一切法云何學一切智答曰是中說若能
於諸法空中无所著是為真學色空若著空者是破

BD05776號　大智度論卷五五　（9–7）

答曰色中色相空不可得故不可見即是自相空乃至一切
種智亦如是復次不學色者是色空即是自空不能學
色空以諸法行於他相不行自相故譬如人乘馬非馬乘馬
問曰若如是不學一切法云何學一切智答曰是中說若能
於諸法空中无所著是為真學色空若著空者是破
諸法而不破空若人破色而不著空是則色與空不二不
別是為學能色空不得故不見乃至一切種智亦如是无量
无邊阿僧祇佛法皆是讚一切種智是菩薩心中有量有
限未佛心中則无量无邊以是故上雖說學佛法今更別說
若能如是學行六波羅蜜菩薩道不增減色學增者若但見四大
及造色和合成身者則不生著以於是身中起男女好醜長
短相謂為实實生深著心是為增若破色使空心著是空
是為減乃至一切種智亦如是不受不減者空故不受業果
因緣相續故不減是中須菩提自說因緣色受者不可
得故不受大以色內外空故不受以色中內外空故不減問曰
應以十八空諸法此中何以但說內外空答曰受色者无故說
內外空色不可受故名外空是內外空則攝一切法空乃至
一切種智亦如是若菩薩能如是學則出生一切種智一切種
智是无諍异相若菩薩觀一切法如實空无諍异則是學一切種
智因報果相似故舍利弗作是念菩薩法應當滅一切煩惱
應當受一切諸善法今不受不減學云何出至薩婆若作是
念已問須菩提答言破一切法生相故不生破一切法无常相
故不滅觀一切法種種過罪故不受觀一切法種種利益故不捨
一切法性常清淨故不垢一切法能生著心故不淨一切法
唯是有作无作起滅入出來往等而不出不少不增不減譬
如大海眾流歸之不增火珠煎之不減諸法亦如是法性
常住故一切法自性不可得故能如是學則生至薩婆若不

BD05776號　大智度論卷五五　（9–8）

一切種智亦如是若菩薩能如是學則出生一切種智一切種
智是无邊身相若菩薩觀一切法如虛空无邊身則是學一切種
智因緣果相似故舍利弗作是念菩薩法應當滅一切煩惱
應當受一切諸善法今不受不滅學云何出生薩婆若作是
念已問須菩提答言破一切法生相故不生破一切法无常相
故不滅觀一切法種種過罪故不受觀一切法種種利益故不捨
一切法性常清淨故不垢一切法能生善心故不淨一切法
唯是有作无作起滅入出來往等而不多不少不增不減譬
如大海衆流歸之不增火珠煎之不減諸法亦如是法性
常住故一切法自性不可得故能如是學則生至薩婆若不
見學相不見生相不見菩薩相不見般若波羅蜜相此中
略說故但說无出生時釋提桓因語舍利弗菩薩摩訶薩
般若波羅蜜當於何處求舍利弗言菩薩摩訶薩般
若波羅蜜當於須菩提品中求釋提桓因語須菩提
是汝神力力復舍利弗言菩薩摩訶薩般若波羅蜜當
於須菩提品中求須菩提語釋提桓因非我神力釋提桓因
語須菩提是誰神力須菩提言是佛神力釋提桓因言一切
法无受處何以言是佛神力離无受處相如來不可得離如
言如是憍尸迦離无受

BD05776號　大智度論卷五五

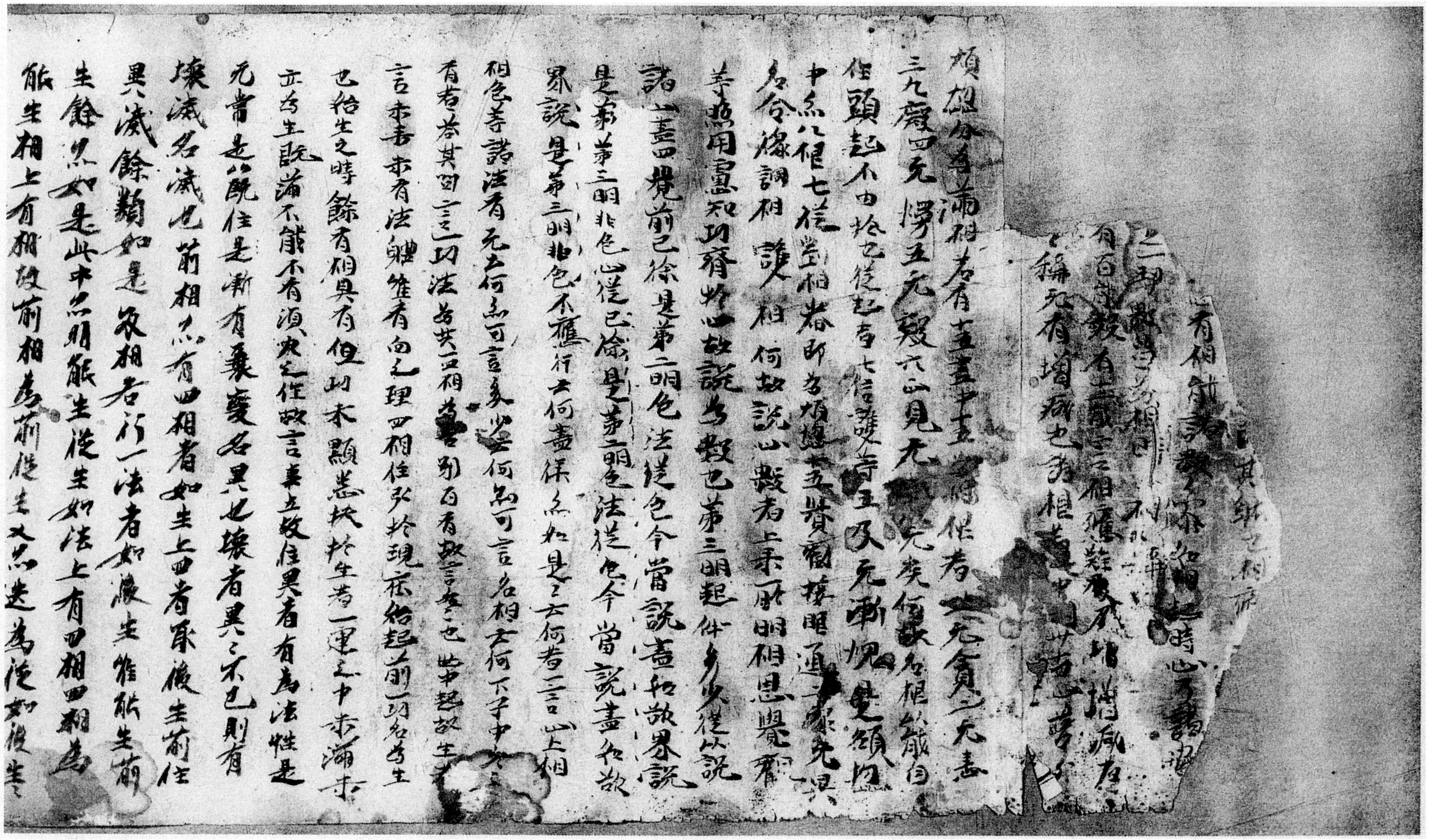

BD05776號背　佛經論釋（擬）　（9–1）

並爲生既滅不能不有須臾之住故言暫立故住異者有爲法性是
无常是以既住是漸有衰變名異也壞者異之不已則有
壞滅名滅也前相亦有四相者如生上四者取後生前住
異滅餘類如是衆相者行一法者如後生雖能生前
生餘亦如是此中亦明能生後生如法上有四相四相爲
能生相上有相故前相爲前後生文亦迭爲從如後等
前生則後生爲能生前生亦法則前生爲能生等者人
文善自思之知由伴友是第二明生法之因由也識因由中有
三段一六因二四緣三明行由伴卷上雖明心色之伴未辯其相
於有因緣義此下方欲明其因緣義故言由也者因也識因中
二種一說因名義從一別共自然盡由此故生一所作因者從果爲
名不鄣爲因一所作爲果然不鄣非因義但不鄣而生爲
因也餘因名能是皆以能生爲因自共因者明心數及諸相
道共定共色善等真理相扶而生爲也因果同時无有先後
雖有時同性因也同自然因者因果異世无時同色心各
種 法同不緣前竟无緣同雖有地同性同无漏法雖在七
地爲因然无漏是三界外法而得言地同遍因者遍感共伏
感性同故雖有性同自然无漏地繫故有地同性相應因者
同是神明故法同通善善无記感一故有性同齊富一境故有緣因
起无前後故有時同爲言地同數因雖有地同地故因果異世故無
法同時同性同不緣境故无緣同此不以果爲因名也第二明因所生
法從若心因數生善以說諸因是第二明四緣之者名略而義廣
六因名廣而義略何以知之次緣之因中除究未明斯義也正知
諸法有明知未深窮諸法因緣之義相可美非一釋了者言如未
知衆生根量一脫且緣因何法而有體轉稱其所宜說故言釋
化故說緣也次第緣者能有諸一脫成事廣如前善心開次
後善不善无漏无記皆次第得起勒心於第二心爲次第緣心

BD05776號背　佛經論釋（擬）

（9–2）

法從者心所數生善心說說心是第二明心所之義名明所斷義

六因名者入所義此何以知之皆緣心因中餘究未明斯義也正知

諸法有明知未深處諸法因緣之義相可義非一體入故者言如未

知聖根量一所且緣因何法而有體根排其一所等說故言攝

化故說緣也次第緣者能作強一所成事應如前善心開次

後善不善无漏无記皆次第得起約心於第二心為次第約心

於第三心得等次第者有所緣緣者境界是緣心緣前境

而生也故界四言五陰煩惱斯其義也境界者一切色心等法是也

大次第義者三界中約列十二種法欲界四善不善隱沒无記不隱

沒无記色界三善隱沒不隱沒无記无色界三善隱沒不隱无記

漏二稱學合十二分此十二等廿欲界善有方便善生得无記有四數

威儀工巧變化煩惱二種如前合八色界善而分為二无記分為三

斷无工巧以欲地因者於數具足不須造作故也煩惱一種而如前

无色界善煩惱如色界无記雖有數无記無府御未任故

无威儀无形色可運動故无變化无學漏无學无漏合廿心已皆

有次第義欲界方便善次第能生十心於自地生方便善生得生

二種煩惱二種无記除善化生色界方便善生二種无漏學無學

者取思惟无漏二種 一要人並欲界也欲方便善從方便善出

還入无漏爾時始无次第生學无漏等次第義而如是要取无

生知處容緣无漏入欲界方便善從心生自地四方便善生得

善二種煩惱所以不從四種无記生者无記性劣緣於自在煩惱

所以外生者以善惡相對言惡極則度也同是強力心也色界方

便善及威儀二種无漏合也所以從色界[illegible]生者二言身在欲

界起上地善心行退故入[illegible]即從彼還入欲界方便善故得生

欲界生得善次第善能自地三生七除變化地果報故生色无色界

二地[illegible]此謂命終[illegible]結生者也從十一從生自地七除變化色界二

方便[illegible]无漏二煩惱能生自地七除變化不善 縛故不及上地

BD05776號背　佛經論釋（擬）　（9–3）

便善及繫于二種無漏心也所以從色界繫法生者二言身在欲合
界起上地善心行退故入繫法即從彼還入欲界方便善故得生
欲界生得善及無漏等能自地之生七除變化地果報故生色無色界
二地繫法此謂命終還結生者也從十從生自地七除變化色界二
方便繫法無漏二煩惱能生自地七除變化不善纏故不及上地
從前後生自地此除變化色界四除方便變化此二心無命終也無
色界三除方便善此謂從上命終生者也威儀報生八自地六除方便
善變化心色無色界二繫法從七生自地方便生得二煩惱三無記除
變化功巧無記能生自地六除方便變化不及上地從七生即自相
此除變化能生三從二者從上界善心生此是次果故及此變化心自
後運自相生名二也升生三者前運生後運一也從此心後還起未處善
心二也色界方便善能生十自地六下地三三變化上地一方便善二無漏
從生十自地四除威儀報生下地二方便變化上地二方便善煩惱二漏
生得善升生八自地五除變化下地二煩惱上地一煩惱從自地五心
生除變化煩惱心生升九自地五除變化下地四二善二煩惱從
自十地五心生變下地三生得威儀報生上地三除方便善威儀
報生無記升生此地四變化方便善下地二煩惱上地一煩惱從
自地五生除變化威儀報界無色界方便善升生七自地一色界
方便善二漏生得能生七自地四下地三色界心煩惱欲界一煩惱從
自地四心生煩惱心升生八自地四下地色界方便久煩惱欲界一煩惱
從生十自地四下地六界色三報生威儀及生得善欲界煩惱
報生無記升生六自地三除方便善下地三二界煩惱從自地四心
生學地無漏能六三種無漏三界方便善欲界生得從生四三
界方便善學無漏學無漏升生十無學無漏三界方便善欲界
生得善從五生三方便善二種無漏　第三明行何以故謂之行上來
一能明等能生從十能生者即是因也因行從可言行即是從生等

生學地无漏能六種无漏三界方便善故界生淨從生四三
界方便善學无漏學无漏非生亦无學无漏三界方便善故界
生淨善從五生三方便善二種无漏　第三明行何以故謂之行上來
所明為能生從生者即是因也因行從可言行即是從生為
果何　言行故言何以故答曰多生之生多是明此諸法先為能
生法為從生故蓋皆得名行業習業為起行之原生死之本
受報苦樂莫不斯故下言在餘事雖業者作造即以習中
愚也而是廣熟因義也此中而為出世之業此業以粗嚴言為苦任
妙樂為在餘遊業名雖同時大為殊者總名業習也諸行已性者舉
界中界義界者名性守分不為性義也而可即取行物生法依
而明善惡无記三性而可言色心等性故言已性心諸因緣六因四緣是上諸法
生起之由原也謂此為因者即是熟因因能於　是有果之因言曰
為因也故而可業為熟因之因何以知之由業生作成於因用而
為末因感果多強在餘事本故言因也感餘果者有二種報
依報　謂六根是重故言色香味身依表麁鼻端政醜陋
貴賤上六為依也此二果業所感餘種者身熟若干生之者受
非一可得在業外法如是差別之也此物亦所文句明作報向業未
是已明此習始末已有五段第一明業之功能之者餘等生於五趣資
行者令出離業之能也第二明業相所以明相者欲令識知業相
循於勝者第三明成就相業屬者行者若不屬人業於行者則無
精爲以屬人故能為在餘之事第四明捨明業若屬者行人不可遮
捨者則應惡則善善自常善良由可捨故惡業可遮勝果可求
善有漏業而有遮理同於不善第五得失之義即上廣業之功能取
所以難於渴求故令行者識知得失捨惡業善故也業能在餘世世
下始心明業體也從曰思者此中得失並明也因者言業是過惡之本
出苦之由是以當業也之妙業从遮轉不縛之惠業示也身業及口
[illegible]

BD05776號背　佛經論釋（擬）　（9–5）

捨者則舊惡則善善自常善良由可捨故惡業可斷勝果可求
善有漏業亦有斷理同於不善第五淨失之一秋即上廣業之功能取
所以釋於淨失故今什者識知淨失於惡業善故也業能在餘世世
下作心明業體也當曰思者此中淨失並明也因者言業是過惡之本
生當之由是以當業也之妙業從斷轉縛之惡業也身業分
意此明生業之由也有者言因能有於果果者名有又思量果俱淨
為有如十二因緣以有為因如廿五有以果為有造者言身口能造世就
第二業相五段一明數无數相從身業數无數盡界微相續是
第三明善不善相從聞此五業盡无記是第三明隱沒不隱沒相從此
无記業盡今不說是何等性者曰色記業善隱沒性即不隱沒
心業无記前以說雖未明无記色業故今明此善不善亦有色性
業亦所以不曰以不善等隱沒善等不隱沒其事共殺然不可假也雖
无記報中難識要須可知雖同為隱沒不同善雖不隱沒不同
於善事須勤別故可也何處聚者可明色性无記於二界中在於
何處唯中有色性无記具有二種從煩惱生者言口身業
盡由所見諦還伏後生也第四漏无漏相身口業无數盡謂義故
界是所以業善不善无數者為有漏義也第明數具不具相
從无數有故界盡中隨行是所以二界无數故界无數不了俱
為非不思起發但由身義多要期所成故不得也此下子中自有
釋論抑无數无漏无數所以思心俱者由心而得　非不因身但由心義多
隨心得失故言俱也　第三成就不成就者法由人知人由法成人法
相近名之就故言成就人所得之成就義名異納給為得然後為
成就人所得者如連持於法則法得法即已成人行於法名法成人
故言成就人非成就凡有四種一而具通成就心法是心神明道故
實通三世二要其就故界成是以無色法故現在過去二世成
就三任運成就數色是四者相隨成就色已上四稱是成就即得也
得有善惡无記得隨七三性或通三界或不通或通三世或不通三

成就人能得者如連持於法則法得法所已成人行於法名法成人
故言成就人亦成就凡有四種一實通成就心法是心神明道故
實通三世二要某就欲界戒是以無三色法故現在過去二世成
就三任運成就欲色是四者相隨成就色心上四種是成就即得也
得有善惡无記得隨七三性或通三界或不通或通三世或不通三
世隨法於通塞得心如是此法連持諸法者行業果報成就
不去之成就義人現在法在三世得而成就之此成就中有
五段一明善人成就善從无漏成律儀盡成就過无数是禪无漏
二種无教所以抛未來成就者多心俱故也如得聖果及退者皆
事以證過成就退者從斯陀含果經退尒時現在微污
心不得无漏去得過去須陀洹果上无漏故言過去成就也
第二善人成就惡從前作不善善心隨盡是第三惡從慕不
成義戒蓋心復過去盡是第四人成就善之上相違是第五
居中容從善處中所作盡不善表一是從句云何得盡根
本四禪共段傳是成就不成就義未知得淨時云何是故別明也
色界戒若令有二家云何捨若成堤得未來第也第四明捨從
句夫戒云何捨盡及成就是有可離若不有離若自常善惡
進趣涅槃无由可階是以今明惡之可離善之可脩欲使
行者進而脩善故名捨也第五明得失從前業亦皆
果盡是識習中有得失從苦果至能者捨離明夫就中有三
種一明無果報從苦果盡此以後十善道是其中意三惡行明
愚從生十道者明欲生十二明定報從現法報盡時不定則者是
定即上善惡業中知勝之業能感定報不為餘緣所奪故
言定也定業之勢必遲三生現者去乎果事速不持來導了
先世業果即時現受故現也現受者先業所感今日之報即來不
善或命長而諸根味或根勝而命短今日定報感果補其缺者
今身後言見人此戒一家生至口言前[illegible]

[illegible]

愚從生十二道是明能生十二明定數從現法數盡時不定則是其

定即上善惡業中所勝之業能感定數不為餘緣所奪故

言定也定業之報必還三生現者去乎果事速不持故導了

先世業果即時現受故現也現受者先業所感今日之報參差不

等或命長而諸根昧或根勝而命促今日定數感果補其數者

今存故言現報者或一家眾生經中言前後業不雜受

報何得今日業果補其前業少數之者也云夫業力弱今

定數未奪前業即謝今定業報接于先報業之頭徵而難覺

殊議之狀莫能了知也若前業為是定者斷絕不可脫第三明不定業義中

二種心業從集數皆數盡不定如上是夫皆業在心義良於顯

而此三受乃從報心生受生之稍隨于業數又有于三明身口業

從設口業盡是說黑數一向從者或及色者黑白在外皆

業在心中具有但隨斷顯為取黑白不是外色之相第一明二得從

若見能證離盡先數是上未離欲世之業雖有善惡乃是

四食之性續於生死名之為先今離世之業能斷生死之相續息

皆而我分故言得也三業者即上異業白業黑白等業也

業是亦可遠承上定數皆樂欲黑白等業也

由生論修偈及長行廣上失中十煩惱淨一

切妙行偈及長行廣上得義一切妙行者是

目中行也補者果補也亦言唯是上果下三

果雖復有淨然皆異未盡不得言一切也

上果繫縛都盡唯有淨信等義業行是身口之所依

妙行者能出身口為主故言淨第也假果一偈及義

行廣上定報上定業感三之報偏語于重未釋故輕故今難

BD05776號背　佛經論釋（擬）　（9–8）

四食之性續於生死名之為大今離世之業能斷生死之繫續息□
並而飛少故言得也三業者即上異業白業黑
業是無可遠乘上定故並樂故黑白等業也
由生諸佛倡及長行廣上失中十煩惱淨一
切妙行倡及長行廣上得義一切妙行者是
自中行也蒲者果蒲也亦言准是上果下三
果雖復有淨然垢果未盡不得言一切也
上界繫縛都盡雖有淨信等義業行是身口之所依
色行等能出身口為主故言淨第也假果一倡及義
行廣上定報上定業感三之報循諸乎重亦釋故輕故今難
無明義多曲盡假名為明目之相名假而等因之有果由果有
因故言假也
遠色一假乘上第二業相教无教色未轉乎從遠之主未色法
之主又曰四大而起故明四大能造者之所見為長成名為造
義何四大者言為自起四大為他起四大為共四大為不共好光
漏色為是有漏四大无漏四大如是皆四大能有果生之中
攝略不能一一自起者有文依於取□□有此答中各略凡告
色唯有造見二十□

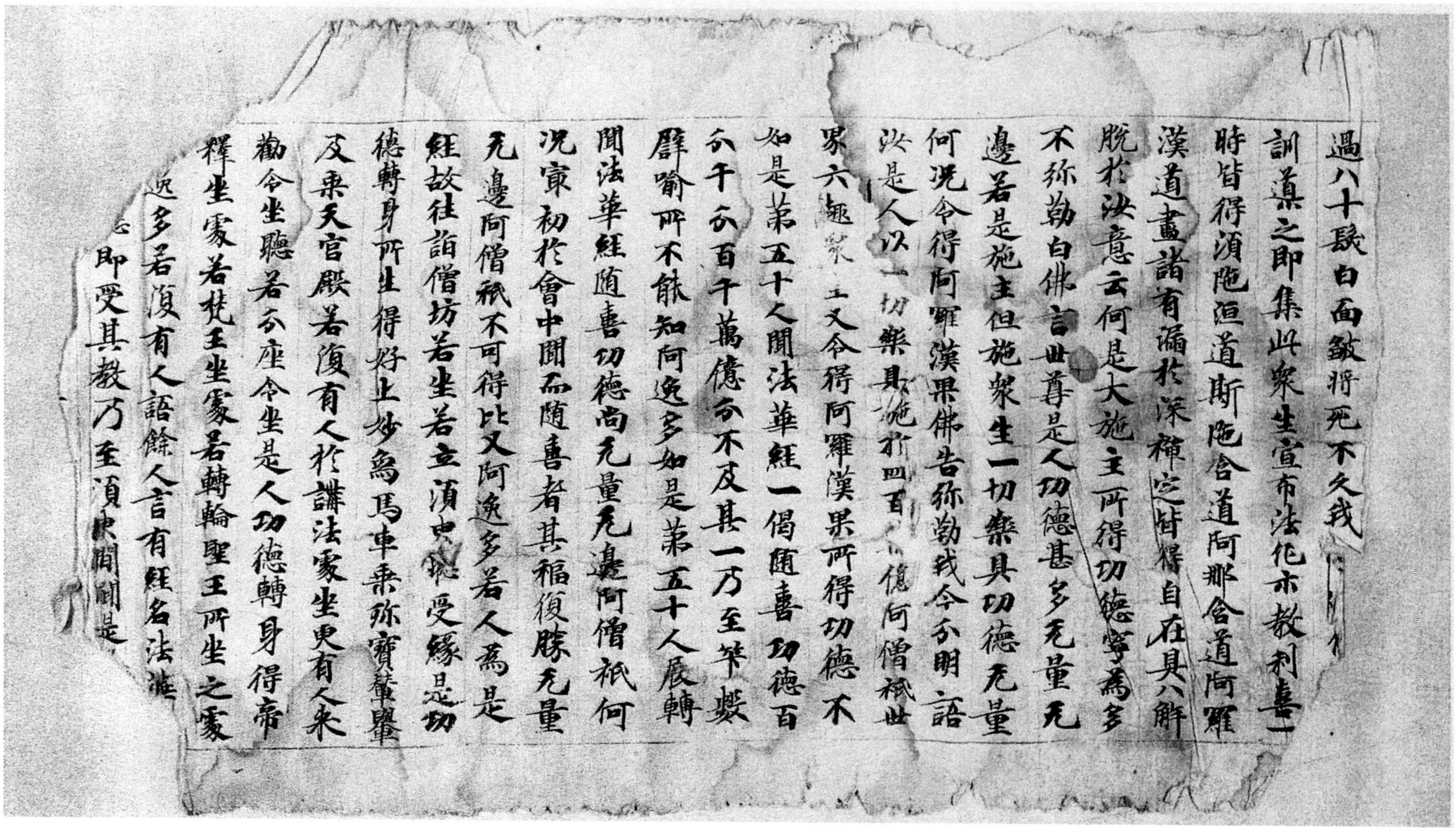

過八十髮白面皺將死不久我
訓導之即集此衆生宣布法化示教利喜一
時皆得須陁洹道斯陁含道阿那含道阿羅
漢道盡諸有漏於深禪定皆得自在具八解
脫於汝意云何是大施主所得功德寧為多
不弥勒白佛言世尊是人功德甚多无量无
邊若是施主但施衆生一切樂具功德无量
何況令得阿羅漢果佛告弥勒我今分明語
汝是人以一切樂具施於四百萬億阿僧祇世
界六趣衆生又令得阿羅漢果所得功德不
如是第五十人聞法華經一偈隨喜功德百
分千分百千萬億分不及其一乃至筭數
譬喻所不能知阿逸多如是第五十人展轉
聞法華經隨喜功德尚无量无邊阿僧祇何
況最初於會中聞而隨喜者其福復勝无量
无邊阿僧祇不可得比又阿逸多若人為是
經故往詣僧坊若坐若立須臾聽受緣是功
德轉身所生得好上妙象馬車乘珍寶輦轝
及乘天宮殿若復有人於講法處坐更有人來
勸令坐聽若分座令坐是人功德轉身得帝
釋坐處若梵王坐處若轉輪聖王所坐之處
逸多若復有人語餘人言有經名法華
即受其教乃至須臾間聞是

BD05777 號　妙法蓮華經卷六

（1–1）

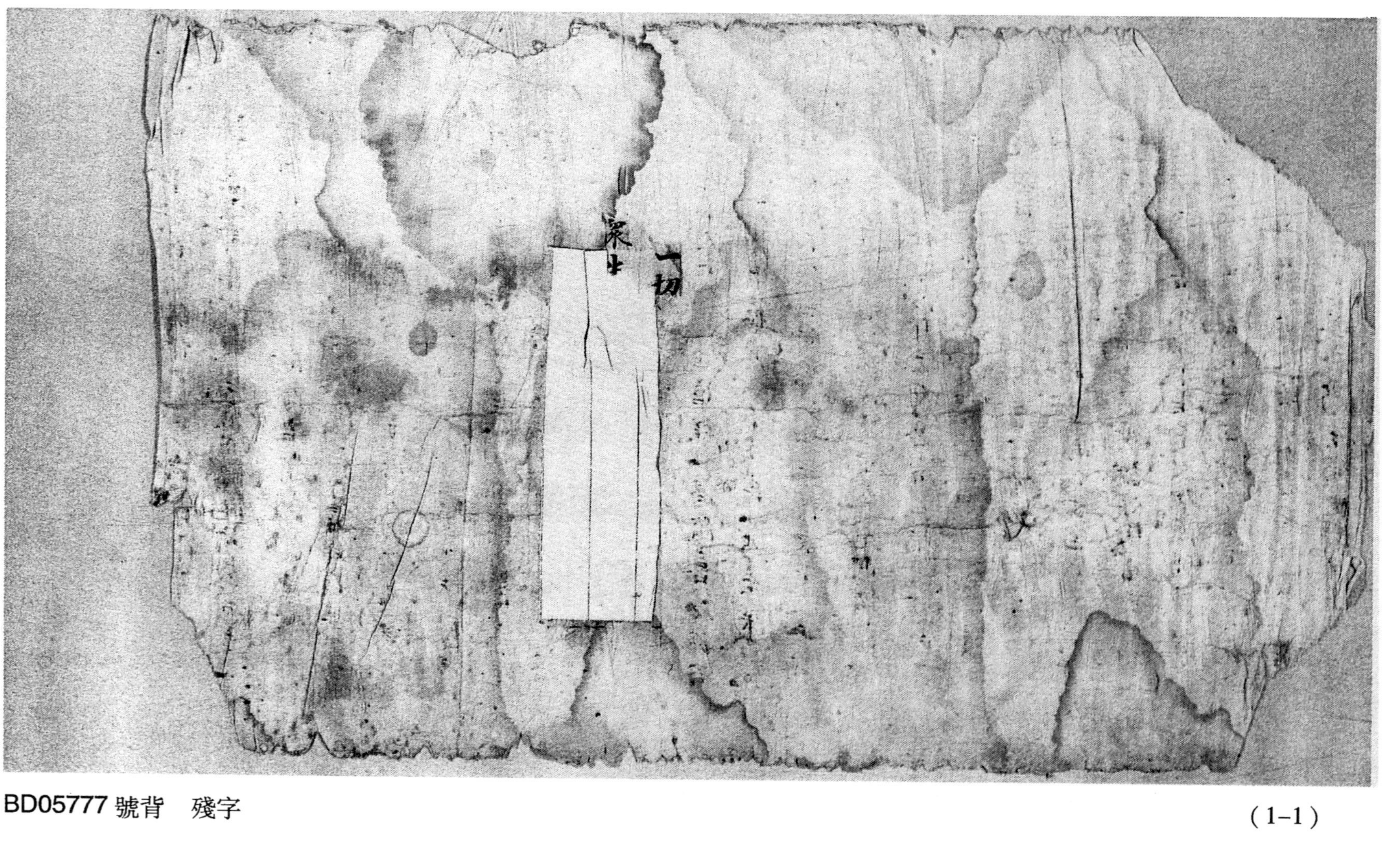

BD05777 號背　殘字

（1–1）

受自恣請
〼居士辦如是如是衣價與我共
尼薩波逸提
若比丘尼若王若大臣
丘尼送衣價持如是
語言阿夷為汝送衣〼
不應受此衣價我若須衣〼
阿夷有執事人不須衣比丘尼言有僧〼
此是比丘尼執事人常為比丘尼執事彼使至執事人
衣價已還到比丘尼所如是言阿夷所示某甲執事人我
與衣價大姊知時往彼當得衣比丘尼若須衣者當往執事
人所二反語言我須衣若二反三反為作憶念得衣者善若
何衣四反五反六反在前默然住令彼憶念若四反五反六
反在前默然住得衣者善若不得衣過是求得衣者尼薩
耆波逸提若不得衣隨彼使所來處若自往若遣使往語
言汝先遣使持衣價與某甲比丘尼是比丘尼竟不得汝還
取莫使失此時
若比丘尼自取金銀若銀若教人取若口可受者尼薩耆波逸提
若比丘尼種種賣買寶物者尼薩耆波逸提
若比丘尼種種販賣者尼薩耆波逸提
若比丘尼鉢減五綴不漏更求新鉢為好故尼薩耆波逸提
是比丘尼當持此鉢於尼衆中捨從次第貿至下坐以下坐與
此比丘尼言妹持此鉢乃至破此是時
〼〼〼〼織師織作衣者尼薩耆波逸提

BD05778號　四分比丘尼戒本　（21–1）

若比丘尼自取金銀若銀若教人取若口可受者尼薩耆波逸提
若比丘尼種種賣買寶物者尼薩耆波逸提
若比丘尼種種販賣者尼薩耆波逸提
若比丘尼鉢減五綴不漏更求新鉢為好故尼薩耆波逸提
是比丘尼當持此鉢於尼衆中捨從次第貿至下坐以下坐與
此比丘尼言妹持此鉢乃至破此是時
若比丘尼自求縷使非親里織師織作衣者尼薩耆波逸提
若比丘尼居士居士婦使織師為比丘尼織作衣彼比丘尼先不
受自恣請便往到彼所語織師言此衣為我織極好織令廣
長堅緻齊整好我當少多與汝價若比丘尼與價乃至一食
直得衣者尼薩耆波逸提
若比丘尼與比丘尼衣已後瞋恚若自奪若教人奪取還我
衣來不與汝是比丘尼應還衣彼取衣者尼薩耆波逸提
若諸病比丘尼畜藥蘇油生蘇蜜石蜜得食殘宿乃至
七日得服若過七日服者尼薩耆波逸提
若比丘尼十日未滿夏三月若有急施衣比丘尼知是急施衣應受受
已乃至依時應畜若過畜者尼薩耆波逸提
若比丘尼知物向僧自求入已者尼薩耆波逸提
若比丘尼欲索是更索彼者尼薩耆波逸提
若比丘尼知擅越所為僧施異迴作餘用者尼薩耆波逸提
若比丘尼所為施物異自求為僧迴作餘用者尼薩耆波逸提
若比丘尼擅越所為施物異迴作餘用者尼薩耆波逸提
若比丘尼擅越所為施物異自求為僧迴作餘用者尼薩耆波逸提
若比丘畜長鉢尼薩耆波逸提
若比丘尼多畜好色器者尼薩耆波逸提
若比丘尼許比丘尼病衣後不與者尼薩耆波逸提
若比丘尼以非時衣受作時衣者尼薩耆波逸提
若比丘尼與比丘尼貿易衣後瞋恚還自奪取若使人奪
〼還我衣來我不與汝衣屬汝我衣還我者尼薩耆波

BD05778號　四分比丘尼戒本　（21–2）

若比丘尼多畜好色器者尼薩耆波逸提
若比丘尼許比丘尼病衣後不與者尼薩耆波逸提
若比丘尼以非時衣受作時衣者尼薩耆波逸提
若比丘尼與比丘尼貿易衣後瞋恚還自奪取若使人奪
妹還我衣來我不與汝衣屬汝我衣還我者尼薩耆波
逸提
若比丘尼乞重衣齊價直四張疊過者尼薩耆波逸提
若比丘尼欲乞輕衣極至價直兩張半疊過者尼薩耆波逸提
諸大姊我已說三十尼薩耆波逸提法今問諸大姊是□□
大姊是中清淨默然故是事如是持
諸大姊是一百七十八波逸提法半月半月說戒經中來
若比丘尼故妄語者波逸提　若比丘尼毀呰語者波逸提
若比丘尼兩舌語者波逸提　若比丘尼與男子同室宿者波逸提
若比丘尼共未受戒女人同一室宿若過三宿波逸提
若比丘尼與未受大戒人共誦法者波逸提
若比丘尼知他有麁惡罪向未受大戒人說除僧羯磨波逸提
若比丘尼向未受大戒人說過人法言我見是我知是實
者波逸提
若比丘尼與男子說法過五六語除有知女人波逸提
若比丘尼自掘地若教人掘者波逸提
若比丘尼壞鬼神村者波逸提　若比丘尼嫌罵者波逸提
若比丘尼妄作異語惱他者波逸提
若比丘尼取僧繩床若木床若臥具坐蓐露地自敷若
教人敷捨去不自舉不教舉波逸提
若比丘尼於僧房中取僧臥具自敷若教人敷在中若坐若
臥從彼處捨去不自舉不教人舉波逸提
若比丘尼比丘尼先住處後來於中間敷臥具止宿念言彼若
嫌迮者自當避我去作如是因緣非餘非威儀波逸提

BD05778 號　四分比丘尼戒本

（21–3）

教人敷捨去不自舉不教舉波逸提
若比丘尼於僧房中取僧臥具自敷若教人敷在中若坐若
臥從彼處捨去不自舉不教人舉波逸提
若比丘尼比丘尼先住處後來於中間敷臥具止宿念言彼若
嫌迮者自當避我去作如是因緣非餘非威儀波逸提
若比丘尼嗔他比丘尼不喜眾僧房中若自牽出若教人牽出者波逸提
若比丘尼在房重閣上脫腳繩床若木床若坐若臥者波逸提
若比丘尼知水有虫自用澆泥若澆草若教人澆者波逸提
若比丘尼作大房戶扉窓牖及餘莊飾具指授覆苫齊二
三節若過者波逸提
若施一食處無病比丘尼應一食若過受者波逸提
若比丘尼別眾食除餘時波逸提餘時者病時作衣時若施
衣時道行時船行時大會時沙門施食時此是時
若比丘尼至檀越家慇懃請與餅麨飯比丘尼欲須者二三
鉢應受持至寺內分與餘比丘尼食若比丘尼無病過三鉢
受持至寺中不分與餘比丘尼食者波逸提
若比丘尼非時食者波逸提　若比丘尼殘宿食食者波逸提
若比丘尼不受食若藥著口中除水及楊枝波逸提
若比丘尼先受請已前食若後食行詣餘家不囑餘比丘尼除
餘時波逸提餘時者病時作衣時施衣時此是時
若比丘尼食家中有寶強安坐者波逸提
若比丘尼食家中有寶在屏處坐者波逸提
若比丘尼獨與男子露地一處共坐者波逸提
若比丘尼語比丘尼如是語大姊共汝至聚落當與汝食彼比
丘尼竟不教與□比丘尼食如是言大姊去我與汝一處共
坐共語不樂我獨坐獨語樂以是因緣非餘方便遣去者
波逸提

BD05778 號　四分比丘尼戒本

（21–4）

若比丘尼獨與男子露地一處共坐者波逸提
若比丘尼語比丘尼如是語大姊共汝至聚落當與汝食彼比
丘尼竟不教與比丘尼食如是言大姊去我與汝一處共
坐共語不樂我獨坐獨語樂以是因緣非餘方便遣去者
波逸提
請比丘尼四月與藥無病比丘尼應受若過受除常請分
請盡形請者波逸提
若比丘尼往觀軍陣除時因緣波逸提
若比丘尼有因緣至軍中若二宿三宿過者波逸提
若比丘尼軍中若二宿三宿或時觀軍陣鬪戰若觀遊軍
為馬勢力者波逸提　若比丘尼飲酒者波逸提
若比丘尼水中戲者波逸提　若比丘尼以指相擊攊者波逸提
若比丘尼不受諫者波逸提　若比丘尼恐他比丘尼者波逸提
若比丘尼半月洗浴無病比丘尼應受若過受除餘時波逸提
餘時者熱時病時作時大風時雨時遠行來此是時
若比丘尼無病為炙故露地然火若教人除餘時波逸提
若比丘尼藏比丘尼若鉢若衣若坐具針筒自藏教人藏
下至戲咲者波逸提
若比丘尼淨施比丘比丘尼式叉摩那沙弥沙弥尼衣後不問
主取著者波逸提
若比丘尼得新衣當作三種染壞色青黑木蘭若比丘得新衣
不作三種染壞色青黑木蘭著新衣持者波逸提
若比丘尼故斷畜生命者波逸提　若比丘尼知水有蟲飲者波逸提
若比丘尼故惱他比丘尼乃至少時不樂者波逸提
若比丘尼知比丘尼有麁罪覆藏者波逸提
若比丘尼知諍事如法懺悔已後更發舉者波逸提
若比丘尼知是賊伴共一道行乃至一聚落者波逸提

BD05778號　四分比丘尼戒本　（21–5）

若比丘尼故斷畜生命者波逸提　若比丘尼知水有蟲飲者波逸提
若比丘尼故惱他比丘尼乃至少時不樂者波逸提
若比丘尼知比丘尼有麁罪覆藏者波逸提
若比丘尼知諍事如法懺悔已後更發舉者波逸提
若比丘尼知是賊伴共一道行乃至一聚落者波逸提
若比丘尼作如是語我知佛所說法行婬欲非是障道法彼比
丘尼諫此比丘尼言大姊莫作是語莫謗世尊謗世尊者
不善世尊不作是語世尊無數方便說婬欲是障道法
彼比丘尼諫此比丘尼時堅持不捨彼比丘尼乃至三諫時捨
者善不捨者波逸提
若比丘尼知如是語人未作法如是耶見不捨若畜同一
羯磨同一止宿者波逸提
若沙弥尼如是言我知佛所說行婬欲非障道法彼比丘尼諫此
沙弥尼言汝莫作是語莫誹謗世尊誹謗世尊者不善世尊不作
是語沙弥尼世尊無數方便說婬欲是障道法犯婬欲者是障道法
彼比丘尼諫此沙弥尼時堅持不捨彼比丘尼應乃至三呵諫捨此事
故乃至三諫時若捨者善不捨者彼比丘尼應語是沙弥尼言
汝自今已去非佛弟子不得隨餘比丘尼如諸沙弥尼得與比丘
尼二宿汝今無是事汝出去滅去不須此中住若比丘尼知如是
擯沙弥尼者若畜共同止宿波逸提
若比丘尼如法諫時作如是語我今不學是戒乃至問有智慧持
律者當難問波逸提若為求解應難問
若比丘尼說戒時作如是語大姊用是雜碎戒為說是戒時令人
惱愧懷疑輕毀戒故波逸提
若比丘尼說戒時作如是語大姊我今始知是戒半月半月說戒
經中來餘比丘尼知是比丘尼若二若三說戒中坐何況多彼
比丘尼無知無解若犯罪應如法治更重增無知法大姊汝
無利不善得汝說戒時不用心念不一心兩耳聽法彼無知故波逸提

BD05778號　四分比丘尼戒本　（21–6）

若比丘尼說戒時如是語大姊用是雜碎戒為說是戒時令人
惱愧懷疑輕毀戒故波逸提
若比丘尼說戒時作如是語大姊我今始知是戒半月半月說戒
經中來餘比丘尼知是比丘尼若二若三說戒中坐何況多彼
比丘尼無知無解若犯罪應如法治更重增無知法大姊汝
無利不善得汝說戒時不用心念不一心兩耳聽法彼無知故波逸提
若比丘尼共同羯磨已後作如是說諸比丘尼隨親厚以
以眾僧物與者波逸提
若比丘尼僧斷事時不與欲而起去者波逸提
若比丘尼與欲竟後更呵者波逸提
若比丘尼比丘尼共鬪諍後聽語已欲向彼說者波逸提
若比丘尼瞋恚不喜打比丘尼者波逸提
若比丘尼瞋恚不喜以手摶比丘尼者波逸提
若比丘尼瞋恚故不喜以无根僧伽婆尸沙謗者波逸提
若比丘尼剎利水澆頭王王未出未藏寶若入過宮門閾者波逸提
若比丘尼寶及寶莊飾具自捉若教人捉除僧伽藍中及寄
宿處波逸提若僧伽藍中若寄宿處若寶若以寶莊飾
具自捉教人捉若識者當取如是因緣非餘
若比丘尼非時入聚落又不囑授比丘尼波逸提
若比丘尼作繩床若木床足應高如來八指除入陛孔上
截竟過者波逸提
若比丘尼持兜羅綿貯作繩床木床若卧具坐褥波逸提
若比丘尼噉蒜者波逸提　若比丘尼剃三處毛者波逸提
若比丘尼以水作淨應齊兩指各一節若過者波逸提
若比丘尼以胡膠作男根者波逸提　若比丘尼共相拍者波逸提
若比丘尼比丘無病食時供給水扇扇者波逸提
若比丘尼乞生穀者波逸提　若比丘尼在生草上大小便者波逸提
若比丘尼夜小便大便器中晝不看牆外弃者波逸提
若比丘尼往觀看伎樂者波逸提

BD05778 號　四分比丘尼戒本　　（21–7）

若比丘尼以水作淨應齊兩指各一節若過者波逸提
若比丘尼以胡膠作男根者波逸提　若比丘尼共相拍者波逸提
若比丘尼比丘無病食時供給水扇扇者波逸提
若比丘尼乞生穀者波逸提　若比丘尼在生草上大小便者波逸提
若比丘尼夜小便大便器中晝不看牆外弃者波逸提
若比丘尼往觀看伎樂者波逸提
若比丘尼入村內與男子在屏處共立語者波逸提
若比丘尼與男子共入屏處者波逸提
若比丘尼入村內巷陌中遣伴遠去在屏處與男子耳語者波逸提
若比丘尼入白衣家內坐不語主人捨去者波逸提
若比丘尼入白衣家內不語主人輒自敷坐床者波逸提
若比丘尼入白衣家內不語主人輒自敷坐具宿者波逸提
若比[illegible]逸提
若比丘尼不審諦受語便向人說者波逸提
若比丘尼有小因緣事便呪咀墮三惡道不生佛法中若我有
如是事墮三惡道不生佛法中若汝有如是事亦墮三惡道
不生佛法中波逸提
若比丘尼共鬪諍不善憶持諍事搥胸啼哭者波逸提
若比丘尼無病二人共牀臥者波逸提
若比丘尼共一褥同一被臥除餘時波逸提
若比丘尼知先住後至知後至先住為惱故在前誦經問義
教授者波逸提
若比丘尼同活比丘尼病不瞻視者波逸提
若比丘尼安居初聽餘比丘尼在房中安牀後瞋恚駈出者波逸提
若比丘尼春夏冬一切時人間遊行除餘因緣者波逸提
若比丘尼夏安居訖不去者波逸提
若比丘尼邊界有疑恐怖處人間遊行者波逸提
若比丘尼界內有疑恐怖處人間遊行者波逸提
若比丘尼親近居士居士兒共住作不隨順行餘比丘尼諫此

BD05778 號　四分比丘尼戒本　　（21–8）

若比丘尼安居初聽餘比丘尼在房中安牀後瞋恚駈出者波逸提
若比丘尼春夏冬一切時人間遊行除餘因緣者波逸提
若比丘尼夏安居訖不去者波逸提
若比丘尼邊界有疑恐怖處人間遊行者波逸提
若比丘尼界內有疑恐怖處人間遊行者波逸提
若比丘尼親近居士居士兒共住作不隨順行餘比丘尼諫此
比丘尼言妹汝莫親近居士居士兒共住作不隨順行大姊可
別住若別住於佛法中有增益安樂住彼比丘尼諫此比丘尼
時堅持不捨彼比丘尼應三諫捨此事故乃至三諫捨此事
善不捨者波逸提
若比丘尼往觀王宮文飾畫堂園林浴池者波逸提
若比丘尼露身形在河水泉水渠水池水中浴者波逸提
若比丘尼作浴衣應量作應量作者長佛六搩手廣二搩
手半若過者波逸提
若比丘尼縫僧伽梨過五日除求索僧伽梨出迦絺那衣六
難事起者波逸提
若比丘尼過五日不看僧伽梨波逸提　若比丘尼與衆僧衣作留難者波逸
提　若比丘尼輒著他衣者波逸提
若比丘尼持沙門衣施與外道白衣者波逸提
若比丘尼作如是意衆僧如法分衣遮令不分恐弟子不得者
波逸提　若比丘尼作如是意令衆僧令不得出迦絺
那衣後當出欲令五事久得放捨者波逸提
若比丘尼作如是意遮比丘尼僧不出迦絺那衣欲令久
得五事放捨者波逸提
若比丘尼餘比丘尼語言為我滅此諍事而不作方便令
滅者波逸提　若比丘尼自手持食與白衣入外道食者波逸提
若比丘尼為白衣作使者波逸提　若比丘尼自手紡績者波逸提
若比丘尼入白衣舍內在小牀大牀上若坐若卧波逸提
若比丘尼至白衣舍語主人敷坐止宿明日不辭主人而去波逸提

BD05778號　四分比丘尼戒本　（21–9）

得五事放捨者波逸提
若比丘尼餘比丘尼語言為我滅此諍事而不作方便令
滅者波逸提　若比丘尼自手持食與白衣入外道食者波逸提
若比丘尼為白衣作使者波逸提　若比丘尼自手紡績者波逸提
若比丘尼入白衣舍內在小牀大牀上若坐若卧波逸提
若比丘尼至白衣舍語主人敷坐止宿明日不辭主人而去波逸提
若比丘尼誦習世俗呪術者波逸提
若比丘尼教人誦習呪術者波逸提
若比丘尼知女人姙娠度與受具足戒者波逸提
若比丘尼知婦女乳兒與受具足戒者波逸提
若比丘尼知年不滿二十與受具足戒者波逸提
若比丘尼年十八童女不與二歲學戒年滿二十便與受
具足戒者波逸提　若比丘尼年十八童女二歲學戒不
與六法滿滿二十便與受具足戒者波逸提
若比丘尼年十八童女與二歲學戒與六法滿二十衆僧不聽
便與受具足戒者波逸提
若比丘尼度曾嫁女年十歲與二歲學戒年滿十二聽與受
具足戒若減十二與受具足戒者波逸提
若比丘尼度他小年曾嫁婦女與二歲學戒年滿十二不白
衆僧便與受具足戒者波逸提
若比丘尼知如是人與受具足者波逸提
若比丘尼多度弟子不教二歲學戒不以二法攝取波逸提
若比丘尼不二歲隨和上尼者波逸提
若比丘尼僧不聽而授人具足戒者波逸提
若比丘尼年未滿十二歲授人具足戒者波逸提
若比丘尼年滿十二歲衆僧不聽便授人具足戒者波逸提
若比丘尼僧不聽受人具足戒便言衆僧有愛有恚有怖有
癡欲聽者便聽不欲聽者便不聽波逸提
若比丘尼父母夫主不聽與受具足戒者波逸提

BD05778號　四分比丘尼戒本　（21–10）

若比丘尼僧不聽而授人具足戒者波逸提
若比丘尼年未滿十二歲授人具足戒者波逸提
若比丘尼年滿十二歲衆僧不聽便授人具足戒者波逸提
若比丘尼僧不聽受人具足戒便言衆僧有愛有恚有怖有
癡欲聽者便聽不欲聽者便不聽波逸提
若比丘尼父母夫主不聽與受具足戒者波逸提
若比丘尼知女人與童男男子相敬愛愁憂瞋恚女人度
令出家受具足戒者波逸提
若比丘尼語式叉摩那言汝捨是學是當與汝受具
足戒若不方便與受具足戒者波逸提
若比丘尼語式叉摩那言持衣來我當與汝受具足戒而
不方便與受具足戒波逸提
若比丘尼不滿一歲授人具足戒者波逸提
若比丘尼與人授具足戒已經宿方往比丘僧中與受具足
戒者波逸提　若比丘尼不病不往受教授者波逸提
若比丘尼半月應往比丘僧中求教授若不求者波逸提
若比丘尼僧夏安居竟應往大比丘僧中說三事自恣見
聞疑若不者波逸提
若比丘尼在無比丘處夏安居波逸提
若比丘尼知有比丘僧伽藍不白而入者波逸提
若比丘尼罵比丘者波逸提
若比丘尼喜鬪諍不善憶持諍事後瞋恚不喜罵比丘
尼衆者波逸提　若比丘尼身生癰及種種瘡不白衆
及餘人輒使男子破若裹者波逸提
若比丘尼先受請若足食已後食餅麨乾飯魚及肉者波
逸提　若比丘尼於食家生嫉妬心者波逸提
若比丘尼以香塗摩身者波逸提　若比丘尼以胡麻滓塗身
者波逸提　若比丘尼使比丘尼塗摩身者波逸提
若比丘尼使式叉摩那塗摩身者波逸提

BD05778 號　四分比丘尼戒本　（21–11）

及餘人輒使男子破若裹者波逸提
若比丘尼先受請若足食已後食餅麨乾飯魚及肉者波
逸提　若比丘尼於食家生嫉妬心者波逸提
若比丘尼以香塗摩身者波逸提　若比丘尼以胡麻滓塗身
者波逸提　若比丘尼使比丘尼塗摩身者波逸提
若比丘尼使式叉摩那塗摩身者波逸提
若比丘尼使沙彌尼塗摩身者波逸提
若比丘尼使白衣婦女塗摩身者波逸提
若比丘尼著貯䏺衣者波逸提
若比丘尼畜婦女莊嚴身具除時因緣波逸提
若比丘尼著革屣持蓋行除時因緣波逸提
若比丘尼無病乘乘行除時因緣波逸提
若比丘尼不著僧祇支入村者波逸提
若比丘尼向暮至白衣家先不被喚波逸提
若比丘尼向暮開僧伽藍門不囑授餘比丘而出者波逸提
若比丘尼日沒開僧伽藍門不囑授而出者波逸提
若比丘尼不前安居不後安居者波逸提
若比丘尼知女人常漏大小便涕唾常出者授具足戒者波逸提
若比丘尼知二形人與受具足戒波逸提
若比丘尼知二道合者與授具足戒波逸提
若比丘尼知有負債難者病難者與授具足戒波逸提
若比丘尼學世俗伎術以自活命波逸提
若比丘尼以世俗伎術教授白衣者波逸提
若比丘尼被擯不去者波逸提
若比丘尼欲問比丘義先不求而問者波逸提
若比丘尼知先住後至後至先住欲惱彼故在前經行若立
若坐若卧波逸提
若比丘尼在有比丘僧伽藍內起塔波逸提
若比丘尼見新受戒比丘應起迎逆恭敬禮拜問訊請與

BD05778 號　四分比丘尼戒本　（21–12）

若比丘尼欲問比丘義先不求而問者波逸提
若比丘尼知先住後至後至先住欲惱彼故在前經行若立
若坐若卧波逸提
若比丘尼在有比丘僧伽藍內起塔波逸提
若比丘尼見新受戒比丘應起迎送恭敬礼拜問訊請與
坐不者除時因緣波逸提　若比丘尼為好故搖身趍行波逸提
若比丘尼作婦女莊嚴香塗摩身者波逸提
若比丘尼使外道女香塗摩身波逸提
諸大姊我已說一百七十八波逸提法今問諸大姊是中清淨不三說
諸大姊是中清淨默然故是事如是持
諸大姊是八波羅提提舍尼法半月半月說戒經中來
若比丘尼无病乞蘇而食者犯應懺悔可呵法應向餘比丘
尼說言大姊我犯可呵法所不應為我今向大姊懺悔是
法名悔過法
若比丘尼无病乞油而食者犯應懺悔可呵法應向餘比丘
尼說言大姊我犯可呵法所不應為我今向大姊懺悔
是法名悔過法
若比丘尼无病乞蜜而食者犯應懺悔可呵法應向餘比
丘尼說言大姊我犯可呵法所不應為我今向大姊懺悔
是法名悔過法
若比丘尼无病乞黑石蜜而食者犯應懺悔可呵法應向
餘比丘尼說言大姊我犯可呵法所不應為我向大姊懺
悔是法名悔過法
若比丘尼无病乞乳而食者犯應懺悔可呵法應向餘
比丘尼說言大姊我犯可呵法所不應為我今向大姊懺
悔是名悔過法
若比丘尼无病乞酪而食者犯應懺悔可呵法應向餘
比丘尼說言大姊我犯可呵法所不應為我今向大姊懺
悔是名悔過法

BD05778號　四分比丘尼戒本　（21–13）

比丘尼說言大姊我犯可呵法所不應為我今向大姊懺
悔是名悔過法
若比丘尼无病乞酪而食者犯應懺悔可呵法應向餘
比丘尼說言大姊我犯可呵法所不應為我今向大姊懺
悔是名悔過法
若比丘尼无病乞肉而食者犯應懺悔可呵法應向餘比
丘尼說言大姊我犯可呵法所不應為我今向大姊懺
悔是名悔過法
諸大姊我已說八波羅提提舍尼法今問諸大姊是中清淨不三說
諸大姊是中清淨默然故是事如是持
諸大姊是眾學戒法半月半月說戒經中來
當齊整著涅槃僧應當學
當齊整著三衣應當學
不得反抄衣行入白衣舍應當學
不得反抄衣行入白衣舍坐應當學
不得衣纏頸入白衣舍應當學
不得衣纏頸入白衣舍坐應當學
不得覆頭入白衣舍應當學
不得覆頭入白衣舍坐應當學
不得跳行入白衣舍應當學
不得跳行入白衣舍坐應當學
不得白衣舍內蹲坐應當學
不得叉腰行入白衣舍應當學
不得叉腰行入白衣舍坐應當學
不得搖身行入白衣舍應當學
不得搖身行入白衣舍坐應當學
不得掉臂行入白衣舍應當學
不得掉臂行入白衣舍坐應當學
好覆身入白衣舍應當學

BD05778號　四分比丘尼戒本　（21–14）

不得叉腰行入白衣舍應當學
不得叉腰行入白衣舍坐應當學
不得搖身行入白衣舍應當學
不得搖身行入白衣舍坐應當學
不得掉臂行入白衣舍應當學
不得掉臂行入白衣舍坐應當學
好覆身入白衣舍應當學
好覆身入白衣舍坐應當學
不得左右顧視行入白衣舍應當學
不得左右顧視行入白舍坐應當學
靜默入白衣舍應當學
靜默入白衣舍坐應當學
不得戲笑行入白衣舍應當學
不得戲笑行入白衣舍坐應當學
用意受食應當學
平鉢受食應當學
平鉢受羹應當學
羹飯等食應當學
以次食應當學
不得挑鉢中而食應當學
若比丘尼不病不得自為己索羹飯應當學
不得以飯覆羹更望得應當學
不得視比坐鉢中應當學
當繫鉢想食應當學
不得大摶飯食應當學
不得大張口待飯食應當學
不得含飯語應當學
不得摶飯遙擲口中應當學

BD05778號　四分比丘尼戒本　　（21–15）

當繫鉢想食應當學
不得大摶飯食應當學
不得大張口待飯食應當學
不得含飯語應當學
不得摶飯遙擲口中應當學
不得遺落飯食應當學
不得頰食食應當學
不得嚼飯作聲食應當學
不得大噏飯食應當學
不得舌舐食應當學
不得振手食應當學
不得手把散飯食應當學
不得汙手捉食器應當學
不得洗鉢水棄白衣舍內應當學
不得生草菜上大小便涕唾除病應當學
不得淨水中大小便涕唾除病應當學
不得立大小便除病應當學
不得與反抄衣不恭敬人說法除病應當學
不得為衣纏頸者說法除病應當學
不得為覆頭者說法除病應當學
不得為裹頭者說法除病應當學
不得為叉腰者說法除病應當學
不得為著革屣者說法除病應當學
不得為著木屐者說法除病應當學
不得為騎乘者說法除病應當學
不得在佛塔中止宿除為守護故應當學
不得藏物財置佛塔中除為堅牢應當學
不得著革屣入佛塔中應當學

BD05778號　四分比丘尼戒本　　（21–16）

不得爲又髆者説法除病應當學
不得爲著革屣者説法除病應當學
不得爲著木屐者説法除病應當學
不得爲騎乘者説法除病應當學
不得在佛塔中止宿除爲守護故應當學
不得藏物財置佛塔中除爲堅牢應當學
不得著革屣入佛塔中應當學
不得手提革屣入佛塔中應當學
不得著革屣繞佛塔行應當學
不得著富羅入佛塔中應當學
不得手提富羅入佛塔中應當學
不得塔下坐食留草及食汙地應當學
不得擔死屍從塔下過應當學
不得塔下埋死屍應當學
不得在塔下燒死屍應當學
不得向塔燒死屍應當學
不得在佛塔四邊燒死屍使臭氣來入應當學
不得持死人衣及床從塔下過除浣染香薰應當學
不得佛塔下大小便應當學
不得向佛塔大小便應當學
不得繞佛塔四邊大小便使臭氣來入應當學
不得持佛像至大小便處應當學
不得在佛塔下嚼楊枝應當學
不得向佛塔嚼楊枝應當學
不得向佛塔四邊嚼楊枝應當學
不得在佛塔下涕唾應當學
不得向佛塔涕唾應當學
不得塔四邊涕唾應當學
不得向佛塔舒脚坐應當學

BD05778號　四分比丘尼戒本 （21–17）

不得向佛塔嚼楊枝應當學
不得向佛塔四邊嚼楊枝應當學
不得在佛塔下涕唾應當學
不得向佛塔涕唾應當學
不得塔四邊涕唾應當學
不得向佛塔舒脚坐應當學
不得安佛塔下房已在上房住應當學
人坐已立不得爲説法除病應當學
人卧已坐不得爲説法除病應當學
人在坐已在非坐不得爲説法除病應當學
人在高坐已在下坐不得爲説法除病應當學
人在前行已在後行不得爲説法除病應當學
人在高經行處已在下經行處不得爲説法除病應當學
人在道已在非道不應爲説法除病應當學
不得携手在道行應當學
不得上樹過人頭除時因緣應當學
不得絡囊盛鉢貫杖頭著肩上而行應當學
人持杖不恭敬不應爲説法除病應當學
人持劒不應爲説法除病應當學
人持鉾不應爲説法除病應當學
人持刀不應爲説法除病應當學
人持蓋不應爲説法除病應當學
諸大姉我已説衆學戒法今問諸大姉是中清淨不 三説
諸大姉是中清淨默然故是事如是持
諸大姉是七滅諍法半月半月説戒經中來
若比丘尼有諍事起即應除滅
應與現前毗尼當與現前毗尼
應與憶念毗尼當與憶念毗尼
應與不癡毗尼當與不癡毗尼

BD05778號　四分比丘尼戒本 （21–18）

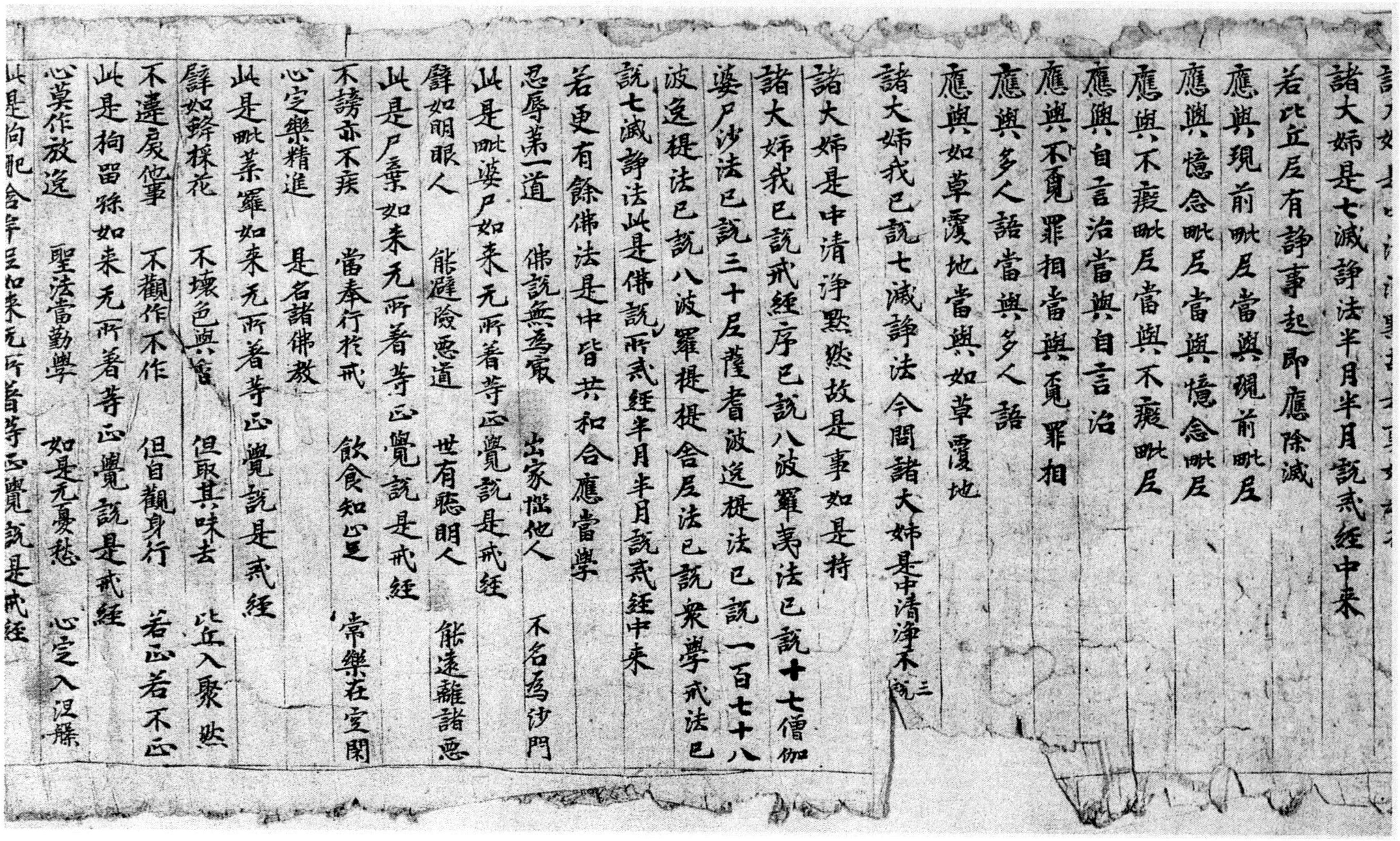

諸大姊是七滅諍法半月半月說戒經中來
若比丘尼有諍事起即應除滅
應與現前毗尼當與現前毗尼
應與憶念毗尼當與憶念毗尼
應與不癡毗尼當與不癡毗尼
應與自言治當與自言治
應與覓罪相當與覓罪相
應與多人語當與多人語
應與如草覆地當與如草覆地
諸大姊我已說七滅諍法 今問諸大姊是中清淨不 三說
諸大姊是中清淨默然故是事如是持
諸大姊我已說戒經序已說八波羅夷法已說十七僧伽
婆尸沙法已說三十尼薩耆波逸提法已說一百七十八
波逸提法已說八波羅提提舍尼法已說眾學戒法已
說七滅諍法此是佛說所戒經半月半月說戒經中來
若更有餘佛法是中皆共和合應當學
忍辱第一道 佛說無為最 出家惱他人 不名為沙門
此是毗婆尸如來無所著等正覺說是戒經
譬如明眼人 能避險惡道 世有聰明人 能遠離諸惡
此是尸棄如來無所著等正覺說是戒經
不謗亦不嫉 當奉行於戒 飲食知止足 常樂在空閑
心定樂精進 是名諸佛教
此是毗葉羅如來無所著等正覺說是戒經
譬如蜂採花 不壞色與香 但取其味去 比丘入聚然
不違戾他事 不觀作不作 但自觀身行 若正若不正
此是拘留孫如來無所著等正覺說是戒經
心莫作放逸 聖法當勤學 如是無憂愁 心定入涅槃
此是拘那含牟尼如來無所著等正覺說是戒經

BD05778號　四分比丘尼戒本　（21–19）

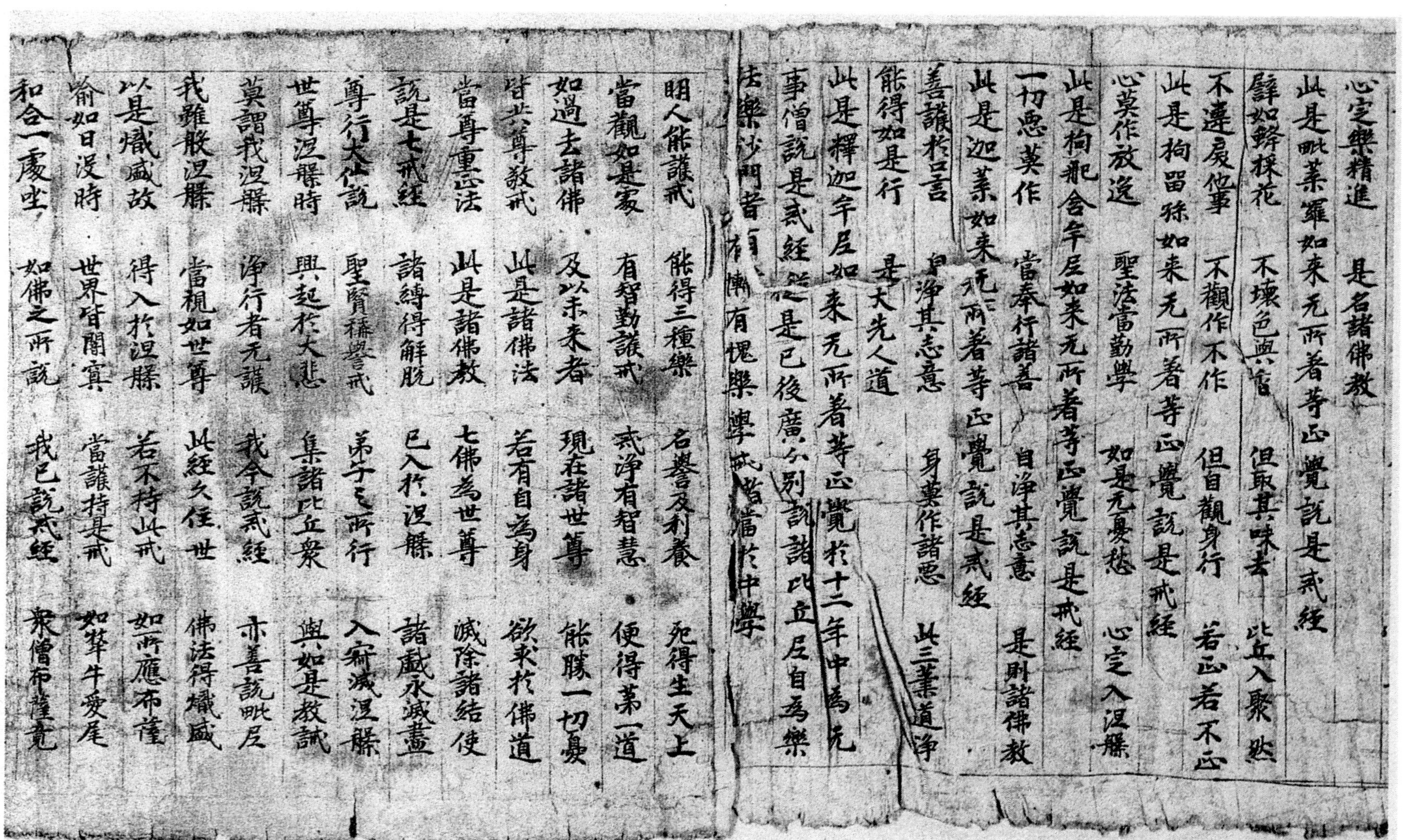

心定樂精進 是名諸佛教
此是毗葉羅如來無所著等正覺說是戒經
譬如蜂採花 不壞色與香 但取其味去 比丘入聚然
不違戾他事 不觀作不作 但自觀身行 若正若不正
此是拘留孫如來無所著等正覺說是戒經
心莫作放逸 聖法當勤學 如是無憂愁 心定入涅槃
此是拘那含牟尼如來無所著等正覺說是戒經
一切惡莫作 當奉行諸善 自淨其志意 是則諸佛教
此是迦葉如來無所著等正覺說是戒經
善護於口言 自淨其志意 身莫作諸惡 此三業道淨
能得如是行 是大仙人道
此是釋迦牟尼如來無所著等正覺於十二年中為無
事僧說是戒經從是已後廣分別說諸比丘尼自為樂
法樂沙門者 有慚有愧樂學戒者當於中學
明人能護戒 能得三種樂 名譽及利養 死得生天上
當觀如是處 有智勤護戒 戒淨有智慧 便得第一道
如過去諸佛 及以未來者 現在諸世尊 能勝一切憂
皆共尊敬戒 此是諸佛法 若有自為身 欲求於佛道
當尊重正法 此是諸佛教 七佛為世尊 滅除諸結使
說是七戒經 諸縛得解脫 已入於涅槃 諸戲永滅盡
尊行大仙說 聖賢稱譽戒 弟子之所行 入寂滅涅槃
世尊涅槃時 興起於大悲 集諸比丘眾 與如是教誡
莫謂我涅槃 淨行者無護 我今說戒經 亦善說毗尼
我雖般涅槃 當視如世尊 此經久住世 佛法得熾盛
以是熾盛故 得入於涅槃 若不持此戒 如所應布薩
喻如日沒時 世界皆闇冥 當護持是戒 如犛牛愛尾
和合一處坐 如佛之所說 我已說戒經 眾僧布薩竟

BD05778號　四分比丘尼戒本　（21–20）

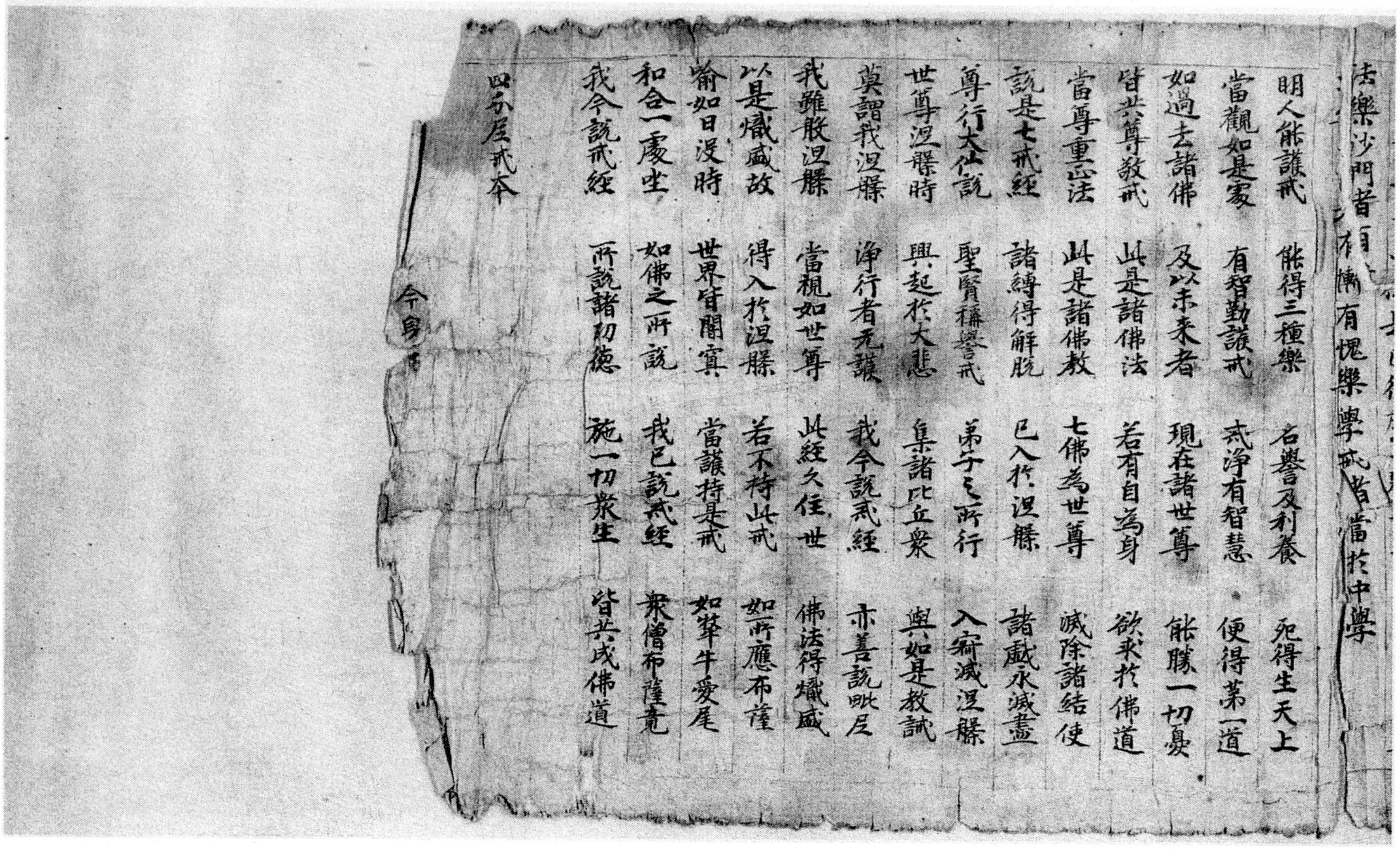

法樂沙門者有慚有愧樂學戒者當於中學

明人能護戒　能得三種樂　名譽及利養　死得生天上
當觀如是處　有智勤護戒　戒淨有智慧　便得第一道
如過去諸佛　及以未來者　現在諸世尊　能勝一切憂
皆共尊敬戒　此是諸佛法　若有自為身　欲求於佛道
當尊重正法　此是諸佛教　七佛為世尊　滅除諸結使
說是七戒經　諸縛得解脫　已入於涅槃　諸戲永滅盡
尊行大仙說　聖賢稱譽戒　弟子之所行　入寂滅涅槃
世尊涅槃時　興起於大悲　集諸比丘眾　與如是教誡
莫謂我涅槃　淨行者無護　我今說戒經　亦善說毗尼
我雖般涅槃　當視如世尊　此經久住世　佛法得熾盛
以是熾盛故　得入於涅槃　若不持此戒　如所應布薩
喻如日沒時　世界皆闇冥　當護持是戒　如犛牛愛尾
和合一處坐　如佛之所說　我已說戒經　眾僧布薩竟
我今說戒經　所說諸功德　施一切眾生　皆共成佛道

四分尼戒本

今身

BD05778 號　四分比丘尼戒本　（21–21）

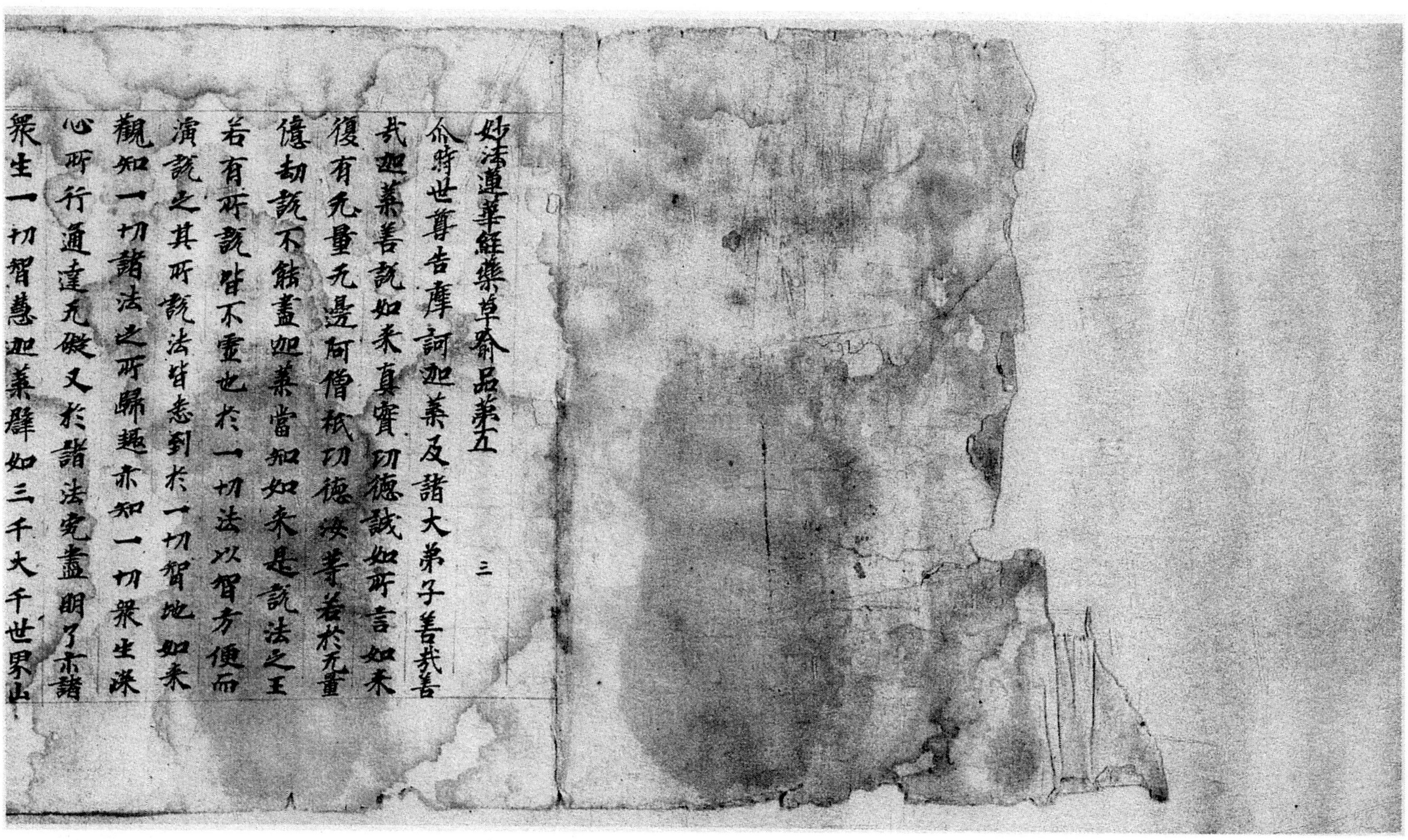

妙法蓮華經藥草喻品第五　三

尒時世尊告摩訶迦葉及諸大弟子善哉善
哉迦葉善說如來真實功德誠如所言如來
復有無量無邊阿僧祇功德汝等若於無量
億劫說不能盡迦葉當知如來是諸法之王
若有所說皆不虛也於一切法以智方便而
演說之其所說法皆悉到於一切智地如來
觀知一切諸法之所歸趣亦知一切眾生深
心所行通達無礙又於諸法究盡明了示諸
眾生一切智慧迦葉譬如三千大千世界山

BD05779 號　妙法蓮華經卷三　（27–1）

於无量无邊阿僧祇功德汝等若於无量
億劫說不能盡迦葉當知如來是諸法之王
若有所說皆不虛也於一切法以智方便而
演說之其所說法皆悉到於一切智地如來
觀知一切諸法之所歸趣亦知一切衆生深
心所行通達无礙又於諸法究盡明了示諸
衆生一切智慧迦葉譬如三千大千世界山
川谿谷土地所生卉木藂林及諸藥草種類
若干名色各異密雲彌布遍覆三千大千世
界一時等澍其澤普洽卉木藂林及諸藥
草小根小莖小枝小葉中根中莖中枝中葉大
根大莖大枝大葉諸樹大小隨上中下各有
所受一雲所雨稱其種性而得生長華菓敷
實雖一地所生一雨所潤而諸草木各有差
別迦葉當知如來亦復如是出現於世如大
雲起以大音聲普遍世界天人阿脩羅如
彼大雲遍覆三千大千國土於大衆中而唱
是言我是如來應供正遍知明行足善逝世
間解无上士調御丈夫天人師佛世尊未度者
令度未解者令解未安者令安未涅槃者令
得涅槃今世後世如實知之我是一切知者一
切見者知道者開道者說道者汝等天人阿
脩羅衆皆應到此為聽法故尒時无數千
万億種衆生來至佛所而聽法如來于時觀
是衆生諸根利鈍精進懈怠隨其所堪而為
說法種種无量皆令歡喜快得善利是諸衆
生聞是法已現世安隱後生善處以道受樂

脩羅衆皆應到此為聽法故尒時无數千
万億種衆生來至佛所而聽法如來于時觀
是衆生諸根利鈍精進懈怠隨其所堪而為
說法種種无量皆令歡喜快得善利是諸衆
生聞是法已現世安隱後生善處以道受樂
亦得聞法既聞法已離諸障礙於諸法中任
力所能漸得入道如彼大雲雨於一切卉木
藂林及諸藥草如其種性具足蒙潤各得生
長如來說法一相一味所謂解脫相離相滅
相究竟至於一切種智其有衆生聞如來法
若持讀誦如說脩行所得功德不自覺知所
以者何唯有如來知此衆生種相體性念何事
思何事脩何事云何念云何思云何脩以
何法念以何法思以何法脩以何法得何法
衆生住於種種之地唯有如來如實見之明
了无礙如彼卉木藂林諸藥草等而不自知
上中下性如來知是一相一味之法所謂解脫
相離相滅相究竟涅槃常寂滅相終歸於
空佛知是已觀衆生心欲而將護之是故不
即為說一切種智汝等迦葉甚為希有能知
如來隨宜說法能信能受所以者何諸佛世
尊隨宜說法難解難知尒時世尊欲重宣
此義而說偈言
破有法王　出現世間　隨衆生欲　種種說法
如來尊重　智慧深遠　久嘿斯要　不務速說
有智若聞　則能信解　无智疑悔　則為永失
是故迦葉　隨力為說　以種種緣　令得正見

尊隨宜說法難解難知尒時世尊欲重宣
此義而說偈言
破有法王　出現世間　隨衆生欲　種種說法
如來尊重　智慧深遠　久嘿斯要　不務速說
有智若聞　則能信解　无智疑悔　則為永失
是故迦葉　隨力為說　以種種緣　令得正見
迦葉當知　譬如大雲　起於世間　遍覆一切
慧雲含潤　電光晃曜　雷聲遠震　令衆悅豫
日光掩蔽　地上清涼　靉靆垂布　如可承攬
其雨普等　四方俱下　流澍无量　率土充洽
山川險谷　幽邃所生　卉木藥草　大小諸樹
百穀苗稼　甘蔗蒲萄　雨之所潤　无不豐足
乾地普洽　藥木並茂　其雲所出　一味之水
草木叢林　隨分受潤　一切諸樹　上中下等
稱其大小　各得生長　根莖枝葉　華菓光色
一雨所及　皆得鮮澤　如其體相　性分大小
所潤是一　而各滋茂　佛亦如是　出現於世
譬如大雲　普覆一切　既出于世　為諸衆生
分別演說　諸法之實　大聖世尊　於諸天人
一切衆中　而宣是言　我為如來　兩足之尊
出于世間　猶如大雲　充潤一切　枯槁衆生
皆令離苦　得安隱樂　世間之樂　及涅槃樂
諸天人衆　一心善聽　皆應到此　覲无上尊
我為世尊　无能及者　安隱衆生　故現於世
為大衆說　甘露淨法　其法一味　解脫涅槃
以一妙音　演暢斯義　常為大乘　而作因緣
我觀一切　普皆平等　无有彼此　愛憎之心

BD05779號　妙法蓮華經卷三　（27–4）

諸天人衆　一心善聽　皆應到此　覲无上尊
我為世尊　无能及者　安隱衆生　故現於世
為大衆說　甘露淨法　其法一味　解脫涅槃
以一妙音　演暢斯義　常為大乘　而作因緣
我觀一切　普皆平等　无有彼此　愛憎之心
我无貪著　亦无限礙　恒為一切　平等說法
如為一人　衆多亦然　常演說法　曾无他事
去來坐立　終不疲猒　充足世間　如雨普潤
貴賤上下　持戒毀戒　威儀具足　及不具足
正見邪見　利根鈍根　等雨法雨　而无懈惓
一切衆生　聞我法者　隨力所受　住於諸地
或處人天　轉輪聖王　釋梵諸王　是小藥草
知无漏法　能得涅槃　起六神通　及得三明
獨處山林　常行禪定　得緣覺證　是中藥草
求世尊處　我當作佛　行精進定　是上藥草
又諸佛子　專心佛道　常行慈悲　自知作佛
決定无疑　是名小樹　安住神通　轉不退輪
度无量億　百千衆生　如是菩薩　名為大樹
佛平等說　如一味雨　隨衆生性　所受不同
如彼草木　所稟各異　佛以此喻　方便開示
種種言辭　演說一法　於佛智慧　如海一渧
我雨法雨　充滿世間　一味之法　隨力脩行
如彼叢林　藥草諸樹　隨其大小　漸增茂好
諸佛之法　常以一味　令諸世間　普得具足
漸次脩行　皆得道果　聲聞緣覺　處於山林
住㝡後身　聞法得果　是名藥草　各得增長
若諸菩薩　智慧堅固　了達三界　求㝡上乘

BD05779號　妙法蓮華經卷三　（27–5）

我雨法雨　充滿世間　一味之法　隨力脩行
如彼叢林　藥草諸樹　隨其大小　漸增茂好
諸佛之法　常以一味　令諸世間　普得具足
漸次脩行　皆得道果　聲聞緣覺　處於山林
住㝡後身　聞法得果　是名藥草　各得增長
若諸菩薩　智慧堅固　了達三界　求㝡上乘
是名小樹　而得增長　復有住禪　得神通力
聞諸法空　心大歡喜　放无數光　度諸衆生
是名大樹　而得增長　如是迦葉　佛所說法
譬如大雲　以一味雨　潤於人華　各得成實
迦葉當知　以諸因緣　種種譬喻　開示佛道
是我方便　諸佛亦然　今為汝等　說㝡實事
諸聲聞衆　皆非滅度　汝等所行　是菩薩道
漸漸脩學　悉當成佛

妙法蓮華經授記品第六

尒時世尊說是偈已告諸大衆唱如是言我
此弟子摩訶迦葉於未來世當得奉覲三百
万億諸佛世尊供養恭敬尊重讚歎廣宣
諸佛无量大法於㝡後身得成為佛名曰光
明如來應供正遍知明行足善逝世間解无上
士調御丈夫天人師佛世尊國名光德劫名
大莊嚴佛壽十二小劫正法住世二十小劫
像法亦住二十小劫國界嚴飾无諸穢惡瓦
礫荊棘便利不淨其土平正无有高下坑坎
堆阜瑠璃為地寶樹行列黃金為繩以界道
側散諸寶華周遍清淨其國菩薩无量千億
諸聲聞衆亦復无數无有魔事雖有魔及

BD05779號　妙法蓮華經卷三　（27–6）

大莊嚴佛壽十二小劫正法住世二十小劫
像法亦住二十小劫國界嚴飾无諸穢惡瓦
礫荊棘便利不淨其土平正无有高下坑坎
堆阜瑠璃為地寶樹行列黃金為繩以界道
側散諸寶華周遍清淨其國菩薩无量千億
諸聲聞衆亦復无數无有魔事雖有魔及
魔民皆護佛法尒時世尊欲重宣此義而
說偈言
告諸比丘　我以佛眼　見是迦葉　於未來世
過无數劫　當得作佛　而於來世　供養奉覲
三百万億　諸佛世尊　為佛智慧　淨脩梵行
供養㝡上　二足尊已　脩習一切　无上之慧
於㝡後身　得成為佛　其土清淨　瑠璃為地
多諸寶樹　行列道側　金繩界道　見者歡喜
常出好香　散衆名華　種種奇妙　以為莊嚴
其地平正　无有丘坑　諸菩薩衆　不可稱計
其心調柔　逮大神通　奉持諸佛　大乘經典
諸聲聞衆　无漏後身　法王之子　亦不可計
乃以天眼　不能數知　其佛當壽　十二小劫
正法住世　二十小劫　像法亦住　二十小劫
光明世尊　其事如是
尒時大目揵連須菩提摩訶迦旃延等皆悉
悚慄一心合掌瞻仰世尊目不暫捨即共
同聲而說偈言
大雄猛世尊　諸釋之法王　哀愍我等故　而賜佛音聲
若知我深心　見為授記者　如以甘露灑　除熱得清涼
如從飢國來　忽遇大王饍　心猶懷疑懼　未敢即便食

BD05779號　妙法蓮華經卷三　（27–7）

悚慄一心合掌瞻仰世尊目不暫捨即共
同聲而說偈言
大雄猛世尊　諸釋之法王　哀愍我等故　而賜佛音聲
若知我深心　見為授記者　如以甘露灑　除熱得清淨
如從飢國來　忽遇大王饍　心猶懷疑懼　未敢即便食
若復得王教　然後乃敢食　我等亦如是　每惟小乘過
不知當云何　得佛无上慧　雖聞佛音聲　言我等作佛
心尚懷憂懼　如未敢便食　若蒙佛授記　尓乃快安樂
大雄猛世尊　常欲安世間　願賜我等記　如飢須教食
尓時世尊知諸大弟子心之所念告諸比丘
是須菩提於當來世奉覲三百万億那由
他佛供養恭敬尊重讚歎常脩梵行具菩薩
道於最後身得成為佛号曰名相如來應供正
遍知明行足善逝世間解无上士調御丈夫
天人師佛世尊劫名有寶國名寶生其土平
正頗梨為地寶樹莊嚴无諸丘坑沙礫荊棘
便利之穢寶華覆地周遍清淨其土人民皆
處寶臺珍妙樓閣聲聞弟子无量无邊筭
數譬喻所不能知諸菩薩衆无數千万億那由
他佛壽十二小劫正法住世二十小劫像法
亦住二十小劫其佛常處虛空為衆說法度
脫无量菩薩及聲聞衆尓時世尊欲重宣
此義而說偈言
諸比丘衆　今告汝等　皆當一心　聽我所說
我大弟子　須菩提者　當得作佛　号曰名相
當供无數　万億諸佛　隨佛所行　漸具大道
最後身得　三十二相　端正姝妙　猶如寶山

BD05779號　妙法蓮華經卷三　（27–8）

此義而說偈言
諸比丘衆　今告汝等　皆當一心　聽我所說
我大弟子　須菩提者　當得作佛　号曰名相
當供无數　万億諸佛　隨佛所行　漸具大道
最後身得　三十二相　端正姝妙　猶如寶山
其佛國土　嚴淨第一　衆生見者　无不愛樂
佛於其中　度无量衆　其佛法中　多諸菩薩
皆悉利根　轉不退輪　彼國常以　菩薩莊嚴
諸聲聞衆　不可稱數　皆得三明　具六神通
住八解脫　有大威德　其佛說法　現於无量
神通變化　不可思議　諸天人民　數如恒沙
皆共合掌　聽受佛語　其佛當壽　十二小劫
正法住世　二十小劫　像法亦住　二十小劫
尓時世尊復告諸比丘衆我今語汝是大迦
旃延於當來世以諸供具供養奉事八千億
佛恭敬尊重諸佛滅後各起塔廟高千由旬
縱廣正等五百由旬以金銀瑠璃車𤦲馬瑙
真珠玫瑰七寶合成衆華瓔珞塗香末香燒
香繒蓋幢幡供養塔廟過是已後當復供養
二万億佛亦復如是供養是諸佛已具菩薩
道當得作佛号曰閻浮那提金光如來應供
正遍知明行足善逝世間解无上士調御丈
夫天人師佛世尊其土平正頗梨為地寶樹
莊嚴黃金為繩以界道側妙華覆地周遍清
淨見者歡喜无四惡道地獄餓鬼畜生阿脩
羅道多有天人諸聲聞衆及諸菩薩无量万

BD05779號　妙法蓮華經卷三　（27–9）

道當得作佛号曰閻浮那提金光如來應供
正遍知明行足善逝世間解无上士調御丈
夫天人師佛世尊其土平正頗梨為地寶樹
莊嚴黃金為繩以界道側妙華覆地周遍清
淨見者歡喜无四惡道地獄餓鬼畜生阿脩
羅道多有天人諸聲聞衆及諸菩薩无量万
億莊嚴其國佛壽十二小劫正法住世二十
小劫像法亦住二十小劫尒時世尊欲重宣
此義而說偈言
諸比丘衆　皆一心聽　如我所說　真實无異
是迦旃延　當以種種　妙好供具　供養諸佛
諸佛滅後　起七寶塔　亦以華香　供養舍利
其最後身　得佛智慧　成等正覺　國土清淨
度脫无量　万億衆生　皆為十方　之所供養
佛之光明　无能勝者　其佛号曰　閻浮金光
菩薩聲聞　斷一切有　无量无數　莊嚴其國
尒時世尊復告大衆我今語汝是大目揵連
當以種種供具供養八千諸佛恭敬尊重
諸佛滅後各起塔廟高千由旬縱廣正等五
百由旬以金銀瑠璃車𤦲馬瑙真珠玫瑰七寶
合成衆華瓔珞塗香末香燒香繒蓋幢幡以
用供養過是已後當復供養二百万億諸佛
亦復如是當得成佛号曰多摩羅跋栴檀香
如來應供正遍知明行足善逝世間解无上
士調御丈夫天人師佛世尊劫名喜滿國名
意樂其土平正頗梨為地寶樹莊嚴散真珠
華周遍清淨見者歡喜多諸天人菩薩聲

BD05779號　妙法蓮華經卷三　（27–10）

亦復如是當得成佛号曰多摩羅跋栴檀香
如來應供正遍知明行足善逝世間解无上
士調御丈夫天人師佛世尊劫名喜滿國名
意樂其土平正頗梨為地寶樹莊嚴散真珠
華周遍清淨見者歡喜多諸天人菩薩聲
聞其數无量佛壽二十四小劫正法住世四
十小劫像法亦住四十小劫尒時世尊欲重
宣此義而說偈言
我此弟子　大目揵連　捨是身已　得見八千
二百万億　諸佛世尊　為佛道故　供養恭敬
於諸佛所　常脩梵行　於无量劫　奉持佛法
諸佛滅後　起七寶塔　長表金剎　華香伎樂
而以供養　諸佛塔廟　漸漸具足　菩薩道已
於意樂國　而得作佛　号多摩羅　栴檀之香
其佛壽命　二十四劫　常為天人　演說佛道
聲聞无量　如恒河沙　三明六通　有大威德
菩薩无數　志固精進　於佛智慧　皆不退轉
佛滅度後　正法當住　四十小劫　像法亦尒
我諸弟子　威德具足　其數五百　皆當授記
於未來世　咸得成佛　我及汝等　宿世因緣
吾今當說　汝等善聽

妙法蓮華經化城喻品第七

佛告諸比丘乃往過去无量无邊不可思議
阿僧祇劫尒時有佛名大通智勝如來應供
正遍知明行足善逝世間解无上士調御丈
夫天人師佛世尊其國名好成劫名大相諸
比丘彼佛滅度已來甚大久遠譬如三千大

BD05779號　妙法蓮華經卷三　（27–11）

阿僧祇劫尒時有佛名大通智勝如來應供
正遍知明行足善逝世間解无上士調御丈
夫天人師佛世尊其國名好成劫名大相諸
比丘彼佛滅度已來甚大久遠譬如三千大
千世界所有地種假使有人磨以為墨過於
東方千國土乃下一點大如微塵又過千國
土復下一點如是展轉盡地種墨於汝等意
云何是諸國土若筭師若筭師弟子能得邊
際知其數不不也世尊諸比丘是人所經國
土若點不點盡末為塵一塵一劫彼佛滅度
已來復過是數无量无邊百千万億阿僧祇
劫我以如來知見力故觀彼久遠猶若今日
尒時世尊欲重宣此義而說偈言
我念過去世　无量无邊劫　有佛兩足尊　名大通智勝
如人以力磨　三千大千土　盡此諸地種　皆悉以為墨
過於千國土　乃下一塵點　如是展轉點　盡此諸塵墨
如是諸國土　點與不點等　復盡末為塵　一塵為一劫
此諸微塵數　其劫復過是　彼佛滅度來　如是无量劫
如來无礙智　知彼佛滅度　及聲聞菩薩　如見今滅度
諸比丘當知　佛智淨微妙　无漏无所礙　通達无量劫
佛告諸比丘大通智勝佛壽五百四十万億
那由他劫其佛本坐道場破魔已垂得阿耨
多羅三藐三菩提而諸佛法不現在前如
是一小劫乃至十小劫結加趺坐身心不動而
諸佛法猶不在前尒時忉利諸天先為彼
佛於菩提樹下敷師子座高一由旬佛於此
座當得阿耨多羅三藐三菩提適坐此座時

BD05779號　妙法蓮華經卷三　（27–12）

多羅三藐三菩提而諸佛法不現在前如
是一小劫乃至十小劫結加趺坐身心不動而
諸佛法猶不在前尒時忉利諸天先為彼
佛於菩提樹下敷師子座高一由旬佛於此
座當得阿耨多羅三藐三菩提適坐此座時
諸梵天王雨衆天華面百由旬香風時來吹
去萎華更雨新者如是不絕滿十小劫供養
於佛乃至滅度常雨此華四王諸天為供養
佛常擊天鼓其餘諸天作天伎樂滿十小劫
至于滅度亦復如是諸比丘大通智勝佛過
十小劫諸佛之法乃現在前成阿耨多羅三
藐三菩提其佛未出家時有十六子其第一
者名曰智積諸子各有種種珍異玩好之具
聞父得成阿耨多羅三藐三菩提皆捨所珍
往詣佛所諸母涕泣而隨送之其祖轉輪聖
王與一百大臣及餘百千万億人民皆共圍
繞隨至道場咸欲親近大通智勝如來供養恭
敬尊重讚歎到已頭面禮足繞佛畢已一心
合掌瞻仰世尊以偈頌曰
大威德世尊　為度衆生故　於无量億劫　尒乃得成佛
諸願已具足　善哉吉无上　世尊甚希有　一坐十小劫
身體及手足　靜然安不動　其心常惔怕　未曾有散亂
究竟永寂滅　安住无漏法　今者見世尊　安隱成佛道
我等得善利　稱慶大歡喜　衆生常苦惱　盲瞑无導師
不識苦盡道　不知求解脫　長夜增惡趣　減損諸天衆
從冥入於冥　永不聞佛名　今佛得最上　安隱无漏法
我等及天人　為得最大利　是故咸稽首　歸命无上尊

BD05779號　妙法蓮華經卷三　（27–13）

我等得善利　稱慶大歡喜　衆生常苦惱　盲瞑无導師
不識苦盡道　不知求解脫　長夜增惡趣　減損諸天衆
從冥入於冥　永不聞佛名　今佛得最上　安隱无漏法
我等及天人　為得最大利　是故咸稽首　歸命无上尊
尒時十六王子偈讚佛已勸請世尊轉於法
輪咸作是言世尊說法多所安隱憐愍饒益
諸天人民重說偈言
世雄无等倫　百福自莊嚴　得无上智慧　願為世間說
度脫於我等　及諸衆生類　為分別顯示　令得是智慧
若我等得佛　衆生亦復然　世尊知衆生　深心之所念
亦知所行道　又知智慧力　欲樂及脩福　宿命所行業
世尊悉知已　當轉无上輪
佛告諸比丘大通智勝佛得阿耨多羅三藐
三菩提時十方各五百万億諸佛世界六種
震動其國中間幽冥之處日月威光所不能
照而皆大明其中衆生各得相見咸作是言
此中云何忽生衆生又其國界諸天宮殿乃
至梵宮六種震動大光普照遍滿世界勝諸
天光尒時東方五百万億諸國土中梵天
殿光明照曜倍於常明諸梵天王各作是念
今者宮殿光明昔所未有以何因緣而現此
相是時諸梵天王即各相詣共議此事而彼
衆中有一大梵天王名救一切為諸梵衆而
說偈言
我等諸宮殿　光明昔未有　此是何因緣　宜各共求之
為大德天生　為佛出世間　而此大光明　遍照於十方
尒時五万億國土諸梵天王與宮殿俱各以

BD05779號　妙法蓮華經卷三　（27–14）

衆中有一大梵天王名救一切為諸梵衆而
說偈言
我等諸宮殿　光明昔未有　此是何因緣　宜各共求之
為大德天生　為佛出世間　而此大光明　遍照於十方
尒時五万億國土諸梵天王與宮殿俱各以
衣裓盛諸天華共詣西方推尋是相見大
通智勝如來處于道場菩提樹下坐師子座
諸天龍王乾闥婆緊那羅摩睺羅伽人非
人等恭敬圍繞及見十六王子請佛轉法輪即
時諸梵天王頭面禮佛繞百千帀即以天華
而散佛上其所散華如須彌山并以供養佛
菩提樹其菩提樹高十由旬華供養已各以
宮殿奉上彼佛而作是言唯見哀愍饒益我
等所獻宮殿願垂納受時諸梵天王即於佛
前一心同聲以偈頌曰
世尊甚希有　難可得值遇　具无量功德　能救護一切
天人之大師　哀愍於世間　十方諸衆生　普皆蒙饒益
我等所從來　五百万億國　捨深禪定樂　為供養佛故
我等先世福　宮殿甚嚴飾　今以奉世尊　唯願哀納受
尒時諸梵天王偈讚佛已各作是言唯願世
尊轉於法輪度脫衆生開涅槃道時諸梵
天王一心同聲而說偈言
世雄兩足尊　唯願演說法　以大慈悲力　度苦惱衆生
尒時大通智勝如來默然許之又諸比丘東
南方五百万億國土諸大梵王各自見宮殿
光明照曜昔所未有歡喜踊躍生希有心即

BD05779號　妙法蓮華經卷三　（27–15）

世雄兩足尊　唯願演說法　以大慈悲力　度苦惱衆生
尒時大通智勝如來嘿然許之又諸比丘東
南方五百万億國土諸大梵王各自見宮殿
光明照曜昔所未有歡喜踊躍生希有心即
各相詣共議此事而彼衆中有一大梵天王
名曰大悲爲諸梵衆而說偈言
是事何因緣　而現如此相　我等諸宮殿　光明昔未有
爲大德天生　爲佛出世間　未曾見此相　當共一心求
過千万億土　尋光共推之　多是佛出世　度脫苦衆生
尒時五百万億諸梵天王與宮殿俱各以衣
裓盛諸天華共詣西北方推尋是相見大通
智勝如來處于道場菩提樹下坐師子座諸
天龍王乹闥婆緊那羅摩睺羅伽人非人等
恭敬圍繞及見十六王子請佛轉法輪時諸
梵天王頭面礼佛繞百千帀即以天華而散
佛上所散之華如須弥山并以供養佛菩提
樹華供養已各以宮殿奉上彼佛而作是言
唯見哀愍饒益我等所獻宮殿願垂納受
尒時諸梵天王即於佛前一心同聲以偈頌曰
聖主天中王　迦陵頻伽聲　哀愍衆生者　我等今敬礼
世尊甚希有　久遠乃一現　一百八十劫　空過无有佛
三惡道充滿　諸天衆減少　今佛出於世　爲衆生作眼
世間所歸趣　救護於一切　爲衆生之父　哀愍饒益者
我等宿福慶　今得值世尊
尒時諸梵天王偈讚佛已各作是言唯願世
尊哀愍一切轉於法輪度脫衆生時諸梵天

BD05779 號　妙法蓮華經卷三　（27–16）

三惡道充滿　諸天衆減少　今佛出於世　爲衆生作眼
世間所歸趣　救護於一切　爲衆生之父　哀愍饒益者
我等宿福慶　今得值世尊
尒時諸梵天王偈讚佛已各作是言唯願世
尊哀愍一切轉於法輪度脫衆生時諸梵天
王一心同聲而說偈言
大聖轉法輪　顯示諸法相　度苦惱衆生　令得大歡喜
衆生聞此法　得道若生天　諸惡道減少　忍善者增益
尒時大通智勝如來嘿然許之又諸比丘南
方五百万億國土諸大梵王各自見宮殿光
明照曜昔所未有歡喜踊躍生希有心即各
相詣共議此事以何因緣我等宮殿有此光
曜而彼衆中有一大梵天王名曰妙法爲諸
梵衆而說偈言
我等諸宮殿　光明甚威曜　此非无因緣　是相宜求之
過於百千劫　未曾見是相　爲大德天生　爲佛出世間
尒時五百万億諸梵天王與宮殿俱各以衣裓
盛諸天華共詣北方推尋是相見大通智
勝如來處于道場菩提樹下坐師子座諸天
龍王乹闥婆緊那羅摩睺羅伽人非人等
恭敬圍繞及見十六王子請佛轉法輪時諸梵
天王頭面礼佛繞百千帀即以天華而散佛
上所散之華如須弥山并以供養佛菩提樹
華供養已各以宮殿奉上彼佛而作是言唯
見哀愍饒益我等所獻宮殿願垂納受尒時
諸梵天王即於佛前一心同聲以偈頌曰
世尊甚難見　破諸煩惱者　過百三十劫　今乃得一見

BD05779 號　妙法蓮華經卷三　（27–17）

天王頭面礼佛繞百千帀即以天華而散佛
上所散之華如須弥山并以供養佛菩提樹
華供養已各以宮殿奉上彼佛而作是言唯
見哀愍饒益我等所獻宮殿願垂納受尒時
諸梵天王即於佛前一心同聲以偈頌曰
世尊甚難見　破諸煩惱者　過百三十劫　今乃得一見
諸飢渴衆生　以法雨充滿　昔所未曾覩　无量智慧者
如優曇波羅　今日乃值遇　我等諸宮殿　蒙光故嚴飾
世尊大慈愍　唯願垂納受
尒時諸梵天王偈讚佛已各作是言唯願世尊
轉於法輪令一切世間諸天魔梵沙門婆
羅門皆獲安隱而得度脫時諸梵天王一心
同聲以偈頌曰
唯願天人尊　轉无上法輪　擊于大法鼓　而吹大法螺
普雨大法雨　度无量衆生　我等咸歸請　當演深遠音
尒時大通智勝如來嘿然許之西南方乃至
下方亦復如是尒時上方五百万億國土諸
大梵王皆悉自覩所止宮殿光明威曜昔所
未有歡喜踊躍生希有心即各相詣共議此
事以何因緣我等宮殿有斯光明而彼衆中有一
大梵天王名曰尸棄爲諸梵衆而說偈曰
今以何因緣　我等諸宮殿　威德光曜明　嚴飾未曾有
如是之妙相　昔所未聞見　爲大德天生　爲佛出世間
尒時五百万億諸梵天王與宮殿俱各以衣
裓盛諸天華共詣下方推尋是相見大通智
勝如來處于道場菩提樹下坐師子座諸天
龍王乹闥婆緊那羅摩睺羅伽人非人等恭

BD05779號　妙法蓮華經卷三

（27-18）

今以何因緣　我等諸宮殿　威德光明曜　嚴飾未曾有
如是之妙相　昔所未聞見　爲大德天生　爲佛出世間
尒時五百万億諸梵天王與宮殿俱各以衣
裓盛諸天華共詣下方推尋是相見大通智
勝如來處于道場菩提樹下坐師子座諸天
龍王乹闥婆緊那羅摩睺羅伽人非人等恭
敬圍繞及見十六王子請佛轉法輪時諸梵
天王頭面礼佛繞百千帀即以天華而散佛
上所散之華如須弥山并以供養佛菩提樹
華供養已各以宮殿奉上彼佛而作是言唯
見哀愍饒益我等所獻宮殿願垂納受時諸
梵天王即於佛前一心同聲以偈頌曰
善哉見諸佛　救世之聖尊　能於三界獄　勉出諸衆生
普智天人尊　哀愍群萠類　能開甘露門　廣度於一切
於昔无量劫　空過无有佛　世尊未出時　十方常闇冥
三惡道增長　阿脩羅亦盛　諸天衆轉減　死多墮惡道
不從佛聞法　常行不善事　色力及智慧　斯等皆減少
罪業因緣故　失樂及樂想　住於耶見法　不識善儀則
不蒙佛所化　常墮於惡道　佛爲世間眼　久遠時乃出
哀愍諸衆生　故現於世間　超出成正覺　我等甚欣慶
及餘一切衆　喜歎未曾有　我等諸宮殿　蒙光故嚴飾
今以奉世尊　唯垂哀納受　願以此功德　普及於一切
我等與衆生　皆共成佛道
尒時五百万億諸梵天王偈讚佛已各白佛
言唯願世尊轉於法輪多所安隱多所度脫
時諸梵天王而說偈言
世尊轉法輪　擊甘露法鼓　度苦惱衆生　開示涅槃道

BD05779號　妙法蓮華經卷三

（27-19）

我等與衆生 皆共成佛道
尒時五百万億諸梵天王偈讚佛已各白佛
言唯願世尊轉於法輪多所安隱多所度脫
時諸梵天王而說偈言
世尊轉法輪 擊甘露法鼓 度苦惱衆生 開示涅槃道
唯願受我請 以大微妙音 哀愍而敷演 无量劫習法
尒時大通智勝如來受十方諸梵天王及十
六王子請即時三轉十二行法輪若沙門婆
羅門若天魔梵及餘世間所不能轉謂是苦
是苦集是苦滅是苦滅道及廣說十二因緣
法无明緣行行緣識識緣名色名色緣六入六
入緣觸觸緣受受緣愛愛緣取取緣有有
緣生生緣老死憂悲苦惱无明滅則行滅行
滅則識滅識滅則名色滅名色滅則六入滅
六入滅則觸滅觸滅則受滅受滅則愛滅愛
滅則取滅取滅則有滅有滅則生滅生滅則老
死憂悲苦惱滅佛於天人大衆之中說是
法時六百万億那由他人以不受一切法故
而於諸漏心得解脫皆得深妙禪定三明六
通具八解脫第二第三第四說法時千万億
恒河沙那由他等衆生亦以不受一切法故
而於諸漏心得解脫從是已後諸聲聞衆无
量无邊不可稱數尒時十六王子皆以童子
出家而為沙弥諸根通利智慧明了已曾供
養百千万億諸佛淨脩梵行求阿耨多羅三
藐三菩提俱白佛言世尊是諸无量千万億
大德聲聞皆已成就世尊亦當為我等說阿

BD05779 號　妙法蓮華經卷三　（27–20）

而於諸漏心得解脫從是已後諸聲聞衆无
量无邊不可稱數尒時十六王子皆以童子
出家而為沙弥諸根通利智慧明了已曾供
養百千万億諸佛淨脩梵行求阿耨多羅三
藐三菩提俱白佛言世尊是諸无量千万億
大德聲聞皆已成就世尊亦當為我等說阿
耨多羅三藐三菩提法我等聞已皆共脩學
世尊我等志願如來知見深心所念佛自證
知尒時轉輪聖王所將衆中八万億人見十
六王子出家亦求出家王即聽許尒時彼佛
受沙弥請過二万劫已乃於四衆之中說是
大乘經名妙法蓮華教菩薩法佛所護念說
是經已十六沙弥為阿耨多羅三藐三菩提
故皆共受持諷誦通利說是經時十六菩薩
沙弥皆悉信受聲聞衆中亦有信解其餘衆
生千万億種皆生疑惑佛說是經於八千劫
未曾休廢說此經已即入靜室住於禪定八
万四千劫是時十六菩薩沙弥知佛入室寂
然禪定各昇法座亦於八万四千劫為四部
衆廣說分別妙法華經一一皆度六百万億
那由他恒河沙等衆生示教利喜令發阿耨
多羅三藐三菩提心大通智勝佛過八万四
千劫已從三昧起往詣法座安詳而坐普告大
衆是十六菩薩沙弥甚為希有諸根通利
智慧明了已曾供養无量千万億數諸佛於
諸佛所常脩梵行受持佛智開示衆生令入
其中汝等皆當數數親近而供養之所以者

BD05779 號　妙法蓮華經卷三　（27–21）

千劫已從三昧起往詣法座安詳而坐普告大
衆是十六菩薩沙弥甚為希有諸根通利
智慧明了已曾供養无量千万億數諸佛於
諸佛所常脩梵行受持佛智開示衆生令入
其中汝等皆當數數親近而供養之所以者
何若聲聞辟支佛及諸菩薩能信是十六菩
薩所說經法受持不毀者是人皆當得阿耨
多羅三藐三菩提如來之慧佛告諸比丘是
十六菩薩常樂說是妙法蓮華經一一菩薩
所化六百万億那由他恒河沙等衆生世世所
生與菩薩俱從其聞法悉皆信解以此因緣
得值四万億諸佛世尊于今不盡諸比丘
我今語汝彼佛弟子十六沙弥今皆得阿耨
多羅三藐三菩提於十方國土現在說法有
无量百千万億菩薩聲聞以為眷屬其二沙
弥東方作佛一名阿閦在歡喜國二名須弥
頂東南方二佛一名師子音二名師子相南
方二佛一名虛空住二名常滅西南方二佛
一名帝相二名梵相西方二佛一名阿弥陁
二名度一切世間苦惱西北方二佛一名多
摩羅跋栴檀香神通二名須弥相北方二佛
一名雲自在二名雲自在王東北方佛名壞
一切世間怖畏第十六我釋迦牟尼佛於娑
婆國土成阿耨多羅三藐三菩提諸比丘我
等為沙弥時各各教化无量百千万億恒河
沙等衆生從我聞法為阿耨多羅三藐三菩
提此諸衆生于今有住聲聞地者我常教化

BD05779號　妙法蓮華經卷三

(27–22)

一名雲自在二名雲自在王東北方佛名壞
一切世間怖畏第十六我釋迦牟尼佛於娑
婆國土成阿耨多羅三藐三菩提諸比丘我
等為沙弥時各各教化无量百千万億恒河
沙等衆生從我聞法為阿耨多羅三藐三菩
提此諸衆生于今有住聲聞地者我常教化
阿耨多羅三藐三菩提是諸人等應以是法
漸入佛道所以者何如來智慧難信難解尒
時所化无量恒河沙等衆生者汝等諸比丘
及我滅度後未來世中聲聞弟子是也我滅
度後復有弟子不聞是經不知不覺菩薩所
行自於所得功德生滅度想當入涅槃我於
餘國作佛更有異名是人雖生滅度之想入
於涅槃而於彼土求佛智慧得聞是經唯以
佛乘而得滅度更无餘乘除諸如來方便說
法諸比丘若如來自知涅槃時到衆又清淨
信解堅固了達空法深入禪定便集諸菩薩
及聲聞衆為說是經世間无有二乘而得滅
度唯一佛乘得滅度耳比丘當知如來方便
深入衆生之性知其志樂小法深著五欲為
是等故說於涅槃是人若聞則便信受譬如
五百由旬險難惡道曠絕无人怖畏之處若
有多衆欲過此道至珎寶處有一導師聰慧
明達善知險道通塞之相將導衆人欲過此
難所將人衆中路懈退白導師言我等疲極
而復怖畏不能復進前路猶遠今欲退還
導師多諸方便而作是念此等可愍云何捨大

BD05779號　妙法蓮華經卷三

(27–23)

五百由旬險難惡道曠絕无人怖畏之處若
有多衆欲過此道至珍寶處有一導師聰慧
明達善知險道通塞之相將導衆人欲過此
難所將人衆中路懈退白導師言我等疲極
而復怖畏不能復進前路猶遠今欲退還
導師多諸方便而作是念此等可愍云何捨大
珍寶而欲退還作是念已以方便力於險道
中過三百由旬化作一城告衆人言汝等勿
怖莫得退還今此大城可於中止隨意所作
若入是城快得安隱若能前至寶所亦可得
去是時疲極之衆心大歡喜歎未曾有我等
今者免斯惡道快得安隱於是衆人前入化
城生已度想生安隱想尒時導師知此衆人
既得止息无復疲惓即滅化城語衆人言汝
等去來寶處在近向者大城我所化作為止
息耳諸比丘如來亦復如是今為汝等作大
導師知諸生死煩惱惡道險難長遠應去應
度若衆生但聞一佛乘者則不欲見佛不欲
親近便作是念佛道長遠久受懃苦乃可得
成佛知是心怯弱下劣以方便力而於中道
為止息故說二涅槃若衆生住於二地如來
尒時即便為說汝等所作未辦汝所住地近
於佛慧當觀察籌量所得涅槃非真實也
但是如來方便之力於一佛乘分別說三如彼
導師為止息故化作大城既知息已而告之
言寶處在近此城非實我化作耳尒時世
尊欲重宣此義而說偈言

於佛慧當觀察籌量所得涅槃非真實也
但是如來方便之力於一佛乘分別說三如彼
導師為止息故化作大城既知息已而告之
言寶處在近此城非實我化作耳尒時世
尊欲重宣此義而說偈言
大通智勝佛　十劫坐道場　佛法不現前　不得成佛道
諸天神龍王　阿脩羅衆等　常雨於天華　以供養彼佛
諸天擊天鼓　并作衆伎樂　香風吹萎華　更雨新好者
過十小劫已　乃得成佛道　諸天及世人　心皆懷踊躍
彼佛十六子　皆與其眷屬　千万億圍繞　俱行至佛所
頭面礼佛足　而請轉法輪　聖師子法雨　充我及一切
世尊甚難值　久遠時一現　為覺悟群生　震動於一切
東方諸世界　五百万億國　梵宮殿光曜　昔所未曾有
諸梵見此相　尋來至佛所　散華以供養　并奉上宮殿
請佛轉法輪　以偈而讚歎　佛知時未至　受請嘿然坐
三方及四維　上下亦復尒　散華奉宮殿　請佛轉法輪
世尊甚難值　願以大慈悲　廣開甘露門　轉无上法輪
无量慧世尊　受彼衆人請　為宣種種法　四諦十二緣
无明至老死　皆從生緣有　如是衆過患　汝等應當知
宣暢是法時　六百万億姟　得盡諸苦際　皆成阿羅漢
第二說法時　千万恒沙衆　於諸法不受　亦得阿羅漢
從是後得道　其數无有量　万億劫筭數　不能得其邊
時十六王子　出家作沙弥　皆共請彼佛　演說大乘法
我等及營從　皆當成佛道　願得如世尊　慧眼第一淨
佛知童子心　宿世之所行　以无量因緣　種種諸譬喻
說六波羅蜜　及諸神通事　分別真實法　菩薩所行道
說是法華經　如恒河沙偈　彼佛說經已　靜室入禪定

從是後得道　其數无有量　万億劫算數　不能得其邊
時十六王子　出家作沙弥　皆共請彼佛　演說大乘法
我等及營從　皆當成佛道　願得如世尊　慧眼第一淨
佛知童子心　宿世之所行　以无量因緣　種種諸譬喻
說六波羅蜜　及諸神通事　分別真實法　菩薩所行道
說是法華經　如恒河沙偈　彼佛說經已　靜室入禪定
一心一處坐　八万四千劫　是諸沙弥等　知佛禪未出
為无量億眾　說佛无上慧　各各坐法座　說是大乘經
於佛宴寂後　宣揚助法化　一一沙弥等　所度諸眾生
有六百万億　恒河沙等眾　彼佛滅度後　是諸聞法者
在在諸佛土　常與師俱生　是十六沙弥　具足行佛道
今現在十方　各得成正覺　尒時聞法者　各在諸佛所
其有住聲聞　漸教以佛道　我在十六數　曾亦為汝說
是故以方便　引汝趣佛慧　以是本因緣　今說法華經
令汝入佛道　慎勿懷驚懼　譬如險惡道　迥絕多毒獸
又復无水草　人所怖畏處　无數千万眾　欲過此險道
其路甚曠遠　經五百由旬　時有一導師　強識有智慧
明了心決定　在險濟眾難　眾人皆疲倦　而白導師言
我等今頓乏　於此欲退還　導師作是念　此輩甚可愍
如何欲退還　而失大珍寶　尋時思方便　當設神通力
化作大城郭　莊嚴諸舍宅　周帀有園林　渠流及浴池
重門高樓閣　男女皆充滿　即作是化已　慰眾言勿懼
汝等入此城　各可隨所樂　諸人既入城　心皆大歡喜
皆生安隱想　自謂已得度　導師知息已　集眾而告言
汝等當前進　此是化城耳　我見汝疲極　中路欲退還
故以方便力　權化作此城　汝今勤精進　當共至寶所
我亦復如是　為一切導師　見諸求道者　中路而懈廢

BD05779號　妙法蓮華經卷三　（27–26）

眾人皆疲倦　而白導師言
我等今頓乏　於此欲退還　導師作是念　此輩甚可愍
如何欲退還　而失大珍寶　尋時思方便　當設神通力
化作大城郭　莊嚴諸舍宅　周帀有園林　渠流及浴池
重門高樓閣　男女皆充滿　即作是化已　慰眾言勿懼
汝等入此城　各可隨所樂　諸人既入城　心皆大歡喜
皆生安隱想　自謂已得度　導師知息已　集眾而告言
汝等當前進　此是化城耳　我見汝疲極　中路欲退還
故以方便力　權化作此城　汝今勤精進　當共至寶所
我亦復如是　為一切導師　見諸求道者　中路而懈廢
不能度生死　煩惱諸險道　故以方便力　為息說涅槃
言汝等苦滅　所作皆已辦　既知到涅槃　皆得阿羅漢
尒乃集大眾　為說真實法　諸佛方便力　分別說三乘
唯有一佛乘　息處故說二　今為汝說實　汝所得非滅
為佛一切智　當發大精進　汝證一切智　十力等佛法
具三十二相　乃是真實滅　諸佛之導師　為息說涅槃
既知是息已　引入於佛慧

妙法蓮華經卷第三

BD05779號　妙法蓮華經卷三　（27–27）

所流布若國土城邑郡縣村落隨所至處若
諸國王以天律治世復能恭敬至心聽受是
妙經典并復尊重供養供給持是經典四部
之衆以是因緣我等時時得聞如是微妙經
典聞已即得增益身力心進勇銳具諸威德
是故我等及无量鬼神常當隱形隨是經
典所流布處而作擁護令无留難亦當護念聽
是經典諸國王等及其人民除其患難悉令
安隱他方怨賊亦使退散若有人王聽是經
時隣國怨敵興如是念當具四兵壞彼國土
世尊以是經典威神力故尒時隣敵更有異
怨為作留難於其境界起諸衰惱疫異疾
病尒時怨敵起如是等諸惡事已備具四
兵發向是國規往討罰我等尒時當與眷
屬无無无邊百千鬼神隱蔽其形為作護
助令彼怨敵自然退散起諸怖懅種種留
難彼國兵衆尚不能到況復當能有所破壞
尒時佛讚四天王等善哉善哉汝等四王乃
能擁護我百千億那由他劫所可脩集阿
耨多羅三藐三菩提及諸人王受持是經恭

BD05780號　金光明經（兌廢稿）卷二　（2–1）

時隣國怨敵興如是念當具四兵壞彼國土
世尊以是經典威神力故尒時隣敵更有異
怨為作留難於其境界起諸衰惱疫異疾
病尒時怨敵起如是等諸惡事已備具四
兵發向是國規往討罰我等尒時當與眷
屬无無无邊百千鬼神隱蔽其形為作護
助令彼怨敵自然退散起諸怖懅種種留
難彼國兵衆尚不能到況復當能有所破壞
尒時佛讚四天王等善哉善哉汝等四王乃
能擁護我百千億那由他劫所可脩集阿
耨多羅三藐三菩提及諸人王受持是經恭
敬供養者為消衰患令其安樂復能擁護
宮舍宅城邑村落國土邊壃乃至怨賊
悉令退散滅其衰惱令得安隱亦令一切閻浮
提內所有諸王无諸忩衰鬪訟之事四王當知
此閻浮提八万四千城邑聚落八万四千諸人
王等各於其國娛樂快樂各各於國而得自在
於自所有錢財珎寶各各自足不相侵奪如
其宿世所脩集業隨受受報不生惡心貪

BD05780號　金光明經（兌廢稿）卷二　（2–2）

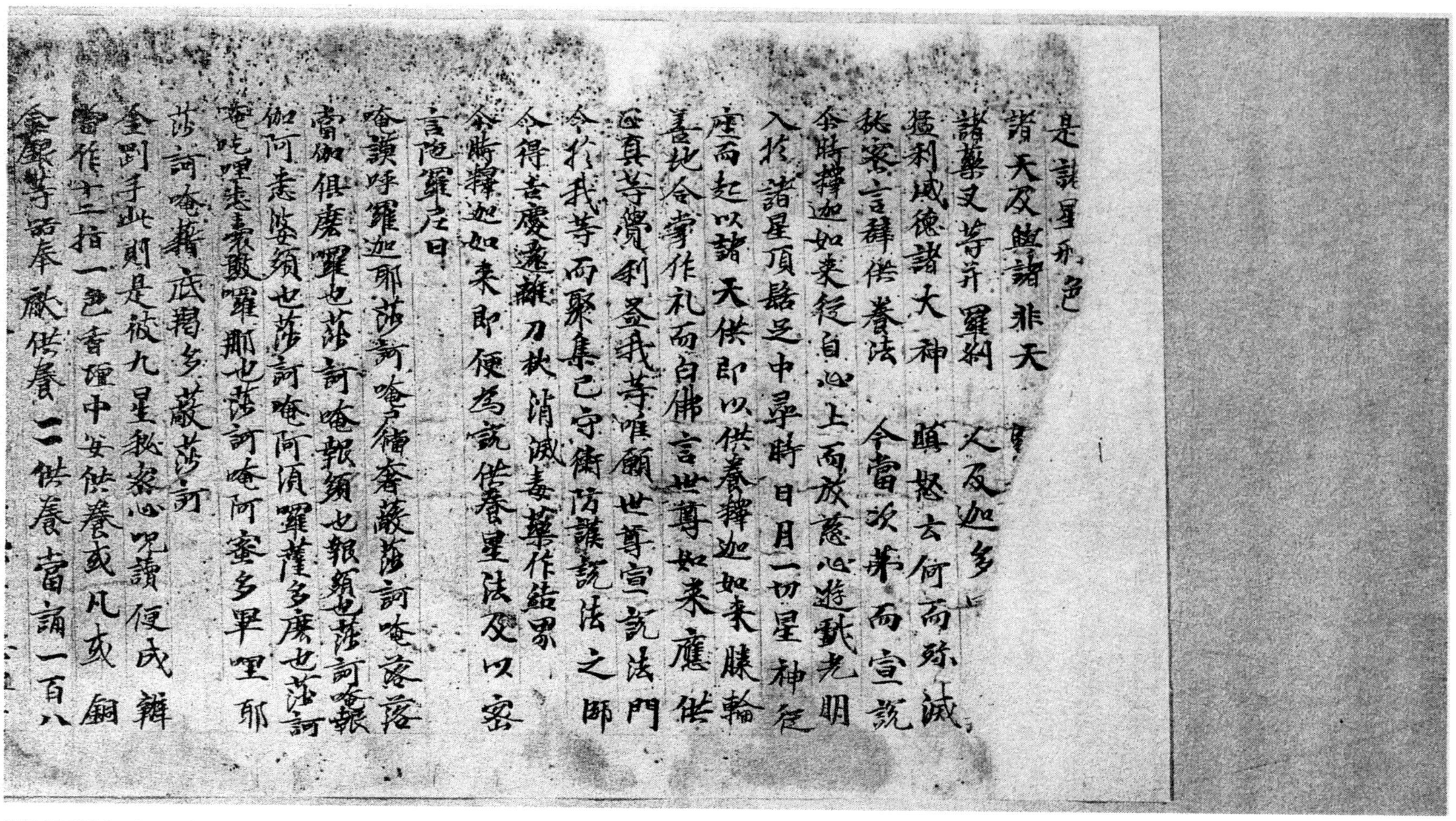

是諸星形色
諸天及與諸非天
諸藥叉等并羅刹　又及迦多
猛利威德諸大神　瞋怒去何而殄滅
秘密言辭供養法　今當次第而宣說
爾時釋迦如來從自心上而放慈心遊戲光明
入於諸星頂髻足中尋時日月一切星神從
座而起以諸天供即以供養釋迦如來膝輪
喜悅合掌作礼而白佛言世尊如來應供
正真等覺刹益我等唯願世尊宣說法門
令於我等而聚集已守衛防護說法之師
令得吉慶遠離刀杖消滅毒藥作結界
爾時釋迦如來即便為說供養星法及以密
言陁羅尼曰
唵護呼羅迦耶莎訶唵戶䩭奢薩莎訶唵落落
當伽俱麼羅也莎訶唵報須也報須也莎訶唵報
伽阿悉鉢須也莎訶唵阿須羅薩多麼也莎訶
唵吒哩悉素皺囉那也莎訶唵阿蜜多畢哩耶
莎訶唵藉底羯多薩莎訶
金剛手此則是被九星秘密心呪讀便成辨
當作十二指一色香壇中安供養或凡或銅
金銀等器奉獻供養二供養當誦一百八

BD05781號　諸星母陀羅尼經

(2–1)

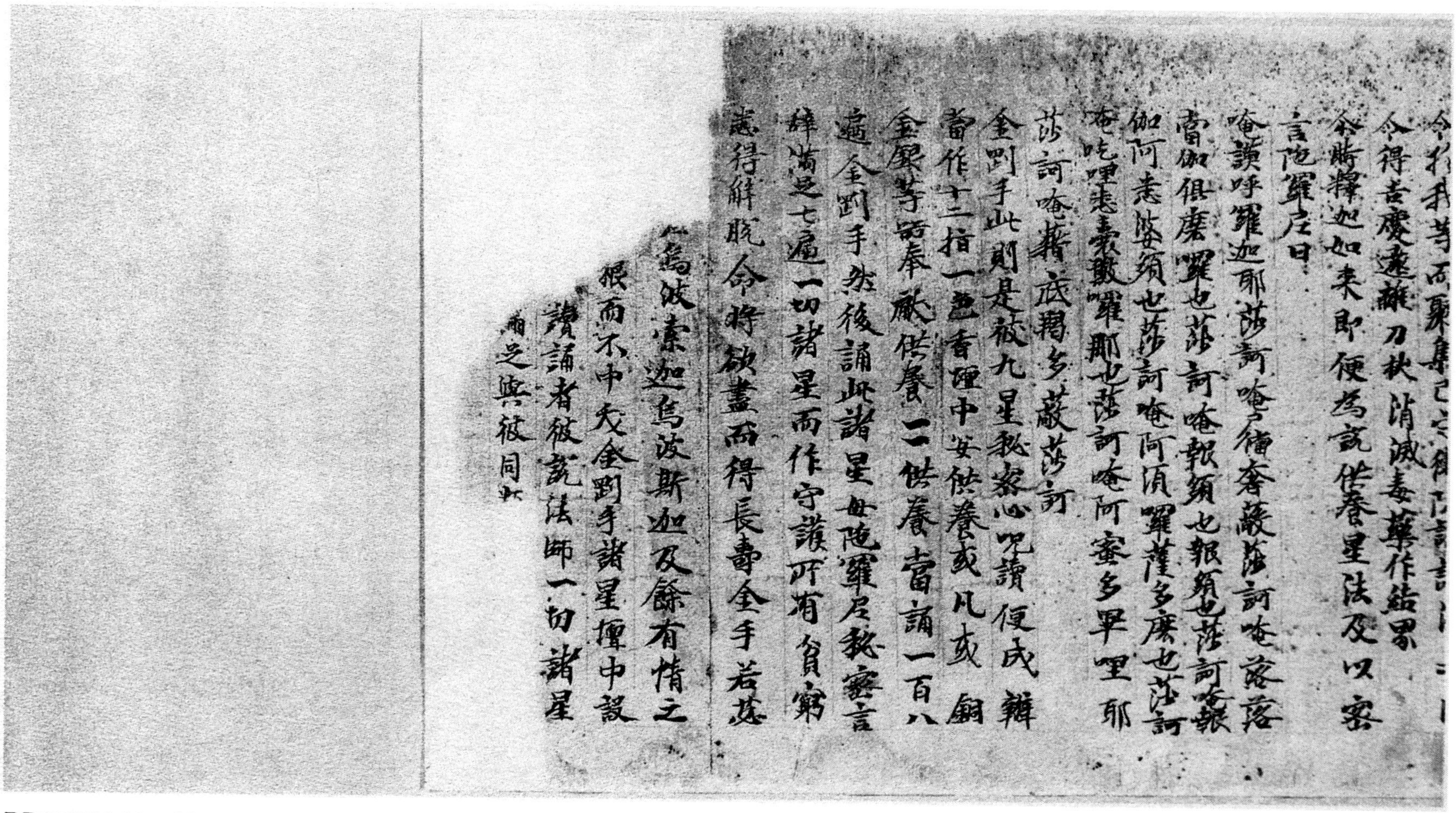

令於我等而聚集已守衛防護說法之
令得吉慶遠離刀杖消滅毒藥作結界
爾時釋迦如來即便為說供養星法及以密
言陁羅尼曰
唵護呼羅迦耶莎訶唵戶䩭奢薩莎訶唵落落
當伽俱麼羅也莎訶唵報須也報須也莎訶唵報
伽阿悉鉢須也莎訶唵阿須羅薩多麼也莎訶
唵吒哩悉素皺囉那也莎訶唵阿蜜多畢哩耶
莎訶唵藉底羯多薩莎訶
金剛手此則是被九星秘密心呪讀便成辨
當作十二指一色香壇中安供養或凡或銅
金銀等器奉獻供養二供養當誦一百八
遍金剛手然後誦此諸星母陁羅尼秘密言
緯滿足七遍一切諸星而作守護所有貧窮
盡得解脫命將欲盡而得長壽金剛手若茲
為波索迦烏波斯迦及餘有情之
根而不中夭金剛手諸星壇中設
讀誦者彼說法師一切諸星
爾之與彼同此

BD05781號　諸星母陀羅尼經

(2–2)

…變有不…
未度不獨滅三愛而取證也 設身有苦念惡趣衆
大悲心文三此初思己愍彼起大悲心不同二乘捨衆生也
衆生二明弘願大悲 肇曰要與群生同其苦樂 但除
所除其執病不除假名化法 肇曰諸法緣生聚散非己會而有形
散而无像法自然耳於我何患之者由我妄想於法自爲患耳 爲斷病本而
教導之 四明化心文三初標化心二推尋病本三爲斷除此初也 何謂病本謂有
攀緣從有攀緣[illegible]本 二尋病本此先推能緣也 肇曰攀緣謂妄想
微動攀緣諸法也妄[illegible]美惡已分美惡既分則愛憎並熾所以衆結煩於內
万病生於外自兹而生[illegible]記本其所由微想而已故目攀緣爲本 何所
攀緣謂之三界 二推所緣謂三界妄有 肇曰所攀緣之境也三界外法无漏无
爲其法无相非是妄相所緣攀緣能攀緣者三界而已耳 云何斷攀緣以无
所得若无所得則无攀緣 三爲斷除也文二此初釋无所得也緣相起相從心生相无所得
心緣自絕 肇曰所以攀緣意存有取所以有取意存有得若知法虛誑无取无得者則
攀緣自[illegible] 何謂无所得謂二見何謂二見謂內見外見是无所得 二釋妄見 肇曰內
有[illegible]外有諸法此二[illegible]假終已无得 文殊師利是爲有疾菩薩調伏其心爲斷老病
死苦是菩薩菩提若不如是己所修治爲无惠利 五結勸文三初結勸後喻勸 肇曰若能善
調其心不懷異想而永處生死斷彼苦者是菩薩菩提之道若不能爾其所修行內未足爲
有惠外未足爲有利也 譬如勝怨乃可爲勇如是兼除老病死者菩薩之謂也 此二喻勸
又有喻有合也可見 肇曰菩薩念衆生如親无異也若不除其老病死惡便是己惡之不
降矣 彼有疾菩薩應復作是念如我此病非真非有衆生病亦非真非有 此三彼有疾
下觀二空有明平等中道觀也文二初明觀體二明妙用前中後二先正明觀後揀非此
初也真者真空也有者假[illegible]前空觀偏真次大悲涉有今此中道觀非空故智无所

142

者矣∴有諸法此二病假設已无得 文殊師利是為有疾菩薩調伏其心為斷老病
死苦是菩薩菩提若不如是己所修治為无惠利 五結勸文三初結勸後喻勸肇曰若能善
調其心不懷異想而永處生死斷彼苦者是菩薩菩提之道若不能爾其所脩行內未足為
有惠外未足為有利也 譬如勝怨乃可為勇如是兼除老病死者菩薩之謂也 此二喻勸
文有喻有合也可見生曰菩薩念眾生如親无異也若不除其老病无慈便是己慈之不
除矣 彼有疾菩薩應復作是念如我此病非真非有眾生病亦非真非有 此三彼有疾
下勸云空有宛然平等中道觀也文三初明觀體二明妙用前中後二先正明觀後揀非此
初也真者真空也有者假也前空觀偏真次大悲涉有今此中道觀非空故智无所
證非有故悲无所緣悲无緣故雖涉有而不有智无證故雖觀空而不住故能鑒照平
等悲智雙運道之極也其在于茲又悟不悟殊有眾生菩薩之異體真會極而法性无
二生曰如我此病非真非有者言己已悟也眾生病非真非有者言彼不悟也是欲教
之令知此法也 作是觀時於諸眾生若起愛見大悲即應捨離 此二揀非文三初約愛
見揀次約禪定揀後約二智揀雖眾生病非真非有法性一如而凡夫愛見所迷二乘定
惠未均菩薩二智不等此三皆迷法性故須揀也初文內初標愛見非二釋是非三引佛
語證四結勸此初也肇曰善自調者應先觀己病及眾生病因緣所成虛假无實宜以
此心而起悲也若此觀未純見眾生愛之而起悲者名愛見悲也此悲雖善而雜以愛見
有心之境未免于累故應捨之 所以者何菩薩斷除客塵煩惱而起大悲愛見悲者則
於生死有疲厭心 此後釋文二初除失二顯德此初也肇曰心遇外緣煩惱橫起故名
客塵菩薩之法要除客塵而起大悲若愛見未斷則煩惱彌滋故應捨之 若能離此
无有疲厭在在所生不為愛見之所覆也所生无縛能為眾生說法解縛 此下顯得
肇曰夫有所見必有所滯有所愛必有所憎此有極之道安能致无極之用若能離此
則法身化生无在不在生死无窮不覺為遠何有愛見之覆而疲厭之勞愛見
既除法身既立則所生无縛亦不能解彼縛也 如佛所說若自有縛能解彼縛无有
是處若自无縛能解彼縛斯有是處 此三引佛語證 是故菩薩不應起縛 此四結
勸並可見 何謂縛何謂解貪著禪味是菩薩縛以方便生是菩薩解 此下二何謂下約禪
定揀非肇曰上界受生二乘取證皆由著禪味所以為縛既離生死方便為物而受生者
彼我无縛所以為解 又无方便惠縛有方便惠解无惠方便縛有惠方便解 此三約二
智揀文二初就无相觀揀二約无常觀揀初文文三初標章二釋三總結此初標四章
也肇曰巧積眾德謂之方便直達法相謂之惠二行俱備然後為解可又解方便无惠
愛見行也惠无方便二乘智也有惠方便无緣悲也有方便惠鑒照智也 何謂无方便
惠縛 謂以愛見心莊嚴佛土成就眾生於空无相无作法中而自調伏是名无方便
惠縛 釋初章也肇曰六住已下心未純一在有則捨空在空則捨有未能以平等真心
有无俱涉所以嚴土化人則雜以愛見此非巧便修德之謂故无方便而以三空自調故有惠也
何謂有方便惠解

彼我无縛而能解之 文无方便慧縛有慧方便縛…方便慧解 此三約
智撿文二初就无相觀撿二約无常觀撿初文又三初標章二釋三結此初標四章
此肇曰巧積衆德謂之方便直達法相謂之慧二行俱備然後為解可又解方便无慧
愛見行也慧无方便二乘智也有慧方便有方便慧寄照智也 何謂无方便
慧縛謂菩薩以愛見心莊嚴佛土成就衆生於空无相无作法中而自調伏是名无方便
慧縛 釋初章也肇曰六住已下心未純一在有則捨空在空則捨有未能以平等真心
有无俱涉所以嚴土化人則雜以愛見此非巧便修德之謂故无方便而以三空自調故有慧也
何謂有方便慧解謂不以愛見心莊嚴佛土成就衆生於空无相无作法中以自調伏而
不疲厭是名有方便慧解 第二章也肇曰七住已下上二行俱備遊歷生死而不疲厭所以
為解又解為准仁王初地二諦平等道即二行俱備也 何謂无慧方便縛謂菩薩住
貪欲嗔恚邪見等諸煩惱而殖衆德本是名无慧方便縛 第三章肇曰不能空慧以除
煩惱是无慧也而勤德方便也 何謂有慧方便解謂離貪欲嗔恚邪見等諸煩
惱而殖衆德本迴向耨三藐三菩提是名有慧方便解 第四章也肇曰上有方
便慧解今有慧方便解時雖同而行有前後始行者自有先以方便積德然後修
慧者又有先修慧然後積德者各隨所宜其解不殊也離煩惱三空自調之所能
積德向菩提即此之流也前後異說互盡其美又可 文殊師利彼有疾菩薩應
如是觀諸法 此二結也 又復觀身无常苦空非我是名為慧雖身有疾常在生死
饒益一切而不厭倦是名方便 此二約无常觀撿文三此初就无常等四撿也肇曰大乘
四非常觀即平等真觀故名為慧以平等心而處世不倦故名方便慰喻之說即其
事也 又復觀身身不離病病不離身是病是身非新非故是名為慧設身有疾
而不永滅是名方便 肇曰新故之名出於先後然離身无病離病无身衆緣所
成誰後誰先既无先後則无新故既无新故即入實相故名慧也既有此慧而與彼同病
不取涅槃謂之方便自調初說即其事也 又解此二章或就初修大士觀无常理身有實
疾不捨悲願明二智也 文殊師利有疾菩薩應如是調伏其心不住其中亦復不住不調伏
此二結觀成妙用文三初結前觀成二廣明妙用也初中又三此初結觀成也 肇曰大乘之行无言
无相而調伏之言以形於前文今將明言外之旨故二俱不住二俱不住即寄言之本意即調伏
之筆也 所以者何若住不調伏是愚人法若住調伏心是聲聞法 此二約人釋可見 是故菩薩
不應住於調伏不調伏心離此二法是菩薩行 三結不住行大能不住二邊者方能雙遊二邊
也 在於生死不為汙行住於涅槃不永滅度是菩薩行 此下二廣明妙用也肇曰欲言在生生
死不能汙欲言住涅槃而復不滅度是以處中道而行者非在生死非涅槃 非凡夫行非賢
聖行是菩薩行 什曰謂行三脫而不證也 非垢行非淨行是菩薩行 肇曰不可得而名者也 雖過
魔行而現降衆魔是菩薩行 肇曰不可得而有不可得而无者其唯大乘行乎何則欲
言其有无相无名欲言其无万德斯行故雖无而有无相无名故雖有而无然則言有
不乖无言无不乖有是以此章或說為行或說无行有无雖殊其致不異也 魔行四

不應住於調伏不調伏心離此二法是菩薩行 又三結不住行夫能不住二邊者方能雙二邊
也 住於生死不爲汙行住於涅槃不永滅度是菩薩行 〇此下二廣明妙用也 肇曰欲言在生ゝ
死不能汙欲言住涅槃而復不滅度是以處中道而行者非在生死非涅槃 非凡夫非賢
聖行是菩薩行 付曰謂行三脫而不證也 非垢行非淨行是菩薩行 肇曰不可得而名者也 雖過
魔行而現降衆魔是菩薩行 肇曰不可得而有不可得而无者其唯大乘行乎何則欲
言其有无相无名欲言其无万德斯行故雖无而有雖有而无然則言有
不乖无言无不乖有是以此章或說有行或說无行有无雖殊其致不異也 魔行四
魔行名已趣度而現降魔者示有所過耳 求一切智无非時求是菩薩行 肇曰一切智未
成而中道求證名非時求也 雖觀諸法不生不滅而不入正位是菩薩行 肇曰正位取證
之位也三乘同觀无生惠力弱者不能自出惠力强者超而不證 雖觀十二緣起而入諸
邪見是菩薩行 肇曰觀緣起斷邪見之道也而能及同邪見者豈二乘之所能也 雖攝一
切衆生而不愛著是菩薩行 肇曰四攝彼愛惠之極親彼猶己而能无著 雖樂遠離
而不依身心盡是菩薩行 肇曰小乘擯鬧大離身心盡菩薩雖樂大離而不依恃也 雖行
三界不壞法性是菩薩行 付曰觀生三界處而不惑也 肇曰三界即法性處之何以壞也
雖行於空而殖衆德本是菩薩行 肇曰行空欲以除有而方殖有德 雖行无相而度衆
生是菩薩行 肇曰行无相欲除取衆生相而方度衆生 雖行无作而現受身是菩薩行
肇曰行无作不欲造生死而方現受身也 雖行无起而起一切善行是菩薩行 肇曰行无
起欲滅諸起心而无方起善行 雖行六波羅蜜而遍知衆生心心數法是菩薩行 付曰六
度自行法自行既足然後化人乃知衆生心 肇曰六度无相行无相則无知而方遍知衆
生心行也 叡曰別說六度則各自有對但以物故獨明第六般若心相寂滅而遍緣以
爲妙六通示然 雖行六通而不盡漏是菩薩行 肇曰雖具六通而不爲漏盡之行也何者
菩薩漏即是无漏故能永處生死與之同漏豈以漏盡而自異於漏乎 雖行四无
量心而不貪著生於梵世是菩薩行 雖行禪定解脫三昧而不隨禪生是菩薩行 四无量
四禪四空定八解脫有覺有觀等三昧此皆上二界受生因大士知三界幻故不隨生也
肇曰取其因而不取其果可謂自在行乎 雖行四念處而不永離身受心法是菩薩行
肇曰小乘觀身受心法離而取證菩薩雖觀此四不永離而取證也 雖行四正勤而不捨身
心精進是菩薩行 肇曰小乘正勤功就則捨入无爲菩薩雖同其行而不同其捨也 雖行四如意足而以自
在神通是菩薩行 肇曰雖同小乘行如意足而久以大乘自在神通之因也 雖行五根
而分別衆生諸根利鈍是菩薩行 肇曰小乘唯自脩己根不善人根菩薩雖同其自脩而善
知人根令彼我俱殖 雖行五力而樂求佛十力是菩薩行 雖行七覺分而分別佛之智惠
是菩薩行 雖行八正道而樂行无量佛道是菩薩行 肇曰雖同聲聞根力覺道其所志求
常在佛行也 又解五力自行十力兼化七覺自行佛惠兼化八正自行无量佛道行於非
道以化人也 雖行止觀助道之法而不畢竟墮於寂滅是菩薩行 肇曰繫心於緣謂之止分

心精進是菩薩行　肇曰小乘正勤功勤則務入無為菩薩雖同其捨也　雖行四如意足而得自
在神通是菩薩行　肇曰雖同小乘行如意足而久得大乘自在神通之因也　雖行五根
而分別衆生諸根利鈍是菩薩行　肇曰小乘唯自修己根不善人根菩薩雖同其自修而善
知人根令彼我俱殖　雖行五力而樂求佛十力是菩薩行　雖行七覺分而分別佛之智慧
是菩薩行　雖行八正道而樂行無量佛道是菩薩行　肇曰雖同聲聞根力覺道其所志求
常在佛行也　又解五力自行十力兼化七覺自行佛慧兼化八正自行無量佛道行於非
道以化人也　雖行止觀助道之法而不畢竟墮於寂滅是菩薩行　肇曰繫心於緣謂之止分
別深達謂之觀止觀助涅槃之要法菩薩因之而以不證之以墮涅槃　雖行諸法不生不滅而以相
好莊嚴其身是菩薩行　肇曰諸法無生滅無相行者大本爲滅相而方以相好莊嚴身　雖現
聲聞辟支佛威儀而不捨佛法是菩薩行　肇曰雖現小乘威儀而不捨大乘之法
雖隨諸法究竟淨相而隨所應爲現其身是菩薩行　肇曰究竟淨相理無形貌而隨
彼所應現若干像也　雖觀諸佛國土永寂如空而現種種清淨佛土是菩薩行　肇曰空
本無現而爲彼現　雖得佛道轉于法輪入於涅槃而不捨於菩薩之道是菩薩行　肇曰雖現
成佛轉法輪入涅槃而不永滅還入生死修菩薩法如上所列並二乘之所絕乎獨菩薩行耳
說是語時文殊師利所將大衆其中八千天子皆發阿耨多羅三藐三菩提心　此五明時
衆得益

○不思議品第六　此下五品經文廣明權實二疾此品明權四下品明實
上明菩薩疾現疾大悲爲物之懿此疾現神通明無疾也然理絕名相一經盡
不思議也此品廣顯事顯理故獨標名也　爾時舍利弗見此室中無有牀座作是念斯
諸菩薩大弟子衆當於何坐　品文分六一身子念牀二淨名借座三廣明神用四迦葉歎伏五
時衆得益　其淨名述成前文分五一念二問三答四呵五得益此初念也　叡曰雖復寄
迹鄙近以生死爲身之誅然於衆中生念者將以小乘猶業之身未免近累心雖無
勞而形有疲倦亡居僧之首識思其座所以生念令亦然　長者維摩詰知其意
語舍利弗言云何仁者爲法來耶求牀座耶　二淨名問　肇曰獨寢一牀旨現於此舍利
弗默領懿故和其興端淨名將辯無求之道故因而誥之　舍利弗言我爲法來
非爲牀座　三答也淨名爲衆稱揚入室者皆一心求法取著心切與道殊乖故此廣
明無求方得道眼之淨　維摩詰言唯舍利弗夫求法者不貪軀命何況牀座
○此四淨名辯呵文四初呵愛身二呵法執三呵違真四結真求也此初也愛身求座輕
法之人以無求道求之得也故深譏焉　肇曰真乃不求法況安身之具乎　夫求法
者非有色受想行識之求非有界入之求非有欲色無色之求　此二呵法執也佛爲三乘
假說陰界以破我人既已陰界如幻小乘不達執有實法計爲宗旨致謗大乘爲患
不輕故此呵也三乘亦衆生妄報非實理有之名故並非常　唯舍利弗夫求法者不
著佛求不著法求不著衆求夫求法者無見苦求無斷集求無造盡證修道之
求所以者何法無戲論若言我當見苦斷集證滅修道是則戲論非求法也

此四淨名難可文四初明愛身二明法執三明違真四結真求也此初也愛身求座輕
法也人以此求道未之得也故深識焉 肇曰真乃不求法況安身之具乎 夫求法
者非有色受想行識之求非有界入之求非有欲色無色之求 此二明法執也佛爲二乘
假說陰界以破我人既已除界如幻小乘不達執有實法計爲宗旨毀謗大乘爲患
不輕故此明也三界亦衆生妄報非實理有之名數並如常 唯舍利弗夫求法者不
著佛求不著法求不著衆求夫求法者無見苦求無斷集求無造盡證修道之
求所以者何法無戲論若言我當見苦斷集證滅修道是則戲論非求法也
肇曰三寶性常理無三別小乘執跡見異別今大乘真求故皆不著諦是真理唯
一法印麁說方便權說有四二乘執著皆名戲論復次真諦無相著異非說皆戲
論也 唯舍利弗法名寂滅若行生滅是求生滅非求法也法名無染若染於法
乃至涅槃是則染著非求法也法無行處若行於法是則行處非求法也法無取
捨若取捨法是則取捨非求法也法無處所若著處所是則著處非求法也法
名無相若隨相識是則求相非求法也法不可住若住於法是則住法非求法也法
不可見聞覺知若行見聞覺知是則見聞覺知非求法也法名無爲若行有爲是
求有爲非求法也 此三明違真也此下九句明真理如此體之則無求故若求則生滅
等所以失道無求則寂滅等所以悟真也見聞知眼耳意三識也覺鼻舌身三識也
是故舍利弗若求法者於一切法應無所求 此四結真求也 肇曰法相如此豈可求
乎若欲求者其唯無求耳 說是語時五百天子於諸法中得法眼淨 此五明絕求所
以悟道也 尒時長者維摩詰問文殊師利仁者遊於無量千万億阿僧祇國何等
佛土有好上妙功德成就師子之座 此下明淨名借座若呵而不借何以顯不思議之
神於若此病豈要六或文六一問座二答處三借座四遣座五衆見六坐座此初也肇曰文
殊大士遊化無疆必見諸國殊妙之座淨名欲生時會敬信之情故問而後取 文殊師利言
居士東方度卅六恒沙國有世界名須弥相其佛號須弥燈王今現在彼佛身長八万
四千由旬其師子座高八万四千由旬嚴飾第一 此二答處也衆生業勝以所以現長及
座嚴飾也 於是長者維摩詰現神通力 三淨名神力請座也 即時彼佛遣三万
二千師子之坐高廣嚴淨來入維摩詰室 四燈王遣座肇曰淨名雖以神力往取彼佛不遣
亦無由致 諸菩薩大弟子釋梵四天王等昔所未見其室廣博悉包容受三万二千
師子座無所妨礙於毗耶離城及閻浮提四天下亦不迫迮悉見如故 此五衆見小受大
也 尒時維摩詰語文殊師利就師子座與諸菩薩上人俱坐當自立身如彼坐像
此下六坐座又三初命坐及自現身坐也 其得神通菩薩即自變形爲四万二千由旬坐師子座 此二得
神通坐座也 諸新發意菩薩及大弟子皆不能昇 此三無力不勝又五此初無
力不昇也 尒時維摩詰語舍利弗就師子座 二淨名命也 舍利弗言此座高廣吾不能
昇 此三辭也什曰神力所制欲令衆知大小乘優劣若此之懸也亦云表諸佛功德
之座非無德直絕非所制也亦云表不能昇如來解脫床也 維摩詰言

[illegible]四天王等昔所未見其室廣博悉包容三万二千
師子座无所妨礙於毗耶離城及閻浮提四天下亦不迫迮悉見如故 ○此五現不思議大
也 尒時維摩詰語文殊師利就師子座与諸菩薩上人俱坐當自立身如彼坐像
○此下六坐座又三初命坐及自現身坐也 其得神通菩薩即自變形為四万二千由旬坐師子座 ○此二得
神通坐座也 諸新發意菩薩及大弟子皆不能昇 ○此三无力不勝又五此初无
力不昇也 尒時維摩詰語舍利弗就師子座 ○二呼名命也 舍利弗言此座高廣吾不能
昇 ○此三釋也[illegible]詰神力所制欲令衆知大小不優劣名此之懸也亦云諸佛功德
之座非无德[illegible]直絶非所制也亦云表不能昇如來解脫床也 維摩詰言唯
舍利弗為[illegible]來作禮乃可得坐 ○此四勸禮也 於是新發意菩薩及大弟子
即為須彌[illegible]禮便得坐師子座 ○此五禮已便坐也 天台曰表迴心向大方得昇
也 舍利弗言[illegible]未曾有也如是小室乃容受此高廣之座於毗耶離城无所妨礙
又於閻浮提聚落城邑及四天下諸天龍王鬼神宮殿亦不迫迮 ○此三因歎廣明不思
議解脫也文三初歎問後維摩詰廣答此初身子歎明已證不直歎問也 維摩
詰言唯舍利弗諸佛菩薩有解脫名不可思議 ○此二廣明不思議不思議解脫力用文三
初明理智二明智證三明理智合故有不思議廣大之用此初也言諸佛菩薩非二乘之所
證之解脫蓋是絕慮忘懷性即是之解脫縛脫不二之解脫也肇曰夫有不思議之迹顯於
外必有不思議之德著於內覆尋其本權智而已乎何則智无幽而不燭權无德而不
无幽不燭故理无不極无德不形
形故功无就不功就在乎不就故一以成之理極存乎不極故虛以通之所以智周万物而无照
權積衆德而无功冥漠无為而无所不為此不思議之極也巨細相容殊形並應此
蓋耳目之麁迹遽足以言乎然因末以示本託麁以表微故因借座略顯其事耳
若菩薩住是解脫者 ○此二明實慧證理肇曰法身已上乃得解脫 以須彌之高廣
內芥子中无所增減須彌山王本相如故而四天王忉利諸天不覺不知已之所入唯應度
者乃見須彌入芥子中是名不可思議解脫法門 又以四大海水入一毛孔不嬈魚鱉黿
鼉水性之屬而彼大海本相如故諸龍鬼神阿脩羅等不覺不知已之所入於此衆
生亦无所嬈 又舍利弗住不可思議解脫菩薩斷取三千大千世界如陶家輪著右
掌中擲過恒河沙世界之外其中衆生不覺不知已之所往又復還置本處都不使
人有往來想而此世界本相如故又舍利弗或有衆生樂久住世而可度者菩薩即演七日以
為一劫令彼衆生謂之一劫或有衆生不樂久住而可度者菩薩即促一劫以為七日令彼衆
生謂之七日 舍利弗住不可思議解脫菩薩以一切佛土嚴飾之事集在一國示於衆生又菩薩以
一佛土衆生置之右掌飛到十方遍示一切而不動本處 又舍利弗十方衆生供養諸佛之
具菩薩於一毛孔皆令得見十方國土所有日月星宿於一毛孔普使見之 又舍利弗十方
世界所有諸風菩薩悉能吸著口中而身无損外諸樹木亦不摧折又十方世界劫盡燒
時以一切火內於腹中火事如故而不為害又於下方過恒河沙等諸佛世界取一佛土舉著
上方過恒河沙无數世界如持針鋒舉一棗葉而无所嬈 又舍利弗住不可思議解脫菩薩
能以神通現作佛身或現辟支佛身或現聲聞身或現帝釋身或現梵王身或現

生謂之言。「舍利弗，住不可思議解脫菩薩，以一切佛土嚴飾之事，集在一國，示於衆生。又菩薩以
一佛土衆生置之右掌，飛到十方，遍示一切，而不動本處。「又舍利弗，十方衆生供養諸佛之
具，菩薩於一毛孔皆令得見。十方國土所有日月星宿，於一毛孔普使見之。「又舍利弗，十方
世界所有諸風，菩薩悉能吸著口中，而身無損，外諸樹木亦不摧折。又十方世界劫盡燒
時，以一切火內於腹中，火事如故，而不為害。又於下方過恒河沙等諸佛世界，取一佛土，舉著
上方，過恒河沙無數世界，如持針鋒舉一棗葉，而無所嬈。「又舍利弗，住不可思議解脫菩薩，
能以神通現作佛身，或現辟支佛身，或現聲聞身，或現帝釋身，或現梵王身，或現
世主身，或現轉輪王身。「又十方世界所有衆聲，上中下音，皆能變之令作佛聲，演
出無常、苦、空、無我之音，及十方諸佛所說種種之法，皆於其中普令得聞。「舍利弗，我
今略說菩薩不可思議解脫之力，若廣說者，窮劫不盡。」此三明智與理合，有大用理
既大小不二，外用亦然，能須彌入芥，遠促彼此，高下往來，例皆然也。妙用無窮，略出十
五事，以示物耳，故曰此所辯於神通也。不思議即是神通，有神通非不思議，何者？
藏須彌而入芥子，增芥子而受須彌，是神通；二亦無有，非不思議，故此中言大小相
容而無□□於減，王十方而不動本處，據事而觀，斷不可測，故曰不思議也。
是時大迦葉聞說菩薩不可思議解脫法門，歎未曾有，謂舍利弗：「譬如有人於盲
者前現衆色像，非彼所見；一切聲聞聞是不可思議解脫法門，不能解了，為若此也。
此下四明迦葉抑小揚大，令發大心。文五：此初傷聲聞不解，如盲人也。「智者聞是，其誰不
發阿耨多羅三藐三菩提心？」二歎智發心也。「我等何為永絕其根，於此大乘已如
敗種。一切聲聞聞是不可思議解脫法門，皆應號泣，聲振三千大千世界。」此三自念絕分，
故應號泣。「一切菩薩應大欣慶，頂受此法。」此四思彼堪受也。肇曰：迦葉將明大小之殊，
抑揚時聽，故非分者宜致絕望之泣，己分者宜懷頂受之歡也。「若菩薩信解不可
思議解脫法門者，一切魔衆無如之何。」五勸信。肇曰：但能信解，魔不能嬈，而況行
應者乎。大迦葉說是語時，三萬二千天子皆發阿耨多羅三藐三菩提心。此五明觀
斯神力發大心也。爾時維摩詰語大迦葉：「仁者，十方無量阿僧祇世界中作魔王
者，多是住不可思議解脫菩薩，以方便力教化衆生，現作魔王。」此下淨名述成，文四：初正
述，二釋所以，三□□，四結成。初舉二緣，此初作魔王。肇曰：迦葉云信解不思議者，
魔不能嬈，而十方亦有信解菩薩為魔所嬈者，將明不思議大士所為，自在欲進始學，故
現為魔王，非魔之所能也。此示明不思議，亦成迦葉言意。「又迦葉，十方無量菩薩，或
有人從乞手足耳鼻、頭目髓腦、血肉皮骨、聚落城邑、妻子奴婢、象馬車乘、金銀瑠璃、
車渠馬瑙、珊瑚琥珀、真珠珂貝、衣服飲食，如此乞者，亦是住不可思議解脫菩薩，以方
便力而往試之，令其堅固。」此下乞以試人，如歌利王割截身體，無我無人，此事理俱極，
方證聖道，故現試也。「所以者何？住不可思議解脫菩薩，有威德力，故行逼迫，示諸衆
生如是難事。凡夫下劣，無有力勢，不能如是逼迫菩薩。」此二釋不思議大士內無三毒，
有力能試，凡夫及聲聞二乘下劣從人乞，不能也。肇曰：截人手足，離人妻子，強奪國財，

有人從乞手足耳鼻頭目髓腦血肉皮骨聚落城邑妻子奴婢象馬車乘金銀瑠璃
車𤦲馬瑙珊瑚虎珀真珠珂貝衣服飲食如此乞者亦是住不可思議解脫菩薩以方
便力而往試之令其堅固　此下乞以試人如敀利王割截身體无我无人此事理俱極
方證聖道故現試也　所以者何住不可思議解脫菩薩有威德力故行逼迫示諸衆
生如是難事凡夫下劣无有力勢不能如是逼迫菩薩　此二釋不思議大士內无三毒
有力能試凡夫及現前二乘下方住人皆不能也　肇曰截人手足離人妻子強奪國財
生其憂悲雖有目前小苦而致永劫之大安是由深覩人根輕重相推見近不及
遠者非其所能爲也　譬如龍象蹴踏非驢所堪　此三喻也能不能爲喻驢之與
名曰龍象也　是名住不可思議解脫菩薩智慧方便之門　此四結　肇曰智慧遠通方便
近導異遠所以形累庶所以成物无不由而莫之能測故權智二門爲不思議之本也
觀衆生品第七　衆緣生故理无真實緣之起悲故目品也　文三　此品居上云疾
空觀門佛道品居上大悲涉假門不二法門香積品居上中觀體用門　爾時文殊師利
問維摩詰言菩薩云何觀於衆生　此品文三一光明大乘空行成天明天女散花揀二種解
脫證空不同三明前文有四一觀衆生空二空具四无量四心三方善緣之可增四窮或源之本
妄初文二此初問也　肇曰悲疾大士自調之觀嵌言幽旨以倫之前文矣然法相虛玄
非有心之所觀真觀冥然非言者之所辯而云不證涅槃與群生同疾又現不思議
其跡无端或爲魔王逼迫初學斯皆自調之觀彼我一虛然其事爲喻思更称甚至
令希宗者或未言之致存彼己者增衆生之見所以无言之道難爲也近取諸喻
希況真觀以表時人封言之累故生斯問　維摩詰言譬如幻師見所幻人菩薩觀衆
生爲若此　如智者見水中月　如鏡中見其面像　如熱時炎　如呼聲響　如空中雲　如
水聚沫　如水上泡　如芭蕉堅　如電久住　此下答衆生空既爲妄心所變妄業所牽妄
情所受雖妄則真故廣假喻顯理也　此初十喻假有故空也　肇曰幻師觀其非真大
士觀衆生亦若此也　生曰非不有幻人但无實人耳既无實人以悟幻人亦无實矣苟幻
人之不實衆生豈獨實哉　如第五大　如第六陰　如第七情　如十三入　如十九界　菩薩觀衆生
爲若此　此二約五法喻本无故空　四大有實第五大本无餘數亦然　肇曰經有定數
如无色界色　如焦穀牙　此下十五喻假名故空　如須陀洹身見　此入流離五見流入
聖道疏故无身見　如阿那含入胎　此之不來不受欲界胎生也　如阿羅漢三毒
此已斷故無三毒也　如得忍菩薩貪恚毀禁　肇曰七住得无生忍心結永除況麤集
垢事　如佛煩惱習　肇曰唯有如來結習永盡　如盲者見色　如入滅盡定出入息　如
空中鳥跡　如石女兒　如化人煩惱　肇曰心既動於內息出入於外心想既滅故息无出入也
如夢所見已寤　如滅度者受身　肇曰未有入涅槃而復受身者　如无因之火　菩薩觀
衆生爲若此　肇曰大結因鎖　文殊師利言若菩薩作是觀者云何行慈　此二文殊
下明大乘空具四无量也其品云嚴若雖空一心具足萬行若小乘空但斷惑而已初文
二此初問也　肇曰慈以衆生爲緣若无衆生慈心何寄　將明真慈无緣而不離緣

此云怨賊此三毒也 如得忍者貪恚毀禁 肇曰七住得无生忍心結永除况毀禁
无事 如佛煩惱習 肇曰唯有如來結習永盡 如盲者見色 如入滅盡定出入息 如
空中鳥跡 如石女兒 如化人煩惱 肇曰心既動於内息出入於外心相既滅故息无出入也
如夢所見已悟 如滅度者受身 肇曰未有入涅槃而復受身者 如无因之火 菩薩觀
衆生爲若此 肇曰大段同鎖 文殊師利言若菩薩作是觀者云何行慈 此二文殊
下明大乘空具四无量也 大品云般若雖空一心具足万行若小乘空但斷惑而已初受
云此初問也 肇曰慈以衆生爲緣若无衆生慈心何寄 將明真慈无緣而不離緣
成上无相真慈義也 維摩詰言菩薩作是觀已自念我當爲衆生說如斯法是即
真實慈也 此二淨名答文二初標答二廣釋此初也 慈名樂與法身常樂衆生
共有由迷我相計著生死大士爲說我人本空衆生如幻令見法身名真與樂可
謂真慈豈比夫衣食哺養人天樂果二乘卌爲至樂哉 行寂滅慈无所生故 行不
熱慈无煩惱故 此二廣 就万行明慈名能令彼諸衆生空得无生忍万行寂滅慈
也已下万行皆因悟理 悟即万德自圓法身樂故樂常名慈 不熱慈者即證无生離
煩惱熱 行等之慈等三世故 有生滅也三世殊途无生滅也三世自等也 行无諍慈
无所起故 既證法生一如无諍煩惱諸邊无所也 行不二慈内外不合故 既證无相
内外空故不合也 行不壞慈畢竟盡故 既得无生煩惱永寂万行真常故不退
壞 行堅固慈心无毀故 既悟无生真心无毀也 既悟无生行清淨慈諸性淨故照本
无生法身自淨行无邊慈如虛空故 取相故功德有邊證无相故空无邊也
行阿羅漢慈破結賊故 阿羅漢此云殺賊得无生忍結賊自空也 行菩薩慈安衆生
故 既得无生行无緣慈能利一切 行如來慈得如相故 既悟法身去來相如令悟
如相名如來慈 行佛之慈覺衆生故 既自覺无生兼覺未覺者 行自然慈无
因得故 法身真常妄惑所覆除妄後自非真要依 行菩提慈等一味故 菩提无
相總觀平等故一味也 行无等慈斷諸愛故 既證法身超然絶待離愛著也
行大悲慈導以大乘故 令悟无生超度衆苦名大乘也 行无厭慈觀空无我故 既
已彼我疲厭永絶與樂濟人不休息也 行法施慈无遺惜故 令悟真空名爲法
施 理合万濟故无遺惜 行持戒慈化毀禁故 悟空法身尸羅自淨 悲顧既滿
能化毀禁 行忍辱慈護彼我故 諦見无生彼我自絶 誰是彼辱孰是我忍
行精進慈荷負衆生故 有我則疲於化人无生物荷則不倦也 行禪定慈不
受味故 攝心係禪以定爲味 悟心无生味无味也 行智慧慈无不知時故 无生正
觀了本妄除 對病藥法皆知時故 行方便慈一切示現故 既證无相法身故能隨
物現相也 行无隱慈直心清淨故 中道正觀理无曲隱永離二邊故云直心 行深心
慈无雜行故 无生正觀唯取佛行不雜二乘 行无誑慈不虛假故 觀空見真
稱理說之 行安樂慈令得佛樂故 无觀生正觀得佛果 什曰梵本云住涅槃樂也
苦之 結也上慈名雖殊俱出正觀經云般若雖空一心具足万行是爲說
法空令悟万行得菩提樂名行慈 文殊師利又問何謂爲悲 答曰所作功德

受味故　攝心住禪悅為味　攝心無生味無味也　行智慧無不知時故　無生正
觀了本妄除　對病藥恚皆知時故　行方便慧一切示現故　既證無相法身故能隨
物現相也　行無隱慧直心清淨故　中道正觀理無曲隱永離二邊故云直心　行深心
慧無雜行故　無生正觀唯取佛行不雜二乘　行無誑慧不虛假故　觀空見真
稱理云云　行安樂慧令得仏樂故　無觀生死不得仏果　什曰梵本云住涅槃樂也
菩薩云云　○結也上慧名雖殊俱出正觀經云般若雖空心具足万行是為說
法空令悟万行得菩提樂名菩薩　文殊師利又問何謂為悲答曰菩薩所作功德
皆与一切衆生共之三問答悲也　肇曰哀彼長苦不自計身所積衆德願与一切
先人後己与大悲之行　何謂為喜答曰有所饒益歡喜無悔三問答喜　肇曰自得
法利与衆生同歡欣於彼己俱得法悅謂之喜也　何謂為捨答曰所作福祐無
所悕望　四問答捨　肇曰大悲苦行憂以之生慈喜樂行喜以之生憂喜既陳則
憂惡徵起是以行者捨苦樂行平觀衆生大乘正捨行報俱亡故無所悕望也三
等俱無相無緣与慈同行慈既備類之可知　文殊師利又問生死有畏菩薩當何
所依　此三六重問答本積善之可悕　須度菩薩空行化物度人故次問弘誓廣文卽
為四此初二問答衆生無邊誓願度也　肇曰生死畏為莫之大悲疾大士何所依
恃而能永處生死不以為畏乎　維摩詰言菩薩於生死畏中當依如來功德之力
二答也　肇曰生死之畏二乘所難自不依如來功德力者孰能處之什曰亦以念為
依以求為趣為依又解上云菩薩行成皆是諸佛威神之所建立也　文殊師利又問菩薩
欲依如來功德之力當於何住　二問也　答曰菩薩欲依如來功德力者當住度脫一切衆
生　二答也　肇曰住化一切則其心廣大大其心則所之無難此住仏功德力之謂也又解
住大悲心諸仏護念　又問欲度衆生當何所除　三問也　答曰欲度衆生除其
煩惱　三答也此二明煩惱無邊誓願斷也　磨物之大患或為生或因既亡生死自度
又問欲除煩惱當何所行　四問也　答曰當行正念　四答也此初善法無邊誓願學也　肇曰
夫有煩惱出於惑情耳便應觀察法理以遣之也然始觀之時見理未明心不住理要
須念力然後得觀也又解始於正念終圓万善又解万善不邪皆正念也　又問云何
行於正念　五問也　答曰當行不生不滅　五答也此下二問答無上仏道誓願成也不善斯
息善法圓滿佛佛道成也　肇曰正念謂正心念法審其善惡增善者而不滅惡
者滅令不生　又問何法不生何法不滅　六問　答曰不善不生善法不滅　問答成上可見
又問善不善孰為本　此四六重問答窮惑源之本妄悟妄即自空矣不同二乘斷惑
證空或次第配五住煩惱理亦可然隨文亦存此問也　肇曰既知善之可生惡之可滅
將兩捨以求宗故逆尋其本也生曰一善一惡者迭為根本永無制也要當求其大
原而觀之者然後制矣　答曰身為本　答也　肇曰善惡之行非身不生生曰所以為善
惡者為身故也又云見一處住地煩惱也　又問身孰為本　答曰欲貪為本　三問答也
肇曰愛為生本長衆結縛凡在有身靡不由之又云欲愛住地也問欲貪孰為本

又問善不善孰爲本　此四六重問答窮[illegible]
證虛妄或以第配五住煩惱（地）理之可生隨文亦存此問也　肇曰既知善之可生惡之可滅
將兩捨以求宗故逆尋其本也　生曰一善一惡者迷爲根本永无斷也要當求其大
源而觀之者然後斷矣　答曰身爲本　答也　肇曰善惡之行非身不生　生曰所以爲善
惡者爲身故要之見一處住地煩惱也　又問身孰爲本　答曰欲貪爲本　三問答也
肇曰愛爲生本長衆結縛凡在有身靡不由之　又云欲愛住地也　問欲貪孰爲本
答曰虛妄分別爲本　三答也　肇曰法无美惡虛妄分別謂是美是惡美惡既形則貪欲是
生也　又云色愛住地也　又問虛妄分別孰爲本　答曰顛倒想爲本　四問答
也　肇曰法本非有倒想爲有既以爲有然後擇其美惡謂之分別　又云有愛有
住地也　又問顛倒想孰爲本　答曰无住爲本　此五問也　答曰无明住地妄心攀
立无別依住故名无住　肇曰心猶水靜則有照動則无鑒癡愛所濁邪風所扇
涌溢波蕩未始暫住以此觀法何往不倒譬臨面涌泉而責以本狀者未之有也
倒想之興本乎不住義存於此乎　又問无住孰爲本　答曰无住則无本　此窮
无明无依之極也　肇曰若以心動爲本則有有相理極初動更无本也若以无法爲本
則有因无生无不因无故更无本　文殊師利從无住本立一切法　此明一切法義也
肇曰无住故倒想倒想故分別分別故貪欲貪欲故有身既有身也則善惡並陳善惡既陳
則万法斯起自茲已往言數不能盡也若善得其本則衆本可除矣　時維摩詰室
有一天女見諸大人聞所說法便現其身即以天華散諸菩薩大弟子上　此下第二明天
女大士身子小大論二種解脫證用不同委曲斟酌知大小之懸殊使歸宗矣　大文
分二　一明二種解脫習盡不同　二正此室下約理明即不異　三於三示下約教明示无示
異　四轉女身下就相明轉不轉異　五沒生下就報明生滅不生滅異　六久如下就約解
得不得異　七淨名述其本迹　初文有七　第一散花供養　二有墮不墮　三神力去華　四
天問所以　五答不如法　六天彈呵解釋　七結成盡不同　此初也　肇曰天女即法身大士
常與淨名共弘大乘不思議道故現爲宅神同處一室見大衆集聞說法故現
身散花欲以生論也　華至諸菩薩即皆墮落至大弟子便著不墮　二有墮
不墮　生曰天女雖欲使然而指之自有在矣　一切弟子神力去華不能令去　三去華也
肇曰將辨大小之殊故使花若此　爾時天問舍利弗何故去華　四問去華意
答曰此華不如法是以去之　五答不如法　肇曰香花著身非沙門法是以去之　生曰
不如律法也　天曰勿謂此華爲不如法所以者何是華无所分別仁者自生分別想
耳　此六彈呵文四　初明花无分別　二明如法不如法　三菩薩不著　四二示便著　此初也
什曰花性本无二故无分別也　生曰花性无實豈有如法不如法之分別哉　肇曰花豈
有心於墮不墮乎分別之想出自仁者耳　若於佛法出家有所分別爲不如法
若无所分別是則如法　二明如法不如法　身子以犯戒爲不如法大士以分別持犯爲不
如法　生曰若體花理无好惡者乃合律之法耳　觀諸菩薩華不著者已斷一切

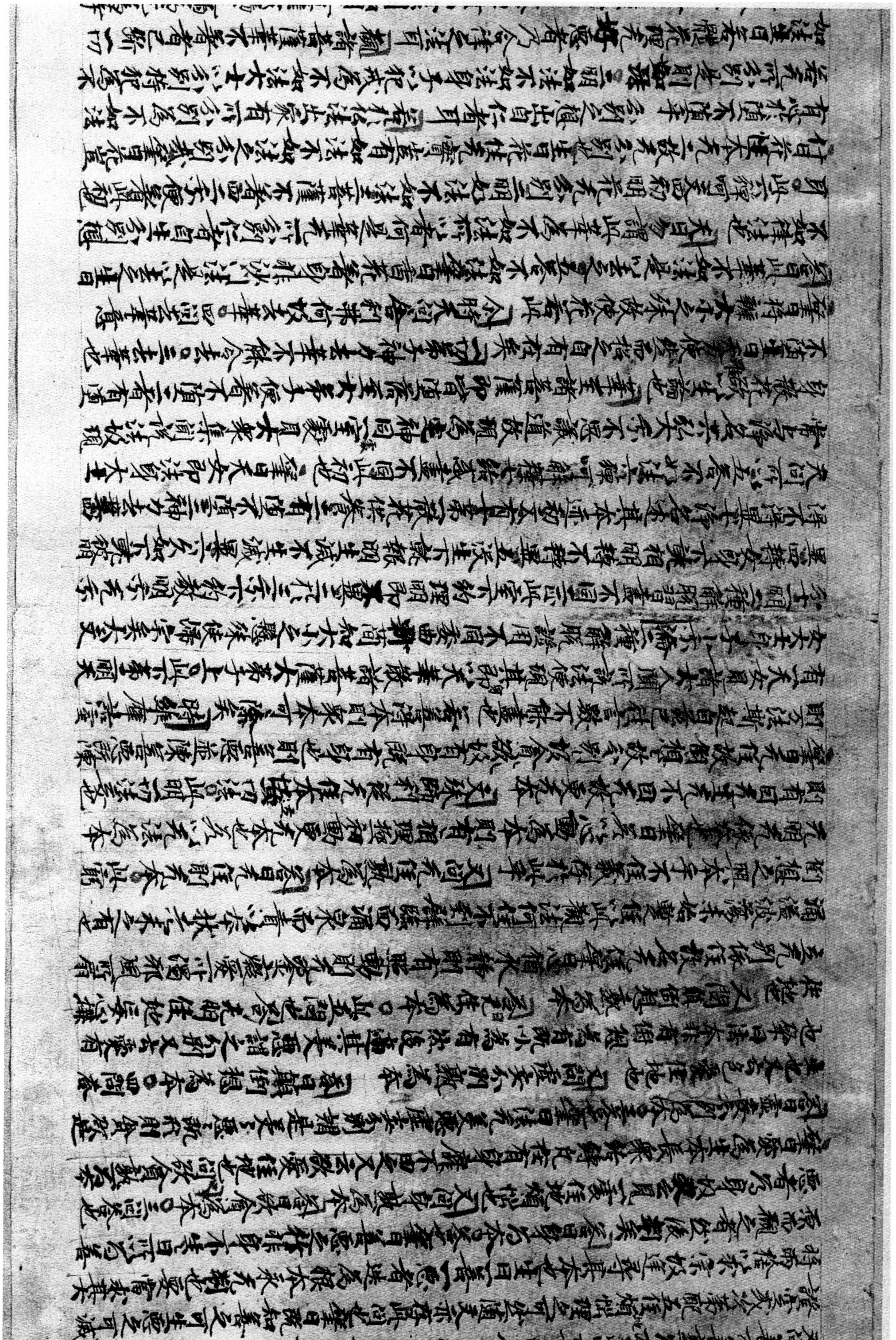

答曰此華不如法是以去之 五答不如法肇曰香花著身非沙門法是以去之生曰
不如律法也 天曰勿謂此華為不如法所以者何是華無所分別仁者自生分別想
耳 此六釋呵天四初明花無分別二明如法不如法三菩薩不著四二乘便著此初也
什曰花性本無二故無分別也生曰花性無實豈有如法不如法之分別哉肇曰花豈
有心於墮不墮乎 分別之想出自仁者耳 若於佛法出家有所分別為不如法
若無所分別是則如法 二明如法不如法身子以犯戒為不如法大士以分別持犯為不
如法生曰若體花理無好惡者乃合律之法耳 觀諸菩薩華不著者已斷一切
分別想故 三明菩薩離分別習故不著不二法門品明菩薩於漏無漏為無為等
皆已分別入不二法門得无生忍意皆然也 譬如人畏時非人得其便著文三四初喻
也生曰恐畏之時情所怯弱故得便矣 如是弟子畏生死故色聲香味觸得其
便也 二合喻也菩薩生死即涅槃故大悲無畏小乘生死異涅槃故畏生死又
有分別故習氣不亡六塵得便生曰前日惡之好得便矣 已離畏者一切五欲無能為
也生曰既已離惡臣使五情所欲陳列於前不復能使之好矣 結習未盡華著
身耳結習盡者華不著也 此七結釋生曰向惡華去之雖非結屆然是其習氣結
尚招華著身而不可去況有結乎 舍利弗言天止此室其如已久 此下二約理默
明即不即標文三初文字離不離二煩惱斷不斷三解脫證不證此初身子問也肇
曰止淨名大士之室久近妙辯若此乎 答我止此室如耆年解脫 二天答也身子
以執身止室問天以聞法故悟心以解脫答肇曰時朋第一無久近之義故以解脫為喻
解脫既無為解脫也 舍利弗言止此久耶 三身子未領答意故重問也 天曰耆
等解脫亦何如久 四天重答也肇曰違問其所得令自悟也耆年所得无為解脫寧
可稱久乎 舍利弗嘿然不答 五身子自思解脫無久近故默 天曰如何耆舊大智
而嘿 六天問所以肇曰五百弟子仁者智慧第一嘿然何耶 答曰解脫者無所言說
故吾於是不知所云 七身子已離三界煩惱得心解脫永絕言數故言不知所云
天曰言說文字皆解脫相 八天辯不思議解脫即文字也文三此初標文字即解脫
肇曰舍利弗以言文為失故默然无言謂順真解未能語默齊致觸物無礙故
天說等解以勝其意 所以者何解脫者不內不外不在兩間文字亦不內不外不在兩
間是故舍利弗無離文字說解脫也 此二解釋所以肇曰法之所在極於三處求文字
解脫俱不可得如何欲離文字別說解脫乎 所以者何一切諸法是解脫相 三明
諸法等解肇曰万法雖殊无非解相豈文字之獨異也 舍利弗言不復以離婬怒
癡為解脫乎 此下二明斷不斷別文三初問也肇曰二乘結盡為解脫聞上等解乖
其本趣故致斯問 天曰佛為增上慢人說離婬怒癡為解脫耳若無上慢者佛說
婬怒癡性即是解脫 二答也增上慢者未得謂得也身子據小乘所證非增上慢
自謂共佛同坐解脫床名增上慢也既未悟縛脫平等故為說離縛為解若大士
非增上慢者為說即縛性脫性脫入不二門也 舍利弗言善哉善哉天女汝何所得以何
為證辯乃如是 三明證不證別文二此初也肇曰善其所說非己所及故問得何道證

諸法等耶肇曰万法雖殊无非解相豈文字之獨異也舍利弗言不復以離婬怒
癡為解脫乎此下二明斷不斷別文二初問也肇曰二乘結盡為解脫聞上等解求
其本趣故致斯問天曰仏為增上慢人說離婬怒癡為解脫耳若无上慢者佛說
婬怒癡性即是解脫二答也增上慢者未得謂得也身子據小乘所證非增上慢
自謂共佛同此解脫原名增上慢也既未悟縛能平等故為說離縛為解若大士
非增上慢者為說即縛性脫性脫入不二門也舍利弗言善哉善哉天女汝何所得以何
為證辯乃如是三明證不證別文二初也肇曰善其所說非己所及故問得何道證
何果辯乃如是乎天曰我无得无證故辯如是答文二此初正答二乘捨縛求脫
故有得證大士悟縛脫平等非縛非脫故无得无證既智窮不二之門故辯無礙
也所以者何若有得有證者則於仏法為增上慢二反斥肇曰若見己有得必見他
不得此於佛平等之法猶為增上慢人何能致无礙之辯乎舍利弗問天汝於三
乘為何志求此下三約教明乘无乘別也小乘有法執故有差別乘大乘不二平
等故无乘之乘文二此初問也肇曰上云无得无證未知何乘故復問也天曰以聲
聞法化眾生故我為聲聞以因緣法化眾生故我為辟支仏以大悲法化眾生故我
為大乘二答文二總約化緣答二別約今緣答此初也肇曰大乘之道无乘之乘
為彼而乘吾何乘也生曰隨彼為之我无定也又解法花方便說三意同此也
舍利弗如人入瞻蔔林唯嗅瞻蔔不嗅餘香如是若入此室但聞仏功德之香不樂
聞聲聞辟支仏功德香也此二約今緣文四一明今緣唯一二所化樂大三室无小法四
約室顯法此初也肇曰无乘不乘乃為大乘故以香林為喻明淨名之室不雜二
乘之香止此室者豈他嗅哉舍利弗有其釋梵四天王諸天龍神鬼等入
此室者聞斯上人講說正法皆樂佛功德之香發心而出二明所化皆樂大也舍利
弗吾止此室十有二年初不聞說聲聞辟支仏法但聞菩薩大慈大悲不可思議諸
佛之法三明肇曰大乘之法皆不可思議上問止室久近欲生論端故答
以解脫今言實年以明所聞之不雜也生曰諸天鬼神暫入室尚无不發大意而出
哉況我久聞妙法乎然則能不為大悲能為大矣舍利弗此室常現八未曾有
難得之法此四明未曾有室不說二乘之法也文三標釋結此初標也何謂為八
此室常以金色光照晝夜无異不以日月所照為明是為一未曾有難得之法
此室入者不為諸垢之所惱也是為二未曾有難得之法此室常有釋梵四天王
他方菩薩來會不絕是為三未曾有難得之法此室常說六波羅蜜不退轉法
是為四未曾有難得之法此室常作天人第一之樂絃出无量法化之聲是為五
未曾有難得之法此室常有四大寶藏眾寶積滿周窮濟乏求得无盡是
為六未曾有難得之法此室釋迦牟尼佛阿彌陀仏阿閦仏寶德寶炎寶月寶
嚴難勝師子響一切利成如是等十方諸仏是上人念時即皆為來廣說諸仏秘要
法藏說已還去是為七未曾有難得之法此室一切諸天嚴飾宮殿諸仏淨土皆
於中現是為八未曾有難得之法此下二列不思議事如文可見大士所棲必有所

他方菩薩來會不絶是爲三未曾有難得之法 此室常說六波羅蜜不退轉法
是爲四未曾有難得之法 此室常作天人第一之樂絃出无量法化之聲是爲五
未曾有難得之法 此室常有四大寶藏衆寶積滿周窮濟乏求得无盡是
爲六未曾有難得之法 此室釋迦牟尼佛阿彌陀佛阿閦佛寶徳寶炎寶月寶
嚴難勝師子響一切利成如是等十方諸佛是上人念時即皆爲來廣說諸佛秘要
法藏說已還去是爲七未曾有難得之法 此室一切諸天嚴飾宮殿諸佛淨土皆
於中現是爲八未曾有難得之法 此下二列不思議事如文可見 大士所陳必有所
表金色光照晝夜不二表大乘智照无生滅也 二法始不絶表十方空之室入者无垢
三釋梵常會表无緣大悲常与物會 四常說不退表將真解路万行无退 五法樂
之樂表住此理者言皆稱法 六四大寶藏表住法寶藏慈濟无盡 七諸佛念來表
佛理在心念之便至 八宮殿淨土表凡夫聖所居不離法性 舍利弗此室常現八未
曾有難得之法誰有見斯不思議事而復樂於聲聞法乎 三結无小法也 肇曰
頭室奇特之事以成香林之義也 舍利弗言汝何以不轉女身 此下第四就相明轉
異小乘執相定有所轉 大乘相本无相故轉也 此初問也 肇曰以无礙之智受有礙之身
而不轉捨何耶 天曰我從十二年來求女人相了不可得當何所轉 二答 文三 一明不轉
二明轉無轉非不轉 初中有四 一明无轉 二反問 三答 四呵彈 此初也 肇曰至此室來
所聞正法未覺女人異於男子當何所轉 天悟女相豈十二年而已乎 欲明此室純
一等教无有雜聲 故寄此爲言耳 譬如幻師化作幻女若有人問何以不變女人身
是人爲正問不 二反問 舍利弗言不也 幻无定相當何所轉 三答 不可轉也 天曰一切
諸法亦復如是无有定相 云何乃問不轉女身 四呵彈也 肇曰万物如幻无有定相
誰好誰醜而欲轉之乎 即時天女以神通力變舍利弗令如天女 天自化身如舍
利弗而問言何以不轉女身 二明轉而无轉也 文四 一問 二答 三解釋 四引證 此初明轉
身而問也 肇曰將成幻化无定之義故現變而問 令其自悟也 舍利弗以天女像而
答言我今不知何轉而變爲女身 二答也 肇曰吾不知以何轉而爲此身 如之何復欲
轉之乎 天曰舍利弗若能轉此女身 則一切女人亦當能轉 如舍利弗非女人而現女
身 則一切女人亦復如是 雖現女身而非女也 三解釋 若身子自悟神通變女身而
實性非女 亦悟一切女人雖妄心變女而法性非女 又天女雖大悲現女而法身非女
若能悟女非女 一切女人亦復如是 名爲轉也 肇曰如舍利弗實非女而今現是女像
實非女也 男无定相類已可知矣 是故佛說一切法非男非女 四引證可見 即時天女
還攝神力 舍利弗身還復如故 天問舍利弗女身色相今何所在 三明非轉非不轉 文
四 此初問也 肇曰將推女相之所在 故復身而問也 舍利弗言女身色相无在无不在
二答也 肇曰欲言有在 今現无相 欲言无在 向復有相 幻化无定 莫知所在也 天曰一切諸
法亦復如是 无在无不在 三天印許也 夫无在无不在者 佛所說也 四引證 肇曰豈唯女
相无在 諸法皆尒 稱佛說者 以明理不可易 舍利弗問天汝於此沒當生何處 所
此五就報明生滅不生滅異 二乘生以爲生沒以爲沒 法身生以无生沒以无沒 此初也 肇曰既

實非女也男无定相類已可知矣　是故佛説一切法非男非女　四引證可見　即時天女
還攝神力舍利弗身還復如故天問舍利弗女身色相今何所在　五三明非轉不轉安
四結初問也　肇曰將推女相之所在故復身而問也　舍利弗言女身色相无在无不在
二答也　肇曰欲言有在今現无相欲言无在向復有相幻化无定莫知所在也　天曰一切諸
法亦復如是无在无不在　三天印許也　夫无在无不在者佛所説也　四引證　肇曰豈唯女
相无在諸法皆尔稱佛説者以明理不可易　舍利弗問天汝於此沒當生何所
此五就報明生滅不生滅異二示業生故於此沒并法身故无生沒文既初也　肇曰既
知現相之无在又問當生之所在　天曰佛化所生吾如彼生　二答也法身无生之生如幻化
也　曰佛化所生非沒生也　三難也　天曰眾生猶然无沒生也　四順釋　肇曰豈我如化物亦非
化也　舍利弗問天汝久如當得阿耨多羅三藐三菩提　此六就依明得不得異
準般若有斷有得大宗无相无脩无證无得文二初問二難无得前中文五此初問也
肇曰身相沒生可如幻化菩提真道必應有實故問久如當成　天曰如舍利弗還爲凡
夫我乃當成阿耨多羅三藐三菩提　二答　肇曰取其不定也　舍利弗言我作凡夫无
有是處　二非喻也　肇曰聖人爲凡夫何有是處　天曰我得阿耨多羅三藐三菩
提亦无是處　舉例也　肇曰彼聖爲凡夫我成菩提道无有是處也　所以者何菩提
无住處是故无有得者　五釋无所得故爲得　肇曰菩提之道无爲无相自无住處
誰有得者　舍利弗言今諸佛得阿耨多羅三藐三菩提已得當得如恒沙皆謂何
乎　此二難无得身手不可取无得故爲得故有此難文三此初據得而難　天曰皆以
世俗文字數故説有三世非謂菩提有去來今　二約理答　肇曰世俗三數有三世得耳
非菩提第一真道有去來今　天曰舍利弗汝得阿羅漢道耶　三假小況大文三此初
問也　肇曰羅漢入无漏心不見有得入有漏心則見有得今問以弟九解脫自證成道時
見有得耶欲令自悟无得義耳　曰无所得故而得　二答也謂斷九地惑故无得弟九解
脫故得　天曰諸佛菩薩亦復如是无所得故而得　三況大謂諸佛菩薩本无所得故而得
尔時維摩詰語舍利弗是天女曾已供養九十二億佛已能遊戲菩薩神通所願具足
得无生忍住不退轉以本願故隨意能現教化眾生　此十淨名述其悲願現生　肇曰
上但即言生論未知其道深淺淨名傍顯其實以生眾會敬信之情也

佛道品第八　此上二廣上大悲稱假也法化悲化爲道故六道二示皆化道也　敷上
以天女內體妙惠而託質陋形未達之疏所以生惑欲因其所惑廣明莫大士莫疑之
道品文三初問通達佛道次明如來種後明眷屬家業初文有五一問二答三徵四釋
五結　尔時文殊師利問維摩詰言菩薩云何通達佛道　此初問也　肇曰法化之道
以无得爲得其道虛玄非常行之所通通之必有異故問所以通　維摩詰言若
菩薩行於非道是爲通達佛道　二答也　什曰凡非其實而處之皆名非道　肇曰以道
爲道非道爲非道者愛惡並起垢累滋彰何能通心妙旨達平等之道乎若

道品文三初問通達佛道次明如來種後明眷屬家業初文有五一問二答三歎四釋
五結　尒時文殊師利問維摩詰言菩薩云何通達佛道　此初問也　肇曰諸佛之道
以无得為得其道虛玄非常行之所通　通之必有異故問所以通　維摩詰言若
菩薩行於非道是為通達佛道　二答也　什曰夫非其實而處之皆名非道　肇曰以道
為道非道為非道者愛惡並起昏累滋彰何能通心妙旨達平等之道乎若
能不以道為道不以非道為非道者則是非絕於心遇物斯可乘矣　所以處是无是
之情乘非无非之意　故能美惡齊觀履逆常順和光塵勞愈晦愈明斯其
可謂達平等无礙佛道乎　又問云何菩薩行於非道　三重徵問也　答曰菩薩行五无
間而无惱恚　此下四釋釋文有九類此初惡趣非道也五无間者殺父殺母殺阿羅漢
出佛身血破法輪僧　初二違恩後三背福故名違也　叡曰夫法身大士內秉沖虛
沖外據道俗是非俱乘逆順斯入善惡反論靡不通達和光塵穢而真心常寂
和光同穢故能行五无間而真心常寂故能而无惱恚乃至不斷生死是名和光
現於無所謂常無類皆然也　至于地獄无諸罪垢　肇曰脩羅地獄因也亦受其
報而无其因　至于畜生无有无明憍慢等過　肇曰癡慢偏多墮畜生也
至于餓鬼而具足功德　肇曰慳貪无福多墮餓鬼　行色无色界道不以為勝
二善趣也無想非想外道計著以為涅槃第一最勝菩和光知其卑陋　肇曰上二界道
受天之因雖同其行知其卑陋　示行貪欲離諸染著　示行瞋恚於諸眾生无
有恚礙　示行愚癡而以智慧調伏其心　三毒也　肇曰毒行三而不乘三善也　示行
慳貪而捨內外所有不惜身命　示行毀禁而安住淨戒乃至小罪猶懷大懼　示行瞋
恚而常慈忍　示行懈怠而勤修功德　示行亂意而常念定　示行愚癡而通達世
間出世間慧　四十蔽也　肇曰示行六蔽而不乘六度　示行諂偽而善方便隨諸
經義　五七方　肇曰外現隨俗諂詐內實隨經方便　示行憍慢而於眾生猶如橋梁
八前八度也　肇曰使物皆踏我上取卑下之極　示行諸煩惱而心常清淨　九分度也
肇曰煩惱顯於外心淨著於內　示入於魔而順佛智慧不隨他教　十智度　肇曰外同
邪教內順正慧　示入聲聞而為眾生說未聞法　五二乘　肇曰聲聞不從人聞不能自
悟況能為人說未聞也　示入辟支佛而成就大悲教化眾生　肇曰大悲大乘法非辟
支佛所能行也　示入貧窮而有寶手功德无盡　六雜報也　肇曰手出自然寶賙
窮无盡　示入形殘而具諸相好以自莊嚴　示入下賤而生佛種姓中具諸功德
外現形殘內圓法相外示下賤內習植德本生佛種姓也　示入羸劣醜陋而得那羅
延身一切眾生之所樂見　肇曰那羅延天力士名也端正殊妙志力雄猛　示入老病
而永斷病根超越死畏　肇曰法身大士生死永盡況老病乎　示有資生而恒
觀[illegible]无所貪　示有妻妾綵女而常遠離五欲淤泥　現於訥鈍而成就辯才
總持　示入邪濟而以正濟度諸眾生　七異道　肇曰津河可度之處名正濟險詖
處名[illegible]佛道名正濟外道名邪濟也　現遍入諸道而斷其因緣　八生死六道　肇

窮无盡 示入形殘而具諸相好以自莊嚴 示入下賤而生佛種姓中具諸功德
外現形殘内圓法相 外示下賤内宿植德本 生佛種姓也 示入羸劣醜陋而得那羅
延身一切衆生之所樂見 肇曰 那羅延天力士名也 端正殊妙志力雄猛 示入老病
而永斷病根超越死畏 肇曰 法身大士生死永盡 况老病乎 示有資生而恒
觀无常 實无所貪 示有妻妾綵女而常遠離五欲淤泥 現於訥鈍而成就辯才
總持无失 示入邪濟而以正濟度諸衆生 ○七異道 肇曰 津河可度之處名正濟 嶮誕
處名邪濟 又佛道名正濟 外道名邪濟也 現遍入諸道而斷其因緣 ○八生死六道 肇
曰 遍入異道 冥求欲斷其因緣耳 現於涅槃而不斷生死 ○九涅槃 肇曰 現涅槃
而方入生死 自上所列於非道皆為非道而處之无导 乃所以為道 故曰通達佛道
文殊師利菩薩能如是行於非道是為通達佛道 ○此五結也 於是維摩詰問
文殊師利何等為如來種 二問如來種也 文五 一問 二答 三徵 四釋 五歎 述此初也 前
生死雖非道 於非道中能生佛道 今煩惱雖生死種 衆生依之為如來種也 文殊師利
言有身為種 二答 文二 初列十法 增數可知 此一法也 肇曰 有身身見也 夫心无定所隨
物而變 在邪而邪 在正而正 邪正雖殊 其種不異 何則 變邪而正 改惡而善 豈別
有異邪之正 異惡之善 超然无因 忽自得乎 然則正因邪起 善因惡生 故曰衆結
煩惱為如來種 [illegible] 无明有愛為種 ○二法門也 什曰 而惑說此二為二門也 一切結屬二
如[illegible] 次第 [illegible] 闡又解 文云 无明性即是明 又云 不滅癡愛 起於明脫
貪[illegible] 顛倒為種 五蓋為種 六入為種 如常數 七識處為種 七法也 欲界人
天初[illegible] 禪二識住 三禪四識住 空處五識住 識處六識住 無所有處七識住
什曰 識住[illegible] 也 識念念明 元有惱患 无壞者 是為識住 惡趣則苦痛壞
四禪无想 壞非相[illegible] 故地心想微昧 念不分明 故識不安住 八邪法為種
八法也 謂邪見邪思惟等 九惱處為種 九法也 什曰 愛見惡家 憎我知識 惱我已
肇[illegible] 過則三世為九也 義云[illegible] 結也 十不善法為種 十法也 謂殺生等如前
言之六十二見及一切煩[illegible] 皆是佛種 二總結也 述理為見 著事為煩惱 肇曰
小乃至成佛道[illegible] 種 肇曰 夫人乘之悟本 不近捨生死遠更求之也 斯為
在[illegible] 事中即[illegible] 悟始者 豈非佛之萌芽 起於生死事哉 曰何謂也
三教[illegible] 曰大[illegible] 有妙極之因 而曰塵勞為種 六何也 答曰 若見无
若見无為入正位者 不能復發阿耨多羅三藐三菩提心 ○四解釋 文三 初法
次喻 後結 此初也 既煩惱性即是菩提性 而二乘斷煩惱 見无為妄安 斯之樂 故
自絕大心 見大為生死所逼 慕涅槃心猛 故能發大志也 生曰 以現事明之 見无為入正
位者 其心已上 結使已斷 既无其所 始為見之 以本欲捨生死求悟 悟則生死矣 外
无復不捨 即悟之義 故不能復發菩提心也 譬如高原陸地不生蓮花 什曰 濕淤
泥乃生此華 如是見无為入正位者 終不復能生於佛法 煩惱泥中乃有衆生起
佛法耳 此二喻也 文二 此初喻 煩惱泥中有菩提蓮花也 二乘捨之證无為 如高原

若見无為入正位者不能復發阿耨多羅三藐三菩提心。四解釋文三初法
次喻後結此初也既煩惱性即是菩提性而二乘斷煩惱見无為妄安樂故
自絕大心凡夫為生死所逼慕勝心強故能發大志也生曰以現事明之見无為入正
位者甚忍已上結使已斷所至其所始為見之以本欲捨生死求悟悟則在生死矣外
无復不捨即悟之義故不能復發菩提心也 譬如高原陸地不生蓮花卑濕淤
泥乃生此華如是見无為入正位者終不復能生於佛法煩惱泥中乃有眾生起
佛法耳 此二喻也文二此初喻煩惱泥中有菩提蓮花也二乘捨之證无為如高原
也 又如殖種於空終不得生糞壤之地乃能滋茂如是入无正正位者不生佛法
起於我見如須弥山猶能發于阿耨多羅三藐三菩提心生佛法矣 此二喻我
見之地生滋茂惠牙二乘斷滅諸見如空中種也 是故當知一切煩惱為如来種
譬如不下巨海則不能得无價寶珠如是不入煩惱大海則不能得生一切智寶
此下第三可見若悟煩惱性得菩提智如不離大海得无價珠二乘捨煩惱求菩
提如人捨大海求无價寶其可得乎 尒時大迦葉歎言善哉善哉文殊師利快說此語
誠如所言塵勞之疇為如来種 此下五迦葉嘆述文四一惣歎領解二述其得失三
舉喻自傷四結无反覆此初也文殊何意以實相真理煩惱即菩提捨之則非正
求也今迦葉領意夫求菩提三无數劫久在生死廣度眾生滿私誓願今阿羅
漢已斷煩惱不受後有於大悲願永絕因緣如根敗之士凡夫業惑猶在生死未已
若能發菩提心即能滿三祇劫結終悲願故不斷三寶能報佛恩法華經迦葉
述云世尊往昔說法我時在座但念空无相无作於菩薩法淨佛國土成就眾生心不
喜樂所以者何世尊令我等出於三界得滅證又今我等年已朽邁故於佛教化菩薩
不生好樂之心今聞授聲聞記深自慶行无量珎寶不求自得此而推之往昔
說法於菩薩法生起分想即今之此歎也 我等今者不復堪任發阿耨多羅三藐
三菩提心乃至五无間罪猶能發意生於佛法而今我等永不能發 此述得失聲
[illegible]堪五逆惑在發也 譬如根敗之士其於五欲不能復利如是聲聞諸結
斷者於佛法中无所復益永不志願 三舉喻自傷五根若敗不能欲五塵也
是故文殊師利凡夫於佛法有反覆而聲聞无也所以者何凡夫聞佛法能起无上道
心不斷三寶正使聲聞終身聞佛法力無畏等永不能發无上道意 四結无反
覆凡夫能成菩提以報佛恩二乘息滅而永斷也 尒時會中有菩薩名普現色身
問維摩詰言居士父母妻子親戚眷屬吏民知識悉為是誰奴婢僮僕象馬車
乘皆何所在 三明資生眷屬无上法身非一直所成万行為資生万德為眷
屬方能成就此初問也肇曰淨名權道无方隱顯難測外現同世家眷內以法為
家屬悠惑者見形不及其道故生斯問 於是維摩詰以偈答曰智度菩薩母方
便以為父一切眾導師无不由是生 二卌二偈答文四初四行明眷屬二七行明資生
三廿八行明業因四三行結勸此初也內有正智外有方便法身生焉肇曰智
為內照權為外用万行之所由生諸佛之所由出故菩薩以智為母以權為父 法喜
以為妻 肇曰法喜謂見法生內喜也世人以妻色為悅菩薩以法喜為悅 慈悲

覆兄夫能成菩提以報佛恩二乘息滅而永斷也　今時會中有書名普現色身
問維摩詰言居士父母妻子親戚眷屬吏民知識悉爲是誰奴婢僮僕象馬車
乘皆何所在　三明資生眷屬無上法身非直所成萬行爲資生之德爲眷
屬方能成就此初問也肇曰淨名權道無方隱顯難測外現同世家眷内以法爲
家屬恐惑者見形不及其道故生斯問　於是維摩詰以偈答曰智度菩薩母方
便以爲父一切衆導師無不由是生　二卅二偈答文而初四行明眷屬二七行明資生
三廿八行明業用四三行結勸此初也内有正智外有方便法身生焉肇曰智
爲内照權爲外用萬行之所由生諸佛之所由出故菩薩以智爲母以權爲父法喜
以爲妻　肇曰法喜謂見法生内喜也世人以妻色爲悦菩薩以法喜爲悦　慈悲
心爲女　肇曰慈悲之性像女人性故以爲女生曰慈悲以外適爲用有女義焉
善心誠實男　肇曰實真直男子之性亦有爲惡而實故標以善心也　畢竟
空寂舍　肇曰堂宇以蔽風霜空寂以障塵相什曰有非真要時復暫之遊空
爲理宗以爲常宅　弟子衆塵勞隨意之所轉　昔無明爲主恩愛魔王令
化令隨道爲弟子也　道品善知識由是成正覺　肇曰成益我者莫先卅七道品
世可謂善知識乎諸度法等侶　肇曰六度大乘之要行發心爲侶俱至道場
吾真侶也四攝爲妓女　肇曰四攝悦衆以當妓女　歌詠誦法言以此爲音樂
肇曰口詠言以當音樂也　總持之園苑無漏法林樹覺意淨妙花解脱智
慧果八解之浴池定水湛然布以七淨花浴此無垢人　此下明資生也總持實相
理也無漏萬行林樹也此樹開七覺之花結解脱之果什曰解脱無爲果智慧
有爲果此明慧也八解之池止禪定之水數七淨之花五欲熱惱貪愛諸塵
浴此則清涼矣此行明定也七淨者一戒淨二心淨三見淨四度疑淨五分別淨
行六淨七涅槃淨　肇曰總持强記萬善之苑也於此苑樹無漏之林數七覺之
花結解脱之果八解之池積禪定之水湛然充滿布七淨之花羅列水生而復
無垢之士遊此林苑花池閑宴嬉遊樂之至也豈等俗林苑之歡乎　象馬
五通馳大乘以爲車調御以一心遊於八正路　肇曰五通爲象馬大乘爲上車一心
爲御者遊於八正道　相具以嚴容衆好飾其姿慚愧之上服深心爲華鬘
相具卅二相衆好八十種好慚愧蔽漏惡深心飾形服也　富有七財寶教授以滋
息如所說修行迴向爲大利　肇曰七財信戒聞捨慧慚愧等也世人以玉帛爲饒
菩薩以七財爲富出入法寶与人同利兼示以滋息之法令如說修行迴向佛道
此利之大者　四禪爲牀座從於淨命生多聞增智慧以爲自覺音　四禪宴息
猶如牀座要從持戒淨命而生離五欲湿散乱毒虫猶恐貪著禪味故令多
聞以自覺　甘露法之食解脱味爲漿淨心以澡浴戒品爲塗香　甘露法食以
資惠命八解除[illegible]渴此二兩資也懺悔罪垢澡浴身心嚴持戒香塗
[illegible]身戒心惠方爲我持矣　摧滅煩惱賊勇健無能踰
降伏四種魔勝幡建道場　此下三明業用此行明自業成下廿七明濟物用也世人
[illegible]

[illegible]
此利之大者四禪爲牀座從於淨命生多聞增智慧以爲自覺音四禪寂息
猶如牀座要從持戒淨命所生離五欲遠散亂妻子猶愍念貪着禪味故令多
聞以自覺甘露法之食解脫味爲漿淨心以澡浴戒品爲塗香甘露法食以
資[illegible]渴此二兩資也慚愧悔罪垢澡浴身心嚴持戒香塗
[illegible]方爲彼持矣摧滅煩惱賊勇健無能踰
降伏[illegible]勝幡建道場此下三明菩薩用此行明自菩薩成下廿七明濟物用於世人
切成禄厚恩濟貧宜此利也肇曰外國法戰諍破敵立幡以表勝菩薩摧煩惱
賊四魔[illegible]乃於道場建勝相也雖知無起滅示彼故有生悉現諸國土如日
無不見此下切成則濟物體真則用大生曰明其有所去爲也文七初二行總明
真應自在也肇曰知無起滅則得法身無復生分爲彼有生故無往不見
供養於十方無量億如來諸佛及己身無有分別想此行明雖供諸佛肇曰未
曾憒彼己之異雖知諸佛國及與衆生空而常修淨土教化於群生此行
明雖知人國空而脩土以化物肇曰知空不捨有以常處中諸有衆生類形聲
及威儀無畏力菩薩一時能盡現覺知衆魔事而示隨其行以善方便智
隨意皆能現[illegible]病死成就諸群生了知如幻化通達無有礙此行明知魔
事[illegible]示老病死如太子厭欲淨居諸天四城門所現或現劫盡燒天地
皆洞然衆人有常想照令知無常無數億衆生俱來請菩薩一時到其舍化令向佛道
三二行明大三災水風二災文無者略初禪內有覺觀外有火災二禪內有喜受
外有水災三禪內有喘息外有風災四禪無災由不動故什曰或實燒或不實
燒者衆生見燒相即悟無常還攝不燒也經書禁呪術工巧諸伎藝盡現
行此事饒益諸群生四三行明世智也什曰以同習相感先同而後乖也世間衆
道法悉於中出家因以解人惑而不墮邪見肇曰九十六種皆出家修道隨其
出家欲解其惑不同其見或作日月天梵王世界主或時作地水或復作風火
肇曰遇海漂人則變身爲地水火風皆隨彼所須而自變形也劫中有疾疫現
作諸藥草若有服之者除病消衆毒劫中有飢饉現身作飲食先救彼飢
渴[illegible]人劫中有刀兵爲之起慈悲化彼諸衆生令住無諍地若有大戰陣立
之以等力菩薩現威勢降伏使和安五四行明小三災肇曰菩薩法身于何不爲或爲
藥草令服者病除或爲飲食令飢者得飽刀兵疾疫七月七日飢饉七年
七月七日[illegible]三州有似非正謂嗔增減身力羸劣等數加飢渴等北洲全無戰
陣所明刀兵可見一切國土中諸有地獄處輒往到於彼勉濟其苦惱一切國土中
畜生相食噉皆現生於彼爲之作利益六二行明入惡趣救物合有鬼趣文無略
什曰如過去世時人無禮義欲殘害長老猴烏及鳥推敬長老令人歎服善感相
和順如大智論中說示受於五欲亦復現行禪令魔心憒亂不能得其便火中生蓮
花是可謂希有在欲而行禪希有亦如是七十行明同事攝物肇曰欲言行禪復

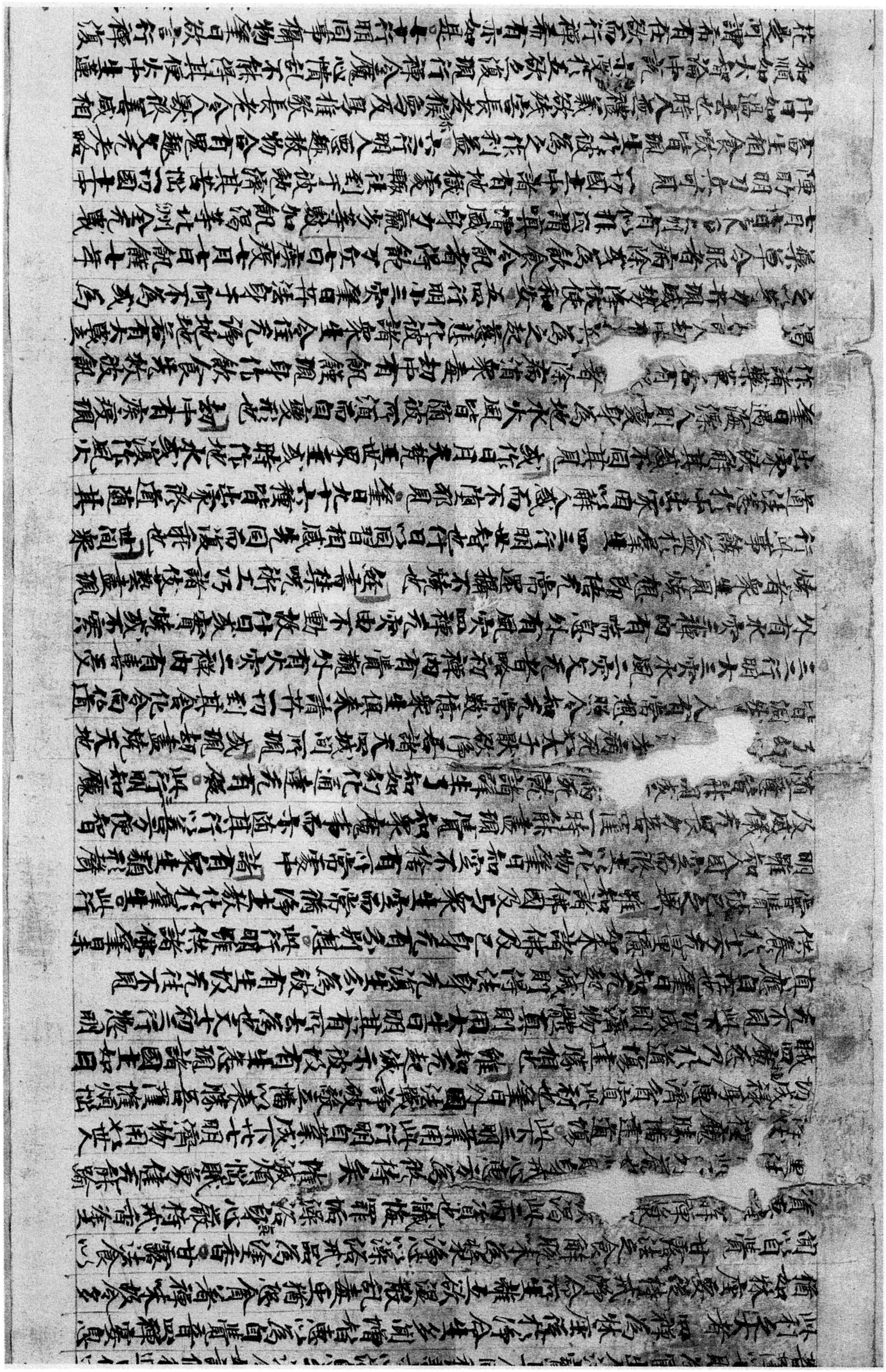

陳所明刀兵可見　一切國土中諸有地獄處輙往到于彼勉濟其苦惱一切国土中
畜生相食噉皆現生於彼爲之作利益　六二行明入惡趣救物合有鬼趣文无者略
什曰如過去世時人無禮義欲殘害長老獼猴鳥及象推敬長老令人歎服善感相
和順如大智論中說　示受於五欲亦復現行禪令魔心憒亂不能得其便火中生蓮
花是可謂希有在欲而行禪希有亦如是　七十行明同事攝物肇曰欲言行禪復
受五欲言受欲復現行禪莫測其變所以憒亂也自非靜亂齊旨孰能兩之
或現作淫女引諸好色者先以欲鉤牽後令入佛智　肇曰反欲以順　或爲邑中主或
作商人導國師及大臣以祐利衆生諸有貧窮者現作無盡藏因以勸導之令
發菩提心我心憍慢者爲現大力士消伏諸貢高令住仏上道其有恐懼衆居
前而慰安先施以无畏後令發道心　肇曰憍心自高如山峯不停承菩薩現爲力
[illegible]或現離婬欲爲五通仙人開導諸羣生令住戒忍慈　什曰
[illegible]不入深法故化以戒忍　見須供事者現爲作僮僕既悅可其
意乃發以上心隨彼之所須得入於仏道以善方便力皆能給足之如是道无量所
行无有涯智慧无邊際度脫无數衆假令一切仏於无數億劫讚嘆其功德猶尚
不能盡　第四結勸此二結也生曰應適無方皆是仏之道矣　肇曰其權智之道
无涯无際雖復衆聖殊辯猶不能盡　誰聞如是法不發菩提心除彼不肖人
癡冥无智者　此行勸也不有二乘也癡冥之大也　肇曰下士聞道而大笑之日月
雖明何益聾者

入不二法門品第九　此下二品上中道正觀此品不二明
體下品能二明用入者觀照智也不二法所觀理門者文字教也什曰從始會已來
唯二人相對餘皆嘿然今欲各顯其德故問令盡說名云情惑不同發悟有因各
[illegible]落廣權智之年夫緣會明宗必以令終爲美今法座將散欲究其深致廣
[illegible]四妙也問曰無有三四乃至无量法門云何獨說不二耶答二事少而惑
淺餘事廣而四　除二尚應破則餘可知矣復次万法之生必從緣起緣起生法多
少不同極其少者要從二緣若有一緣生未之聞也然則有之緣起極於二法
既廢則入於玄境云何不破一耶答曰若名數之則非一也若以一爲一亦未離於二
則一斯盡矣須次无相之一名假而實之二之則體与相絕故直置而自无也肇曰
言爲世則謂之二法衆聖所由謂之門又解入者悟入也法華弃縛得脫名出火
宅此經遂迷令悟名入不二其二甚異其旨甚一　爾時維摩詰謂衆菩薩言
諸仁者云何菩薩入不二法門各各隨所樂說之　品大意二諍并說二妙德說二淨名
說四時衆議得益初文二此初淨名問也　會中有法自在菩薩說言諸仁者生滅
爲二法本不生今則无滅得此无生法忍是爲入不二法門　二諸菩薩一切諸法皆
秉執實爲二矣若知法如幻故无生滅入不二也肇曰滅者滅生耳若
何所滅此即无生法忍也此菩因觀生滅以悟道故說己所解爲不二法門
也下類爾万法云云雖有其名二故以不二爲言也　德守菩薩曰我我所爲二因有我故便
[illegible]我所[illegible]是爲入不二法門　肇曰妙主常存我也身及万物

BD05782　淨名經集解關中疏卷下　（47–22）

[illegible]

說四時眾皆得道初又二此初淨名問也　會中有菩名法自在說言諸仁者生滅

為二法本不生今則無滅得此無生法忍是為入不二法門　二諸菩答一切諸法皆

秉執實為二矣若知法如幻故無生滅入不二也　肇曰滅者滅生耳若

何所滅此即無生法忍也此菩因觀生滅以悟道故說己所解為不二法門

些下顛不方法云云離真皆名二故以不二為言也　德守菩曰我我所為二因有我故便

有我所若無有我則無我所是為入不二法門　肇曰妙主常存我也身及萬物

我所也我所我之所有也既無我誰有之者　不眴菩曰受不受為二若法不受

則不可得以不可得故無取無捨無作無行是為入不二法門　凡夫受著五陰

無學不受此為二也　肇曰有心必有所受必有所不受此為二也若悟法本空二

具亦受則無得無行為不二也　德頂菩曰垢淨為二見垢實性則無淨相順於滅

相是為入不二法門　凡夫到心見淨二乘觀即不淨此為二　肇曰淨生於垢實性

無垢淨何所争　善宿菩曰是動是念為二不動則無念無念則無分別通達此者是

為入不二法門　肇曰情發為動想成為念又解安住實性即性無動動即無念

善眼菩曰一相無相為二若知一相即是無相亦不取無相入於平等是為入不二法門

法華[illegible]相般若經明無相　肇曰言一欲以去二不言一也言無欲以去有不言無也

而或者聞一則取一相聞無則取無相故有二也　妙臂菩曰菩薩心聲聞心為二觀心相空

如幻化者無菩薩心無聲聞心是為入不二法門　什曰以施報故手出無盡寶物五河

流故名妙臂又能[illegible]自利聲聞心也利他菩薩心也　弗沙菩曰善不善為二若不起善

不善入無相際而通達者是為入不二法門　肇曰弗沙星名也　什曰生時所值星

以為名不善[illegible]也善十善及罪也　師子吼菩曰罪福為二若達罪性則與福無

異以金剛慧決了此相無縛無解者是為入不二法門　罪破戒也福持戒定慧也

罪福平等一相一性為不二　肇曰金剛慧實相慧也　師子意菩曰有漏無漏為二若得

諸法等則不起漏不漏想不著於相亦不住無相是為入不二法門　苦集有漏

滅道無漏為二大士等觀同一實諦不二　什曰師子度水要截流直度曲則不度此大

士以[illegible]智慧深入諸法直過彼岸故借以為名　淨解菩曰有為無為為二若離一

切數則心如虛空以清淨慧無所閡者是為入不二法門　四相有為也四相滅無為也相

本[illegible]無成[illegible]數即有為無為也　那羅延菩曰世間出世間為二世間

性空即是出世間於其中不入不出不溢不散是為入不二法門　什曰世間三界也出世間

解脫二也悟世性空無入無出故不二也　善意菩曰生死涅槃為二若見生死性則

無生死無縛無解不然不滅如是解者是為入不二法門　愛有後生死也滅盡

後有[illegible]之語世[illegible]妄無生死也　肇曰縛然生死之別名解滅涅槃之異稱也

現見菩曰盡不盡為二法若究竟盡若不盡皆是無盡相無盡相即是空空則無

有盡不盡相如是入者是為入不二法門　肇曰有為虛偽法無常故名盡實

相無為法常住故不盡若以盡為盡不盡為不盡皆二也若能悟盡不盡俱

[illegible]普守菩曰我無我為二我尚不可得非我何可得見

BD05782　淨名經集解關中疏卷下　（47–23）

善意菩薩曰生死[illegible]
无生无死无縛无解不然不滅如是解者是為入不二法門　愛有後生死也滅盡
後有謂之涅槃生既无妄无生死也　肇曰縛然生死之别名解涅槃之異稱也
現見菩薩曰盡不盡為二法若究竟盡若不盡皆是无盡相无盡相即是空空則无
有盡不盡相如是入者是為入不二法門　肇曰有為虛偽法无常故名盡實
相无為法常住故不盡若以盡為盡以不盡為不盡皆二也若能悟盡不盡俱
无盡相者則入一空不二門也　普守菩薩曰我无我為二我尚不可得非我何可得見
我實性者不復起二是為入不二法門　肇曰非我出於我耳見我實性者我本
自无況非我也　電天菩薩曰明无明為二无明實性即是明明亦不可取離一
切數於其中平等无二者是為入不二法門　肇曰明惠明也无明癡冥也見无明
性即為是明若明明即明无明相待故不可取　喜見菩薩曰色色空為二色
即是空非色滅空色性自空如是受想行識識空為二識即是空非識滅空識
性自空於其中而通達者是為入不二法門　色是礙識色是空二也若悟色性自
空即空色不二　肇曰若有不即空无不表跡餘陰准知　明相菩薩曰四種異空種
異為二四種性即是空種性如前際後際空故中際亦空若能如是知諸種性者
是為入不二法門　肇曰四種四大也空種空大也此五眾之所由生故名種然此四大之
性无前後中无異空大又解小乘以四大堅濕煖動性異空大大乘楞伽以四大是妄
想性妄无自性故不異空也　妙意菩薩曰眼色為二若知眼性於色不貪不恚不
癡是名寂滅如是耳聲鼻香舌味身觸意法為二若知意性於法不貪不
恚不癡是名寂滅安住其中是為入不二法門　肇曰存於情塵故三毒以生若存六
情性則不起三毒此寂滅之道也　无盡意菩薩曰布施迴向一切智為二布施性即
是迴向一切智性如是持戒忍辱精進禪定智惠迴向一切智為二智惠性即
是迴向一切智性於其中入一相者是為入不二法門　肇曰六度為妙因迴向一切智者
二也若悟因果同性入于一相乃應不二　深惠菩薩曰是空是无相是无作為二空即
无相无相即无作若空无相无作則无心意識於一解脫門即是三解脫門者是為入
不二法門　大云論聲聞經明三昧緣四諦十六行摩訶衍同緣諸法實相斷明小
乘諦異故三昧門異大乘理同故三昧門不異也　肇曰三行雖異然俱是无緣解脫
故无心意識也緣既是同則解不異　寂根菩薩曰佛法眾為二佛即是法法即是佛
眾是三寶皆无為相與虛空等一切法亦爾能隨此行者是為入不二法門
文云身化也四諦法也四道果僧也此是小乘見跡異也智无生化也理无相法也行
无殺僧也此是大乘理本一也小乘執跡故異大乘返本故不異也　心无㝵菩薩曰身身
滅為二身即是身滅所以者何實相者不起見身及見滅身身與滅身无二无
别其於中不驚不怖是為入不二法門
陰苦聚為身患苦故滅身為二若悟陰假會即身非身无生无滅名見實
相為不二也　上善菩薩曰身口意善為二是三業皆无作相身无作相即口无
作相口无作相即意无作相是三業无作相即一切法无作相能如是隨无作惠者是為入不

无欲償之此是大乘理本一也小乘執跡故異大乘返本故不異之 心无異菩薩曰身々
滅爲二身即是身滅所以者何見身實相者不起見身及見滅身々与滅身无二无
別其於中不驚不怖是爲入不二法門
陰苦聚爲身患苦故滅身爲二若悟陰假會即身非身无生无滅名見實々
相爲不二也 上善菩薩曰身口意善爲二是三業皆无作相身无作相即口无々
作相々即意无作相是三業无作相即一切法无作相能如是隨无作慧者是爲入不
二法門 肇曰三業雖殊无作一也諸法之生本乎三々業々既无誰者作諸法
福田菩薩曰福行罪行不動行爲二三行實性即是空々則无福无行罪行无
不動行於此三行而不起者是爲入不二法門 肇曰福報果善行罪十惡之流也
不動色无色行又解妄動爲行離動則平等 華嚴菩薩曰從我起二爲二見我
實相者不起二法々若不住二法則无有識无所識者是爲入不二法門 由執我故
所對爲二 肇曰因我故有彼二名所以生若見我實相則彼我之識无由而起
德藏菩薩曰有所得相爲二若无所得則无取捨々者是爲入不二法門 肇曰得在於
我自生之又我不得自誰取誰捨又解於法有得々物爲二若无所得則无有二
月上菩薩曰闇与明爲二无闇无明无有二所以者何如入滅受想定无闇无明一切
法相亦復如是於其中平等者是爲入不二法門 肇曰二乘入滅受想定六根都滅雖
經晝夜不覺晦明之異以喻菩薩无心於明闇 寶印手菩薩曰樂涅槃不樂世間爲
二若不樂涅槃不厭世間則无有二所以者何若有縛則有解若本无縛其誰
求解 无縛无解則无樂厭是爲入不二法門 肇曰世間无縛曷爲而厭涅槃无解曷爲而樂 珠頂王菩薩曰正道邪道爲二住正道者則不分別是邪是正離
此二者是爲入不二法門 八正八邪爲二若住實相平等无分別名爲不二 樂實菩
曰實爲二實見者尚不見實何況非實所以者何非肉眼所見慧眼乃能見而
此慧眼无見无不見是爲入不二法門 肇曰實相慧眼之境非肉眼所見慧眼尚
不見實而況非實雖曰无見而无所不見此慧眼之體也 如是諸菩薩各々說已問文
殊師利何等是菩薩入不二法門 二文殊說此初問也 文殊師利曰如是意者於一
切法无言无說无示无識離諸問答是爲入不二法門 此答也 肇曰上來諸人
所明雖同所因各異且直辯法相不明无言今文殊總衆家之說以開无言之門
直言法相不可言不措言於法相斯之爲言々之至也而方於靜嘿猶多階焉
於是文殊師利問維摩詰我等各自說已仁者當說何等是菩薩入不二法門
三淨名說也三問二答三稱善此初也 時維摩詰默然无言 二答也 肇曰有言
[illegible]於无言所以默然也上諸菩薩猶言於法相文殊有言於无言淨
名[illegible]於言 此三明宗雖同而述有淺深所以言後於无言知後无知矣
文殊師利歎曰善哉々々乃至无有文字語言是真入不二法門 三嘆也 肇曰默領者
文殊其人也爲彼持言所以稱善 生曰言跡盡於无言故歎以爲真也 說是入不
二法門品時於此衆中五千菩薩皆入不二法門得无生法忍 四明時衆得益

三淨名說文三門一答曰三稱善此初也　時維摩詰默然无言　二答也肇曰有言
[illegible]言於无言所以默然也上諸卄猶言於法相文殊有言於无言淨
名无於言　此三明宗雖同而迹有淺深所以言後於无言知後无知矣
文殊師利嘆曰善哉善哉乃至无有文字語言是真入不二法門　三嘆也肇曰默然須者
文殊其人也反彼得言所以稱善生曰言跡盡於无言故歎以爲真也　說是入不
二法門品時於此衆中五千卄皆入不二法門得无生法忍　四明時衆得益
香積佛品第十　至人无名隨化緣以作稱其法无相迹緣相而目品大今是法身
无心等香跡現土之香以化物也　於是舍利弗心念日時欲至此諸卄當於何食　此二
淨穢雙遊明中道用也香積釋迦法身平等應物緣殊淨穢果也品文三一假緣
念二淨穢平遊三聞得益品初文三初念次呵後許此初念也什曰舍利弗獨發念者
其旨有三一者結業之體未能无資二絕意大方樂法深不二推已有待謂衆
亦然義弟子之上首[illegible]　文其也　時維摩詰知其意而語言仏說八解脫仁者受
行雜欲食而聞法乎　二呵也八解脫禪悅食養法身也雜欲食資毒蛇身也
八多為養毒身廢修法身故因念以試之　若欲食者且待須臾當令汝得
未曾有食　三許也小乘以禪悅法喜為法食以五欲段食為毒食今香積之
食食之得道為未曾有　時維摩詰即入三昧　此第二淨穢平遊文三一明彼淨
土穢前中文三初現淨土二求往者三現化往初文三此初入三昧肇曰三昧秦言正心
有二種一修得二報得　三昧都无入出之名况法身耶今言入者豈非所以遠也
以神通力示諸大衆上方界分過卌二恒河沙仏土有國名衆香仏号香積今現
在其國香氣比於十方諸仏世界人天之香最為第一彼土无有聲聞辟支仏名
唯有清淨大菩薩衆仏為說法其國一切以香作樓閣經行香地苑園皆香其
周流十方无量世界時彼仏与諸菩薩方共坐食有諸天子皆号香
嚴悉發阿耨多羅三藐三菩提心供養彼仏及諸卄　此二現淨土衆香之積
報名无二乘明眷屬淨香作樓閣等依報淨坐食等仏事淨
大不自見　三明衆見使覩勝相而生信飯至方期道也　時維摩詰
入者誰能致彼仏飯　此二求往者文四此初求往肇曰既現彼國推有力
以文殊師利威神力故咸皆默然　二神力使默肇曰文殊將顯淨名
乃令衆默然　維摩詰言仁者此大衆无乃可恥　三呵也肇曰屬示
利日如仏所言勿輕未學　四引答肇曰進始學也　於是維摩詰不起
會前化菩薩相好光明威德殊勝蔽於衆會　此下三明現化往文三二
三衆歎初中文四此初現化使往也所以化蔽衆會者欲令彼衆覩勝
而告之日汝往上方界分度如卌二恒河沙仏土有國名衆香仏号香
諸菩薩方共坐食　三示去處也　汝往到彼如我辭曰維摩詰稽首世尊
无量問訊起居少病少惱氣力安不　三教門訊肇曰將示有身不得
如來猶去少病少惱　願得世尊所食之餘當於娑婆世界施作仏
法者得仏大道亦使如來名聲普聞[illegible]

會前化菩薩相好光明威德殊勝蔽於衆會。此下三明現化往反，文三：一
三衆嘉初中文四：此初現化使往也。所以化蔽衆會者，欲令彼衆覩勝
也 而告之曰汝往上方界分度如卌二恒河沙佛土有國名衆香佛號香
積與諸菩薩方共坐食。二示去處也。 汝往到彼如我辭曰維摩詰稽首世尊
足下致敬無量問訊起居少病少惱氣力安不。三教所說。肇曰將示有身不得
無患故如來猶去少病少惱 願得世尊所食之餘當於娑婆世界施作佛
事令此樂小法者得弘大道亦使如來名聲普聞。四陳請飯。肇曰餘異遊言也
言以通大道此國衆生志意狹劣故請香飯之餘以弘佛事 時化菩薩即
於會前昇於上方舉衆皆見其去到衆香界禮彼佛足。此二化到問訊，文三
禮足也 又聞其言維摩詰稽首世尊足下致敬無量問訊起居少病
力安不 此二問訊起居也 願得世尊所食之餘欲於娑婆世界施作佛
小法者得弘大道亦使如來名聲普聞 此三示其請事並如文
見化菩薩歎未曾有今此上人從何所來娑婆世界爲在何許云何
名爲樂小法者即以問佛 此下三明彼大士驚異，文四：此初歎問。中有三：一問從何
所來 應言誰所化來淨名化作也 二問娑婆處 娑婆此云雜會，雜惡衆生共
會一處又云堪忍處佛釋迦堪忍住故 三問何名樂小法者 肇曰其土純一大乘不
聞樂小之名故此問也 佛告之曰下方度如卌二恒河沙佛土有世界名娑婆佛號
釋迦牟尼今現在於五濁惡世爲樂小法衆生敷演道教彼有菩薩名維摩詰住
不可思議解脫爲諸菩薩說法故遣化來稱揚我名并讚此土令彼菩薩增益
二答三問卌二恒河沙起答第二問來處今現在五濁等答第三問說
可思議者明維摩詰卻答第一能化者釋迦此云能仁也牟尼此云寂名也
彼菩薩言其人何如乃作是化德力無畏神足若斯 三重問化事所顯所使之感
光明能化之力如故再問也 佛言甚大一切十方皆遣化往施作佛事饒益衆
生 四重問答令生企慕來娑婆也 於是香積如來以衆香鉢盛滿香飯與化
菩此下二明淨土遊觀文三：初受飯同來 二淨名賓待 三飯作佛事 初中文四
化受飯如文 時九百萬菩薩俱發聲言我欲詣娑婆世界供養釋迦牟尼佛欲
見維摩詰等諸菩薩衆 二彼衆欲來雖稟香國之化亦與聲教有緣故欲
同詣也 佛言可往攝汝身香無令彼諸衆生起惑著心 三許往誡勅誡中文三
此初攝身香也 仕曰太急則狂大喜亦迷宜攝汝香防其惑因 又當捨汝本形勿
使彼國求菩薩道者而自鄙恥 二攝形也 仕曰恥深則頓挫淺亦惱 二患之又至去道
愈遠上言惑著此言鄙恥二門示顯約其文也 又汝於彼莫懷輕賤而作礙想所
以者何十方國土皆如虛空又諸佛爲欲化諸樂小法者不盡現其清淨土耳
三莫輕誡文有標徵釋也 娑婆衆生偶劣則輕見勝便恥值好則著故借彼
誡此也 時化菩薩既受鉢飯與彼九百萬菩薩俱承佛威神及維摩詰即化作九百
萬師子之座嚴好如前諸菩薩皆坐其上 此二淨名賓待如前指不思議品 時化
菩以滿鉢香飯與維摩詰飯香普熏毗耶離城及三千大千世界 此三飯作佛事

此初攝身香也。什曰：大忿則狂，大喜亦迷，宜攝汝香，防其惑因。又當捨汝本形，勿
使彼國求菩薩道而自鄙恥。二攝形也。什曰：恥深則墳，愧淺亦悔。二患之人，至去道
逾緬。三言感著。此三言鄙恥，二門手頭約其文也。又汝於彼莫懷輕賤而作礙想。所
以者何？十方國土皆如虛空。又諸佛為欲化諸樂小法者，不盡現其清淨土耳。
三莫起誡之。有標，徵，釋也。汝娑婆眾生遇劣則輕，見勝便恥，值好則著，故借彼以
誡此也。 時化菩薩既受鉢飯，與彼九百萬菩薩俱，承佛威神及維摩詰即化作九百
万師子之座，嚴好如前，諸菩薩皆坐其上。曰：此二淨名肩侍如前指不思議品。 時化
菩薩以滿鉢香飯與維摩詰，飯香普熏毗耶離城及三千大千世界。曰：此三飯作佛事
有二：初香後味。前中有三：此受香普熏。被熏十方，此但三千，緣應尒也。 時毗耶離
婆羅門居士等聞是香氣，身意快然，歎未曾有。二聞香得益。肇曰：異香入體，
身心怡悅。 於是長者主月蓋從八万四千人來入維摩詰舍，見其室中菩薩甚多，
諸師子座高廣嚴好，皆大歡喜，礼眾菩薩及大弟子，却住一面。諸地神、虛空神及
欲色界諸天聞此香氣，亦皆來入維摩詰舍。三有緣斯會。肇曰：毗耶離國無有
君王，唯有五百長者共治國事，月蓋眾所推，故名主。諸地神下皆聞香而後
集。 時維摩詰語舍利弗等諸大聲聞：仁者可食如來甘露味飯，大悲所熏，無以
限意食之，使不消也。 此下二味為佛事。文四：此初勸食也。世養資於毒身，此飯
成於甘露。生曰：泥洹是甘露之法，而食此食，終以得之，故飯中有甘露味焉。大
悲所熏者，悲心感報，以濟有涯。大悲熏故，福惠無盡。食者當發誓求佛果，普
利群生。若局於己身自調自度，既背施心，則不消也。 有異聲聞念是飯少，而
此大眾人人當食。二異念也。肇曰：不思議飯非二乘所及，故生是念。 化菩薩曰：勿以
聲聞小德小智稱量如來無量福惠。四海有竭，此飯無盡，使一切人食，摶
若須彌，乃至一劫，猶不能盡。 三化菩薩呵。文三：此初呵也。聲聞自調之果名小德，諸
佛大悲福報為無量。四海魚龍之報可竭，此飯諸佛之福無盡，故雖多人長劫
摶若須彌，終無盡也。 所以者何？無盡戒、定、惠、解脫、解脫知見功德具足者，所食之
餘，終不可盡。 二舉因釋。肇曰：如來五分法身無盡功德報應之飯，如何可盡？
於是鉢飯悉飽眾會，猶故不澌。 三食不澌。 其諸菩薩、聲聞、天、人食此飯者，
身安快樂，譬如一切樂莊嚴國諸菩薩也。又諸毛孔皆出妙香，亦如眾香國土
諸樹之香。 此四食已利益。有得樂、出香文。 爾時維摩詰問眾香菩薩：香積如來
以何說法？ 此第二問淨穢二土應緣作佛事不同。此初問淨土也。 彼菩薩曰：我土如來無
文字說，但以眾香令諸天人得入律行。 此二答也。化緣淺者入於律行，深者具足三昧。
肇曰：其土非都無言，但以香為通道之本。如此國因言通道，亦有因神變、餘事而
得悟者也。 菩薩各各坐香樹下，聞斯妙香，即獲一切得藏三昧，得是三昧者，菩薩所
有功德皆悉具足。 三時等也。肇曰：此三昧力能生諸功德也。 彼菩薩問維摩詰：今世
尊釋迦牟尼以何說法？ 此二明穢土。文四：一問二答三讚四述。此初也。 維摩詰言：此土
眾生剛強難化，故佛為說剛強之語以調伏之。 此二答也。因二：法、喻合。初法中文三：此初
標也。肇曰：聖化何常，適物而應。此土剛強，故以剛強之教應之。 言是地獄，是畜

BD05782 淨名經集解關中疏卷下 （47–28）

BD05782　淨名經集解關中疏卷下　（47–29）

文可見　肇曰非鈎捶無以調馬非苦言無以伏難化故諸菩薩聞已皆曰未曾有也如
世尊釋迦牟尼佛隱其無量自在之力乃以貧所樂法度脫眾生　此三讚述文二
此初讚佛也　肇曰諸佛平等迹有參差由羣生下劣志貪狹小故佛隱自在力
同其貪陋隨其所樂故以濟之應感無方不擇淨穢此未曾有也　斯諸菩薩亦能勞
謙以無量大悲生是佛土　下歎菩薩可見　維摩詰言此土菩薩於諸眾生大悲堅固誠如所
言然其一世饒益眾生多於彼國百千劫行　此四述誠不述佛者道方同也文二此初述
益深化善則功少化惡則功深　肇曰久而無功未若近而有益　所以者何此娑婆世
界有十事善法諸餘淨土之所無有何等為十以布施攝貧窮以淨戒攝毀禁
以忍辱攝瞋恚以精進攝懈怠以禪定攝亂意以智慧攝愚癡說除難法度八
難者以大乘法度樂小乘者以諸善根濟無德者常以四攝成就眾生是為十
二釋所以也有釋數列釋可見　肇曰夫善因惡起淨因穢增此土十惡法具故十德
增長彼土純善故施德無地所以百千劫行不如一世也　彼菩薩曰菩薩成就幾法於此世界
行無瘡疣生于淨土　此三明淨土之行文二此初問也　肇曰將勸此土始學菩薩令
生淨國故發斯問　維摩詰言菩薩成就八法於此世界行無瘡疣生于淨土
此二答也文四謂標徵釋結此初標也　何等為八此二徵可見　饒益眾生而不望報
代一切眾生受諸苦惱所作功德盡以施之　肇曰菩薩代彼受苦不自計身所有功德
盡施眾生此以饒益而但其報乎若不為眾生應久入無為彼受苦今其先度
彼苦我當非代何謂饒益之至一法也　等心眾生謙下無礙　肇曰慈親不殊畢已
後人等心尊彼情無分然二法也　於諸菩薩視之如佛　肇曰菩薩眾生之橋梁三寶之
所繫視之如佛則增己功德三法也　所未聞經聞之不疑　肇曰佛所說經聞則信受
不以未聞而生疑惑四法也　不與聲聞而相違背　肇曰三乘雖異歸宗不殊不以小
而相違背五法也　不嫉彼供不高己利而於其中調伏其心　肇曰他種從獲爲
嫉己種爲高嫉已種已得爲高於是二中善自調伏六法也　常省己過不訟
彼短　肇曰省己過則過自消訟彼短則在己七法也　恒以一心求諸功德　肇曰慶增易
增功德難集自非一心專求無以剋成具此八法則行無瘡疣終生淨土矣　是為八
結之可見　維摩詰文殊師利於大眾中說是法時百千天人皆發阿耨多羅三
藐三菩提心十千菩薩得無生法忍　三得益行深大士悟淨穢之隨緣得無生忍行
淺大眾無瘡之行捨穢慕淨發菩提心

菩薩行品第十一

此下兩品大段第三歸宗印定前品廣私事不同多明淨土之宗
後品現淨名勝身勝之多明印定香積大士惜諸佛之平等斂淨穢之隨緣請法
退還因以目品也　是時佛說法於菴羅樹園其地忽然廣博嚴事一切眾會皆
作金色　品文三初明事畢歸佛二明佛事不同三請法還土初文復四一現相二請佛
三問四佛讚初文又三此先現相也　肇曰至人無常所理會是淨名雖服
殊安異妙期有在所以來往興化共弘不思議道者也因集之所以菴羅明現若上
今將詣如來封印茲典故先現斯瑞以啓群心　阿難白佛言世尊以何因緣有此

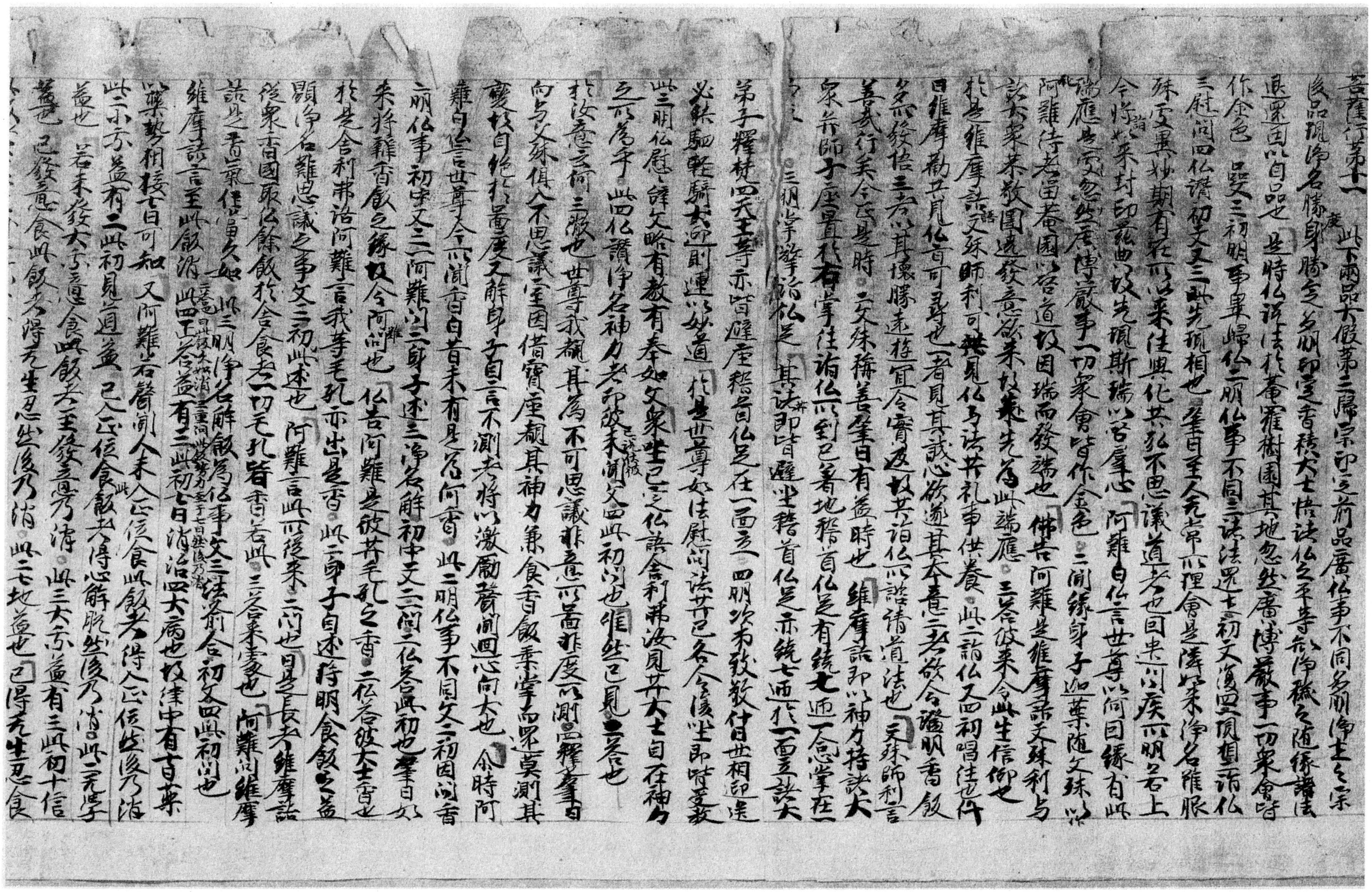

BD05782　淨名經集解關中疏卷下　　（47–31）

諸是之香宜衆使得久如。此三明淨名解飯為仏事文。三法前合。初文四。此初明也
維摩詰言至此飯消（維摩詰言此飯勢力至于七日然後乃消）此四正答益。有二。此初七日消。治四大病也。故律中有百藥
以藥勢相接七日可知。又阿難若聲聞人未入正位食此飯者，得入正位然後乃消
此二小乘益。有二。此初見道益。已入正位食此飯者，得心解脫然後乃消。此二无學
益也。若未發大乘意食此飯者，至發意乃消。此三大乘益。有三。此初十信
益也。已發意食此飯者，得无生忍然後乃消。此二七地益也。已得无生忍食
此飯者，至一生補處然後乃消。此三等覺益也。飯有普利之功，而食者心自
大小耳。例此文字亦然也。譬如有藥名曰上味，其有服者身諸毒滅，然後乃
消。此二喻也。此飯如是，滅除一切諸煩惱毒，然後乃消。此三合喻也。文並可見。阿
難白仏言：未曾有也。世尊，如香飯能作仏事。此下第二廣明仏事。大文有四。明
仏事隨化不同。二明仏應緣故異。三明阿難伏罪。四明菩薩悔責前。生文四。一廣說
三密，可四解釋。此即初也。小乘唯知娑婆一化音聲為說，未知十方化仏六塵皆為仏
事。故有此歎。肇曰：飯本充體，乃除結縛，未曾聞見也。仏言：如是如是。阿難，或有仏
土以光明作仏事。此下三廣明仏事。肇曰：阿難見香飯所益，謂仏事理極於此。
其事今語仏道之无方也。此土衆生見仏妙光，自入道檢，故有餘益
但以光　土下類示(?)也。有以諸菩薩而作仏事。肇曰：有仏默然居宗，以菩薩為化主
有以化人而作仏事。大論云：須扇頭仏當日成道，當日入涅槃，留化仏度衆生也
皆此類也。有以菩提樹而作仏事。肇曰：此樹光无不照，香无不熏，形色微妙，隨所
而好見，樹出法音，隨所好而聞。此如報應之樹。衆生遇者自然悟道。有以仏衣服
臥具而作仏事。肇曰：昔閻浮提王得仏大衣，時世大疫，王以衣置高表上，以示國
人，人歸命，病皆除愈，信敬益深，因是悟道也。此其類也。有以飯食而作仏事
有以園林臺觀而作仏事。肇曰：衆香國即其事也。園林如極樂林樹說法等
之義。之飯食以舌根通道，園林以眼根通道。有以卅二相八十隨形好而作仏事
肇曰：好有嚴飾者，示之以相好也。有以仏身而作仏事，有以虛空而作仏事。衆生應
以此緣得入律行。肇曰：好有者存身以示有，好空者滅身以示空。如密迹經說也
上相雖在身，而身相不一，所因各異，故仏身不同。有以夢幻影響鏡中像水中
月熱時炎，如是等喻而作仏事。肇曰：自有不悟正言，因喻得解者。有以音
聲語言文字而作仏事。肇曰：即娑婆國仏事。或有清淨仏土寂寞无言，无
說无示，无識无作无為而作仏事。肇曰：有真淨土然法身菩薩，外无言說，內无
情識，寂寞无為而超悟事外，非是言情所能稱述。此仏事之上也。如是阿難
諸仏威儀進止，諸所施為，无非仏事。法身无為而應物有為，故進止威儀皆仏
事也。阿難，有此四魔八万四千諸煩惱門，而諸衆生為之疲勞，諸仏即以此法而
作仏事。肇曰：三毒等分此四煩惱之根也。因一根生二万一千煩惱，合八万四千。因八万四千
出无量塵垢，故名門也。衆生皆以煩惱為病，而諸仏以之為藥。如婬女欲為患，更
極其情欲，然後悟道，毒龍以其忍為患，

言无示无識无作无為而作佛事　肇曰：有真淨土[illegible]
情識，寂寞无為而超悟事外，非是言情所能稱述，此佛事之上也　如是阿難
諸佛威儀進止諸所施為无非佛事　法身无為，應物有為，故進止威儀皆佛
事也　阿難有此四魔八万四千諸煩惱門，而諸眾生為之疲勞，諸佛即以此法而
作佛事　肇曰：三毒等分，此四煩惱之根也，一根生二万一千煩惱，合八万四千，因八万四千
出无量塵垢，故名門也。眾生皆以煩惱為病，而諸佛以之為藥，婬女欲為患，更
極其情欲，然後悟道；毒龍以瞋為患，更增其忿恚，此以欲除欲，以瞋除瞋，猶
良醫以毒除毒，斯佛事之无方也　是名入一切諸佛法門　若能深見實相，善惡
兩亡，應物隨化，能善惡俱遊，名悟入法門也　是即或嘿或言，或淨或穢，皆是諸佛化物
之門也　菩薩入此門者，若見一切淨好佛土，不以為喜，不貪不高；若見一切不淨佛土
不以為憂，不礙不沒，但於諸佛生清淨心，歡喜恭敬，未曾有也　此三塞呵香積
等諸菩薩也。真土本平等，非淨非穢，故不憂沒；然淨穢不同，俱是佛大悲，故但於
諸佛生清淨心，歡喜未曾有也　諸佛如來功德平等，為化眾生故，而現佛土
不同　四解釋，真土平等，化物不等也　阿難汝見諸佛國土地有若干
而虛空无若干也；如是見諸色身有若干耳，其无礙慧无若干也　此下第二
呵香積，前執應為實，文三：初喻顯等不等，二明一切平等，三正析伏。此初也
地有差別，空无差別，喻也。應物色身，故有若干；淨慧法身，一切平等，此法合也
肇曰：佛慧如空，應形猶地，不以地異而異空，不以空一而釋地也　阿難諸佛色身威相
種性、戒定智慧、解脫、解脫知見、力、无所畏、不共之法、大慈大悲、威儀所行，及其壽命說
法教化、成就眾生、淨佛國土、具諸佛法，悉皆同等　此二明平等，文二：此初，諸佛身才
[illegible]應權壽皆等有也。生曰：諸佛色身雖復若干，而一佛无不有之，故无不等
矣　是故名三藐三佛陀，名為多陀阿伽度，名為佛陀　二明名等。肇曰：秦言正遍
知見法无差謂之正，智无不周謂之遍，決定法相謂之知。多陀阿伽度者，肇曰：秦云
如來，亦云如去。如法而來，如法而去，古今不改，千聖同轍，故名如來，亦名如去。佛
陀者，肇曰：秦言覺。生死長寢，莫能自覺，覺其唯佛也　阿難若我廣說
此三句義，汝以劫壽不能盡受；正使三千大千世界滿中眾生皆如阿難多聞第一
得念總持，此諸人等以劫之壽亦不能受。如是阿難，諸佛阿耨多羅三藐三菩提无
有限量，智慧辯才不可思議　此下三正明折伏阿難，文三：此初明一人不受，正使三
[illegible]是阿難等明菩提无邊，故身智權實應化功德不可思議
豈是聲聞所能量也　阿難白佛：我從今已往不敢自謂以為多聞　此三阿難
伏過，以激勸，文四：此初阿難伏也。肇曰：阿難於弟子中多聞強記第一，今聞
佛事，乃自審實聞　佛告阿難：勿起退意。所以者何？我說汝於聲聞中為最多聞
非謂菩薩　二佛慰也。肇曰：物有於上不足，於下有餘，不可以於下有餘而量於上
也　且止阿難，其有智者不應限度諸菩薩也，一切海淵尚可測量，菩薩禪定智慧
總持辯才一切功德不可量也　三歎菩薩功德无量也　阿難汝等捨置菩薩所

BD05782　淨名經集解關中疏卷下　（47–33）

……是阿難等明菩薩无邊故身有權實應化功德不可思議
豈是聲聞所能量也　阿難白佛我從今已往不敢自謂以為多聞　此三阿難
依遍以激勸文四此初阿難伏也　肇曰阿難於五百弟子中多聞第一今聞
佛事乃自審寡聞　佛告阿難勿起退意所以者何我說汝於聲聞中為最多聞
非謂菩薩　二佛慰也　肇曰物有於上不足於下有餘不可以於下有餘而量於上
也　且止阿難其有智者不應限度諸菩薩也　一切海淵上可測量菩薩禪定智慧
總持辯才一切功德不可量也　三歎菩薩功德无量也　阿難汝等捨置菩薩所
行是維摩詰一時所現神通之力一切聲聞辟支佛於百千劫盡力變化所不能
作　四結前小大　大士不思議一時所現神力非二乘所能為也　爾時衆香世界
菩薩來者合掌白佛言世尊我等初見此土生下劣想今自悔責捨離是心所以
者何諸佛方便不可思議為度衆生故隨其所應現佛國異　此四大士悔責文
有悔有釋　肇曰初見土穢生下劣想謂諸菩薩亦有升降聞上佛事乃自悔
責　唯然世尊願賜少法還於彼土當念如來　此下第二請法還國文三　一請二
答三稱歎還國此初請也　肇曰既知佛事之難議故欲請法而返土將宣賜如
來不思議道令本國衆生念佛功德也　佛告諸菩薩有盡无盡解脫法門汝等
當學　此下二答文四初標名二略釋三廣釋四結勸此初也　肇曰有為法有三
相故有盡无為法无三相故无盡也　何謂為盡謂有為法何謂无盡謂无
為法如菩薩者不盡有為不住无為　二略釋　肇曰有為雖偽捨之則大業不成
无為雖實住之則慧心不明是以菩薩不盡有為故德无不就不住无為故
道无不覆至能出生入死遇物斯乘在淨而淨不以為欣處穢而穢不以為
戚應彼而動於我无為此諸佛平等不思議之道也　何謂不盡有為　此下三
明廣釋文三初標不盡次釋不住後雙釋初中文三此初徵也　謂不離大慈不捨
大悲　此下二釋也　既雖明万行无別料次　肇曰慈悲乃入有之基樹德之本故發
言有之　深發一切智心而不忽忘　教化衆生終不厭倦　於四攝法常念順行　護
持正法不惜軀命　種諸善根无有疲厭　志常安住方便迴向　外化不離善內
欲不忘智謂求菩提心不暫忘也又外不厭內順四攝外護法橋內求切皆為迴
向菩提方便化物不求二乘三果果也　肇曰以慈為根發心為慈然後順四攝化衆
生護正法種善根以此衆德茂其枝條道樹日滋不盡有為也　下諸行育
物滌之流取其日滋日茂以成不盡義耳　廢捨慈悲道樹不達衆德損
耗自隨涅槃謂盡有為也　求法不懈說法无吝勤供諸佛故入生死而无所畏
為法不息供佛无畏　肇曰不以結生曷為而畏　於諸榮辱心无憂喜不輕
未學敬學如佛　八國不務志勸學不輕心　肇曰未學當學所以不輕已學當
成故敬如佛　墮煩惱者令發正念　於遠離樂不以為貴　不著己樂慶於彼樂
不樂煩惱不貴涅槃大士之化也　肇曰獨善之道何足貴也不著己樂等大士之心
也　在諸禪定如地獄想　肇曰禪定之……

生設云法種善根以此衆德茂其枝條道樹日滋不盡有為也　下諸行有
枝條之流取其日滋日茂以成不盡義耳　廢捨慈悲道樹不建衆德損
耗自隱涅槃謂盡有為也　求法不懈說法不悋无惓勤供諸佛故入生死而无所畏
為法不忘供佛无畏　肇曰不以結生為為而畏　於諸榮辱心无憂喜不輕
未學敬學如佛八風不移志勸學不輕心　肇曰未學當學學以不輕己學當
成教敬如佛　墮煩惱者令發正念　於遠離樂不以為貴不著己樂慶於彼樂
不樂煩惱不貴涅槃大士之化也　肇曰獨善之道何足貴也不著己樂等大士之心
也　在諸禪定如地獄想　肇曰禪定雖樂安之則大道不成菩薩不樂故想
如地獄　於生死中如園觀想　肇曰生死雖苦大道之所因其好遊故想如園觀
世　見來求者如善師想　肇曰求者雖欲自益而實益我故想為善師
捨諸所有具一切智想　見毀戒人起救護想　諸波羅蜜為父母想　道品法為
眷屬想　肇曰此施成就善至一切智不嫌毀戒但念悲救想波羅蜜能生法
身助成善根莫過道品此等大士之想念也　發行善根无有齊限以諸淨國嚴
飾之事成己佛土增廣多善　嚴淨佛土依報行也　開門大施具足相好除一
切惡淨身口意　肇曰開四門恣求者所取无礙大施法也又能除諸惡以淨三
業行大施以嚴相好正報行也　生死无數劫意而有勇聞佛无量德志而不
以智慧劍破煩惱賊出陰界入荷負衆生永使解脫　大悲不厭於生死精
進不倦於佛德以智慧劍破煩惱因出法身果荷負衆生此薩埵心也　肇曰
法身越三界陰界入所不攝故言出若受陰界入身處積塵之內則自困羇
鏁安能濟彼　以大精進摧伏魔軍常求无念實相智慧行少欲知足而不攝
捨世法　精進以摧魔无念以證真少欲而不捨世大士之行也　肇曰真智无緣故
无念不捨世者肇曰不以无欲而捨世自異　不壞威儀而能隨俗起神通慧
引導衆生得念總持所聞不忘善別諸根斷衆生疑以樂說辯演法无
导　不壞法身起通道物身業化也正念總持多聞不忘意業化也善別
衆根斷疑樂說口業化也此大士之三密也　不壞威儀者肇曰同俗俯仰不失
道儀天下皆謂我同己而我獨異人樂說辯者四辯也　淨十善道受人天福修
四无量開梵天道　十善感天因无量梵王因物无出世之根故獲以人天之善
令離三途此大士之方便也　勸請說法隨喜讚善得佛音聲身口意善得佛
威儀　此大士之德也佛音者經云八音也一徹好二柔軟三和適四諦了五不女六
不誤七深遠八不竭也又密跡經云有无量音也　深修善法所行轉勝以大
乘教成菩薩心无放逸不失衆善　自行則深修轉勝衆則化以大乘又不捨
善以施逸乃圓万德以成道此大士之進求也　行如此法是名菩薩不盡有為
此三結也肇曰修如上法自行化彼功德日茂不盡有為也夫善有為法覆懷
物耳慶捨不修則日耗日盡　何謂菩薩不住无為　此下未釋不住无為文三　如
前此初標也　謂修學空不以空為證修學无相无作不以无相无作為證　修

BD05782　淨名經集解關中疏卷下　　（47–36）

衆生隔絶何能救而受果　以衆生病故不住无為滅衆病故不盡有為
肇曰習藥為病之藥不住无為之以藥滅衆病藥造有治豈盡有為之以藥
諸正士菩薩以修此法不盡有為不住无為是名盡无盡解脫法門汝等當學
此四總結勸肇曰不盡有為故无漏德之果不住无為故无獨善之身此二无导
是菩薩道之要路佛事无方之所由勸彼今學示其佛事不思議道令充審法化无
窮已也　爾時彼諸菩薩聞說是法皆大歡喜以衆妙花若干種色若干種香散遍
三千大千世界供養釋迦牟尼佛及此經法并諸菩薩已稽首佛足歎未曾有言釋
迦牟尼佛乃能於此善行方便言已忽然不現還到本國　此三聞法歡喜供養稱
述而還國也
見阿閦佛品第十二　阿閦此云无動雖復變化万形而
相常寂故名也將結淨名勝德以印經故取佛而現其國立品名耳又據前半品應
云見如來後半品顯跡經住故從後立名也　爾時世尊問維摩詰汝欲見如來
為以何等觀如來乎　此品第二顯淨名身土以證經天人於勝德說必真當故印
定也　文三初明真身土二明應身應土三歎聞經之利也初文二此初問也前天
殊入室論之以无乘身子求住訶之以无求今淨名見佛見之於无見此皆會真前
言已相符引物則未有去來曰又二答初總皆見相跡故因以誨之也肇曰向命文殊共
來見佛雖復舉目順俗而致觀不同如來逢覩其情將顯來其觀之旨以明第不
可思議故寄斯問　維摩詰言以自來觀身實相觀佛亦然　二顯法身文二正答
法身二論以生滅前文三初總答實二別揀百非三結成正觀此初也肇曰佛者何也蓋
窮理盡性大覺之稱也其道虛玄固已妙絕常境心不可以智知形不可以像測同
万物之為而居不為之域處言數之內而止无言之鄉非有而不可為有寂寞虛
曠物莫能測不知所以名強謂之覺其為至也亦以極矣何則夫同於得者得亦
得之同於失者失亦得之是以則真者同真法偽者同偽如來靈照冥諧一彼
實相實相之相即如來相故經曰見實相法為見佛也　淨名自觀身實相以為如來
相義存於是也　我觀如來前際不來後際不去今則不住不觀色不觀色如不觀色
性不觀受想行識不觀識如不觀識性　此下二別揀百非意明諸相非相即實相
也法身非生滅故非三世非有故非色非空故非如无自性故无性肇曰法身超絕三
世非陰界入所攝故不可以生住去來而觀不可以五陰如性即而觀也　非四大起同於
虛空六入无積眼耳鼻舌身心已過不在三界三垢已離順三脫門三明與无明等
金剛之體非四大起本覺性故不積六情法界同真不在三界性離三垢常順三脫
明與无明其性不二之情性即法身性也　不一相不異相不自相不他相非无
相非取相不此岸不彼岸不中流而化衆生觀於寂滅亦不永滅　法身非聚散
故非一異亡彼我故无自他不同太虛故非无非相不受著故非取相生死即涅
槃故无彼此岸邪正道不二故无中流雖衆相都滅而不住滅故教化衆生是
即常寂滅而无滅也　不此不彼不以此不以彼不可以智知不可以識識　去无彼此

虚空之入无積眼耳鼻身心已過不在三界三垢已離順三脫門三明与无明等
金剛之解非四大起本惟住故不積六情法界同真不在三界住離三垢常順三脫
明与无明其住不二二之情住即法身住也「不一相不異相不自相不他相非无
相无取相不此岸不彼岸不中流而化衆生觀於寂滅亦不永滅。法身非聚散
故非一異亡彼我故无自他不同太虚故非无非相不受著故非取相生死即涅
槃故无彼此岸邪正道不二故无中流雖衆相都滅而不住滅故教化衆生是
即常寂滅而无滅也「不此不彼不以此不以彼不可以智知不可以識識。法无彼此
之相故不彼不此聖无彼此之執故不以此不以彼且二乘智所不測豈凡識而
能識識哉「无晦无明无名无相无强无弱非淨非穢。住不可蔽故无晦離
貴所貴故无明亦奇可以名呼不可以相示豈强弱淨穢而分別哉「不在方不離方
非有為非无為无示无說。化身住法住故不在方菴園即法住故不離方真身
不生滅故非有為丈六即真故非无為應物而相非實相故不可示應物而
名非真名故不可說「不施不慳不戒不犯不忍不恚不進不怠不定不亂不智
不愚不誠不欺不來不去不出不入一切言語道斷。法身真淨不可以六蔽覆
不可以六度度不可以善誠不可以惡欺感物而來非來感謝而往非去既无形
於去來亦无心於出入斯言任自絕也「非福田非不福田非應供養非不應供養
非取非捨非有相非无相同真際等法性不可稱不可量過諸稱量。无心福
物非福田有求見益非不福无體无得非應供德洽无邊非不應取之則失
真捨之則乖道豈有相可相无相可无斯同真際等法性越稱量之境哉
非大非小非見非聞非覺非知離衆結縛等諸智同衆生於諸法无分別
不可以世界量非大不可以微塵非小離六塵之境不可以合覺不可以離見无
漏之解解絕結縛等實相之智同衆生之性渾然无際豈与法有別「一切无失
无濁无惱无作无起无生无滅无畏无憂无喜无厭。肇曰无得故无失无
消於濁獨等外之解何可惱亂熟能作之令起生之使滅恬淡寂怕无為无
數豈容憂畏喜厭於其間哉「无已有无當有无今有不可以一切言說分別
顯示。既三世之有都絕言說之路「世尊如來身為若此作如是觀以斯觀
者名為正觀若他觀者名為邪觀。三結成觀也肇曰窮言盡智莫能顯示
來觀之旨為若是也又解他觀者謂二乘凡夫見生滅憂畏等皆理為他「尒時
舍利弗問維摩詰汝於何沒而來生此。二論生滅文三舍利弗約法門二淨名
行說出二門辯其生滅為文又四此初身子問也離生滅見不生滅者二乘之見非
實相第若即因緣生滅悟不生滅者此法身義也有此善別故再論焉上
雖具顯百非今但論於生滅若悟生則无生自然无生自然衆非可見矣肇
日上云如自觀身實相相无生而今現有生將成其自觀之義故以沒生問也
維摩詰言汝所得法有沒生乎二反質也肇曰逆問所得以證无沒生也所得法即

未觀之旨乃爲若是也又解他觀者謂二乘凡夫見生滅憂畏等皆理爲他　尒時
舍利弗問維摩詰汝於何沒而來生此　二論生滅文二　舍利弗約法問　二淨名
[illegible]摩詰其生滅前文又四此初身子問也雖生滅見不生滅者二乘之見非
實相第二若即因緣生滅悟不生滅者此法身義也有此差別故再論焉上
雖具顯百非今但論於生滅若悟生則无生自然无生自然衆非可見矣肇
日上云如自觀身實相觀佛亦然而今現有生滅其自觀之義故以沒生問也
維摩詰言汝所得法有沒生乎　二反質也肇曰逆問所得以證无沒生也所得法即
无爲无相法也　舍利弗言无沒生也　三答无沒生也　若諸法无沒生相云何問
言汝於何沒而來生此　四呵也若觀諸法因緣生滅本无自性云何乃問此沒生
耶　於意云何譬如幻師幻作男女寧生沒耶　二舉幻況文五此初舉幻問
舍利弗言无沒生也　二答也　汝豈不聞佛説諸法如幻相乎　三重問　答曰如是
四重問答　若一切法如幻相者云何問言汝於何沒而來生此　五呵　若佛説諸法如幻
相者即幻生非生幻沒非沒云何更問此沒生也肇曰生猶化存死猶化往物不无
尒猶問我爲　舍利弗沒者爲虛誑法壞敗之相生者爲虛誑法相續之相
菩薩雖不盡善本雖生不長諸惡　三解釋妄執虛誑有沒有生悟法真
實无生无滅幻滅非滅故不盡善本幻生非生故不貪生長惡此所顯即生滅
悟无生滅成法身義也　是時佛告舍利弗有國名妙喜佛号无動是維摩詰
於彼沒而來生此　此下二明應身應土文二初論應事二現身土前文有四佛
示國名二身子生疑三約喻質問四解釋應事此初也上既即生非生是真身
此明不生能生是應身國土之然故佛示其生沒也　舍利弗言未曾有也世尊
是人乃能捨清淨土而來樂此多怒害處　二生疑但可棄穢生淨曷有捨
淨來穢耶肇曰此土方餘國怒害處多　維摩詰語舍利弗於意云何日光出
時爲冥合乎　答曰不也日光出時則无衆冥　維摩詰言夫日何故行閻浮提
答曰欲以明照爲之除冥　三質問初問答明日光自明闇不能蔽喻真身處
染不染後問答明日光能破闇喻其化生雖染　維摩詰言菩薩如是雖生不
淨佛土爲化衆生不與愚闇而共合也　但滅衆生煩惱闇耳　此四合喻解釋
應量亦然　是時大衆渴仰欲見妙喜世界不動如來及其菩薩聲聞之衆
此二正現身土文三一時衆渴仰二佛令令現三奉教取四勸修行五大衆發心
示利益果還本也　此初也　佛知一切衆會所念告維摩詰言善男子爲此衆會
現妙喜國无動如來及諸菩薩聲聞之衆衆皆欲見　此二命令現土　肇曰既覩大
衆渴仰之情將顯淨名不思議德故告令現本國也　於是維摩詰心念吾當
不起於座接妙喜國鐵圍山川溪谷江河大海泉源須彌諸山及日月星
宿天龍鬼神梵天等宮并諸菩薩聲聞之衆城邑聚落男女大小乃至无動如來
三奉令文三此初命取彼佛國及妙蓮花寶階嚴飾盡皆現也　及諸菩提樹諸妙
蓮花能於十方作佛事者　[illegible]

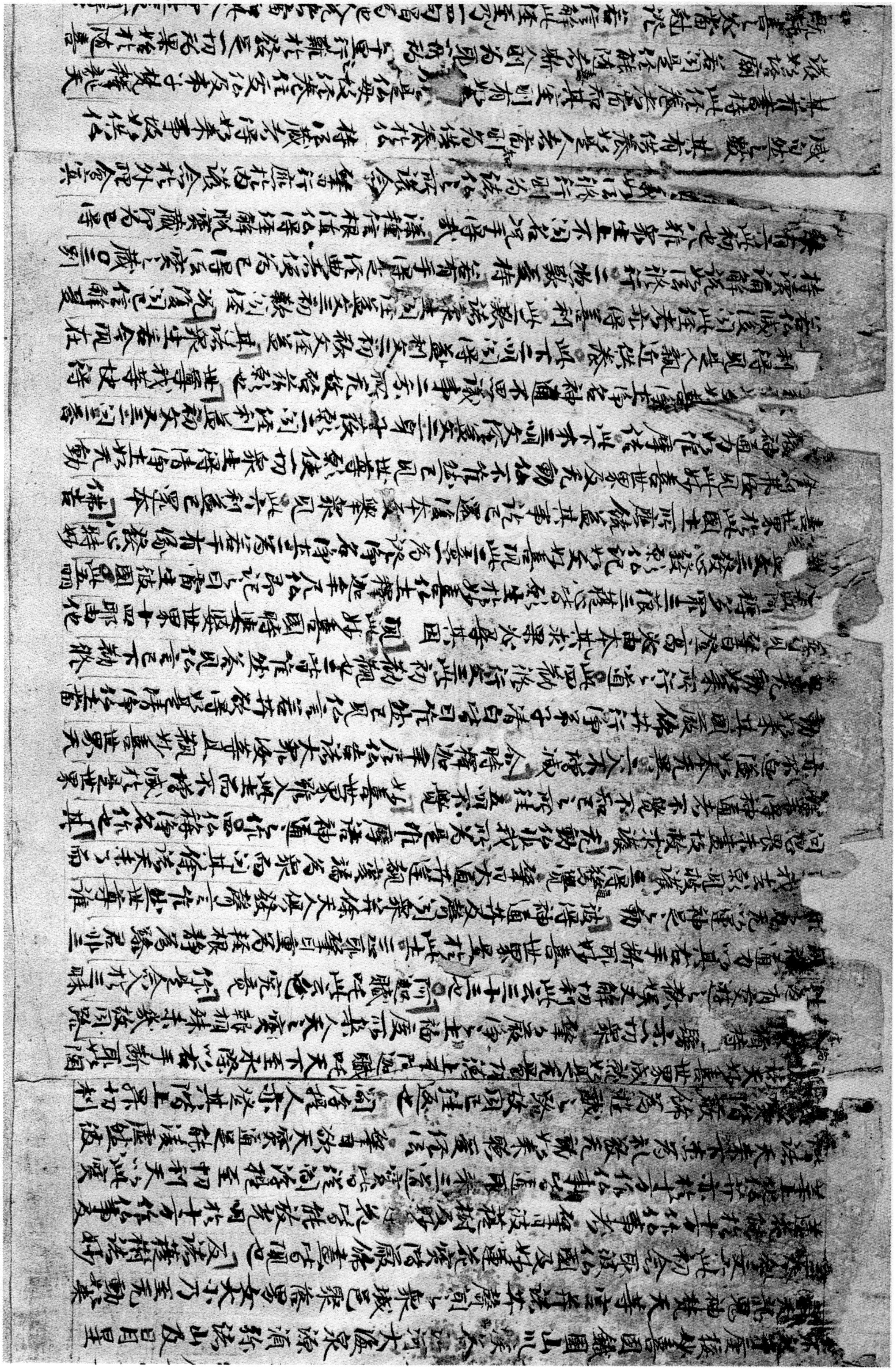

BD05782 淨名經集解關中疏卷下

（47–40）

果有三世初也八難衆生上不得名況乎得哉 深種信根值佛得經解脫寶藏印為已得
財法終行則為諸佛之所護念 肇曰行應於内護念於外理會冥
感自然之數 其有供養如是人者當知則為供養於佛 持經藏者得如來事故如供佛
其有書持此經卷者當知其室則有如來 是佛母故經卷住處佛及弟子梵釋龍天
護如塔廟 若聞是經能隨喜者斯人則為取一切智 千里之行藉於發足一切智果始於隨喜
既能隨喜必當勤說 若信解此經乃至一四句偈為他人說者當知此人即是受阿耨多
羅三藐三菩提記 十善五戒報在人天大乘深經唯果菩提故始信四句便記成佛
此下三品大段第三說已流傳流通分也 讀說護持遠津遐劫聞經能
說聖聖不絕故曰流通 文二 此品讚諸尊蓋大段品觀蓋護持大乘理教教為流能護傳
通名為供養如文 介時釋提桓因於大衆中白佛言 世尊我雖從佛及文殊師利聞百
千經未曾聞此不可思議自在神通決定實相經典 品文二 初天帝發讚弘經 二如來述
初中又三 初歎法勝 次歎人益 三觀益讚傳 此初也 百千經方便教也 決定實相明理
自在神通假說用 肇曰此經言雖簡約而義包群典 坐不踰日而備覩通變 大乘微遠之
言神通感應之力 一時所遇理無不盡 如我解佛所說義趣 若有衆生聞是經法信解受
持讀誦之者必得是法不疑 此二歎人 文二 此初歎信解 肇曰是法者自在神通實相法
也 什曰若累深信薄者 經涉生死究竟必得 若善積而悟深者 隨聞輒成 何況如
說修行斯人則為閉衆惡趣 開諸善門 常為諸佛之所護念 降伏外學 摧滅魔怨
修治菩提安處道場 履踐如來所行之跡 此二歎修行也 一念修行閉八難惡趣 開五乘
善門 行應則諸佛冥護 修正則外魔摧伏 隨順佛理名修菩提 不移此心必安道樹 無上佛
果信心為本 方行菩提一念為階 所以始於一念修行即是履踐如來所行之跡 世尊若
有受持讀誦如說修行者 我當與諸眷屬供養給事 所在聚落城邑山林曠野 有
是經處 我亦與諸眷屬聽受法故共到其所 其未信者當令生信 其已信者當為
作護 此三天帝觀法真益 大發誓弘讚 又護持正法 並行本所以讚 依佛言 善哉善
哉天帝 如汝所說 吾助介喜 此經廣說過去未來現在諸佛不可思議阿耨多羅三
藐三菩 此下二佛讚天帝 所以文三 如前 此物述歎法也 肇曰善其護持之意也 三
世菩提不可思議道皆陳在此經 若受持讀誦供養是經者則為供養三世諸佛 故助介喜 是故天
帝若善男子善女人受持讀誦供養是經者則為供養去來今佛 二述人益 三深文二
此初正述也 經是三世佛母 供其母則供其子也 又教能顯理 理能悟佛 故受持讀誦則為
供養三世佛矣 天帝正使三千大千世界如來滿中 譬如甘蔗竹葦稻麻叢林 若有善男
子善女人 或一劫或減一劫恭敬尊重讚歎供養奉諸所安 至佛滅後以一一全身舍利起
七寶塔 縱廣一四天下 高至梵天 表剎莊嚴 以一切華香瓔珞幢幡伎樂微妙第一 若一劫
若減一劫而供養之 於天帝意云何 其人植福寧為多不 此二校量 文四 此初舉況 問
也 天子說佛福田最上 施安起塔二世供養 是人殖福為多不耶 釋提桓因言多矣世
尊彼之福德若以百千億劫說不能盡

[illegible]
供養三世仏矣 天帝正使三千大千世界如来滿中譬如甘蔗竹葦稻麻叢林若有善男
子善女人或一劫或減一劫恭敬尊重讚歎供養奉諸所安至仏滅後以一一全身舍利起
七寶塔縱廣一四天下高至梵天表刹莊嚴以一切華香瓔珞幢幡伎樂微妙第一若一劫
若減一劫而供養之於天帝意云何其人殖福寧為多不 此二校量文四此初舉況問
也大千諸仏福田最上施安起塔二世供養是人殖福為多不耶 釋提桓因言多矣世
尊彼之福德若以百千億劫說不能盡 二答福多 佛告天帝當知是善男子
善女人聞是不可思議解脫經典信解受持讀誦修行福多於彼 三正校量
勝生曰衣食供養本以施安致福非求理之法故此正可生人天之中終不得成佛也
供養法身者以佛所體為懷於大悟智惠而以相比豈可同年語其優劣哉
所以者何諸佛菩提皆從是生菩提之相不可限量以是因緣福不可量 四釋
[illegible]經難供佛福尚多何況供於經本乎 肇曰高木必起重壤瓔璫
必生荊曲所以无量之果必由无量之因諸佛菩提皆從習此經生而菩提之道
以无相為相无相之相不可限量因是生福福何可量 佛告天帝過去无量阿僧
祇劫是時有佛号曰藥王如来應供正遍知明行足善逝世間解无上士調御丈
夫天人師佛世尊世界曰大莊嚴劫曰莊嚴佛壽二十小劫其聲聞僧三十六億
那由他菩薩僧有十二億 此下三述親護之報我為月蓋護法成仏天帝所願
報可知矣文四初明有佛二明供養三結會四勸修此初明時有佛也藥王別号
如来等通号有十一如来乘真如理來成正覺故二應供破魔度物應供養故三正
遍知正覺諸法不顛倒故四明行足至三明果故五善逝善往也真往菩提不退還故六
世間解大悲權智解世間故七无上士德業最勝无能過故八調御丈夫受化調伏皆丈夫故
九天人師雖師範六道天人益多故十仏獸覺也生死長夜自覺覺他故除名眷屬等可
見 天帝是時有轉輪聖王名曰寶蓋與其眷屬供養藥王如来施諸所安至滿五
劫 二明有王供養文三此初父王供養也 七寶者輪寶珠寶女寶象寶馬寶藏臣寶兵
神寶過五劫已告其千子汝等亦當如我以深心供養於仏 於是千子受父王命供
養藥王如来復滿五劫一切施安 二千子供養有告奉可見 其王一子名曰月蓋獨坐
寧有供養殊過此者 此三明月蓋思法供養文九此初獨坐思惟也 肇曰極世饒
珍无以稱其至至之情冀所珍之外別有妙養以暢誠心 以仏神力空中有天曰善男子
法之供養勝諸供養 二天告 肇曰藥王如来知其將化故變為空神而告之 即問何謂
法之供養 三問天也 天曰汝可往問藥王如来當廣為汝說法之供養 四答往問仏也
即時月蓋王子行詣藥王如来稽首仏足却住一面白仏言世尊諸供養中法供養勝
云何為法之供養 五請仏問 仏言善男子法供養者謂諸仏所說深經一切世間難信難
受微妙難見清淨无染非但分別思惟之所能得 下六仏答法養文二初明法體二明
供養法中文五初明理法二明教法三明行勝四明果勝五總結也 此初明實相理法也

法〻供養勝諸供養　二天吉譽曰藥王如來知其將化故變為空神而告〻　天問何謂
法〻供養　三問天也 天曰汝可往問藥王如來當廣為汝說法〻供養　眾結問答
尋時月蓋王子行詣藥王如來稽首佛足却住一面白佛言世尊諸供養中法供養勝
云何名法〻供養　五論佛答　佛言善男子法供養者謂諸佛所說深經一切世間難信難
受微妙難見清淨无染非但分別思惟〻所能得　下六佛答法養文二初明法體二明
供養法中文五初明理法二明教法三明行勝四明果勝五物結也　此初明實相理法也
肇曰深經謂方等第一義也其旨深玄非有心〻所得微妙无像非明者〻所覩
超絕塵境无染若空欲以有心有明而信受者不亦難乎又解實相深理難信難見
性淨无染但可智悟非分別思惟能得又解情與理違故難信行與理違故難受或與
理違故難見　菩薩法藏所說陀羅尼印〻之　此二明其法教非小乘也陀羅尼印者
无名相設名相生成　言名而无名假曰相而无相此陀羅尼印也故勝天王云物持无
文字〻顯物持般若大悲力離言文字說又只名非名即相非相亦名實相印也
肇曰菩薩藏所攝故因小乘〻實物持所印固非域中之道物持所印必真法藏所〻
攝〻必實豈是常人所能測發深法實深故難可測渝也至不退轉成就六度　此三
明理深教妙起行必勝文四此初不退行也以孫勤章明　肇曰不退所以至六度所以成
善分別義順菩提眾經中上　此二演說行也肇曰善分
別實相〻義順菩提〻法此經〻上也　入大悲慈離眾魔事及諸邪見　此三離
過行也大悲故超二乘離著故超諸魔无邪見故超外道此皆深經〻所能也　隨因
緣法无我无人无眾生无壽命空无相无作无起　此四說真行也謂隨因悟真〻理也无
我等无空也空无相等法空也肇曰法從因緣生〻則无自性〻則无主〻則无我无眾
生无壽命唯空无相无作无起此深經〻所順也　能令眾生坐於道場而轉法輪
諸天龍神乾闥婆等所共歎譽　此下四明理深行妙得勝果也文三初明證道法身果
既成道樹必轉法輪所以天龍預懷忻歎　能令眾生入佛法藏攝諸賢聖一切智慧
說眾菩薩所行之道　此二明一切智果既坐道樹具佛法藏獲賢聖智得菩提道因圓
果滿名行足也　依於諸法實相之義明宣无常苦空无我寂滅之法能救一切毀禁
眾生諸魔外道及貪著者能使怖畏　此三明大悲利益果既坐道場獲一切智善
雨法雨利益眾令諸菩依實相義稱為二乘宣无常理聞經隨喜毀禁罪除諸魔外
道怖邪歸正自非深信大乘堅固此業安能致此无邊益哉　諸佛賢聖所共稱歎背
生死苦示涅槃樂十方三世諸佛所說　此五物結理也肇曰諸佛共稱以明其法必真也生
死之畏皆〻至離涅槃難識〻者宣自非深經孰能其路諸佛雖殊其道不二以明
第一義經出上不差也美深經說於是　若聞如是等經信解受持讀誦以方便力為說
眾生分別解說顯示分明守護故是名法〻供養　此明供養文二　此初信讀誦肇曰如
是等經盡諸佛法身也若聞斯經能信解讀持宣示分明令大法增廣名法〻供養〻
成法身也　又作於深法……

兩法雨利益衆令諸菩依寳相義權爲二乘宣无常理聞經隨喜毀棄罪除諸魔外
道怖邪歸正自非深信大乘堅固非心豈能致此无邊益哉　諸佛賢聖所共稱歎背
生死苦示涅槃樂十方三世諸佛之所說此五想結理也　肇曰諸佛共稱以明其法妙直也生
死畏者背之至難涅槃難識之者宜自非深經孰啓其路諸佛雖殊其道不二以明
本一義經常上不差也美深經說於是　若聞如是等經信解受持讀誦以方便力爲諸
衆生分別解說顯示分明守護法故是名法之供養　此明供養文二此初信讀誦肇曰如
是等經盡諸佛法身也若聞斯經能信解護持宣示分明令大法增廣名法之供養之
成法身也　又於諸法如說修行　此二明法行修行文三初觀除邪執二四依以閒失三順滅說
初除執有三此初釋也肇曰諸法即深經所說言庱諸法　隨順十二因緣離諸邪見得
无生忍決定无我无有衆生　此二无我觀也　肇曰不悟緣起故有邪見之封我或
若如說行則明惠明見十二因緣根原所由故能離邪見得无生忍无復吾我衆生之相
緣謂之隨明白有无謂之決定皆稱用之別稱　而於因緣果報无違无諍離
諸我所　此三離我所也肇曰无違无諍即隨順義也五受陰身及家屬所有因緣果
我所也若能明見因緣果報之性順而无違離我也上直明觀因緣知无造
離我見令觀因緣果報知无屬者故離我所見依於義不依語依智不依識
依經不依不了義經依於法不依人　二四依以閒失大集經云語者說生死義者
生洛者說涅槃味義者說涅槃无性語者說諸乘隨所安正義者說法乘人
者識四大智住四大无性識者識六根六識智者住內外寂滅等又不
死之死苦樂了義經說生死涅槃一相不了義經說我人等諸法了義經說三空
乘世文人者稱耶人見法者解人无人見人者凡至三乘人也法者知一切法无別无異如
虛空之也　隨順法相无所入无所歸　此三順法寂滅相而修說文三此初標法體也肇曰
順因緣知法從緣而有從緣而无其有不從未來之其无不歸入過去故曰
无入无歸也　无明畢竟滅故諸行亦畢竟滅乃至生畢竟滅故老死亦畢竟滅　二釋
寂滅相也　肇曰畢竟增始終常滅不復更滅乃所以成无盡義也生曰畢竟見老終要
然也終既要滅生豈有哉生若不有其誰有滅邪明无入歸矣　作如是觀十二因緣无
有盡相不復起見是名最上法之供養　此三結供養也无明本性寂滅故不生即
不滅之即不盡肇曰上觀因緣无生離常我等諸見令觀因緣无滅離斷滅等諸見
具四依離諸見者法供養之上也　佛告天帝王子月蓋聞如是法得柔順忍　七聞法
得益也人王之天四五六地得此忍也肇曰心柔智順堪受實相未及无生名柔順忍
即解寶衣嚴身之具以供養佛　二解衣供養白佛言世尊如來滅後我當行法供
養守護正法　二願以威神加哀建立令我得降魔怨修菩行三請加護也肇曰聞法供
養守護正法欲行之然經道深遠非己力所弘故求加威神也　佛知其深心所念而
記之曰汝於末後守護法城　八明受記什曰汝今後信大法

BD05782　淨名經集解關中疏卷下　（47–44）

BD05782 淨名經集解關中疏卷下

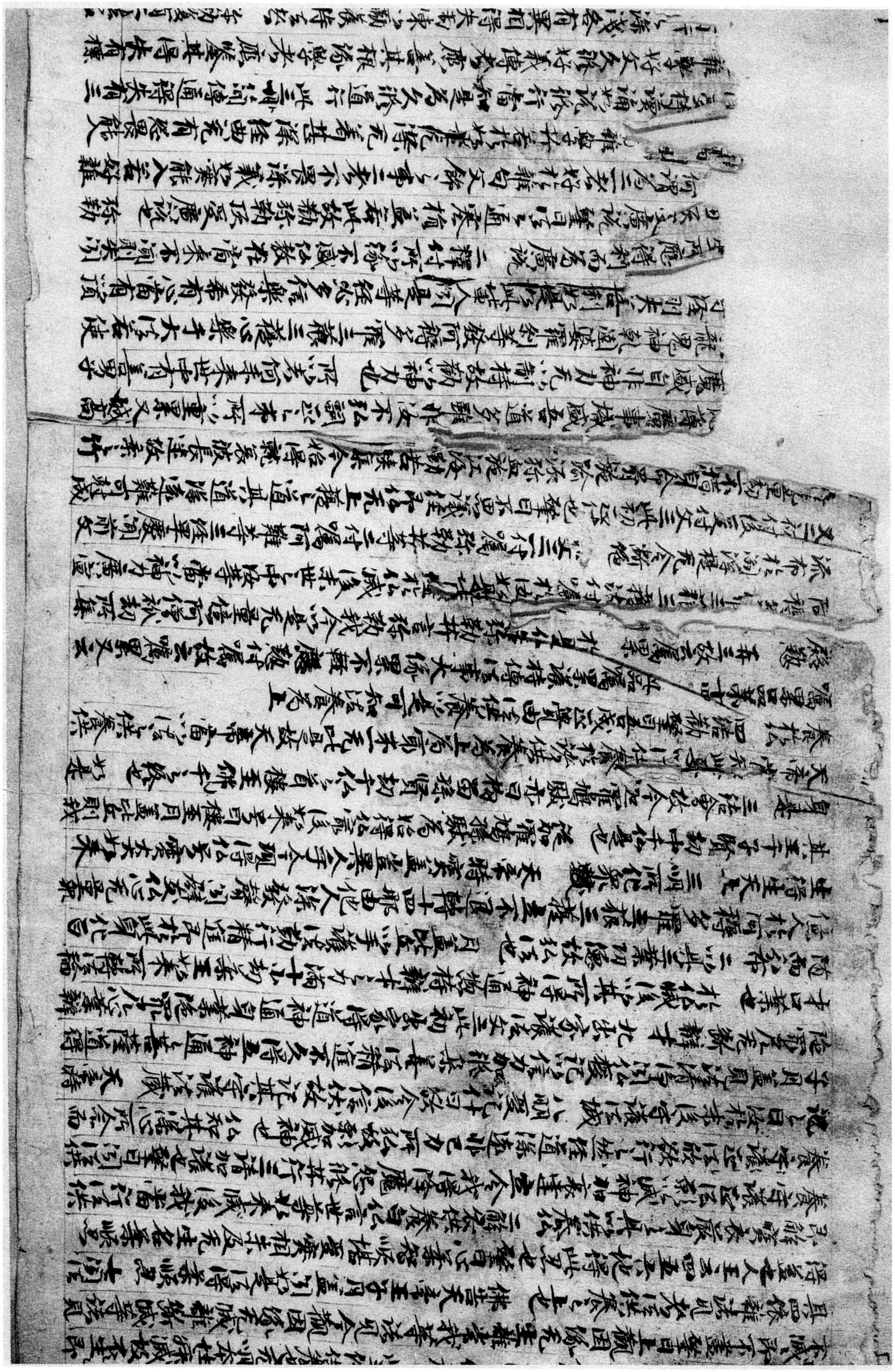

(47–45)

龍鬼神乾闥婆羅剎等發阿耨多羅三藐三菩提心樂于大法若使
□塗則失善利如是此輩人聞是等經必多信樂發希有心當有頂
受□應得利而為廣說　二釋付所以緣不感佛教在當來不聞則失
因眾生廣說肇曰法之通塞損益若此故勸彌勒廣受廣說也　彌勒
何謂為二一者好於雜句文飾之事二者不畏深義如實能入若好雜
□雜學菩若於好□无染无著甚深經典无有恐畏能入
其中受持讀誦如說修行當知是為久修道行　此三辨二簡傳通得失有三
雜學好文久修好義傳者應善其根緣學者應鑒其得失有標
□□□深淺各有異相得失兩陳以勵讓持法者　彌勒復有二法名
□□□深法何等為二一者□□聞深經聞之驚怖生疑不能隨順毀
是言我初不聞從何所來二者若有護持解說如是深經者不肯親近
□持於中說其過惡有此二法當知是雜學菩薩為自毀傷不能於深法、
此二別簡雜學文三如前決定深理必在積修敬法重人方能久學若謗
深信解恵不明豈能決定正觀積不退轉也肇曰一毀法二毀人　彌勒
雖信解深法猶自毀傷而不能得無生法忍何等為二一者輕慢新學
二者雖解深法而取相分別是為二法　三別簡舊學二法者一輕慢新
二樂分別自壞大智夫說無生忍要必智慧圓有茲二患自毀修證文
彌勒菩薩聞說是法已白言世尊未曾有也如佛所說我當遠離如斯之
彌勒四王等受旨文三此初彌勒受旨文二初敘旨二佛讚敘中先受誡旨
□有如斯之惡聞而復離耶發言者為未離者耳　奉持如來無數
集阿耨多羅三藐三菩提法若未來世中善男子善女人求大乘者當
等經與其念力使得受持讀誦為他廣說世尊若後末世有能受
說者當知是勤彌神力之所建立　此二敘通經旨如來得法益通三世
今手得心持自行兼說彌勒神者肇曰宣已功於未然息眾魔之候
曰哉善哉彌勒如汝所說佛助令喜　此二佛如文可見　於是一切菩薩合掌
□於如來滅後十方國土廣宣流布阿耨多羅三藐三菩提復當開導諸
說法者令得是經　二諸菩薩受法於遍照故稱宣十方　爾時四天王白佛言世尊
成邑聚落山林曠野有是經卷讀誦解說者我當率諸官屬為聽
法故往詣其人面百由旬令無伺求得其便者　此下三四天王受旨經卷住安
說天力護持彌增法化　是時佛告阿難受持是經廣宣流布
已受持要者世尊當何名斯經佛言阿難是名維摩詰所說亦名不可
思議解脫法門受持　下四付囑阿難付受問答欲結集之時無所遺漏
佛說是經已長者維摩詰文殊師利舍利弗阿難等及諸天人阿修羅等一切大眾
聞佛所說皆大歡喜　已下流通竟　慶□□奉

[illegible]
弥勒四王等受旨文三此初弥勒受旨文二初誡旨二仏讃誡中先受誡旨
有如斯之惡聞而復離耶發言者為未聽者耳　奉持如來无數
阿耨多羅三藐三菩提法若未來世中善男子善女人求大乘者當
等經與其念力使得受持讀誦為他廣說世尊若後末世有能受
者當知是勒神力之所建立　此二欲通經旨如来得法益通三世
今手得心持自行兼說弥勒神者肇曰宣己功於未然息衆魔之候
哉善哉弥勒如汝所說仏助介喜　此二仏如文可见　於是一切菩薩合掌
於如來滅後十方國土廣宣流布阿耨多羅三藐三菩提復當開導諸
是經　二諸菩薩於脩道照如橋宣十方　介時四天王白仏言世尊
成邑聚落山林曠野有是經卷讀誦解說者我當率介諸官屬為聽
議其人面百由旬令无伺求得其便者　此下三四天王受旨經卷住支
況天力護持弥增信化　是時仏告阿難受持是經廣宣流布
已受持要者世尊當何名斯經仏言阿難是名維詰所說亦名不可
是受　下以付屬阿難付受問答欲結集之時无所遺漏
說維摩詰文殊師利舍利弗阿難等及諸天人阿修羅等一切大衆
歡喜　已下流付既周慶以奉

卷下

若波羅蜜經卷与他人其福[illegible]供告
釋提桓因憍尸迦我還問汝隨汝意報我若
有善男子善女人供養諸佛舍利恭敬尊重
讃嘆華香乃至幡蓋若復有人分舍利如芥
子許与他人令供養恭敬尊重讃嘆華香乃
至幡蓋其福何所為多釋提桓因白言世尊
尊如我從佛聞法中義有善男子善女人自
供養舍利乃至幡蓋若復有人分舍利如芥
子許与他人令供養其福多世尊佛見是福
利衆生故入金剛三昧碎身作末舍利何以
故有人佛滅度後供養佛舍利乃至如芥子
許其福報无邊乃至苦盡佛告釋提桓因如
々是々憍尸迦若善男子善女人書般若波
羅蜜經卷供養恭敬華香乃至幡蓋若復有
人書般若波羅蜜經卷与他人令學是善男
子善女人其福甚多復次憍尸迦善男子善
女人如般若波羅蜜中義為他人說開示分
別令易解是善男子善女人勝於前善男子
善女人功德所從聞般若波羅蜜當示其人

BD05783號　大智度論卷五九　（6-1）

許其福報无邊乃至苦盡佛告釋提桓因如
々是々憍尸迦若善男子善女人書般若波
羅蜜經卷供養恭敬華香乃至幡蓋若復有
人書般若波羅蜜經卷与他人令學是善男
子善女人其福甚多復次憍尸迦善男子善
女人如般若波羅蜜中義為他人說開示分
別令易解是善男子善女人勝於前善男子
善女人功德所從聞般若波羅蜜當示其人
如佛亦如高勝梵行人何以故當知般若波
羅蜜即是佛般若波羅蜜不異佛々不異般
若波羅蜜過去未來現在諸佛皆從般若波
羅蜜中學得阿耨多羅三藐三菩提及高々
勝々梵々行々人々者所謂阿鞞跋致菩薩
摩訶薩亦學般若波羅蜜當得阿耨多羅三
藐三菩提聲聞人學是般若波羅蜜得阿羅
漢道求辟支佛道人學是般若波羅蜜得辟
支佛道菩薩學是般若波羅蜜得入菩薩位
以是故憍尸迦善男子善女人欲供養現在
佛恭敬尊重讃嘆華香乃至幡蓋當供養般
若波羅蜜我見是利益初得阿耨多羅三藐
三菩提時作如是念誰有可供養恭敬尊重
讃嘆依止住者憍尸迦我一切世間中若天
若魔若梵若沙門婆羅門中不見与我等何
況有勝者自思念我所得法自致作佛我供
養是法恭敬尊重讃嘆當依止住何等是法
所謂般若波羅蜜憍尸迦我自供養是般若
波羅蜜恭敬尊重讃嘆已依止住何況善男
子善女人欲得阿耨多羅三藐三菩提而不

BD05783號　大智度論卷五九　（6-2）

讚嘆依止住者憍尸迦我一切世間中若天
若魔若梵若沙門婆羅門中不見与我等何
況有勝者自思念我所得法自致作佛我供
養是法恭敬尊重讚嘆當依止住何等是法
所謂般若波羅蜜憍尸迦我自供養是般若
波羅蜜恭敬尊重讚嘆已依止住何況善男
子善女人欲得阿耨多羅三藐三菩提而不
供養般若波羅蜜恭敬尊重讚嘆華香瓔珞
至至幡蓋何以故般若波羅蜜中生諸菩々
薩々摩々訶々薩々中生諸佛以是故憍尸
迦善男子善女人若求佛道若求辟支佛道
若求聲聞道皆應供養般若波羅蜜恭敬尊
重讚嘆華香乃至幡蓋問曰何因緣說是有
為法无為法相荅曰帝釋讚嘆般若波羅蜜
攝一切法此中欲說因緣有為法想所謂十
八空卅七品乃至十八不共法略說善不善
等乃至世間出世間是名有為法相何以故
是作相先无今有已有還无故与上相違即
是无為法相是二法皆般若波羅蜜中攝有
為善法是行處无為法是依止處餘无記不
善法以捨離故不說此是新發菩薩意所學
若得般若波羅蜜方便力應无生忍則不愛
行法不增捨法不離有為法而有无為法是
故不依止涅槃是以經中說般若波羅蜜中
廣說三乘用无相法故无生无滅等以世諦
故作是說非第一義諦菩薩行是諸法實相
雖能觀一切衆生心亦不得衆生雖能行一
切法亦不得一切法何以故以得无所得般

若得般若波羅蜜方便力應无生忍則不愛
行法不增捨法不離有為法而有无為法是
故不依止涅槃是以經中說般若波羅蜜中
廣說三乘用无相法故无生无滅等以世諦
故作是說非第一義諦菩薩行是諸法實相
雖能觀一切衆生心亦不得衆生雖能行一
切法亦不得一切法何以故以得无所得般
若波羅蜜故佛可其所嘆菩薩常習是行乃
至阿耨多羅三藐三菩提不可得何況餘法
帝釋意念若般若是究竟法者行人但行般
若波羅蜜何用餘法佛荅菩薩行六波羅蜜
以般若波羅蜜用无所得法和合故此即是
行般若波羅蜜若但行般若不行五法則功
德不具足不善不妙譬如愚人不識飲食種
具聞嘗是衆味主便純飲嘗失味致患行者
亦如是欲除著心故但行般若反墮耶見不
能增進善法若与五波羅蜜和合則功德具
足義味調適雖衆行和合般若為主若布施
等諸法離般若波羅蜜則有種々差別至般
若波羅蜜中皆一相无有差別譬如閻浮提
阿那婆達多池四大河流一大河有五百小
水歸之俱入大海則失其本名合為一味无
有別異又如樹木枝葉華菓衆色別異蔭則
无別問曰蔭亦有差別樹大則蔭大枝葉華菓
大小種々異形云何无差別荅曰幣光故影
現无光之處即名為蔭々不以大小異形為
義問曰行般若波羅蜜受誦乃至正憶念此

水歸之俱入大海則失其本名色爲一味无
有別異又如樹木枝葉華菓衆色別異蔭則
无別問曰蔭亦有差別樹大則蔭大枝葉華菓
大小種々異形云何无差別荅曰幣光故影
現无光之處即名爲蔭々不以大小異形爲
義問曰行般若波羅蜜受誦乃至正憶念此
事爲難書持般若波羅蜜經卷与他人爲易
功德尚不應等云何言勝荅曰獨行誦讀正
憶念雖難或以我心故功德小以經卷与他
人者有大悲心作佛道因緣无吾我故功德
爲大如佛問帝釋若人自供養舍利復有人
以舍利与他令供養其福何所爲多荅曰与
他人令供養得福多以无吾我慈心与故佛
雖不用福德見有如是大利益衆生故是以
入金剛三昧自壞其身問曰若福德在心佛
何用碎身如芥子令人供養荅曰信淨心從
二因緣生一者內正憶念二者外有良福田
辟如有好穀子田有良美所收必多是故心
雖好必因舍利然後得大菓報佛既可其所
言復更自說有人書寫經卷与人復有人於
大衆中廣解其義其福勝前視是人如々佛
々若々次々佛々義如先說佛以二種因緣
證般若波羅蜜爲勝一者三世聖人從中學
成聖道二者我以此法故得成无上聖我今
還師仰此法々者諸法實相所謂般若波羅
蜜憍尸迦我更无所求而猶尊般若供養何
況善男子不以種々具供養般若波羅蜜此
中說因緣般若是菩薩根本因緣菩薩是諸

BD05783號　大智度論卷五九　（6–5）

々若々次々佛々義如先說佛以二種因緣
證般若波羅蜜爲勝一者三世聖人從中學
成聖道二者我以此法故得成无上聖我今
還師仰此法々者諸法實相所謂般若波羅
蜜憍尸迦我更无所求而猶尊般若供養何
況善男子不以種々具供養般若波羅蜜此
中說因緣般若是菩薩根本因緣菩薩是諸
佛根本因緣諸佛是一切世間大利益安樂
因緣是故聲聞辟支佛人欲疾安急入三解
脫行者猶尚供養般若波羅蜜何況菩薩供
養具者所謂以一心聽受乃至正憶念及以
華香乃至幡蓋

大智論卷第五十九

BD05783號　大智度論卷五九　（6–6）

尒時帝釋即於其日初[illegible]
塗香末香[illegible]妙天衣莊[illegible]
國於世尊所到已頂禮佛足
佛前廣大供養佛前胡跪而[illegible]
住天子云何當受七返畜生惡道
上說
尒時如來頂上放種種光遍滿十方一
已其光還來遶佛三帀從佛口
笑告帝釋言天帝有陀羅尼名
勝頂能淨一切惡道能淨除一切生死
又能淨除諸地獄閻羅王界畜生之苦又破
切地獄能迴向善道天帝此佛頂尊勝陀羅
尼若有人聞一經於耳先世所造一切地獄
惡業皆悉消滅當得清淨之身隨所生處
憶持不忘從一佛刹至一佛刹從一天界至一
天界遍歷三十三天所生之處憶持不忘
天帝若人命欲將終須臾憶念此陀羅尼還
得增益得身口意淨身无苦痛隨其福利隨
處安隱一切如來之所觀視一切天神恒常

BD05784 號　佛頂尊勝陀羅尼經（佛陀波利本）

（9–1）

切地獄能迴向善道天帝此佛頂尊勝陀羅
尼若有人聞一經於耳先世所造一切地獄
惡業皆悉消滅當得清淨之身隨所生處
憶持不忘從一佛刹至一佛刹從一天界至一
天界遍歷三十三天所生之處憶持不忘
天帝若人命欲將終須臾憶念此陀羅尼還
得增益得身口意淨身无苦痛隨其福利隨
處安隱一切如來之所觀視一切天神恒常
侍衛為人所敬惡鄣消滅一切菩薩同心覆
護天帝若人能須臾讀誦此陀羅尼者此人
所有一切地獄畜生閻羅王界餓鬼之苦破
壞消滅无有遺餘諸佛刹土及諸天宮一切
菩薩所住之門无有鄣礙隨意遊入
尒時帝釋白佛言世尊唯願如來為衆生說
增益壽命之法
尒時世尊知帝釋意心之所念樂聞佛說其
是陀羅尼即說呪曰
那謨薄伽跋帝一帝隸路迦鉢囉底毗失瑟吒引折佉反
耶二勃陀引耶三薄伽跋帝四怛姪他五唵引毗輸馱
耶七娑摩三漫多婆婆娑八娑撥囉拏揭底伽訶
那娑婆婆輸地九阿鼻詵者蘇揭多伐折時設反下同那
阿蜜㗚多毗曬罽蜀音阿引訶囉阿訶囉十一阿引
瑜散陀引囉尼十二輸馱耶輸馱耶十三伽伽那毗輸律
反下同提十四烏瑟尼沙毗逝耶輸提十五娑訶娑囉喝囉
濕民珊珠地帝十六薩引婆怛他揭多阿地瑟吒引
[illegible]

BD05784 號　佛頂尊勝陀羅尼經（佛陀波利本）

（9–2）

耶十婆摩三滿多婆皈婆……揚底伽言
耶娑破嚕婆輸地九阿單訖者稚揭多伐折時設反下同耶
阿塞唎多毗曬雞蜀音婆嘆阿引訶囉阿訶囉十一阿引
瑜散陁引囉尼十二輸馱耶輸馱耶十三伽伽那毗輸律輸
丈下同提十四烏瑟尼沙毗近耶輸提十五娑訶娑囉喝囉
濕民珊珠地帝十六薩引婆怛他揭多阿地瑟咤引
耶阿地瑟恥帝慕姪㘑十七跋折囉迦引耶僧訶多
耶輸提十八薩婆伐囉拏毗輸提十九鉢囉底𤙖伐囉
怛耶阿瑜輸提廿薩末耶阿地瑟恥帝廿一末你
摩末你廿二怛闥多部多俱胝鉢唎輸提廿三毗薩普
吒勃地毗輸提廿四社耶社耶廿五毗社耶毗社耶廿六薩末囉薩
末囉勃陁頞地瑟恥多輸提廿七跋折㘑跋折喝鞞廿八跋
折藍婆伐覩廿九摩摩甲某薩婆薩埵耶上寫引耶輸提
卅薩婆揭底鉢唎輸提卅一薩婆怛他揭多三摩濕婆
芳歌反頞地瑟恥帝卅二勃地耶勃地耶卅三毗耶反蒲馱耶蒲
馱耶三漫多鉢唎輸提卅四薩婆怛他揭多阿啼瑟
咤耶阿地瑟恥帝卅五莎婆訶
佛告帝釋言此呪名淨除一切惡道佛頂尊
勝陁羅尼能除一切罪業等鄣能破一切穢惡
道苦天帝此陁羅尼八十八殑伽沙俱胝百千
諸佛同共宣說隨喜受持大如來智印印
之為破一切眾生穢惡道義故為一切地獄
畜生閻羅王界眾生得解脫故臨急苦難墮
生死海中眾生得解脫故短命薄福无救護
眾生樂造雜染惡業眾生故說又此陁羅尼
於瞻部洲住持力故能令地獄惡道眾生種

諸佛同共宣說隨喜受持大如來智印印
之為破一切眾生穢惡道義故為一切地獄
畜生閻羅王界眾生得解脫故臨急苦難墮
生死海中眾生得解脫故短命薄福无救護
眾生樂造雜染惡業眾生故說又此陁羅尼
於瞻部洲住持力故能令地獄惡道眾生種
種流轉生死薄福眾生不信善惡業失正道
眾生等得解脫義故
佛告天帝我說此陁羅尼付囑於汝汝當授
與善住天子復當受持讀誦思惟愛樂憶念
供養於瞻部洲一切眾生廣為宣說此陁羅尼
呪亦為一切諸天子故說此陁羅尼印付囑於
汝天帝汝當善持守護勿令忘失
天帝若人須臾得聞此陁羅尼千劫已來積
造惡業重鄣應受種種流轉生死地獄餓鬼畜
生閻羅王界阿脩羅身夜叉羅剎鬼神布單
那羯吒布單那阿波娑摩囉蚊蝎龜狗蟒虵一
切諸鳥及諸猛獸一切蠢動含靈乃至蟻子
之身更不重受即得轉生諸佛如來一生補
處菩薩同會處生或得大姓婆羅門家
生或得大剎利種家生或得豪貴最勝家生
天帝此人得如上貴處生者皆由聞此陁羅尼
故轉所生處皆得清淨天帝乃至得到菩提
道場最勝之處皆由讚歎此陁羅尼功德如
是

天帝此人身如上貴處生者皆由聞此陀羅尼
故轉所生處皆得清淨天帝乃至得到菩提
道場最勝之處皆由讚嘆此陀羅尼功德如
是
天帝此陀羅尼名善吉祥能淨一切惡道此
佛頂尊勝陀羅尼猶如日藏摩尼之寶淨无瑕
穢淨等虛空光焰照徹无不周遍若諸衆生
持此陀羅尼亦復如是亦如閻浮檀金明淨柔
軟令人喜見不為穢惡之所染著天帝若
有衆生持此陀羅尼亦復如是乘斯善淨得
生善道天帝此陀羅尼所在之處若能書寫
流通受持讀誦聽聞供養能如是者一切惡
道皆得清淨一切地獄苦惱皆消滅
佛告天帝若人能書寫此陀羅尼安高幢上
或安高山或安樓上乃至安置窣堵波中天
帝若有苾芻苾芻尼優婆塞優婆夷族姓男
族姓女於幢等上或見或與相近其影映身
或風吹陀羅尼上幢等上塵落在身上天帝
彼諸衆生所有罪業應墮惡道地獄畜生閻
羅王界餓鬼阿脩羅身惡道之苦皆悉不受
亦不為罪垢染汙天帝此等衆生為一切諸
佛之所授記皆得不退轉於阿耨多羅三藐三
菩提
天帝何況更以多諸供具花鬘塗香末香幢

BD05784號　佛頂尊勝陀羅尼經（佛陀波利本）　（9–5）

羅王界餓鬼阿脩羅身惡道之苦皆悉不受
亦不為罪垢染汙天帝此等衆生為一切諸
佛之所授記皆得不退轉於阿耨多羅三藐三
菩提
天帝何況更以多諸供具花鬘塗香末香幢
幡蓋等衣服瓔珞作諸莊嚴於四衢道造窣
堵波安陀羅尼合掌恭敬旋遶行道歸命礼
拜天帝彼人能如是供養者名摩訶薩埵真
是佛子持法棟梁又是如來全身舍利窣堵
波塔
尒時閻摩羅法王於時夜分來詣佛所到已以
種種天衣妙花塗香莊嚴供養佛已遶佛七
帀頂礼佛足而作是言我聞如來演說讚持大
力陀羅尼者我常隨逐守護不令持者墮於
地獄以彼隨順如來言教而護念之
尒時護世四天大王遶佛三帀白佛言世尊唯
願如來為我廣說持陀羅尼法尒時佛告四
天王汝今諦聽我當為汝宣說受持此陀羅
尼法亦為短命諸衆生說當先洗浴著新淨
衣白月圓滿十五日時持齋誦此陀羅尼滿
其千遍令短命衆生還得增壽永離病苦
一切業鄣悉皆消滅一切地獄苦亦得解脫諸
飛鳥畜生含靈之類聞此陀羅尼一經於耳
盡此一身更不復受
佛言若遇大惡病聞陀羅尼即得永離一切

BD05784號　佛頂尊勝陀羅尼經（佛陀波利本）　（9–6）

一切業鄣悉皆消滅一切地獄苦亦得解脫諸
飛鳥畜生含靈之類聞此陀羅尼一經於耳
盡此一身更不復受
佛言若遇大惡病聞陀羅尼即得永離一切
諸病亦得消滅應墮惡道亦得除斷即得
往生極樂世界從此身已後不受胞胎之身所
生之處蓮華化生一切生處憶持不忘常
識宿命
佛言若人先造一切極重罪業遂即命終乘
斯惡業應墮地獄或墮畜生閻羅王界或
墮餓鬼乃至墮大阿鼻地獄或生水中或生禽
獸異類之身取其亡者隨身分骨以土一把
誦此陀羅尼二十一遍散亡者骨上即得生
天佛言若人能日日誦此陀羅尼二十一遍應
消一切世間廣大供養捨身往生極樂世界
若常誦念得大涅槃復增壽命受勝快樂
捨此身已即得往生種種微妙諸佛剎土常與
諸佛俱會一處一切如來恒為演說微妙
之義一切世尊即授其記身光照曜一切剎土
佛言若誦此陀羅尼法於其佛前先取淨土
作壇隨其大小方四角作以種種草花散於壇
上燒眾名香右膝著地胡跪心常念佛作慕
陀羅印屈其頭指以大母指押合掌當其心
上誦此陀羅尼一百八遍訖於其壇中如雲
王雨花能遍供養八十八俱胝殑伽沙那庾多

BD05784號　佛頂尊勝陀羅尼經（佛陀波利本）　（9–7）

作壇隨其大小方四角作以種種草花散於壇
上燒眾名香右膝著地胡跪心常念佛作慕
陀羅印屈其頭指以大母指押合掌當其心
上誦此陀羅尼一百八遍訖於其壇中如雲
王雨花能遍供養八十八俱胝殑伽沙那庾多
百千諸佛彼佛世尊咸共讚言善哉希有真是
佛子即得無鄣礙智三昧得大菩提心莊嚴
三昧持此陀羅尼應如是
佛言天帝我以此方便一切眾生應墮地獄
道令得解脫一切惡道亦得清淨復令持者
增益壽命天帝汝去將我陀羅尼授與善住
天子滿其七日汝與善住俱來見我
尒時天帝於世尊所受此陀羅尼法奉持還
於本天授與善住天子尒時善住天子受此陀
羅尼已滿六日六夜依法受持一切願滿應受
一切惡道等苦即得解脫住菩提道增壽
無量甚大歡喜高聲歎言希有如來希有
妙法希有明驗甚為難得令我解脫
尒時帝釋至第七日與善住天子將諸天眾
嚴持花鬘塗香末香寶幢幡蓋天衣瓔珞
微妙莊嚴往詣佛所設大供養以妙天衣及
諸瓔珞供養世尊遶百千帀於佛前立踊躍
歡喜而坐聽法
尒時世尊舒金色臂摩善住天子頂而為說
法授菩提記佛言此經名淨一切惡道佛頂尊

BD05784號　佛頂尊勝陀羅尼經（佛陀波利本）　（9–8）

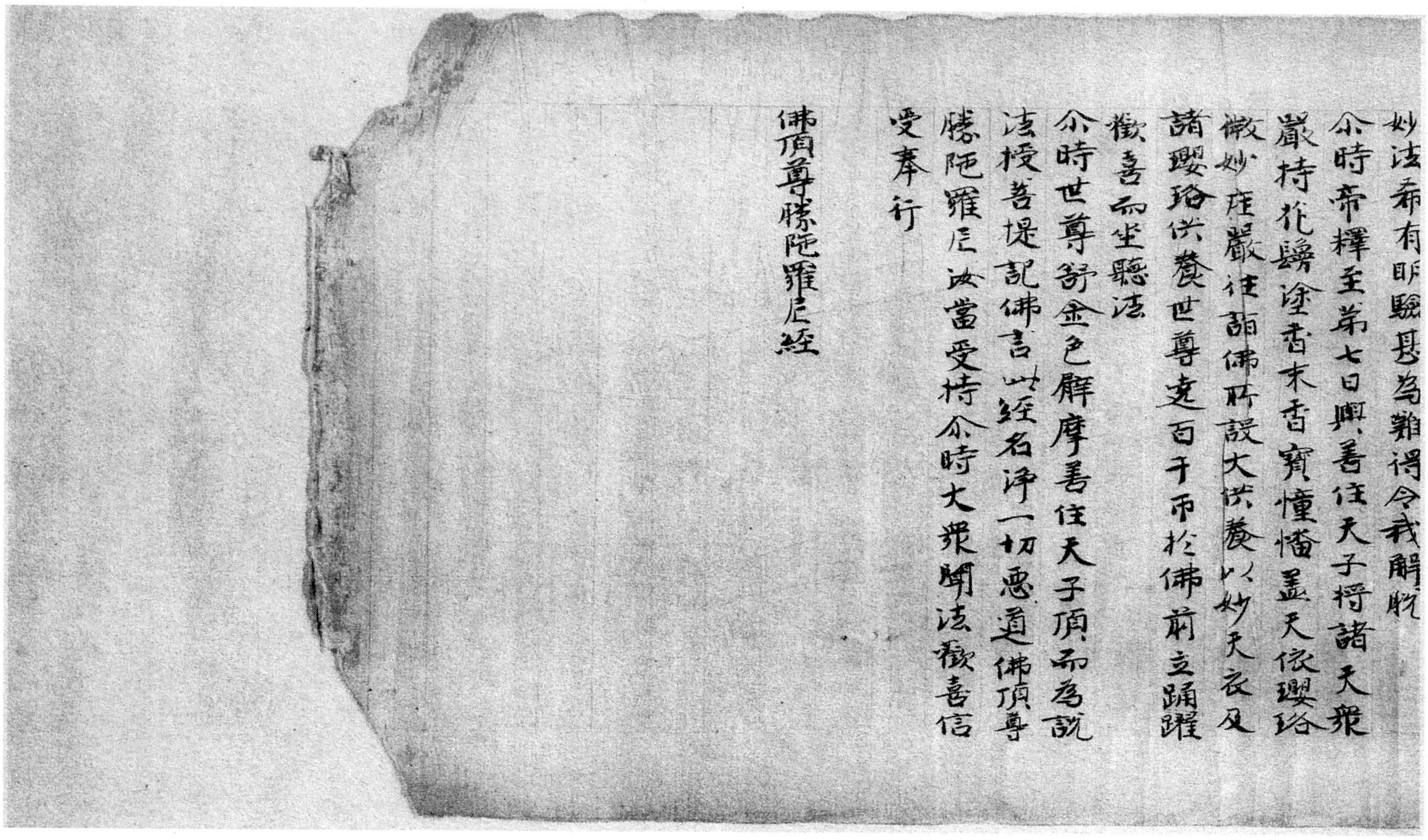
妙法希有明顯甚為難得令我解脫
尒時帝釋至第七日與善住天子將諸天衆
嚴持花鬘塗香末香寶幢幡蓋天衣瓔珞
微妙莊嚴往詣佛所設大供養以妙天衣及
諸瓔珞供養世尊遶百千帀於佛前立踊躍
歡喜而坐聽法
尒時世尊舒金色臂摩善住天子頂而為說
法授菩提記佛言此經名淨一切惡道佛頂尊
勝陀羅尼汝當受持尒時大衆聞法歡喜信
受奉行
佛頂尊勝陀羅尼經

BD05784 號　佛頂尊勝陀羅尼經（佛陀波利本）　（9–9）

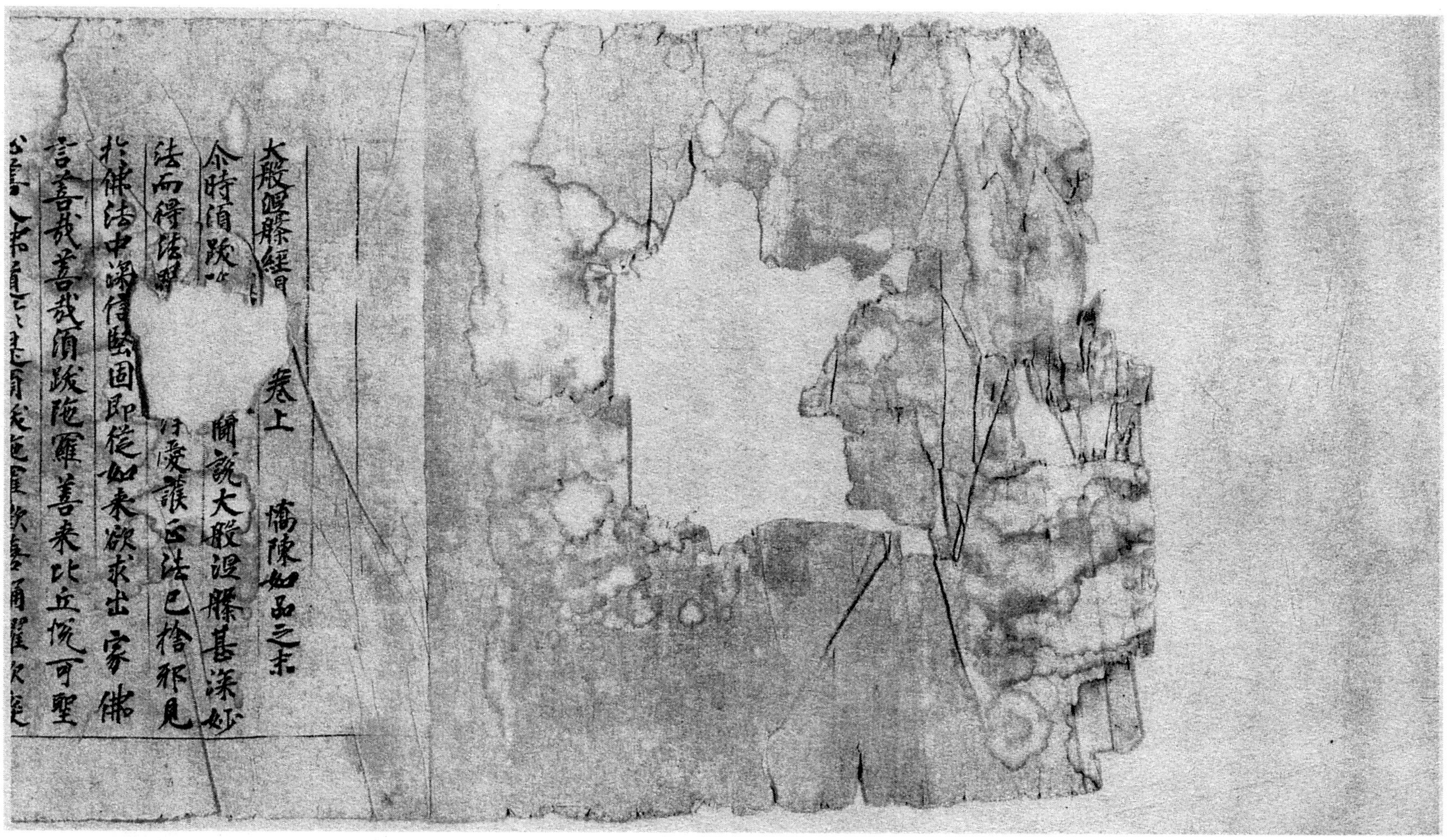
大般涅槃經[illegible]卷上　憍陳如品之末
尒時須跋[illegible]聞說大般涅槃甚深妙
法而得法[illegible]汙愛讓正法已捨邪見
於佛法中渴仰堅固即從如來欲求出家佛
言善哉善哉須跋陀羅善來比丘極可聖

BD05785 號　大般涅槃經後分卷上　（31–1）

大般涅槃經[illegible]卷上　憍陳如品之末
尒時須跋[illegible]聞說大般涅槃甚深妙
法而得法[illegible]好愛護正法已捨邪見
於佛法中深信堅固即從如來欲求出家佛
言善哉善哉須跋陀羅善來比丘恢可聖
心善入佛道於是須跋陀羅歡喜踊躍欣慶
无量即時鬚髮自落而作沙門法性智水灌
注心原无復縛著漏盡意解得羅漢果須跋
陀羅既證果已即前佛所瞻仰尊顏頭面礼
足偏袒右肩右膝著地長跪合掌悲喜交流深
自悔責在[illegible]白佛言世尊恨我毒身
久劫已來常[illegible]我長沒无明邪見論
溺三界外道法中痛哉苦哉爲害滋甚今大
喜慶蒙如來恩德入正法世尊智慧大海慈
悲无量竊自推忖累劫碎軀未能報此須史
之恩須跋陀羅說是語已悲泣流淚不能自
裁復白佛言世尊我年老邁餘命无幾未脫
衆苦行苦遷逼惟願世尊少住教戒哀愍救
護莫般涅槃
尒時世尊默然[illegible]須跋陀羅不果所請愁
憂熱惱高[illegible]我苦哉世間虛空世間
虛空如何於今大怖即至熱惱流行衰哉衰
哉衆生福盡正慧眼滅復更流淚悲號哽噎
遍體血現數聲大哭於如來前舉身投地
荒亂濁心昏迷悶絕久乃蘇醒深淚哽咽而白

BD05785號　大般涅槃經後分卷上　（31–2）

憂熱惱高　我苦哉世間虛空世間
虛空如何於今大怖即至熱惱流行衰哉衰
哉衆生福盡正慧眼滅復更流淚悲號哽噎
遍體血現數聲大哭於如來前舉身投地
荒亂濁心昏迷悶絕久乃蘇醒深淚哽咽而白
佛言世尊我今不忍見於如來入般涅槃中
心痛切難任哉抑我自何能與此坏器毒身
共住今前寧可先自速滅惟願世尊後當涅
槃尒時須跋陀羅說是記已悲戀哽咽於是
時頃即入涅槃
尒時不可說不可說无數億恒河沙諸大菩
薩比丘比丘尼一切世間天人阿脩羅等同
聲唱言苦哉苦哉如何正覺一旦捨離无主无
歸无依无趣追恩戀慕悲感號泣手相執手
搥匈悶絕迷失諸方哀慟三千大千世界尒
時世尊出八種聲普告大衆莫大號哭猶
如嬰兒各相裁抑勿自亂心汝等於此行苦
生死大海勤修淨心莫失念慧疾求正智速
出諸有三界受身苦輪无際无明即王恩愛
魔王役使身心策爲童僕遍緣境界造生死
業貪恚狂癡念念傷害无量劫來常受苦惱
何有智者不及斯原汝等當知我曠劫來已
入大寂无陰界入永斷諸有金剛寶藏常樂
我淨我今於此顯難思議現方便力入大涅
槃示同世法欲令衆生知身如電生厭慕心

BD05785號　大般涅槃經後分卷上　（31–3）

業貪恚狂癡念念傷害无量劫來常受苦惱
何有智者不及斯原汝等當知我曠劫來已
入大寂无陰界入永斷諸有金剛寶藏常樂
我淨我今於此顯難思議現方便力入大涅
槃示同世法欲令衆生知身如電生厭慕心
生死暴河漂流速疾諸行輪轉法應如是如
來涅槃甚深甚深不可思議乃是諸佛菩
薩境界非諸聲聞緣覺所知
佛復告諸大衆是須跋陀羅已曾供養恒河
沙佛於諸佛所深種善根以本願力常在尼
乾外道法中出家修行以方便慧誘進邪見
失道衆生令入正智須跋陀羅乘本願力令
得遇我最後涅槃得聞正法既聞正法得羅
漢果既得果已復入涅槃自我得道度阿若
憍陳如最後涅槃度須跋陀羅吾事究竟无
復施為設我久住无異今也尒時世尊說是
語已即噓長歎唱言善哉善哉須跋陀羅為
報佛恩汝等大衆應當供養其尸安立塔廟
尒時大衆惆悵悲結掩淚哉𢚩即依佛教以
香木蘇油茶毗其尸須跋陀羅當焚尸時即
於火中放大光明現十八變身上出水身下
出火右脇出火左脇出水小復現大復現
小滿虛空中尒時无量大衆及諸外道邪見
衆生發菩提心得入正見須跋陀羅現神變
已還復火中茶毗已訖是時大衆悲感傷悼

BD05785號　大般涅槃經後分卷上　（31–4）

於火中放大光明現十八變身上出水身下
出火右脇出火左脇出水小復現大復現
小滿虛空中尒時无量大衆及諸外道邪見
衆生發菩提心得入正見須跋陀羅現神變
已還復火中茶毗已訖是時大衆悲感傷悼
收取舍利起塔供養
大般涅槃經遺教品
尒時佛告阿難普及大衆吾滅度後汝等四
衆當勤護持我大涅槃我於无量萬億阿僧
祇劫修此難得大涅槃法今已顯說汝等當
知此大涅槃乃是十方三世一切諸佛金剛
寶藏常樂我淨周圓无缺一切諸佛於此涅
槃而般涅槃最後究竟理極无遺諸佛於此
放捨身命故名涅槃汝等欲得決定真報佛
恩疾得菩提請佛摩頂世世所生不失正念
十方諸佛常現其前晝夜守護令一切衆得
出世法當勤修習此涅槃典
佛復告阿難吾未成佛示入鬱頭藍弗外道
法中修學四禪八定受行其教吾成佛來毀
呰其法漸漸誘進最後須跋陀羅皆入佛道
如來以大智炬燒邪見幢如乾草葉投大火
燄阿難今我親戚諸釋種子吾甚憂念我
涅槃後汝當精勤以善教誡我諸眷屬授與妙
法深心誨誘勿得調戲放逸散心入諸境界

BD05785號　大般涅槃經後分卷上　（31–5）

如來以大智炬燒邪見幢如乾草葉投大火
餘阿難今我親戚諸釋種子吾甚憂念我
涅槃後汝當精勤以善教誡我諸眷屬投與妙
法深心誨誘勿得調戲放逸散心入諸境界
受行邪法未脫三界世間痛苦早求出離於
此五濁愛欲之中應生憂畏无救護想一失
人身難可追復畢此一形常須警察无常大
鬼情求難脫憐愍衆生莫相殺害乃至蠢動
應施无畏身業清淨常生妙土口業清淨離
諸過惡莫食肉莫飲酒調伏心地令入道果
深思行業善惡之報如影隨形三世因果循
環不失此生過後悔无追涅槃時至示教
如是

尒時阿難聞佛語已身心戰動情識惘然
悲哽噎咽深没憂悔舉體迷悶昏亂濁心投
如來前猶如死人尒時阿泥樓逗安慰阿難軽
其悲心而語之言咄哉何為悲苦如來涅槃
時至今日雖有明旦即无汝依我語諮啓如
來如是四問佛涅槃後六羣比丘行汙他家
惡性車匿云何共住而得示教如來在世以
佛為師世尊滅後以何為師若佛在世依佛
而住如來既滅依何而住如來滅後結集法
藏一切經初安何等語尒時阿難如從夢中
聞阿泥樓逗安慰其心令致四問漸得醒悟
哀不自勝具陳上問而以白佛

BD05785號　大般涅槃經後分卷上　（31–6）

佛為師世尊滅後以何為師若佛在世依佛
而住如來既滅依何而住如來滅後結集法
藏一切經初安何等語尒時阿難如從夢中
聞阿泥樓逗安慰其心令致四問漸得醒悟
哀不自勝具陳上問而以白佛
佛告阿難何為憂苦悲哀乃尒諸佛化周施
為已訖法歸是處善哉善哉阿難汝致四問
為當後問大能利益一切世間汝等諦聽善
思念之唯然世尊願樂欲聞佛告阿難如汝
所問佛涅槃後六羣比丘惡性車匿行汙他
家云何共住而得示教阿難車匿比丘其性
鄙惡我涅槃後漸當調伏其心柔和捨本
惡性阿難我弟難陀具極重欲其性鄙惡如
來以善方便示教利喜知其根性以波若慧
為說十二因緣所謂无明緣行行緣識乃至
老死憂悲苦惱皆是无明惛愛稠林一切行苦
所滿三界遍流六道大苦根本无明所起以
波若慧示以性淨諦觀根本即斷諸有過
患无明根本滅故无明滅无明滅則行滅乃至
老死憂悲苦惱皆滅得此觀時攝心定住即
入三昧以三昧力得入初禪漸漸次第入第
四禪繫心正念如是修習然後自當得證上
果離三界苦阿難尒時難陀比丘深生信心
依我教法勤心修習不久即得阿羅漢果阿
難我涅槃後汝當依我教法正觀教示六羣

BD05785號　大般涅槃經後分卷上　（31–7）

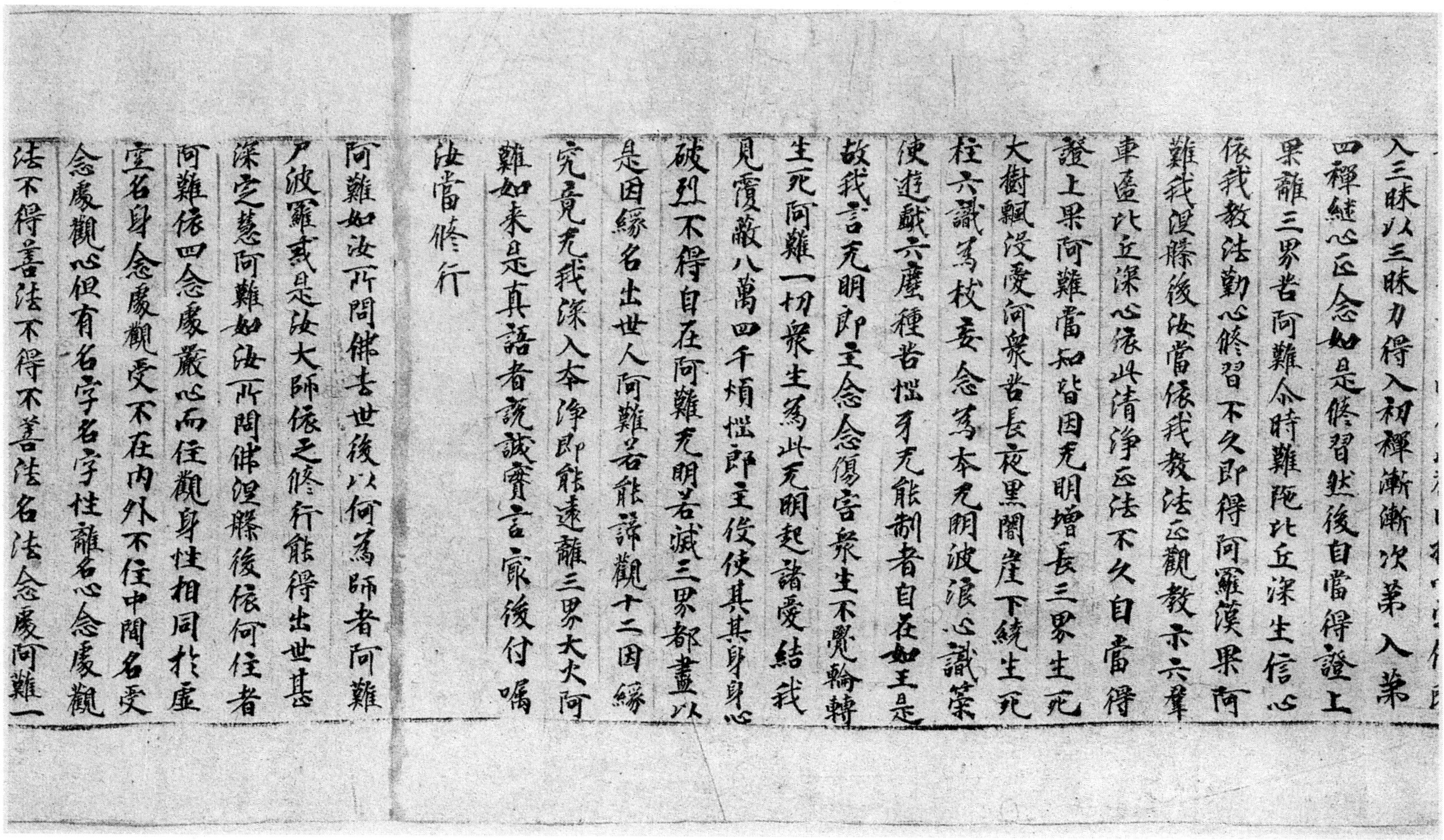

入三昧以三昧力得入初禪漸漸次第入第
四禪繫心正念如是修習然後自當得證上
果離三界苦阿難尒時難陁比丘深生信心
依我教法勤心修習不久即得阿羅漢果阿
難我涅槃後汝當依我教法正觀教示六羣
車匿比丘深心依此清淨正法不久自當得
證上果阿難當知皆因无明增長三界生死
大樹飄沒愛河衆苦長夜黑闇崖下繞生死
柱六識為杖妄念為本无明波浪心識策
使遊戲六塵種苦惱身无能制者自在如王是
故我言无明即主念念傷害衆生不覺輪轉
生死阿難一切衆生為此无明起諸愛結我
見覆蔽八萬四千煩惱即主役使其其身身心
破裂不得自在阿難无明若滅三界都盡以
是因緣名出世人阿難若能諦觀十二因緣
究竟无我深入本淨即能遠離三界大火阿
難如來是真語者誠實言家後付囑
汝當修行
阿難如汝所問佛去世後以何為師者阿難
尸波羅蜜是汝大師依之修行能得出世甚
深定慧阿難如汝所問佛涅槃後依何住者
阿難依四念處嚴心而住觀身性相同於虛
空名身念處觀受不在內外不住中間名受
念處觀心但有名字名字性離名心念處觀
法不得善法不得不善法名法念處阿難一

BD05785號　大般涅槃經後分卷上　(31–8)

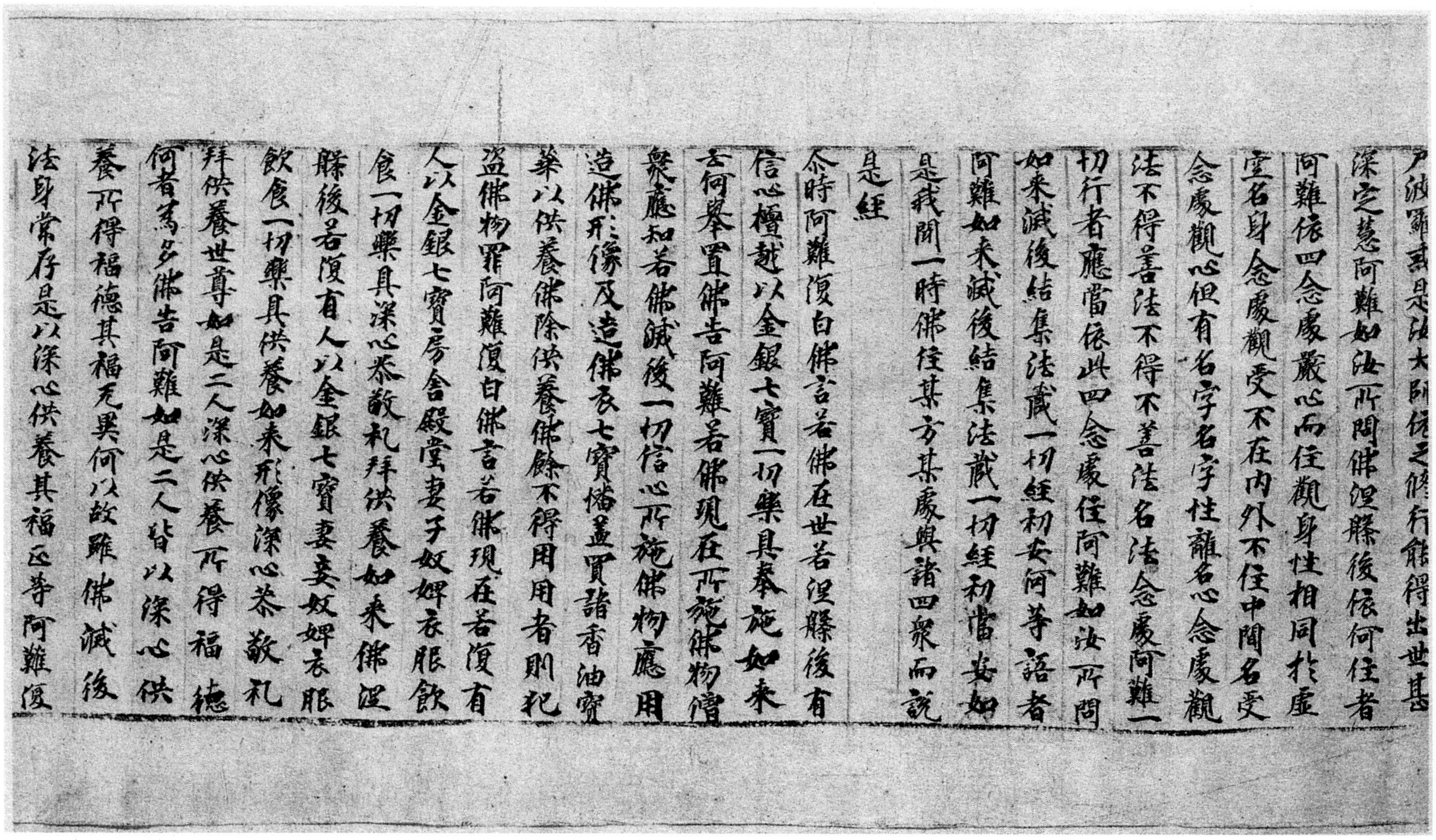

尸波羅蜜是汝大師依之修行能得出世甚
深定慧阿難如汝所問佛涅槃後依何住者
阿難依四念處嚴心而住觀身性相同於虛
空名身念處觀受不在內外不住中間名受
念處觀心但有名字名字性離名心念處觀
法不得善法不得不善法名法念處阿難一
切行者應當依此四念處住阿難如汝所問
如來滅後結集法藏一切經初安何等語者
阿難如來滅後結集法藏一切經初當安如
是我聞一時佛住某方某處與諸四衆而說
是經
尒時阿難復白佛言若佛在世若涅槃後有
信心檀越以金銀七寶一切樂具奉施如來
云何舉置佛告阿難若佛現在所施佛物僧
衆應知若佛滅後一切信心所施佛物應用
造佛形像及造佛衣七寶幡蓋買諸香油寶
華以供養佛除供養佛餘不得用用者則犯
盜佛物罪阿難復白佛言若佛現在若復有
人以金銀七寶房舍殿堂妻子奴婢衣服飲
食一切樂具深心恭敬禮拜供養如來佛涅
槃後若復有人以金銀七寶妻妾奴婢衣服
飲食一切樂具供養如來形像深心恭敬禮
拜供養世尊如是二人深心供養所得福德
何者為多佛告阿難如是二人皆以深心供
養所得福德其福无異何以故雖佛滅後
法身常存是以深心供養其福正等阿難復

BD05785號　大般涅槃經後分卷上　(31–9)

飲食一切樂具供養如來形像深心恭敬礼
拜供養世尊如是二人深心供養所得福德
何者為多佛告阿難如是二人皆以深心供
養所得福德其福无異何以故雖佛滅後
法身常存是以深心供養其福正等阿難復
白佛言若佛現在若復有人還以深心如上供
養恭敬如來佛涅槃後若復有人還以深心
如上供養恭敬全身舍利世尊如是二人所
得福德何者為多佛告阿難如是二人得福
正等功德廣大无量无邊乃至畢竟其福不
盡阿難復白佛言若佛現在若復有人如上
深心一心供養恭敬如來佛涅槃後若復有
如上深心供養恭敬半身舍利世尊如是
二人所得福德何者為多佛告阿難如是二
人深心供養得福无異所得福德无量无邊
阿難若佛滅後若復有人深心供養如來舍
利四分之一八分之一十六分之一百分之
一千分之一萬分之一恒河沙分之一乃至
如芥子許皆以深心供養恭敬尊重讚歎若
佛現在若復有人深心供養恭敬如來如是
二人所得福德皆悉无異其福无量不可稱
計阿難當知若佛現在若涅槃後若復有人
深心恭敬供養礼拜尊重讚歎如是二人所
得福德无二无別佛告阿難及諸大衆我涅
槃後天上人間一切衆生得我舍利悲喜交

二人所得福德皆悉无異其福无量不可稱
計阿難當知若佛現在若涅槃後若復有人
深心恭敬供養礼拜尊重讚歎如是二人所
得福德无二无別佛告阿難及諸大衆我涅
槃後天上人間一切衆生得我舍利悲喜交
流哀感欣慶恭敬礼拜深心供養得无量无
邊功德阿難若見如來舍利即是見佛即是
見法見法即是見僧見僧即見涅槃阿難當
知以是因緣三寶常住无有變易能為衆生
作歸依處阿難復白佛言佛涅槃後一切大
衆依何法則荼毗如來而得舍利深心供養
佛告阿難我般涅槃汝等大衆當依轉輪聖
王荼毗方法阿難復白轉輪聖王荼毗法則
其事云何佛告阿難轉輪聖王命終之後經
停七日乃入金棺既入棺已即以微妙香油
注滿棺中閉棺令密復經七日從棺中出以
諸香水灌洗沐浴既灌洗已燒衆名香而以
供養以兜羅綿遍纏身然後即以无價上
妙白疊千張次第相重遍纏王身既已纏訖
以衆香油滿金棺中聖王之身亦乃入棺密
閉棺已載以香木七寶車上其車四面衆諸
瓔珞一切寶絞莊嚴其車无數華幡七寶幢
蓋一切妙香一切天樂圍繞供養亦乃淳以
衆妙香木表裹文飾微妙香油荼毗轉輪聖
王之身荼毗已訖收取舍利於都城內四衢

開棺已載以香木七寶車上其車四面垂諸
瓔珞一切寶絞莊嚴其車无數華幡七寶幢
蓋一切妙香一切天樂圍繞供養尒乃淳以
衆妙香木表裏文飾微妙香油荼毗轉輪聖
王之身荼毗已訖收取舍利於都城内四衢
道中起七寶塔開四門安置舍利一切世
間所共瞻仰阿難其轉輪王以少福德紹此
王位未脫諸有具足五欲妻妾采女惡見三
毒一切煩惱諸結使等未斷一壽命終之後
世間猶乃如是法則起塔供養一切瞻仰阿
難何況如來已於无量无邊无數阿僧祇
劫永捨五欲妻妾采女於世間法已作霜雹
難勤能勤難行能行一切菩薩出世苦行勤苦
脩習十方三世一切諸佛所行之道甚深微
妙清淨戒定慧解脫解脫知見六波羅蜜无
不具足脩習如來十力大悲四无所畏三解
脫門十八大空六通五眼三十七品十八不
共法三十二相八十種好一切諸佛壽命一
切淨佛國土一切成就衆生一切難行苦行一
切攝善法戒一切攝衆生戒一切攝律儀
戒一切功德一切智慧一切莊嚴一切大願
一切方便如是等不可思議福德智慧皆
已成就无不具足斷除一切不善斷除一切煩
惱斷除一切煩惱餘習通達四諦十二因緣

戒一切功德一切智慧一切莊嚴一切大願
一切方便如是等不可思議福德智慧皆
已成就无不具足斷除一切不善斷除一切煩
惱斷除一切煩惱餘習通達四諦十二因緣
於菩提樹降伏四魔成就種智如是妙法悉
脩習已尒乃一切諸佛唱言善哉善哉同以
法性智水灌法身頂乃成阿耨多羅三藐三
菩提以是因緣我今号天人師十方種覺至
尊世尊天上人間无與等者等視衆生如羅
睺羅故名如來應供正遍知明行足善逝世
間解无上士調御丈夫天人師佛世尊憐愍
世間化緣周畢為衆生故今入涅槃隨世間
法如轉輪王為令衆生普得供養阿難我入
涅槃如轉輪王經停七日乃入金棺以妙香
油注滿棺中密蓋棺門其棺四面應以七寶
間雜莊嚴一切寶幢香華供養經七日已復
出金棺既出棺已應以一切衆妙香水灌洗
沐浴如來之身既灌洗已以上妙兜羅綿遍
體纏身次以微妙无價白疊千張覆於綿上
纏如來身又入金棺復以微妙香油盛滿棺
中閉棺令密乃淳以微妙牛頭栴檀沉水
一切香木盛七寶車一切衆寶以為莊嚴載
以寶棺至荼毗所无數寶幢无數寶蓋无數
寶衣无數天樂无數香華周遍虛空悲哀供
養一切天人无數大衆應各以栴檀沉水微

中閉棺令密乃淳以微妙牛頭旃檀沉水
一切香木盛七寶車一切衆寶以爲莊嚴載
以寶棺至荼毗所无數寶幢无數寶蓋无數
寶衣无數天樂无數香華周遍虛空悲哀供
養一切天人无數大衆應各以旃檀沉水微
妙香油荼毗如來哀號戀慕荼毗已訖天人
四衆收取舍利盛七寶瓶於都城內四衢道
中起七寶塔供養舍利能令衆生得大功德
離三有苦至涅槃樂阿難當知一切四衆起
佛舍利七寶塔已應當更起三塔供養所謂
辟支佛塔阿羅漢塔轉輪王塔爲令世間知
歸依故阿難白佛言如來出世悲愍衆生顯
示十力大悲四无所畏十二因緣四諦之法三
解脫門八種梵音雷震三界五色慈光遍
照六道隨順衆生業所轉或得四果二乘
所行或證无漏无爲緣覺之道或入无滅无
生菩薩之地或得无量諸陁羅尼或得五眼
或得六通或脫三惡或出八難或離人天三
界之苦如來慈力清淨如來解脫法門不可
思議乃至涅槃一切世間人天四衆起七寶
塔供養舍利得大功德能令衆生脫三界苦
入正解脫以是因緣佛般涅槃一切世間人
天大衆報佛甚深无量慈恩起七寶塔供養
舍利理應如是世尊其餘三塔於諸衆生得
何等利而令起立恭敬供養佛告阿難其辟

BD05785號　大般涅槃經後分卷上　（31–14）

入正解脫以是因緣佛般涅槃一切世間人
天大衆報佛甚深无量慈恩起七寶塔供養
舍利理應如是世尊其餘三塔於諸衆生得
何等利而令起立恭敬供養佛告阿難其辟
支佛悟法因緣入深法性已脫諸有一切過
患能爲人天而作福田以是因緣起塔供養
所得福德次於如來能令衆生皆得妙果阿
難其阿羅漢於三界中生分已盡不受後有
梵行已立能爲世間而作福田是故應當起塔
供養所得福德次辟支佛亦令衆生皆得
解脫阿難其轉輪王雖未解脫三界殖福
德力故治四天下而以十善化育群生是諸
衆生之所尊敬以是四衆起塔供養所得福
德亦復无量
阿難白佛言佛般涅槃一切四衆當於何所
荼毗如來得收舍利惟願示教佛告阿難佛
般涅槃一切四衆若於拘尸城內荼毗如來
其城中人皆紹王位則相討罰諍訟无量不
令一切得福階差阿難一切四衆可於城外
荼毗如來爲令世間得福等故阿難白佛言
佛入涅槃荼毗已訖一切四衆收取舍利安置
寶瓶當於何所起七寶塔一切皆得深心供
養惟願示教佛告阿難佛般涅槃荼毗既
訖一切四衆收取舍利置七寶瓶當於拘尸
那城內四衢道中起七寶塔高十三層上

BD05785號　大般涅槃經後分卷上　（31–15）

荼毗如來爲令世間得福等故阿難白佛言
佛入涅槃荼毗訖一切四衆收取舍利安置
寶瓶當於何所起七寶塔一切皆得深心供
養惟願示教佛告阿難佛般涅槃荼毗既
訖一切四衆收取舍利置七寶瓶當於拘尸
那伽城內四衢道中起七寶塔高十三層上
有相輪一切妙寶間雜莊嚴一切世間衆妙
華幡而嚴飾之四邊欄楯七寶合成一切莊
校靡不周遍其塔四面面開一門層層間次窻
牖相當安置寶瓶如來舍利天人四衆瞻仰
供養阿難其辟支佛塔應十一層亦以衆寶
而嚴飾之阿難阿羅漢塔成以四層亦以衆寶
而嚴飾之阿難其轉輪王塔亦七寶成无復層
級何以故未脫三界諸有苦故尒時阿泥樓逗
白佛言佛涅槃後荼毗已訖一切天人四部大衆
如何分布如來舍利而得供養尒時佛告阿
泥樓逗我般涅槃汝等天人取佛舍利以平
等心分布三界一切六道世間供養
尒時釋提桓因白佛我今從佛敬請如來半
身舍利而我深心願供養故佛告天帝如來
等視衆生如羅睺羅汝不應請半身舍利何
以故平等利祐諸衆生故佛告天帝我今與
汝右邊上領一牙舍利可於天上起塔供養
能令汝得福德无盡
尒時天人一切大衆悲哀流淚不能自裁尒
時世尊普告四衆佛般涅槃汝等天人莫大

BD05785號　大般涅槃經後分卷上　（31–16）

以故平等利祐諸衆生故佛告天帝我今與
汝右邊上領一牙舍利可於天上起塔供養
能令汝得福德无盡
尒時天人一切大衆悲哀流淚不能自裁尒
時世尊普告四衆佛般涅槃汝等天人莫大
愁惱何以故雖佛涅槃而有舍利常存供養
復有无上法寶修多羅藏毗那耶藏摩達摩
藏以是因緣三寶四諦常住於世能令衆生
深心歸依何以故供養舍利即是佛寶見佛
即見法身見法即見賢聖見賢聖故即見四
諦見四諦故即見涅槃是故當知三寶常住
无有變易能爲世間作歸依故佛復告諸大
衆汝等莫大愁苦我今於此垂欲涅槃若戒
若歸若常无常三寶四諦六波羅蜜十二因
緣有所疑者當速發問爲究竟問佛涅槃後
无復疑悔三過告衆尒時四衆憂悲苦惱哽
噎流淚痛切中心追思戀慕愁毒悶絕佛神
力故掩淚寂然无發問者何以故一切四衆已
於戒歸三寶四諦通達曉了无有疑故尒
時世尊知諸四衆无復餘疑歎言善哉善哉
汝等四衆已能通達三寶四諦无有疑也猶
如淨水洗蕩身垢汝等當精進早得出離
莫生愁惱迷悶亂心
尒時世尊於師子座以真金手卻身所著僧
[illegible]

BD05785號　大般涅槃經後分卷上　（31–17）

時世尊[illegible]
汝等四衆已能通達三寶四諦无有疑也猶
如淨水洗蕩身垢汝等當精進早得出離
莫生愁惱迷悶亂心
尒時世尊於師子座以真金手却身所著僧
伽梨衣顯出紫磨黃金師子胸臆普示大衆
告言汝等一切天人大衆應當深心看我紫
磨黃金色身尒時四衆一切瞻仰大覺世尊
真金色身目不暫捨悉皆快樂譬如比丘入
第三禪離生是中尒時世尊以黃金身示大
衆已即放无量无邊百千萬億大涅槃光普
照十方一切世界日月所照无復光明放是光
已復告大衆當知如來爲汝等故累劫勤苦
截身手足盡脩一切難行苦行大悲本願
於此五濁成阿耨多羅三藐三菩提得此金
剛不壞紫磨色身具足三十二相八十種好
无量光明普照一切見形遇光无不解脫佛
復告諸大衆佛出世難如優曇華希有難
見汝等大衆最後遇我爲於此身不生空過
我以本誓願力生此穢土化緣周畢今欲涅
槃汝等以至誠心看我紫磨黃金色身汝當
脩習如是清淨之業於未來世得此果報尒
時世尊如是三反慇懃三告以真金身示諸大
衆即從七寶師子大牀上昇虛空高七多羅
樹一返告言我欲涅槃汝等大衆看我紫磨
黃金色身如是展轉高七多羅樹七返告言

BD05785 號　大般涅槃經後分卷上　　（31–18）

槃汝等以至誠心看我紫磨黃金色身汝當
脩習如是清淨之業於未來世得此果報尒
時世尊如是三反慇懃三告以真金身示諸大
衆即從七寶師子大牀上昇虛空高七多羅
樹一返告言我欲涅槃汝等大衆看我紫磨
黃金色身如是展轉高七多羅樹七返告言
我欲涅槃汝等大衆應當深心看我紫磨黃
金色身從空中下坐師子牀復告大衆我欲
涅槃汝等深心看我紫磨黃金色身尒時世
尊從師子牀復昇虛空高一多羅樹復告大
衆我欲涅槃汝等深心看我紫磨黃金色身
如是展轉高七多羅樹七返告言我欲涅槃
汝等大衆看我紫磨黃金色身從空中下坐
師子牀復告大衆我欲涅槃汝等深心看我
紫磨黃金色身尒時世尊從師子牀復昇虛
空高一多羅樹復告大衆我欲涅槃汝等深
心看我紫磨黃金色身如是展轉高七多羅
樹七返告言我欲涅槃汝等深心看我紫磨
黃金色身從空中下坐師子牀復告大衆我
欲涅槃汝等深心看我紫磨黃金色身尒時
世尊顯出如來紫磨黃金色身普示大衆如
是三返上昇虛空高七多羅樹三返從空中
下坐師子牀如是慇懃二十四返告諸大衆我
欲涅槃汝等深心看我金剛堅固不壞紫

BD05785 號　大般涅槃經後分卷上　　（31–19）

世尊頂出如來紫磨黃金色身普示大衆如
是三返上昇虛空高七多羅樹三返從空中
下坐師子牀如是慇勤二十四返告諸大衆我
欲涅槃汝等深心看我金剛堅固不壞紫
磨黃金无畏色身如優曇華難可值遇汝
等當知我欲涅槃汝等應當以至誠心看我紫
磨黃金色身如熱渴人遇清冷水飲之令飽
无復餘念汝等大衆亦復如是我欲涅槃汝
等大衆應當深心瞻仰爲是最後見於如
來自此見已无復再覩汝等大衆瞻仰令足无
復後悔佛復告諸大衆我涅槃後汝於大衆
應廣修行早出三有勿復懈怠散心放逸尒
時一切世界天人四衆遇涅槃光瞻仰佛者
一切三塗八難世間人天所有煩惱四重五逆
極惡罪咎永滅无餘皆得解脫尒時世尊
顯出紫磨黃金色身慇勤相告示大衆已
還舉僧伽梨衣如常所披
大般涅槃經應盡還源品
佛復告諸大衆我今時至舉身疼痛說是語
已即入初禪以涅槃光遍觀世界入寂滅定
尒時世尊所言未訖即入初禪從初禪出入
第二禪從二禪出入第三禪從三禪出入第
四禪從四禪出入虛空處從空處出入无邊
識處從識處出入不用處從不用出入非想

已即入初禪以涅槃光遍觀世界入寂滅定
尒時世尊所言未訖即入初禪從初禪出入
第二禪從二禪出入第三禪從三禪出入第
四禪從四禪出入虛空處從空處出入无邊
識處從識處出入不用處從不用出入非想
非非想處從非非想出入滅盡定從滅盡定
出還入非想非非想處從非非想出入不用
處從不用出入无邊識處從識處出入虛空
處從空處出入第四禪從四禪出入第三禪
從三禪出入第二禪從二禪出入第一禪尒
時世尊如是逆順入諸禪已普告大衆我以
甚深般若遍觀三界一切六道諸山大海大
地含生如是三界根本性離畢竟寂滅同虛
空相无名无識永斷諸有本來平等无高下
想无見无聞无覺无知不可繫縛不可解脫
无衆生无壽命不生不起不盡不滅非世間
非非世間涅槃生死皆不可得二際平等等
諸法故閑居靜住无所施爲究竟安置必不
可得從无住法法性施爲斷一切相一无所有
法相如是其知是者名出世人是事不知名
生死始汝等大衆應斷无明滅生死始尒
時世尊說是語已復入超禪從初禪出入第
三禪從三禪出入虛空處從虛空出入无所
有處從无所有處出入滅盡想定從滅盡定
出次第還入至非想非非想處非非想出入

生死始汝等大衆應斷无明滅生死始尒
時世尊說是語已復入超禪從初禪出入第
三禪從三禪出入虛空處從虛空出入无所
有處從无所有處出入滅盡想定從滅盡定
出次第還入至非想非非想處非非想出入
无邊識處從識處出入第四禪從四禪出入
第二禪從二禪出入於初禪如是逆順入超
禪已復告大衆我以摩訶般若遍觀三界有
情无情一切人法悉皆究竟无繫縛者无解
脫者无主无依不可攝持不出三界不入諸
有本來清淨无垢无煩惱與虛空等不平等
非不平等盡諸動念思想心息如是法想名
大涅槃真見此法名為解脫凡夫不知名曰
无明作是語已復入超禪從初禪出乃至入
滅盡定從滅盡出乃至入初禪如是逆順入
超禪已復告大衆我以佛眼遍觀三界一切
諸法无明本際性本解脫於十方求了不能
得根本无故所因枝葉皆悉解脫无明解脫
故乃至老死皆得解脫以是因緣我今安住
常寂滅光名大涅槃尒時阿難无極悲哀
憂愁痛苦心狂荒亂情識昏迷如重醉人都
无知覺不見四衆不知如來已入涅槃為未
涅槃
尒時世尊如是三過從超入諸禪定遍觀法
界普為大衆三反說法如來如是展轉二十

常寂滅光名大涅槃尒時阿難无極悲哀
憂愁痛苦心狂荒亂情識昏迷如重醉人都
无知覺不見四衆不知如來已入涅槃為未
涅槃
尒時世尊如是三過從超入諸禪定遍觀法
界普為大衆三反說法如來如是展轉二十
七反入諸禪定阿難以不知故佛入一禪即
致一問如是二十七反問阿泥樓逗佛已涅
槃為未涅槃阿泥樓逗深知如來入諸禪定
二十七反皆答阿難佛未涅槃尒時一切大
衆皆悉荒亂都不覺知如來涅槃為未涅
槃尒時世尊三反入諸禪定三反示誨衆已
於七寶牀右脅而卧頭枕北方足指南方面
向西方後背東方其七寶牀微妙瓔珞以為
莊嚴娑羅樹林四雙八隻西方一雙在如來前東
方一雙在如來後北方一雙在佛之首南方
一雙在佛之足尒時世尊娑羅林下寢卧
寶牀於其中夜入第四禪寂然无聲於是時
頃便般涅槃大覺世尊入涅槃已其娑羅林
東西二雙合為一樹南北二雙合為一樹垂
覆寶牀蓋於如來其樹即時慘然變白猶
如白鶴枝葉華菓皮幹悉皆爆烈墮落漸漸
枯悴權折无餘
尒時十方无數萬億恒河沙普佛世界一切
大地皆大振動出種種音唱言苦哉苦哉世

東西二雙合爲一樹南北二雙合爲一樹垂
覆寶牀蓋於如來其樹即時慘然變白猶
如白鶴枝葉華菓皮幹悉皆爆烈墮落漸漸
枯悴摧折无餘
尒時十方无數萬億恒河沙普佛世界一切
大地皆大振動出種種音唱言苦哉苦哉世
界空虛演出无常苦空哀歎之聲尒時十方
世界一切諸山目真隣陁山摩訶目真憐陁
山鐵圍山大鐵圍山諸須弥山香山寶山金
山黒山一切大地所有諸山一時振烈悉皆
崩倒出大音聲振吼世界唱言苦哉苦哉如
何一旦世間孤露慧日滅沒大涅槃山一切
衆生宣真慈父失所敬天无瞻仰者尒時十
方世界一切大海悉皆混濁沸涌濤波出種
種音唱言苦哉苦哉正覺已滅衆生罪苦長
夜久流生死大海迷失正路何由解脫尒時
一切江河溪澗溝壑川流泉源渠井浴池悉
皆傾覆水盡枯涸尒時十方世界大地虛空
廓然大闇日月精光悉无復照黒闇愁惱弥
布世界於是時間忽然黒風鼓怒驚振吹
扇塵沙弥闇世界尒時大地一切卉木藥草
諸樹華菓枝葉悉皆摧折碎落无遺於是時
須十方世界一切諸天遍滿虛空哀號悲歎振
動三千大千世界雨无數百千種種上妙天
香天華遍滿三千大千世界積高須弥供

扇塵沙弥闇世界尒時大地一切卉木藥草
諸樹華菓枝葉悉皆摧折碎落无遺於是時
須十方世界一切諸天遍滿虛空哀號悲歎振
動三千大千世界雨无數百千種種上妙天
香天華遍滿三千大千世界積高須弥供
養如來於上空中復雨无數天幢天幡天瓔珞
天軒蓋天寶珠遍滿虛空變成寶臺四面珠
瓔七寶絞絡光明華彩供養如來於上空中
復奏无數微妙天樂鼓吹絃歌出種種音唱
言苦哉苦哉佛已涅槃世界空虛羣生眼滅
煩惱羅刹大欲流行行苦相續痛輪不息尒
時阿難心荒迷悶都不覺知不識如來已入
涅槃未入涅槃惟見非恒境界復問樓逗佛
涅槃耶樓逗荅言大覺世尊已入涅槃尒時
阿難聞是語已悶絕躃地猶如死人噸无氣
息冥冥不曉尒時樓逗以清冷水灑阿難面
扶之令起以善方便而慰喻之語阿難言哀
哉哀哉痛苦柰何柰何莫入愁毒熱惱亂心
如來化緣周畢一切人天无能留者苦哉苦
哉柰何柰何何期今日人天之師爲事究竟
无能留者柰何我與汝等且共裁抑復慰喻
言阿難佛雖涅槃而有舍利无上法寶常住
於世能爲衆生而作歸依我與汝等當勤精
進以佛法寶授與衆生令脫衆苦報如來恩
尒時阿難聞慰喻已斷畢惺悟更[illegible]

哉柰何柰何何期今日人天之師為事究竟
无能留者柰何我與汝等且共截御復慰喻
言阿難佛雖涅槃而有舍利无上法寶常住
於世能為衆生而依歸依我與汝等當勤精
進以佛法寶授與衆生令脫衆苦報如來恩
尒時阿難聞慰喻已斷得醒悟哽噎流淚悲
不自勝其拘尸那城娑羅林間縱廣十二由
旬天人大衆皆悉遍滿尖頭針鋒受无量衆
間无空缺不相障蔽尒時无數億菩薩一切
大衆悲皆迷悶昏亂濁心都不覺知如來涅
槃及未涅槃惟見非恒變動一時同悶樓逗
佛涅槃邪尒時樓逗告言諸大衆一切天人大
覺世尊已入涅槃尒時无數一切大衆聞是
語已一時昏迷悶絕躃地苦毒入心臨聲不
出其中或有隨佛滅者或失心者或身心戰
掉者或手相執手哽咽流淚者或常搥胷大
叫者或舉手拍頭自拔髮者或有唱言痛哉
痛哉荼毒苦者或有唱言如來涅槃一何疾
者或有唱言失我所敬天者或有歎言世界
空虛衆生眼滅者或有難言煩惱大鬼已流
行者或有歎言衆生善牙種子滅者或有歎
言魔王欣慶解甲冑者或自呵責身心无常
觀者或有正觀得解脫者或有傷歎无歸依
者中有遍體血流灑地者如是異類殊音
一切大衆哀聲普振一切世界尒時娑婆世
界主尸棄大梵天王知佛已入涅槃與諸天

BD05785號　大般涅槃經後分卷上　（31–26）

言魔王欣慶解甲冑者或自呵責身心无常
觀者或有正觀得解脫者或有傷歎无歸依
者中有遍體血流灑地者如是異類殊音
一切大衆哀聲普振一切世界尒時娑婆世
界主尸棄大梵天王知佛已入涅槃與諸天
衆即從初禪飛空而下舉聲大哭流淚悲
噎投如來前悶絕躃地久乃蘇醒哀不自
勝即於佛前以偈悲歎
世尊往昔本誓願　為我等故居忍土
乃隱无量自在力　貧所樂法度衆生
方便逗宜隨應說　衆生无不受安樂
誘進今出三有苦　究竟皆至涅槃道
如來慈母育衆生　普飲衆生大悲乳
何斯一旦忽捨離　人天孤露无所依
痛哉衆生善種牙　无天甘露令增長
善牙漸漸衰滅已　罪業相牽墮惡道
柰何世界悲空虛　衆生正慧眼已滅
既行无明黑闇中　墮落三有淪溺苦
柰何衆生罪无救　願依舍利得解脫
勸請如來大悲力　救護令我脫苦地
何其痛哉此惡世　如來棄我入涅槃
尒時釋提桓因與諸大衆從空而下唱言苦
哉苦哉發聲大哭悲泣流淚投如來前悶絕
躃地久乃蘇醒悲哀哽噎踟跳佛前說偈
哀歎

BD05785號　大般涅槃經後分卷上　（31–27）

勸請如來大悲力　救護令我脫苦地
何其痛哉此惡世　如來棄我入涅槃
尒時釋提桓因與諸大衆從空而下唱言苦
哉苦哉發聲大哭悲泣流淚投如來前悶絶
躃地久乃蘇醒悲哀哽噎䠒跪佛前說偈
哀歎
如來歷劫行苦行　普為我等群生故
得成无上正覺道　等育衆生如一子
施法藥中為上藥　療病醫中為勝醫
大慈悲雲陰衆生　甘露惠雨雨一切
慧日光照无明闇　无明衆生見聖道
聖月慈光照六道　三有蒙光脫衆苦
何期於今捨大慈　已入涅槃衆不見
本檀大悲今何在　棄捨衆生如涕唾
我等一切諸衆生　如犢失母必當死
四衆互相執手哭　搥胷大哭動三界
苦哉苦哉諸有人　如何一旦盡孤露
我等福盡苦何甚　善牙焦然无復潤
惟願法寶舍利光　照我令脫三有苦
哀哉痛哉我等衆　與何重得見如來
尒時樓逗悲哀號泣傷惇无量䠒跪佛前
以偈悲讚
正覺法王育我等　飲我法乳長法身
衆生法身未成立　又復慧命少資粮
應以八音常演暢　令衆聞已悉悟道

BD05785號　大般涅槃經後分卷上　（31–28）

尒時樓逗悲哀號泣傷惇无量䠒跪佛前
以偈悲讚
正覺法王育我等　飲我法乳長法身
衆生法身未成立　又復慧命少資粮
應以八音常演暢　令衆聞已悉悟道
常放大慈五色光　令衆蒙光皆解脫
如何今已永涅槃　行苦衆生何依趣
苦哉世尊捨大悲　我等孤窮必當死
雖知世尊現方便　我等无能不悲哀
四衆迷悶皆失心　哀動天地振三界
世尊獨處大安樂　衆生大苦欲何之
世尊往昔為我等　衆劫捨頭截手足
得成无上正覺道　不久住世即涅槃
我及四衆處光明　魔王欣慶捨甲胄
哀哉世尊願大悲　舍利慈光攝我等
伏請世尊愍四衆　法寶流潤願不窮
我等不能即殞滅　苟存餘命能幾何
苦哉痛切難堪任　重見世尊无復期
尒時阿難悶絶漸醒舉手拍頭搥胷哽噎悲
泣流淚哀不自勝長跪佛前以偈悲歎
我昔與佛檀願力　幸共同生釋種中
如來得成正覺道　我為侍者二十載
深心敬養情未足　一旦見棄入涅槃
痛哉哀哉荼毒苦　无極長夜痛切心
我身未脫諸有網　无明之卵未出離

BD05785號　大般涅槃經後分卷上　（31–29）

我昔與佛稽顙力　幸共同生釋種中
如来得成正覺道　我為侍者二十載
深心敬養情未足　一旦見棄入涅槃
痛哉哀哉荼毒苦　无拯長夜痛切心
我身未脫諸有網　无明之鷇未出離
世尊慧嘴未啄破　如何見捨疾涅槃
我如初生之嬰兒　失母不久必當死
世尊如何見放捨　獨出三界受安樂
我今懺悔於世尊　侍佛已来二十年
四威儀中多懈墮　不能悅可大聖心
願正覺尊大慈悲　施我甘露令安樂
我願窮盡未来際　常覲世尊為侍者
惟願世尊大慈光　一切世界攝受我
痛哉痛哉不可說　嗚噎何能陳聖恩
尒時无數億恒河沙菩薩一切世間天人大衆
手相執手悲泣流淚哀不自勝各相裁抑
即皆自辦无數微妙香華曼陁羅華摩訶
曼陁羅華曼殊沙華摩訶曼殊沙華无數
天上人間海岸栴檀沉水百千萬種和香无數
香泥香水寶蓋寶幢寶幡真珠瓔珞遍滿
虛空授如来前悲哀供養尒時拘尸城内男女
大小一切人衆悲哀流淚各辦无數微妙香華
幡蓋等倍勝於前授如来所悲哀供養尒時
四天王與諸天衆悲哀流淚各辦无數香華
一切供養等三倍於前悲泣流淚来詣佛所
授如来前悲哀供養五天如是倍勝於前色

BD05785號　大般涅槃經後分卷上　（31–30）

我願窮盡未来際　常覲世尊為侍者
惟願世尊大慈光　一切世界攝受我
痛哉痛哉不可說　嗚噎何能陳聖恩
尒時无數億恒河沙菩薩一切世間天人大衆
手相執手悲泣流淚哀不自勝各相裁抑
即皆自辦无數微妙香華曼陁羅華摩訶
曼陁羅華曼殊沙華摩訶曼殊沙華无數
天上人間海岸栴檀沉水百千萬種和香无數
香泥香水寶蓋寶幢寶幡真珠瓔珞遍滿
虛空授如来前悲哀供養尒時拘尸城内男女
大小一切人衆悲哀流淚各辦无數微妙香華
幡蓋等倍勝於前授如来所悲哀供養尒時
四天王與諸天衆悲哀流淚各辦无數香華
一切供養等三倍於前悲泣流淚来詣佛所
授如来前悲哀供養五天如是倍勝於前色
界无色界諸天亦如是倍勝供養

大般涅槃經闍維分卷上

BD05785號　大般涅槃經後分卷上　（31–31）

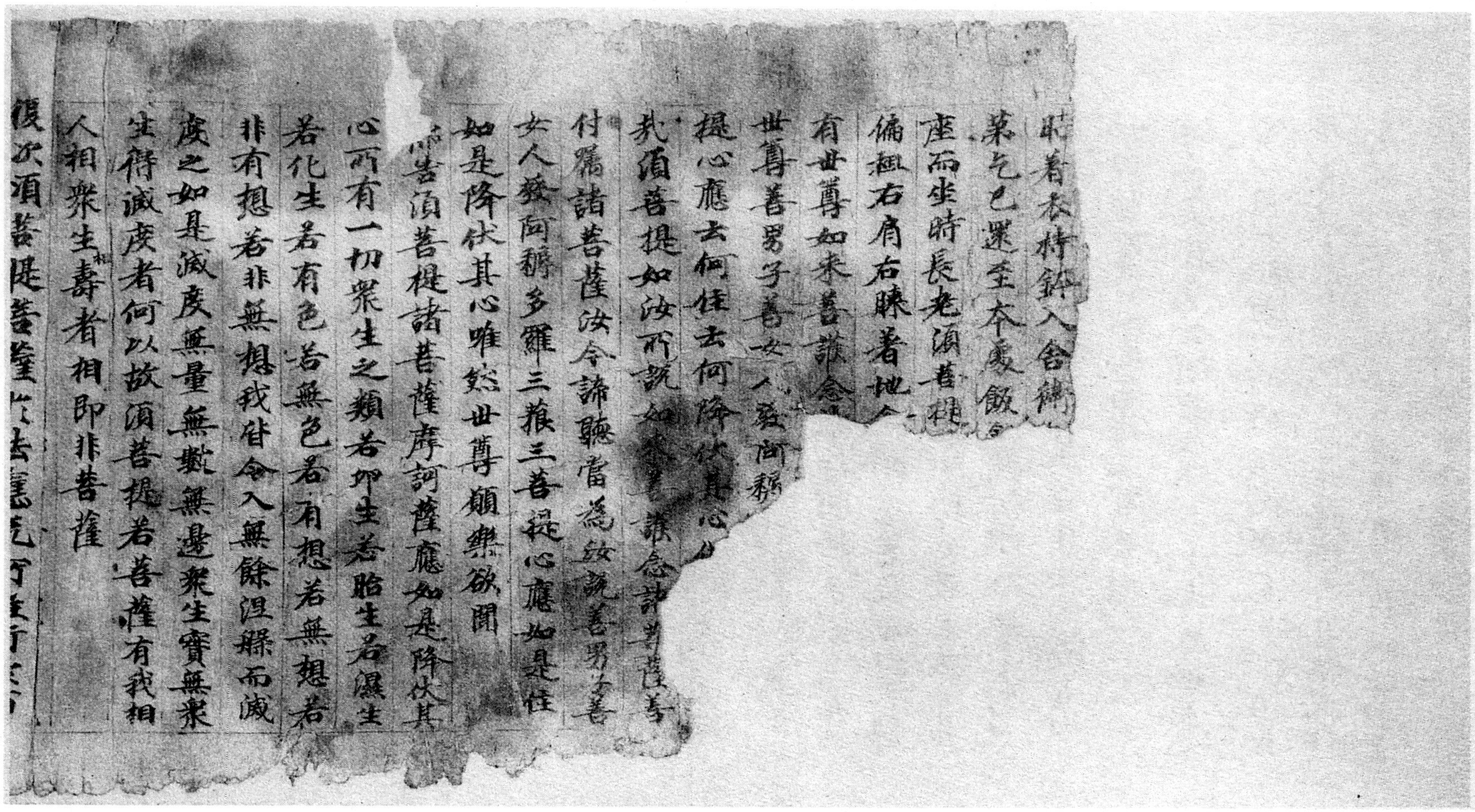
時着衣持鉢入舍衛
第乞已還至本處飯
座而坐時長老須菩提
偏袒右肩右膝着地合
有世尊如来善護念
世尊善男子善女人發阿耨
提心應云何住云何降伏其心佛
哉須菩提如汝所説如来善護念諸菩薩善
付囑諸菩薩汝今諦聽當為汝説善男子善
女人發阿耨多羅三藐三菩提心應如是住
如是降伏其心唯然世尊願樂欲聞
佛告須菩提諸菩薩摩訶薩應如是降伏其
心所有一切衆生之類若卵生若胎生若濕生
若化生若有色若無色若有想若無想若
非有想若非無想我皆令入無餘涅槃而滅
度之如是滅度無量無數無邊衆生實無衆
生得滅度者何以故須菩提若菩薩有我相
人相衆生相壽者相即非菩薩
復次須菩提菩薩於法應無所住行於

BD05786號　金剛般若波羅蜜經　（5–1）

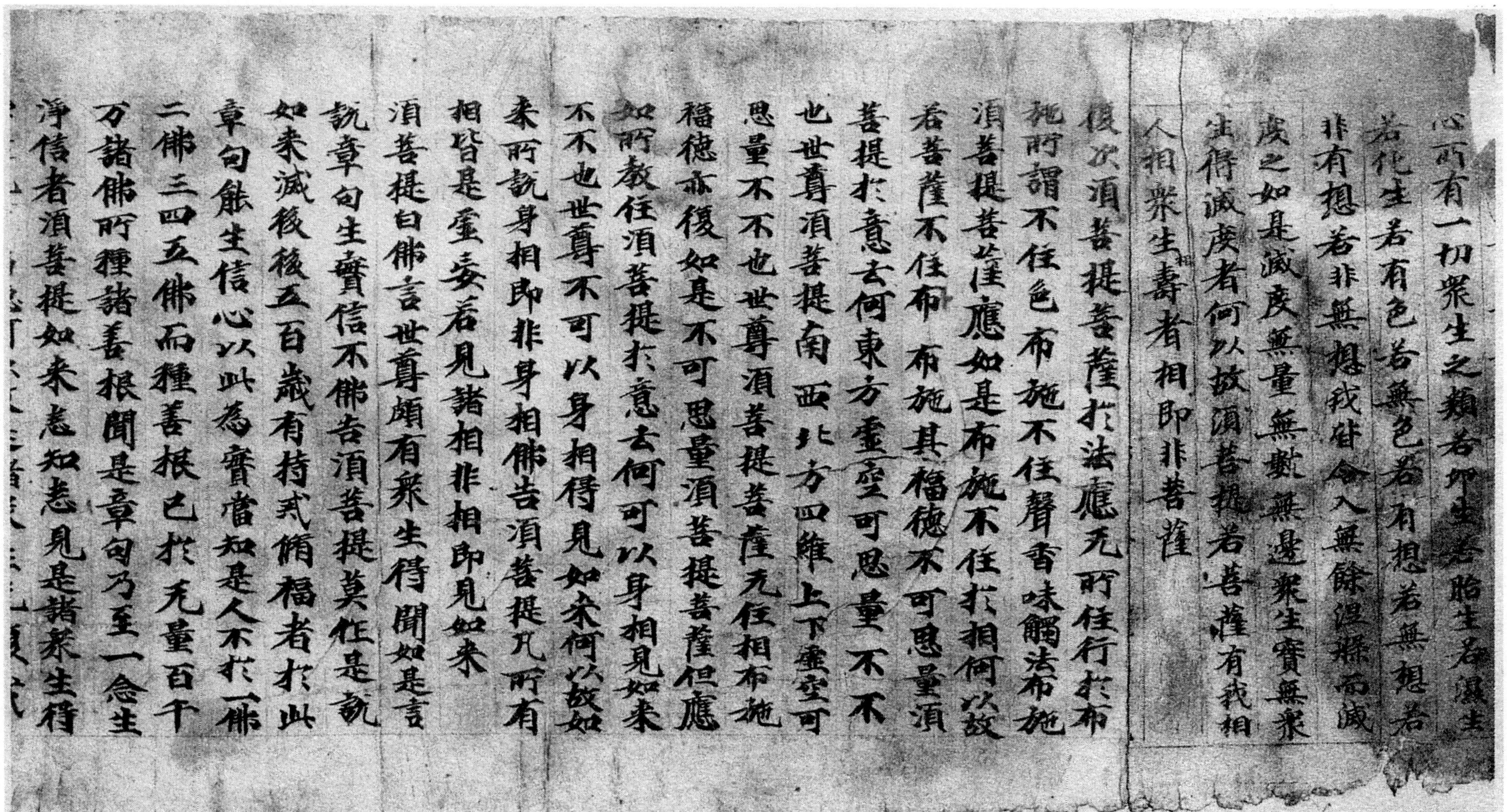
心所有一切衆生之類若卵生若胎生若濕生
若化生若有色若無色若有想若無想若
非有想若非無想我皆令入無餘涅槃而滅
度之如是滅度無量無數無邊衆生實無衆
生得滅度者何以故須菩提若菩薩有我相
人相衆生相壽者相即非菩薩
復次須菩提菩薩於法應无所住行於布
施所謂不住色布施不住聲香味觸法布施
須菩提菩薩應如是布施不住於相何以故
若菩薩不住相布施其福德不可思量須
菩提於意云何東方虛空可思量不不
也世尊須菩提南西北方四維上下虛空可
思量不不也世尊須菩提菩薩无住相布施
福德亦復如是不可思量須菩提菩薩但應
如所教住須菩提於意云何可以身相見如来
不不也世尊不可以身相得見如來何以故如
來所説身相即非身相佛告須菩提凡所有
相皆是虛妄若見諸相非相即見如来
須菩提白佛言世尊頗有衆生得聞如是言
説章句生實信不佛告須菩提莫作是説
如來滅後後五百歲有持戒脩福者於此
章句能生信心以此為實當知是人不於一佛
二佛三四五佛而種善根已於无量百千
万諸佛所種諸善根聞是章句乃至一念生
淨信者須菩提如來悉知悉見是諸衆生得

BD05786號　金剛般若波羅蜜經　（5–2）

說章句生實信不佛告須菩提莫作是說
如来滅後後五百歲有持戒脩福者於此
章句能生信心以此為實當知是人不於一佛
二佛三四五佛而種善根已於无量百千
万諸佛所種諸善根聞是章句乃至一念生
淨信者須菩提如来悉知悉見是諸衆生得
如是无量福徳何以故是諸衆生无復我
相人相衆生相壽者相无法相亦无非法相
何以故是諸衆生若心取相則為著我人衆
生壽者若取法相即著我人衆生壽者何
以故若取非法相即著我人衆生壽者是
故不應取法不應取非法以是義故如来常
說汝等比丘知我說法如筏喻者法尚應捨
何况非法
須菩提於意云何如来得阿耨多羅三藐三
菩提耶如来有所說法耶須菩提言如我解
佛所說義无有定法名阿耨多羅三藐三菩
提亦无有定法如来可說何以故如来所說
法皆不可取不可說非法非非法所以者何
一切賢聖皆以无為法而有差別
須菩提於意云何若人滿三千大千世界七
寳以用布施是人所得福徳寧為多不須菩
提言甚多世尊何以故是福徳即非福徳性
是故如来說福徳多若復有人於此經中受
持乃至四句偈等為他人說其福勝彼何以

BD05786 號　金剛般若波羅蜜經　（5–3）

須菩提於意云何若人滿三千大千世界七
寳以用布施是人所得福徳寧為多不須菩
提言甚多世尊何以故是福徳即非福徳性
是故如来說福徳多若復有人於此經中受
持乃至四句偈等為他人說其福勝彼何以
故須菩提一切諸佛及諸佛阿耨多羅三藐
三菩提法皆從此經出須菩提所謂佛法者
即非佛法
須菩提於意云何須陁洹能作是念我得須
陁洹果不須菩提言不也世尊何以故須陁
洹名為入流而无所入不入色聲香味觸法
是名須陁洹須菩提於意云何斯陁含能作
是念我得斯陁含果不須菩提言不也世尊
何以故斯陁含名一往来而實无往来是名
斯陁含須菩提於意云何阿那含能作是念
我得阿那含果不須菩提言不也世尊何以
故阿那含名為不来而實无来是故名阿那
含須菩提於意云何阿羅漢能作是念我得
阿羅漢道不須菩提言不也世尊何以故實
无有法名阿羅漢世尊若阿羅漢作是念我
得阿羅漢道即為著我人衆生壽者世尊佛
說我得无諍三昧人中最為第一是第一離
欲阿羅漢我不作是念我是離欲阿羅漢世
尊我若作是念我得阿羅漢道世尊則不說
須菩提是樂阿蘭那行者以須菩提實无所
行而名須菩提是樂阿蘭那行

BD05786 號　金剛般若波羅蜜經　（5–4）

是念我得斯陁含果不須菩提言不也世尊
何以故斯陁含名一往来而實无往来是名
斯陁含須菩提於意云何阿那含能作是念
我得阿那含果不須菩提言不也世尊何以
故阿那含名為不来而實无来是故名阿那
含須菩提於意云何阿羅漢能作是念我得
阿羅漢道不須菩提言不也世尊何以故實
无有法名阿羅漢世尊若阿羅漢作是念我
得阿羅漢道即為著我人衆生壽者世尊佛
說我得无諍三昧人中最為第一是第一離
欲阿羅漢我不作是念我是離欲阿羅漢世
尊我若作是念我得阿羅漢道世尊則不說
須菩提是樂阿蘭那行者以須菩提實无所
行而名須菩提是樂阿蘭那行
佛告須菩提於意云何如来昔在然燈佛所
於法有所得不世尊如来在然燈佛所於法
實无所得須菩提於意云何菩薩莊嚴佛土

BD05786 號　金剛般若波羅蜜經　（5–5）

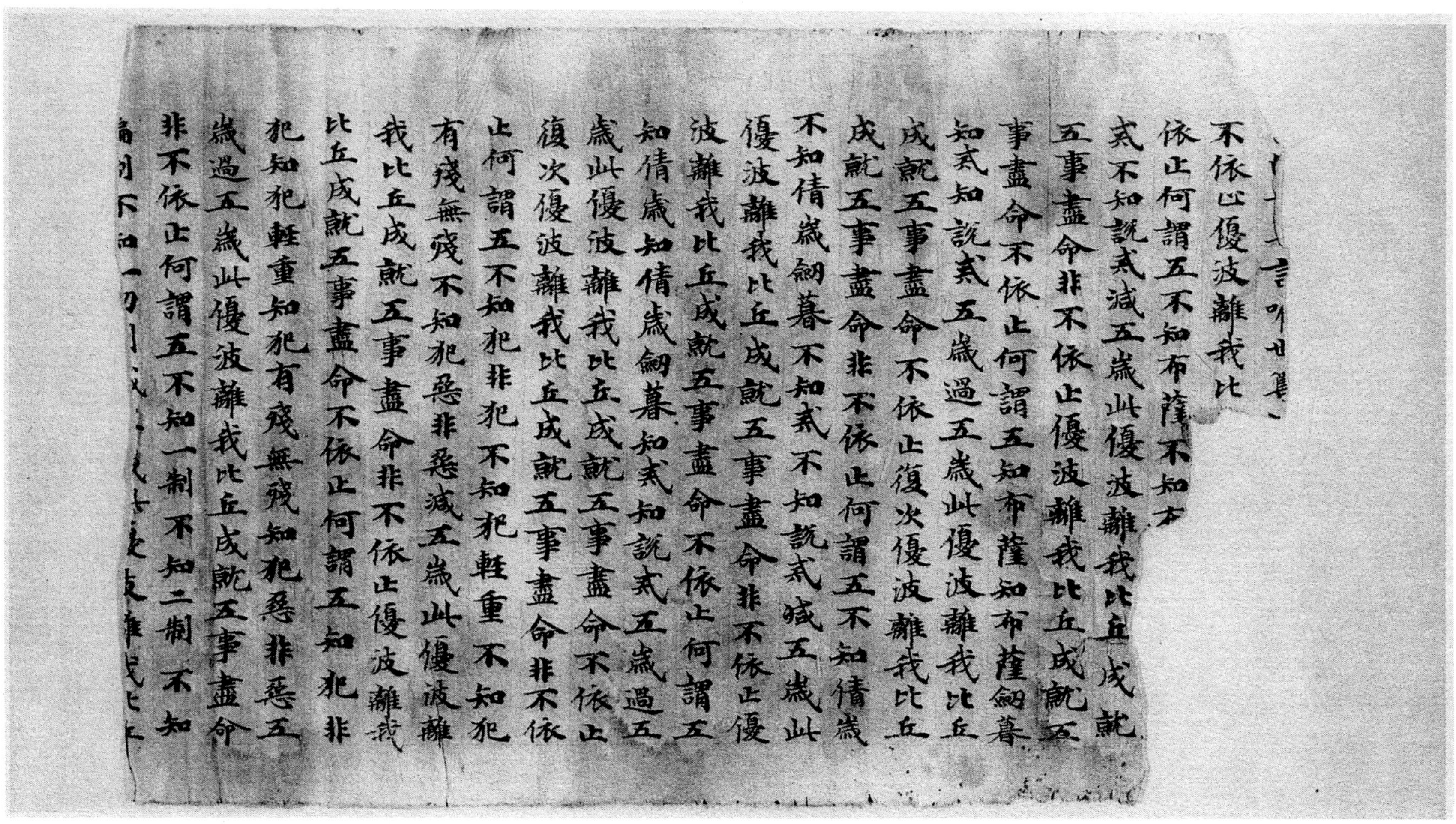

言所世尊
不依止優波離我比
依止何謂五不知布薩不知布
式不知說式減五歲此優波離我比丘成就
五事盡命非不依止優波離我比丘成就五
事盡命不依止何謂五知布薩知布薩羯磨
知式知說式五歲過五歲此優波離我比丘
成就五事盡命不依止復次優波離我比丘
成就五事盡命非不依止何謂五不知倩歲
不知倩歲羯磨不知式不知說式減五歲此
優波離我比丘成就五事盡命非不依止優
波離我比丘成就五事盡命不依止何謂五
知倩歲知倩歲羯磨知式知說式五歲過五
歲此優波離我比丘成就五事盡命不依止
復次優波離我比丘成就五事盡命非不依
止何謂五不知犯非犯不知犯輕重不知犯
有殘無殘不知犯惡非惡減五歲此優波離
我比丘成就五事盡命非不依止優波離我
比丘成就五事盡命不依止何謂五知犯非
犯知犯輕重知犯有殘無殘知犯惡非惡五
歲過五歲此優波離我比丘成就五事盡命
非不依止何謂五不知一制不知二制不知
……波離我比丘

BD05787 號　優婆離問佛經　（1–1）

佛說佛名經第十三
舍利弗應敬礼十方諸佛
南无不動佛　南无盡益聖佛
南无日光佛　南无訶奮迅佛
南无自在光明佛　南无十光佛
南无普寶佛　南无稱自在佛
南无勝藏稱佛　南无炎意佛
南无寶幢佛　南无智山佛
南无日光佛　南无生勝佛
南无弥留藏佛　南无智海佛
南无大精進佛　南无弥留功德佛
南无勝藏佛　南无智得佛
南无能與无畏佛　南无大精進眾王佛
南无智成就佛　南无无滯佛
南无地力住持精進佛　南无力命佛
南无[illegible]限佛　南[illegible]佛

BD05788號　佛名經（十六卷本）卷一三　（30–1）

南无勝藏佛　南无智得佛
南无能與无畏佛　南无大精進眾王佛
南无智成就佛　南无无滯佛
南无地力住持精進佛　南无力命佛
南无善眼佛　南无不空法王佛
南无藏摩佛　南无不可思議精進佛
南无觀一切德佛　南无智頻婆佛
南无阿僧伽力精進佛　南无自在佛
南无泉荷難陀佛　南无成光佛
南无賢上王佛　南无无邊光王佛
南无无盡智藏佛　南无寶雨頭佛
南无智波婆羅佛　南无毗尼稱佛
南无成就智佛　南无无滯佛
南无无邊一切得王佛　南无法草婆師佛
南无光佛　南无妙山王佛
從此以上九千六百佛十二部經一切賢聖
南无住持大般若佛　南无不住力精進王佛
南无自在識佛　南无現念佛
南无福德力精進佛　南无智眾眾王佛
南无智自在佛　南无安隱眾生无障佛
南无智集佛　南无摩訶弥留力藏佛
南无[illegible]空光明佛　南无[illegible]一切惡聲王佛

BD05788號　佛名經（十六卷本）卷一三　（30–2）

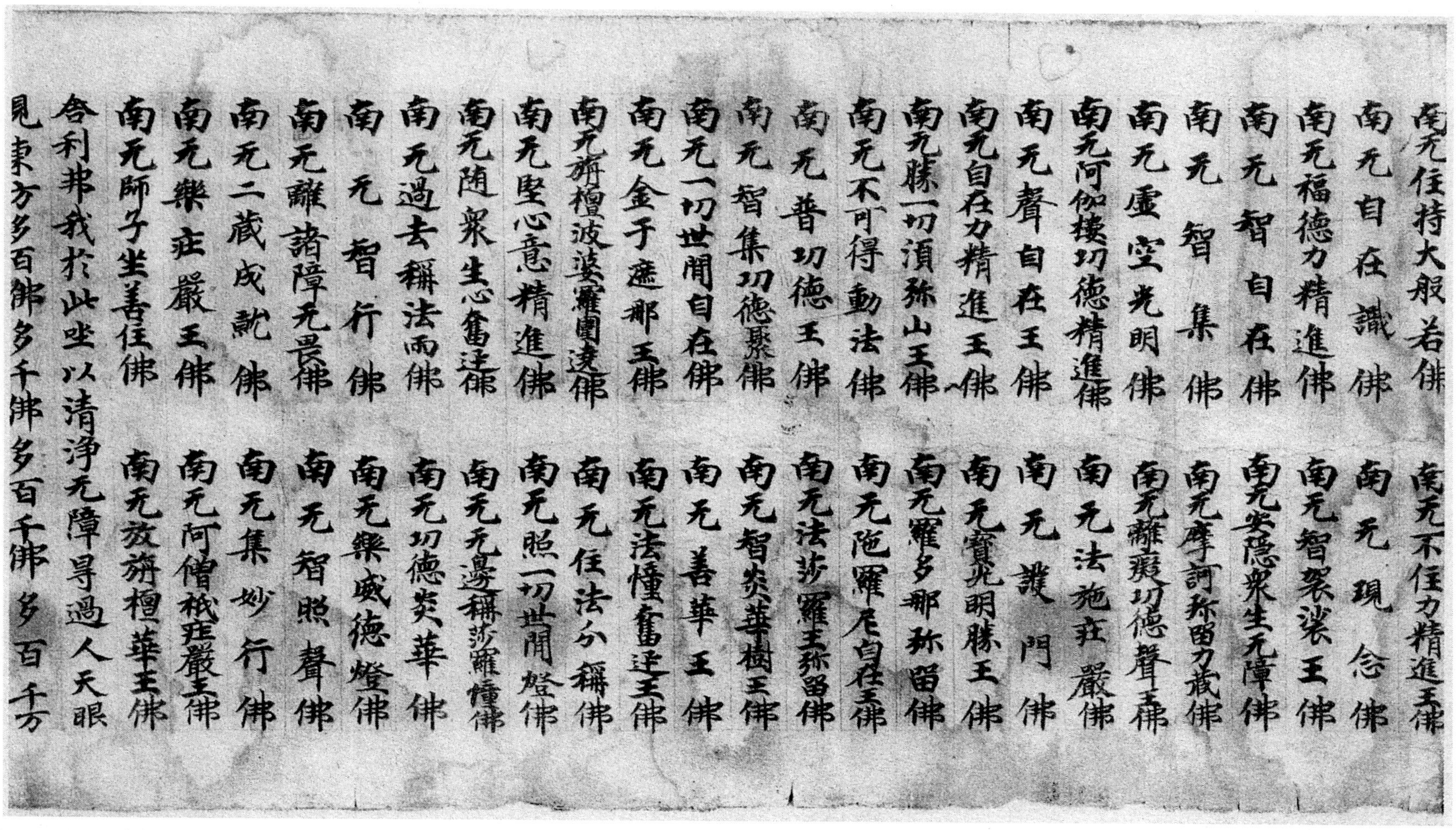
南无住持大般若佛　南无不住力精進王佛
南无自在識佛　南无現念佛
南无福德力精進佛　南无智袈裟王佛
南无智自在佛　南无安隱衆生无障佛
南无智集佛　南无摩訶弥留力藏佛
南无虛空光明佛　南无離癡功德聲王佛
南无聲自在王佛　南无法施莊嚴佛
南无阿伽樓功德精進佛　南无護門佛
南无自在力精進王佛　南无寶光明勝王佛
南无勝一切須弥山王佛　南无羅多那弥留佛
南无不可得動法佛　南无陁羅尼自在王佛
南无普功德王佛　南无法沙羅王弥留佛
南无智集功德聚佛　南无智炎華樹王佛
南无一切世間自在佛　南无善華王佛
南无金于遮那王佛　南无法幢奮迅王佛
南无旃檀波婆羅圍遶佛　南无住法分稱佛
南无堅心意精進佛　南无照一切世間燈佛
南无隨衆生心奮迅佛　南无无邊稱沙羅幢佛
南无過去稱法雨佛　南无功德炎華佛
南无智行佛　南无樂威德燈佛
南无離諸障无畏佛　南无智照聲佛
南无二藏成就佛　南无集妙行佛
南无樂莊嚴王佛　南无阿僧祇莊嚴王佛
南无師子坐善住佛　南无放旃檀華王佛
舍利弗我於此坐以清淨无障导過人天眼
見東方多百佛多千佛多百千佛多百千万

BD05788號　佛名經（十六卷本）卷一三　（30–3）

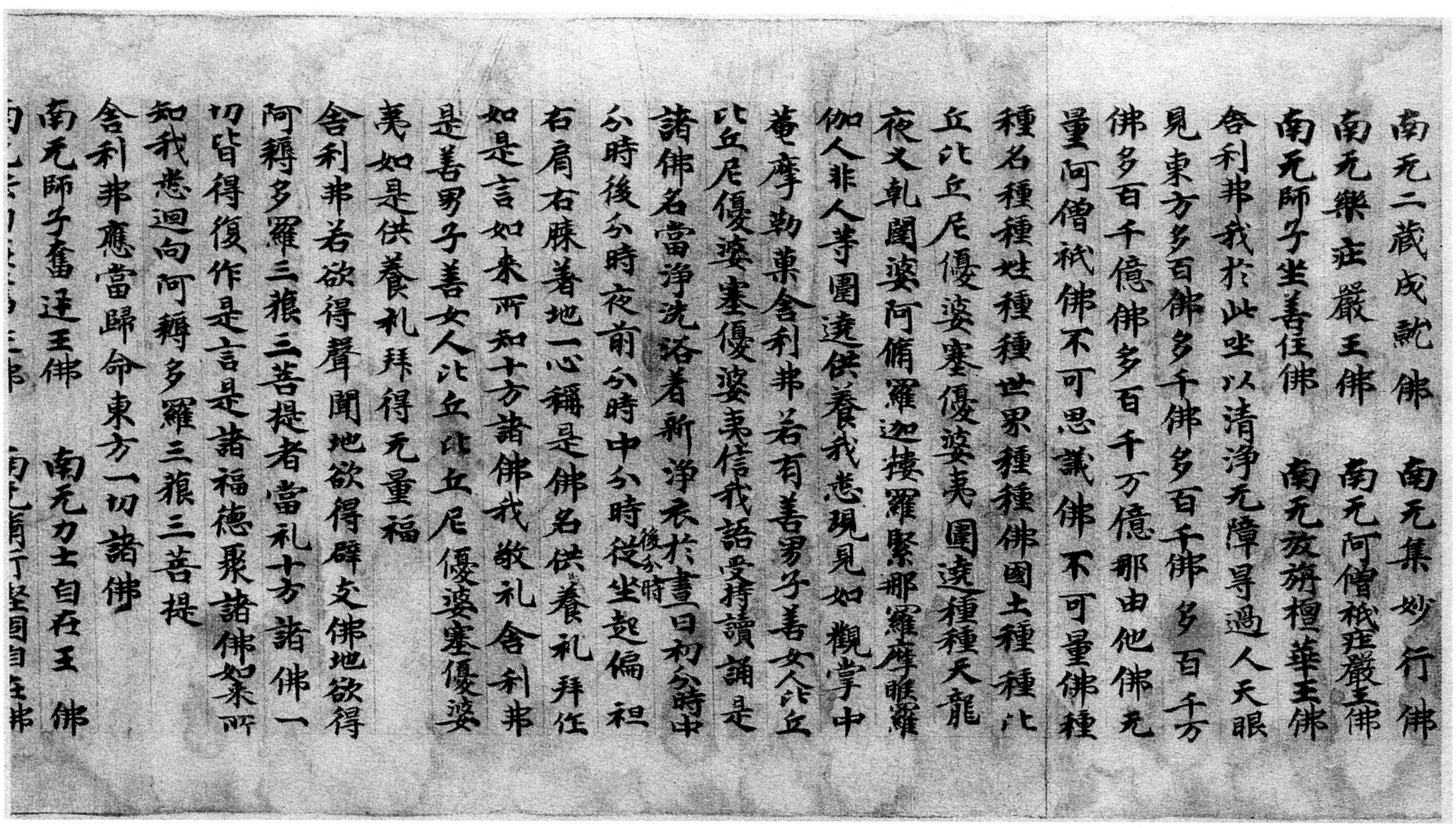
南无二藏成就佛　南无集妙行佛
南无樂莊嚴王佛　南无阿僧祇莊嚴王佛
南无師子坐善住佛　南无放旃檀華王佛
舍利弗我於此坐以清淨无障导過人天眼
見東方多百佛多千佛多百千佛多百千万
佛多百千億佛多百千万億那由他佛无
量阿僧祇佛不可思議佛不可量佛種
種名種種姓種種世界種種佛國土種種比
丘比丘尼優婆塞優婆夷圍遶種種天龍
夜叉乾闥婆阿脩羅迦樓羅緊那羅摩睺羅
伽人非人等圍遶供養我悉現見如觀掌中
菴摩勒菓舍利弗若有善男子善女人比丘
比丘尼優婆塞優婆夷信我語受持讀誦是
諸佛名當淨洗浴著新淨衣於（後分時）晝日初分時中
分時後分時夜前分時中分時後分時從坐起偏袒
右肩右膝著地一心稱是佛名供養礼拜住
如是言如來所知十方諸佛我敬礼舍利弗
是善男子善女人比丘比丘尼優婆塞優婆
夷如是供養礼拜得无量福
舍利弗若欲得聲聞地欲得辟支佛地欲得
阿耨多羅三藐三菩提者當礼十方諸佛一
切皆得復作是言是諸福德聚諸佛如來所
知我悉迴向阿耨多羅三藐三菩提
舍利弗應當歸命東方一切諸佛
南无師子奮迅王佛　南无力士自在王佛
南无[illegible]佛　南无[illegible]堅固自在佛

BD05788號　佛名經（十六卷本）卷一三　（30–4）

阿耨多羅三藐三菩提者當礼十方諸佛一
切皆得復作是言是諸福德聚諸佛如來所
知我悉迴向阿耨多羅三藐三菩提
舍利弗應當歸命東方一切諸佛
南无師子奮迅王佛 南无力士自在王佛
南无法自在奮迅佛 南无脩行堅固自在佛
南无法山勝佛 南无寶山佛
南无自在陁羅集佛 南无樹提藏佛
南无量宿稱佛 南无功德力堅固王佛
南无人聲自在增長佛 南无勝一切世間佛
南无三世法界佛 南无妙聲吼佛
南无寶地龍王佛 南无法疾吼聲佛
南无香波頭摩擢自在寶藏佛 南无光輪佛
南无寶蓮佛 南无功德華佛
南无多供養佛 南无无邊德王佛
南无增長喜佛 南无師子龍奮迅佛
南无沙羅藏師子步王佛 南无觀諸法佛
南无法華智佛 南无時法清淨佛
南无堅固精進言語佛 南无聲精進佛
南无炎摩尼佛 南无山光明佛
南无清淨无垢藏佛 南无无垢月佛
南无清淨根佛 南无多智佛
南无能作智佛 南无廣智佛
南无力意佛 南无勝意佛
南无法堅固歡喜佛 南无堅固行自在佛
南无等須弥面佛 南无觀成就佛

BD05788號　佛名經（十六卷本）卷一三　（30–5）

南无炎摩尼佛 南无山光明佛
南无清淨无垢藏佛 南无无垢月佛
南无清淨根佛 南无多智佛
南无能作智佛 南无廣智佛
南无力意佛 南无勝意佛
南无法堅固歡喜佛 南无堅固行自在佛
南无等須弥面佛 南无觀成就佛
南无清淨藏佛 南无爲自在佛
南无現摩業淨業佛 南无智自在佛
南无精進奮迅佛 南无无尋精進佛
南无世間自在佛 南无法行廣意佛
南无福德成就佛 南无不怯弱成就佛
南无勝成就佛 南无龍觀佛
南无須栴檀佛 南无作式王佛
南无聚集寶佛 南无龍王聲佛
南无大智精進佛 南无无孤獨精進佛
從此以上九千七百佛十二部經一切賢聖
南无不誠莊嚴佛 南无不動尼他佛
南无百功德莊嚴佛 南无自在諸相好稱佛
南无自在因陁羅月佛 南无法華山佛
南无法界莊嚴佛 南无滿足願佛
南无大師莊嚴佛 南无師子平等精進佛
南无脩行自在堅固佛 南无樂法脩行佛
南无勝慧佛 南无海步佛
南无大如脩行佛 南无高光明佛
南无諍智佛 南无師子聲佛

BD05788號　佛名經（十六卷本）卷一三　（30–6）

南无[illegible]佛 南无[illegible]佛
南无大師莊嚴佛 南无師子平等精進佛
南无脩行自在堅固佛 南无樂法脩行佛
南无勝慧佛 南无海步佛
南无大如脩行佛 南无高光明佛
南无諍智佛 南无師子聲佛
南无善報佛 南无善住佛
南无日光佛 南无甘露增上佛
南无道上首佛 南无勝自在親佛
南无善見佛 南无无濁義佛
南无勝意佛 南无人月佛
南无威德光佛 南无普明佛
南无大莊嚴佛 南无師子奮迅去佛
南无摩樓多愛佛 南无鄉心佛
南无大步佛 南无可聞聲佛
南无積功德佛 南无摩尼面佛
南无愛照佛 南无名稱佛
南无信功德佛 南无清淨智佛
南无寶功德佛 南无妙信香佛
南无熱園佛 南无勝仙佛
南无實智佛 南无甘露威德佛
南无藏信佛 南无月上勝佛
南无龍步佛 南无信黠慧佛
南无愛寶語佛 南无憂波羅香佛
南无旃檀自在佛 南无敵勝佛
南无普行佛 南无功德勝佛

南无藏信佛 南无月上勝佛
南无龍步佛 南无信黠慧佛
南无愛寶語佛 南无憂波羅香佛
南无旃檀自在佛 南无敵勝佛
南无普行佛 南无功德勝佛
南无大威德佛 南无種種色日佛
南无過諸過佛 南无无量眼佛
南无慚愧智佛 南无功德供養佛
南无種種聲佛 南无功德可樂佛
南无住清淨佛 南无妙香佛
南无月光佛 南无戒分佛
南无華智佛 南无憂多摩意佛
南无不闇意佛 南无山自在積佛
南无鄉王佛 南无解脫王佛
南无阿鞞弥留王佛 南无如意力釋去佛
南无姓阿提遮佛 南无不讚歎世間勝佛
南无法滌佛 南无實星宿解脫王佛
南无白寶勝佛 南无法行自在佛
南无陁羅尼自在佛 南无阿難陁聲佛
從此以上九千八百佛十二部尊經一切賢聖
南无智步王佛 南无弥留平等奮迅乘佛
南无智奮迅佛 南无法華通樹提佛
南无多波尼體佛 南无阿尼伽陁路摩勝佛
南无憂多羅勝法佛 南无大智念縛佛
南无闍伽提自在一切世間擔佛 南无見无畏佛
南无自畏作佛 南无自在量佛

南无智奮迅佛　南无法華通樹提佛
南无多波尼體佛　南无阿尼伽陁路摩勝佛
南无憂多羅勝法佛　南无大智念縛佛
南无闍伽提自在一切世間熾佛　南无見无畏佛
南无自畏作佛　南无自在量佛
舍利弗我見南方如是等无量佛種種名
種種姓種種佛國土汝等應當至心一心歸命
舍利弗應當歸命西方无量佛
南无阿婆羅炎婆羅華佛　南无摩覓沙呂聲去佛
南无智勝增長稱佛　南无蘇濡多波尸佛
南无歌羅毗羅炎華佛　南无法行燈佛
南无无等勝佛　南无智奮迅名稱王佛
南无梵聲奮迅妙鼓聲佛　南无波頭摩尸利藏眼佛
南无阿僧伽意炎佛　南无千月光明藏佛
南无樂法行佛　南无摩尼婆他光佛
南无師子廣眼佛　南无十力生勝佛
南无智作佛　南无无邊精進降佛
南无一切諸怨佛　南无大勝起法佛
南无阿无荷見佛　南无无邊命佛
南无不利他意佛　南无觀法智佛
南无无尋精進日善思惟奮迅王佛
南无无見佛　南无智見法佛
南无一切善根種子佛　南无憂多智勝發行功德佛
南无智香勝佛　南无智上尸棄王佛
南无福德勝智去佛　南无不思議法華吼王佛
南无[illegible]清淨眾佛　南无[illegible]

BD05788號　佛名經（十六卷本）卷一三　（30–9）

南无无尋精進日善思惟奮迅王佛
南无无見佛　南无智見法佛
南无一切善根種子佛　南无憂多智勝發行功德佛
南无智香勝佛　南无智上尸棄王佛
南无福德勝智去佛　南无不思議法華吼王佛
南无法清淨勝佛　南无不可思議弥留勝佛
南无能開法門佛　南无毗盧遮那法海香王佛
南无力王善住法王佛　南无勝力散一切惡王佛
南无見无邊樂佛　南无善化功德炎華王佛
南无見彼岸佛　南无善化莊嚴佛
南无見樂處佛　南无尼拘律王勝佛
南无妙勝佛　南无大力智慧奮迅王佛
南无法樹提佛　南无堅固蓋成就佛
南无一切種智資生勝佛　南无入勝智自在山佛
南无一切世間得自在有橋梁勝佛
南无盡合勝佛　南无清淨義功德王佛
南无波頭摩散濕楞知多莊嚴佛
南无一王佛　南无大多人安隱佛
南无二勝聲功德佛　南无圓堅佛
南无力士佛　南无寶來摩尼火佛
南无大海弥留佛　南无勝王佛
南无不住佛　南无不空功德佛
南无初遠離不濁王佛　南无虛空行佛
南无无尋稱佛　南无聲山佛
南无不可思議起三昧稱佛　南无諸天梵王難兜佛
南无示无義王佛　南无護垢王佛

BD05788號　佛名經（十六卷本）卷一三　（30–10）

南无不住佛　南无不空功德佛
南无初遠離不濁王佛　南无虛空行佛
南无无导稱佛　南无聲山佛
南无不可思議起三昧稱佛　南无諸天梵王難勝佛
南无亦无義王佛　南无護垢王佛
南无照功德佛　南无自在眼佛
南无智寂成就性佛　南无无障智成就佛
南无決定義佛　南无莊嚴法燈妙稱佛
南无二寶法燈佛　南无大炎藏佛
南无自在師子王身莊嚴佛　南无智寶因緣莊嚴佛
南无服諸根清淨眼佛　南无善香隨香波頭摩佛
南无法佛　南无廣佛
從此以上九千九百佛十二部經一切賢聖
南无貳功德佛　南无常鏡佛
南无隨順稱佛　南无法自在佛
南无如意莊嚴佛　南无藏佛
南无情貪佛　南无思妙義堅固願佛
南无一切德輪光佛　南无法吼智明佛
南无甘露光佛　南无无邊莊嚴佛
南无勝福田佛　南无善決定諸佛法莊嚴佛
舍利弗西方如是等无量无邊佛汝當至心歸命
次礼十二部尊經大藏法輪
南无治身經　南无善首章經
南无衆祐經　南无流方等經
南无獨居思惟自念經　南无長者須達經
南无獨思惟意中念生經　南无无本經

BD05788號　佛名經（十六卷本）卷一三　（30–11）

舍利弗西方如是等无量无邊佛汝當至心歸命
次礼十二部尊經大藏法輪
南无治身經　南无善首章經
南无衆祐經　南无流方等經
南无獨居思惟自念經　南无長者須達經
南无獨思惟意中念生經　南无无本經
南无檀若經　南无月明童子經
南无无憂施經　南无无思議孩童經
南无隋藍經　南无法律三昧經
南无給孤獨四姓家問受施經　南无禪行法相經
南无法受塵經　南无頻多和多經
南无羅云母經　南无嚴調經
南无七處三觀經　南无貧女經
次礼十方諸大菩薩
南无金剛色世界法首菩薩　南无頻梨色世界智首菩薩
南无如寶色世界財首菩薩　南无陀羅世界法慧菩薩
南无蓮華世界一切慧菩薩　南无衆寶世界勝慧菩薩
南无憂鉢羅世界功德慧菩薩　南无妙行世界精進慧菩薩
南无善行世界善慧菩薩　南无歡喜世界智慧菩薩
南无星宿世界真實菩薩　南无无畏慧世界无上慧菩薩
南无虛空世界堅固慧菩薩
南无衆寶金剛藏世界觀勝法妙清淨王菩薩
南无童慧世界功德菩薩　南无幢慧世界慧林菩薩
南无地慧世界勝林菩薩　南无勝慧世界无量菩薩
南无燈慧世界慚愧林菩薩　南无金剛慧世界精進菩薩
南无安樂慧世界成就林菩薩　南无日慧世界堅固林菩薩

BD05788號　佛名經（十六卷本）卷一三　（30–12）

南无衆寶金剛藏世界觀勝法妙清淨王菩薩
南无无量慧世界功德菩薩　南无憧慧世界慧林菩薩
南无地慧世界勝林菩薩　南无勝慧世界无盡菩薩
南无燈慧世界歡悅林菩薩　南无金剛慧世界精進菩薩
南无安樂慧世界成就林菩薩　南无星慧世界堅固林菩薩
南无清淨慧世界如來林菩薩　南无梵慧世界智菩薩
次礼聲聞緣覺一切賢聖
南无善吉辟支佛　南无不可心辟支佛
南无善住辟支佛　南无无比辟支佛
南无憍慢辟支佛　南无劬多辟支佛
南无斷愛辟支佛　南无耳辟支佛
南无心得解脫辟支佛　南无優波耳辟支佛
南无吉辟支佛　南无善摩辟支佛
歸命如是等无量无邊辟支佛
礼三寶已次復懺悔
已懺地獄報竟今當復次懺悔三惡道報
經中佛說多欲之人多求利故苦惱亦多
知足之人雖卧地上猶以為樂不知足者
雖處天堂猶不稱意但世間人忽有急難
便能捨財不計多少而不知此身臨於三
塗深坑之上一息不還便應墮落忽有知
識營功福德令脩未來善法資粮執此慳心
无肯作理夫如此者熱為愚惑何以故尒經
中佛說生時不賚一文而來死亦不持一文而
去昔身積聚為之憂惱於已無益徒為

塗深坑之上一息不還便應墮落忽有知
識營功福德令脩未來善法資粮執此慳心
无肯作理夫如此者熱為愚惑何以故尒經
中佛說生時不賚一文而來死亦不持一文而
去昔身積聚為之憂惱於已無益徒為
他有無善可恃無德可怙致使命終墮諸
惡道是故弟子等今日稽顙歸依佛
南无東方大光明曜佛　南无南方虛空住佛
南无西方金剛步佛　南无北方无邊力佛
南无東南方无邊王佛　南无西南方懷諸怨賊佛
南无西北方離垢光佛　南无東北方金色光音佛
南无下方師子遊戲佛　南无上方月憧王佛
如是十方盡虛空界一切三寶至心歸命常住三寶
弟子今日次復懺悔畜生道中无所
識知罪報懺悔畜生道中負重牽犁
償他宿債罪報懺悔畜生道中不得自在
為他所刺屠割罪報懺悔畜生无足二足
四足多足罪報懺悔畜生道中身諸毛羽
鱗甲之內為諸小虫之所唼食罪報如是
畜生道中有无量罪報今日至誠皆悉懺
悔至心歸命常住三寶
次復懺悔餓鬼道中長飢罪報懺悔餓鬼
百千万歲初不曾聞漿水之名罪報懺悔
餓鬼食噉膿血糞穢罪報懺悔餓鬼動身
之時一切枝節火然罪報懺悔餓鬼腹大咽
小罪報如是餓鬼道中无量苦報今日

次復懺悔餓鬼道中長飢罪報懺悔餓鬼
百千万歲初不曾聞漿水之名罪報懺悔
餓鬼食噉膿血糞穢罪報懺悔餓鬼動身
之時一切支節火然罪報懺悔餓鬼腹大咽
小罪報如是餓鬼道中无量苦報今日
稽顙皆悉懺悔至心頂礼常住三寶
次復懺悔一切鬼神脩羅道中諂誑詐稱
罪報懺悔鬼神道中擔沙負石填河塞海
罪報懺悔鬼神羅刹鳩槃茶諸惡鬼神生
噉肉血受此醜陋罪報如是鬼神道中无
量无邊一切罪報今日稽顙向十方佛大地菩
薩求哀懺悔悉令消滅至心頂礼常住三寶
願弟子等承是懺悔畜生等報所生功德
生生世世滅愚癡垢自識業緣智慧明照
斷惡道身願以懺悔餓鬼等報所生功德
生生世世永離慳貪飢渴之苦常食甘露
解脫之味願以懺悔鬼神脩羅等報所生
功德生生世世質直无諂離邪命因除醜
陋果福利人天願弟子等從今以去乃至
道場決定不受四惡道報唯除大悲爲衆生
故以誓願力處之无猒至心頂礼常住三寶
舍利弗汝當至心歸命北方佛
南无勝藏佛　南无自在藏佛
南无邊花龍俱蘇摩生佛　南无降伏諸魔勇猛佛
南无定諸魔佛　南无法像佛

道場決定不受四惡道報唯除大悲爲衆
故以誓願力處之无猒至心頂礼常住三寶
舍利弗汝當至心歸命北方佛
南无勝藏佛　南无自在藏佛
南无邊花龍俱蘇摩生佛　南无降伏諸魔勇猛佛
南无定諸魔佛　南无法像佛
南无功德勝佛　南无山峯光佛
南无法王佛　南无普恭敬燈佛
從此以上一万佛十二部經一切賢聖
南无地勝佛　南无成就如來家佛
南无一切寶成就佛　南无陀羅尼文句莊嚴佛
南无忍自在王佛　南无成就一切稱佛
南无三世智自在佛　南无勝歸依德善住佛
南无種種摩尼光佛　南无勝功德佛
南无佛功德勝佛　南无无餘證佛
南无得佛眼佛　南无隨過去佛
南无大慈成就悲勝佛　南无住持師子智佛
南无无衆生住實際王佛　南无自家法得成就佛
南无大智莊嚴身佛　南无智稱佛
南无佛法首佛　南无一切衆生德佛
南无過一切法聞佛　南无自在因陀羅佛
南无滿足意佛　南无大瑠璃佛
南无菩提光明佛　南无不可思議法智光明佛
南无真檀不空王佛　南无不深波頭摩幢佛
南无法財聲王佛　南无釋法善知稱佛
南无智頭劫佛　南无佛眼清淨分陀利佛

南无滿之意佛　南无大瑠璃佛
南无菩提光明佛　南无不可思議法智光明佛
南无真檀不空王佛　南无不染波頭摩幢佛
南无法財聲王佛　南无釋法善知稱佛
南无智頭劫佛　南无佛眼清淨分陁利佛
南无智自在稱佛　南无斷无邊疑佛
南无衆生方便自在王佛　南无无邊覺奮迋无导思惟佛
南无法行地善住佛　南无普衆生勇廣佛
南无降伏諸魔力堅固佛　南无天王自在寶合王佛
南无如寶脩行藏佛　南无能生一切歡喜月見佛
南无大迋覺迋佛　南无種種摩尼聲吼王佛
南无无歡王佛　南无不退了勇猛佛
南无佛土莊嚴身佛　南无智根本華幢佛
南无化身无导稱佛　南无一切龍摩尼藏佛
南无法聲自在佛　南无法甘露莎梨羅佛
南无无邊寶穩德藏佛　南无清淨華行佛
南无大法王華勝佛　南无一切盡无盡藏佛
南无華山藏佛　南无智虛空山佛
南无智力不可破壞佛　南无无导堅固隨順智佛
南无无邊大海藏佛　南无智王无盡稱佛
南无奮迋心意王佛　南无自清淨智佛
南无智自在法王佛　南无勝行佛
南无金剛見佛　南无法滿之隨香見佛
南无龍月佛　南无日施羅國佛
南无无导王佛　南无寶因陁羅幢王佛
南无能生一切衆生敬稱佛　南无火威德光明輪王佛

BD05788 號　佛名經（十六卷本）卷一三　（30–17）

南无奮迋心意王佛　南无自清淨智佛
南无智自在法王佛　南无勝行佛
南无金剛見佛　南无法滿之隨香見佛
南无龍月佛　南无日施羅國佛
南无无导王佛　南无寶因陁羅幢王佛
南无能生一切衆生敬稱佛　南无火威德光明輪王佛
南无无障导波羅佛　南无无始髻佛
南无放光明佛　南无山力月藏佛
南无心自在王佛　南无堅固无畏上首佛
南无堅固勇猛寶佛　南无堅固心善住王佛
南无能破闇贖王佛　南无勝丈夫分陁利佛
南无百聖藏佛　南无妙蓮華藏佛
南无見平等法身佛　南无衆生月佛
南无師子去佛　南无大威德佛
南无妙聲佛　南无无邊光佛
南无見愛佛　南无大首佛
南无勝首佛　南无樂聲佛
南无見寶佛　南无清稱佛
從此以上一万一百佛十二部尊經一切賢聖
南无師子慧佛　南无德聲佛
南无脩樓毗香佛　南无電燈佛
南无波頭摩光佛　南无大光佛
南无梵聲佛　南无无疑佛
南无无邊勢力佛　南无月面佛
南无无邊光佛　南无愛威德佛
南无散疑佛　南无功德燈佛

BD05788 號　佛名經（十六卷本）卷一三　（30–18）

南无梵聲佛　南无无疑佛
南无无邊勢力佛　南无月面佛
南无无邊光佛　南无愛威德佛
南无散疑佛　南无功德燈佛
南无不藏威德佛　南无无邊藏佛
南无光明奮迅王佛　南无廣稱佛
南无遠離憧佛　南无增長聖佛
南无普見佛　南无不可稱佛
南无威德聚佛　南无堅固步佛
南无摩㝹睒稱佛　南无无邊色佛
南无大光明佛　南无妙聲佛
南无不動步佛　南无无邊莊嚴佛
南无大清淨佛　南无威德聚光明佛
南无任智佛　南无堅佛
南无愛解脫佛　南无愛无畏佛
南无甘露藏佛　南无普觀察佛
南无大脩行佛　南无細威德佛
南无十方恭敬佛　南无光明勝佛
南无重說佛　南无光明莊嚴佛
南无師子奮迅佛　南无善見佛
南无甘露步佛　南无月光明佛
南无功德稱佛　南无去根佛
南无清淨聲佛　南无无导輪佛
南无甘露聲佛　南无眾生可敬佛
南无如意威德佛　南无无邊色佛

BD05788號　佛名經（十六卷本）卷一三　（30–19）

南无師子奮迅佛　南无善見佛
南无甘露步佛　南无月光明佛
南无功德稱佛　南无去根佛
南无清淨聲佛　南无无导輪佛
南无甘露聲佛　南无眾生可敬佛
南无如意威德佛　南无无邊色佛
南无大力佛　南无決莊嚴佛
南无普照觀佛　南无奮迅德佛
南无妙色佛　南无稱意佛
南无寶莊嚴佛　南无高光明佛
南无解脫步佛　南无功德莊嚴佛
南无畢竟智佛　南无生雞兜佛
南无不動智佛　南无行竟佛
南无妙色佛　南无寶色佛
南无火聲佛　南无善思惟佛
南无功德華佛　南无思惟世間佛
南无大高光佛　南无无鋒䏶奮迅佛
南无清淨覺佛　南无无月重佛
南无月燈佛　南无无邊光佛
南无種種日佛　南无天城佛
南无心清淨佛　南无彼頭摩藏佛
南无常揮智佛　南无師子聲佛
南无无邊光佛　南无勝聲佛
南无可樂意智光佛　南无功德光佛
南无自在光佛　南无淨嚴身佛
南无无濁義佛　南无應威德佛

BD05788號　佛名經（十六卷本）卷一三　（30–20）

南无常擇智佛　南无師子聲佛
南无无邊光佛　南无勝聲佛
南无可樂意智光佛　南无功德光佛
南无自在光佛　南无淨嚴身佛
南无无濁義佛　南无應威德佛
南无戒勝義智佛　南无得大聲佛
南无婆藪陁聲佛　南无攢吟光佛
從此以上一万二百佛十二部尊經一切賢聖
南无決定思惟佛　南无薩遮婆㝹佛
南无爲闍光明佛　南无毗非波威德佛
南无憂多羅魔吒佛　南无夜舍雞兜佛
南无功德清淨佛　南无法燈佛
南无勝功德佛　南无仙荷波提愛面佛
南无心荷步去佛　南无思惟衆生佛
南无莎伽羅智佛　南无波頭摩藏佛
南无蓋仙佛　南无莎羅王佛
南无脩利邪光佛　南无菩提味佛
南无㝹諸根佛　南无婆㝹光佛
南无芬陁利光佛　南无弥留光佛
南无旃陁面佛　南无莎利荼去佛
南无諸方眼佛　南无法光明佛
南无尸羅波散那佛　南无阿難陁智佛
南无阿難陁色佛　南无地荼毗梨耶佛
南无提婆弥多佛　南无莎湧多智佛
南无㝹靜光佛　南无摩㝹舍威德佛

BD05788 號　佛名經（十六卷本）卷一三　（30–21）

南无尸羅波散那佛　南无阿難陁智佛
南无阿難陁色佛　南无地荼毗梨耶佛
南无提婆弥多佛　南无莎湧多智佛
南无㝹靜光佛　南无摩㝹舍威德佛
南无善分若提陁佛　南无稱聖佛
南无稱幢佛　南无輪面佛
南无普清淨佛　南无摩訶提闍佛
南无阿羅訶應佛　南无優多那勝佛
南无悉達他思惟佛　南无愛供養佛
南无三湧多護佛　南无尼弥佛
南无信菩提佛　南无破意佛
南无出智佛　南无勝聲佛
南无質多羅婆㝹佛　南无弥荷聲佛
南无大炎鶱陁佛　南无勝拘吒佛
南无阿舒伽愛佛　南无天國土佛
南无師子難提拘沙佛　南无阿難陁波頭佛
南无見愛佛　南无波提波王佛
南无勝難兜佛　南无方聞聲佛
南无愛眼佛　南无旃陁雞兜佛
南无阿婆夜達多佛　南无那刹多王佛
南无蘇摩提㝹佛　南无日光明佛
南无大稱佛　南无真聲佛
南无說愛佛　南无稱憂多羅佛
南无摩頭羅光明佛　南无脩法聲佛
南无質多意佛　南无婆藪陁清淨佛

BD05788 號　佛名經（十六卷本）卷一三　（30–22）

南无蘇摩提[illegible]佛　南无曰光明佛
南无大稱佛　南无真聲佛
南无説愛佛　南无稱憂多羅佛
南无摩頭羅光明佛　南无脩佉聲佛
南无寶多意佛　南无婆藪陁清淨佛
南无寂瞋佛　南无破意佛
南无宿王佛　南无毗伽陁畏佛
南无勝憂多摩佛　南无波薩那智佛
南无慈勝種光佛　南无普見佛
南无見月佛　南无降伏諸魔威德佛
南无摩訶羅他佛　南无心苛歩去佛
南无樂光佛　南无普護佛
南无清淨意佛　南无成就義佛
南无香山佛　南无摩尼清淨佛
南无功德光佛　南无曰光佛
南无成就光佛　南无見愛佛
南无善思惟佛　南无婆湯多見佛
從此以上一万三百佛十二部尊經一切賢聖
南无師子幢佛　南无普行佛
南无大歩佛　南无阿羅頻頭波頭摩羅
南无曰光佛　南无阿弥多清淨佛
南无阿難多樓波佛　南无蓋天佛
南无羅多那光佛　南无莎羅梯羅多佛
南无善見佛　南无親味佛
南无婆耆羅莎佛　南无脩利邪那那佛
南无无障㝵眼佛　南无莎奇去佛

BD05788號　佛名經（十六卷本）卷一三　（30–23）

南无曰光佛　南无阿弥多清淨佛
南无阿難多樓波佛　南无蓋天佛
南无羅多那光佛　南无莎羅梯羅多佛
南无善見佛　南无親味佛
南无婆耆羅莎佛　南无脩利邪那那佛
南无无障㝵眼佛　南无莎荷去佛
南无大然燈佛　南无靈荷伽佛
南无清淨功德佛　南无功德藏佛
南无法佛　南无摩樓多愛佛
南无阿婆邪愛佛　南无慧幢佛
南无威德光佛　南无月德佛
南无求那婆藪佛　南无无邊光佛
南无安樂佛　南无稱難兜佛
南无光明吼佛　南无普功德佛
南无勝難兜佛　南无那羅延佛
南无寶清淨佛　南无普心佛
南无善意佛　南无善意佛
南无不量威德佛　南无師子聲佛
南无光明意佛　南无那羅延天佛
南无薩遮難兜佛　南无善任意佛
南无阿弥多天佛　南无大慧德佛
南无大幢佛　南无光明曰佛
南无法佛　南无善法佛
南无旃陁婆羌佛　南无菴摩羅勝佛
南无解脱觀佛　南无羅多那光佛
南无无羅聲佛　南无普心擇佛

BD05788號　佛名經（十六卷本）卷一三　（30–24）

南无大幢佛　南无光明日佛
南无法佛　南无善法佛
南无旃陁婆兔佛　南无菴摩羅勝佛
南无解脫觀佛　南无羅多那光佛
南无无羅聲佛　南无普心擇佛
南无成就光佛　南无甘露眼佛
南无稱愛佛　南无善護佛
南无天信佛　南无善量步佛
南无提婆多羅佛　南无深智佛
南无斯那步佛　南无旃陁跋陁佛
南无提闍積佛　南无大勝佛
南无大步佛　南无闍耶天佛
南无悉達他意佛　南无貿多憂佛
南无師子聲佛　南无信提舍那佛
南无智光佛　南无拘蘇摩提闍佛
南无提闍羅尸佛　南无如意光佛
南无无邊威德佛　南无无邊光佛
南无勝藏佛　南无盧遮那稱佛
南无寶雞兜佛　南无郁伽提闍佛
南无日雞兜佛　南无摩訶弥留佛
南无摩訶蘇荷佛　南无世間得名佛
南无郁伽德佛　南无憂多摩稱佛
南无成就義步佛　南无提婆摩謳多佛
次礼十二部尊經大藏法輪
南无決摠持經　南无七智經
南无所祇經　南无七車經

BD05788號　佛名經（十六卷本）卷一三　（30–25）

南无郁伽德佛　南无憂多摩稱佛
南无成就義步佛　南无提婆摩謳多佛
次礼十二部尊經大藏法輪
南无決摠持經　南无七智經
南无所祇經　南无七車經
南无祇闍掘山解經　南无留多經
南无未生王經　南无三乘經
從此以上一万四百佛十二部尊經一切賢聖
南无便賢者旃經　南无威陁悔過經
南无三轉月明經　南无聽施經
南无是特自梵自守經　南无三品脩行經
南无句義經　南无鷹王經
南无須摩經　南无弘道三昧經
南无義決律經　南无須耶越國貧人經
南无齋經　南无菩入法嚴經
次礼十方諸大菩薩
南无堅固寶世界金剛幢菩薩　南无堅固寶王世界勇猛幢菩薩
南无堅固樂世界堅固幢菩薩　南无寂滅金世界夜光幢菩薩
南无堅固摩世界智幢菩薩　南无堅固金剛世界寶幢菩薩
南无堅固栴檀世界宣寶幢菩薩　南无堅固青蓮華世界離幢菩薩
南无堅固蓮華世界精進幢菩薩　南无堅固香世界法幢菩薩
南无南方善思議菩薩　南无現在西方菩薩
南无善吉世界成一切利菩薩　南无善吉世界金光齋菩薩
南无寶樹世界精進首菩薩　南无寶楊世界明首菩薩
南无善觀照世界思大衆菩薩　南无憂世界普曜菩薩

BD05788號　佛名經（十六卷本）卷一三　（30–26）

南无堅固稍檀世界宣寶幢菩薩　南无堅固香世界法幢菩薩
南无南方善思議菩薩　南无現在西方菩薩
南无善吉世界成一切利菩薩　南无善吉世界金剛齊菩薩
南无寶樹世界精進首菩薩　南无寶楊世界明首菩薩
南无善觀世界思惟大衆菩薩　南无无憂世界普曜菩薩
南无香勝離垢光明世界普智光明慧燈菩薩
南无金剛慧世界淨光菩薩　南无善行世界无勝意菩薩
南无善吉世界明星菩薩　南无寶樹世界无言菩薩
南无歡喜世界蓮華菩薩　南无歡喜世界山王菩薩
次礼聲聞緣覺一切賢聖
南无高名婆羅辟支佛　南无火身辟支佛
南无同善提辟支佛　南无摩訶男辟支佛
南无心上辟支佛　南无毓淨辟支佛
南无善快辟支佛　南无園陁辟支佛
南无吉沙辟支佛　南无優波吉沙辟支佛
南无斷有辟支佛　南无優波羅辟支佛
南无斷愛辟支佛　南无施婆羅辟支佛
礼三寶已次復懺悔
已懺三塗等報今當復次稽顙懺悔人天
餘報相與稟此閻浮壽命雖曰百歲滿者
无幾於其中間盛年枉夭其數无量但有
衆苦煎迫形心愁憂恐怯未曾蹔離如此
皆是善根微弱惡業滋多致使現在心有
所為皆不稱意當知悉是過去已來惡業
餘報是故弟子今日至誠歸依佛
南无東方蓮華上佛　南无南方調伏佛

BD05788號　佛名經（十六卷本）卷一三　（30–27）

无幾於其中間盛年枉夭其數无量但有
衆苦煎迫形心愁憂恐怯未曾蹔離如此
皆是善根微弱惡業滋多致使現在心有
所為皆不稱意當知悉是過去已來惡業
餘報是故弟子今日至誠歸依佛
南无東方蓮華上佛　南无南方調伏佛
南无西方无量明佛　南无北方勝諸根佛
南无東南方蓮華尊佛　南无西南方无量華佛
南无西北方自在智佛　南无東北方香蓮華德佛
南无下方分別佛　南无上方伏怨智佛
如是十方盡虛空界一切三寶至心歸命
常住三寶弟子等无始以來至於今日所
有現在及以未來人天之中无量餘報流
殃宿對癃殘百疾六根不具罪報懺悔人
間邊地邪見三惡八難罪報懺悔人間多病
消瘦促命夭枉罪報懺悔人間六親眷
屬不能得常相保守罪報懺悔人間親舊
彫喪愛别離苦罪報懺悔人間怨家聚會
愁憂怖畏罪報懺悔人間水火盜賊刀兵
危嶮驚恐怯弱罪報懺悔人間孤獨
困苦流離波迸亡失國土罪報懺悔人
間牢獄繫閉幽執倒立鞭撻考楚罪報
懺悔人間公私口舌便相羅染更相誣
謗罪報懺悔人間惡病連年累月不差枕
卧床席不能起居罪報懺悔人間冬温夏
疫毒癘傷寒罪報懺悔人間賊風腫滿否

BD05788號　佛名經（十六卷本）卷一三　（30–28）

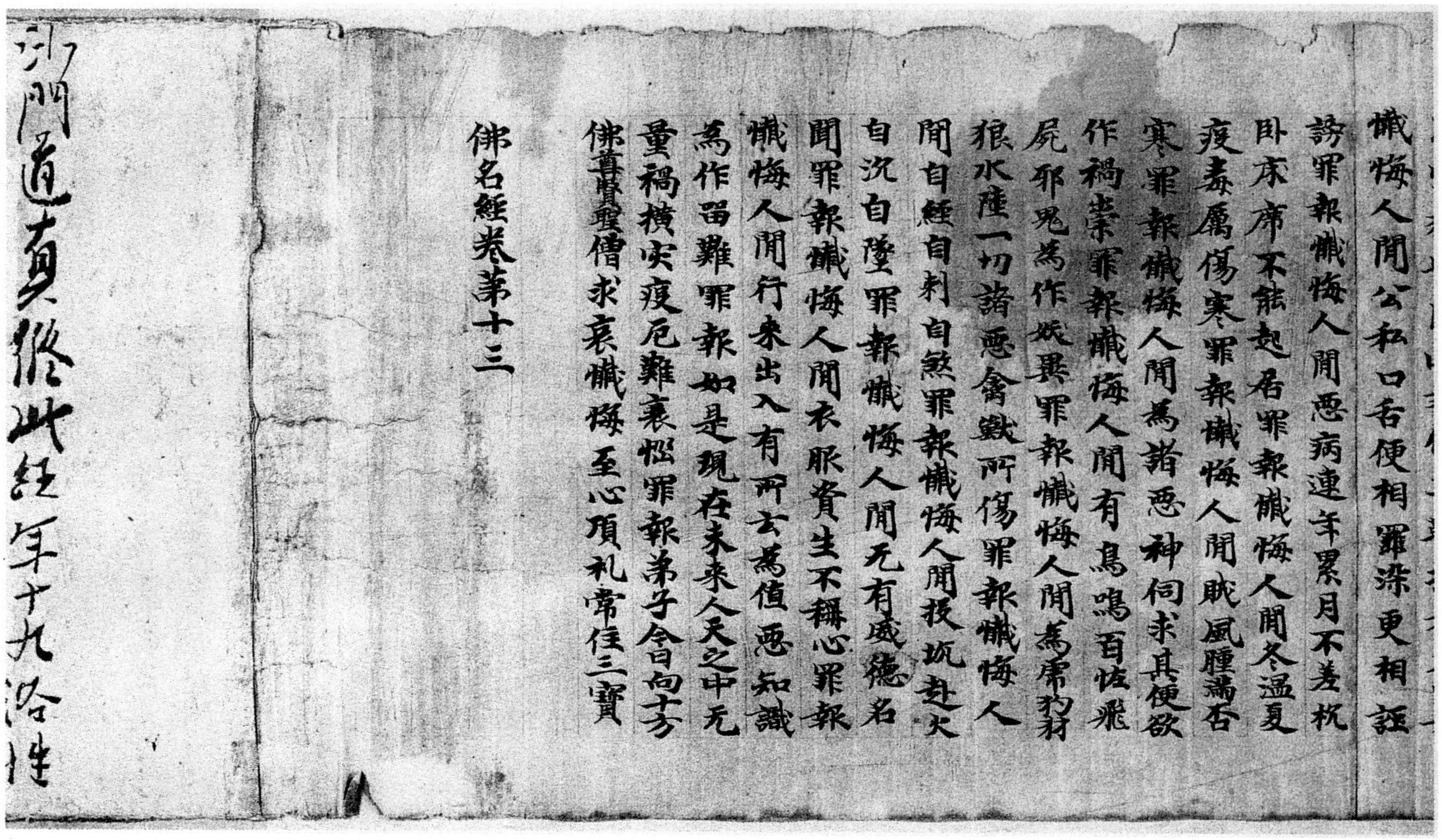

懺悔人間公私口舌便相羅涤更相誣
謗罪報懺悔人間惡病連年累月不差枕
卧床席不能起居罪報懺悔人間冬溫夏
疫毒厲傷寒罪報懺悔人間賊風腫滿否
塞罪報懺悔人間為諸惡神伺求其便欲
作禍祟罪報懺悔人間有鳥鳴百怪飛
尸邪鬼為作妖異罪報懺悔人間為虎豹豺
狼水陸一切諸惡禽獸所傷罪報懺悔人
間自經自刺自煞罪報懺悔人間投坑赴火
自沉自墜罪報懺悔人間无有威德名
聞罪報懺悔人間衣服資生不稱心罪報
懺悔人間行來出入有所去為值惡知識
為作留難罪報如是現在未來人天之中无
量禍横災疫厄難衰惱罪報弟子今日向十方
佛菩薩賢聖僧求哀懺悔至心頂礼常住三寶

佛名經卷第十三

沙門道真修此經年十九洛性

BD05788號　佛名經（十六卷本）卷一三　（30–29）

量禍横災疫厄難衰惱罪報弟子今日向十方
佛菩薩賢聖僧求哀懺悔至心頂礼常住三寶

佛名經卷第十三

沙門道真修此經年十九洛性
張氏

BD05788號　佛名經（十六卷本）卷一三　（30–30）

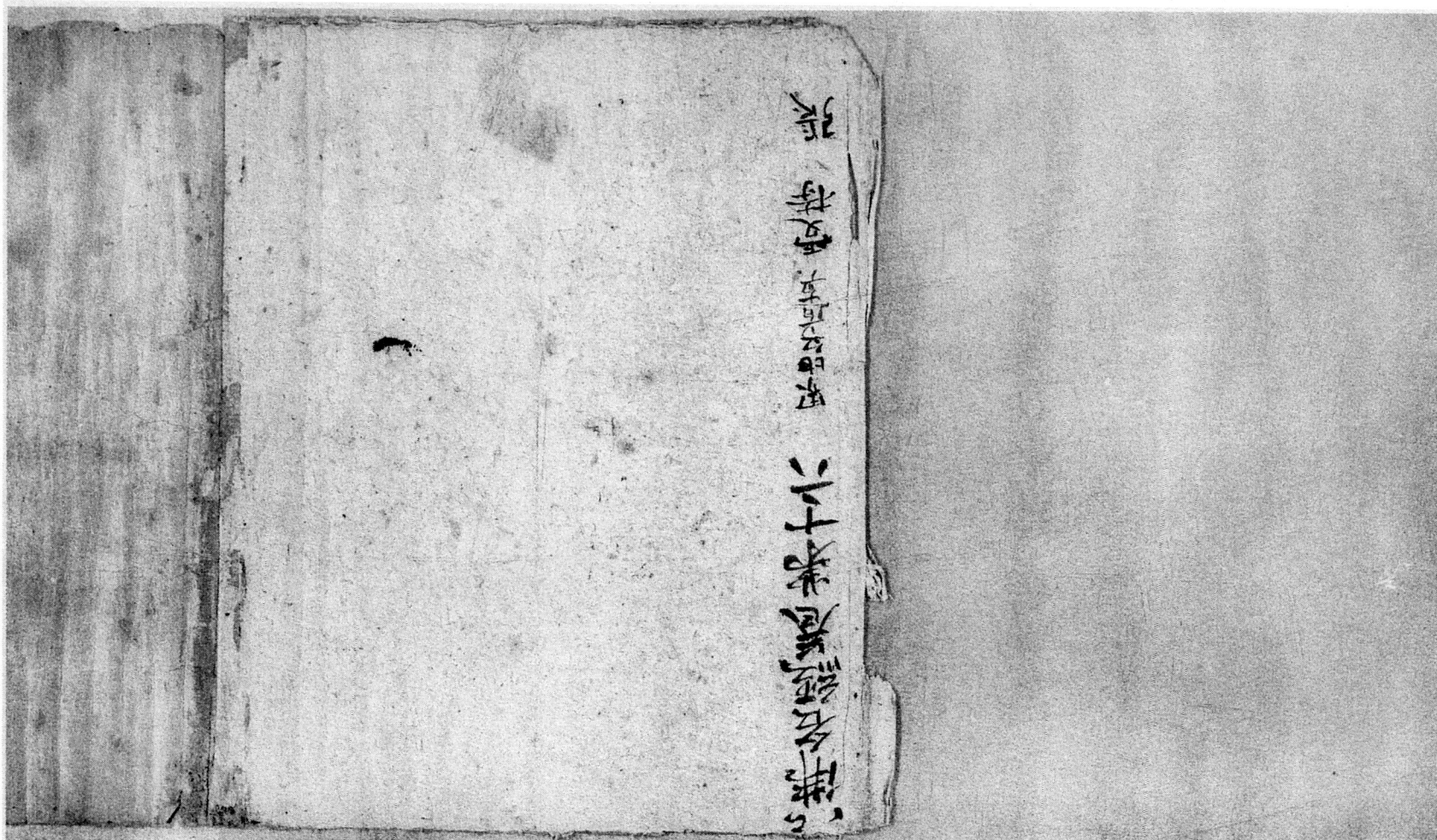

BD05788 號背　題記　　（11–1）

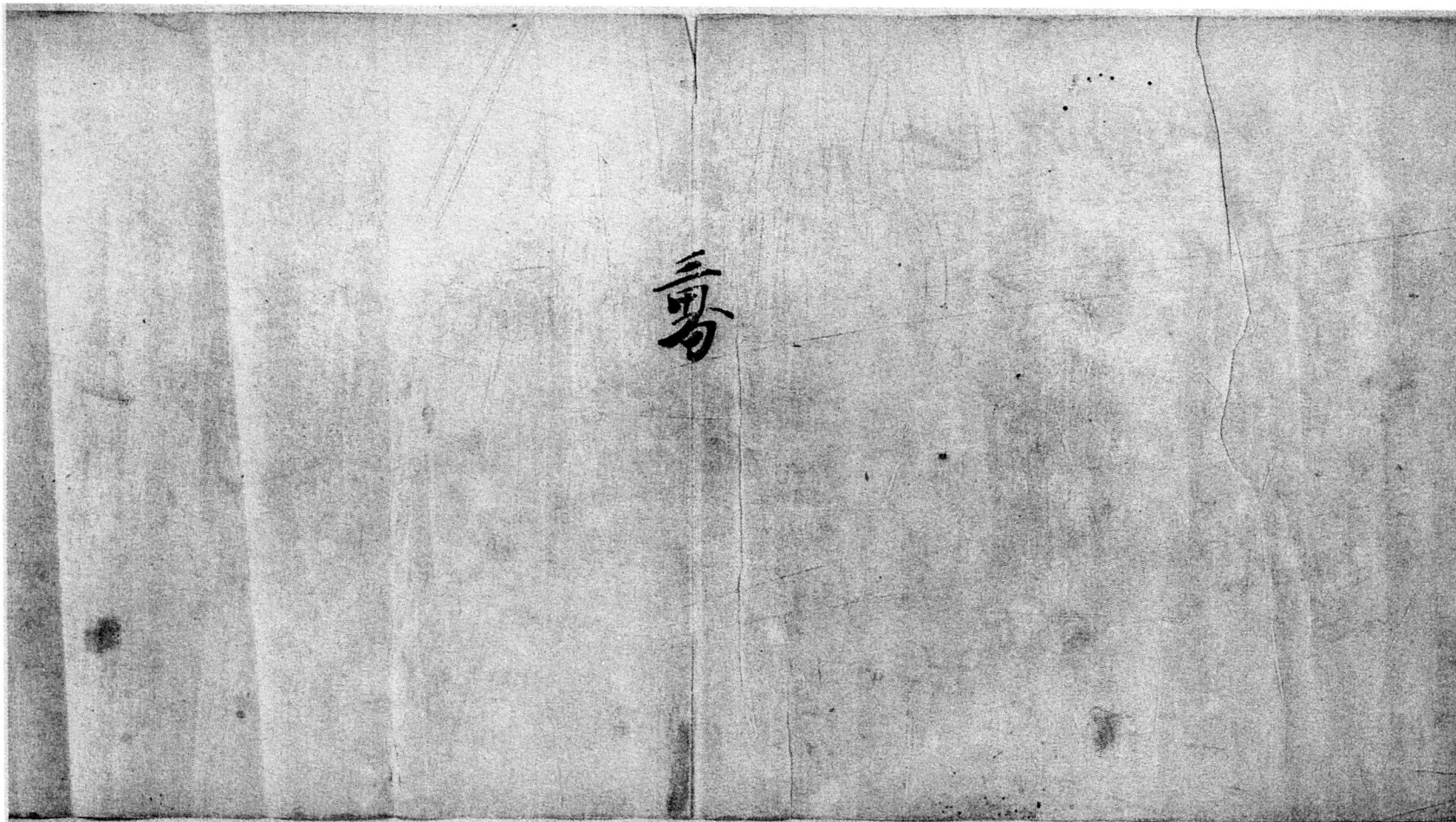

BD05788 號背　勘記　　（11–2）

BD05788 號背　勘記　　（11–3）

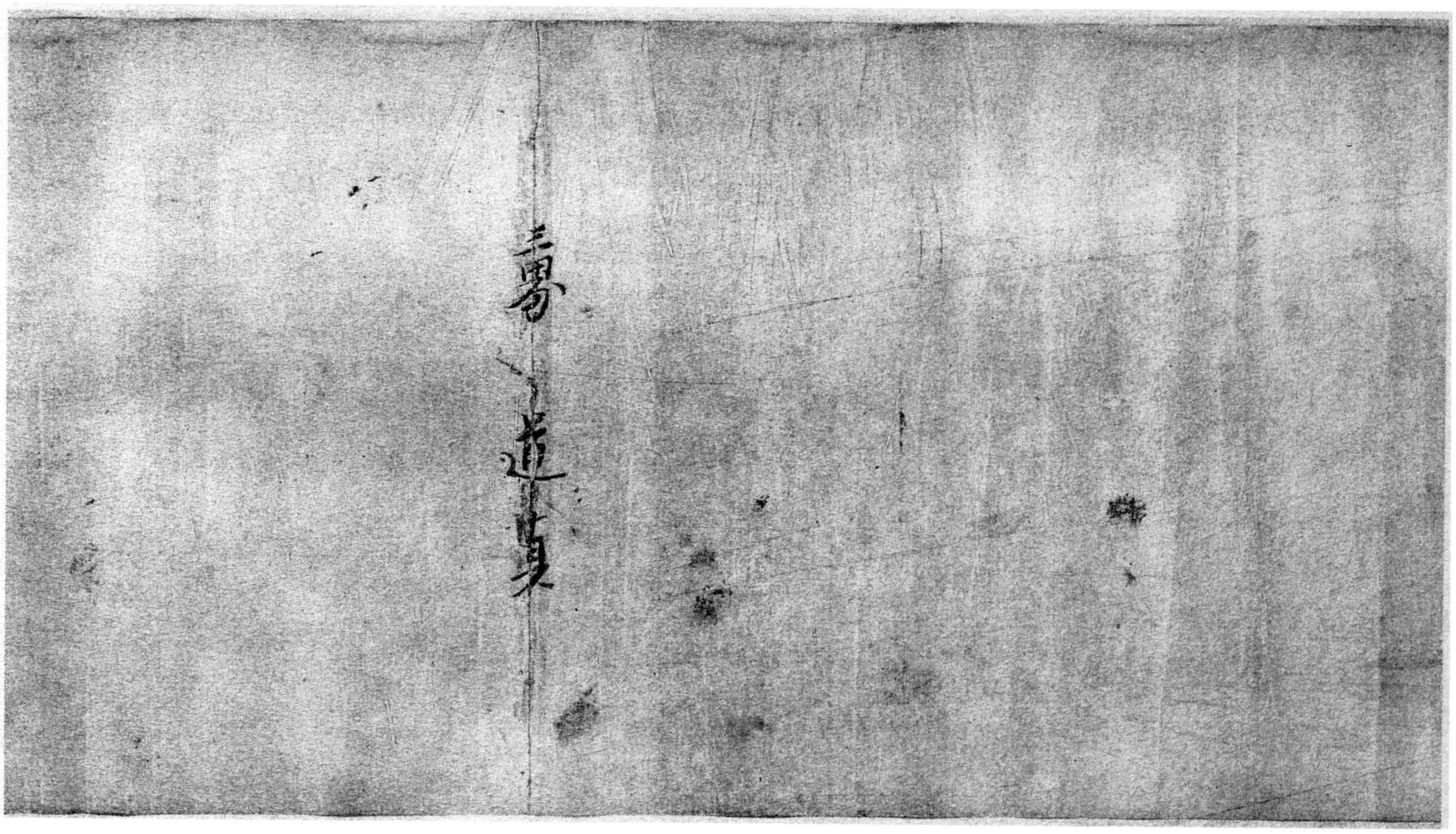

BD05788 號背　勘記　　（11–4）

BD05788 號背　勘記　　（11–5）

BD05788 號背　勘記　　（11–6）

BD05788 號背　勘記　（11–7）

BD05788 號背　勘記　（11–8）

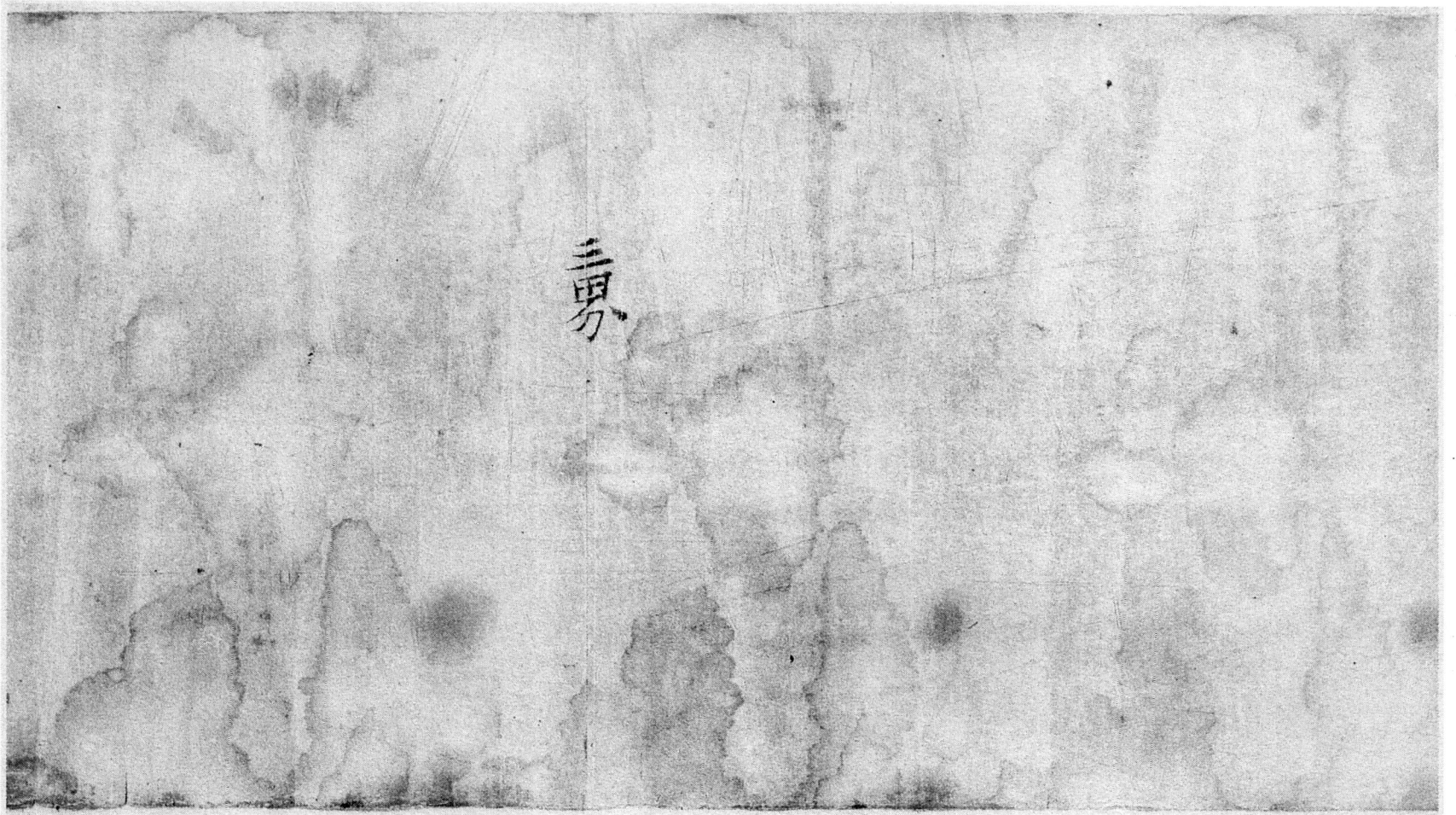

BD05788 號背　勘記　　　　　　　　　　　　　　　　　　　　　（11–9）

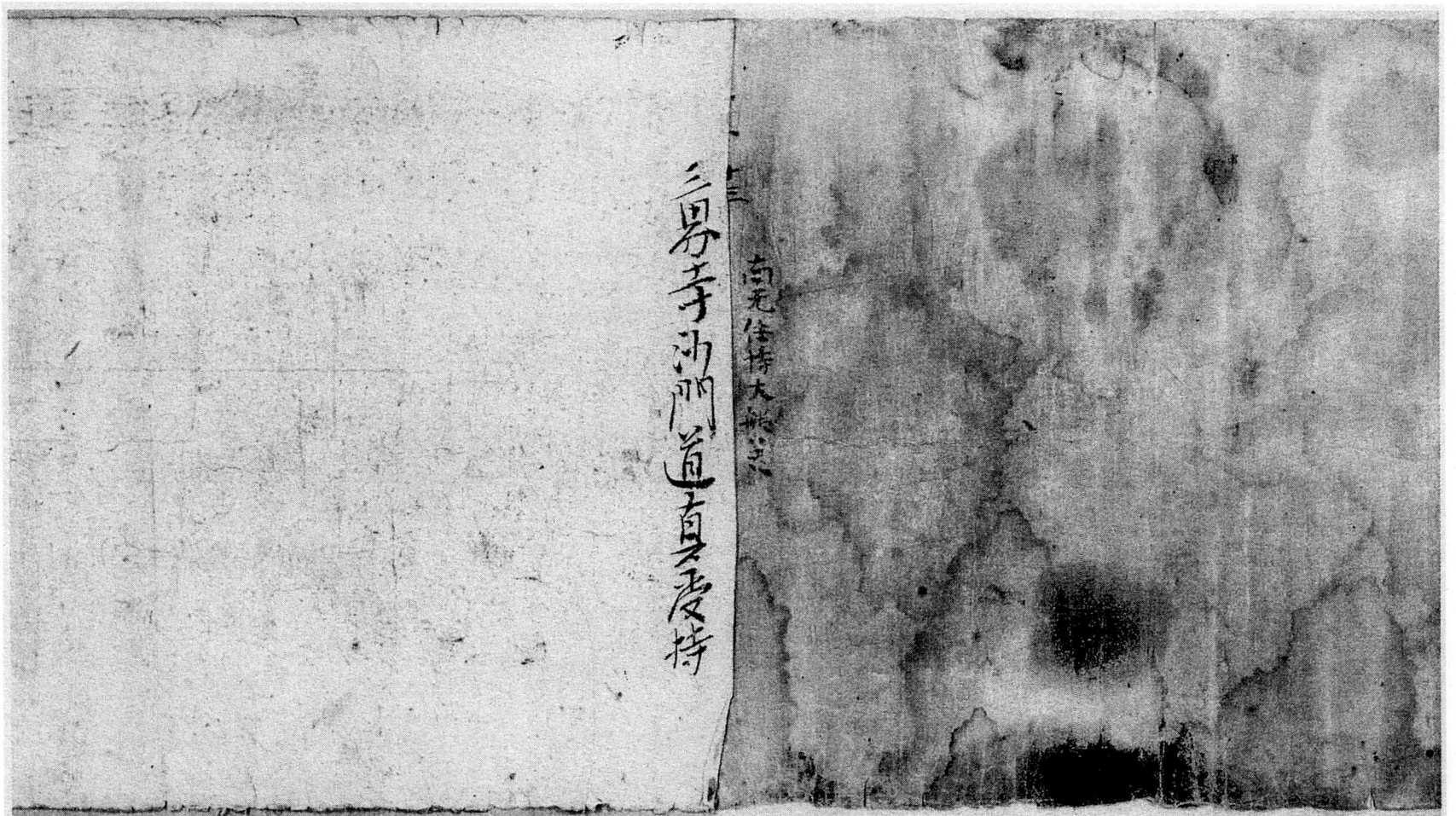

BD05788 號背　勘記、雜寫　　　　　　　　　　　　　　　　　　（11–10）

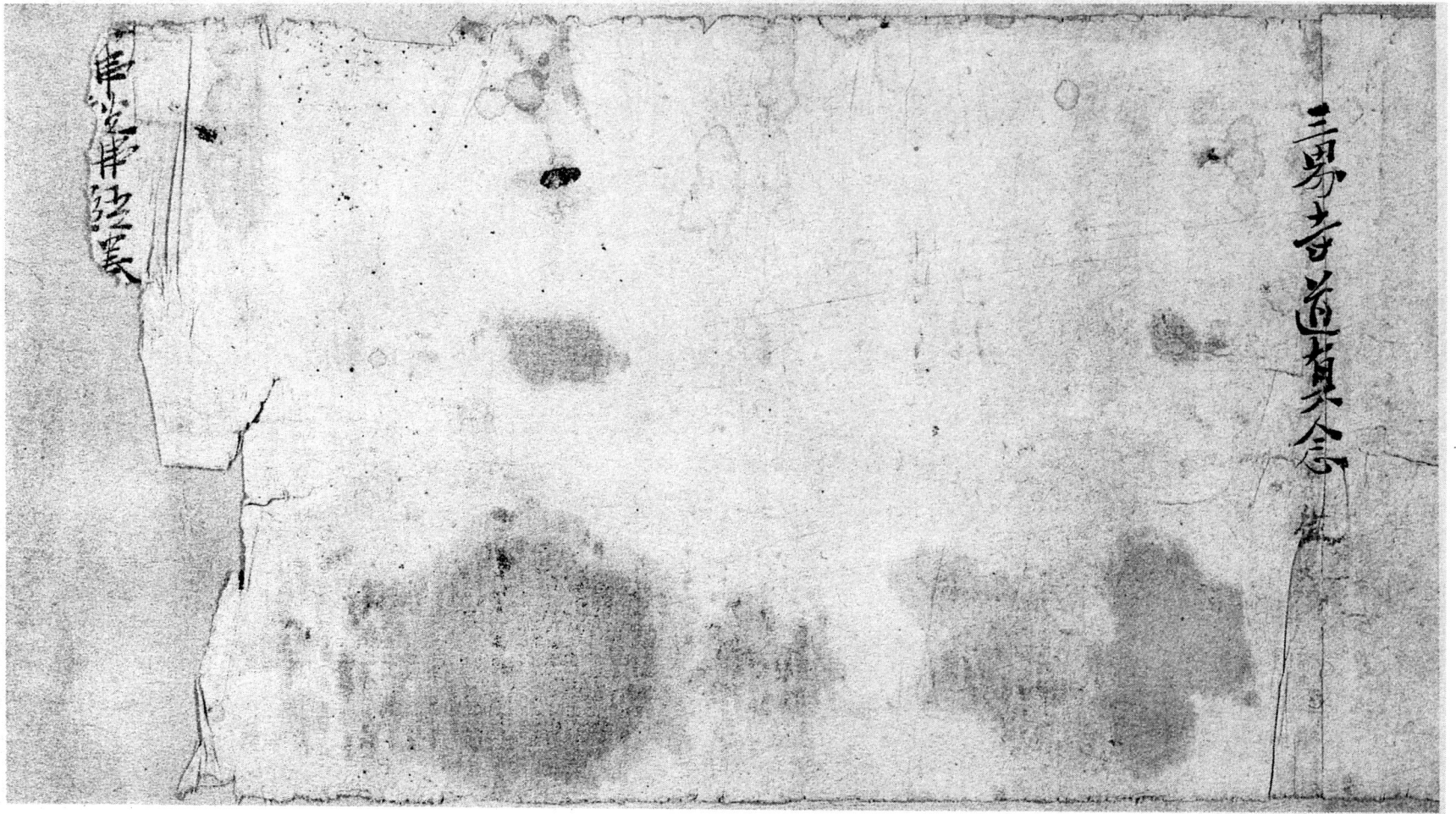

BD05788號背　勘記、題記　（11-11）

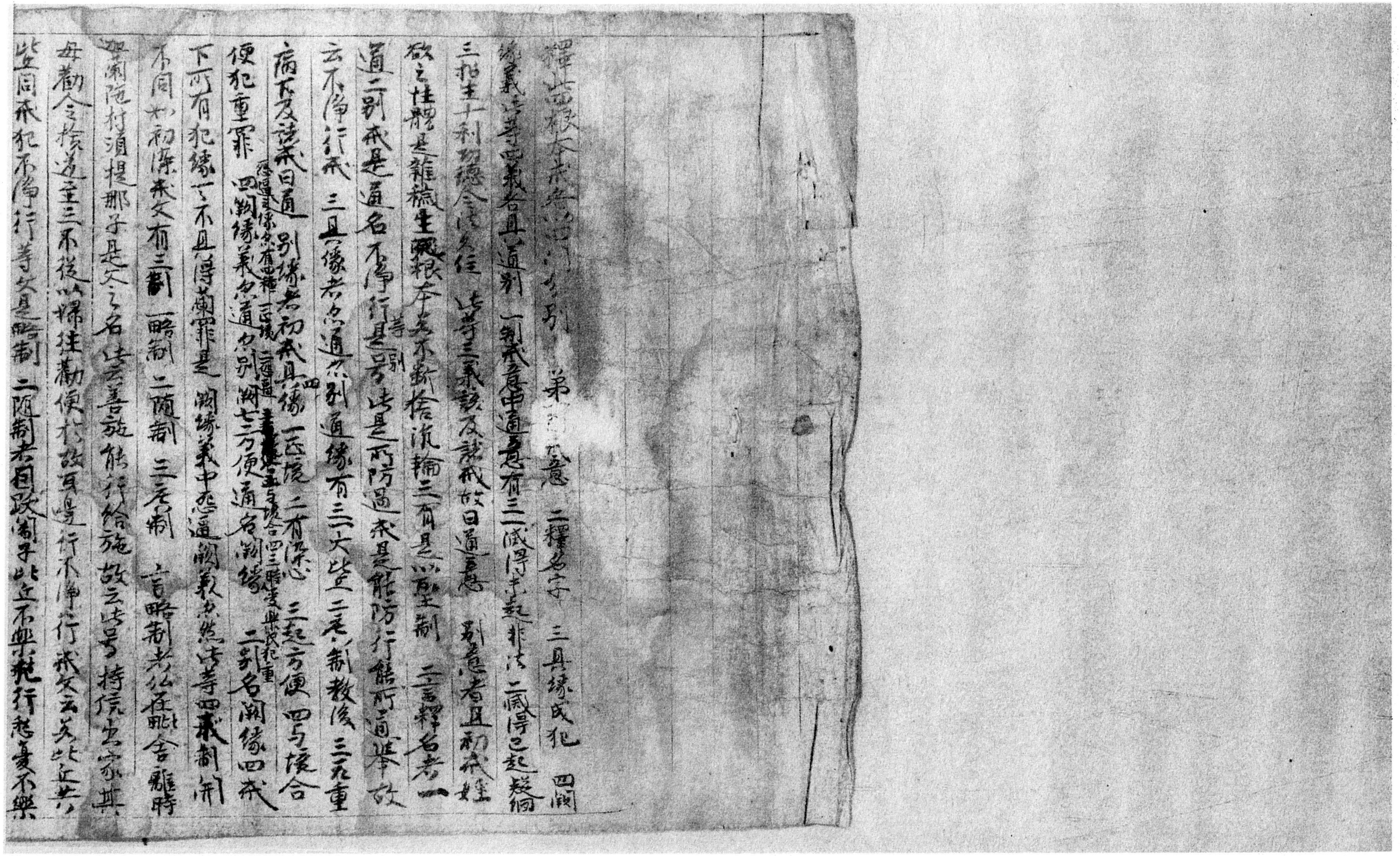

BD05789 號　釋僧戒初篇四波羅夷義決　　（3–1）

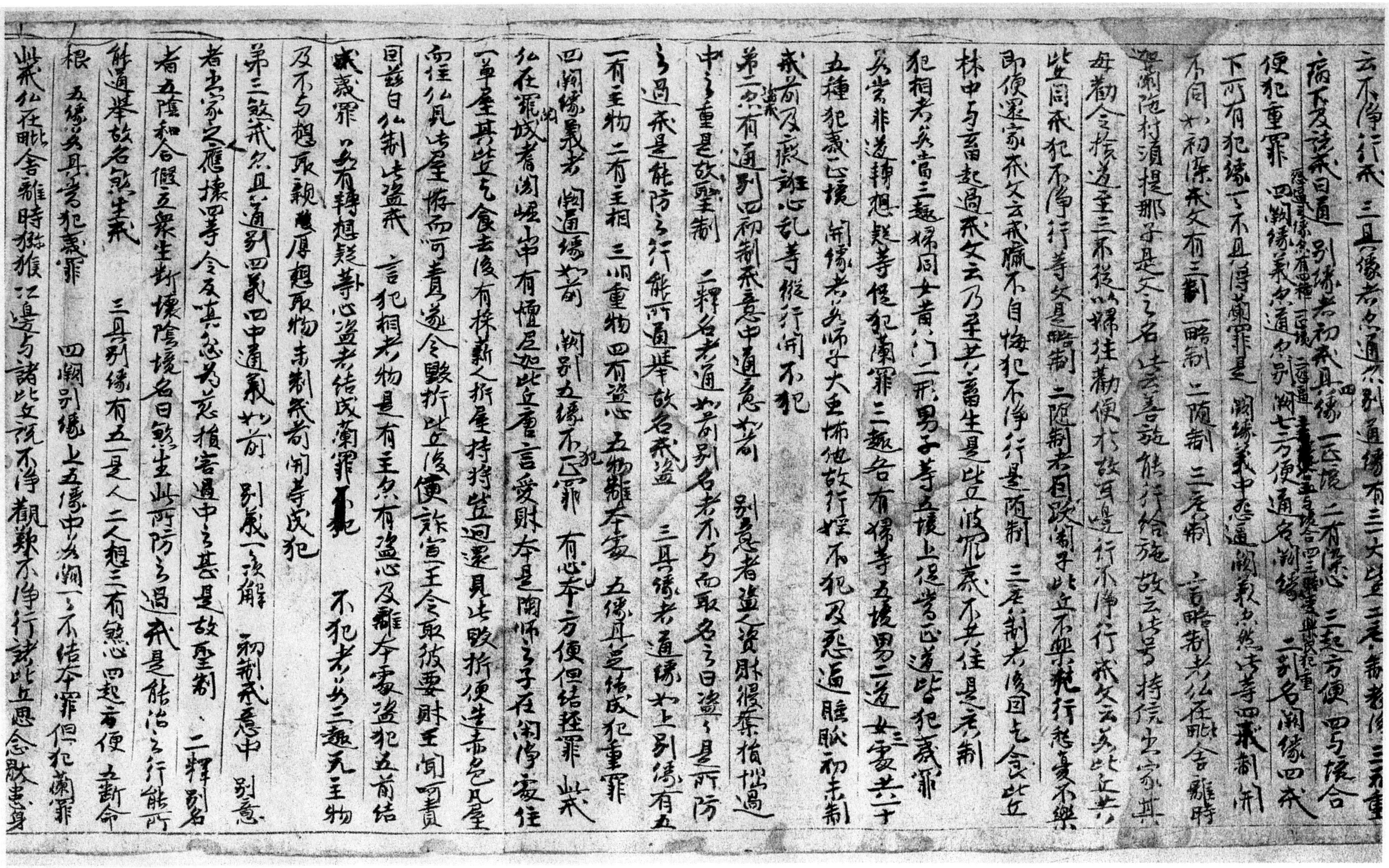

BD05789號　釋僧戒初篇四波羅夷義決　（3–2）

弟三煞戒名具三道別四義中道義初前　別義一二[illegible]　煞戒意中　別意

者出家之應壞四等令反嗔恚為慈損害過中之甚是故聖制　二釋別名

者五陰和合假名衆生斷壞陰境名曰煞生此所防之過戒是能治之行能所

解通舉故名煞生戒　三具別緣有五一是人二人想三有煞心四起方便五斷命

根　五緣之具當犯夷罪　四闕別緣上五緣中若闕一二不結本罪但犯蘭罪

此戒佛在毗舍離時獼猴江邊為諸比丘說不淨觀厭不淨行諸比丘恩念厭患身

命嘆死讚死雇勿力迦難提比丘（此是河邊種者是佳此丘病杖是臃淋之子）宿習未亡手利刀遂於園中便害煞

其傳　佛因制戒　犯想者若於人趣作想方便斷命根者正犯夷罪若轉想有疑

及雙闕但犯蘭罪　言不犯者若擲刀杖瓦石及造房舍堕木石之病人扶

起扶臥浴時樂時及出入往來又未制戒前及癡狂等一切無害心而犯者無犯

弟四妄語戒名具三道別四義中道義初前　別四義中初制意者無漏聖道

聖證法自言已證欺誑於世過中之甚是故聖制　二釋別名言不稱實曰

妄妄說聖德名過人法此是所防過戒是能治行名所通舉名妄語過人法

戒　三具別緣有八一前境是人　二人想　三境虛　四知境虛　五說過人法

六自言己得　七言解了了　八前人知解此犯夷罪　四闕緣義闕別八緣皆得蘭

罪　此戒佛在毗舍離時獼猴江邊時世穀貴乞求難得佛勅諸比丘汝等隨親

友安居諸比丘受佛教勅於婆求河邊安居諸比丘等為飲食利養良故各

各妄稱得上人法具禪解脫狂冒世人而為佛制　言犯想者但於人趣實

言得聖言辭了了牙相念解皆犯夷罪　若於非人畜轉想疑等結

蘭罪　言不犯者自不知得不淨觀已上及八解脫四禪十遍處妄語

定等若戲笑說錯說等皆非此犯重而得者　又都不說者全無犯

諸大德我已說四波羅夷法已下得波羅罪已上是緣文

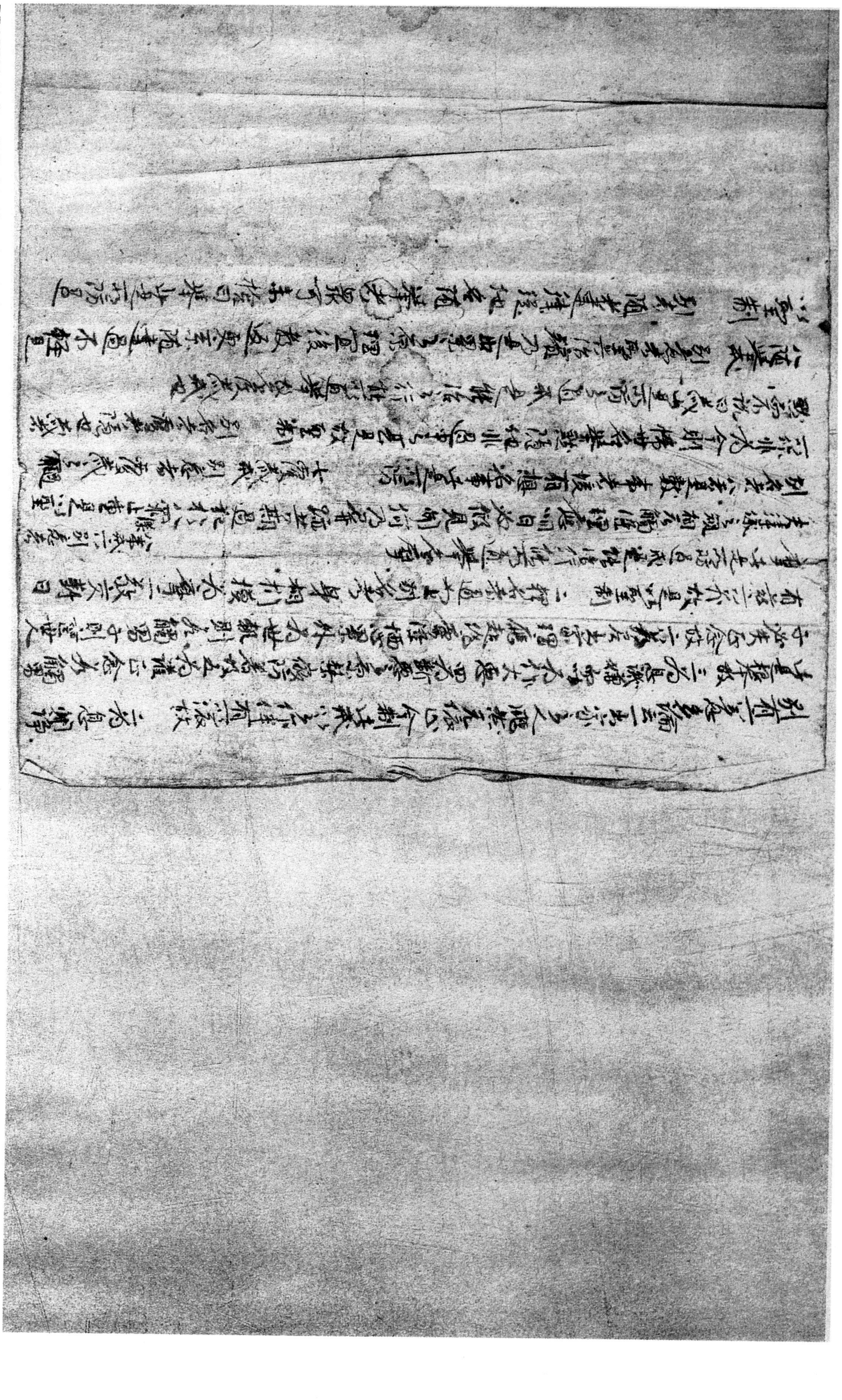

（2–1）

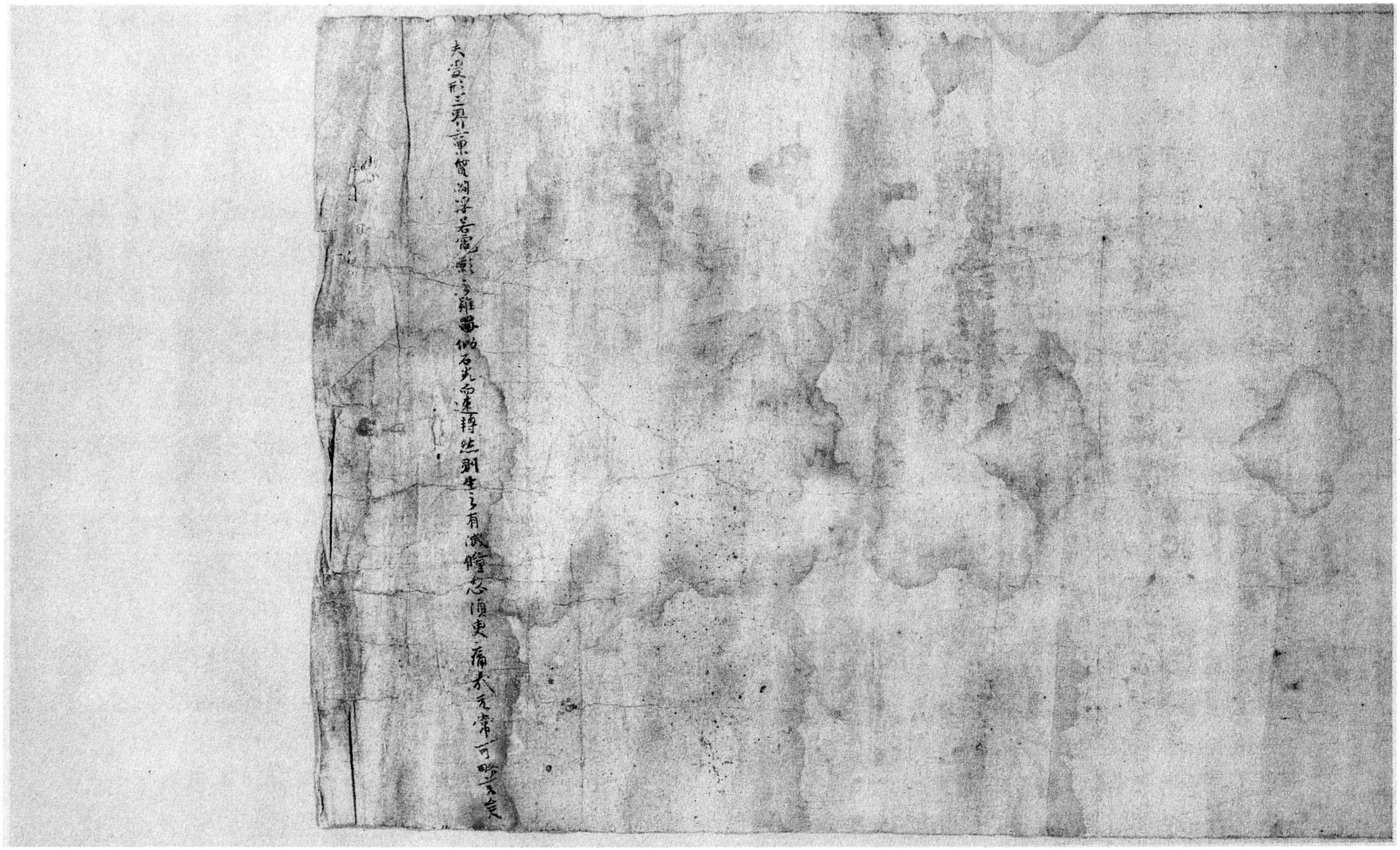

BD05789號背　雜寫　（2–2）

在安樂過於三世能現三世出於聲聞獨覺
之境諸大菩薩之所脩行一切如来體无有異
此等皆由勸請功德善根力故如是我
今已得是故若有欲得阿耨多羅三藐三菩
提者於諸經中一句一頌為人解說功德善
根尚无限量何况勸請如来轉大法輪久住於
世莫般涅槃
時天帝釋復白佛言世尊若善男子善女人
為求阿耨多羅三藐三菩提故脩三乘道所
有善根云何迴向一切智智佛告天帝善男
子若有衆生欲求菩提脩三乘道所有善根
願迴向者當於晝夜六時慇重至心作如是
說我從无始生死以来於三寶所脩行成就
所有善根乃至施與傍生一摶之食或以善
言和解諍訟或受三歸及諸學處或復懺悔
勸請隨喜所有善根我今作意悉皆攝取迴

BD05790號　金光明最勝王經卷三　（9–1）

願迴向者當於晝夜六時慇重至心作如是
說我從无始生死以来於三寶所脩行成就
所有善根乃至施與傍生一摶之食或以善
言和解諍訟或受三歸及諸學處或復懺悔
勸請隨喜所有善根我今作意悉皆攝取迴
施一切衆生无悔悋心是解脫分善根所攝
如佛世尊之所知見不可稱量无礙清淨如
是所有功德善根悉以迴施一切衆生不住
相心不捨相心我亦如是功德善根悉以迴
施一切衆生願皆獲得如意之手擲空出寶
滿衆生願富樂无盡智慧无窮妙法辯才悉
皆无滯共諸衆生同證阿耨多羅三藐三菩
提得一切智因此善根更復出生无量善法
亦皆迴向无上菩提又如過去諸大菩薩脩
行之時功德善根悉皆迴向一切種智現在
未来亦復如是然我所有功德善根亦皆迴
向阿耨多羅三藐三菩提是諸善根願共一
切衆生俱成正覺如餘諸佛坐於道場菩提
樹下不可思議无礙清淨住於无盡法藏陁
羅尼首楞嚴定破魔波旬无量兵衆應見
覺知應可通達如是一切一剎那中悉皆照
了於後夜中獲甘露法證甘露義我及衆生
願皆同證如是妙覺猶如
无量壽佛　勝光佛　妙光佛　阿閦佛
功德善光佛　師子光明佛　百光明佛　網光明佛
寶相佛　寶焰佛　焰明佛　焰盛光明佛

BD05790號　金光明最勝王經卷三　（9–2）

了於後夜中獲甘露法證甘露義我及衆生
願皆同證如是妙覺猶如
无量壽佛　勝光佛　妙光佛　阿閦佛
功德善光佛　師子光明佛　百光明佛　網光明佛
寶相佛　寶𦦨佛　𦦨明佛　𦦨盛光明佛
吉祥上王佛　微妙聲佛　妙莊嚴佛　法幢佛
上勝身佛　可愛色身佛　光明遍照佛　梵淨王佛
上性佛
如是等如来應正遍知過去未来及以現在
亦現應化得阿耨多羅三藐三菩提轉无上
法輪為度衆生我亦如是廣說如上
善男子若有淨信男子女人於此金光明㝡
勝經王滅業障品受持讀誦憶念不忘為他
廣說得无量无邊大功德聚譬如三千大千
世界所有衆生一時皆得成就人身得人身
已成獨覺道若有男子女人盡其形壽恭敬
尊重四事供養一一獨覺各施七寶如須弥
山此諸獨覺入湼槃後皆以珎寶起塔供養
其塔高廣十二瑜繕那以諸花香寶幢幡蓋
常為供養善男子於意云何是人所獲功德
寧為多不天帝釋言甚多世尊善男子若復
有人於此金光明微妙經典衆經之王滅業
障品受持讀誦憶念不忘為他廣說所獲功
德於前所說供養功德百分不及一百千万
億分乃至校量譬喻所不能及何以故是善

寧為多不天帝釋言甚多世尊善男子若復
有人於此金光明微妙經典衆經之王滅業
障品受持讀誦憶念不忘為他廣說所獲功
德於前所說供養功德百分不及一百千万
億分乃至校量譬喻所不能及何以故是善
男子善女人住正行中勸請十方一切諸佛轉
無上法輪皆為諸佛歡喜讚歎善男子如我
所說一切施中法施為勝是故善男子於三
寶所設諸供養不可為比勸受三歸持一切
戒无有毀犯三業不空不可為比一切世界一
切衆生隨力隨能隨所願樂於三乘中勸發
菩提心不可為比於三世中一切世界所有
衆生皆得无礙速令成就无量功德不可為
比三世刹土一切衆生令无障礙得三菩提
不可為比三世刹土一切衆生勸令速出四
惡道苦不可為比三世刹土一切衆生勸令
除滅極重惡業不可為比一切苦惱勸令解
脫不可為比一切怖畏苦惱逼切皆令得解
不可為比三世佛前一切衆生所有功德勸
令隨喜發菩提願不可為比勸除惡行罵辱
之業一切功德皆願成就所在生中勸請供
養尊重讚歎一切三寶勸請衆生淨脩福
行成滿菩提不可為比是故當知勸請一切
世界三世三寶勸請滿足六波羅蜜勸請轉
於无上法輪勸請住世經无量劫演說无量
甚深妙法功德甚深无能比者

養尊重讃歎一切三寶勸請衆生淨脩福
行成滿菩提不可爲比是故當知勸請一切
世界三世三寶勸請滿足六波羅蜜勸請轉
於无上法輪勸請住世經无量劫演說无量
甚深妙法功德甚深无能比者
尒時天帝釋及恒河女神无量梵王四大天
衆從座而起偏袒右肩右膝着地合掌頂礼
白佛言世尊我等皆得聞是金光明冣勝王
經今悉受持讀誦通利爲他廣說依此法住
何以故世尊我等欲求阿耨多羅三藐三菩
提隨順此義種種勝相如法行故尒時梵王
王及天帝釋等於說法處皆以種種曼陁羅
花而散佛上三千大千世界地皆大動一切天
鼓及諸音樂不鼓自鳴放金色光遍滿世界
出妙音聲時天帝釋白佛言世尊此等皆是
金光明經威神之力慈悲普救種種利益種
種增長菩薩善根滅諸業障佛言如是如是
如汝所說何以故善男子我念往昔過无量
百千阿僧祇劫有佛名寶王大光照如來應
正遍知出現於世住世六百八十億劫尒時寶
王大光照如來爲欲度脫人天釋梵沙門婆
羅門一切衆生令安樂故當出現時初會說
法度百千億億万衆皆得阿羅漢果諸漏
已盡三明六通自在無礙於第二會復度九
十千億億万衆皆得阿羅漢果諸漏已盡三

羅門一切衆生令安樂故當出現時初會說
法度百千億億万衆皆得阿羅漢果諸漏
已盡三明六通自在無礙於第二會復度九
十千億億万衆皆得阿羅漢果諸漏已盡三
明六通自在無礙於第三會復度九十八千
億億万衆皆得阿羅漢果圓滿如上
善男子我於尒時作女人身名福寶光明於
第三會親近世尊受持讀誦是金光明經爲
他廣說求阿耨多羅三藐三菩提故時彼世
尊爲我授記此福寶光明女於未来世當得
作佛号釋迦牟尼如来應正遍知明行足善
逝世間解无上士調御丈夫天人師佛世尊
捨女身後從是以来越四惡道生人天中受
上妙樂八十四百千生作轉輪王至于今日
得成正覺名稱普聞遍滿世界時會大衆忽
然皆見寶王大光照如来轉无上法輪說微
妙法善男子去此索訶世界東方過百千恒
河沙數佛土有世界名寶莊嚴其寶王大光
照如来今現在彼未般涅槃說微妙法廣化
羣生汝等見者即是彼佛
善男子若有善男子善女人聞是寶王大光
照如来名号者於菩薩地得不退轉至大涅
槃若有女人聞是佛名者臨命終時得見彼
佛来至其所既見佛已究竟不復更受女身
善男子是金光明微妙經典種種利益種種
增長菩薩善根滅諸業障善男子若有苾

善男子若有善男子善女人聞是寶王大光
照如來名号者於菩薩地得不退轉至大涅
槃若有女人聞是佛名者臨命終時得見彼
佛來至其所既見佛已究竟不復更受女身
善男子是金光明微妙經典種種利益種種
增長菩薩善根滅諸業障善男子若有苾
芻苾芻尼鄔波索迦鄔波斯迦隨在何處爲人
講說是金光明微妙經典於其國土皆獲四
種福利善根云何爲四一者國王无病離諸
災厄二者壽命長遠无有障礙三者无諸怨
敵兵衆勇健四者安隱豐樂正法流通何以
故如是人王常爲釋梵四王藥叉之衆共守
護故
尒時世尊告大衆曰善男子是事實不是時
无量釋梵四王及藥叉衆俱時同聲荅世尊
言如是如是若有國土講宣讀誦此妙經王
是諸國主我等四王常來擁護行住共俱其
王若有一切災障及諸怨敵我等四王皆使
消殄憂愁疾疫亦令除差增益壽命感應
禎祥所願遂心恒生歡喜我等亦能令其國
所有軍兵悉皆勇健佛言善哉善哉善男子
如汝所說汝當脩行何以故是諸國主如法
行時一切人民隨王脩習如法行者汝等皆
蒙色力勝利宮殿光明眷屬強盛時釋梵等
白佛言如是世尊佛言若有講讀此妙經典
流通之處於其國中大臣輔相有四種益云
何爲四一者更相親睦尊重愛念二者常爲

如汝所說汝當脩行何以故是諸國主如法
行時一切人民隨王脩習如法行者汝等皆
蒙色力勝利宮殿光明眷屬強盛時釋梵等
白佛言如是世尊佛言若有講讀此妙經典
流通之處於其國中大臣輔相有四種益云
何爲四一者更相親睦尊重愛念二者常爲
人王心所愛重亦爲沙門婆羅門大國小國之
所遵敬三者輕財重法不求世利嘉名普暨
衆所欽仰四者壽命延長安隱快樂是名四
益若有國土宣說是經沙門婆羅門得四種
勝利云何爲四一者衣服飲食卧具醫藥无
所乏少二者皆得安心思惟讀誦三者依於
山林得安樂住四者隨心所願皆得滿足是
名四種勝利若有國土宣說是經一切人民
皆得豐樂无諸疾疫商估往還多獲寶貨
具足勝福是名種種功德利益
尒時梵釋四天王及諸大衆白佛言世尊如
是經典甚深之義若現在者當知如來三十七
種助菩提法住世未滅若是經典滅盡之時
正法亦滅佛言如是如是善男子是故汝等
於此金光明經一句一頌一品一部皆當一心正
讀誦正聞持正思惟正脩習爲諸衆生廣
宣流布長夜安樂福利无邊時諸大衆聞
佛說已咸蒙勝益歡喜受持
金光明經卷第三
閻 胡衆莫[illegible]其

名四種勝利若有國土宣說是經一切人民
皆得豐樂无諸疾疫商估往還多獲寶貨
具足勝福是名種種功德利益
尒時梵釋四天王及諸大衆白佛言世尊如
是經典甚深之義若現在者當知如來三十七
種助菩提法住世未滅若是經典滅盡之時
正法亦滅佛言如是如是善男子是故汝等
於此金光明經一句一頌一品一部皆當一心正
讀誦正聞持正思惟正脩習為諸衆生廣
宣流布長夜安樂福利无邊時諸大衆聞
佛說已咸蒙勝益歡喜受持

金光明經卷第三
閻胡對 穆莫六 豎其器

BD05790 號　金光明最勝王經卷三　（9–9）

[illegible]
[illegible]明摩訶薩怛多般
[illegible]衆業見頂相無爲
[illegible]遵華所說心咒且汝宿
[illegible]世緣恩愛習氣非是一生
[illegible]一宣揚愛心永脫成阿羅漢彼尚
脩行神力冥資速證無學云何汝
[illegible]聞求最上乘決定成佛譬如以塵
[illegible]于順風有何難險若有末世欲坐道場
先持比丘清淨禁戒要當選擇戒清淨者
第一沙門以為其師若其不遇真清淨僧汝戒
律儀必不成就戒已後著新淨衣然香閑居
誦此心佛所說神咒一百八遍然後結界建立
道場求於十方現住國土无上如来放大悲
光来灌其頂阿難如是末世清淨比丘若比
丘尼白衣檀越心滅貪婬持佛淨戒於道場
中發菩薩願出入澡浴六時行道如是不
寐經三七日我自現身至其人前摩頂安慰
令其開悟
阿難白佛言世尊我蒙如来无上悲誨心已
開悟自知脩證无學道成末法脩行建立道

BD05791 號　大佛頂如來密因修證了義諸菩薩萬行首楞嚴經卷七　（22–1）

中發菩薩願出入澡浴六時行道如是不
寐經三七日我自現身至其人前摩頂安慰
令其開悟
阿難白佛言世尊我蒙如來无上悲誨心已
開悟自知修證无學道成末法修行建立道
場云何結界合佛世尊清淨軌則
佛告阿難若末世人願立道場先取雪山大
力白牛食其山中肥膩香草此牛唯飲雪山
清水其糞微細可取其糞和合栴檀以泥其
地若非雪山其牛臭穢不堪塗地別於平原
穿去地皮五尺已下取其黃土和上栴檀沉
水蘇合薰陸鬱金白膠青木零陵甘松及雞
舌香以此十種細羅為粉合土成泥以塗場
地方圓丈六為八角壇壇心置一金銀銅木
所造蓮華華中安鉢鉢中先盛八月露水水
中隨安所有華葉取八圓鏡各安其方圍繞
華鉢鏡外建立十六蓮華十六香鑪間華鋪
設莊嚴香鑪純燒沉水無令見火取白牛乳
置十六器乳為煎餅并諸沙糖油餅乳糜蘇
合蜜薑純蘇純蜜於蓮華外各各十六圍繞
華外以奉諸佛及大菩薩每以食時若在中
夜取蜜半升用蘇三合壇前別安一小火鑪
以兜樓婆香煎取香水沐浴其炭然令猛熾
投是蘇蜜於炎鑪內燒令煙盡饗佛菩
薩令其四外遍懸幡華於壇室中四壁敷設十
方如來及諸菩薩所有形像應於當陽張
盧舍那釋迦彌勒阿閦彌陀諸大變化觀音

BD05791號　大佛頂如來密因修證了義諸菩薩萬行首楞嚴經卷七　（22–2）

夜取蜜半升用蘇三合壇前別安一小火鑪
以兜樓婆香煎取香水沐浴其炭然令猛熾
投是蘇蜜於炎鑪內燒令煙盡饗佛菩
薩令其四外遍懸幡華於壇室中四壁敷設十
方如來及諸菩薩所有形像應於當陽張
盧舍那釋迦彌勒阿閦彌陀諸大變化觀音
形像兼金剛藏安其左右帝釋梵王烏芻瑟
摩并藍地迦諸軍荼利與毗俱知四天王等
頻那夜迦張於門側左右安置又取八鏡覆
懸虛空與壇場中所安之鏡方面相對使其
形影重重相涉於初七日中至誠頂禮十方
如來諸大菩薩阿羅漢號恒於六時誦咒圍
壇至心行道一時常行一百八遍第二七中一向
專心發菩薩願心無間斷我毗奈耶先有願
教第三七中於十二時一向持佛般怛囉咒至
第七日十方如來一時出現鏡交光處承佛
摩頂即於道場修三摩地能令如是末世修
學身心明淨猶如瑠璃阿難若此比丘本受
戒師及同會中十比丘等其中有一不清淨
者如是道場多不成就從三七後端坐安居
經一百日有利根者不起于座得須陀洹縱
其身心聖果未成決定自知成佛不謬汝問
道場建立如是
阿難頂禮佛足而白佛言自我出家恃佛驕
愛求多聞故未證無為遭彼梵天邪術所禁
心雖明了力不自由賴遇文殊令我解脫雖蒙

BD05791號　大佛頂如來密因修證了義諸菩薩萬行首楞嚴經卷七　（22–3）

其身心聖果未成決定自知成佛不謬汝問
道塲建立如是
阿難頂礼佛足而白佛言自我出家恃佛憍
愛求多聞故未證無為遭彼梵天邪術所禁
心雖明了力不自由賴遇文殊令我解脫雖蒙
如來佛頂神呪冥獲其力尚尚未親聞唯願
大慈重為宣說悲救此會諸脩行輩末及
當來在輪迴者承佛密音身意解脫于時
會中一切大衆普皆作礼佇聞如來秘密章句
尒時世尊從肉髻中涌百寶光光中涌出千
葉寶蓮有化如來坐寶華中頂放十道百
寶光明一一光明皆遍示現十恒河沙金剛密
跡擎山持杵遍虛空界大衆仰觀畏愛兼抱
求佛恃怙一心聽佛無見頂相放光如來宣
說神呪
南無薩怛他蘇伽多耶阿囉訶帝三藐三
菩陁寫一薩怛他佛陁俱知瑟尼釤二南無
薩婆勃陁勃地薩跢鞞弊三毗也反 南無薩多南
三藐三菩陁俱知南四娑舍囉婆迦僧伽
南五南無盧雞阿囉漢跢南南無蘇盧多
波那南六南无婆羯唎陁伽弥南七南无盧
雞三藐伽跢南八三藐伽波囉底波多那南九
南无提婆離瑟赧十南无悉陁耶毗地耶陁
囉離瑟赧十一舍波奴揭囉訶娑訶囉摩地南十二
无䟦囉訶摩泥十三南无因陁囉耶十四南无婆伽
婆帝十五盧陁囉耶十六烏摩那帝十六娑醯夜耶十八

南无提婆離瑟赧十南无悉陁耶毗地耶陁
囉離瑟赧十一舍波奴揭囉訶娑訶囉摩地南十二
无䟦囉訶摩泥十三南无因陁囉耶十四南无婆伽
婆帝十五盧陁囉耶十六烏摩那帝十六娑醯夜耶十八
南无婆伽婆帝十九那囉野拏耶廿槃遮摩訶
三慕陁囉廿一南无悉羯唎多耶廿二南无婆伽婆
帝廿三摩訶迦羅耶廿四地唎般剌那伽羅廿五毗陁囉
波拏迦羅耶廿六阿地目帝廿七尸摩舍那泥婆悉泥廿八
摩怛唎伽拏廿九南无悉羯唎多耶卅南无婆伽
婆帝卅一多他伽跢俱囉耶卅二南无般頭摩俱羅
耶卅三南无䟦闍羅俱羅耶卅四南无摩尼俱羅耶
卅五南无伽闍俱羅耶卅六南无婆伽婆帝卅七帝唎茶
輸羅西耶卅八波囉訶囉拏羅闍耶卅九跢他伽多
耶卌南无婆伽婆帝卌一南无阿弥多婆耶卌二跢
他伽多耶卌三阿囉訶帝卌四三藐三菩陁耶卌五南无
婆伽婆帝卌六阿芻鞞耶卌七跢他伽多耶卌八阿囉訶
帝卌九三藐三菩陁耶五十南无婆伽婆帝五十一鞞
沙闍耶俱盧吠柱唎耶五十二般囉婆囉闍耶
五十三跢他伽多耶五十四南无婆伽婆帝五十五三補師
瑟多五十六薩憐捺囉剌闍耶五十七跢他伽多耶五十八
阿囉訶帝五十九三藐三菩陁耶六十南无婆伽婆
帝六十一舍雞野母那曳六十二跢他伽多耶六十三阿羅
訶帝六十四三藐三菩陁耶六十五南无婆伽婆帝六十六
剌怛那雞覩囉闍耶六十七跢他伽多耶六十八阿羅
訶帝六十九三藐三菩陁耶七十帝瓢南无薩羯唎
多七十一翳曇婆伽婆多七十二薩怛他伽都瑟尼釤

帝六十一 舍雞野母那曳六十二 跢他伽多耶六十三 阿羅
訶帝六十四 三藐三菩陀耶六十五 南无婆伽婆帝六十六
剌怛那雞覩囉闍耶六十七 跢他伽多耶六十八 阿羅
訶帝六十九 三藐三菩陀耶七十 帝瓢南无薩羯唎
多七十一 毉曇婆伽婆多七十二 薩怛他伽都瑟尼釤
七十三 薩怛多般怛囕七十四 南无阿婆囉視耽七十五 般
囉帝揚岐囉七十六 薩囉婆部多揭囉訶七十七 尼
羯囉訶揭迦囉訶尼七十八 跋囉毖地耶叱陀你
七十九 阿迦囉蜜唎柱八十 般唎怛囉耶儜揭唎八十一
薩囉婆槃陀那目叉尼八十二 薩囉婆突瑟吒八十三
突悉乏般那你伐囉尼八十四 赭都囉失帝南八十五
羯囉訶娑訶薩囉若闍八十六 毗多崩娑那羯
唎八十七 阿瑟吒冰舍帝南八十八 那叉刹怛囉若闍
八十九 波囉薩陀那羯唎九十 阿瑟吒南九十一 摩訶
揭囉訶若闍九十二 毗多崩薩那羯唎九十三 薩婆
舍都嚧你婆囉若闍九十四 呼藍突悉乏難遮
那舍尼九十五 毖沙舍悉怛囉九十六 阿吉尼烏陁迦
囉若闍九十七 阿般囉視多具囉九十八 摩訶般囉
戰持九十九 摩訶疊多一百 摩訶帝闍一 摩訶稅多
闍婆囉二 摩訶跋囉般陀囉婆悉你三 阿唎
耶多囉四 毗唎俱知五 誓婆毗闍耶六 跋闍囉
摩礼底七 毗舍嚧多八 勃騰罔迦九 跋闍囉制
喝那陁遮一百一十 摩囉制婆般囉質多十一 跋闍
囉檀持十二 毗舍囉遮十三 扇多舍鞞提婆補
視多十四 蘇摩嚧波十五 摩訶稅多十六 阿唎耶多
羅十七 摩訶婆羅阿般羅十八 跋闍羅商羯羅制
婆十九 跋闍羅俱摩唎一百廿 俱藍陀唎廿一 跋闍羅

BD05791號　大佛頂如來密因修證了義諸菩薩萬行首楞嚴經卷七　（22–6）

摩礼底七 毗舍嚧多八 勃騰罔迦九 跋闍囉制
喝那陁遮一百一十 摩囉制婆般囉質多十一 跋闍
囉檀持十二 毗舍囉遮十三 扇多舍鞞提婆補
視多十四 蘇摩嚧波十五 摩訶稅多十六 阿唎耶多
羅十七 摩訶婆羅阿般羅十八 跋闍羅商羯羅制
婆十九 跋闍羅俱摩唎一百廿 俱藍陀唎廿一 跋闍羅
喝薩多遮廿二 毗地耶乾遮那摩唎迦廿三 啒蘇
毋婆羯囉哆那廿四 鞞嚧遮那俱唎耶廿五 夜囉
菟瑟尼釤廿六 毗折藍婆摩尼遮廿七 跋闍囉迦
那迦囉婆廿八 嚧闍那跋闍囉頓稚遮廿九 稅多
遮迦摩囉一百卅 刹奢尸波羅婆卅一 毉帝夷帝
卅二 毋陁囉羯拏卅三 娑鞞囉懺卅四 掘梵都卅五 印
兔那麼麼寫卅六 誦呪者至此句稱弟子比丘僧某甲 烏𤙖卅七 唎瑟揭
拏卅八 般剌舍悉多卅九 薩怛他伽都瑟尼釤一百卌
虎𤙖卌一 都嚧雍卌二 瞻婆那卌三 虎𤙖卌四 都嚧
雍卌五 悉䟦婆那卌六 虎𤙖卌七 都嚧雍卌八 波囉瑟
地耶三般叉拏羯囉卌九 虎𤙖一百五十 都嚧雍五十一
薩婆藥叉喝囉刹娑五十二 揭囉訶若闍五十三 毗
騰崩薩那羯囉五十四 虎𤙖五十五 都嚧雍五十六 者
都囉尸底南五十七 揭囉訶娑訶薩囉南五十八
毗騰崩薩那囉五十九 虎𤙖一百六十 都嚧雍六十一 囉叉
六十二 婆伽梵六十三 薩怛他伽都瑟尼釤六十四 婆囉
點闍吉唎六十五 摩訶娑訶薩囉六十六 勃樹娑訶
薩囉室沙六十七 俱知娑訶薩泥帝𨤲六十八 阿弊提
視婆唎多六十九 吒吒甖迦一百七十 摩訶跋闍嚧陁囉
七十一 帝唎菩婆那七十二 曼荼囉七十三 烏𤙖七十四 莎悉
帝薄婆都七十五 麼麼七十六 印兔那麼麼寫七十七 至此句准前稱

BD05791號　大佛頂如來密因修證了義諸菩薩萬行首楞嚴經卷七　（22–7）

點闍吉唎(六十五)摩訶娑訶薩囉(六十六)勒樹婆訶
薩囉室沙(六十七)俱知娑訶薩泥帝鞞(六十八)阿弊提
視婆唎多(六十九)吒兕迦(一百七十)摩訶跋闍盧陁羅
(七十一)帝唎菩婆那(七十二)曼荼囉(七十三)烏鉡(七十四)莎悉
帝薄婆都(七十五)麼麼(七十六)印兔麼麼寫(七十七至此句准前稱)
(比丘某甲替麼麼兩字若俗人則稱弟子某甲)羅闍婆夜(七十八)主羅跢夜(七十九)
阿祇尼婆夜(一百八十)烏陁迦婆夜(八十一)毗沙婆夜
(八十二)舍薩多羅婆夜(八十三)婆羅斫羯羅婆夜
(八十四)突瑟叉婆夜(八十五)阿舍你婆夜(八十六)阿迦囉
蜜唎柱婆夜(八十七)陁羅尼部彌劍波伽波陁婆
夜(八十八)烏羅迦婆多婆夜(八十九)剌闍檀茶婆夜
(一百九十)那伽婆夜(九十一)毗條怛婆夜(九十二)蘇波囉拏婆
夜(九十三)藥叉揭囉訶(九十四)囉叉私揭囉訶(九十五)畢
唎多揭囉訶(九十六)毗舍遮揭囉訶(九十七)部多揭囉
訶(九十八)鳩槃荼揭囉訶(九十九)補丹那揭囉訶(二百)
迦吒補丹那揭囉訶(一)悉乾度揭囉訶(二)阿鉢
悉摩囉揭囉訶(三)烏檀摩陁揭囉訶(四)車夜
揭囉訶(五)醯唎婆帝揭囉訶(六)社多訶唎南
揭婆訶唎南(八)盧地羅訶唎南(九)忙娑訶唎
南(二百一十)謎陁訶唎南(十一)摩闍訶唎南(十二)闍多訶唎
女(十三)視比多訶唎南(十四)毗多訶唎南(十五)婆多訶唎
南(十六)阿輸遮訶唎女(十七)質多訶唎女(十八)帝釤薩釤
(十九)薩婆揭囉訶南(二百廿)毗陁耶闍瞋陁夜彌(廿一)雞
囉夜彌(廿二)波唎跋囉者迦訖唎擔(廿三)毗陁夜
闍瞋陁夜彌(廿四)雞囉夜彌(廿五)茶演尼訖唎擔
(廿六)毗陁夜闍瞋陁夜彌(廿七)雞囉夜彌(廿八)摩訶般
輸般怛夜(廿九)盧陁羅訖唎擔(二百卅)毗陁夜闍瞋

南(十六)阿輸遮訶唎女(十七)質多訶唎女(十八)帝釤薩釤
(十九)薩婆揭囉訶南(二百廿)毗陁耶闍瞋陁夜彌(廿一)雞
囉夜彌(廿二)波唎跋囉者迦訖唎擔(廿三)毗陁夜
闍瞋陁夜彌(廿四)雞囉夜彌(廿五)茶演尼訖唎擔
(廿六)毗陁夜闍瞋陁夜彌(廿七)雞囉夜彌(廿八)摩訶般
輸般怛夜(廿九)盧陁羅訖唎擔(二百卅)毗陁夜闍瞋
夜彌(卅一)雞囉夜彌(卅二)那羅夜拏訖唎擔(卅三)毗陁
夜闍瞋陁夜彌(卅四)雞羅夜彌(卅五)怛埵伽盧荼
西訖唎擔(卅六)毗陁夜闍瞋陁夜彌(卅七)雞囉夜彌
(卅八)摩訶迦羅摩怛唎伽拏訖唎擔(卅九)毗陁夜闍
瞋陁夜彌(二百卌)雞囉夜彌(卌一)迦波唎迦訖唎擔
(卌二)毗陁夜闍瞋陁夜彌(卌三)雞囉夜彌(卌四)闍耶羯羅
摩度羯羅(卌五)薩婆囉他娑達那訖唎擔(卌六)毗
陁夜闍瞋陁夜彌(卌七)雞囉夜彌(卌八)赭咄囉婆耆
你訖唎擔(卌九)毗陁夜闍瞋陁夜彌(二百五十)雞囉夜彌
(五十一)毗唎羊訖唎知(五十二)難陁雞沙囉伽拏般帝
(五十三)索醯夜訖唎擔(五十四)毗陁夜闍瞋陁夜彌(五十五)
雞囉夜彌(五十六)那揭那舍囉婆拏訖唎擔(五十七)
毗陁夜闍瞋陁夜彌(五十八)雞囉夜彌(五十九)阿羅
漢訖唎擔毗陁夜闍瞋陁夜彌(二百六十)雞羅夜彌
(六十一)毗多囉伽訖唎擔(六十二)毗陁夜闍瞋陁夜彌(六十三)
雞囉夜彌跋闍囉波你(六十四)具醯夜具醯夜(六十五)
迦地般帝訖唎擔(六十六)毗陁夜闍瞋陁夜彌(六十七)
雞囉夜彌(六十八)羅叉罔(六十九)婆伽梵(二百七十)印兔那
麼麼寫(七十一至此句稱某甲名代之)婆伽梵(七十二)薩怛多般怛囉
(七十三)南无粹都帝(七十四)阿悉多那羅剌迦(七十五)
波羅婆悉普吒(七十六)毗迦薩怛多鉢帝唎(七十七)

迦地般帝訖唎擔百六十六毗陁夜闍瞋陁夜弥百六十七
雞囉夜弥百六十八羅乂囚百六十九婆伽梵百七十印兔那
麼麼寫百七十一至此句稱某甲名代之婆伽梵百七十二薩怛多般怛羅
百七十三南无粹都帝百七十四阿悉多那羅剌迦百七十五
波羅婆悉普吒百七十六毗迦薩怛多鉢帝唎百七十七
什佛羅什佛羅百七十八陁羅陁羅百七十九頻陁羅陁
羅嗔陁嗔陁二百八十虎鉡百八十一虎鉡百八十二泮吒百八十三
泮吒泮吒泮吒泮吒百八十四娑訶百八十五醯醯泮百八十六阿
牟迦耶泮百八十七阿婆羅提訶多泮百八十八婆羅波
羅陁泮百八十九阿素羅毗陁羅波迦泮二百九十薩婆
提鞞泮百九十一薩婆那伽鞞泮百九十二薩婆藥乂鞞
泮百九十三薩婆乹闥婆鞞泮百九十四薩婆補丹那鞞
泮百九十五迦吒補丹那鞞泮百九十六薩婆突狼枳帝
鞞泮百九十七薩婆突比犁訖瑟帝鞞泮百九十八薩
婆什婆犁鞞泮百九十九薩婆阿播悉摩犁鞞
泮三百薩婆舍羅婆拏鞞泮一薩婆地帝雞
鞞泮二薩普怛摩陁繼鞞泮三薩婆毗陁耶
羅誓遮梨鞞泮四闍夜羯羅摩度羯羅
五薩婆羅他娑陁雞鞞泮六毗地夜遮唎鞞
泮七者都羅南縛耆你鞞泮八跋闍羅俱摩
唎九毗陁夜羅誓鞞泮三百一十摩訶波羅丁羊乂
二合耆唎鞞泮十一跋闍羅商羯羅夜十二波羅乂
二合耆羅闍耶泮十三摩訶迦羅夜十四摩訶末怛
唎迦拏十五南无娑羯唎多夜泮十六毖瑟拏婢
曳泮十七勃羅訶牟尼曳泮十八阿耆尼曳泮十九
摩訶羯唎曳泮三百廿羯羅檀遲曳泮廿一蔑怛
唎曳泮廿二勞怛唎曳泮廿三遮文茶曳泮廿四羯

二合耆羅闍耶泮十三摩訶迦羅夜十四摩訶末怛
唎迦拏十五南无娑羯唎多夜泮十六毖瑟拏婢
曳泮十七勃羅訶牟尼曳泮十八阿耆尼曳泮十九
摩訶羯唎曳泮三百廿羯羅檀遲曳泮廿一蔑怛
唎曳泮廿二勞怛唎曳泮廿三遮文茶曳泮廿四羯
邏羅怛唎曳泮廿五迦般唎曳泮廿六阿地目質
多迦尸摩舍那廿七婆私尔曳泮廿八演吉質廿九薩
埵婆寫三百卅麼麼印兔麼麼寫卅一至此句准前稱某甲突瑟
吒質多卅二阿末怛唎質多卅三烏闍訶羅卅四伽婆
訶羅卅五盧地羅訶羅卅六婆娑訶羅卅七摩闍
訶羅卅八闍多訶羅卅九視毖多訶羅三百卌跋略
夜訶羅卌一乹陁訶羅卌二布史波訶羅卌三頗羅訶
羅卌四婆寫訶羅卌五般波質多卌六突瑟吒質多
勞陁羅質多卌七藥乂揭羅訶卌八羅剎娑揭
羅訶卌九閉隸多揭羅訶三百五十毗舍遮揭羅訶
五十一部多揭羅訶五十二鳩槃茶揭羅訶五十三悉
乹陁揭羅訶五十四烏怛摩陁揭羅訶五十五車
夜揭羅訶五十六阿魕薩摩羅揭羅訶五十七宅
袪革茶耆尼揭羅訶五十八唎佛帝揭羅訶五十九
三百六十闍弥迦揭羅訶六十一舍俱尼揭羅訶六十二老
陁羅難地迦揭羅訶六十三阿藍婆揭羅訶六十四乹
度波尼揭羅訶六十五什伐羅堙迦醯迦六十六墜帝
藥迦六十七怛隸帝藥迦六十八者突託迦六十九昵提什
伐羅毖釤摩什伐羅三百七十薄底迦七十一鼻底
迦七十二室隸瑟蜜迦七十三娑你般帝迦七十四薩婆什
伐羅七十五室盧吉帝七十六末陁鞞達盧制劒七十七
阿綺盧鉗七十八目佉盧鉗七十九羯唎突盧劒三百八十揭

藥迦六十七怛𨅝帝藥迦六十八者突託迦六十九昵提什
伐羅毖釤摩什伐羅三百七十薄底迦七十一鼻底
迦七十二室隷瑟蜜迦七十三娑你般帝迦七十四薩婆什
伐羅七十五室嚧吉帝七十六末陀鞞達嚧制劒七十七
阿綺嚧鉗七十八目佉嚧鉗七十九羯唎突嚧鉗三百八十羯
囉訶羯藍八十一羯拏輸藍八十二憚多輸藍八十三迄
唎夜輸藍八十四末麼輸藍八十五跋唎室婆輸藍
八十六毖栗瑟吒輸藍八十七烏陀羅輸藍八十八羯知
輸藍八十九跋悉帝輸藍三百九十鄔嚧輸藍九十一常伽
輸藍九十二喝悉多輸藍九十三跋陀輸藍九十四娑房
盎伽般羅丈伽輸藍九十五部多毖哆荼九十六荼
耆尼什婆羅九十七陀突嚧迦建咄嚧吉知婆路
多九十八毗薩般嚧訶淩伽九十九輸沙怛囉娑那羯
囉四百毗沙喻迦一阿耆尼烏陀迦二末羅鞞達路
囉三阿迦囉蜜唎咄劒部迦四地栗剌吒五毖唎
瑟質迦六薩婆那俱囉七肆引伽弊揭囉唎
藥叉怛𨅝羅八末羅視吠帝釤娑鞞釤九
悉怛多鉢怛囉四百一十摩訶跋闍嚧瑟尼釤十一
摩訶般賴丈耆藍十二夜波突陀舍喻闍那
十三辮怛隷拏十四毗陀耶槃曇迦嚧彌十五帝殊
槃曇迦嚧彌十六般羅毗陀槃曇迦嚧彌十七跢
姪他十八唵引十九阿那隷四百二十毗舍提二十一鞞羅跋闍羅
陀唎二十二槃陀槃陀你二十三跋闍羅謗尼泮二十四虎𤙖
都嚧甕泮二十五莎婆訶二十六
阿難是佛頂光聚悉怛多槃怛羅秘密伽陀
微妙章句出生十方一切諸佛十方如來因
此呪心得成無上正遍知覺十方如來執此呪

姪他十八唵引十九阿那隷四百二十毗舍提二十一鞞羅跋闍羅
陀唎二十二槃陀槃陀你二十三跋闍羅謗尼泮二十四虎𤙖
都嚧甕泮二十五莎婆訶二十六
阿難是佛頂光聚悉怛多槃怛羅秘密伽陀
微妙章句出生十方一切諸佛十方如來因
此呪心得成無上正遍知覺十方如來執此呪
心降伏諸魔制諸外道十方如來乘此呪心
坐寶蓮華應微塵國十方如來含此呪心於
微塵國轉大法輪十方如來持此呪心能於十
方蒙佛授記十方如來依此呪心能於十方拔
濟群苦所謂地獄餓鬼畜生盲聾瘖瘂怨
憎會苦愛別離苦求不得苦五蔭熾盛大
小諸橫同時解脫賊難兵難王難獄難飢渴
貧窮應念銷散十方如來隨此呪心能於十方事
善知識四威儀中供養如意恒沙如來會中推
為大法王子十方如來行此呪心能於十方攝
受親因令諸小乘聞秘密藏不生驚怖十方
如來誦此呪心成無上覺坐菩提樹入大
涅槃十方如來傳此呪心於滅度後付佛法
事究竟住持嚴淨戒律悉得清淨若我說
是佛頂光聚般怛羅呪從旦至暮音聲相連
字句中間亦不重疊經恒沙劫終不能盡亦說
此呪名如來頂汝等有學未盡輪迴發心至
誠取阿羅漢不持此呪而坐道場令其身
心遠諸魔事無有是處
阿難若諸世界隨所國土所有眾生隨國
所生樺皮貝葉紙素白疊書寫此呪貯於

字句中間亦不重疊經恒沙劫終不能盡亦說
此呪名如來頂汝等有學未盡輪迴發心至
誠取阿羅漢不持此呪而坐道場令其身
心遠諸魔事無有是處
阿難若諸世界隨所國土所有衆生隨國
所生樺皮貝葉紙素白疊書寫此呪貯於
香囊是人心昏未能誦憶或帶身上或書宅
中當知是人盡其生年一切諸毒所不能害阿
難我今為汝更說此呪救護世間得大無畏
成就衆生出世間智若我滅後末世衆生有
能自誦若教他誦當知如是誦持衆生火不
能燒水不能溺大毒小毒所不能害如是乃
至龍天鬼神精祇魔魅所有惡呪皆不能著
心得正受一切呪詛魘蠱毒藥金毒銀毒草
木虫蛇萬物毒氣入此人口成甘露味一切惡
星并諸鬼神磣心毒人於如是人不能起惡
頻那夜迦諸惡鬼王并其眷屬皆領深恩常
加守護阿難當知是呪常有八万四千那由他
恒河沙俱知金剛藏王菩薩種族一一皆有
諸金剛衆而為眷屬設有衆生於散亂心非
三摩地心憶口持是金剛王常隨從彼諸善
男子何況決定菩提心者此諸金剛菩薩藏
王精心陰護發彼神識是人應時心能記憶
八万四千恒河沙劫周遍了知得無疑惑從
第一劫乃至後身生生不生藥叉羅剎及富
單那迦吒富單那鳩槃荼毗舍遮等并諸餓
鬼有形無形有想無想如是惡處是善男

BD05791 號　大佛頂如來密因修證了義諸菩薩萬行首楞嚴經卷七　（22–14）

八万四千恒河沙劫周遍了知得無疑惑從
第一劫乃至後身生生不生藥叉羅剎及富
單那迦吒富單那鳩槃荼毗舍遮等并諸餓
鬼有形無形有想無想如是惡處是善男
子若讀若誦若書若寫若帶若藏諸色
供養劫劫不生貧窮下賤不可樂處此諸衆
生縱其自身不作福業十方如來所有功德
悉與此人由是得於恒河沙阿僧祇不可說不
可說劫常與諸佛同生一處無量功德如惡叉
聚同處熏脩永無分散是故能令破戒之人
戒根清淨未得戒者令其得戒未精進者
令得精進無智慧者令得智慧不清淨者速
得清淨不持齋戒自成齋戒阿難是善男
子持此呪時設犯禁戒於未受時持呪之後衆
破戒罪無問輕重一時銷滅縱經飲酒食噉
五辛種種不淨一切諸佛菩薩金剛天仙鬼神
不將為過設著不淨破弊衣服一行一住悉同
清淨縱不作壇不入道場亦不行道誦持此
呪還同入壇行道功德若造五逆無間重罪
及諸比丘比丘尼四棄八棄誦此呪已如是重
業猶如猛風吹散沙聚悉皆除滅更無毫髮
阿難若有衆生從無量無數劫來所有一切
輕重罪障從前世來未及懺悔若能讀誦
書寫此呪身上帶持若安住處莊宅園館如
是積業猶湯銷雪不久皆得悟無生忍
復次阿難若有女人未生男女欲求生者若

BD05791 號　大佛頂如來密因修證了義諸菩薩萬行首楞嚴經卷七　（22–15）

[illegible]
輕重罪障從前世來未及懺悔若能讀誦
書寫此呪身上帶持若安住處莊宅園館如
是積業猶湯銷雪不久皆得悟無生忍
復次阿難若有女人未生男女欲求生者若
能至心憶念斯呪或能身上帶此悉怛多般怛
羅者便生福德智慧男女求長命者速得長
命欲求果報速圓滿者速得圓滿身命色
力亦復如是命終之後隨願往生十方國土必
定不生邊地下賤何況雜形阿難若諸國土州
縣聚落飢荒疫癘或復刀兵賊難鬪諍兼
餘一切厄難之地寫此神呪安城四門并諸支
提或脫闍上令其國土所有衆生奉迎斯
呪礼拜恭敬一心供養令其人民各各身佩或
各各安所居宅地一切災厄悉皆銷滅阿難在
在處處國土衆生隨有此呪天龍歡喜風
雨順時五穀豐殷兆庶安樂亦復能鎮一切
惡星隨方變怪災障不起人無橫夭杻械枷
鏁不著其身晝夜安眠常無惡夢阿難是
娑婆界有八萬四千災變惡星廿八大惡星而
為上首復有八大惡星以為其主作種種形
出現世時能生衆生種種災異有此呪地悉
皆銷滅十二由旬成結界地諸惡災祥永不
能入是故如來宣示此呪於未來世保護初
學諸循行者入三摩提身心泰然得大安
隱更無一切諸魔鬼神及無始來冤橫宿
殃舊業陳債來相惱害汝及衆中諸有學人
及未來世諸循行者依我壇場如法持戒所

BD05791號　大佛頂如來密因修證了義諸菩薩萬行首楞嚴經卷七　（22–16）

能入是故如來宣示此呪於未來世保護初
學諸循行者入三摩提身心泰然得大安
隱更無一切諸魔鬼神及無始來冤橫宿
殃舊業陳債來相惱害汝及衆中諸有學人
及未來世諸循行者依我壇場如法持戒所
受戒主逢清淨僧持此呪心不生疑悔是善
男子於此父母所生之身不得心通十方如
來便為妄語
說是語已會中無量百千金剛時佛前合
掌頂礼而白佛言如佛所說我當誠心保護
如是循菩提者
尒時梵王并天帝釋四天大王亦於佛前同
時頂礼而白佛言審有如是循學善人我
當盡心至誠保護令其一生所作如願
復有無量藥叉大將諸羅刹王富單那王
鳩槃荼王毗舍遮王頻那夜迦諸大鬼王及
諸鬼師亦於佛前合掌頂礼我亦誓願護
持是人令菩提心速得圓滿
復有無量日月天子風師雨師雲師雷師并
電伯等年歲巡官諸星眷屬亦於會中頂
礼佛足而白佛言我亦保護是循行人安立
道場得無所畏
復有無量山神海神一切土地水陸空行萬
物精祇并風神王無色界天於如來前同時
稽首而白佛言我亦保護是循行人得成
菩提永無魔事
尒時八万四千那由他恒河沙俱知金剛藏王

BD05791號　大佛頂如來密因修證了義諸菩薩萬行首楞嚴經卷七　（22–17）

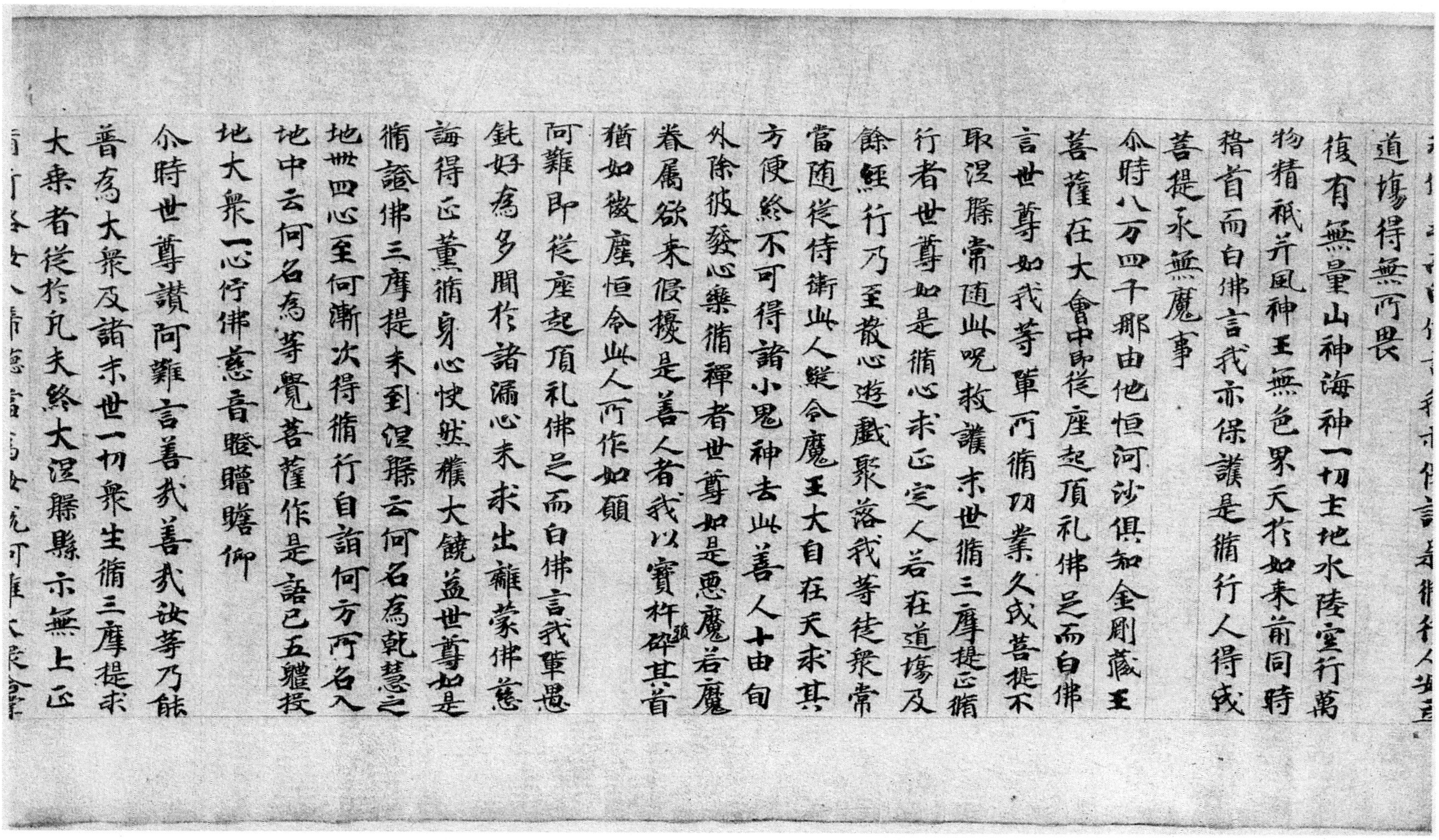

道場得無所畏
復有無量山神海神一切土地水陸空行萬
物精祇并風神王無色界天於如來前同時
稽首而白佛言我亦保護是修行人得成
菩提永無魔事
尒時八万四千那由他恒河沙俱知金剛藏王
菩薩在大會中即從座起頂礼佛足而白佛
言世尊如我等輩所修功業久成菩提不
取涅槃常隨此呪救護末世修三摩提正修
行者世尊如是修心求正定人若在道場及
餘經行乃至散心遊戲聚落我等徒衆常
當隨從侍衛此人縱令魔王大自在天求其
方便終不可得諸小鬼神去此善人十由旬
外除彼發心樂修禪者世尊如是惡魔若魔
眷屬欲來侵擾是善人者我以寶杵碎其首頭
猶如微塵恒令此人所作如願
阿難即從座起頂礼佛足而白佛言我輩愚
鈍好為多聞於諸漏心未求出離蒙佛慈
誨得正薰修身心快然獲大饒益世尊如是
修證佛三摩提未到涅槃云何名為乾慧之
地卌四心至何漸次得修行目詣何方所名入
地中云何名為等覺菩薩作是語已五體投
地大衆一心佇佛慈音瞪瞢瞻仰
尒時世尊讚阿難言善哉善哉汝等乃能
普為大衆及諸末世一切衆生修三摩提求
大乘者從於凡夫終大涅槃懸示無上正

BD05791 號　大佛頂如來密因修證了義諸菩薩萬行首楞嚴經卷七　（22–18）

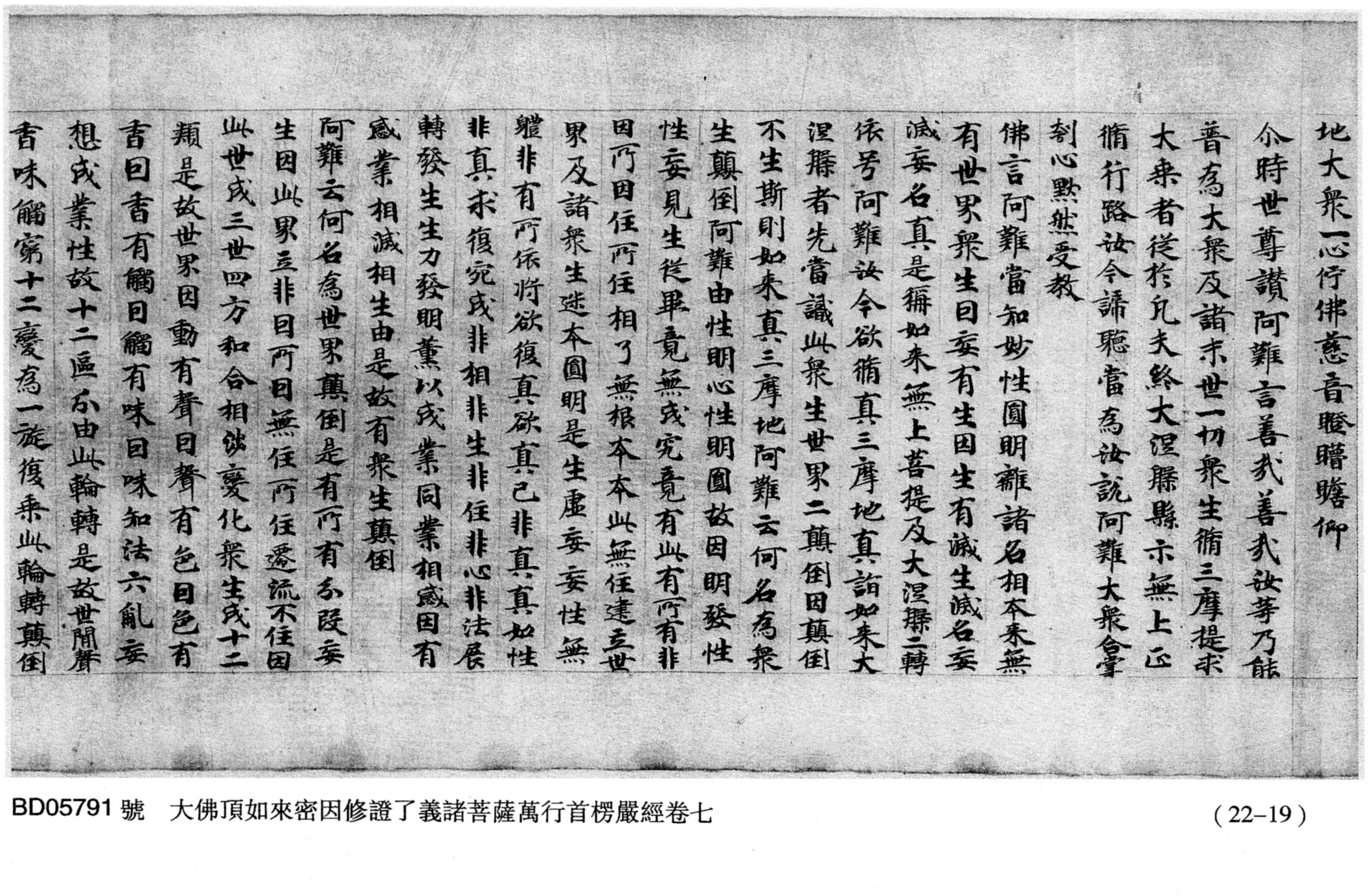

地大衆一心佇佛慈音瞪瞢瞻仰
尒時世尊讚阿難言善哉善哉汝等乃能
普為大衆及諸末世一切衆生修三摩提求
大乘者從於凡夫終大涅槃懸示無上正
修行路汝今諦聽當為汝說阿難大衆合掌
剉心默然受教
佛言阿難當知妙性圓明離諸名相本來無
有世界衆生因妄有生因生有滅生滅名妄
滅妄名真是稱如來無上菩提及大涅槃二轉
依号阿難汝今欲修真三摩地直詣如來大
涅槃者先當識此衆生世界二顛倒因顛倒
不生斯則如來真三摩地阿難云何名為衆
生顛倒阿難由性明心性明圓故因明發性
性妄見生從畢竟無成究竟有此有所有非
因所因住所住相了無根本本此無住建立世
界及諸衆生迷本圓明是生虛妄妄性無
體非有所依將欲復真欲真已非真真如性
非真求復宛成非相非生非住非心非法展
轉發生生力發明薰以成業同業相感因有
感業相滅相生由是故有衆生顛倒
阿難云何名為世界顛倒是有所有分段妄
生因此界立非因所因無住所住遷流不住因
此世成三世四方和合相涉變化衆生成十二
類是故世界因動有聲因聲有色因色有
香因香有觸因觸有味因味知法六亂妄
想成業性故十二區分由此輪轉是故世間聲
香味觸窮十二變為一旋復乘此輪轉顛倒

BD05791 號　大佛頂如來密因修證了義諸菩薩萬行首楞嚴經卷七　（22–19）

生因此界三非因所因無住所住遷流不住因
此世成三世四方和合相涉變化眾生成十二
類是故世界因動有聲因聲有色因色有
香因香有觸因觸有味因味知法六亂妄
想成業性故十二區分由此輪轉是故世間聲
香味觸窮十二變為一旋復乘此輪轉顛倒
相故是有世界卵生胎生濕生化生有色無
色有想無想若非有色若非無色若非有
想若非無想阿難由因世界虛妄輪迴動
顛倒故和合氣成八萬四千飛沈亂想如是
故有卵羯邏藍流轉國土魚鳥龜蛇其類
充塞由因世界雜染輪迴欲顛倒故和合滋
成八萬四千橫豎亂想如是故有胎遏蒲曇流
轉國土人畜龍仙其類充塞
由因世界執著輪迴趣顛倒故和合煖成八萬
四千翻覆亂想如是故有濕相蔽尸流轉
國土含蠢蠕動其類充塞
由因世界變易輪迴假顛倒故和合觸成八
萬四千新故亂想如是故有化相羯南流轉國
土轉蛻飛行其類充塞
由因世界留礙輪迴障顛倒故和合著成八萬
四千精耀亂想如是故有色相羯南流轉國土
休咎精明其類充塞
由因世界銷散輪迴惑顛倒故和合暗成八萬
四千陰隱亂想如是故有無色羯南流轉國
土空散銷沈其類充塞
由因世界罔象輪迴影顛倒故和合憶成八萬

BD05791號　大佛頂如來密因修證了義諸菩薩萬行首楞嚴經卷七　（22–20）

休咎精明其類充塞
由因世界銷散輪迴惑顛倒故和合暗成八萬
四千陰隱亂想如是故有無色羯南流轉國
土空散銷沈其類充塞
由因世界罔象輪迴影顛倒故和合憶成八萬
四千潛結亂想如是故有想相羯南流轉國
土鬼神精靈其類充塞
由因世界愚鈍輪迴癡顛倒故和合頑成八萬
四千枯槁亂想如是故有無想羯南流轉國
土精神化為土木金石其類充塞
由因世界相待輪迴偽顛倒故和合染成八萬
四千因依亂想如是故有非有色相成色羯
南流轉國土諸水母等以蝦為目其類充塞
由因世界相引輪迴性顛倒故和合咒成八萬
四千呼召亂想由是故有非無色相無色羯
南流轉國土咒咀魘生其類充塞
由因世界合妄輪迴罔顛倒故和合異成八萬
四千迴互亂想如是故有非有想相成想羯南流
轉國土彼蒲盧等異質相成其類充塞
由因世界怨害輪迴殺顛倒故和合怪成八萬四
千食父母想如是故有非無想相無想羯南
流轉國土如土梟等附塊為兒及破鏡鳥以
毒樹菓抱為其子子成父母皆遭其食其類
充塞是名眾生十二種類

大佛頂萬行首楞嚴經卷第七

BD05791號　大佛頂如來密因修證了義諸菩薩萬行首楞嚴經卷七　（22–21）

由因世界怨害輪迴煞顛倒故和合怪成八万四
千食父母想如是故有非無想相無想羯南
流轉國土如土梟等附塊為兒及破鏡鳥以
毒樹菓抱為其子子成父母皆遭其食其類
充塞是名眾生十二種類

大佛頂萬行首楞嚴經卷第七

BD05791 號　大佛頂如來密因修證了義諸菩薩萬行首楞嚴經卷七　（22–22）

淨人者波逸提若開戶向外有淨人者突吉
羅若開戶向內有淨人不犯此前後二戒若
是童女石女小女未堪作婬欲者若根壞盡
突吉羅與女屏處坐戒凡有二種一與夫婦
同處二與女人獨處坐與女人露處坐正有
一種與無第三人與尼亦有屏處坐戒如前
戒不與尼屏處坐戒是亦有與尼露處坐戒
此九十事無在尼戒因尼有緣故制同戒
九十事第卌四
此戒共三眾突吉羅毗羅然國近雪山故名
毗羅然是外道沙門志所樂處阿耆達者以
供養火故名阿耆達問頗有沙門為大眾師
多人所敬者不佛將受宿報故令發是念端
正者身端正衣服端正威儀端正法端正諸
根寂靜者六根不亂故身有圓光如真金聚
設以閻浮檀金置於佛前佛出一辟即如土
石無復光色即還自國為佛及僧辦夏四月

BD05792 號　薩婆多毗尼毗婆沙卷八　（21–1）

供養火故名阿耆達閻頗有沙門為大衆師
多人所敬者不佛將受宿報故令發是念端
正者身端正衣服端正威儀端正法端正諸
根寂靜者六根不亂故身有圓光如真金聚
設以閻浮檀金置於佛前佛出一廓即如土
石無復光色即還自國為佛及僧辦夏四月
多美飲食所以辦四月者以夏一時有四月
故又彼國安居常以四月故也斷外人容女
樂自娛外事好惡一不得白問曰佛是豪族
加是法王舉世所宗不畏毀失遠近聽望何
故尒也答曰此婆羅門王從無始来為癡闇
所盲不顧好惡是故尒耳又此婆羅門長夜
惡耶是法怨賊雖復請佛無信敬心是故不
以為意又佛欲現受宿報故使尒耳又云阿
耆達本惡直為外人所誤是使尒耳王夜夢
見自身倒地佛即挽起覺已請諸婆羅門師
以占此夢諸婆羅門以懷妬心誑言此夢是
大不祥阿耆達言何以却之婆羅言王當四
月斷外人容女樂自娛可滅此也即隨其語
如法行之無上道者道凡三種一聲聞究竟
道二辟支佛究竟道三佛究竟道此三道究
竟入泥洹門故名道也佛究竟道於三道中
㝡為無上道歸除鬚髮者袈裟問曰佛常歸
除不荅曰不尒佛髮常如歸髮後一七日狀
問曰佛初得道時著袈裟不荅曰無有白衣
得佛者要有卌二相出家者法衣威儀具足
捨離煩惱而復一切種智入其身內如王女

BD05792 號　薩婆多毗尼毗婆沙卷八　（21–2）

㝡為無上道歸除鬚髮者袈裟問曰佛常歸
除不荅曰不尒佛髮常如歸髮後一七日狀
問曰佛初得道時著袈裟不荅曰無有白衣
得佛者要有卌二相出家者法衣威儀具足
捨離煩惱而復一切種智入其身內如王女
喻也若凡夫若聲聞若緣覺一切種智終不
入其身也佛昔行三阿僧祇劫緣覺百劫聲
聞二三身亦可得也佛與大衆止此林中所
以然者以稱本要四聖種法又欲折伏將来
弟子憍慢心故若有弟子得諸禪定又有多
聞通經藏者謂應常處僧坊堂閣不處林藪
而三界法王尚處林野況餘人也又為將来
弟子作軌則故佛既受處山澤後諸弟子甘
心露行人欲為天龍善神說法故一切天龍
多樂閑靜是故如来處林樹下是時舍利弗
獨住不空道中受天王釋夫人阿脩羅女請
四月安居問曰人云何能消天食耶荅曰得
禪定人不可思議不足致疑也又諸天食多
人雖得食不得如天食法少食則消昔維衛
佛時高行梵志因緣應此中說凡馬食麥二
斗一斗與馬一斗與比丘中有良馬食麥四
升二升與馬二升與佛問曰佛法平等何以
一多一少荅曰僧祈物者法應平等此檀越
麦隨施主意又佛身大比丘身小各量腹食
不大平等義也阿難取佛分麦并取自分
入聚落中一女人前讚佛功德讚佛色身及法
身也梵音聲菩薩脩行時於口四業多脩二

BD05792 號　薩婆多毗尼毗婆沙卷八　（21–3）

一多一少荅曰僧祈物者法應平等此檀越
麦隨施主意又佛身大比丘身小各量腹食
不大平等義也阿難取佛分麦弃取自分
入聚落中一女人前讚佛功德讚佛色身及法
身也梵音聲菩薩脩行時於口四業多脩二
業一不惡口得梵音聲二脩不非時語得梵
所言說人皆信受若作飯者應弥勒佛時作
轉輪聖王玉女寶自作飯者此福無量以此
因縁故必至阿耨多羅三藐三菩提凡發菩
提心有二種一見佛發心二聞法發心此女
人亦見佛亦聞法先聞阿難說佛功德後取
麦時以心福深重故一切林鄣廓然開闢還
見世尊阿難以指示之此是佛也女人見佛光
相殊特內心喜踊發菩提心佛言除佛五衆
餘殘出家人皆名外道食者十五種食皆名
為食是中犯者若比丘一時與外道十五種
食一波逸提若一一與一一波逸提不犯者
若外道外道女病若親理若求出家時與不
犯出家時者四月試時化食若化主欲令人
食飽滿即得飽滿若不欲者即不得也若盜
化物得對手偷蘭遮食化食無殘宿食罪若
五衆勸檀越作食一切無過但比丘食三種
所勸食波逸提食比丘沙弥所勸食無罪也
若自手與一切九十五種異見人食不問在
家出家裸形有衣悉波逸提若教人與突吉
羅與一切無見人食無咎若衆僧與外道食
亦無過正不得自手與

BD05792號　薩婆多毗尼毗婆沙卷八　（21–4）

所勸食波逸提食比丘沙弥所勸食無罪也
若自手與一切九十五種異見人食不問在
家出家裸形有衣悉波逸提若教人與突吉
羅與一切無見人食無咎若衆僧與外道食
亦無過正不得自手與
九十事第卌五
此是共戒比丘尼俱波逸提三衆突吉羅與
諸比丘結戒者為佛法尊重故為滅誹謗故
為息諸惡法增長善法故是中犯者若比丘
故往看軍發行得見波逸提不見突吉羅軍
有四兵象兵馬兵車兵步兵或四兵為一軍
或三二一兵為一軍若故往觀乃至一兵軍
從高至下從下向高得見波逸提不得見突
吉羅若不故往以行來因縁道由中過不犯
若住立看壞威儀突吉羅若左右反顧看
突吉羅除因縁因縁者若王王夫人太子大臣
大官諸將如是等遣使喚往者不犯凡人亦
尒心誹謗故若喚不往當言比丘有所求時
不喚自來無所求時故喚不來為沙門果故
若往說法或得須陁洹或得斯陁含或得阿
那含又長信敬善根故又以道俗相須長養
佛法故是以聽往以歡喜心故得沙門果也
九十事第卌六
此是共戒比丘尼俱波逸提三衆突吉羅是
中犯者若比丘往軍中過二夜宿當至第三
夜地了時波逸提若軍中病若狂心亂心病
壞心不犯

BD05792號　薩婆多毗尼毗婆沙卷八　（21–5）

九十事第卅六
此是共戒比丘尼俱波逸提三衆突吉羅是
中犯者若比丘往軍中過二夜宿當至第三
夜地了時波逸提若軍中病若狂心亂心病
壞心不犯
九十事第卅七
此是共戒比丘尼俱波逸提三衆突吉羅是
中犯者若比丘往看軍陣者器仗得見波逸
提不見突吉羅若從下向高從高向下得見
者波逸提不得見突吉羅四兵乃至一軍亦
如是若觀衛旗幢幡兩陣合戰波逸提不犯
者不故往有因緣道由中過不犯此戒體比
丘在軍中二宿時故往看軍陣者器仗衛旗
幢幡兩陣合戰波逸提設不在軍二宿往時
故往看乃至軍陣合戰亦波逸提若坐不見
故立者者突吉羅乃至軍幢幡波逸提
九十事第卅八
此是共戒比丘尼俱波逸提三衆突吉羅是
中犯者若比丘以瞋心故若以手打若肘若
膝若脚若杖打皆波逸提若餘身分打皆突
吉羅若為呪故若食噎打栢不犯若比丘打比
丘尼突吉羅若打三衆突吉羅若打得戒沙
弥盲瞎聾瘂波利婆沙摩那埵比丘悉波逸
提戲咲打他突吉羅六罪人五法人越濟人
賊住人本破戒捨戒還俗更作比丘在家
無師僧汙比丘尼殺阿羅漢不能男不見擯
不作擯惡邪不除擯打者皆突吉羅若打他

BD05792 號　薩婆多毗尼毗婆沙卷八　（21–6）

丘尼突吉羅若打三衆突吉羅若打得戒沙
弥盲瞎聾瘂波利婆沙摩那埵比丘悉波逸
提戲咲打他突吉羅六罪人五法人越濟人
賊住人本破戒捨戒還俗更作比丘在家
無師僧汙比丘尼殺阿羅漢不能男不見擯
不作擯惡邪不除擯打者皆突吉羅若打他
或波羅夷或僧殘或偷蘭遮或突吉羅或波
夜提若殺心打他死者波羅夷不死偷蘭遮
若婬亂心打比丘尼式叉摩尼沙弥尼白衣
女人悉僧殘若無殺意但瞋心打比丘波逸
提打不滿及打餘人皆突吉羅
九十事第卅九
此是共戒尼俱波逸提三衆突吉羅此與前
戒打擬為異餘義盡同前戒若打波逸提舉
擬欲打便止突吉羅以打不滿故此戒本意
不頓打直欲掌擬令甚惱怖但擬波夜提如
本意欲女人上出精若遂意僧殘若不精出
直摩捉便止偷蘭遮若本心直頓摩捉樂意
僧殘此二戒亦尒是中犯者若比丘舉手掌
脚掌舉肘舉膝杖擬向比丘波逸提擬向比丘
尼式叉摩尼沙弥尼突吉羅若擬向得戒
沙弥盲瞎聾瘂波利婆沙摩那埵苦切駈出
等羯磨人皆波逸提六罪人五法人越濟人
賊住人本破戒捨戒還俗更作比丘在家無
師僧汙比丘尼煞阿羅漢不見擯不作擯惡
耶不除擯不能男盡突吉羅或有擬向波羅
夷偷蘭遮波逸提突吉羅若煞心擬向他死

BD05792 號　薩婆多毗尼毗婆沙卷八　（21–7）

賊住人本破戒捨戒還俗更作比丘在家無
師僧汙比丘尼煞阿羅漢不見擯不作擯惡
耶不除擯不能男盡突吉羅或有撥向波羅
夷偷蘭遮波逸提突吉羅若煞心撥向他死
者波羅夷不死者偷蘭遮不作煞心但瞋心
擬向比丘波逸提餘身分撥向突吉羅撥向
餘人突吉羅不犯者若比丘舉掌遮惡獸若
遮惡人如是等為救護恐難不犯
九十事第五十
此是共戒少分不共尼覆藏七波羅夷波逸
提覆藏行婬波羅夷此不共戒三衆突吉羅
無根誹謗他有四種以無根波羅夷謗他僧
殘以無根出佛身血無根破僧輪謗他四人
偷蘭遮以無根僧殘謗他波逸提以無根波
逸提波羅提提舍尼突吉羅謗他突吉羅是
名四種向未受具戒人說他麁罪有三種一
波羅夷僧殘得波逸提二說他出佛身血破
僧輪得對手偷蘭遮三說他波逸提波羅提
提舍尼突吉羅得突吉羅覆藏麁罪有三種
覆藏波羅夷僧殘得波逸提覆藏出佛身血
壞僧輪得對手偷蘭遮下三篇得突吉羅
九十事第五十一
此是共戒比丘尼俱波逸提三衆突吉羅此
戒體若比丘為惱故令失食將向白衣舍惱
使令還是中犯者若比丘語餘比丘言汝來
共到他家若未來入城門令還者突吉羅若
入城門令還者亦突吉羅若未來入外門中

BD05792號　薩婆多毗尼毗婆沙卷八　(21-8)

九十事第五十一
此是共戒比丘尼俱波逸提三衆突吉羅此
戒體若比丘為惱故令失食將向白衣舍惱
使令還是中犯者若比丘語餘比丘言汝來
共到他家若未來入城門令還者突吉羅若
入城門令還者亦突吉羅若未來入外門中
門內門令還者突吉羅若入內門未至聞處
令還者亦突吉羅若至聞處令還者波逸提
如跋難陀語達摩令還時檀越聞處名聞處
若檀越偶出見其還去喚使令住若聞而不
住突吉羅若不聞者波夜提
九十事第五十二
此是共戒比丘尼俱波逸提三衆突吉羅此
戒體無病無餘因緣露地然火向得罪冷熱
風病隨何病須火消息是名病可然火物凡
有五種一草二木三牛屎四木皮五糞掃此
五種物若自然若使人然波逸提必在無覆
郭處然向物五事中若一時以五種著火中
一波逸提若一一著火中一一波逸提若他
先然火後隨何事著火中各得波逸提若與
他前已然薪突吉羅若手把火東西房無罪
若以一莖小薪若[illegible]把草著火中波逸提若
露地火灰炭著火中突吉羅不犯者若病若
煮飯煮羹煮粥煮肉煮湯煮染重鉢治杖治
戶鉤如是等因緣不犯若行路盛寒不犯
九十事第五十三
此是共戒比丘尼俱波逸提三衆不犯羯磨

BD05792號　薩婆多毗尼毗婆沙卷八　(21-9)

若以一莖小薪若[illegible]把草著火中波逸提若
露地火灰炭著火中突吉羅不犯者若病若
煑飯煑羹煑粥煑肉煑湯煑染重鉢治枝治
戶鉤如是等因緣不犯若行路盛寒不犯
九十事第五十三
此是共戒比丘尼俱波逸提三衆不犯羯磨
趺難陀者或言驅出羯磨或言依止羯磨或
言不見擯羯磨或言惡耶不除擯羯磨佐助
六群比丘者或言六群中一人或言六群門
徒甚多是門徒中一人僧事者若白羯磨白
二白四若布薩說戒自恣若差十四人是中
犯者若比丘如法僧事與欲竟後悔言我不
應與波逸提隨心悔言一一波逸提除僧羯
磨事僧凡所斷事和合作已後悔譏呵突吉
羅若僧如法作一切羯磨事已後呵言不可
波逸提若僧作一切羯磨事作不如法當時
力不能有所轉易故嘿然而不呵後言不可
無罪除僧羯磨一切非羯磨事衆僧和合共
斷決之後呵者若順法順毗尼者波逸提
若雖是王勑不順毗尼突吉羅
九十事第五十四
此是共戒[illegible]尼俱波逸提三[illegible]無犯[illegible]小
房者或言僧[illegible]
舍卑陋少諸臥具所須[illegible]
故名爲邊與諸比丘結戒者爲佛法尊重故
爲息誹謗故與未受大戒一房過二宿波逸
提所以聽二宿者以若都不聽或有失命因
[illegible]

BD05792號　薩婆多毗尼毗婆沙卷八　（21–10）

房者或言僧[illegible]
舍卑陋少諸臥具所須[illegible]
故名爲邊與諸比丘結戒者爲佛法尊重故
爲息誹謗故與未受大戒一房過二宿波逸
提所以聽二宿者以若都不聽或有失命因
緣又若不聽二宿必有種種惱事因緣以憐
愍故得[illegible]二宿以護佛法故下聽三宿[illegible]受
大戒者除[illegible]切[illegible]合有四
種一者一切覆一[illegible]
覆三者一切覆半[illegible]是中
犯者若比丘與[illegible]中宿[illegible]
二夜波逸提起[illegible]更共[illegible]
夜坐不犯若共[illegible]
人宿波逸提以[illegible]
移在餘[illegible]
覆[illegible]羅若但有鄣無[illegible]吉羅若都
入內閉戶無犯若大攤墻內無過若黃門二
根共宿一夜突吉羅過二宿波逸提若一切
覆三邊鄣一邊不鄣突吉羅
九十事第五十五
此是共戒比丘尼俱波逸提三衆突吉羅
利吒比丘[illegible]是[illegible]
法中[illegible]
達三藏明便倒說云行鄣道法不能障道盡
其智辯一勝令成此戒[illegible]三更語約勑不
止次僧中白四羯磨約勑若如法如律如佛
教三諫不止波逸提三衆惡耶不除亦三教
[illegible]

BD05792號　薩婆多毗尼毗婆沙卷八　（21–11）

此是共式比丘尼俱波逸提三衆[illegible]吉羅
利吒比丘尼是外道[illegible]
汕中倒[illegible]
達三藏即便倒說云行鄙達法不能章道盡
其智辯一跡令成此式[illegible]先三更語約勑不
止次僧中七四羯磨約勑若如法如律如佛
教三諫不止波逸提三衆惡耶不除亦三教
不必盡滅擯
九十事第五十六
此是共式比丘尼俱波夜提三衆不犯與諸
比丘結式者為滋惡法故為佛法清淨故此
式體若比丘知比丘如法作惡耶不除擯便
與共住同室宿波逸提共事者有二種事一
法事二財物事共住者共是人住作白白二
白四羯磨布薩說式自恣差十四人羯磨是
中犯者若比丘共擯人作法事若教經法若
羯磨波逸提若經說事事波逸提若別句說
句句波逸提若從擯人問義受經亦如是共
財者若比丘與擯人衣鉢乃至與終身藥皆
波逸提若從擯人取衣鉢乃至取終身藥皆
波逸提若四種舍中共卧取者波逸提起已
還卧隨起還卧一一波逸提若通夜坐不卧
突吉羅
九十事第五十七
此是共式比丘尼俱波逸提三衆無犯此式
體若比丘知是滅擯沙弥便畜營恤共事共
宿波逸提是中犯者若比丘教擯沙弥經法
若偈說偈偈波逸提若經說事事波夜提若

突吉羅
九十事第五十七
此是共式比丘尼俱波逸提三衆無犯此式
體若比丘知是滅擯沙弥便畜營恤共事共
宿波逸提是中犯者若比丘教擯沙弥經法
若偈說偈偈波逸提若經說事事波夜提若
別句說句句波逸提若從擯沙弥受經讀誦
亦如是若與衣鉢乃至終身藥皆波逸提若
從取鉢取衣乃至終身藥皆波逸提若四種
房中共宿波逸提若起已還卧隨起還卧隨
彼尒所波逸提若通夜坐不卧亦波逸提若
沙弥惡耶不除三教不止與滅擯羯磨若耶
俗作白衣後還作沙弥即先羯磨若受具式
亦即先羯磨若根變作沙弥尼亦即先羯磨
三衆共惡耶不除擯共宿共事共住突吉羅
共滅擯三衆共宿共事亦突吉羅
九十事第五十八
此是共式比丘尼俱波逸提三衆不犯若寶
者金銀車璩馬碯瑠璃真珠若金薄金像凡
是寶器捉者一切波逸提若金像自捉舉波
逸提若淨人共舉無犯一切似寶若捉若舉
無犯若以似寶作女人莊嚴具捉者突吉羅
若以作男子莊嚴具除矛矟弓箭刀仗作華
勒鞭帶一切捉者無犯若捉鍮一切樂器突
吉羅若自捉錢突吉羅若比丘捉重寶波夜
提若使三衆白衣捉無犯除僧坊內若住處
內若有人忘寶應如是立心取有主來索當

若以作男子莊嚴具除矛矟弓箭刀仗作輦
勒鞭滞一切捉者無犯若捉鎧一切樂器突
吉羅若自捉錢突吉羅若比丘捉重寶波夜
提若使三衆白衣捉無犯除僧坊内若住處
内若有人忘寶應如是立心取有主來索當
還是應尒僧坊内者墻壍塹郭内住處内者
隨白衣舍安止比丘住處是名住處内此二
處有人忘寶在中若有淨人教取看舉若無
淨人應自取舉若有主來應問相相應然後
與若不相應不應與若僧壍墻外復非白衣
住處不應取次第法如律文說
九十事第五十九
此是共戒尼波逸提三衆突吉羅新衣者不
問新故自以初得故名爲新色有五大色黄
赤青黑白黄者欝金根黄藍染赤者羊草落
沙染青者或言藍黛是或言其流非即是也
是亦雜餘未識其本凡此五大色若自染突
吉羅若作衣不成受若作應量衣不應量衣
一切不得著若先得五大色衣後更改作如
法色則成受持若先作如法色後以五大色
後壞者不成受持雖不成受若作三點淨者
得一切處著若紺黑青作衣不成受持除三
衣餘一切衣但作三點淨者無過若皂木蘭
作衣一切得作亦成受持若非純青淺青及
碧作點淨得作衣裏舍勒外若不現得著若
作現處衣盡不得著赤黄白色色不純大者
亦如是除富羅草屣餘一切衣卧具物乃至

得一切處著若紺黑青作衣不成受持除三
衣餘一切衣但作三點淨者無過若皂木蘭
作衣一切得作亦成受持若非純青淺青及
碧作點淨得作衣裏舍勒外若不現得著若
作現處衣盡不得著赤黄白色色不純大者
亦如是除富羅草屣餘一切衣卧具物乃至
要帶盡應三點淨若不點淨著用者皆波逸
提一切不如法色衣不成受持一切如法色
衣則成受持一切如法色衣不如法色衣不
作淨著者皆波逸提若衣故點滅猶是淨衣
不須更點淨若先點淨衣更以新物段補設
十處五處但一處作一點淨不須一一淨也
以皆却刺補故若但直縫者應各各作點淨
若却刺補衣若直縫補衣設不作點淨著者
突吉羅凡淨法有三種一者如法三點淨衣
一切檕須作淨者比丘得自作二者若菓菜
五種子應沙弥白衣作淨三者若得二種以
草屣若得新韈應令白衣著行五六七步即
是作淨如畜寶用種種寶販賣物此三種物
盡白衣邊作淨復有二種淨一故作淨如菓
菜五種子淳撲若火若刀若爪甲若水故作
淨是名故作淨二者不故作淨如菓菜五種
子若刀火自墮上即名作淨鸜鵒亦尒若有
墮檕中即名爲淨是名不故作淨凡壞色作
點淨三種一青二皂三木蘭若如法色衣以
五大色作點著者突吉羅除五大色有純色
黄藍欝金落沙青黛及一切青名純色亦不

淨是名故作淨二者不故作淨如是第五種
子若刀火自墮上即名作淨鸜鵒亦尒若有
墮鞕中即名爲淨是名不故作淨凡壞色作
點淨三種一青二皂三木蘭若如法色衣以
五大色作點著者突吉羅除五大色有純色
黄藍欝金落沙青黛及一切青名純色亦不
得著若黄赤白衣雖三點淨著突吉羅若先
衣財時作點淨後染作色成已若更不點淨
無咎以先淨故五純色衣不成受持若作三
點淨著得突吉羅若先純色後以如法色壞
則成受持紫草㮈皮檗皮地黄紅緋染色黄
櫨木盡皆是不如法色以如法色更染覆上
則成受持若先如法色後以不如法色更染
作點淨淨著不成受持
九十事第六十
此是共戒比丘尼俱波逸提三衆突吉羅是
中犯者若比丘未滿十五日浴者波逸提若
滿十五日若過不犯除熱時時者春殘一月
半夏初一月是二月半名熱時律師云天竺
早熱是名天竺熱時如是隨處熱時早晚數
取二月半於中浴無犯病者冷熱風病洗浴
得差名病時風時必有塵坌汙身體是名風
時雨時者必使雨水漂衣汙染身體是名雨
病時作時者乃至掃僧坊地五六尺名爲作
時行路時者乃至半由旬若來若去是中犯
者若比丘脏日來今日浴波逸提若明日去
今日浴波逸提若即日來去經半由旬浴者
無犯若無諸因緣減半月浴者波夜提若有

BD05792號　薩婆多毗尼毗婆沙卷八

（21-16）

時雨時者必使雨水漂衣汙染身體是名雨
病時作時者乃至掃僧坊地五六尺名爲作
時行路時者乃至半由旬若來若去是中犯
者若比丘脏日來今日浴波逸提若明日去
今日浴波逸提若即日來去經半由旬浴者
無犯若無諸因緣減半月浴者波夜提若有
因緣不語餘比丘輒浴者突吉羅
九十事第六十一
此是共戒比丘尼俱波逸提三衆突吉羅與
諸比丘結戒者爲憐愍故爲斷罪惡故爲長
敬信心故是中犯者有三種奪畜生命波逸
提自奪教奪遣使凡三事以成教罪一衆生
想二教衆生意三斷命波逸提自教者欲令
死故若手捲若以頭脚若杖木瓦石刀矟弓
箭等能教衆生物以此打擲若死者波逸提
若不即死後因是死波逸提若不即死後不
因是死突吉羅若以毒藥著眼中若著身處
分中若著食中若著行處卧處若死不死義
如前說若作㺅撲𣫾樓腹墮胎乃至母腹中
初得二根念欲令死不死義如前說若教教
若遣使煞教使教此乃教彼突吉羅教令來
教乃去時教突吉羅如是種種教義如波羅
夷中說正以人與畜生爲異耳
九十事第六十二
此是共戒比丘尼俱波夜提三衆突吉羅是
中犯者有六因緣一生二受具戒三犯四問
五物六法生者有二種一問餘比丘汝何時
[illegible]下[illegible]毛生口邊何時生鬚咽喉

BD05792號　薩婆多毗尼毗婆沙卷八

（21-17）

義中說正以人與畜生為異耳
九十事第六十二
此是共戒比丘尼俱波夜提三衆突吉羅是
中犯者有六因緣一生二受具戒三犯四問
五物六法生者有二種一問餘比丘汝何時
生問汝掖下何時毛生口邊何時生鬚咽唯
何時現受具戒有四種若比丘問餘比丘汝
何時受具戒二誰是汝和上阿闍梨誰是汝
教授師三問汝於十衆受具戒五衆中受耶
四問汝於界外受具戒為界內受耶犯者有
四種一言犯僧殘二犯波逸提三犯波羅提
提舍尼四犯突吉羅問者問他比丘汝某聚
落行某巷行到某家坐某家共某女人語是
惡名女人也到某尼坊共某尼語耶惡名尼
也是名問物者若比丘語餘比丘汝誰同心
用鉢乃至終身藥法者若比丘語他比丘莫
多畜衣莫數數食莫別衆食莫他不請入他
家莫非時入聚落莫不著僧伽梨入村邑於
前六事中生者或得波逸提或得突吉羅或
無罪若推其生時年歲及三相久近未應受
具戒而受具戒前人實不得戒為慈愍好心
語者無罪若故欲令其疑悔突吉羅若前人
有戒欲惱令疑悔波逸提若以後五事欲令
疑悔故語不問前比丘疑悔不疑悔盡波逸
提除此六事更以餘事欲令疑悔故語者突
吉羅所謂語比丘言汝多眠多食多語言等
是人非比丘非沙門非釋子若以此六事令
餘人疑悔者突吉羅所謂若比丘尼三衆在

語者無罪若故欲令其疑悔突吉羅若前人
有戒欲惱令疑悔波逸提若以後五事欲令
疑悔故語不問前比丘疑悔不疑悔盡波逸
提除此六事更以餘事欲令疑悔故語者突
吉羅所謂語比丘言汝多眠多食多語言等
是人非比丘非沙門非釋子若以此六事令
餘人疑悔者突吉羅所謂若比丘尼三衆在
家無師僧本破戒還俗後住比丘越濟人賊
住滅擯人六罪人五法人狂心亂心病壞心
殺阿羅漢污比丘尼本不能男盡突吉羅若
得戒沙彌盲瞎聾瘂不見擯不作擯惡耶不
除擯波利婆沙摩那埵依止等四羯磨人盡
波逸提若以此六事遣使教人突吉羅
九十事第六十三
此是共戒比丘尼俱波逸提三衆突吉羅是
中犯者若比丘以一指擊攊他比丘波逸提
若以二三乃至九指一一擊攊一一波逸提
若十指一時擊攊一波逸提若擊攊比丘尼
三衆六罪人五法人狂心亂心病壞心在家
無師僧如是等人盡突吉羅盲瞎聾瘂波利
婆沙摩那埵得戒沙彌不作不見惡耶不除
依止等四羯磨人盡波逸提若以木擊攊突
吉羅若教人擊攊突吉羅十七羣擊攊死者
是年少小比丘也
九十事第六十四
此是共戒比丘尼俱波逸提三衆突吉羅與
諸比丘結戒者為佛法尊重故為長敬信故
不發正業故為滿正念故是中犯者有八種

依此等四種磨人畫波逸提若以木擊櫓突
吉羅若教人擊櫟突吉羅十七羣擊櫟死者
是年少小比丘也
九十事第六十四
此是共戒比丘尼俱波逸提三衆突吉羅與
諸比丘結戒者為佛法尊重故為長敬信故
不廢正業故為脩正念故是中犯者有八種
一者作喜二者作樂三者作咲四者戲五者
弄水六者令他喜七者令他樂八者令他咲
若比丘於八事中趣為一事若柏水若倒溟
若如魚宛轉若一髀浮若兩髀浮若身踊若
仰浮如是等種種非威儀事一一波逸提乃
至滕上有水若坐牀上以栢畫之突吉羅不
犯者若為學浮若直度者不犯
九十事第六十五
此是共戒比丘尼俱波逸提三衆突吉羅舍
有四種一切覆一切鄣一切鄣不一切覆一
切覆不一切鄣一切覆少鄣是中犯者若比
丘是四種舍中共女人畜生女宿波逸提若
起還卧隨起還卧得尒所波逸提不犯者通
夜不卧乃至異舍有女人宿孔容貍子入處
是舍中宿波逸提若房中有一女人一波逸
提有十女人十波逸提此戒亦身教成罪亦
人上成罪一卧一波逸提十卧十波逸提是
名身教成罪若一卧有一女人一墮若一卧
時有十女人十墮是名人上得罪若舍一切
覆無鄣突吉羅若一切覆三邊有鄣一邊無
鄣若乃至一邊有鄣三邊無鄣突吉羅若四

BD05792 號　薩婆多毗尼毗婆沙卷八　（21–20）

是舍中宿波逸提若房中有一女人一波逸
提有十女人十波逸提此戒亦身教成罪亦
人上成罪一卧一波逸提十卧十波逸提是
名身教成罪若一卧有一女人一墮若一卧
時有十女人十墮是名人上得罪若舍一切
覆無鄣突吉羅若一切覆三邊有鄣一邊無
鄣若乃至一邊有鄣三邊無鄣突吉羅若四
邊有鄣不一切覆突吉羅若一切覆一切鄣
不問大小盡波逸提若作都堂祐提舍同覆
同鄣設使堂舍中有諸小房雖房房各異以
堂同故是一房必使堂四邊有鄣上覆亦同
若比丘在堂内小房中自閉房户女人復在
一小房中以堂一覆故波逸提若白衣舍内
房舍各異若比丘在一房中女人在餘房若
比丘不閉房户突吉羅閉户無犯若是房墻
鄣相連上復同覆而並户出入處異雖相連
同覆但比丘閉户無罪若樹下突吉羅若人
女是畜生女堪作婬欲者波逸提若不堪任
作婬欲者如石女根壞鬼神女天女鴿雀等
突吉羅
九十事第六十六
此是共戒比丘尼俱波逸提三衆突吉羅是

BD05792 號　薩婆多毗尼毗婆沙卷八　（21–21）

必不可忘爲多
則以攝受先列欲財
不失義此明趣意也　第三經
我見如是等文是　第二明見攝受文見未來等是言見未來
不忘攝受菩薩乃大福也　第三立攝以斷疑文分爲四
第一引證以立攝受法主世尊　第二雨花散敬以證此攝敬
以證言不虛花以證則乃感果受記是語時等是
第三衆疑得斷而發願言從彼見已下是　第四世尊記之
從世尊是記等是　・第二ゝ人願等文分爲二　第一爲願任
願將述三願故先以此願安慰衆生大士立懷乃不自爲故迴
願爲物也初廿八字是也實願亦乃則其則也　第二正發三
ゝ願ゝ即分爲三　第一願ゝ得正法ゝ智ゝ者上住之智也昔時
所願ゝ斷滅果耳今歸或並故故願之殊也勝歸違居住下今
之所願ゝ得登住智也此願是自利故在先也從以此善根等是
以此爲願任願之善根及歸依十受之善根也　第二願爲衆
生說即是他化故次說也從我得正法智等是　第三願護

願為物也初廿八字是也實願者名別其別也 第二正發三
々願々即分為三 第一願々得正法々智々者上住之智也昔時
所願々斷滅果可令歸戒並致於願之殊也勝鬘進居住下今
之所願々得登住智也此願是自利故在先也從以此善根下是
以此為願任願之善根及歸依十受之善根也 第二願為衆
生說即是他化故次說也從我得正法智下是 第三願護
法兼自利化他故在後說也從我於攝受正法下是尔時未
必攝受正法為護於正法故捨身命財也 第二世尊述成又分
為三 第一法說仏正述成三願廣大之意從尔時世尊下是
第二喻說為願任廣大之辭從一切色下是 第三合辭從
如是菩薩下是皆者入此三大願中者此三願並是地前之願
而言攝諸別者此如八地已上一心備攝直以住前諸願无少出此
願者故言攝可何以言之自利之中莫過智慧外化之中慈悲
為勝護法一願兼自利外化恒沙諸願豈復加過此願故言悉
三願中也 ●就第四攝受正法章又分為三
第一正明願攝從尔時勝鬘下是承仏威神者外形歸乘曰威
內心難測曰神今言承者直是如來許以後說略其所辭此謂
異術相加如木石之能言也前說三章不承仏威神既是自言
已別承威義不顯自此章已去皆仰諮八地若不威何以能於攸
自此之言具義顯也調伏大願者心恒附理名調伏无德不顯
為大願也真實无異者明如仏所說也略廣毋說者除曰會
理言必得機故仏略聽也一切皆入一大願中者此願是八地之願也
自七地之願已下一切諸願八地一心皆備會之語願則少恒沙諸
心唯一而已故言皆入一大願中也所謂攝受正法者此出大願之體
真為大願者結成大願 第二如來讚成辭少四合為二章
第一章舉勝鬘自德為嘆初述現果三少智慧方便從仏讚
勝鬘下是少述往因從汝已長夜下是久種善根者舉來世
弟子成其殖因未久 第二章舉他為嘆義者所說高同諸
仏初明与三世仏同從汝之所說下是少四与釋迦同又分為四
第一直明說与我同從我今得下是 第二嘆所說甚深不得邊

真為大願者結成大願　第二如來讚成雖少四合為二處
第一處者勝鬘自德為嘆初述現果〻少智惠方便從仏讚
勝鬘等是少述往因從世已長夜等是久種善根者壽來世
第子戒其殖因來久　第二處舉他為嘆義者家說高同諦
仏初明与三世仏同從世之后說等是少明与釋迦同又分為四
第一直明說与我同從我今得等是　第二嘆前說甚深不得邊
際從如是我說等是　第三釋疑如來智慧等是物疑云攝受功
德不得邊際便謂如來不知其邊故云如來之智亦无邊際也
第四明結攝受正法有自行外化功德无有邊際何以故等是
第二明行攝又分為二　第一正明行攝又分為三　第一明行攝之體
從勝鬘白仏我當等是廣大義者〻勝前廣大之義白也則
是无量者釋廣大義也得一切仏法〻者釋所以无量也攝八万四
千法門者出此一切仏法出此三一切及无量並是少分故指云八万四
四〻千〻者仏地有三百五十功德備一功德皆用十善三百五十
功德凡用三千五百善復以三千五百善治三毒及三毒等分有
四三千五百合成一万四千善三毒及等分從六根中起治於一根有
一万四千六根乃六万四六廿四乃四万四千始乃八万四千也
第二明出生凡有四譬又分為二　第一有雨譬明法能出生又分為二
第一雲譬〻其蔭覆之能明八地攝受能蔭覆衆生又分為二
第一作譬〻中明四句合為二處　第一處明能生初句為本
作譬又如劫初成時者此譬八地大士法身初成也後句為述
作譬普興大雲者譬八地大士應身說法也　第二處明所
生初句明能生五乘之因雨衆色雨者五乘善根也後句明能
生五乘之果及種〻寶者譬五乘果也　第二合〻譬〻中三句
分為二　第一〻處句併合上劫成興雲能生二旂如是攝受
正法此句是也八地本之与述並是攝受正法故直以一句合之也
第二〻處合上所生初合上第四及種〻寶譬雨无量福報此句
是也後合上第三雨衆色雨譬及无量善根之雨此句是也
第二水譬〻其洗蕩之用明八地攝受洗蕩垢累也又分為二
第一作譬〻中明四句合為二處　第一處明能生初句為本

分為二　第一々復句併合上劫成興雲能生二種如是攝受
正法此句是也八地本之与迎並是攝受正法故直以一句合之也
第二一雙合上所生初合上第四及種々寶辭而无量福報此句
是也後合上第三兩衆色兩辭及无量善根之兩此句是也
第二水辭取其洗蕩之用以八地攝受洗蕩垢累也又分為二
第一作辭々中以四句合為二雙　第一雙以能生初句為本
作辭又如劫初成時者此猶辭八地法身初成也此辭与前語
意俱同也後句為延作辭々大水聚者之辭八地應身說
法也此辭語異於前而意同前也　第二雙明所生初辭
出生菩薩大乘從出生三千界是此辭語之与意俱異於前而
後辭出生四乘從四百億界是辭此語之与意亦俱異於前
辭後雙合大小而離因果此辭後雙合因果而離大小也
第二合々辭々中五分以為二　第一々句併合上第一雙劫成水聚
能生二辭也如是攝受正法此句是也　第二四句合上第二雙
所生辭初一句合上出生菩薩大乘從出生大乘界是後三句合
上四百億類洲第一句以人合上一億百類洲一切世間安隱快樂此
句是也　第二句以天合上第二百億類洲一切世間如意自在此
句是也言天自在勝於人也　第三句以二乘同出三界共合上三
百億類洲及出世間安樂此句是也　第三結辭与合辭劫成
者勝辭之初也乃至天人本所未得者勝合之末也合辭末云出
世間安樂此是人天本所未得也辭則勝初合辭勝末喻略中
間故言乃至也皆於中出者雙結之也四百億類洲從劫中出天人
未得使攝受生也　第二少辭以人能生出何以言之以合辭中
皆言善男子女人故也又分為二　第一重攝辭取其荷負
之義又分為二　第一作辭又分為二　第一為攝受能生人作辭
從又如大地界是　第二為人所生法作辭又分為四
第一大海辭菩薩取其包納无窮為況也　第二山辭緣覺
取高出之義也　第三草木辭藂而取其種數繁多為、
辭也　第四衆生以辭人々大々在生死中如天道衆生處々受生
以以為辭也　第二合辭又分為三　第一正合辭又分為二

第一大海譬菩薩所有包納无窮爲況也　第二諸山譬緣覺
所高出之義也　第三草木譬聲聞所有顯數繁多爲、
譬也　第四衆生以譬人、天、在生死中如六道衆生處、受生
故以爲譬也　第二合譬又分爲三　第一正合譬又分爲二
第一合爲人住譬從如是攝受正法等是建立大地者建立攝受
正法如大地喻彼大地者地雖負形不能載神、形俱載不過於
地也　第二合人所生法譬又分爲四　第一合上第四衆生從
象倒合也從何等爲四等是前云五乘此云四乘合人天爲一蓋
隨時之宜也　第二合上第三章草木從求聲聞等是此
是根性中而求也　第三合上第二諸山從緣覺等是
第四合上第一大海從求大乘等是　第二結荷負之義從是名
攝受等是　第三嘆攝受人之德又分爲三　第一將欲讚
嘆故先牒前荷負之語從世尊如是等是　第二嘆乃真
安之德從普爲衆生等是　第三嘆爲世法母之德從大悲
安慰等是　第二寶藏譬所其藏隱之義也又分爲二
第一住譬又分爲二　第一正住譬又分爲二　第一爲能生人住譬
又如大地四種寶藏此句是也　第二爲人所生法住譬又分爲四
第一无價譬菩薩乘　第二上價譬緣覺乘　第三中價譬聲
聞乘　第四下價譬人天乘　第二結譬是名大地四種寶藏
此句是也　第二合、譬、又分爲二　第一正合譬又分爲二
第一合能生人譬從如是攝受正法等是得衆生四種最上大寶
者五乘之善義屬衆生、地大士備之在心故言得衆生之寶也
言衆上偏舉勝耳　第二合所生法譬又分爲四　第一合
下價倒從後合也從何等爲四等是　第二合中價從求聲聞乘
是　第三合上價從求緣覺等是　第四合无價從求大乘
者等是　第二結合譬從如是得大寶等是得此奇特希
有功德者明衆生得此五乘之善異於菩薩心中之善也
第三明即從世尊大寶藏等是即是攝受正法者明大寶
藏所譬四乘善根即是攝受正法更无別體也

是　第三合上價從求緣覺乘是　第四合无價從求大乘
者乘是　第二結合譬從如是得大寶乘是得此奇特希
有功德者一切衆生得此五乘之善異於菩薩心中之善也
第三所即從世尊大寶藏乘是即是攝受正法者所大寶
藏所譬四乘善根即是攝受正法更无別體也
第三明相即以釋物物疑之之生因前四譬具二譬所法能出
生二譬明人能出生物謂人法異體故致譬不同又因此義廣
生諸疑謂方便正法異於攝受之之心之又異波羅蜜今釋
相即以釋此疑文分為二　第一明法法相即為疑之本之在之
与法異而此情固執一注難除故先明法法相即合其猜解
後明人法相即為悟則易也文分為二　第一明方便正法
即攝受之心凡有五句若具其文應有六句合為三章略
无第六句也　第一章牒將明相即故先牒也初言攝受
正法此句牒所攝方便正法也後言攝受正法者此句牒能攝之心
第二章反覆明不異初言无異正法此句明无所攝受心異於方便
正法也後言无異攝受正法者此句明无所方便正法異於攝
受正法之心也　第三章明相即前明无異之可各體相似
以為无異此言未了故今正明即也初言正法即是攝受正法
此句明方便正法即是攝受之心也後句應言攝受正法即是
正法經文闕也　第二明波羅蜜即攝受正法又分為三
第一正明相即若具者文亦應六句今闕前章牒又闕最
後一句相即但有中間三句分以為二　第一章反覆明不異初
言无異波羅蜜謂无有攝受正法異於波羅蜜也後言
无異攝受正法謂无波羅蜜異於攝受正法也
第二復句言攝受正法即是波羅蜜波羅蜜此所是即也亦應有
波羅蜜即是攝受正法句文略也　第二舉六度以釋正
法波羅蜜義從何以故乘是言何以故正法即是波羅蜜也
六度釋中各有二意並初述度相後所即是義也乃至捨身
者天下難捨莫過身命故言乃至亦為施之極矣此下凡
言乃至皆略易而舉難也將護彼意者應機攝物令其

第二後四言攝受正法即是波羅蜜此明是即也之意也
波羅蜜即是攝受正法四文略也
法波羅蜜義從何以故下是言何以故正法即是波羅蜜也　第二舉六度以釋正
六度釋中各有二意並初述度相後明即是義也乃至捨身
言天下難捨莫過身命故言乃至示為施之極矣此下凡
言乃至皆略易而舉難也將護彼意言應機攝物令其
无悔也而成熟之言使其因此獲益也彼可成熟衆生言此
釋度標所以即是攝受正法之法意也彼言勝歸彼於八
地大士攝受之心也彼心中之正法由施可成熟衆生而得達立
此正法不異於檀故言即是也六度文中皆從彼可下明
即是義也不能心言內无覺觀也外向心言緣大慶心也久
時所任者身業也久時所說者口業也一切論者五明論也此
地釋第三結即義從是故世尊下是　第二明人法相即
又分為三　第一正明即凡有五句若具言之應有六句今
為三處略无第六句也第一雙標初言初攝受正法既句
標攝受之心與行也後言攝受正法者標法所成人所以得
知是標人所異於上義見下文　第二處反覆明不異初言
无異攝受正法无異攝受正法也後言无異攝
受正法言此句明无有攝受正法異於人也　第三處正
明相即初言攝受正法善男子善女人即是攝受正法此
句舉人以即攝受正法也後句總言攝受正法即是善男子
善女人經文略也　第二釋相即之義從何以故下是言善
男子善女人為攝受正法而捨三種分此餘捨之心即是攝
受正法心既成此行之攝受正法無得異人也　第三出捨三人分
為之義因第二釋始明之也又分為四　第一明正捨三分義者
釋捨身謂自放為奴捨命為人所死今云捨身捨命皆是
死也但五意異耳若奴役身餓虐此意在捨身非為欲捨
命若義士一感見危授命此捨也捨財者謂身外之物也凡
有七句為一段三處　第一句直標舉三分從何等為
三分下是　第二處明捨身物分一句是舍中分下是

為之義。因第二釋始明之也。又分為四。　第一明正捨三分義詹
釋捨身謂自投為奴，捨命為人所死，今云捨身捨命皆是
死也。但互意異耳，若奴役身，餓虎此意在捨身非首欲捨
命。若義士一感見危授命，此捨也。捨財者謂身外之物也。凡
分之曰為一段三囊　第一曰直標舉三分，從何等為
三下是　第二囊明捨身，初明行因，從捨身者下是
後除等者，謂未來也。未來則除死，自死除以來常捨身者
又以金對心為後。後除生死，極於此時，自此以來常捨身也。推後
三歸應如前釋也。後曰明得果，從離老病死下是。既以後除
為期，故所得之果皆常住　第三囊明捨命，初曰明行因
從捨命者下是。後曰明得果，從平竟離死下是。通達一切
者智慧為命也　第四囊明捨財，初曰明行因，從捨財者
下是。後曰明得果，從得不共下是。言功德法財不如世財与
五家共也。得一切眾生殊勝供養者，語倒應言得供養殊
勝一切眾生，謂法財資神勝世財也。或慎文直釋，謂得人天財
殊勝供養也　第二勝歸讚歎捨三分之人。又分為三
第一將欲讚歎，故先勝攝受之人，從世尊如是下是
第二歎其為諸仏所記，從常為下是　第三歎其為物
瞻仰，一切眾生下是
第一勝捨身之人，從世尊又善男子下是　第二明捨三分時節。又分為四
分時節，從法欲滅時下是。夫護法之功在法將滅，滅而更舉
護，功乃顯也。諍訟者，法言非法，非法言法也　第三明正行護
法，從外不諂曲已下是。曲心詐善曰諂，諂心事成曰誑，多說口業也
通是心非曰乱，偽多說身業也。愛樂攝受者，不同前三同後也
第四明此人功重，必為諸仏所記，從入法朋者下是
第四引仏為證。又分為二　第一明自見，從世尊我見者下是。如
是大力者，捨三分之力能得常住之果也　第二引仏為證，從
仏為實眼者下是。實眼所言能見實智所其能知根本亦
以宗極通達表於見。身四事若斯，以為乘十地之所依也。引證

第四明此之功重為說仏所說使入法明云乃至是
第四引仏為證又分為二　第一明自見使世尊我見乃至是如
是大力云捨三分之力能得常住之果也　第二引仏為證使
仏為寶眼乃至是寶眼所云能見寶智所其能知根本亦
以宗極通達表於九尋四事若斯故為乘十地之所依也引證
之明窮於此矣　第二如來讚成又分為二　第一讚嘆述成
又分為四　第一嘆之說會理使介時世尊乃至是
第二力士譬〻於正法勝〻天乘又分為二　第一作譬使如大士
力乃至是大士譬八地菩薩少觸身分云譬八地心中一念生
大苦惱云譬魔王憂苦也　第二合譬使如是勝鬘乃至是
少攝受正法云取八地家一念合上少觸身分也令魔苦惱
云自此下合生大苦惱也　第三牛王譬〻於正法過於二
二乘又分為二　第一作譬使如牛王乃至是勝一切牛云二切
牛能負重致遠以況二乘能化眾生而化功不及菩薩攝群
牛之不及牛王也　第二合譬使如是大乘乃至是
第四須弥山王譬〻於八地大士勝於七地已還菩薩又分為二
第一作譬使又如須弥乃至是須弥所其高顯出眾山之上以況
八地出過遠〻之域也　第二合譬使如是大乘捨身命乃至
是以攝所心云〻以攝所心攝受万〻正法也勝不捨身命財
云七地來是法身應變不顧故不與捨身之名並為初住大
乘也　第二結勸又分為四　第一廣勸使是故勝鬘乃至是
開示者以攝受正法開示人天也即對前力士譬也教化
云教化二乘也即對上牛王譬也建立云謂建立大乘七地
已還菩薩也即對上須弥山王譬也　第二廣結勸使如
是勝鬘乃至是如是大利云結人天之利也大福云結二乘也
大果者結大乘也然使前至勝對三譬為結也　第三重略
明勸使勝鬘我於乃至是　第四重略明結使是故攝受乃至
是　說第五一乘章又分為二　第一正明一乘　第二明一體
三寶攝捨三寶及與五乘同是方便之既教會五乘入於一乘

已還[illegible]
是勝鬘已下是如是大利亦結人天之利也大福亦結二乘也
大果者結大乘也然從劣至勝對三辭為結也　第三重略
明勸從勝鬘我於已下是　第四重略明結從是故攝受正法
是　就第五一乘章文分為二　第一正明一乘　第二明一體
三寶攝證三寶及与五乘同是方便之說教會五乘入於一乘
之致於攝證而明一體也又一體三寶雖殊一乘而是一了之果章
果以明乘　就第一正明一乘文分為三　第一總明方善入於
一乘前攝受正法章明能出生五乘但取能生為攝受正法
不取所生五乘叔善則不盡也此章明能生之攝受所生之五
乘皆入一乘叔善則盡也又分為二　第一會能生攝受又於一乘
又分為二　第一正會從佛告已下是前攝受章皆勝鬘承
佛威神承說多理蒙佛聽許然後乃說此章佛先命說而
勝鬘奉旨所以然者勝鬘近居近門而遠說深理不敢專
輒所以求聽而上來所說莫不允契未甚宣稱審可告說
故如來垂旨命亦可述也是摩訶衍者能生攝受正法即是八
地以上大乘也所以不即言七地已還大乘者以其非攝受正法故下
第二釋會從何以故是出生一切聲聞者明所生五乘既同
餘能生之法非化異體也世間者人天乘也出世間者七地已還
菩薩也第二會所生五乘之善入於一乘文分為二　第一
列二辭正會五乘以入一乘文分為二　第一八河辭辭其始
生又分為二　第一位辭從世尊如阿耨達者此言無熱
龍之名也龍居此池故從龍為名也池依崐崘山頂其水
四面流出八八河八河之中水即是池水更無異水從於一乘出四
因果而四乘因果即是一乘此文似明出義入義現下結文
中也　第二合辭從如是摩訶衍是　第二種子辭辭其
終成明增長義也又分為二　第一位辭從世尊又如是
種子依地而生種子即是地大如四依乘大乘增長四乘然即大
乘也又釋依地生種種子子不離地依大乘出五乘乘不離一乘也
第二合辭從如是一切是　第二結入一乘從是故世尊是
是所會法生攝受[illegible]

也 第二合譬使如是摩訶衍果是 第二種子譬〃其
終成明增長義也又分為二 第一住譬使世尊又如果是
種子依地而生種子即是地大如四依乘大乘增長四乘忍即大
乘也又釋依地生種〃子〃不離地依大乘出五〃乘〃不離一乘也
第二合譬使如是一切果是 第二結入一乘使是故世尊果
是前會能生攝受正法釋无結此會所生五乘正法結无釋盖
欲省文互現意也又前明義亦周故釋而不結後明義粗竟結而
不釋也住於大乘亦即住七地已還大亦即是住於二乘也若二乘出
於大乘亦住大則不應住二以不出大故住大則住二也住談其始攝
受語其終也 第二偏明二乘同以入一乘所以偏會二乘者以人天未及
别求大小未定務宜攝會攝於理自足七地已還菩薩今來求
仏无假重會二乘為物所信莫不謂為別果故委曲慇懃重明（第三攝受六處以入一乘昔時學小有此六事會入大乘又分為三）
入義也又分為五 第一直摽唱六處如世尊說六處此白是
也此六道生盡滅无生滅之處也 第二別列六名此六合為
三處 第一處說教〃有興衰相對為一處此是求得
果之緣也一者正法住仏滅度後五百年中餘風未毀者也
此明興也二者正法滅五百年後象法中也此明衰也
第二處說戒〃善戒有耶離相對為一處此是得果之因也一
者波羅提木叉此謂戒從脫戒言戒得解脫也此明取也二者
出家此名滅惡此明離也 第三說人〃有始終相對為一
處也此是稟教行善之人也一者出家辭親受三歸依此明
始也二者受具足白四羯磨備律儀戒此明終也
第三正會六處入於一乘從為大乘故果是明二乘數即一乘
教二乘戒即一乘人 第二明合第一處教二
處以入一乘又分為二 第一會正法住從何以故下是何以故
正法住者為大乘故說者此合為一語言何以正法住而是為大
乘故說也言大乘住即正法住所以正法住為大乘說也 第二別會
正法滅從正法滅者下是應言何以故正法滅者為大乘故說也
言大乘滅即正法滅者為大乘說也 第三別會第二處戒善二處以

蒙以入一乘又分為二　第一會正法住從何以故下是何以故
正法住者為大乘故說者此合為一譯言何以正法住者是為大
乘故說也言大乘住即正法住何以正法住為大乘故說也　第二別會
正法滅從正法滅者下是總應者何以故正法滅者為大乘故說也
言大乘滅即正法滅者為大乘說也　第三別會第二處裁善二處以
入一乘又分為四　第一將所教會入充所波羅提木叉比丘一聯從波羅
提木叉下是義一名異者此釋總一義是一也　第二正會入一乘也
比丘者即大乘學此七字是也　第三釋入一乘從何以故以依仏
下是言仏是乘即是也從仏受具足不答是小也此未會人皆
人以釋義善可　第四結入意是故說大乘威儀義是比丘出
十一字是也言依仏出家而受此義是故說是大乘義是大出家
第四會別　第一變人之二處以入一乘又分為三　第一明是
是大出乘家是出家是受具足此七字是也言大乘出家是出家
大受具是也　第二明非小從是故阿羅漢下是充出家受
具足者充別小乘出家受具足也皆是大乘故非小也
第三釋是大非小從何以故阿羅漢歸依下是言依仏出家仏既大
故羅漢亦是大而非小也六處之中雖木叉比丘所相即者以前
難一時故也以正法住滅興毀異時出家受具前後非一故不
得相即也　第五舉果為況以明回入也又分為二
第一章門又分為二　第一章門明善法未滿也故阿羅漢歸
依於仏此八字是也　第二章門明惡法未除也阿羅漢有恐怖
此六字是也　第二釋上章門有兩何以故即分為二　第一先釋
第二章門又分為三　第一直明阿羅漢有怖畏即法說也從前
何以故阿羅漢是充川者充有三界外治道之川也想住謂變易生
死怖畏之想住在心目懷也　第二譬說從如人執劍欲是執
劍害己之怖畏重執劍害雖之怖畏輕今言羅漢於變易生
死怖畏心輕故可如人執劍害己而已　第三結從是故阿羅
漢歸是充究竟樂者非充有樂回變易生死未盡樂未究竟也
第二後釋第二章門又分為三　第一直許理言堪為物作依者
則不來依於他也從後何以故下是　第二以衆生為類言

死怖畏之想住在心目慄下　第二廣説怖如人執劍□是事
劍害凡夫怖畏重執劍害羅剎怖畏輕今言羅漢於變易生
死怖畏心輕故可如人執劍害已亦已　第三結從是故阿羅
漢辟支佛是無究竟樂者非無有樂但變易生死未盡樂未究竟也
第二後釋第一章門又分為三　第一直許理言堪為物依怙者
則不求依於他也從後何以故辟支佛是
眾生無有歸依之德則有怨怖求於歸依也段段者三言處也
第三結怨怖與羅漢從如是阿羅漢辟支佛是　第三挍二乘果以
入一乘又分為五　第一尊者可得四智及涅槃果十四智不究
竟即是道諦不是不是有為果不關涅槃不究竟即是滅
諦不滿不是無為果未極既未滿未極便退趣向佛又分為五
第一尊盡智從世尊阿羅漢辟支佛是有餘生法者煩惱為是生
之法也以煩惱盡為盡智之境今煩惱有餘所以盡之智不究
竟也故有生者以生不盡所煩惱不盡尊無生智也　第二尊
梵行已立智從有餘梵行辟支佛是成故不成者雖有三界治道非
一切道滿故言不成也道即梵行立境既未成智之未究竟也
第三尊所作已辦智從事不究竟辟支佛是當有可作者當有三
界外治道應備也夫辦是事就之名尚有道應備則可為未辦
境既未辦則智之不究竟也　第四尊不受後有智從不受
彼故辟支佛是不度變易生死也當有可斷者當有無明住地煩
惱應斷也既有煩惱猶應更生既未盡則後有應更不更
之境既未滿照境之智然未窮也　第五尊二涅槃果從以不斷
故辟支佛是言不斷無明住地或也去涅槃界遠者或既未斷猶
有變易生死去常住妙有涅槃遠也　第二覆釋與尊
佛前言其究竟此則為與勝鬘今說其未滿此則為尊
與尊相承事須解釋凡有十事合為五覆皆以前事釋尊
明唯如來皆得則餘人不得也後事釋與方便智與之五覆
次第釋前五尊　第一覆釋盡智從何以故唯有辟支佛是
此何以故通釋下四覆五覆皆以唯有為言初也　第二覆
釋梵行已立智　第三覆釋所作已辦智　第四覆釋不

仏智〻〻其究竟此則為与勝鬘今說其未滿此則為尊
与尊相承事須斷釋凡此十事合為五處皆以前事釋尊
明唯如来皆得則餘人不得也後事釋与方便相与為五處
次第釋前五尊　第一處釋盡智使何以故准此義是
此何以故通釋下四處五處皆以准此為言初也　第二處
釋梵行已立智　第三處釋所作已辦智　第四處釋不
受後有智此四處中初言一切功德次言无量功德次言不思議
功德次言第一清淨皆顯示之无別所以也　第五處釋涅槃
最是之所證所者明仏唯究竟也去涅槃界遠者尊二乘也觀
察者牟智為章門解脫者牟斷為章門四智究竟者釋觀
察也得蘇息處者釋解脫也言无為脫者為蘇息處也此皆方便
不了義說也　第三章二種生死以釋第二〻段中明仏是究竟二乘
非究竟今明二種生死二乘唯除分段所以未究竟之得仏二死皆除
所以究竟之得遠釋上第一段二死未盡所以勝鬘今尊斷除
分段所以如來昔与又分為三　第一直章二種生死以釋於前何以
故有二種死此七字是也二種生死者一者分段生死二者不思議
變易生死分段有二種一者色身分段謂形質國土也二者壽
命分段謂脩短期限也三界果報皆名分段也八地已上身无形
色命无期限但以心代用以新易故剎那改變故名變易
非下地所測稱不思議也分段生死念念生滅而不名變〻
易者以身命一報之期限分段麁顯故從為名也變易
生死於八地九地尚有劫數期限但期限約他故不從為
名前念是因後念是果新新改變〻易義顯故從為名也今
判生死應有四種一者分段生死以有漏業為因四住地煩惱為
緣二者不思議變易生死以无漏業為因无明住地煩惱為
緣三者二國中間生死以有漏勝善為因三界餘習為緣初課
來時无餘此習无此生死及流之日斷正使結方起習氣間勝
善業至於七地方用受生也二國中間猶有形色壽命期限
有用分段念〻生滅有同變易但非正結所感故不稱分段
既有形色不名變易故曰二國中間也四者初流來時生死初

緣二者不思議變易生死以無漏業為因無明住地煩惱為
緣三者二國中兩生死以有漏勝善為因三界餘習為緣初果
來時無餘此習無此生死及流之日斷正使結方起習氣同時
善業至於七地方用受生也　二國中兩猶有形色壽命期限
有用分段念念生滅有因變易但非正結所感故不稱分段
既有形色不名變易故曰二國中有也四為初流來時生死初
流來時在三界外無無漏漏業不即受八地上變易生死但以斷
或相傳故受生死流入三界但起承承相相相傳乃至極重以極
重承相受三途生始是分段生也此前悉是流流來來生生死死
有無形色壽命期限以漸易故變易用但不以無漏為因唯斷
相續念念下遷所以別立為一種生死也約分段生死及變易生死
故有八諦約二國中兩又有四諦初流來時時亦應有四諦今亭
六諦也以有人言初流來時未入三途於其中間有滅道即似
應有滅道故有十六諦也今釋不然初流來時從生三途然後
歎苦集求涅槃及流之日方修滅道初流來時唯有苦集無
有滅道四種生死有十四諦也若相攝攝二國中兩屬於分段初
流時未屬於變易勝鬘今日為釋究竟故明二死但除分段則
不究竟兼除變易則為究竟分段有始變易有終則中
間可知初流來時未得斷結無以證仏究竟所以不說又二國中
間緣非正使初流來時無無漏業故略不說　第二出四種生死
又分為二　第一出名從何等為二下是　第二出體從分段死
者下是虛偽衆生者謂煩惱顛倒受三界生乃至羅漢之人之身
故偏言虛偽衆生也謂阿羅漢者今釋二乘七地並未免色形
生二國中兩未受變易生死八地已上無復形色但意慮相傳小聖
易間是變易生也今言二乘受變易生死者以昔是二乘轉為
菩薩於七地中具備万行登於八地受變易生因昔本名言二
乘之人受變易生實是八地也究竟無上菩提者言仏果乃免變
易生也又釋云金剛心名為學仏亦名無上菩提乃至金剛心不
免變易生　第三結与奪　結第二段也所以不結第一段者

易爾是變易生也今言二乘受變易生死者以菩是二乘轉爲
菩薩於七地中具修方便登於八地受變易生但菩本名言二
乘之人受變易生實是八地也究竟无上菩提者言仏果乃免變
易生也又釋云金剛心名爲學仏亦名无上菩提乃至金剛心不
免變易生　第三結与尊號第三段也所以不結第二段者
以第三段本釋第二段又相去近結義可知第一以遠故須結又
分爲二　第一結仏菩薩又分爲四　第一結盡智從二種死中
乃是　第二結梵行已立智從得有餘果乃是　第三結所
作已辦智從凡夫人天乃是　第四結不受後有智從阿羅漢
乃是略不結涅槃果　第二結勝鬘今尊文分爲二
第一結尊盡智從非盡一切是　第二結尊不受後有智從亦非盡
一切乃是由梵行已立故煩惱盡梵行已立智入盡智中攝由
所作已辦故不受後有所作已辦智入不受後有智攝在結
尊二智則竟於四智既不究竟涅槃理自不備也
第四第二種煩惱以釋第三生死有二種也釋言夫生死必
因煩惱煩惱必致生死二乘已斷分段既康分段亦除變易理
將處易所以生有三也即釋第二段既有煩惱二乘所不能
斷故四智未備仏能永除所以究竟即釋第一段二乘斷一
故仏菩薩方斷其二故勝鬘尊文分爲三　第一直舉二種
種煩惱又釋於前從何以故有煩惱乃是　第二出煩惱體
相又分爲四　第一正明二種煩惱體相又分爲三
第一開二數章門煩惱有二種此句是也　第二列四住地即
釋二數章門第一數也又分爲四　第一列四住地章門何等爲
二謂住地煩惱此句是也　第二列起煩惱章門煩惱此句是
也
第三釋住地章門從住地有四乃是　第四釋起煩惱
章門從此四住地乃是刹那心者識心也刹那想應者想及
等心也
第三出无明住地即釋二數章門之第二數也從
世尊心不相應乃是根本枝條並无心相應也无始者无有
始於已者故言无始也　第二格量煩惱力用勝負又分爲六
第一明四住地力劣從此四住地乃是一切上煩惱者恒沙上煩惱也

章門從此四住地某是刹那心者識心也刹那想應者想受
等心也　第三出无明住地此即釋二或章門之第二或也從、
世尊心不相應者是根本枝摽並无思相應也无始者无有
始於己者故言无始也　第二格量煩惱力用勝負又分為六
第一明四住地力劣從此四住地乃至是一切上煩惱者恒沙上煩惱也
從无明住地上生出眛歡眾川之上謂為上煩惱也依種者別相煩
惱依通相而生謂之為依通相煩惱能生別相名之為種令言
依者取五住地象麁煩惱也種取四住地根本取相也欲以比格
无明住地故牒來也　第二明无明住地力勝与前文覆為二
也從世尊如是於有愛數四住地者有愛謂无色界或有數（无愛）文
取下色愛欲愛及見一處之為四住地也　第三列惡魔為
譬從譬如惡是魔於欲界大力自在譬无明住地於眾或
力大　第四合譬從如是无明乃至是　第五釋无明住地所
以勝從恒沙等數乃至是上煩惱依者言无明住地是根本為
恒沙上煩惱所以依也又令四種煩惱久住者之為四住地遠作根
本也䏻此生以明勝也菩提智之所能斷者金剛心斷或已盡名
為學仏故言菩提智斷也䏻滅以明勝也乃至所斷者斷惜斷所起
第六結力勝從如是世尊乃至是　第三明同業不同文分為四
第一明同以有漏業而生三有從有如取緣乃至是言四住地或
能為業取果為果之緣也以有漏業因者通善惡業也
第二明同无漏業惡變易生從如是无明住地乃至是
第三明无明住地通同一切業惡生從此三地乃至下是此三地者此
三界地也沒三種者沒三乘人也意生者意慮相傳變易生也
身生者三界分段生也上雖言三地三種未明无色无色更重辨
二生以顯之也及无漏業生者前言意生直談變易界生
此言无漏為業是因能生也依无明住地者前來可牒三地三種及
无漏能生通依无明住地即通同義也以緣非无緣者物謂變
易生死可由无明住地分段生死不應緣无明住地故言无明住
地於分段生死與緣非无緣也　第四還正明同无漏業得變
易生從是故三種乃下是　第四明斷義文分為四

二生以顯之也及无漏業生者前言意生直談變易果生
此三乃无漏爲業是因能生也依无明住地者前來可勝三地三種及
无漏能生通依无明住地即通涌義也乃緣非无緣者捴謂變
易生死可由无明住地六段生死不急緣无明住地故三乃无明住
地於六段生死明緣非无緣也　第四還正明涌无漏業得變
易生德是故三種乃下是　第四明斷義文分爲四

第一直唱二種住地不同德世尊如是乃變果是　第二釋可
以不同德无明住地果是雖四住地者以難故不同也　第三正
明仏智可斷德仏地可斷果是仏地可斷者此通語仏地一切
功德也仏菩提可斷者偏出斷結之智即照空之解也
第四釋斷何德以故果是何以故唯仏能斷以二乘但斷四種住
地不能斷无明住地故无明住地唯是仏地可斷也无漏不盡者
三二乘惠无之漏不盡故不能斷也惠无之漏即无明住地或也
故下云无漏不盡者即是无明住地也漏既不盡故不得自在力
之不作證者无斷可證也　第三結前第二段唯如來究竟二
乘不究竟也可以不結第一段者前第三段以結不重結也以第
四段本釋第三段又相去近結義可知又不結也第五段相去以
遠又未返結故今結之也又分爲四　第一結二乘不究竟凡
明七德不備即分爲七　第一明智惠不備是色德世尊阿
羅漢果是　豪後身菩薩者七地菩薩習方川備是色身
之聚後也於後後法者處處境也　第二明斷未足德以不知見
故乃下是　第三明白脫未足德以不斷故果是　第四明清
淨未圓德名有餘清淨果是　第五明功德未備德
名成就有餘果是　第六明境不圓德以成就有餘果是
所以一事勝前第三第四第五三事作其弃別者第二乃
勝第一第三乃勝第二第四不勝第三第五不勝第四所以第六
并勝前三也　第七明涅槃未具德是名得果是名向涅槃、
象者向中住涅槃仏性也前明斷未備是煩惱斷明餘涅槃也
此明身智有无餘涅槃也　第二歎果究竟他明七德備也
對二乘七德不足滿五德正相對而德不相對前明不備明有斷与

[illegible]
勝第一第三已勝第二第四不勝第三第五不勝第四所以第六
并勝前三也　第七明涅槃亦具足是名得果是名一向涅槃、
众生一向常住涅槃佛性也前明斷非備是煩惱斷明餘涅槃了
此明身智色无餘涅槃也　第二歎果究竟絕明七德備足之
以對二乘七德不求滿五德正相對前後不相對前明不備明有斷亡
功德不明德身与歸依明備足德身与歸依不明斷及功德盡
五之言有八分文為八前一分為上列二行為章下次四行為釋一是
次頭之八支者　第一明知境備足對前第六也從若知一切苦
是來是正明佛德圓滿後之并列　第二明涅槃備足對前第七
即是章乃至從於无常懷苦是无常懷苦二正致生死明中懷命
終也无常病苦變易生死无復中懷命終但有生滅无常差
於死壞可名為病也　第三明歸依滿足不對前也名即章
乃從於无覆護世間乃是无覆者亦眾生也上无蔭蓋為无
覆護无力護為无護此二小重也无依者變易眾生也以本為
歸依之德此二小輕　第四明法身等以釋涅槃滿足亦不對
前也何以故乃是此何以故解下三德也法无變異者二法身
与諸佛无二無變異此即一等也　第五明智慧与諸佛等以
釋涅槃滿足對前第一也從智慧等乃是　第六明解脫
与諸佛等以釋涅槃滿足對前第三也從解脫等乃是
第七明清淨与諸佛等以釋涅槃滿足對前第四從清淨等
乃是以四等釋於涅槃則歸依可知故不別釋也　第八章
三點以結上七德從是故乃是一味謂般若也寸味謂法身也解
脫味即一解脫也所以但舉三者猶如伊字要舉三方
第三釋結二乘不究竟以成第之之宜明二乘不滿今明因不滿
所以果不滿也又分為五　第一得釋二乘亦滿先勝后不得極
果三點從世尊若无明住地乃是明解脫謂智體无累也
第二明二乘因不滿故果不究竟又分為三　第一明无明住地通相
无知不斷別相无知亦不斷從何以故乃是　第二明通相无知
既不斷別相无知不斷也從前過於恒沙等乃是二種煩惱頭

第三釋結二乘不究竟以成第二〻章明二乘不滿今明因不滿
所以果不滿也又分為五　第一將釋二乘未滿先牒示不得極
果三點使世尊若无明住地等是明解脫謂智體无累也
第二明二乘因不滿故果不究竟又分為三　第一明无明住地通相
无知不斷別相无知之不斷使何以故等是　第二明通相无知
既不斷別相无知不斷也使前過於恒沙等是三〻煩惱頭
數過恒河沙也　第三明通相別无知既不斷即不得智亦不證
斷使汝過恒河沙等是應得不得者應得諸〻及別相
知見皆不得也應證无知之斷之不證也智斷之因不滿所以果
不究竟也斷非正因只相緣由說以為因　第三結无明住地為
衆或之本正以此或能生衆或故鄣因果之德不滿故重〻之
也使是故无明等是積聚生一切者由其不斷能廣生一切脩
道所斷之煩惱也　第四列恒沙上煩惱前第二段中云恒
沙上煩惱亦識其相今略以十二明其相也使上煩惱下是上煩
惱者此一句揔也下十一句皆是別相知見上或別相知見或名為心或
名為心乃至或名无界也此或障鄣諸知見之上故名為上〻名
使通相上起故名為上也使生心上者使无明住地能生上煩惱也
又釋云十二句中以為六雙初一雙揔上煩惱者揔上煩惱也心上
者是所鄣之〻〻十言揔之惠才皆名為心次止觀為一雙明定
惠之初次禪与正受為一雙廣於止次方便与智為一雙
廣於觀次智與實智次果与得為一雙果談法當對分遂
得談人〻法相對故為一雙次力与无畏為一雙得菩薩十
力四无畏也　第五更結无明住地為衆或之本由第四段出
恒沙煩惱之相故重結也使如是過沙等是皆因无明住地緣无
明住地者恒沙本无而住地能辨此為因義恒沙亦可生之
理而住地易發此即緣義也　第四釋結如來究竟以成第
二〻章明如來究竟今明因滿故所以果滿也凡分七階前六為
三雙後一為結也　第一雙謂之雙牒〻於上也将明仏斷所以

得談人ゝ法相對故為一處也次力与无畏為一處渡ゝ菩薩
力四无畏也　第五更結无明住地為衆惑之本由第四段出
恒沙煩惱之相故重結也從如是過沙等是皆因无明住地緣无
明住地ゝ等恒沙本无而住地能雜此為因義恒沙如所生之
理而住地易散此即緣義也　第四釋結如來究竟以成第ゝ
二ゝ並明如來究竟今明因滿故可以果滿也凡有七階前六為
三處後一為結也　第一處謂之處勝ゝ於上也得明仏斷可以
勝也初勝五住地煩惱從世尊於此起等是刹那相應等四住地盡
心不相應等无明住地也後勝无明住地能生之義從世尊若復
過恒沙等是　第二處ゝ明離衆惑也初住斷從斷如等
是後合斷先合種子斷從如是過恒沙等是次合地斷從一
切皆依等是次合地壞斷從若无明等是次明合波名隨壞
斷從過恒沙等等是　第三處ゝ明得因果也正明得因
滿可以果滿也初明得因中智斷先明得智從如是一切等是次明
得斷從離一切過等是後明得果地果在法王法主即為二章乃次
離法王法主乃從而得自在等是次離法主法主乃從如來應等正覺
等是成立以盡法主自說四智究竟也　第四後一結也從世尊
世尊等是以師子吼於勝鬘自之所說得理无畏也依於了義於說
仏是究竟也一向記說於无復二之也　第五辨前結出仏非是一
乘故結三乘以為一乘也又分為二　第一辨前又分為三
第一標唱明二種智即是章門初十字是也以理之之四智皆明一
二種不異後明智是四智之眾後故略舉為之也
第二明如來四智究竟即是二種智之一種也置住為之而從也
辨梵行已立本在金對已還通而為論之在仏果今明照
仏果法身為梵行已立智一可作已辨智善說通門明義也又
分為四　第一明盡智究竟從謂如來等是无上調御若
自調ゝ他降伏四魔等天魔是惡緣煩惱魔是惡因陰魔死
魔是惡果是則而魔是因親緣為二ゝ魔是果標別為
而通是陰魔取臨終一念說為死魔也除四魔盡則煩惱盡ゝ

辯梵行已立本在金剛已還通前為語之在佛界今明照
佛果法身為梵行已立明可作已辦明盡說通門明義也又
分為四　第一明盡明究竟從調伏如來界是無上調御者
自調調他降伏四魔者天魔是惡緣煩惱魔是惡因陰魔死
魔是惡果是則兩魔是因親緣為二二魔是果總別為
兩通是陰魔永臨終一念說為死魔也除四魔盡則煩惱盡
明究竟也　第二明梵行已立明究竟從得不思議界是
以法身明惠為梵行已立體也　第三明所作已辦明究竟
從於上更無界是　第四明不受後有明究竟從界於第
一界是　第三明二乘四明不究竟即是二種明之第二種明也
又分為四　第一明二乘明未究竟從世尊阿羅漢界是度生死畏
方度分段生死畏也次第得法流來者次第斷三界惑緣之生樂謂
作流來已作是念者此前明境此下明明前境也離惑將來不受
生死若那不受後有智也正論四智略說一也　第二明二乘自知
不究竟從第二世尊界觀察時者亦明四諦時得於四智能推理
佛觀佛涅槃論也則自知亦究竟　第三明在因之時已知
不究竟也從世尊第三世尊界是彼先所得者彼二乘人先得
五方便及三界四地之不思於法者不迷等住一念之理自知所得作佛
不由於他者推理自知亦從他教了　第四釋自知之意但何
以故界是皆入大乘者二乘既是大乘無別小大之異我既觀小大乘
之因因既不異果理應同作此推度故能自知亦是究竟也
第二正明入一乘又分為三　第一正明三乘明為一乘是故三乘即
是一乘此八字是也　第二明一乘因論即菩提果論又分為三
第一正明因論故果論從得一乘者亦界是　第二以菩提即涅
槃從阿耨三菩提者亦界是　第三以涅槃即法身從涅槃界
者亦界是所以作此相即者以界地備明萬德而菩提涅槃之
一今但云得一乘者得於菩提疑者或謂不得餘故以菩提即
涅槃法身明得菩提即得餘德也　第三明果論故
因論此與前覆却云之也又分為四　第一正明果論故因論

槃從阿耨三菩提者亦是　第三以涅槃取法身從涅槃
者乘是所以作此相明者以果地備有万德而菩提是万德之
一念但言得一乘者得於菩提疑者或謂不得餘故以菩提取
涅槃法身明一得菩提即得餘法了　第三以果滿故
因滿此与前覆却言之也又分爲四　第一正以果滿故因滿
從得究竟法身者是　第二以相々即々意如前從無異
如來者是　第三結果滿故因滿從後得究竟法身者是
是　第四釋究竟義從究竟者是　第二明一體三寶
又分爲五　第一以常住大悲爲歸依之本　處虛空常住而
不大悲菩薩大悲而不常住並不可依故兼舉常悲以爲依
本又分爲五　第一以常住從世尊如來者是無限齊者不
可限極也後際等住者一切衆生成仏都盡此爲後際也而衆
生盡如來常住与後際等則常住不盡也　第二以大悲
從如來無限齊者是　第三勸說大悲從無限大悲者是
說稱於理故名善說也　第四勸說常住從若復說言者是
第五結成常住大悲可歸依之義從是故於未來際者是
第二正出常住歸依之體從事住歸依者以下是言只是
一而有三義以自覺々他名之爲仏體善非法是名爲法与性理
和即名爲僧　第三料簡今昔二依得失之異凡有七事
又分爲二　第一有六事料簡法僧二寶又分爲二　第一有四事
以昔攝攝法僧爲非即分爲四　第一盡攝昔攝攝法僧從法
者說一乘道者是說一乘道即一乘教也攝攝三寶以經教爲法
寶學衆爲僧寶說一乘教說三乘教並是法寶學一乘衆學
三乘衆並是僧寶一乘教勝三乘教者今舉勝以兼劣也舉
手位頭皆學一乘還通於凡下故不取爲僧學三乘衆習理
備以法事和同故取爲僧也　第二以昔日法僧非是究竟
少分而已從此二歸依者是　第三釋昔法僧非究竟意先
釋法非究竟從何以故者是說一乘道法者說一乘道法能得究竟

三乘衆並是僧寶一乘教勝三乘教也今身勝以兼劣也身者
手位頭皆學一乘道通於凡下故不取爲僧學三乘衆習理
脩行法事和同故取爲僧也　第二明昔日法僧非是究竟
少分而已從此二歸依乃至是　第三釋昔法僧非究竟意先
釋法非究竟從何以故乃至是說一乘道法者說一乘道法餘得究竟
法身則一乘非極也於上更無說一乘法事者於法身上更不說也
進趣則法身是極也究竟既亦法身則知昔日以言教爲法非是極
也後釋僧非究竟從三乘衆者乃至是言三乘之衆既有恐怖歸
依於他故非究竟也　第四結二依非究竟從是故二依乃至是
第二明二事明今日一體法僧爲是即分爲二　第一一事正明
今日一體法僧爲是從若有衆生乃至是歸依法僧者歸依常住
法僧也言此衆生已受調伏得法利益心生信樂故爲說極教法
僧也所以知此以辨法僧者以上結來擇擇已竟故也
明今日歸依勝是二歸依者是今日常住二歸依也非此二歸依
者非此擇擇二歸依此也言昔不如今日勝也是歸依如來者言今
曰二歸依即是如來所以勝也又一解是二歸依非明昔二歸依爲
非也此二歸依是明今歸爲是也歸依如來者以一體故歸依法
僧即歸依如來　第二明一事偏明仏寶歸依最勝從歸依
第一義者乃至是無常苦空爲倒常樂我淨爲第一義了
第四結一體三歸依又分爲三　第一正結一體三歸依同是究
竟從此二歸依第一義乃至是　第二釋所以同是究竟從何以故乃至
是無異如來者無別法僧異於如來無別如來異於法僧法僧
如來即是一體所以同是究竟也　第三釋所以無異從復何故
乃至是說一乘道者明三歸依同以一乘道爲因所以體一也成就歸
子吼說者引仏說爲證也　第五遠結一乘以乘果既圓所以
還結一乘章也又分爲四　第一明昔隨宜說三從如來隨流乃至是
第二會二即大從即是乃至是　第三釋所以那大以入大故也從
二乘者乃至是　第四嘆乘是第一從一乘者乃至是十地後方說一乘
是說第一義諦說三乘是說世諦也　就第六無邊聖諦章

菩薩是說一乘道者明三歸依同以一果道爲因可以體一也成就歸々
子所說者引仏說爲證也　第五遠結一乘所乘果既圓可以
還結一乘章也又分爲四　第一所普隨宜說三従如來隨彼菩薩是
第二會二即大従即是菩薩是　第三釋一所以即大以入大故也従
二乘者菩薩是　第四嘆乘是第一従一乘者菩薩是十地經者說一乘
是說第一義諦說三乘是說世諦也　就第六无邊聖諦章
大判爲二　第一將所令是先辨昔非又分爲五　第一勝二乘
所得又分爲四　第一重勝其初觀聖諦者觀少量四聖諦也
第二勝者斷以一智者以一智住諦智也斷諸住地者斷四住地或也
第三勝其得斷功德四斷知者因斷知得四住地或斷故因四處之
斷以爲斷知也之不以四諦下結斷爲四斷知功德作證者證
无爲功德也　第四勝其得少分觀之善知此四法義者作諦
義也　第二尊其上々之名又分爲四　第一正尊无少上々智
従世尊无少菩薩是　昔謂羅漢金剛心是學中之極以爲世
間之上羅漢果心名爲上々今明二乘未滿不得稱上々智也
第二以釋智无上々四智斷至者智既未滿更應斷少可至故
非上也又釋云更少四諦勝智應斷至也　第三以境釋无上
々及四緣斷至者更少深四諦爲智之緣應斷至也　第四尊
仏爲上々智顯二乘之非上々也従无斷至菩薩是言仏圓智極无可更
至故云无斷至也　第三尊其第一義智尺四合爲三雙
第一雙々勝是非即爲章門此中本所非亦說是者爲顯非也
初勝是従世尊金剛喻者菩薩是云所業或盡常住生滅可不餘
摧可喻金剛也後勝非従世尊非聲聞菩薩是　第二雙々釋是
非初釋非従世尊以无二菩薩是二乘但少作諦智无々作諦智以无
亦有四諦之智故云无二也斷諸住地者四住地也後釋是従世尊
如來應等菩薩是　第三雙々結是非初結是従世尊若壞一
切菩薩是後結非従初聖諦智菩薩是　第四尊聖義又分爲三
第一正尊聖義従世尊聖義者菩薩是　第二釋尊以其成就々
量功德可以尊也　第三[illegible]

而稱四諦之名故言无二也斷諸住地者四住地也後釋是從世尊
如來應等乃至是　第三覆之結是非初結是從世尊若壞一
切乃至是後結非從初離諦名乃至是　第四尋離義又分為三
第一正尋離義從世尊離義者乃至是　第二釋尋以其成就之
量功德可以尋也　第三明少分之離從成就少分乃至是
第五尋其諦以其不能窮諦理故非其諦也又分為二
第一正明非其諦又分為二　第一明苦集非其諦從離諦者乃至
是遠非其諦者未了苦習也　第二明滅道非者諦從之非
乃至是功德者即滅道也　第二明是如來諦又分為三
第一明如來窮知諦理從世尊此諦乃至是　第二明為物說從
然後乃至是　第三結諦屬仏從是故乃至是　第二正明今
是又分為五　第一舉如來藏難歎八諦甚深又分為三
第一正歎即為章門又分為三　第一嘆深妙難知從離諦
者說甚深乃至是　第二明非二乘所知唯仏能照從非思量乃
是思量即是二乘是名者即是如來也　第三明非凡夫所信
從一切世間乃至是　第二釋嘆又分為三　第一釋嘆深妙難知
從何以故乃至是此說甚深如來之藏之說
甚深八諦之甚深也无作滅諦即如來藏自餘七諦非即藏
體而皆言甚深者而苦集能隱於藏二道一滅能顯於藏故
皆名甚深也　第二釋非二乘所知唯仏能照從如來藏乃至是
第三以藏照諦釋非凡夫所信如來藏處說離諦義此句是也
者藏既甚深故凡不能信也　第三結嘆又分為三　第一結嘆
深妙難知從如來藏處甚深乃至是　第二結嘆非二乘所知從
思量乃至是　第三結嘆非凡夫所信從一切世間乃至是
第二舉法身勸信八諦又分為二　第一勝信如來藏以勸信法
身法身即藏信藏則應信法身也又分為二　第一勝信從若
於无量乃至是　第二勸從於出无量乃至是　第二勝信藏
信法身及信二名以勸信八諦又分為二　第一勝從於說如來

思量耶是　第三結嘆非凡夫所信從一切世間耶是
第二歎法身勸信八諦又分為二　第一嘆信如來藏以勸信法
身法身即藏信藏則應信法身也又分為二　第一嘆信從若
於无量耶是　第二勸從於出无量耶是　第二嘆信藏
信法身及信二絕以勸信八諦又分為二　第一嘆從於說如來
藏耶是　第二勸從此則信解耶是　第三明八諦體
相凡有十句分為六　第一句總明有二種聖諦從如是難
知耶是　第二一發句列二聖諦名初句列作諦名從何等
為耶是後句列无作諦名從說无作耶是　第三發句
釋會有作有量二名一體初句直會從說作聖諦義者耶
是後句釋所以名有作有量從何以故耶是二種聖諦相對
應有十名三界內諦凡有五諦名一者有作諦二者有量
諦三者有邊諦四者有為諦五者有餘諦三界外諦亦
有五名一者无作諦二者无量諦三者无邊諦四者无為諦五
者无餘諦此十種名皆從人而立也二乘七地猶有脩習之作故
名有作在思量之境故名有量既可思量故名有邊猶有脩
習之為故名有為脩習尚自有餘故名有餘也八地已上脩習已
滿无復脩習之作故名无作絕思量之境故名无量既不可量故
名无邊无復脩習之為故名為无脩習以滿无復有餘故名无餘
此於如來不得論此五无别於下地故言五无有三界內諦
既為二乘七地所照以境從人故道有前五名三界外諦既為八地
已上所照之以境從人故有後五名也就法談之有此十名今但論
其從人得名邊有此八地已上亦照三界內諦二乘七地亦復仰
信三界外諦今遂其義顯以為名也二乘七地所見分有但晉三
界故以三界內諦從之為名八地已上照三界外諦以彼深境從之
立稱也非因他能知一切苦者二乘无因他知也非此因他能知一切苦
如是无量人也此言一切是有分一切也又釋云因他是二乘人也非
此因他之人能於以三界內外一切苦集滅道也既有一切皆知則非
无作无量之人故所照之諦是有作有量也　第四一發句明二種

信三界外諦今遂其義顯以爲名也二乘七地所見亦少但齊三
界故以三界內諦從之爲名八地已上照三界外諦以成深境從之
立稱也非因他能知一切苦者二乘必因他知也非此因他能知一切苦
如是无量人也此云一切是少分一切也又釋云因他是二乘人也非
此因他之人能於以三界內外一切苦集滅道也既了一切皆知則非
无作无量之人故所照之帝是少作有量 第四一處句以二種
生死二種涅槃以明二種聖帝初句明二種生死從是故世尊
已下盡二句七地名少爲之所服生死是少爲之所知故曰亦少爲
生死八地已上名无爲之變易生死是无爲之所知故曰无爲生死也少
爲生死即是少量苦習无爲生死即是无量苦習也復曰以三種
涅槃從涅槃亦如是已下是少餘諦二乘涅槃也无餘謂佛涅槃若少
餘之可知可得名少餘涅槃若无餘之可知可得名无餘涅槃少
餘涅槃即兼有量滅道无餘涅槃即兼无量滅道也
第五一處句釋會无作无量二名一體初句直舉從說无作聖
諦義已下是訓曰所以名无作无量從何以故已下是以自力
知故八地以上入法流水不復循習集各自知見无作之所知名
无作諦也 第六一句總結從如是八諦已下是如來說四聖
諦者於八諦之中如來者爲小乘之人但說少作四聖諦也又釋三
界內外離爲八諦業通說合爲四諦內外雖殊同是一苦餘
三亦尒 第四結无作聖諦唯在於佛又分爲四 第一章門以雅
佛究竟從如是无作四聖諦已下是 第二章門少非二乘究竟從非
阿羅漢已下是 第三釋非二乘究竟從何以故已下是非下
中上法者下者聲聞中者緣覺上者如來非三種之人皆得究竟
涅槃雖上者得有下中不得也 第四釋唯佛究竟從何以
故如來已下是何故義同何以故也知一切未來苦者此苦於佛乃是過
去刑於二乘故名未來也二乘已知作諦作諦爲過去未知无作諦
无作諦爲未來也一切煩惱者謂无明住地上煩惱者恒沙上煩惱
也所攝受者謂无漏業爲煩惱所攝受也一切身者摠收前業煩
惱爲集也滅一切意生身苦者謂滅諦也一切苦滅至證者道諦

BD05793　勝鬘經疏（擬）　　（38–28）

故如來説是何故義同何以故也知一切未來苦乃此苦於仏力是遍
言刑於二乘故名未來也二乘已知作諦作諦為遍乃未知无作諦
无作諦為未來也一切煩惱乃謂无明住地也上煩惱乃恒沙上煩惱
也可攝受乃謂无漏業為煩惱可攝受也一切身乃攝取前業煩
惱為集也滅一切意生身陰乃謂滅諦也一切苦滅作證乃擬道諦
也　第五料簡前二種滅諦自顯三諦推深淺乃殊而同是乃
法普滅是无令滅妙乃兩相顯殊故偏須簡前文分為二
第一明苦普滅非真從世苦非壞法是所煩惱滅名壞法滅不
以此滅為无作真滅也　第二明令滅是真從可言苦滅非是
无始无作无起乃此三明其无生金對心謝纏始初興之得言始
之得言為一乃刂可作之得言起但得則常住无復乃終故言无
始不復更作故曰无作起乃言生以其无滅故言无起也无盡離盡
乃此二明其无滅也常住乃通非生非滅也自性清淨乃此明離
非壞滅以離於煩惱之名為滅也如來藏章法身章文无別
文即是前嘆甚深及勸信二段也附明以顯不儼別出也
就第九空義隱覆章為釋疑故明此義也文分為四　並明境
之真實文分為三　第一以藏即法身從世苦過於恒沙是
明此藏為過恒沙煩惱可弊不離不脫不異於煩惱隱在煩
惱乃也此藏若成就時即説法身也　第二以法身即藏從
世苦如是是是此盡反覆相明也　第三奇智以為明境不
異如來藏智是如來空智乃此句是也未雜煩惱名如來藏智
照此藏名如來藏智法身已雜煩惱名之為空智照法身名為
空智只照隱時之藏即智顯時為法身更无異體乃言如來藏
智是空智也若法身顯時亦知是昔日隱時之藏亦得言言空
智是如來藏智以智知之不異故知境是一體也
第二明隱覆從如來藏乃是此中但言如來藏乃雖隱於境
不隱於智故知明境隱覆也本可不見乃已以如來説苦空无常
之教隱覆此理故三乘不見得也　第三明智之真實文分為三

智是空智也。吾法身顯時之知，是昔日隱時之藏之開，云空
智是如來藏智。以智知之不異，故知境是一體也。
第二明隱覆，從如來藏言是，此中但言如來藏，言雖勝於境
不勝於智，故知明境隱覆也。本可不見言已，以如來說苦空无常
之教隱覆此理，故三乘不見滅也。　第三明智之真實，又分為三
第一正明智德，世尊有二種是空智，言但云二種如來藏智，於
義不足，可以復云空智。言以境乃空不空，智亦須空，故正言空智也。
第二出空如來藏，從世尊空如來是，即法身也，空无相總包
藏。從世尊不空是，未離煩惱，故云不空。此不專境以顯智也。　第三出不空如來
藏恒沙德，謂空如來藏，此專境以顯智也。
第四明隱覆，此中勝智不勝於境，故知明智隱覆也。又分為四
第一明今日為說二藏空智，二乘餘信從此二空智是
第二昔日可以不得說，適以二乘乃四倒，乙或不堪聞常。昔日
可以為說苦空无常之教也。從一切阿羅漢是，不顛倒境界轉
之計仏地常樂是，不顛倒，但迴常樂之計在生死中，故言轉也。
第三結二乘不見，即隱覆義也，從是故一切是　第四結難
仏獨證，從一切苦滅是　說第十一諦章，又分為三　第一四諦
幹相衍前，異於三諦。此中衍前八諦，而但言四諦者，而昔
亦集亦滅亦道，並各合為一，但言三諦无常，則天諦被除。
此乃滅諦出不取境之法之滅之之非无常，故不涉之理
被除也。又釋作四顛諦一向不論，但就无作四諦捨三取一也。又分
為四　第一明捨章門三是无常，此句是也，无常故應捨也　第三釋捨
第二明取章門一是常，此句是也，常故宜取也
章門，又分為三　第一明三是之累法也。第一明是有為相三諦
入有為相，此句是也。入有為攝是有為也　第二明是无常入
有為相，言是无常，此句是也　第三明是處虛妄法，是虛妄
法此句是也　第二明三非之勝法也　第一明非諦虛妄法，言
非諦此句是也，諦言言實，言非諦則對上是虛妄也
第二明非常，對上前是无常也　第三明非依，對前是之

章門又分為三　第一明三是〻果法也第一明是少為相三諦
入少為相此句是也入少為福是少為也　第二明是无常入
少為相言是无常此句是也　第三明是處虛妄法是虛妄
法此句是也　第二明三非〻勝法也　第一明非諦虛妄法
非諦此句是也諦言〻讚〻非諦則對上是虛妄也
第二明非常對上前是无常也　第三明非依對前是〻少
為〻相〻故不可依也　第三結三非　第一結非諦從是故苦諦
有是非第一義諦即結非諦也　第二結非常　第三結非依
第四釋有章門又分為三　第一明三非〻果法也　第三明非少
為一苦滅諦離少為相此句是也離少為福非少為也
第二明是常此句是也義意言〻非无常也　第三明非虛妄
法常非虛妄法此句是也　第二明三是〻勝法也　第一明是諦
非虛妄者是諦此句是也　第二明是常　第三明是依　第三
結是諦從是故滅諦有是應備結三略之也
深凡有五雙　第一雙迴嘆甚深初句非凡夫所緣從是滅
諦過有是後句明非二乘境界從出非一切有是　第二雙位辟
初句為凡夫位辟從辟如生盲有是凡夫无智不見一諦如生盲
无眼不見衆色後句為二乘位辟從七日有是二乘智淺但照
位諦一諦甚深非多境界如嬰兒眼弱餘見餘物日輪色妙非
其所觀也　第三雙合辟初合生盲辟從苦滅諦者有是僧合
嬰兒辟從之非二乘有是　第四雙斷常二見雖同不見而不見
不同初明凡夫愚惑故不能知從凡夫識者有是二見者斷常
見也顛倒者四倒也後明二乘智淺故不能見從一切羅漢有
是則淨清言无少二見顛倒也雖是清淨而不見也　第五雙
更廣釋　第四雙初釋凡夫愚惑故不能知又分為二　第一釋三
見凡少八事前後各為一良中六合為三雙　第一〻事明二見從我
見生從邊見言有是我見妄相少妄計即離之我也
故生斷離故生常也　第二一雙列二見之名初列常見所

是則淨清之无如二見顛倒也雖是清淨而不見也　第五重
更廣釋　第四重初釋凡夫愚惑故不能知又分為二　第一釋二
見凡所八事前後各為一良中六合為三重　第一事明二見從我
見生從邊見之異是我見妄相異妄計即離之義也即
故生斷離故生常也　第二重列二見之名初列常見所
謂常見七句是也後列斷見即斷見滿四字是也
本三重第生死涅槃相對以明二見初明計生死神明都
斷為斷見也從見諸行无常下是後明計生於外涅槃
並常從見涅槃常下是　第四重就色心相對明
二見初明於色計斷從於身諸根等是物見身壞命終五根不
續便謂色法永滅故生斷見也於有續相不見之謂未身也
後明於心計常從於心相續等是凡夫心識起動交謝乃
境還後未曾暫息但假名相續謂為一心而愚之不達執以
為常也　第五一事明二見失於中道從此妄相見等是於
彼義之謂中是義也計常則太過計斷則不及又可計斷
為太過計常為不及俱失中道也　第二釋顛倒即四倒也
從顛倒衆生等是後釋二乘猶滅故不能見從一切阿羅漢等是
第三勸信一諦又分為三　第一正勸信從或有衆生等是明示
信仏語則是正見也　第二釋所以勸意從何故等是以仏是
常樂我淨無相身實即是正見可以勸也是常波羅蜜之少
因果无相彼岸是因波羅蜜常樂我淨是果因果彼岸皆
究竟也　第三結勸從於仏法身等是之仏真子之信常正
見継紹仏種也從仏口生之因教而生也從正法生之藉理而生也從
法化生之藉教會理凡化為匝也得法餘財之七財仏已先得今
隨仏後法得仏之餘七財法也　就第十一依章又分為二
第一明昔依為非又分為三　第二明依昔依之人又分為二
第一正出依昔之人從世尊淨智等是除二乘或名為淨智无
三界相攝智波羅蜜也　第二舉上況下不知識諦從此淨

法化生者藉教會理凡化為雁也得法餘財者七財仏已先得今
隨仏後法得仏之餘七財法也　就第十一依章又分為二
第一明昔依為非又分為三　第二明依昔依之人又分為三
第一正出依昔之人從世尊淨智者是除三界惑名為淨智凡
三界相攝智波羅蜜也　第二舉上况下不知滅諦從此淨
智者是况四依智二乘淨智尚非境界况五方便中依
四住諦生智而能得知也又釋仏為五方便人說依法不依人才
四依也　第三釋所以與前一乘章相違意從何以故是前云
不悬於法今云尚非境界二言相乖復須釋也前言不悬於
法者是當覺當得不言已覺已得但仰信而已今言非其境
界者非真見也於後義者滅諦義也　第二正明昔為二乘故
說四依從為後故是四依即是四諦為智之所依也
第三正非昔依從世尊此四依者是　第二明今依為是又分
為三　第一以無作比於有作諦故名為上一依者一切依上此四是也
第二以一滅諦比無作三諦為出世間上上　第三正出一依之躰
即滅諦勝出故言第一也　就第十二顛倒真實章又分為六
第一明生死依如來藏本際深故不可知又分為二　第一正明生
死依如來藏始終不可知從世尊生死者是生死則是顛倒
如來藏即是真實夫一切衆生皆有真實之性若无此性則
一化便盡与草木不殊緣有此性无得大明自未得中間終未
斷斷絕由此真實故言生死依如來藏也前一依章明出於
万惑堪為物依今明非难出惑之後堪為物依未出惑時已為生
死所依也本際不可知者夫生死非无始終但始終難測故言不可
知大本際即衆生之原也　第二明理而談名為善說從世尊有如來
藏者是　第二釋生死義又分為二　第一正釋生死相從世
尊生生死死者是所以重言生死者上生死隱取前語後生死但下
為覺諸受根後而諸根皆明通識領受躰義故名受根生后死時
諸根不能通識領躰謂為沒後未受根起者不能通識領躰之根
衆第退已　第二明生死

知大千際耶界生之原也　第二訓明理而談名為善説從世尊有聚

藏耶是　第二釋生死義文分為二　第一正釋生死相從世

尊生生死死者耶是所以重言生死者上生死際取前語復言生死何下

為離覺諸受根没者諸根皆所以通識領受能義故名受根生者死時

諸根不能通識領緣謂為没不受根起者不能通識領緣之根

深第起也　第二明生死二法能藏於如來從世尊生死者耶是前

言生死此各言一邊也

言生死此言死生各言之一邊也備言皆應也二生者死死者生也

第三辨前生死與藏異又分為二　第一正明生死從世間言説

耶是謂以言説之世間法也生也死也死者諸根壞不為餘生

死義舉此顯如來藏無生死也　第二明如來藏無生死又分為二

第一正明藏無生死從非如來藏耶是　第二結從是故如來

耶是以如來藏常住不變故能為生死作依持建立也

第四正明生死依如來藏如來藏能為依持建立也又分為二

第一出可依之法從世尊不離耶是不離者言如來藏不離煩惱

也不斷者亦斷煩惱也亦脱者亦脱煩惱也不異者與煩惱俱

亦得相異也不思議佛法者明如來藏雖在煩惱之中而自理

深妙非下地所測故謂為不思議佛法也又一解釋云藏體真

實堅固故不可離不可斷不可脱落與理不異也　第二明生死

依可依之法從世尊斷脱耶是　生死之法終可斷可脱可異可外也

之可云與理異在理外也通結皆是能為法也言能為此能為

法作依持建立者是如來藏也　第五明衆生死能藏理不得

死也又分為二　第一明若無

藏則一念便斷不復苦厭苦樂而求涅槃從世尊若無耶是

第二釋從何以故耶是及心法獨者意根能傳識與識故攝為

知也刹那不住者若無當果一化便盡安得復苦而求涅槃也

第二明此乃得從世尊如來藏者無前耶是無前際者謂未

來也不起者謂現在也不滅者謂過去也又云意無復際終

[illegible]

藏則一念便斷不值苦說苦樂而求涅槃從世尊若無是
第二釋從何以故下是及心法智者意根能傳所與識相攝為
知也刹那不住者若無當果一化便盡安得猒苦而求涅槃也
第二明死者得從世尊如來藏者無前際下是無前際者謂未
來也不起者謂現在也不滅者謂過去也又云息者無復際終之
步也不起即無前不滅即無後也由此當果之理故生死依之
而不斷亦成佛中間或厭衆苦或求涅槃也　第八明藏體異
於橫計又分為二　第一正明不同橫計從世尊如來藏者非
我已下是　第二明非託意境界從如來藏者墮身見已下是
第十三自性清淨心隱覆章又分為二　第一勝鬘自說又分為四
第一將欲明藏染不染義先會五種藏明別體一者如來藏
處在煩惱之內故名為藏又可包含為當來萬德謂之為藏二者
法界藏謂常住法性也三者法身藏四者出世間上上藏五者自性
清淨藏五藏前一後一是隱時中三是顯時隱顯雖殊其體一也
第二正明自性清淨心而為煩惱隱覆從此自性清淨下是答
塵煩惱者四住地惑也上煩惱者恒沙惑也言為此惑所染者是不
思議如來境界可非餘人所知也此意明不染而染也佛性與
法身一體其性真實故云不染而為煩惱所覆故云而染也
第三舉世間近事以況遠理以為釋也言生死中心染與不染常
難可了知況佛性深妙染與不染而易可知乎正意仰信而
已寧可生疑又分為二　第一正明近事又分為二　第一正明實法無
染從何以故下是刹那善心非煩惱所染者實法道中善心前
滅煩惱後生既不相及安得明染刹那不善心亦非煩惱所
染者不善心起即煩惱是亦何煩惱更來相染也煩惱不觸
者觸猶及也煩惱自滅不及後心既不相及竟亦何染
第二明相續明染從世尊然明下是明煩惱染心者相續道
中假名明染以前善不滅轉為後後惡惡明染前之義也
第二明[illegible]

染者不善心起即煩惱是也何煩惱更來相染也煩惱不觸心
者觸猶及也煩惱自滅不及後心既不相及竟何染
第二明相續也染從世尊無也是也煩惱染心者相續道
中假名也染以前善不滅轉為後後惠惠也染前之義也
第二明遠理難知從自性清淨心是也難可了知者向明善
不善心染与不染尚難了知況仏性染理故宜難可了知也
第四推崇与仏明唯仏證知從唯仏世尊是也　第二如來
述成勝鬘說上四段之意即分為四　第一述者會五種嚴
義從勝鬘夫人是也　第二述其明自性清淨心而為煩惱
隱覆從自性清淨心是也　第三述其著世間近事以況
遠理從此二法難可了知是也二法者即述上近遠兩理也
第四述者推崇与仏從如此二法是也二法者仏性之理及善
惡之心其向明唯仏證知今推能衣飞師及弟子互相證
成也　說第十四真子章又分為二　第一仏略說真子但明
信順二忍也又分為三　第一章門又分為二　第一明信忍章門
從若我弟子是也信增上者謂登住之信乎中之上也又云此
信之仏性增上之法也　第二明順忍章門依明信之下是
第二正出忍體以釋上章門此中正明順忍兼明信忍若五種
觀成則是順忍觀若不成則是信忍故不別明信忍也五種行
便觀者也　第一觀十八界觀察施設根者謂五根假施設也意
者謂意根也解者謂六識也境界者謂六塵也　第二觀因
果觀察業報此句是也　第三觀阿羅漢眠謂无明住地
惑也　第四觀知禪觀察心自在樂者謂智慧照境任放為
樂也禪樂者禪禪定樂也　第五觀三乘神通從觀察阿
羅漢辟支仏是　第三結從於我滅後是也言此人於
仏滅後能兼小大乘也而得究竟者美其能不染而淨義也
入大乘道因者言大乘道為仏任因也又云八地是大乘道信順
二忍是大乘道之因也　第二勝鬘廣說真子備明三忍也又

我也　第四觀知禪觀察心自在樂者謂始惠照境任放為
樂也禪樂者禪禪定樂也　第五觀二乘神通使觀察所
羅漢辟支仏乃示是　第三結使於我滅後乃示是言此人於
仏滅後能秉川大乘也而得究竟者美具解不染而染義也
入大乘道因者三乘大乘道為仏住因也又云八地是大乘道信順
二忍是大乘道之因也　第二勝鬘廣說真子備此三忍也又
分為二　第一勝鬘正說真子又分為五　第一摽唱三種善人
使尒時勝鬘乃示是雖自毀傷者能不誹謗　第二列先生忍使
何等為三乃示是　第三列順忍成就隨順法始此句是也
第四列信忍使於諸深法乃示是　第五明調伏惡人使除此諸
善男子乃示是　第二如來述成勝鬘所說真子也使仏言善哉
乃示是降伏非法者偏述具第五段調伏惡人也　就第三流通
說又分為三　第一直敘如來還於捨衛又分為三　第一明仏說法
既竟還於本國使尒時世尊乃示是　第二明勝鬘奉送世尊
使時勝鬘夫人乃示是之可應迎飛騰送仏出城之可心送還也
第三還於宮內以大乘廣化使具足念仏乃示是還入城中者之可
形還之可心還　第二為四衆廣說正明付囑又分為四
第一將欲付囑故先集衆使入祇桓林乃示是　第二使始至未重說
經使向天帝釋乃示是　第三付囑帝釋天上流通以其是仏
權越常為請法之主一可以付囑之也使說乃告帝釋乃示是
第四付囑阿難人間流通以其是仏侍者兼復多聞故付囑也使
復告阿難乃示是　第三列十六結名結成題目又分為五
第一請經名字及流通方法使時天帝釋乃示是　第二嘆經深
妙許者當說使仏告帝釋乃示是　第三將欲說故先舉三
慧以識勸之諦聽者謂聞慧也善思者思慧也念之者脩慧也
聽為其始故懃三再識也　第四正說十六經名使仏言此經嘆
乃示是　第五明帝釋阿難受教奉行使帝釋白仏乃示是也

第一將欲付囑故先集衆使入祇桓林乃下是　第二從始至未宣說
經從向天道釋乃下是　第三付囑帝釋天上流通以其是仏
禮越常為請法之主所以付囑之也從說乃告帝釋乃下是
第四付囑阿難人間流通以其是仏侍者兼復多聞故付囑也從
復告阿難乃下是　第三列十六結名結成題目又分為五
第一請經名字及流通方法從時天帝釋乃下是　第二嘆經深
妙許為當說從仏告帝釋乃下是　第三將欲說故先舉三
慧以誡勸之謂聽者謂聞慧也善思者思慧也念之者脩慧也
聽為其始故總三冊誡也　第四正說十六經名從仏言此經嘆
乃下是　第五明帝釋阿難受教奉行從帝釋白仏乃下是也

无我无淨是故如来所說有二如是二語无
有二也是故如来名无二語如汝所說曾從
先舊智人邊聞佛出於世无有二語是言善
哉一切十方三世諸佛所說无差是故說言
佛无二語云何无差有同說有无同說无故
名一義婆羅門如来世尊雖名二語為了一
語故云何二語了於一語如眼色二語生識
一語乃至意法亦復如是婆羅門言瞿曇善
能分別如是語義我今未解所出二語了於
一語尒時世尊即為宣說四真諦法婆羅門
言世諦者亦二亦一乃至道諦亦二亦一婆
羅門言世尊我已知已佛言善男子云何知
已婆羅門言世尊世諦一切凡夫二是聖人
一乃至道諦亦復如是佛言善哉已解婆羅
門言世尊我今聞法已得正見今當歸依佛
法僧寶唯願大慈聽我出家尒時世尊告憍
陳如汝當為是闍提首那剃除鬚髮聽其出

BD05794號　大般涅槃經（北本　宮本）卷三九　（23–1）

言世諦者亦二亦一乃至道諦亦二亦一婆
羅門言世尊我已知已佛言善男子云何知
已婆羅門言世尊世諦一切凡夫二是聖人
一乃至道諦亦復如是佛言善哉已解婆羅
門言世尊我今聞法已得正見今當歸依佛
法僧寶唯願大慈聽我出家尒時世尊告憍
陳如汝當為是闍提首那剃除鬚髮聽其出
家時憍陳如即受佛勅為其剃髮即下手時
有二種落一者鬚髮二者煩惱即於坐處得
羅漢果復有梵志姓婆私吒復作是言瞿曇
所說涅槃常耶如是梵志婆私吒言瞿曇將
不說无煩惱為涅槃耶如是梵志婆私吒言
瞿曇世間四種名之為无一者未出之法名之
為无如瓶未出泥時名為无瓶二者已滅之
法名之為无如瓶壞已名為无瓶三者異相
互无名之為无如牛中无馬馬中无牛四者
畢竟无故名之為无如龜毛兔角瞿曇若
除煩惱已名涅槃者涅槃即无若是无者云
何言有常樂我淨佛言善男子如是涅槃非
是先无同泥時瓶亦非滅无同瓶壞无亦非
畢竟无如龜毛兔角同於異无善男子如汝
所言雖牛中无馬不可說言牛亦是无雖馬
中无牛亦不可說馬亦是无涅槃亦尒煩惱
中无涅槃涅槃中无煩惱是故名為異相互
无婆私吒言瞿曇若以異无為涅槃者夫異
无者无常樂我淨瞿曇云何說言涅槃常樂

BD05794號　大般涅槃經（北本　宮本）卷三九　（23–2）

中无牛亦不可說馬亦是无涅槃亦尒煩惱
十无涅槃涅槃中无煩惱是故名為異相爭
无婆私吒言瞿曇若以異无為涅槃者夫異
无者无常樂我淨瞿曇云何說言涅槃常樂
我淨佛言善男子如汝所說是異无者有三
種无牛馬悉是先无後有是名先无已有還
无是名壞无異相无者如汝所說善男子是
三種无涅槃中无是故涅槃常樂我淨如世
病人一者熱病二者風病三者冷病是三種
病三藥能治有熱病者蘇能治之有風病者
油能治之有冷病者蜜能治之是三種藥能
治如是三種惡病善男子風中无油油中无
風乃至蜜中无冷冷中无蜜是故能治一切
衆生亦復如是有三種病一者貪二者瞋三
者癡如是三病有三種藥不淨觀者能為
貪藥慈心觀者能為瞋藥觀因緣智能為癡
藥善男子為除貪故作非貪觀為除瞋故作
非瞋觀為除癡故作非癡觀三種病中无三種
藥三種藥中无三種病善男子三種病中无
三種藥故无常无我无樂无淨三種藥中无
三種病是故得稱常樂我淨婆私吒言世尊
如來為我說常无常云何為常云何无常佛
言善男子色是无常解脫色常乃至識是无
常解脫識常善男子若有善男子善女人
能觀色乃至識是无常者當知是人獲得常法
婆私吒言世尊我今已知常无常法佛言善
男子汝云何知常无常法婆私吒言世尊我

三種病是故得稱常樂我淨婆私吒言世尊
如來為我說常无常云何為常云何无常佛
言善男子色是无常解脫色常乃至識是无
常解脫識常善男子若有善男子善女人
能觀色乃至識是无常者當知是人獲得常法
婆私吒言世尊我今已知常无常法佛言善
男子汝云何知常无常法婆私吒言世尊我
今知我色是无常得解脫常乃至識亦如是
佛言善男子汝今善哉已報是身告憍陳如
是婆私吒已證阿羅漢果汝可施其三衣鉢
器時憍陳如如佛所勅施其衣鉢時婆私吒
受衣鉢已作如是言大德憍陳如我今因是
弊惡之身得善果報唯願大德為我屈意
至世尊所具宣我心我既惡人觸犯如來稱瞿
曇姓唯願為我懺悔此罪我亦不能久住毒
身今入涅槃時憍陳如即往佛所作如是言
世尊婆私吒比丘生慚愧心自言頑嚚卑犯
如來稱瞿曇姓不能久住是毒蛇身今欲滅
身寄我懺悔佛言憍陳如婆私吒比丘已於
過去无量佛所成就善根今受我語如法而
住如法住故獲得正果汝等應當供養其身
尒時憍陳如從佛聞已還其身所而設供養
時婆私吒於焚身時作種種神足諸外道輩
見是事已高聲唱言是婆私吒已得瞿曇沙
門呪術是人不久復當勝彼瞿曇沙門尒時
衆中復有梵志名曰先尼復作是言瞿曇有
我耶如來嘿然瞿曇无我耶如來嘿然第一

尒時憍陳如從佛聞已還其身所而設供養
時婆私吒於焚身時作種種神足諸外道輩
見是事已高聲唱言是婆私吒已得瞿曇沙
門呪術是人不久復當勝彼瞿曇沙門尒時
衆中復有梵志名曰先尼復作是言瞿曇有
我耶如來嘿然瞿曇无我耶如來嘿然苐二
苐三亦如是問佛皆嘿然先尼言瞿曇若
一切衆生有我遍一切處是一作者瞿曇何故
嘿然不荅佛言先尼汝說是我遍一切處耶
先尼荅言瞿曇不但我說一切智人亦如是
說佛言善男子若我周遍一切處者應當五
道一時受報若有五道一時受報汝等梵志
何因緣故不造衆惡為遮地獄脩諸善法為
受天身先尼言瞿曇我法中我則有二種一
作身我二常身我為作身我脩離惡法不
入地獄脩諸善法生於天上佛言善男子如
汝所說我遍一切處如是我者若作身中當
知无常若作身无云何言遍瞿曇我所立我
亦在作中亦是常法瞿曇如人失火燒舍宅
時其主出去不可說言舍宅被燒主亦被燒
我法亦尒而此作身雖是无常當无常時我
則出去是故我我亦遍亦常佛言善男子如
汝說我亦遍亦常是義不然何以故遍有二
種一者常二者无常復有二種一色二无色
是故若言一切有者亦常亦无常亦色亦无
色若言舍主得出不名无常是義不然何以

亦在作中亦是常法瞿曇如人失火燒舍宅
時其主出去不可說言舍宅被燒主亦被燒
我法亦尒而此作身雖是无常當无常時我
則出去是故我我亦遍亦常佛言善男子如
汝說我亦遍亦常是義不然何以故遍有二
種一者常二者无常復有二種一色二无色
是故若言一切有者亦常亦无常亦色亦无
色若言舍主得出不名无常是義不然何以
故舍不名主主不名舍異燒異出故得如是
我則不尒何以故我即是色色即是我无色
即我我即无色云何而言色无常時我則得
出善男子汝意若謂一切衆生同一我者如
是則違世出世法何以故世間法名父母子
女若我是一父即是子子即是父母即是
女女即是母怨即是親親即是怨此即是彼
彼即是此是故若說一切衆生同一我者是
即違背世出世法先尼言我亦不說一切衆生
同於一我乃說一人各有一我佛言善男子
若言一人各有一我是為多我是義不然何
以故如汝先說我遍一切若遍一切一切衆
生業根應同天得見時佛得亦見天得作時
佛得亦作天得聞時佛得亦聞一切諸法皆
亦如是若天得見非佛得見者不應說我遍
一切處若不遍者是則无常先尼言瞿曇一
切衆生我遍一切法與非法不遍一切以是
義故佛得作異天得作異是故瞿曇不應說
言佛得見時天得應見佛得聞時天得應聞

佛得亦作天得聞時佛得亦聞一切諸法皆
亦如是若天得見非佛得見者不應說我遍
一切處若不遍者是則无常先尼言瞿曇一
切衆生我遍一切法與非法不遍一切以是
義故佛得作異天得作異是故瞿曇不應說
言佛得見時天得應見佛得聞時天得應聞
佛言善男子法與非法非業作耶先尼言瞿
曇是業所作佛言善男子若法非法是業
作者即是同法云何言異何以故佛得業處
有天得我天得業處有佛得我是故佛得作
時天得亦作法與非法亦應如是善男子是
故一衆生法與非法若如是者所得果報亦
應不異善男子從子出果是子終不思惟
分別我唯當作婆羅門果不與剎利毗舍
首陁而作果也何以故從子出果終不鄣㝵
如是四姓法與非法亦復如是不能分別我唯
當與佛得作果不與天得作果天得果不
作佛得果何以故業平等故先尼言瞿曇辟
如一室有百千燈炷雖有異明則无差燈炷
別異喻法非法其明无差喻衆生我佛言善
男子汝說燈明以喻我者是義不然何以故
室異燈異是燈光明亦在炷邊亦遍室中汝
所言我若如是者法非法邊俱應有我我中
亦應有法非法若法非法无有我者不得說
言遍一切處若俱有者何得復以炷明為喻
善男子汝意若謂炷之與明真實別異何因

BD05794號　大般涅槃經（北本　宮本）卷三九

（23–7）

男子汝說燈明以喻我者是義不然何以故
室異燈異是燈光明亦在炷邊亦遍室中汝
所言我若如是者法非法邊俱應有我我中
亦應有法非法若法非法无有我者不得說
言遍一切處若俱有者何得復以炷明為喻
善男子汝意若謂炷之與明真實別異何因
緣故炷增明盛炷枯明滅是故不應以法非
法喻於燈炷光明无差喻於我也何以故法
非法我三事即一先尼言瞿曇汝引燈喻是事
不吉何以故燈喻若吉我已先引如其不吉
何故復說善男子我所引喻都亦不作吉以
不吉隨汝意說是喻亦說離炷有明即炷有
明汝心不等故說燈炷喻法非法明則喻我
是故責汝炷即是明離炷有明法即有我我
即有法非法即我我即非法汝今何故但受
一邊不受一邊如是喻者於汝不吉是故我
今還以教汝善男子如是喻者即是非喻是
非喻故於我則吉於汝不吉善男子汝意若
謂若我不吉汝亦不吉是義不然何以故見
世閒之人自刀自害自作他用汝所引喻亦復
如是於我則吉於汝不吉先尼言瞿曇汝先
責我心不平等今汝所說亦不平等何以故
瞿曇今者以吉向己不吉向我以是推之真
是不平佛言善男子如我不平能破汝不
平是故汝平我之不平即是吉也我之不平
破汝不平令汝得平即是我平何以故同諸

BD05794號　大般涅槃經（北本　宮本）卷三九

（23–8）

責我心不平等今汝所說亦不平等何以故
瞿曇今者以吉向已不吉向我以是推之真
是不平佛言善男子如我不平能破汝不
平是故汝平我之不平即是吉也我之不平
破汝不平令汝得平即是我平何以故同諸
聖人得平等故先所言瞿曇我常是平汝云
何言壞我不平一切衆生平等有我云何言
我是不平耶善男子汝亦說言當受地獄當
受餓鬼當受畜生當受人天我若先遍五道
中者云何方言當受諸趣汝亦說言父母和
合然後生子若子先有云何復言和合已有
是故一人有五趣身若是五處先有身者何
因緣故為身造業是故不平善男子汝意若
謂我是作者是義不然何以故若我作者何
因緣故自作苦事然今衆生實有受苦是故
當知我非作者若言是苦非我所作不從因
生一切諸法亦當如是不從因生何因緣故說
我作耶善男子衆生苦樂實從因緣如是苦
樂能作憂喜憂時无喜喜時无憂或喜或
憂智人云何說是常耶善男子汝說我常若
是常者云何說有十時別異常法不應有歌
羅羅乃至老時虛空常法尚无一時況有十時
善男子我者非是歌羅羅時乃至老時云何
說有十時別異善男子若我作者是我亦有
盛時衰時衆生亦有盛時衰時若我尒者
云何是常善男子若我作者云何一人有利

BD05794號　大般涅槃經（北本　宮本）卷三九　　（23-9）

羅羅乃至老時虛空常法尚无一時況有十時
善男子我者非是歌羅羅時乃至老時云何
說有十時別異善男子若我作者是我亦有
盛時衰時衆生亦有盛時衰時若我尒者
云何是常善男子若我作者云何一人有利
有鈍善男子我若作者是我能作身業口業
口業若是我所作者云何口說无有我耶云何
自疑有耶无耶善男子汝意若謂離眼有見
是義不然何以故若離眼已別有見者何須
此眼乃至身根亦復如是汝意若謂我雖能
見要因眼見是亦不然何以故如有人言須
彌那華能燒大村云何能燒因大能燒汝立
我見亦復如是先所言瞿曇如人執鐮則能
刈草我因五根見聞至觸亦復如是善男子
鐮人各異是故執鐮能有所作離根之外更
无別我云何說言我因諸根能有所作善男
子汝意若謂執鐮能刈我亦如是是我有手
耶為无手乎若有手者何不自執若无手者
云何說言我是作者善男子能刈草者即是
鐮也非我非人若我人能何故因鐮善男子
人有二業一則執草二則執鐮是鐮唯有能
斷之功衆生見法亦復如是眼能見色從和
合生若從因緣和合見者智人云何說言有
我善男子汝意若謂身作我受是義不然
何以故世間不見天得作業佛得受果若言
不是身作我非因受汝等何故從於因緣求

BD05794號　大般涅槃經（北本　宮本）卷三九　　（23-10）

斷之切衆生見法亦復如是眼能見色從和
合生若從因緣和合見者智人云何說言有
我善男子汝意若謂身作我受是義不然
何以故世間不見天得作業佛得受果若言
不是身作我非因受汝等何故從於因緣求
解脫耶汝先是身非因緣生得解脫已亦應非
因而更生身如身一切煩惱亦應如是先尼
言瞿曇我有二種一者有知二者无知无知
之我能得於身有知之我能捨離身猶如坏
瓶既被燒已失於本色更不復生智者煩惱
亦復如是既滅壞已終不更生佛言善男子
所言知者智能知耶我能知乎若智能知何
故說言我是知也若我知者何故方便更求
於知汝意若謂我因智知同華喻壞善男
子譬如剌樹性自能剌不得說言樹執剌
剌智亦如是智自能知云何說言我執智知
善男子如汝法中我得解脫无知我得知我
得耶若无知得當知猶故具足煩惱若知得
者當知已有五情諸根何以故離根之外別
更无知若具諸根云何復名得解脫耶若言
是我其性清淨離於五根云何說言遍五道
有以何因緣為解脫故脩諸善法善男子
譬如有人挍虛空剌汝亦如是我若清淨云
何復言斷諸煩惱汝意若謂不從因緣獲得
解脫一切畜生何故不得先尼言瞿曇若无
我者誰能憶念

BD05794 號　大般涅槃經（北本　宮本）卷三九　（23–11）

有以何因緣為解脫故脩諸善法善男子
譬如有人挍虛空剌汝亦如是我若清淨云
何復言斷諸煩惱汝意若謂不從因緣獲得
解脫一切畜生何故不得先尼言瞿曇若无
我者誰能憶念
佛告先尼若有我者何緣復忘善男子若念
是我者何因緣故念於惡念念所不念不念
所念先尼復言瞿曇若无我者誰見誰聞佛
言善男子內有六入外有六塵內外和合生
六種識是六種識因緣得名善男子譬如一
火因木得故名為木火因草得故名為草火
因糠得故名為糠火因牛糞得名牛糞火衆
生意識亦復如是因眼因色因明因欲名為
眼識善男子如是眼識不在眼中乃至欲中
四事和合故生是識乃至意識亦復如是若
是因緣和合故生智不應說見即是我乃至
觸即是我善男子是故我說眼識乃至意識
一切諸法即是幻也云何如幻本无今有已
有還无善男子譬如蘇麵蜜薑胡椒比蓽蒲
桃胡桃、石榴桵子如是和合名歡喜丸離
是和合无歡喜丸內外六入是名衆生我人
士夫離內外入无別衆生我人士夫先尼言
瞿曇若无我者云何說言我見我聞我苦我
樂我憂我喜佛言善男子若言我見我聞名
有我者何因緣故世間復言汝所作罪非我
見聞善男子譬如四兵和合名軍如是四兵
雖名為一名亦說言我軍勇健我軍勝彼是

BD05794 號　大般涅槃經（北本　宮本）卷三九　（23–12）

士夫離內外入无別眾生我人士夫无尼言
瞿曇若无我者云何說言我見我聞我苦我
樂我憂我喜佛言善男子若言我見我聞名
有我者何因緣故世間復言汝所作罪非我
見聞善男子譬如四兵和合名軍如是四兵
不名為一而亦說言我軍勇健我軍勝彼是
內外入和合所作亦復如是雖不是一亦得
說言我作我受我見我聞我苦我樂先尼言
瞿曇如汝所言內外和合誰出聲言我作我
受佛言先尼從愛无明因緣生業從業生有
從有出生无量心數心生覺觀覺觀動風風
隨心觸喉舌齒脣眾生想倒聲出說言我作
我受我見我聞善男子如幢頭鈴風因緣故
便出音聲風大聲大風小聲小无有作者善
男子譬如熱鐵投之水中出種種聲是中真
實无有作者善男子凡夫不能思惟分別如
是事故說言有我及有我所我作我受先尼
言如瞿曇說无我我所何緣復說常樂我淨
佛言善男子我亦不說內外六入及六識意
常樂我淨我乃宣說滅內外入所生六識名
之為常以是常故名之為我有常我故名之
為樂常我樂故名之為淨善男子眾生厭
苦斷是苦因自在遠離是名為我以是因緣
我今宣說常樂我淨先尼言世尊唯願大慈
為我宣說我當云何獲得如是常樂我淨佛
言善男子一切世間從本已來具足大憍能增
長憍亦復造作憍因憍業是故今者受憍果

BD05794號　大般涅槃經（北本　宮本）卷三九　（23–13）

苦斷是苦因自在遠離是名為我以是因緣
我今宣說常樂我淨先尼言世尊唯願大慈
為我宣說我當云何獲得如是常樂我淨佛
言善男子一切世間從本已來具足大憍能增
長憍亦復造作憍因憍業是故今者受憍果
報不能遠離一切煩惱得常樂我淨若諸眾
生欲得遠離一切煩惱先當離憍先尼言世
尊如是如是誠如聖教我先有憍因憍因緣
故稱如來為瞿曇姓我今已離如是大憍是
故誠心啓請求法云何當得常樂我淨佛言
善男子諦聽諦聽今當為汝分別解說善男
子若能非自非他非眾生者遠離是法先尼
言世尊我已知解得正法眼佛言善男子汝
云何言知已解已得正法眼世尊所言色者
非自非他非諸眾生乃至識亦復如是我如
是觀得正法眼世尊我今甚樂出家脩道
願見聽許佛言善來比丘即時具足清淨梵
行證阿羅漢果外道眾中復有梵志姓迦葉
氏復作是言瞿曇身即是命身異命異如來
嘿然第二第三亦復如是梵志復言瞿曇若
人捨身未得後身於其中間豈可不名身異命
異若是異者瞿曇何故嘿然不荅善男子
我說身命皆從因緣非不因緣如身命一切法
亦如是梵志復言瞿曇我見世間有法不從
因緣佛言梵志汝云何見世間有法不從因
緣梵志言我見大火焚燒榛木風吹絕炎墮

BD05794號　大般涅槃經（北本　宮本）卷三九　（23–14）

異若是異者瞿曇何故嘿然不荅善男子
我說身命皆從因緣非不因緣如身命一切法
亦如是梵志復言瞿曇我見世間有法不從
因緣佛言梵志汝云何見世間有法不從因
緣梵志言我見大火焚燒榛木風吹絕炎墮
在餘處是豈不名无因緣耶佛言善男子我
說是炎亦從因生非不從因梵志言瞿曇絕
炎去時不因薪炭云何而言因於因緣
佛言善男子雖无薪炭因風而去風因緣故
其炎不滅瞿曇若人捨身未得後身中間壽
命誰為因緣佛言梵志无明与愛而為因緣是
无明愛二因緣故壽命得住善男子有因緣
故身即是命命即是身有因緣故身異命
異智者不應一向而說身異命異梵志言世
尊唯願為我分別解說令我了了得知因果
佛言梵志因即五陰果亦五陰善男子若有
衆生不燃火者是則无烟梵志言世尊我已
知已我已解已佛言善男子汝云何知汝云
何解世尊火即煩惱能於地獄餓鬼畜生人
天燒燃烟者即是煩惱果報无常不淨臭穢
可惡是故名烟若有衆生不作煩惱是人則
无煩惱果報是故如來說不燃火則无有烟
世尊我已正見唯願慈矜聽我出家尒時世
尊告憍陳如聽是梵志出家受戒時憍陳如
受佛勑已和合衆僧聽其出家受具足戒逕
五日已得阿羅漢果外道衆中復有梵志名

BD05794號　大般涅槃經（北本　宮本）卷三九　（23–15）

无煩惱果報是故如來說不燃火則无有烟
世尊我已正見唯願慈矜聽我出家尒時世
尊告憍陳如聽是梵志出家受戒時憍陳如
受佛勑已和合衆僧聽其出家受具足戒逕
五日已得阿羅漢果外道衆中復有梵志名
曰富那復作是言瞿曇汝見世間是常法已
說言常耶如是義者實耶虛耶常无常亦常
无常非常非无常有邊无邊亦有邊无邊非
有邊非无邊是身是命身異命異如來滅後
如去不如去亦如去不如去非如去非不如
去佛言富那我不說世間常虛實无常亦
常无常非常非无常有邊无邊亦有邊无邊
非有邊非无邊是身是命身異命異如來滅後
如去不如去亦如去不如去非如去非不如去
富那復言瞿曇今者見何罪過不作是說
佛言富那若有人說世間是常唯此為實餘
妄語者是名為見見所見處是名見行是名
見業是名見著是名見縛是名見苦是名見
取是名見怖是名見熱是名見纏富那凡夫
之人為見所纏不能遠離生老病死迴流六
趣受无量苦乃至非如去非不如去亦復如
是富那我見是見有如是過是故不著不為
人說瞿曇若見如是罪過不著不說瞿曇今
者何見何者何所宣說佛言善男子夫見著
者名生死法如來已離生死法故是故不著善
男子如來名為能見能說不名為著瞿曇云

BD05794號　大般涅槃經（北本　宮本）卷三九　（23–16）

是富那我見是見有如是過是故不著不為
人說瞿曇若見如是罪過不著不說瞿曇今
者何見何著何所宣說佛言善男子夫見著
者名生死法如來已離生死法故是故不著善
男子如來名為能見能說不名為著瞿曇云
何能見云何能說佛言善男子我能明見苦
集滅道分別宣說如是四諦我見如是故能
遠離一切見一切愛一切流一切慢是故我
具清淨梵行无上寂靜獲得常身是身亦非
東西南北富那言瞿曇何因緣故常身非是
東西南北佛言善男子我今問汝隨汝意荅
於意云何善男子如於汝前燃大火聚當其
燃時汝知燃不如是瞿曇是火滅時汝知滅
不如是瞿曇富那若有人問汝前火聚燃從
何來滅何所至當云何荅瞿曇若有問者我
當荅言是火生時藉於衆緣本緣已盡新緣
未至是火則滅若復有問是火滅已至何方
面復云何荅瞿曇我當荅言緣盡故滅不至
方所善男子如來亦尒若有无常色乃至无
常識因愛故燃燃者即受廿五有是故燃時
可說是火東西南北現在愛滅廿五有果報
不燃以不燃故不可說有東西南北善男子
如來已滅无常之色至无常識是故身常身
若是常不得說有東西南北富那言請說一
喻唯願聽採佛言善哉善哉隨意說之世尊
如大村外有娑羅林中有一樹先林而生足
一百年是時林主灌之以水隨時脩治其樹

BD05794號　大般涅槃經（北本　宮本）卷三九　（23–17）

不燃以不燃故不可說有東西南北善男子
如來已滅无常之色至无常識是故身常身
若是常不得說有東西南北富那言請說一
喻唯願聽採佛言善哉善哉隨意說之世尊
如大村外有娑羅林中有一樹先林而生足
一百年是時林主灌之以水隨時脩治其樹
陳朽皮膚枝葉悉皆墮落唯真實在如來亦
尒所有陳故悉已除盡唯有一切真實法在
世尊我今甚樂出家脩道佛言善來比丘說
是語已即時出家漏盡證得阿羅漢果復有
梵志名淨作如是言瞿曇一切衆生不知何
法見世間常无常亦常无常非有常非无常
乃至非如去非不如去佛言善男子不知色
故乃至不知識故見世間常乃至非如去非
不如去梵志言瞿曇衆生知何法故不見世
間常乃至非如去非不如去佛言善男子知
色故乃至知識故不見世間常乃至非如去
非不如去梵志言世尊唯願為我分別解脫
世間常无常佛言善男子若人捨故不造新
業是人能知常与无常梵志言世尊我已知
解佛言善男子汝云何見汝云何知世尊故
名无明興愛新名取有若人遠離是无明愛
不作取有是人真實知常无常我今已得正
法淨眼歸依三寶唯願如來聽我出家佛告
憍陳如聽是梵志出家受戒時憍陳如受佛
勅已將至僧中為作羯磨令得出家十五日

BD05794號　大般涅槃經（北本　宮本）卷三九　（23–18）

解佛言善男子汝云何解世尊故
名无明與愛斷名取有若人遠離是无明愛
不作取有是人真實知常无常我今已得正
法淨眼歸依三寶唯願如來聽我出家佛告
憍陳如聽是梵志出家受戒時憍陳如受佛
勑已將至僧中為作羯磨令得出家十五日
後諸漏永盡得阿羅漢果犢子梵志復作是
言瞿曇我今欲問能見聽不如來嘿然第二
第三亦復如是犢子復言瞿曇我久與汝共
為親友汝之與我義无有二我欲諮問何故
嘿然尒時世尊作是思惟如是梵志其性儒
雅純善質直常為知故而來諮問不為惱亂
彼若問者當隨意荅佛言犢子善哉善哉隨
所疑問吾當荅之犢子言瞿曇世有善耶如
是梵志有不善耶如是梵志瞿曇願為我說
令我得知善不善法佛言善男子我能分別
廣說其義今當為汝簡略說之善男子欲名
不善觧脫欲者名之為善瞋恚愚癡亦復如
是煞名不善不煞名善乃至耶見亦復如是
善男子我今為汝已說三種善不善法及說
十種善不善法若我弟子能作如是分別三
種善不善法乃至十種善不善法當知是人
能盡貪欲瞋恚愚癡一切諸漏斷一切有梵
志言瞿曇是佛法中頗有一比丘能盡如是
貪欲瞋癡一切諸漏一切有不佛言善男子
是佛法中非一二三乃至五百乃有无量諸
比丘等能盡如是貪欲恚癡一切諸漏一切

BD05794 號　大般涅槃經（北本　宮本）卷三九

（23–19）

種善不善法乃至十種善不善法當知是人
能盡貪欲瞋恚愚癡一切諸漏斷一切有梵
志言瞿曇是佛法中頗有一比丘能盡如是
貪欲瞋癡一切諸漏一切有不佛言善男子
是佛法中非一二三乃至五百乃有无量諸
比丘等能盡如是貪欲恚癡一切諸漏一切
諸有瞿曇置一比丘是佛法中頗有一比丘
尼能盡如是貪欲瞋癡一切諸漏一切有不
佛言善男子是佛法中非一二三乃至五百
乃有无量諸比丘尼能斷如是貪欲瞋癡一
切諸漏一切諸有犢子言瞿曇置一比丘一
比丘尼是佛法中頗有一憂婆塞持戒精勤
梵行清淨度疑彼岸斷於疑网不佛言善男
子我佛法中非一二三乃至五百乃有无量
諸憂婆塞持戒精勤梵行清淨斷五下結得
阿那含度疑彼岸斷於疑网犢子言瞿曇置
一比丘一比丘尼一憂婆塞是佛法中頗有
一憂婆夷持戒精勤梵行清淨度疑彼岸斷
疑网不佛言善男子我佛法中非一二三乃
至五百乃有无量諸憂婆夷持戒精勤梵行
清淨斷五下結得阿那含度疑彼岸斷於疑
网犢子言瞿曇置一比丘一比丘尼盡一切
漏一憂婆塞一憂婆夷持戒精勤梵行清淨
斷於疑网是佛法中頗有一憂婆塞受五欲
樂心无疑网不佛言善男子是佛法中非一
二三乃至五百乃有无量諸憂婆塞斷於三
結得須陁洹薄貪恚癡得斯陁含如憂婆塞

BD05794 號　大般涅槃經（北本　宮本）卷三九

（23–20）

因犢子言瞿曇置一比丘一比丘尼盡一切
漏一優婆塞一優婆夷持戒精勤梵行清淨
斷於疑因是佛法中頗有一優婆塞受五欲
樂心无疑因不佛言善男子是佛法中非一
二三乃至五百乃有无量諸優婆塞斷於三
結得須陁洹薄貪恚癡得斯陁含如優婆塞
優婆夷亦復如是世尊我於今者樂說譬喻佛
言善哉樂說便說世尊譬如難陁婆難陁龍
王等降注大雨如來法雨亦復如是平等雨
於優婆塞優婆夷世尊若諸外道欲來出家
不審如來幾月試之佛言善男子皆四月試
不必一種世尊若不一種唯願大慈聽我
出家尒時世尊告憍陳如聽是犢子出家受戒
時憍陳如受佛勅已在衆僧中為作羯磨
於出家後滿十五日得須陁洹果既得果已
復作是念若有智慧從學得者我今已得堪
任見佛即往佛所頭面礼足脩敬已畢却住
一面白佛言世尊諸有智慧從學得者我今
已得唯願為我重分別說令我獲得无學智
慧佛言善男子汝勤精進脩習二法一舍摩陁
二毗婆舍那善男子若有比丘欲得須陁洹果
亦當勤脩如是二法若復欲得斯陁含果阿
那含果阿羅漢果亦當脩習如是二法善男
子若有比丘欲得四禪四无量心六神通八
背捨八勝處无諍智頂智畢竟智四无㝵智
金剛三昧盡智无生智亦當脩習如是二法善

BD05794號　大般涅槃經（北本　宮本）卷三九　（23-21）

亦當勤脩如是二法若復欲得斯陁含果阿
那含果阿羅漢果亦當脩習如是二法善男
子若有比丘欲得四禪四无量心六神通八
背捨八勝處无諍智頂智畢竟智四无㝵智
金剛三昧盡智无生智亦當脩習如是二法善
男子若欲得十住地无生法忍无想法忍不
可思議法忍聖行梵行天行菩
三昧智印三昧空无相无作三昧地三昧不
退三昧首楞嚴三昧金剛三昧阿耨多羅三
藐三菩提佛行亦當脩習如是二法犢子聞
已礼拜而出在娑羅林中脩是二法不久即得
阿羅漢果是時復有无量比丘欲往佛所犢
子見已問言大德欲何所至諸比丘言欲往
佛所犢子復言諸大德若至佛所願為宣
啓犢子梵志脩二法已得无學智今報佛恩
入般涅槃時諸比丘至佛所已白佛言世尊
犢子比丘寄我等語世尊犢子梵志脩習
二法得无學智今報佛恩入於涅槃佛言善
男子犢子梵志得阿羅漢果汝等可往供養
其身時諸比丘受佛勅已還其屍所大設供養

大般涅槃經卷第卅九

BD05794號　大般涅槃經（北本　宮本）卷三九　（23-22）

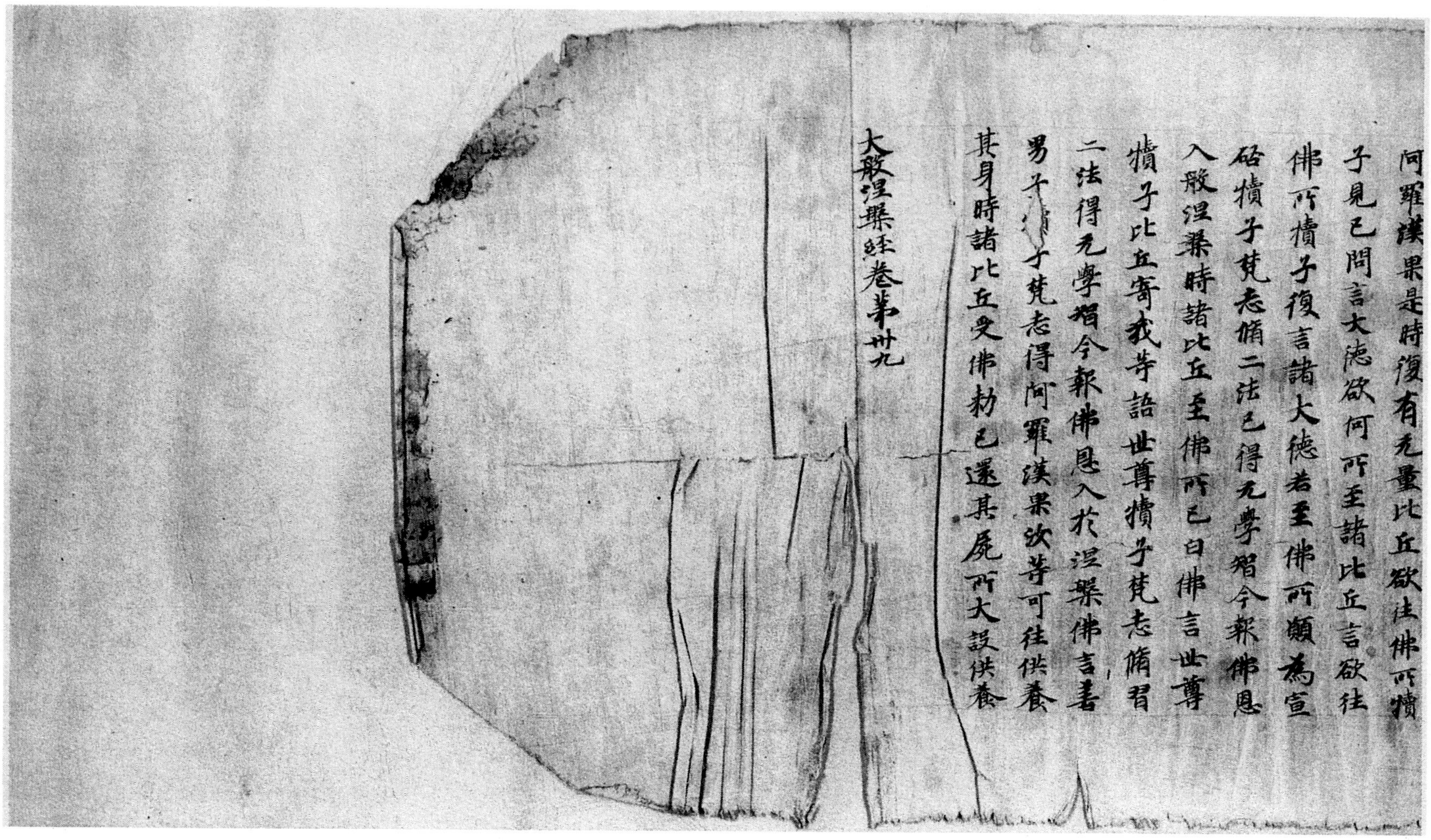

BD05794號　大般涅槃經（北本　宮本）卷三九　　（23–23）

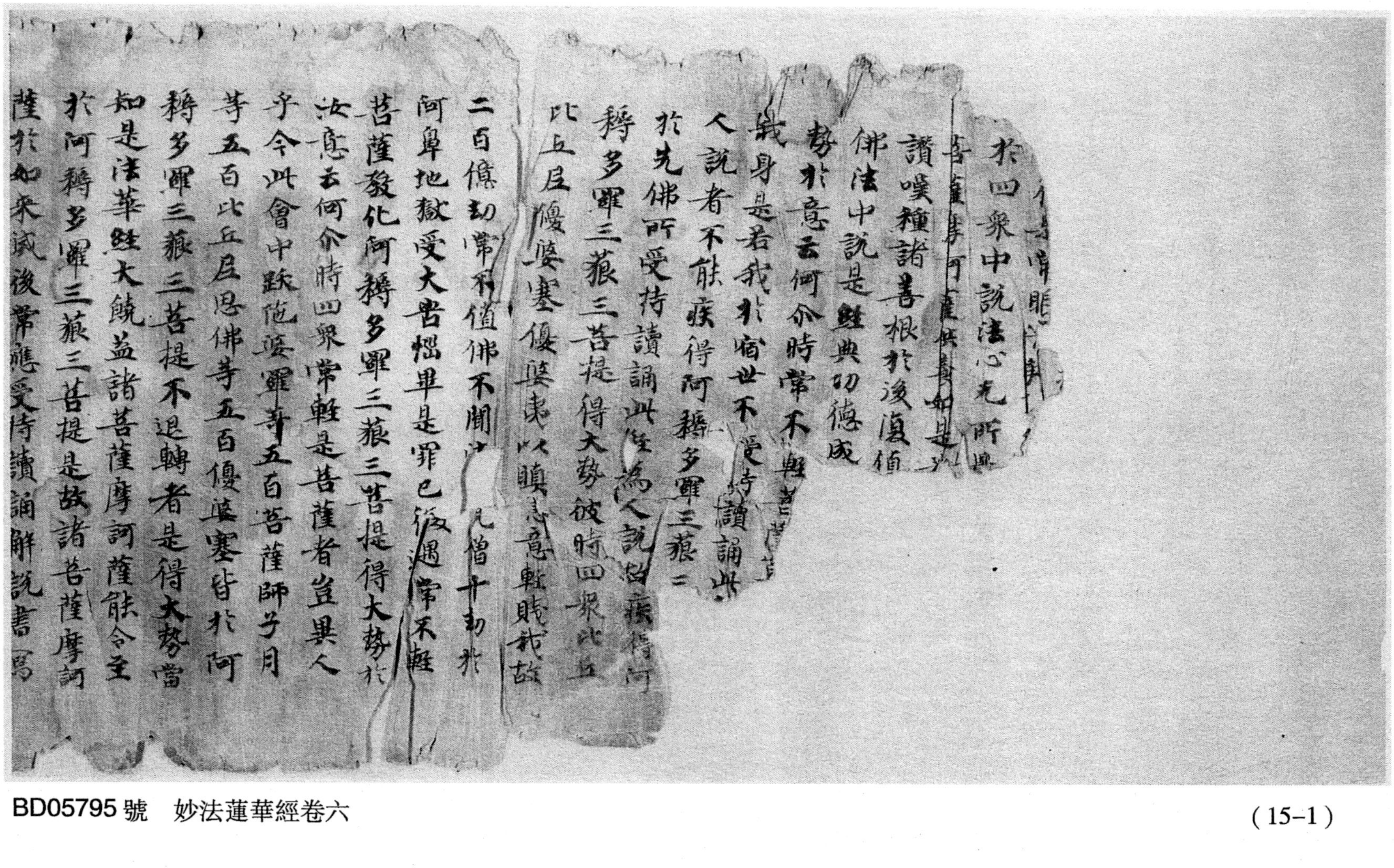

BD05795號　妙法蓮華經卷六　　（15–1）

菩薩教化阿耨多羅三藐三菩提得大勢於
汝意云何尒時四衆常輕是菩薩者豈異人
乎今此會中跋陀婆羅等五百菩薩師子月
等五百比丘尼思佛等五百優婆塞皆於阿
耨多羅三藐三菩提不退轉者是得大勢當
知是法華經大饒益諸菩薩摩訶薩能令至
於阿耨多羅三藐三菩提是故諸菩薩摩訶
薩於如來滅後常應受持讀誦解說書寫
是經尒時世尊欲重宣此義而說偈言
過去有佛 號威音王 神智无量 將導一切
天人龍神 所共供養 是佛滅後 法欲盡時
有一菩薩 名常不輕 時諸四衆 計著於法
不輕菩薩 往到其所 而語之言 我不輕汝
汝等行道 皆當作佛 諸人聞已 輕毀罵詈
不輕菩薩 能忍受之 其罪畢已 臨命終時
得聞此經 六根清淨 神通力故 增益壽命
復為諸人 廣說是經 諸著法衆 皆蒙菩薩
教化成就 令住佛道 不輕命終 值无數佛
說是經故 得无量福 漸具功德 疾成佛道
彼時不輕 則我身是 時四部衆 著法之者
聞不輕言 汝當作佛 以是因緣 值无數佛
此會菩薩 五百之衆 并及四部 清信士女
今於我前 聽法者是 我於前世 勸是諸人
聽受斯經 第一之法 開示教人 令住涅槃
世世受持 如是經典 億億万劫 至不可議
時乃得聞 是法華經 億億万劫 至不可議
諸佛世尊 時說是經 是故行者 於佛滅後

BD05795號 妙法蓮華經卷六 （15–2）

聞不輕言 汝當作佛 以是因緣 值无數佛
此會菩薩 五百之衆 并及四部 清信士女
今於我前 聽法者是 我於前世 勸是諸人
聽受斯經 第一之法 開示教人 令住涅槃
世世受持 如是經典 億億万劫 至不可議
時乃得聞 是法華經 億億万劫 至不可議
諸佛世尊 時說是經 是故行者 於佛滅後
聞如是經 勿生疑惑 應當一心 廣說此經
世世值佛 疾成佛道
妙法蓮華經如來神力品第二十一
尒時千世界微塵等菩薩摩訶薩從地踊出
者皆於佛前一心合掌瞻仰尊顏而白佛言
世尊我等於佛滅後世尊分身所在國土滅
度之處當廣說此經所以者何我等亦自欲
得是真淨大法受持讀誦解說書寫而供養
之尒時世尊於文殊師利等无量百千万億
舊住娑婆世界菩薩摩訶薩及諸比丘比丘
尼優婆塞優婆夷天龍夜叉乾闥婆阿脩羅
迦樓羅緊那羅摩睺羅伽人非人等一切衆
前現大神力出廣長舌上至梵世一切毛孔
放於无量无數色光皆悉遍照十方世界衆
寶樹下師子座上諸佛亦復如是出廣長舌
放无量光釋迦牟尼佛及寶樹下諸佛現神
力時滿百千歲然後還攝舌相一時謦欬俱
共彈指是二音聲遍至十方諸佛世界地皆
六種震動其中衆生天龍夜叉乾闥婆阿脩
羅迦樓羅緊那羅摩睺羅伽人非人等以佛

BD05795號 妙法蓮華經卷六 （15–3）

寶樹下師子座上諸佛亦復如是出廣長舌
放无量光釋迦牟尼佛及寶樹下諸佛現神
力時滿百千歲然後還攝舌相一時謦欬俱
共彈指是二音聲遍至十方諸佛世界地皆
六種震動其中衆生天龍夜叉乾闥婆阿脩
羅迦樓羅緊那羅摩睺羅伽人非人等以佛
神力故皆見此娑婆世界无量无邊百千万億
衆寶樹下師子座上諸佛及見釋迦牟尼佛
共多寶如来在寶塔中坐師子座又見无量
无邊百千万億菩薩摩訶薩及諸四衆恭
敬圍繞釋迦牟尼佛既見是已皆大歡喜得
未曾有即時諸天於虛空中高聲唱言過此
无量无邊百千万億阿僧祇世界有國名娑
婆是中有佛名釋迦牟尼今為諸菩薩摩訶
薩說大乘經名妙法蓮華教菩薩法佛所護
念汝等當深心隨喜亦當禮拜供養釋迦牟
尼佛彼諸衆生聞虛空中聲已合掌向娑婆
世界作如是言南无釋迦牟尼佛南无釋迦
牟尼佛以種種華香瓔珞幡蓋及諸嚴身之
具珍寶妙物皆共遙散娑婆世界所散諸物
從十方来譬如雲集變成寶帳遍覆此間諸
佛之上于時十方世界通達无礙如一佛土
尒時佛告上行等菩薩大衆諸佛神力如是
无量无邊不可思議若我以是神力於无量
无邊百千万億阿僧祇劫為囑累故說此經
功德猶不能盡以要言之如来一切所有之法
如来一切自在神力如来一切秘要之藏如

BD05795號　妙法蓮華經卷六　（15–4）

尒時佛告上行等菩薩大衆諸佛神力如是
无量无邊不可思議若我以是神力於无量
无邊百千万億阿僧祇劫為囑累故說此經
功德猶不能盡以要言之如来一切所有之法
如来一切自在神力如来一切秘要之藏如
来一切甚深之事皆於此經宣示顯說是故
汝等於如来滅後應一心受持讀誦解說書
寫如說修行所在國土若有受持讀誦解說
書寫如說修行若經卷所住之處若於園中
若於林中若於樹下若於僧坊若白衣舍若
在殿堂若山谷曠野是中皆應起塔供養所
以者何當知是處即是道場諸佛於此得阿
耨多羅三藐三菩提諸佛於此轉于法輪諸
佛於此而般涅槃尒時世尊欲重宣此義而
說偈言
諸佛救世者　住於大神通　為悅衆生故　現无量神力
舌相至梵天　身放无數光　為求佛道者　現此希有事
諸佛謦欬聲　及彈指之聲　周聞十方國　地皆六種動
以佛滅度後　能持是經故　諸佛皆歡喜　現无量神力
囑累是經故　讚美受持者　於无量劫中　猶故不能盡
是人之功德　无邊无有窮　如十方虛空　不可得邊際
能持是經者　則為已見我　亦見多寶佛　及諸分身者
又見我今日　教化諸菩薩　能持是經者　令我及分身
滅度多寶佛　一切皆歡喜　十方現在佛　并過去未来
亦見亦供養　亦令得歡喜　諸佛坐道場　所得秘要法
能持是經者　不久亦當得　能持是經者　於諸法之義
名字及言辭　樂說无窮盡　如風於空中　一切无障礙

BD05795號　妙法蓮華經卷六　（15–5）

是人之功德　无邊无有窮　如十方虛空　不可得邊際
能持是經者　則為已見我　亦見多寶佛　及諸分身者
又見我今日　教化諸菩薩　能持是經者　令我及分身
滅度多寶佛　一切皆歡喜　十方現在佛　并過去未來
亦見亦供養　亦令得歡喜　諸佛坐道場　所得秘要法
能持是經者　不久亦當得　能持是經者　於諸法之義
名字及言辭　樂說无窮盡　如風於空中　一切无障礙
於如來滅後　知佛所說經　因緣及次第　隨義如實說
如日月光明　能除諸幽冥　斯人行世間　能滅衆生闇
教无量菩薩　畢竟住一乘　是故有智者　聞此功德利
於我滅度後　應受持斯經　是人於佛道　決定无有疑

妙法蓮華經囑累品第二十二

尒時釋迦牟尼佛從法座起現大神力以右
手摩无量菩薩摩訶薩頂而作是言我於无
量百千万億阿僧祇劫脩習是難得阿耨多
羅三藐三菩提法今以付囑汝等汝等應當一
心流布此法廣令增益如是三摩諸菩薩摩
訶薩頂而作是言我於无量百千万億阿僧
祇劫脩習是難得阿耨多羅三藐三菩提法
今以付囑汝等汝等當受持讀誦廣宣此法
令一切衆生普得聞知所以者何如來有慈
悲无諸慳悋亦无所畏能與衆生佛之智慧
如來智慧自然智慧如來是一切衆生之大
施主汝等亦應隨學如來之法勿生慳悋於
未來世若有善男子善女人信如來智慧者
當為演說此法華經使得聞知為令其人得
佛慧故若有衆生不信受者當於如來餘深

BD05795號　妙法蓮華經卷六　（15-6）

悲无諸慳悋亦无所畏能與衆生佛之智慧
如來智慧自然智慧如來是一切衆生之大
施主汝等亦應隨學如來之法勿生慳悋於
未來世若有善男子善女人信如來智慧者
當為演說此法華經使得聞知為令其人得
佛慧故若有衆生不信受者當於如來餘深
法中示教利喜汝等若能如是則為已報諸
佛之恩時諸菩薩摩訶薩聞佛作是說已皆
大歡喜遍滿其身益加恭敬曲躬低頭合掌
向佛俱發聲言如世尊勑當具奉行唯然世
尊願不有慮諸菩薩摩訶薩衆如是三反
俱發聲言如世尊勑當具奉行唯然世尊願不
有慮尒時釋迦牟尼佛令十方來諸分身佛
各還本土而作是言諸佛各隨所安多寶佛
塔還可如故說是語時十方无量分身諸佛
坐寶樹下師子座上者及多寶佛并上行等
无邊阿僧祇菩薩大衆舍利弗等聲聞四衆
及一切世間天人阿脩羅等聞佛所說皆大
歡喜

妙法蓮華經藥王菩薩本事品第二十三

尒時宿王華菩薩白佛言世尊藥王菩薩云
何遊於娑婆世界世尊是藥王菩薩有若干
百千万億那由他難行苦行善哉世尊願
少解說諸天龍神夜叉乾闥婆阿脩羅迦樓
羅緊那羅摩睺羅伽人非人等又他國土諸來
菩薩及此聲聞衆聞皆歡喜尒時佛告宿王
華菩薩乃往過去无量恒河沙劫有佛号日

BD05795號　妙法蓮華經卷六　（15-7）

尒時宿王華菩薩白佛言世尊藥王菩薩云
何遊於娑婆世界世尊是藥王菩薩有若干
百千万億那由他難行苦行善哉世尊願
少解說諸天龍神夜叉乾闥婆阿脩羅迦樓
羅緊那羅摩睺羅伽人非人等又他國土諸來
菩薩及此聲聞衆聞皆歡喜尒時佛告宿王
華菩薩乃往過去无量恒河沙劫有佛号曰
月淨明德如來應供正遍知明行足善逝世
間解无上士調御丈夫天人師佛世尊其佛
有八十億大菩薩摩訶薩七十二恒河沙大
聲聞衆佛壽四万二千劫菩薩壽命亦等彼
國无有女人地獄餓鬼畜生阿脩羅等及以
諸難地平如掌琉璃所成寶樹莊嚴寶帳覆
上垂寶華幡寶瓶香爐周遍國界七寶爲
臺一樹一臺其樹去臺盡一箭道此諸寶樹
皆有菩薩聲聞而坐其下諸寶臺上各有百
億諸天作天伎樂歌嘆於佛以爲供養尒時
彼佛爲一切衆生喜見菩薩及衆菩薩諸
聲聞衆說法華經是一切衆生喜見菩薩樂
習苦行於日月淨明德佛法中精進經行一心
求佛滿万二千歲已得現一切色身三昧得
此三昧已心大歡喜即作念言我得現一
切色身三昧皆是得聞法華經力我今當供
養日月淨明德佛及法華經即時入是三昧於
虛空中雨曼陁羅華摩訶曼陁羅華細末堅
黑栴檀滿虛空中如雲而下又雨海此岸栴檀
之香此香六銖價直娑婆世界以供養佛作

BD05795號　妙法蓮華經卷六　（15–8）

切色身三昧皆是得聞法華經力我今當供
養日月淨明德佛及法華經即時入是三昧於
虛空中雨曼陁羅華摩訶曼陁羅華細末堅
黑栴檀滿虛空中如雲而下又雨海此岸栴檀
之香此香六銖價直娑婆世界以供養佛作
是供養已從三昧起而自念言我雖以神力
供養於佛不如以身供養即服諸香栴檀薰
陸兜樓婆畢力迦沈水膠香又飲瞻蔔諸華
香油滿千二百歲已香油塗身於日月淨明
德佛前以天寶衣而自纏身灌諸香油以神
通力願而自然身光明遍照八十億恒河沙
世界其中諸佛同時讚言善哉善哉善男子
是真精進是名真法供養如來若以華香瓔
珞燒香末香塗香天繒幡蓋及海此岸栴檀
之香如是等種種諸物供養所不能及假使
國城妻子布施亦所不及善男子是名第一
之施於諸施中最尊最上以法供養諸如來
故作是語已而各嘿然其身火燃千二百歲
過是已後其身乃盡一切衆生喜見菩薩作
如是法供養已命終之後復生日月淨明德
佛國中於淨德王家結加趺坐忽然化生即爲
其父而說偈言
大王今當知　我經行彼處　即時得一切　現諸身三昧
懃行大精進　捨所愛之身
說是偈已而白父言日月淨明德佛今故現
在我先供養佛已得解一切衆生語言陁羅
[illegible]

BD05795號　妙法蓮華經卷六　（15–9）

佛國中於淨德王家結加趺坐忽然化生即為
其父而說偈言
大王今當知 我經行彼處 即時得一切 現諸身三昧
勤行大精進 捨所愛之身
說是偈已而白父言日月淨明德佛今故現
在我先供養佛已得解一切眾生語言陁羅
尼復聞是法華經八百千万億那由他甄迦
羅頻婆羅阿閦婆等偈大王我今當還供養
此佛白已即坐七寶之臺上昇虛空高七多
羅樹往到佛所頭面禮足合十指爪以偈讚
佛
容顏甚奇妙 光明照十方 我適曾供養 今復還親近
尒時一切眾生喜見菩薩說是偈已而白佛
言世尊世尊猶故在世尒時日月淨明德佛
告一切眾生喜見菩薩善男子我涅槃時到
滅盡時至汝可安施床座我於今夜當般涅
槃又勑一切眾生喜見菩薩善男子我以佛
法囑累於汝及諸菩薩大弟子并阿耨多羅
三藐三菩提法亦以三千大千七寶世界諸
寶樹寶臺及給侍諸天悉付於汝我滅度後
所有舍利亦付囑汝當令流布廣設供養應
起若干千塔如是日月淨明德佛勑一切眾
生喜見菩薩已於夜後分入於涅槃尒時一切
眾生喜見菩薩見佛滅度悲感懊惱戀慕於
佛即以海此岸栴檀為積供養佛身而以燒
之火滅已後收取舍利作八万四千寶瓶以起
八万四千塔高三世界表刹莊嚴垂諸幡蓋

BD05795號　妙法蓮華經卷六　（15–10）

生喜見菩薩已於夜後分入於涅槃尒時一切
眾生喜見菩薩見佛滅度悲感懊惱戀慕於
佛即以海此岸栴檀為積供養佛身而以燒
之火滅已後收取舍利作八万四千寶瓶以起
八万四千塔高三世界表刹莊嚴垂諸幡蓋
懸眾寶鈴尒時一切眾生喜見菩薩復自念
言我雖作是供養心猶未足我今當更供養
舍利便語諸菩薩大弟子及天龍夜叉等
一切大眾汝等當一心念我今供養日月淨
明德佛舍利作是語已即於八万四千塔前
然百福莊嚴臂七万二千歲而以供養令无
數求聲聞眾无量阿僧祇人發阿耨多羅三
藐三菩提心皆使得住現一切色身三昧尒
時諸菩薩天人阿脩羅等見其无臂憂惱悲
哀而作是言此一切眾生喜見菩薩是我等
師教化我者而今燒臂身不具足于時一切
眾生喜見菩薩於大眾中立此誓言我捨兩
臂必當得佛金色之身若實不虛令我兩臂
還復如故作是誓已自然還復由斯菩薩福
德智慧淳厚所致當尒之時三千大千世界
六種震動天雨寶華一切人天得未曾有佛
告宿王華菩薩於汝意云何一切眾生喜見
菩薩豈異人乎今藥王菩薩是也其所捨身
布施如是无量百千万億那由他數宿王華
若有發心欲得阿耨多羅三藐三菩提者能
然手指乃至足一指供養佛塔勝以國城妻

BD05795號　妙法蓮華經卷六　（15–11）

六種震動天雨寶華一切人天得未曾有佛
告宿王華菩薩於汝意云何一切衆生憙見
菩薩豈異人乎今藥王菩薩是也其所捨身
布施如是无量百千万億那由他數宿王華
若有發心欲得阿耨多羅三藐三菩提者能
然手指乃至足一指供養佛塔勝以國城妻
子及三千大千國土山林河池諸珎寶物而
供養者若復有人以七寶滿三千大千世界
供養於佛及大菩薩辟支佛阿羅漢是人所
得功德不如受持此法華經乃至一四句偈
其福㝡多宿王華譬如一切川流江河諸水
之中海為第一此法華經亦復如是於諸如
來所說經中㝡為深大又如土山黑山小鐵
圍山大鐵圍山及十寶山衆山之中須弥
山為第一此法華經亦復如是於諸經中㝡
為其上又如衆星之中月天子㝡為第一此
法華經亦復如是於千万億種諸經法中㝡
為照明又如日天子能除諸闇此經亦復如
是能破一切不善之闇又如諸小王中轉輪
聖王㝡為第一此經亦復如是於衆經中㝡
為其尊又如帝釋於三十三天中王此經亦
復如是諸經中王又如大梵天王一切衆生
之父此經亦復如是一切賢聖學无學及發
菩薩心者之父又如一切凡夫人中須陁洹斯
陁含阿那含阿羅漢辟支佛為第一此經亦
復如是一切如來所說若菩薩所說若聲
聞所說諸經法中㝡為第一有能受持是

BD05795號　妙法蓮華經卷六　（15–12）

復如是諸經中王又如大梵天王一切衆生
之父此經亦復如是一切賢聖學无學及發
菩薩心者之父又如一切凡夫人中須陁洹斯
陁含阿那含阿羅漢辟支佛為第一此經亦
復如是一切如來所說若菩薩所說若聲
聞所說諸經法中㝡為第一有能受持是
經典者亦復如是於一切衆生中亦為第一
切聲聞辟支佛中菩薩為第一此經亦復如
是於一切諸經法中㝡為第一如佛為諸法
王此經亦復如是諸經中王宿王華此經能
救一切衆生者此經能令一切衆生離諸苦
惱此經能大饒益一切衆生充滿其願如清
涼池能滿一切諸渴之者如寒者得火如裸
者得衣如商人得主如子得母如渡得船如
病得醫如闇得燈如貧得寶如民得王如賈
客得海如炬除闇此法華經亦復如是能令
衆生離一切苦一切病痛能解一切生死之
縛若人得聞此法華經若自書若使人書所
得功德以佛智慧籌量多少不得其邊若
書是經卷華香瓔珞燒香末香塗香幡蓋
衣服種種之燈穌燈油燈諸香油燈瞻蔔油
燈須曼那油燈波羅羅油燈婆利師迦油燈那
婆摩利油燈供養所得功德亦復无量宿王
華若有人聞是藥王菩薩本事品者亦得无
量无邊功德若有女人聞是藥王菩薩本事
品能受持者盡是女身後不復受若如來滅
後後五百歲中若有女人聞是經典如說修

BD05795號　妙法蓮華經卷六　（15–13）

燈須曼油燈波羅羅油燈婆利師迦油燈那
婆摩利油燈供養所得功德亦復无量宿王
華若有人聞是藥王菩薩本事品者亦得无
量无邊功德若有女人聞是藥王菩薩本事
品能受持者盡是女身後不復受若如來滅
後後五百歲中若有女人聞是經典如說脩
行於此命終即往安樂世界阿弥陁佛大菩
薩衆圍繞住處生蓮華中寶座之上不復為
貪欲所惱亦復不為瞋恚愚癡所惱亦復不
為憍慢嫉妬諸垢所惱得菩薩神通无生法
忍得是忍已眼根清淨以是清淨眼根見七百
万二千億那由他恒河沙等諸佛如來是時
諸佛遥共讚言善哉善哉善男子汝能於
釋迦牟尼佛法中受持讀誦思惟是經為他
人說所得福德无量无邊火不能燒水不能
漂汝之功德千佛共說不能令盡汝今已能破
諸魔賊壞生死軍諸餘怨敵皆悉摧滅善男
子百千諸佛以神通力共守護汝於一切世間
天人之中无如汝者唯除如來其諸聲聞辟
支佛乃至菩薩智慧禪定无有與汝等者宿
王華此菩薩成就如是功德智慧之力若有
人聞是藥王菩薩本事品能隨喜讚善者是
人現世口中常出青蓮華香身毛孔中常出
牛頭栴檀香所得功德如上所說是故宿王
華以此藥王菩薩本事品囑累於汝我滅度
後後五百歲中廣宣流布於閻浮提无令斷
絶惡魔魔民諸天龍夜叉鳩槃荼等得其便

BD05795 號　妙法蓮華經卷六　（15–14）

人現世口中常出青蓮華香身毛孔中常出
牛頭栴檀香所得功德如上所說是故宿王
華以此藥王菩薩本事品囑累於汝我滅度
後後五百歲中廣宣流布於閻浮提无令斷
絶惡魔魔民諸天龍夜叉鳩槃荼等得其便
也宿王華汝當以神通之力守護是經所以者
何此經則為閻浮提人病之良藥若人有病
得聞是經病即消滅不老不死宿王華汝若
見有受持是經者應以青蓮華盛滿末香
供散其上散已作即念言此人不久必當取草
坐於道場破諸魔軍當吹法螺擊大法鼓
度脫一切衆生老病死海是故求佛道者見
有受持是經典人應當如是生恭敬心說是
藥王菩薩本事品時八万四千菩薩得解一
切衆生語言陁羅尼多寶如來於寶塔中讚
宿王華菩薩言善哉善哉宿王華汝成就不
可思議功德乃能問釋迦牟尼佛如此之事
利益无量一切衆生

妙法蓮華經卷第六

BD05795 號　妙法蓮華經卷六　（15–15）

金剛般若波羅蜜經
如是我聞一時佛在舍衛國祇樹　孤獨園
與大比丘衆千二百五十人俱尒時世尊食
時著衣持鉢入舍衛大城乞食於其城中次

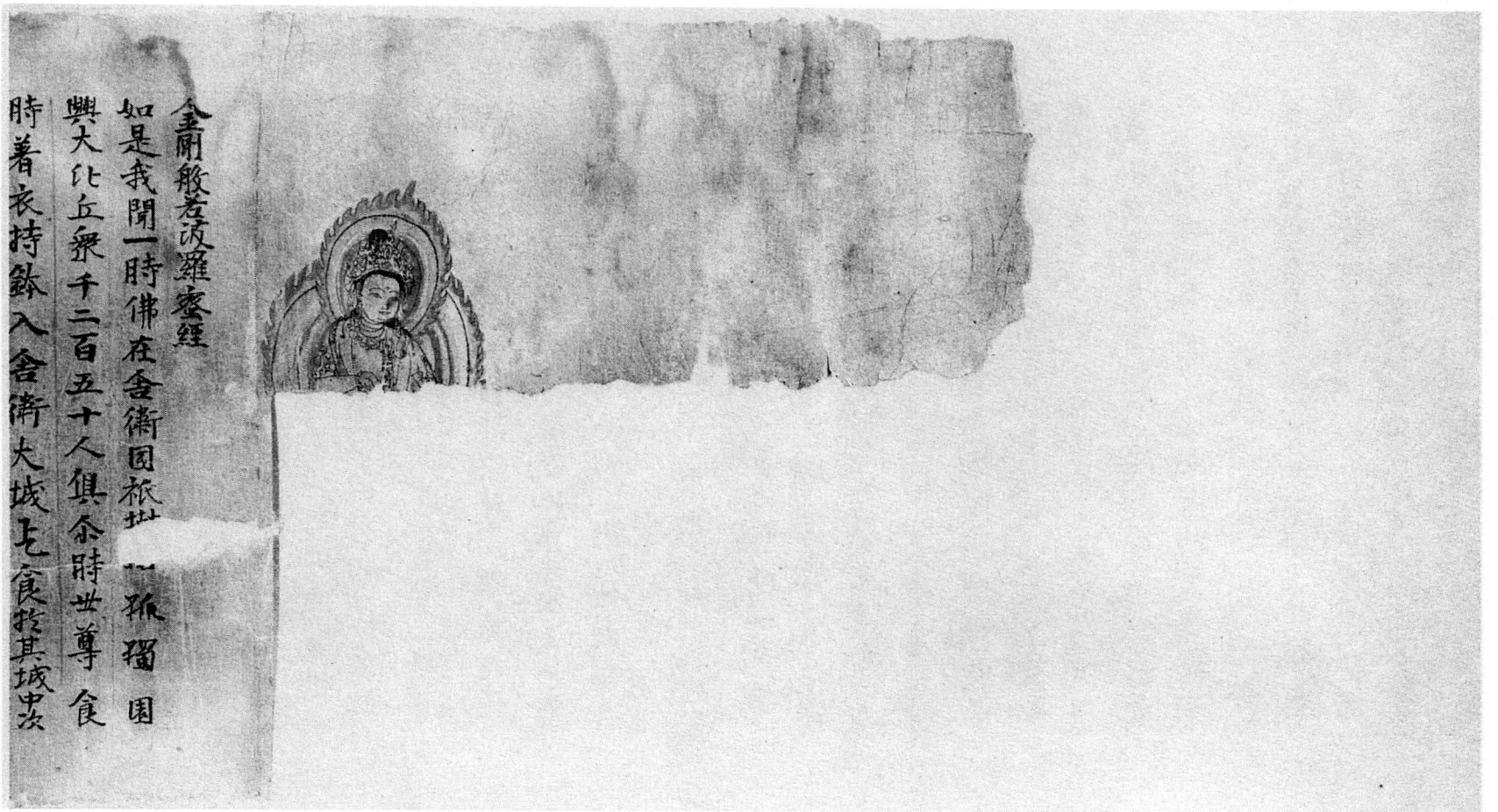

BD05796號1　扉畫彩繪菩薩像（擬）　（16–1）

金剛般若波羅蜜經
如是我聞一時佛在舍衛國祇樹　孤獨園
與大比丘衆千二百五十人俱尒時世尊食
時著衣持鉢入舍衛大城乞食於其城中次
第乞已還至本處飯食訖收衣鉢洗足已敷
座而坐時長老須菩提在大衆中即從座起
偏袒右肩右膝著地合掌恭敬而白佛言希
有世尊如來善護念諸菩薩善付囑諸菩
薩世尊善男子善女人發阿耨多羅三藐三菩
提心應云何住云何降伏其心佛言善哉善哉
須菩提如汝所說如來善護念諸菩薩善付
囑諸菩薩汝今諦聽當為汝說善男子善
女人發阿耨多羅三藐三菩提心應如是住如是
降伏其心唯然世尊願樂欲聞
佛告須菩提諸菩薩摩訶薩應如是降伏其
心所有一切衆生之類若卵生若胎生若濕生
若化生若有色若无色若有想若无想若
非有想若非无想我皆令入无餘涅槃而
滅度之如是滅度无量无數无邊衆生實无
衆生得滅度者何以故須菩提若菩薩有我
相人相衆生相壽者相即非菩薩
復次須菩提菩薩於法應无所住行於布施
所謂不住色布施不住聲香味觸法布施須
菩提菩薩應如是布施不住於相何以故若
菩薩不住相布施其福德不可思量須菩提

BD05796號2　金剛般若波羅蜜經　（16–2）

相人相衆生相壽者相即非菩薩
復次須菩提菩薩於法應无所住行於布施
所謂不住色布施不住聲香味觸法布施須
菩提菩薩應如是布施不住於相何以故若
菩薩不住相布施其福德不可思量須菩提
於意云何東方虛空可思量不不也世尊須菩
提南西北方四維上下虛空可思量不不也
世尊須菩提菩薩无住相布施福德亦復如
是不可思量須菩提菩薩但應如所教住須
菩提於意云何可以身相見如來不不也世尊
不可以身相得見如來何以故如來所說身相
即非身相佛告須菩提凡所有相皆是虛
妄若見諸相非相則見如來
須菩提白佛言世尊頗有衆生得聞如是言
說章句生實信不佛告須菩提莫作是說如
來滅後後五百歲有持戒修福者於此章句
能生信心以此為實當知是人不於一佛二佛三四
五佛而種善根已於无量千万佛所種諸善
根聞是章句乃至一念生淨信者須菩提如
來悉知悉見是諸衆生得如是无量福德何
以故是諸衆生无復我相人相衆生相壽者
相无法相亦无非法相何以故是諸衆生若心
取相則為着我人衆生壽者若取法相即
着我人衆生壽者何以故若取非法相即着
我人衆生壽者是故不應取法不應取非法
以是義故如來常說汝等比丘知我說法如筏
喻者法尚應捨何況非法

BD05796 號 2　金剛般若波羅蜜經　（16–3）

相无法相亦无非法相何以故是諸衆生若心
取相則為着我人衆生壽者若取法相即
着我人衆生壽者何以故若取非法相即着
我人衆生壽者是故不應取法不應取非法
以是義故如來常說汝等比丘知我說法如筏
喻者法尚應捨何況非法
須菩提於意云何如來得阿耨多羅三藐三菩
提耶如來有所說法耶須菩提言如我解佛
所說義无有定法名阿耨多羅三藐三菩提
亦无有定法如來可說何以故如來所說法皆
不可取不可說非法非非法所以者何一切賢
聖皆以无為法而有差別
須菩提於意云何若人滿三千大千世界七
寶以用布施是人所得福德寧為多不須菩
提言甚多世尊何以故是福德即非福德
性是故如來說福德多若復有人於此經中
受持乃至四句偈等為他人說其福勝彼何
以故須菩提一切諸佛及諸佛阿耨多羅三藐
三菩提法皆從此經出須菩提所謂佛法者
即非佛法
須菩提於意云何須陁洹能作是念我得須
陁洹果不須菩提言不也世尊何以故須陁洹
名為入流而无所入不入色聲香味觸法
是名須陁洹須菩提於意云何斯陁含能作
是念我得斯陁含果不須菩提言不也世尊
何以故斯陁含名一往來而實无往來是名
斯陁含須菩提於意云何阿那含能作是念

BD05796 號 2　金剛般若波羅蜜經　（16–4）

名為入流而无所入不入色聲香味觸法
是名須陁洹須菩提於意云何斯陁含能作
是念我得斯陁含果不須菩提言不也世尊
何以故斯陁含名一往來而實无往來是名
斯陁含須菩提於意云何阿那含能作是念
我得阿那含果不須菩提言不也世尊何以
故阿那含名為不來而實无來是故名阿
那含
須菩提於意云何阿羅漢能作是念我得阿
羅漢道不須菩提言不也世尊何以故實无
有法名阿羅漢世尊若阿羅漢作是念我得
阿羅漢道即為著我人衆生壽者世尊佛說
我得无諍三昧人中最為第一是第一離欲阿
羅漢我不作是念我是離欲阿羅漢世尊我
若作是念我得阿羅漢道世尊則不說須菩
提是樂阿蘭那行者以須菩提實无所行而名
須菩提是樂阿蘭那行
佛告須菩提於意云何如來昔在然燈佛所於法
有所得不世尊如來在然燈佛所於法實无
所得須菩提於意云何菩薩莊嚴佛土不
不也世尊何以故莊嚴佛土者則非莊嚴是名
莊嚴是故須菩提諸菩薩摩訶薩應如是
生清淨心不應住色生心不應住聲香味觸法
生心應无所住而生其心
須菩提譬如有人身如須弥山王於意云何是
身為大不須菩提言甚大世尊何以故佛說非
身是名大身須菩提如恒河中所有沙數如

BD05796號2　金剛般若波羅蜜經　（16–5）

生清淨心不應住色生心不應住聲香味觸法
生心應无所住而生其心
須菩提譬如有人身如須弥山王於意云何是
身為大不須菩提言甚大世尊何以故佛說非
身是名大身須菩提如恒河中所有沙數如
是沙等恒河於意云何是諸恒河沙寧為多
不須菩提言甚多世尊但諸恒河尚多无數
何況其沙須菩提我今實言告汝若有善男
子善女人以七寶滿尒所恒河沙數三千大千世
界以用布施得福多不
須菩提言甚多世尊佛告須菩提若有善男
子善女人於此經中乃至受持四句偈等為他
人說而此福德勝前福德復次須菩提隨說是
經乃至四句偈等當知此處一切世間天人阿脩
羅皆應供養如佛塔廟何況有人盡能受持
讀誦須菩提當知是人成就最上第一希有之
法若是經典所在之處則為有佛若尊重弟子
尒時須菩提白佛言世尊當何名此經我等云
何奉持佛告須菩提是經名為金剛般若波羅
蜜以是名字汝當奉持所以者何須菩提佛說
般若波羅蜜則非般若波羅蜜須菩提於意
云何如來有所說法不須菩提白佛言世尊
如來无所說須菩提於意云何三千大千世
界所有微塵是為多不
須菩提言甚多世尊須菩提諸微塵如來
說非微塵是名微塵如來說世界非世界是
名世界須菩提於意云何可以三十二相見如來不

BD05796號2　金剛般若波羅蜜經　（16–6）

如来无所説須菩提於意云何三千大千世
界所有微塵是為多不
須菩提言甚多世尊須菩提諸微塵如来
説非微塵是名微塵如来説世界非世界是
名世界須菩提於意云何可以三十二相見如来不
不也世尊不可以三十二相得見如来何以故如来
説三十二相即是非相是名三十二相須菩提若
有善男子善女人以恒河沙等身命布施
若復有人於此經中乃至受持四句偈等為
他人説其福甚多
尒時須菩提聞説是經深解義趣涕淚悲
泣而白佛言希有世尊佛説如是甚深經典
我從昔来所得慧眼未曽得聞如是之經世
尊若復有人得聞是經信心清淨則生實相
當知是人成就第一希有功徳世尊是實相者
則是非相是故如来説名實相世尊我今得
聞如是經典信解受持不足為難若當来世
後五百歳其有衆生得聞是經信解受持是
人則為第一希有何以故此人无我相人相衆生
相壽者相所以者何我相即是非相人相衆生
相壽者相即是非相何以故離一切諸相即
名諸佛佛告須菩提如是如是若復有人得
聞是經不驚不怖不畏當知是人甚為希有
何以故須菩提如来説第一波羅蜜非第一波
羅蜜是名第一波羅蜜
須菩提忍辱波羅蜜如来説非忍辱波羅蜜
何以故須菩提如我昔為歌利王割截身體我

BD05796 號 2　金剛般若波羅蜜經

（16–7）

名諸佛佛告須菩提如是如是若復有人得
聞是經不驚不怖不畏當知是人甚為希有
何以故須菩提如来説第一波羅蜜非第一波
羅蜜是名第一波羅蜜
須菩提忍辱波羅蜜如来説非忍辱波羅蜜
何以故須菩提如我昔為歌利王割截身體我
於尒時无我相无人相无衆生相无壽者
相何以故我於往昔節節支解時若有我
相人相衆生相壽者相應生瞋恨須菩提又念
過去於五百世作忍辱仙人於尒所世无我相
无人相无衆生相无壽者相是故須菩提菩
薩應離一切相發阿耨多羅三藐三菩提心不
應住色生心不應住聲香味觸法生心應生
无所住心若心有住則為非住是故佛説菩薩
心不應住色布施
須菩提菩薩為利益一切衆生應如是布施
如来説一切諸相即是非相又説一切衆生則非
衆生須菩提如来是真語者實語者如語者不
誑語者不異語者須菩提如来所得法此法无
實无虚須菩提若菩薩心住於法而行布施如人
入闇則无所見若菩薩心不住法而行布施如人有
目日光明照見種種色須菩提當来之世若
有善男子善女人能於此經受持讀誦則
為如来以佛智慧悉知是人悉見是人皆得成
就无量无邊功徳
須菩提若善男子善女人初日分以恒河沙等
身布施中日分復以恒河沙等身布施後日分

BD05796 號 2　金剛般若波羅蜜經

（16–8）

有善男子善女人能於此經受持讀誦則
為如來以佛智慧悉知是人悉見是人皆得成
就无量无邊功德
須菩提若善男子善女人初日分以恒河沙等
身布施中日分復以恒河沙等身布施後日分
亦以恒河沙等身布施如是无量百千万億劫
以身布施若復有人聞此經典信心不逆其福
勝彼何況書寫受持讀誦為人解說須菩提
以要言之是經有不可思議不可稱量无邊功
德如來為發大乘者說為發最上乘者說若
有人能受持讀誦廣為人說如來悉知是人悉見
是人皆得成就不可量不可稱无有邊不可思議
功德如是人等則為荷擔如來阿耨多羅三藐三菩
提何以故須菩提若樂小法者著我見人見衆
生見壽者見則於此經不能聽受讀誦為人解
說須菩提在在處處若有此經一切世間天人阿
脩羅所應供養當知此處則為是塔皆應恭敬
作礼圍繞以諸華香而散其處
復次須菩提若善男子善女人受持讀誦此經
若為人輕賤是人先世罪業應墮惡道以今世人
輕賤故先世罪業則為消滅當得阿耨多羅三
藐三菩提須菩提我念過去无量阿僧祇劫於
然燈佛前得值八百四千万億那由他諸佛悉皆
供養承事无空過者若復有人於後末世能受
持讀誦此經所得功德於我所供養諸佛功德百分
不及一千万億分乃至筭數譬喻所不能及須
菩提若善男子善女人於後末世有受持讀誦此

BD05796號2　金剛般若波羅蜜經　（16–9）

然燈佛前得值八百四千万億那由他諸佛悉皆
供養承事无空過者若復有人於後末世能受
持讀誦此經所得功德於我所供養諸佛功德百分
不及一千万億分乃至筭數譬喻所不能及須
菩提若善男子善女人於後末世有受持讀誦此
經所得功德我若具說者或有人聞心則狂亂狐
疑不信須菩提當知是經義不可思議果報亦不
可思議
尒時須菩提白佛言世尊善男子善女人發阿耨
多羅三藐三菩提心云何應住云何降伏其心
佛告須菩提善男子善女人發阿耨多羅三藐
三菩提者當生如是心我應滅度一切衆生滅
度一切衆生已而无有一衆生實滅度者何以
故若菩薩有我相人相衆生相壽者相則
非菩薩所以者何須菩提實无有法發阿耨
多羅三藐三菩提者
須菩提於意云何如來於然燈佛所有法得阿耨
多羅三藐三菩提不不也世尊如我解佛所說義
佛於然燈佛所无有法得阿耨多羅三藐三菩提
佛言如是如是須菩提實无有法如來得阿耨
多羅三藐三菩提須菩提若有法如來得阿耨多
羅三藐三菩提者然燈佛則不與我受記汝於來
世當得作佛号釋迦牟尼以實无有法得阿耨
多羅三藐三菩提是故然燈佛與我受記作是言
汝於來世當得作佛号釋迦牟尼何以故如來
者即諸法如義若有人言如來得阿耨多
羅三藐三菩提
須菩提實无有法佛得阿耨多羅三藐三菩提

BD05796號2　金剛般若波羅蜜經　（16–10）

世當得作佛号釋迦牟尼以實无有法得阿耨
多羅三藐三菩提是故然燈佛與我受記作是言
汝於来世當得作佛号釋迦牟尼何以故如来
者即諸法如義若有人言如来得阿耨多
羅三藐三菩提
須菩提實无有法佛得阿耨多羅三藐三菩提
須菩提如来所得阿耨多羅三藐三菩提於是
中无實无虛是故如来說一切法皆是佛法須菩
提所言一切法者即非一切法是故名一切法須
菩提譬如人身長大須菩提言世尊如来說
人身長大則為非大身是名大身
須菩提菩薩亦如是若作是言我當滅度无量
衆生則不名菩薩何以故須菩提實无有法名
為菩薩是故佛說一切法无我无人无衆生无壽
者須菩提若菩薩作是言我當莊嚴佛土是不
名菩薩何以故如来說莊嚴佛土者即非莊嚴
是名莊嚴須菩提若菩薩通達无我法者如来
說名真是菩薩
須菩提於意云何如来有肉眼不如是世尊如来
有肉眼須菩提於意云何如来有天眼不如是
世尊如来有天眼須菩提於意云何如来有
慧眼不如是世尊如来有慧眼須菩提於意云
何如来有法眼不如是世尊如来有法眼須菩提
於意云何如来有佛眼不如是世尊如来有佛
眼須菩提於意云何恒河中所有沙佛說是
沙不如是世尊如来說是沙
須菩提於意云何如一恒河中所有沙有如是

BD05796 號 2　金剛般若波羅蜜經　（16–11）

慧眼不如是世尊如来有慧眼須菩提於意云
何如来有法眼不如是世尊如来有法眼須菩提
於意云何如来有佛眼不如是世尊如来有佛
眼須菩提於意云何恒河中所有沙佛說是
沙不如是世尊如来說是沙
須菩提於意云何如一恒河中所有沙有如是
等恒河是諸恒河所有沙數佛世界如是
寧為多不甚多世尊佛告須菩提尒所國土
中所有衆生若干種心如来悉知何以故
如来說諸心皆為非心是名為心所以者何
須菩提過去心不可得現在心不可得未
来心不可得
須菩提於意云何若有人滿三千大千世界
七寶以用布施是人以是因緣得福多不如
是世尊此人以是因緣得福甚多須菩提若
福德有實如来不說得福德多以福德无
故如来說得福德多
須菩提於意云何佛可以具足色身見不不也
世尊如来不應以具足色身見何以故如来說具
足色身即非具足色身是名具足色身須菩提
於意云何如来可以具足諸相見不不也世尊如来
不應以具足諸相見何以故如来說諸相具足即
非具足是名諸相具足須菩提汝勿謂如来
作是念我當有所說法莫作是念何以故若
有人言如来有所說法即為謗佛不能解
我所說故須菩提說法者无法可說是名說法
須菩提白佛言世尊佛得阿耨多羅三藐三菩提

BD05796 號 2　金剛般若波羅蜜經　（16–12）

不應以具足諸相見何以故如来說諸相具足即
非具足是名諸相具足須菩提汝勿謂如来
作是念我當有所說法莫作是念何以故若
有人言如来有所說法即為謗佛不能解
我所說故須菩提說法者无法可說是名說法
須菩提白佛言世尊佛得阿耨多羅三藐三菩提
為无所得耶如是如是須菩提我於阿耨多羅三
藐三菩提乃至无有少法可得是名阿耨多
羅三藐三菩提復次須菩提是法平等无有高
下是名阿耨多羅三藐三菩提以无我无人无衆
生无壽者脩一切善法則得阿耨多羅三藐三菩
提須菩提所言善法者如来說非善法是名善
法須菩提若三千大千世界中所有諸須弥山王
如是等七寶聚有人持用布施若人以此般若波
羅蜜經乃至四句偈等受持讀誦為他人說於
前福德百分不及一百千万億分乃至筭數譬喻
所不能及
須菩提於意云何汝等勿謂如来作是念我當
度衆生須菩提莫作是念何以故實无有
衆生如来度者若有衆生如来度者如来
則有我人衆生壽者須菩提如来說有我者
則非有我而凡夫之人以為有我須菩提凡夫
者如来說則非凡夫
須菩提於意云何可以三十二相觀如来不須菩
提言如是如是以三十二相觀如来佛言須菩提
若以三十二相觀如来者轉輪聖王則是如来
須菩提白佛言世尊如我解佛所說義不應以

BD05796 號 2　金剛般若波羅蜜經　（16–13）

者如来說則非凡夫
須菩提於意云何可以三十二相觀如来不須菩
提言如是如是以三十二相觀如来佛言須菩提
若以三十二相觀如来者轉輪聖王則是如来
須菩提白佛言世尊如我解佛所說義不應以
三十二相觀如来尒時世尊而說偈言
若以色見我　以音聲求我　是人行邪道　不能見如来
須菩提汝若作是念如来不以具足相故得阿耨
多羅三藐三菩提須菩提莫作是念如来不以
具足相故得阿耨多羅三藐三菩提須菩提汝
若作是念發阿耨多羅三藐三菩提者說諸法
斷滅莫作是念何以故發阿耨多羅三藐三菩
提者於法不說斷滅相
須菩提若菩薩以滿恒河沙等世界七寶布施
若復有人知一切法无我得成於忍此菩薩勝
前菩薩所得功德須菩提以諸菩薩不受福
德故須菩提白佛言世尊云何菩薩不受福德
須菩提菩薩所作福德不應貪著是故
說不受福德
須菩提若有人言如来若来若去若坐若卧
是人不解我所說義何以故如来者无所從
来亦无所去故名如来須菩提若善男子善女
人以三千大千世界碎為微塵於意云何是微
塵衆寧為多不甚多世尊何以故若是微塵
衆實有者佛則不說是微塵衆所以者何佛
說微塵衆則非微塵衆是名微塵衆世尊
如来所說三千大千世界則非世界是名世界

BD05796 號 2　金剛般若波羅蜜經　（16–14）

人以三千大千世界碎為微塵於意云何是微
塵衆寧為多不甚多世尊何以故若是微塵
衆實有者佛則不說是微塵衆所以者何佛
說微塵衆則非微塵衆是名微塵衆世尊
如来所說三千大千世界則非世界是名世界
何以故若世界實有者則是一合相如来說一
合相則非一合相是名一合相須菩提一合相者則
是不可說但凡夫之人貪著其事
須菩提若人言佛說我見人見衆生見壽者見
須菩提於意云何是人解我所說義不世尊是
人不解如来所說義何以故世尊說我見人見衆
生見壽者見即非我見人見衆生見壽者見
是名我見人見衆生見壽者見須菩提發阿
耨多羅三藐三菩提心者於一切法應如是知如
是見如是信解不生法相須菩提所言法相者
如来說即非法相是名法相
須菩提若有人以滿无量阿僧祇世界七寶持用
布施若有善男子善女人發菩薩心者持於此
經乃至四句偈等受持讀誦為人演說其福
勝彼云何為人演說不取於相如如不動何以
故
一切有為法 如夢幻泡影 如露亦如電 應作是如觀
佛說是經已長老須菩提及諸比丘比丘尼優
婆塞優婆夷一切世間天人阿脩羅聞佛所說
皆大歡喜信受奉行
金剛般若波羅蜜經
金剛經陀羅尼呪 誦金剛陀羅尼一遍如誦金剛經一万九

BD05796號2 金剛般若波羅蜜經

（16–15）

如来說即非法相是名法相
須菩提若有人以滿无量阿僧祇世界七寶持用
布施若有善男子善女人發菩薩心者持於此
經乃至四句偈等受持讀誦為人演說其福
勝彼云何為人演說不取於相如如不動何以
故
一切有為法 如夢幻泡影 如露亦如電 應作是如觀
佛說是經已長老須菩提及諸比丘比丘尼優
婆塞優婆夷一切世間天人阿脩羅聞佛所說
皆大歡喜信受奉行
金剛般若波羅蜜經
金剛經陀羅尼呪 誦金剛陀羅尼一遍如誦金剛經一万九
千遍 南謨薄伽薄帝 鉢羅攘 鉢羅帝 伊利底
伊利帝 伊利室 輸嚕陀 輸嚕陀 毗舍囇 毗舍囇
娑婆訶 轉經呪 南謨波波 伽伽 吒吒 豆豆 吼吼
漏漏 遮庾伽 菩提 娑婆訶 每日發伽藍誦此呪一七
遍如轉一切經八万遍滅無量生死重罪

BD05796號3 金剛經陀羅尼呪（附轉經呪）

（16–16）

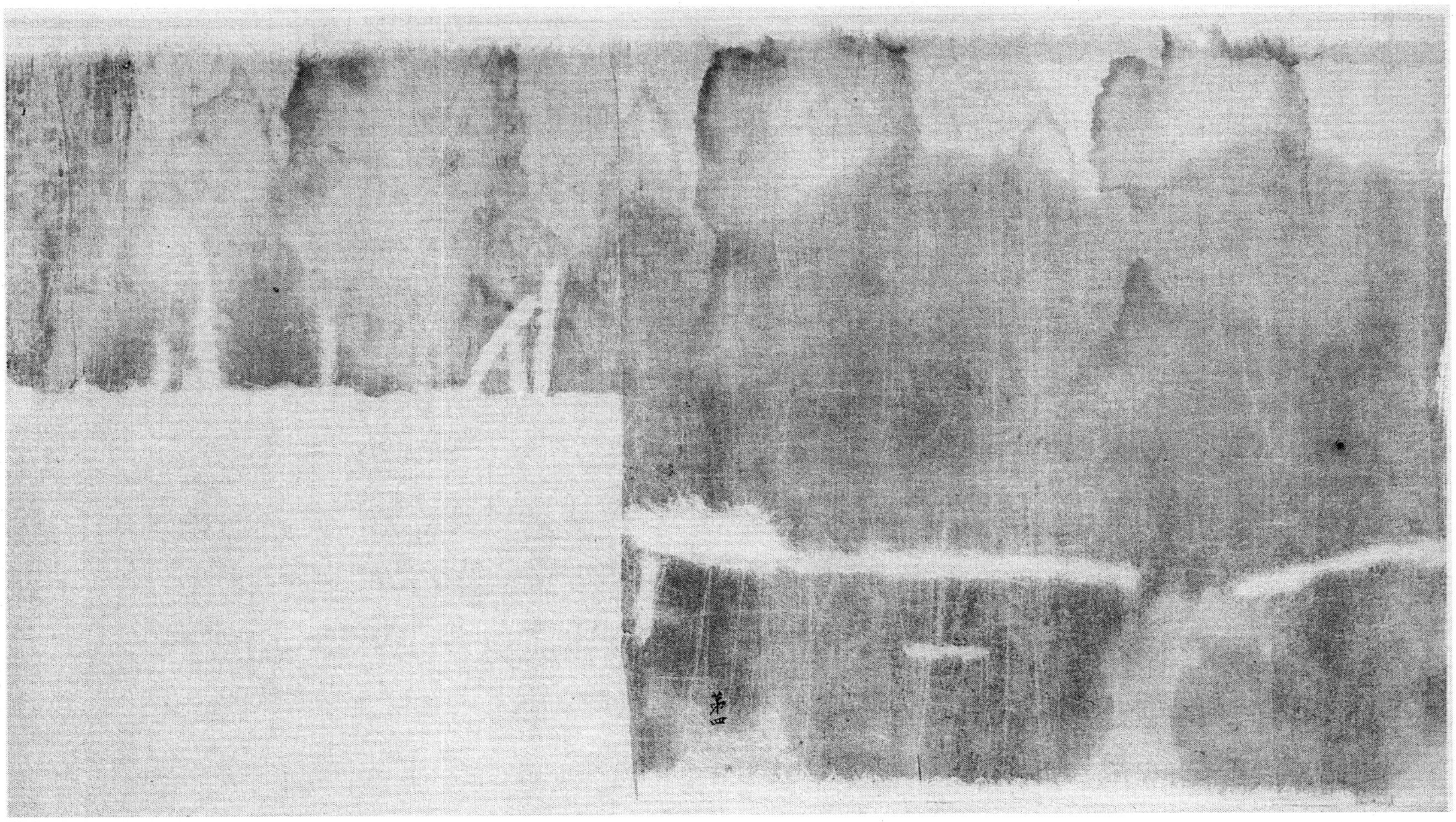

BD05796號背　勘記　　　　（1–1）

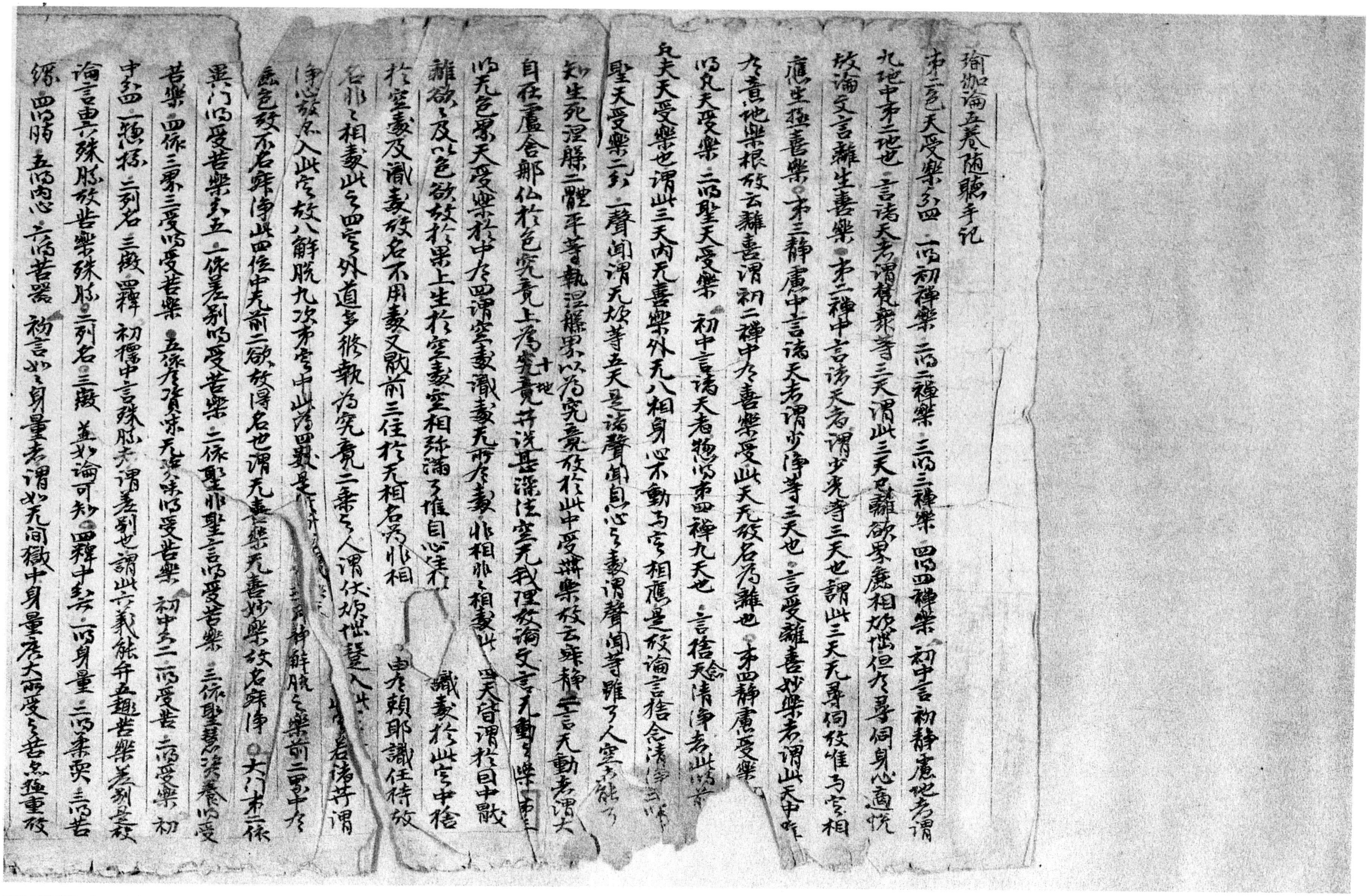

BD05797 號　瑜伽師地論隨聽記卷五

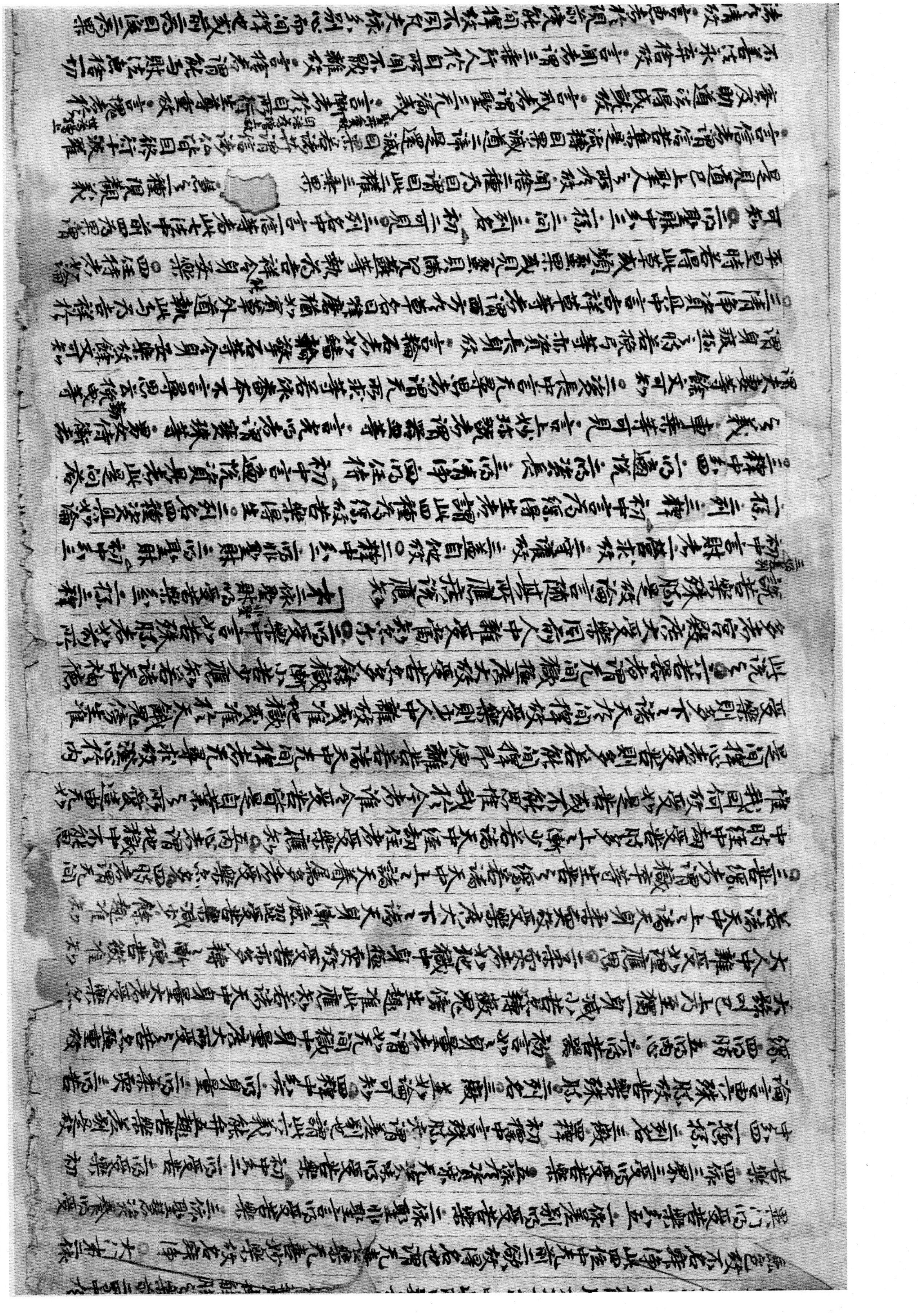

BD05797號　瑜伽師地論隨聽記卷五　（21–2）

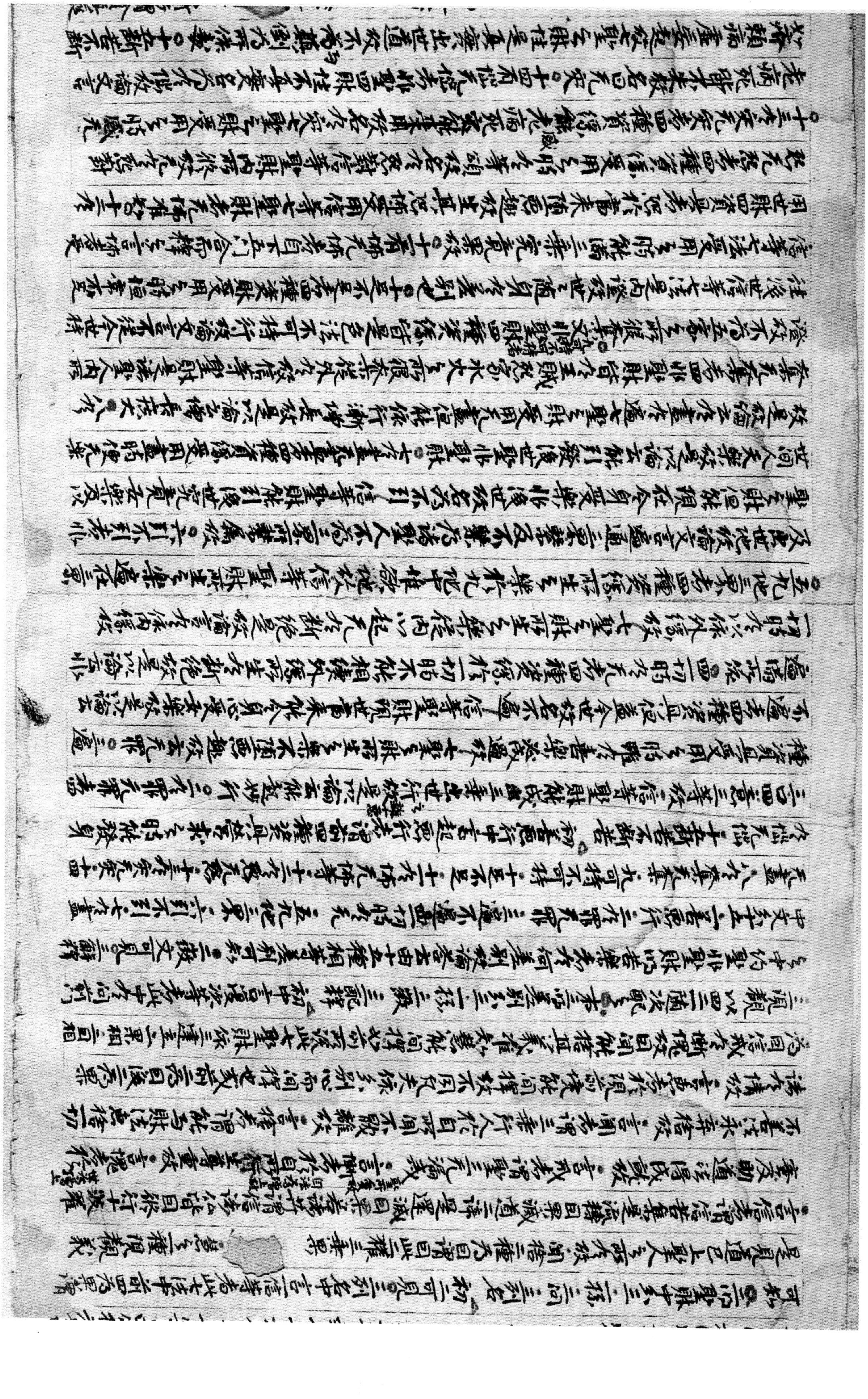

BD05797號　瑜伽師地論隨聽記卷五

（21–3）

[illegible]
信等七法受用之時能滿三乘究竟果故。十一有怖無怖者，自下五門合而釋之。言怖者受
用世財四資具者，恐於當來隨惡趣故，生其恐怖。受用信等七聖財者，無怖有智。十二於
怨無怨者，四種資緣受用之時，於等頭故名於怨對。信等聖財內所將故，無於怨對。
十三於災無災者，四種資緣能感老病死災，能牽未用故名於災。七聖之財受用之時感無
老病死，能不來故名曰無災。十四有惱無惱者，非聖四財住不真實，名為有惱。故論文言
以齋賴病虛妄起故。七聖之財住是真實，出世道故不為顛倒，為所依處。十五斷苦不斷
苦者，非聖之財皆有愁嘆憂苦熱惱，是故論言不斷後世。言不斷者，謂貪嗔癡
等及隨煩惱為所依故，是以論言本隨二惑所依處故。七聖之財為諸行人永斷及伏上二惑
故，於當來世不生大苦，故與世財有差別也。言聖財所生樂無怖畏等者，此之五門所有言
樂，聖非聖財有差別者，同上說故。是以論云：隨其所應，如上相違，應說應知。
乖三依聖慧命受苦樂分三：一標，二徵，三解釋。初標中言有欲者，謂五趣有情。
言欲塵者，謂外五塵境，意說人天皆受五塵用為樂故。言聖慧命者，三乘聖人
以慧簡擇證真如理，能養法身，故名慧命。此則以因談其果也，謂因真如法身長
養故。言正法者，二空真如，是諸聖人內所證故。法雖有四，今取理法以明正法。言由
五種相者，此中有問：受欲、聖慧皆受樂者，有何差別？故論答云由五種相故有差別。
言無上者，法身慧命樂清淨故，名為無上。二徵可見。三解釋中分二：一明受正法樂，
二明受欲過失。初中分五：一不染汙，二極畢竟，三向定，四明不共，五有真實及摧魔
怨。初中言不染汙者，謂諸聖人受正法故，不謂貪等煩惱所染。二極畢竟者，謂諸凡夫
受欲樂時數有改轉，或時見色或聞聲等。若諸聖人緣真如理究竟涅槃，無有變異
故。三向定者，謂諸聖人所樂定時一向決定，如緣人空，從始至終更無轉緣青黃等，
決定[illegible]。四不共者，謂諸聖人所證真如無退墮故，不同外道邪見命等雖證四
空必還墮落，故論文言與餘惠命不共故也。五有真實及摧魔怨者，此中有二：
一者真實，二伏魔怨。言真實者，所證真如無顛倒故。二伏魔怨者，魔有四種：一
煩惱魔，二蘊魔，三死魔，四天魔。所言魔者，能滅善根不令生長，能障解脫故也。
此中證無相真如故破煩惱魔。觀諸法空能破蘊魔。觀諸法不生不滅，於生死中得自
在故能破死魔。除其我慢，能了自身及前色境空無所有，能破天魔。二明受欲過
失分五：一染汙過，二不畢竟過，三不決定過，四欲染隨逐及退還過，五不能真實
伏魔軍過。初中分三：一貪，二嗔，三癡。初中言此中諸受欲等者，謂欲界人天於五
門中受欲故有過失也。言所有欲樂者，謂三惡趣中唯苦受故。言隨順喜處者，順情
境中生貪愛故，不得出離，是故論言貪愛所隨。二言隨順憂處者，於不可意境生
嗔恚故，是故論言嗔恚所隨。三癡中言隨順捨處者，謂迷闇故不能簡擇可不可意

BD05797號　瑜伽師地論隨聽記卷五　　（21–4）

此中[illegible]
在故能破死魔 ◎陳其我慢能了自身及前色境空无所有能破天魔 ◎第二明受欲過
失分五 一染汙過 二不畢竟過 三不决定過 四欲染随逐及退還過 五不能真實
伏魔軍過 初中分三 一貪 二嗔 三癡 初中言此中諸受欲等者謂欲界人天於五
門中受欲故有過失也 ·言所有欲樂者謂三惡趣中唯苦受故 ·言隨順喜義者順情
境中生貪愛故不得出離是故論言貪愛所随 ◎二言随順憂者於不可意境生
嗔恚故是故論言嗔恚所随 ◎三癡中言随順捨義者謂迷闇故不能簡擇可不可意
故名為捨是以論云无間擇捨 ◎二不畢竟過中言不可知本際者謂生死流轉无始終故
故論文言以无常故意說五欲受樂之時无定相故非常受故如前見色後便緣聲故
論文言捨餘欲塵得餘欲塵 ·言或於一時者睡眠等時无五欲樂故不同聖慧受
用正法畢竟能證涅槃故也 ◎三不决定過中言即於此事等者謂受欲時順情生
喜違情起憂名不决定 ·言復即於彼等者前二句约因後句约果謂因愛恚生喜
憂故聖慧命者所緣真如皆決定故是故論言則不如是 ◎四欲染随逐及退還過
中言又諸離欲等者謂諸外道於邪法中以諸禁戒及世定力资持身故名為惠命
·言種種見取者外道諸見執斷常等皆從自心分别所起於自邪教決定守持故論文
言起邪勝解 ·言其心猛利者謂諸外道於自教中所起苦行極猛利故此等皆是无我見
為因不了因果是故論言恒為欲染之所随逐 ·言雖已離欲者謂諸外道雖依禁戒
及以世定暫伏煩惱生非相天復還退堕如厭震火遇緣便生受正法人所證真如无分别
故不同外道有退随也 ◎五明不能真實及制魔軍過失中言又受欲者謂欲界人
天言已離欲者謂上二界禪定欲樂 ·言所有欲樂者欲界欲樂 ·及離欲者上二界樂
·言皆非真實者如幻夢等故 ·言皆謂魔怨者三界人天貪著欲樂及禪定樂不了
二空真如理故皆謂四魔常時纏繞故論文言皆為魔怨之所随逐 ·言如幻等者
以六塵配之或一一塵皆有幻等六種應知 ·言着樂愚夫者謂欲界人天已離欲
者上二界也顛狂及醉准上配之 ·言聖慧命者謂諸聖人證出世間真實理故能摧
四魔不同三界受欲者故是以論云則不如是 第四依三界三受明受苦樂分三 一總標
三觀 二受 三配三苦 初中分三 一問 二答 初言復次三界等者此中有問依差别等受苦受
樂如前已知於三界中有情三受未了知故是故論云所依之身當云何觀此中三受
即是能依身是所依謂於身中有之苦樂故 ◎二答中言如毒熱癰者五欲之樂如
世癰瘡有情不了忘熱為樂是故論云麁重所随故五欲之樂皆由貪等煩惱
生故名為麁重 ◎二觀三受中分三 一樂受 二苦受 三不苦不樂受 皆有問答論文自
明 初中言即於此身者三界有情身中所有樂受未識其相是故論云當云何觀意
成受樂其相云可告之為除亦同於此 ·言謂如毒熱癰者謂有情身如癰瘡等

樂如前已知於三界中有情三受未了知故是故論云所依々身當云何觀此中三受
即是能緣身是所依謂於身中有々苦樂故　二答中言如毒熱癰者五欲々樂如
世癰瘡有情不了忘執爲樂是故論云麁重所隨故五欲々樂皆由貪等故煩惱
生故名爲麁重　二觀三受中分三　一樂受　二苦受　三不苦不樂受　皆有問答論文自
明　初中言即於此身者三界有情身中所有樂受未識其相是故論云當云何觀毒
識受樂其相云何苦々爲答亦同於此　言謂如熱癰者謂有情身如癰瘡等
无有樂相有情忘計可意境中生樂相故如世熱癰雖遇涼樂少得安樂其瘡猶
血由未盡故要除根栽其瘡乃愈此中亦尒雖于意境似有其樂謂身皆是苦
聚苦成故要修聖道能觀自身是其苦者不愛不染方得涅槃究竟安樂　三
苦受中言如熱灰所觸者謂熱癰上置煨火更增其熱此中亦尒於苦身中更加飢寒
冷觸若極寒時不遇熱觸名爲平等受是故論云而本住故　第三第三苦中言薄迦梵
說者經中說也　言樂受壞苦者謂受樂時无苦受故苦壞於樂准應知　言苦故
者如前所說　言行苦故者五蘊々身自性是苦雖无前二合々遷變故論文言行苦於苦
此中初是壞苦次是苦々後是行苦　第五依資味无資味等明受苦樂分三　一明隨界三種
喜樂捨解脫　二明遠立相受滅樂寂意　三明非隨界樂　初中言有愛味喜者是欲
界人天喜樂有愛味喜者是初禪樂謂離欲界五塵愛味故　言有厭離愛味
喜者謂第二禪離尋伺等々愛味故厭於初禪故名厭離　言如是等類者謂是解
脫々樂　言如經廣說者最勝釋云彼經言佛告諸苾芻有愛味喜有離愛味喜有
厭離愛味喜從五欲生者名愛味喜其是初靜慮住名離愛味喜　住第二靜慮
者名厭離愛味喜如喜有三種樂有三種捨有三種亦如是知　解脫有三種者若
住色界名有愛味解脫若住无色界名離愛味解脫若於貪嗔癡得解脫者名
厭離解脫　言應知隨二界攝者二界即是隨界非隨界此十二義中前之十一隨界
所攝謂隨三界施設故解脫一種名非隨界謂諸聖人證解脫者出三界故
第二明遠立相受滅樂寂意中言薄伽梵者謂諸經中世尊寂意遠立相受滅樂謂
此二法於生死中謂爲根本故世尊密意謂諸小乘說想受滅時究竟解脫　言此依住樂者
謂阿那含已上住此定中受解脫樂故　言非爲受樂者但依中住非受用也　第三言非
隨界樂中言有又三種者若能遠離貪嗔癡等諸煩惱者乃得名爲最上々樂故是
論云名爲常樂　第二受用飲食中分二　一標　二分別　初中有問三界有情受用飲食其相
云何故此答也　二分別　言謂三界相生者此約未生位說　言已生者約現在說謂三界中五趣
有情皆因四食命安住故所言食者續後有義　二分別中分二　二以觸等三食配於三界

此二住於生死中謂於根本故世尊密意謂諸小乘說想受滅時究竟解脫 言此依住樂者
謂阿那含已上住此定中受解脫樂故 言非為受樂者但依中住非受用也 第三言非
隨果樂中言乃至文三種者若能遠離貪嗔癡等諸煩惱者乃得名為最上之樂故是
論云名為常樂 第二受用飲食中分二 一標 二分別 初中於三界有情受用飲食並相
云何故此卷也 二分別 言謂三界相生者約未生位說 言已生者約現在說 謂三界中五趣
有情皆因四食命安住故所言食者續後有義 ◎二分別中分二 一明觸等三食配於三界
三分別段食 初中言觸食者謂根境識 言意思食者謂業煩惱 言識食者謂賴
耶識 餘文可知 ◎三分別段食分二 一總 二別 初中言唯欲界者總說欲界五趣有情
皆因段食命安住故 ◎二別中分二 一細 二麁 初中言有微細風動者地獄之中以出入息以為
段食為風大中具四大故 論文言由此因緣彼得久住 ◎二明麁食中鬼傍生等所食有
多段者其義可知 言復有者是異門也 言等住有情者等取胎中八位也 餘欲天等
食微細者如論可知 第三明受用婬欲分三 一依五趣明受欲 二明差別 初中分五 即
五趣也 初地獄中分三 一標 二徵 三答 初二可見 ◎三答中言長時者謂无間獄中經劫
故 世餘三地獄准此應知 言无間者中間无間斷也 餘文可知 ◎三傍生 ◎三鬼 ◎四人
合說 言所有依身者謂六識所依身也 言二二者上謂男女二身下謂男女二根
相交會也 餘文可知 ◎五明天趣受欲分二 一標 二釋 初文可知 ◎二釋中分六 謂六欲
天也 初四王衆天 此中有問 前指文中欲界諸天皆以婬欲 今六天行欲同不同耶
故論答云 天王衆天二二交會等 皆於差別如文可知 ◎第二明差別中分三 一依四洲明
差別 二依大力鬼神及欲天明差別 三依胎藏明差別 初中言三洲人攝受等可知
言北洲 无我所者謂北洲人无自他故不假錢財取於妻室 又无屋舍 依樹下住 若是
親姻樹枝自然向上 若非親姻樹枝自下 蔭影人故 遂行婬欲 生已置於道上 嗷
衆人指侄七日已自然長大 為如是故生无育養之恩 死无葬送之報 逢男為夫
逢女為婦 本无繫屬 故論文言无攝受嫁娶 ◎二依大力鬼神及欲天明差別中言大力
鬼神者謂大力鬼若於人女有欲心時變身為人同彼夫形 狀於中受欲 鬼女亦然 无嫁娶
等 如論故云亦尔 言除上二天者謂此二天自化五欲及他化中亦能受用不假於餘男
女受於婬欲執手等義如前可知 ◎三依胎藏明差別分二 一標 二釋 初文可知 ◎二
釋分三 一明他天 二明頂天 三明空居天乃至受生大小差別如論可明
界八門中第六明生差別分四 一明三種欲生 二明三種樂生 三明遠立欲樂因由 四明求覺行
差別 初中分二 一標 二釋 初中言生遠立者謂前標文中依八種義遠立等伺等受用
已上文義悉以了知 生遠立者其義云何故答此也 言欲生者此中合標三種樂生為論文
略故說者應知 ◎二釋中分三 一釋近欲自在 二釋化欲在 三釋於他欲自在 初中分三

女受於婬欲執手等義如前可知　三依胎藏明差別分三　一標　二釋　初文可知　二
釋分三　一明他天　二明頂天　三明空居天所受生大小差別如論所明
界八門中第六明生建立分四　一明三種欲生　二明三種樂生　三明建立欲樂因由　四明求梵行
差別　初中分二　一標　二釋　初中言生建立者謂前標文中依八種義建立尋伺等受用
已上文義悉皆了知生建立者其義云何故答此也　言欲生者此中合標三種樂生為論文
略故說者應知　二釋中分三　一釋近欲自在　二釋化欲(自)在　三釋於他欲自在　初中分三
一標　二徵　三釋　初中言現住者謂眼現見色等　言富貴者謂能取色等境也
言自在者於五欲中无鄣礙故　二徵可見　三釋中言謂一切者於五趣中除地獄无樂
受故餓鬼傍生一分及被福德者及人天全皆於五欲生深着故起尋伺等　二於化欲自在
分四　一標　二徵　三解　四結　初二可見　三解釋中(言)謂樂化天等者謂此天中自化五塵自
受用故不同前者於外境上生欲故餘文可知　三釋他欲自在分三　一標　二釋　三結　初
文可見　二釋中分二　一明愛欲　二明釋名　初中言於自他非為希奇者謂此天中(雖)自亦能化
但於他化五欲境上生欲多故是故論言用他所化為富貴也　二釋名中言非彼諸天者謂
此天中自他俱化二俱受用貴於他故以立其名　三結文可見　第二明樂生分二　一標
二釋　初文可見　二釋中分三　一釋離生喜樂　二定生喜樂　三釋无喜之樂　初分三
一標　二釋　初中言灌灑者謂初禪中以離生定之潤身心故　二釋文可見　三明釋定生喜樂
分三　一標　二釋　並如論文　三釋无喜之樂分二　一標　二釋　亦如論可知　第三明建立
欲樂差別因由分三　一問　二答總　三解釋初二文可見　三解釋中分三　一明欲求　二明有求
三明梵行求　初中言若諸沙門者謂內外(道)道出家人也　言墮欲求者墮者數也謂墮
三種欲求數中故論文言一切皆為三種欲生　言更無增過者謂界人天除五欲境不生(欲)(三種欲求无餘求故天增減)
欲故　二明有求分二　一問有求　二答難　初中言多分求樂者謂色界中生者貪三種樂(故无增減)
故生其中故論文言一切皆為三種樂生　二答難中言由諸世間等者此中有問依世間
中不求苦生者即无疑不苦不樂何不立生故論答云為不苦不樂寂靜生義起退求(是故不立四禪已上至非非想不生義也)
者勘少故世等　三明梵行求言一切皆為求无界者謂三乘人及見外道修定之者皆
求无漏外道即四禪四空以為无漏二乘即以滅盡定等以為无漏也　第四明求
梵行差別分二　一有上　二无上　有上者謂外道解脫四禪四空世間定故聲聞若入楚
復於佛法入者謂淨心於外道入此以為究竟故名有上　言无上者謂滅盡定出三
界故是故論言謂求无漏界若對諸佛菩薩二乘但名有上求也諸佛菩薩名无上求
八中第七明自體建立分二　一標　二釋　初中言自體者自身也此中有問三界有情謂
三種欲生三種樂生尋伺其義已知於自體中云何住世建立尋伺故論文言有
四種得自體差別也　二釋中分四　一自心捨非他　二他心捨非由自　三自心亦捨亦由

BD05797 號　瑜伽師地論隨聽記卷五　（21–8）

累故是故論言謂求无漏累若對諸佛菩薩者亦但名於上求也諸佛菩薩名无上求
八中第七明自體建立文二 一標 二釋 初中言自體者自身也 此中有問三界有情謂
三種欲生三種樂生等何其義已知於自體中云何住世建立等何故論文言有
四種得自體差別也 二釋中文四 一自心害非他 二他心害非由自 三自心亦害亦由
他心 四自心亦不害亦非他心 初中文二 一標 二釋 初標文可見 二釋中文二 一明遊戲
二明意憤 初中言遊戲忘念者謂六天中有一類天貪五欲故忘念其食之天
相續住者於五欲中經於數時遊戲相續住故不食而死是故論言由失念故從彼
衰沒 二意憤者謂六天中見於福德生彼天時彼无福者意中憤發生嫉妬
心其有福者於諸勝天亦生意憤是故論言有時展轉循眼相視由資不食遂
內乃致死故論文言意憤增故從彼衰沒 言意憤者謂心亂也或五衰相現眷屬
不近因資心亂不食而死亦名自害 二他心害非由自心文二 一標 二釋 初標文可見
二釋中言謂羯羅藍等者謂母胎八位有情若非餘人為母非藥及築打等令胎藏
中有情死者名為他害 言諸根故論文言在母腹中所有眾生也 第三自心亦害亦由他
心文二（亦根具足謂） 一標 二釋 初標文可見 二釋中言謂即彼眾生（言諸根成熟者謂六根成熟位）幽約人趣已生位說 言諸根圓滿
者謂能言說辯識是非故名圓滿謂諸有情或於自身受役資具或遭於事不稱
情故自害其身他所害者或因財物名及利故互相殺害故名他害 第四明自
心亦不害亦非他心文二 一標 二釋 初文可見 二釋中文 初三可見 四言似那落迦
鬼者謂餓鬼中惡業重者同於地獄受極重苦不由自害所有飲食變為膿血及
以鐵丸亦非他作但是自心業所轉故 言似者謂鬼趣中一分有福德者自他俱
害故 言如來使者謂聲聞菩薩為諸佛所使往他方時佛威神力所加持故无有能
害自亦應知 言最後身者謂如釋迦住最後身名曰勝明相隨下時无有天
魔及諸惡鬼能害菩薩 言慈定者如唐三藏從西方來過婆羅門賊欲將祭天尊
神德之人遂從三藏即入慈定三昧（言滅盡定者如尊者大迦葉波等）飛砂走石當時便起其賊誨過於三藏邊求受
五義 言无諍覺者如須菩提於彼因時以物无覺故於果上有情見時甚皆歡喜故
言无諍若大迦葉等因中不修无諍故雖證羅漢有人毀呰方行似獼猴此名有諍謂
迦葉五百生前曾作獼猴云云 言中有者謂在中有時无麁五蘊餘不能害 自
不害者其義可知 八中第八明因緣果建立文三 一明因緣果相等四法 二明釋因等四
法名 三明因之異門 初中明因緣果相文二 一總標 二釋 初總標中文二 一問 二答 初
問意者有尋伺等三地之相必有因緣及以果相何等名為尋伺等三地因之體相何
等名為緣之性相何等名為結果之法故論文言云何名為因緣果建立 二答意者
因等三種體雖无量總攝言之因有十種緣有四果有五差別 二釋中文四 一明因等三
[illegible]

此處業五因生前曾作雜染。言中邊處者謂在中處時無處五處餘不能生自
不害者其義可知。八中第八明因緣果遠近分三。一明因緣果相等四法。二明釋因等四
法名。三明因之異門。初中明因緣果相分二。一總標。二釋。初總標中分二。一問。二答。初
問意者有尋伺等三地之相必有因緣及以果相何等名為尋伺等三地因之體相何
等名為緣之性相何等名為結果之法。故論文言云何名為因緣果遠近。二答意者
因等三種體雖無量總攝言之因有十種緣分為四果五差別。二釋中分四。一明因等三
相。二明因等所依。三明因等差別。四明因等遠近。初明因等三相分二。一標。二釋。初標分二
一列名。二略總辯。初列名中一言由相者生等六相差別故。二言依處者謂等十五種各差
別故。三言由差別者因十緣四果五不同故。四言由遠近者謂因等三種法故此中
意說相等四法遍攝世間及出世間雜染為不雜染因緣果法皆盡也。二略總辯中言因
等相者等攝緣果相故。言由此為先者此明因相。言先者因先果後故。言此為遠近者
此明內緣也。言此和合者明外緣也。言彼法生者明果相也。二別釋分六。一依生。二依得。三
依成就。四依成辦。五依任持。六依作用。初中分二。一問。二答。初問中分四。一問因相。二問內緣相
三問外緣相。四問果相。初問因相者此問三界繫及不繫因也。三界繫因者謂邪行福行
及不動行。不繫因者謂三乘行人所修諸行。二問內緣相者此亦有二。一繫緣謂非如理
作意。二不繫緣謂如理作意者。三問外緣相者此亦有二。一繫緣謂遇邪師及聞邪教
等。二不繫緣謂遇諸佛及聞正法等。四問果相者此亦二種。一繫果謂五趣有情。二不繫果
謂三乘涅槃。二答中分四同前。初言種子為先者謂繫不繫種子也。二答內緣中言除種子
依者三依之中種子依者因相中攝故此中不攝。言所餘者謂俱生依及等無間依。言
若有色者謂眼等五根及彼所依四大種也。言無所依者謂等無間依。言業為遠近者謂
眼等五識六業及意識十五業也。三問外緣中言助伴者謂遍行等五十三心所。言所緣者
謂五塵境。四答果中言隨其所應者非次第義謂繫果非繫果因緣亦別果亦異故
言欲界繫者謂三惡趣及欲人天也。言色界繫者十八天也。言無色界繫者謂空處等
四天也。言不繫者謂三乘斷也。言諸法生者謂隨繫不繫因緣和會之時能生果故是故
論言繫及不繫諸法生也。二依得中分三。一問。二答。三釋二緣。初中分四。一問因。二問內緣
三問外緣。四問果並如論隨次應知。二答中分四。一答因者謂三乘種姓也。二答內緣者謂如理
作意等如下所明。三答外緣謂諸佛出興於世等如下所明。四答果謂離煩惱證得三乘斷
三釋二緣分二。一內。二外。初中分七如論。言如理作意者有七種如下所說。言少欲知足者謂不貪
求故以少為足故。言內分善者謂信等也。言得人身者謂五趣中人最勝故極難得故
能修三乘及證果故是故經言猶如盲龜值浮木孔等云云。是故人身極難得故。言生在
聖處者謂生中國不生邊地邊地者謂戎處等。若生邊地於此國中四向四果不來往故故名難

作意等如下所說　三答外緣謂諸佛出興於世等如下所說　四答果謂離於鄣證得三乘轉

三釋二緣有二　一內　二外　初中有七如論　言如理者於七種如下所說　言少欲知足者謂不貪

求故以少為足故　言內有善者謂信等也　言得人身者謂五趣中人最勝故極難得故

能修三乘及證果故是故經言猶如盲龜值浮木孔等　是故人身極難得故　言生在

聖處者謂生中國不生邊地蔑戾車等若生邊地於此國中四向四果不來往故故名難

也　言諸根無缺者謂六根無缺也　言無業鄣者不造五無間等諸重業也　言

於其善處等者於其三寶生淨信也　三外緣中有五　前二句可知　言教法由存者

佛雖滅諸聖弟子展轉相傳十二分教故令不絕　言住正法者謂在家出家順教修

行不違佛語皆趣聖果故論文云隨順而轉　言其悲信者謂四皆證越知自識

識果於修行人施其四事故論文言以為施主　言如是等法者但為此外緣相應

法也　三依成中有二　一問　二答　初問文有四　一問能成因　二問能成內緣　三問能成外緣　四問

能成之果如文隨次配之　二答中亦四　初答因　二答內緣　三答外緣　四答果　初答因中言所

知者謂立論者於所證境先自決定乃能令他而易解故　言勝解者欣樂立於正論宗

也故論文言愛樂為先也　二答內緣中宗因喻等者如文可知　三答外緣中言不相違者謂非

試問等於好心問義來者是也故論文言善祝論者是也　四答果中言所立義者隨立諸行無

常等義成也　四能成辨有二　一問　二答　答各有四門如前所說此門之中明世間一切工巧因緣果如論

應知　五明安住有二　一問　二答　答各有四門此門中明三果五趣有情四食住持因緣果也　言安住者

言無辨者釋也　餘文可知　六明作用有三　一問　二答　三內外作用此門中明世出世間一切作用因緣果

相如文可知　第三明因等所依有二　一標　二釋　初文可見　二釋中有十五種所依如下廣說（合配因緣果）

第三明因等差別有二　一總標　二別釋　初中言因等差別者此中有問因緣果相等四義

中相及所依所有文義如前已知因緣及果差別云何故論答言因等差別故也　三別

釋有三　一因　二緣　三果　並如論可知（三違立中說）　第四明因等違立有三　一違立因　二違立緣　三

違立果　初中有十即十因也　初隨說因中有五　一總標　二答　三徵　四釋　五結　初中有問因

緣果三云何違立故論答云因違立者也　二答中言謂依語因依義者此中意說初隨

說因依何法故而得施設故論答云依義依義施設故也若依番本云因依語依義也

三徵可見　四釋有四　一欲法　二色無色法　三不繫法　初中欲界繫法者謂於欲界中具如

地獄情與非情一一境上施設其名此是等活此是黑繩等名也情謂那人非情者為苦具

等也故知依名相於義故於隨說因餘趣及色無色繫不繫准法此說之　五結文可見

第二違立觀待因有四　一立　二徵　三釋　四結　初言依領受因緣義者因謂十因中觀待

因　言依義者領受是觀待因所依之義故論文言依義施設等也　二徵文可見　三

釋有五　一欲樂　二色樂　三無色樂　四不繫樂　五不欲苦　初中言諸有情者謂五趣有情中除

三徵可見。四釋分四：一欲法，二色无色法，四不繫法。初中欲界繫法者，謂於欲界中具如
地獄情乃非情一一境上施設其名，此是等活，此是黑繩等名也。情謂那人，非情者為苦具
等也。故知依名相（依詮）義，故於隨說因餘趣及色无色繫不繫准法，此說之。五結文可見
第二建立觀待因分四：一立，二徵，三釋，四結。初言依領受因依處者，因謂十因中觀待
因。言依處者，領受是觀待因所依之處，故論文言依處施設等也。二徵文可見。三
釋分五：一欲樂，二色樂，三无色樂，四不繫樂，五不欲苦。初中言諸有情者，謂五趣有情中除
四種地獄鬼傍生一分，苦極重故无欲求者。人天及鬼傍生中具福德者受人天樂，於欲
求故，故論文言諸有欲求欲繫樂也。言彼觀待此者，謂彼有情曾受如是人天樂，故方生欲
樂，故云觀待也。言欲具者，謂錢財及諸天宮殿綵女等。言或為求得者，謂求受
樂資緣也。言積集者，多積聚也。言受用者，隨意受樂也。此中意說為諸有情
先曾領受如是欲樂，方乃求覓積集受用，故於領受立觀待因。二色繫法樂中
情樂者，謂生彼有情也。非情樂者，謂宮殿等。是故論言於彼諸緣等也。三无色繫
樂，謂四天无色身故不假宮殿，无非情樂，四蘊成身有情樂也。言求得者，應（因）厭下地得
（上兩界中不言積集者為无貪等欲故）
生上，故受用者住彼定也。四不繫樂者，謂二乘者於自乘定所得涅槃出三界，故謂生樂著，
故論文言於彼諸緣餘文可知。五不欲苦者，謂諸苦於五住中彼廿七種（六度等）苦法時，不欲三界所
有苦，故謂乃三界猶如火宅，所受苦樂從遍計生，无真實，故是以論文於彼生緣於彼斷
緣。言生緣者，可應遠離。言斷緣者，謂諸聖道斷彼苦緣，能證其果，故論文言或為求得。
言受用者，用此聖道為利眾生，此等皆能於三乘法所有果中曾領受已，方乃求也。四
結文可見。第三建立牽引因分四：一立，二徵，三釋，四結。初二文可見。三釋中分二：
一兩因，二兩果。初中言淨不淨業者，謂善不善業。言諸行者，謂（識）行也。由善業造福行不動
（遣相行由此三行熏藏識故感生淨上善樂）
行，由不善業，故論文言於愛不愛趣中。二兩果中分二：一內，二外。初中牽引愛不愛自
（謂能引生五趣）
體者，自體者身也。二外果中言復則由此增上者，謂善業增上故能感外世界，安住及五
（及星流地動不祥相）
穀豐登等，謂由不善業增上，故能感國界不安遭灾厄等，故論文言外物國衰。結文可知。
第四建立生起因分四：一立，二徵，三釋，四結。初中言於因種子者，謂根本煩惱及隨煩惱
雜皆能潤識中種子，最愛勝，故此中偏說。言因依處者，謂潤種子為因方能生起
三界果也。二徵文可見。三釋中分四：一兩果因，二兩潤，三兩能生，四兩引住。初中言欲
界繫法者，取果法也。言各從自種子生者，此兩因也，謂三惡趣從罪行種子生，欲界
人天從福行種子生，上二界從不動行種子生。二兩潤中言愛名能潤者，謂欲愛能
潤福行罪行種子，色无色愛能潤不動行種子。言種是所潤者可知。三兩能生中言
由此所潤等者，謂欲界種能引五趣生果，色无色界種引生不動果，故論文言各別自體
（言各別者五趣之身各別也）
當得生起。自體者，自身也。四引住中言業為感生因者，謂福非福不動業牽引，故愛為

三界果也 二徵文可見 三釋中分四 一明果因 二明因 三明能生 四明引經 初中言從
界繫法者取果法也 一言各從自種子生者此明因也 謂三惡趣從罪行種子生欲界
人天從福行種子生 上二界從不動行種子生 二明因中言愛者能潤者謂欲愛能
潤福行罪行種子 色无色愛能潤不動行種子 一言種是所潤者可知 三明能生中言
由此所潤等者謂欲界種能引五趣生果 色无色界種引生不動果故論文言各別自體 言各別者五趣之身各別也
當得生起自體者自身也 四引經中言業爲感生因者謂福非福不動業牽引故 愛爲
生起因者謂因愛水潤業種故生三界果 故云說愛如水能溉灌故 四結文可知
第五明建立攝受因分四 一立 二徵 三釋 四結 初中言係无間滅者謂等无間緣也 言
境界者謂六塵境也 言根者六根也 言作用者謂根境 業果識三和合也 言士用者謂眼能
見耳能聞等 言真實見者謂賢聖於四諦深淨之由證覺於十二緣門順逆之中名人空故名真
實見 若諸菩薩人法二空名真實見 上五攝受繫法後一攝不繫法 故論文言施設攝受因
三徵文可見 三釋中分二 一明繫法 二明不繫法 初中言諸行者謂三界中心及心所皆爲无
間滅等五法所攝受故 論文言諸行轉也 言諸行者五趣中心及心所轉也 眼於色轉等 上三
界中若无色界於空處等心心所轉 故論文言色无色界繫法亦尔 二明不繫法中言或由
真實見等者謂三乘人能了人法二空故於諸聖法悉能攝受 故論文言餘不繫法轉
四結文可見 第六明建立引發因分四 一立 二徵 三釋 四結 初二文可見 三釋中分三
一善引 二不善引 三无記引 初中分四 一欲 二色 三无色 四不繫 初中言由欲繫善 及能引發本地及上中上下善根故言勝善也
法等者謂五戒十善能引欲界人天樂果 及能勝行世出世善 故論文言能引繫及不繫
勝善法也 二色界謂四禪中所有善法復能引生上上地 故謂厭初禪修二禪 行或於彼地厭離
色法修出世道攝三乘果 三无色界謂四空處復引空處前後相續亦能引生識處乃至非
想 或於此中厭離三界修出世道能引三乘不繫之果 是故論言引无色界及不繫善法
四明不繫者謂三乘人能引自乘所有善法 因中修行及能證得究竟涅槃 是故論言及能
引發无爲作證 二不善引分二 一貪 二例餘 初中言不善能引等者謂貪欲故生貪愛等
乎不善業 故云諸勝不善法 二例餘者論云如貪欲如是嗔癡等者此中意說謂嗔故
引生癡 傳五見及疑十不善行 餘皆准此互能引生无前後次第 是故論言隨其所應
世 三无記引分二 一明善等識引 二引喻 初中言如是无記法能引等者謂賴耶識中 四无記中今取異熟
住種子皆從无記之所引故 謂賴耶識能持 无記故 論文言 二引喻者此明无記能引无記故論文言
如段食能引受生者備等謂五趣身 四種食雖是无記而能任持 住无記故 四結文可知 第七建立定異因分四
一立 二徵 三釋 四結 初中言差別功能者謂因緣功能各差別也 言定異者三界繫
及不繫因果定異故不雜故 二徵文可見 三釋分四 一欲功能 二色功能 三无色功能 四
不繫功能此四一一物於因果如論 初中言諸法自性者謂罪行自性能生三惡趣 福行自性

世。三无記引爲二。一引善等識引。二引喻。初中言如是无記諸能引等者謂賴耶識中三
住種子皆從无記之所引故謂賴耶識作无記故。三引喻者此明无記能引无記故論文言
如羸食能引愛生於倩等謂五趣身作无記故。四種食雖是无記而能任持。四結文可知。「第七違主定異因分四。
一立。二徵。三釋。四結。初中言差別功能者謂因緣功能各差別也。言定異者三界繫
及不繫因果亦異故不雜故。二徵文可見。三釋分四。一欲功能。二色功能。三无色功能。四
不繫功能。此四一一於因果如論。初中言諸法自性者謂罪行自性能生三惡趣福行自性
能生人天不動行生上二界故曰三行能生三界故論文言功能差別。言能生種種者此明
果功能也。二色界。三无色界。四不繫所有因果功能如欲界繫差別故云亦爾。四結
文可見。「第八違主同事因分四。一立。二徵。三釋。四結。初中言依和合者謂內外緣和合也
言同事者果也。緣雖內外差別俱果同故名同事也。二徵文可見。三釋中分五。一欲和合
二色和合。三无色和合。四不繫和合。五例餘。初中言自生和合者此約欲界生位內外緣得
和合故謂五趣生時要假內緣等外緣心所法方能生起故論文言自生和合故欲繫法生
二色和合。三无色。四不繫雖於自生正因若无內外緣助不能生過故依內外緣和合依義立
定異因。四結文可見。五例餘中言得成辨住用者此中得者謂不繫果由內緣如理作意等
外緣諸佛興世等和合之時乃可證得。言成者謂世出世間所有道理若无內緣宗因譬喻
外緣善於論者和合之時不成就故。言辨者謂若世間所有工巧若非內緣勤勵外緣眾
具和合之時不成辨故。言住者謂有情身若无爲內緣四食爲外緣者不能安住。言用者
雖有種子若无根爲內緣五塵爲外緣者不能和合能見色等生諸作用是故論言得成辨
住用和合亦爾。四結文可見。「第九違主相違因分四。一立。二徵。三釋。四結。初中言障礙
因者此中有問障礙之法何故名因依義那答謂若善法有障礙時俱不成就其不善法得
成就故辟如无雨障礙其國其年天旱者不還得成故餘文可知。二徵文可見。三釋中分五
一障礙欲。二色。三无色。四不繫。五例餘。初中言欲繫法相生者謂五趣將生果時若闕諸
緣爲障礙者與生相違故論文言障礙現前便不得生如闕障明不能見色等。二明色障
礙者內緣於漏如理作意等外緣邪師等緣五淨居。三无色界障礙亦爾。四不繫障礙者謂若欲行出道之
時不遇善友及身有災橫爲障礙時與所修道皆相違故。五例餘中言生如是者謂若生時內
外諸緣於障礙故不得生者成得辨住用亦同知。四結文可見。「第十違主不相違因分四
一立。二徵。三釋。四結。初二文可見。三釋中分五。一欲无鄣礙。二色。三无色。四不繫。五
例餘。初中言欲繫法將得生者此明因也。言无障礙者此明內外緣具也。言爾時便生
者此明果也。二色繫。三无色繫。四不繫。具緣之時果皆生故云亦爾。五例餘如論。四
結文可見。「第二明違主緣分四。一立因緣。二立等无間緣。三立所緣緣。四立增上緣

時不遇善友，及身不堪，種為障異時，子所修道皆相違故。五例餘中言生必是者，謂若生時內外諸緣，於障異故不得生者，成得辨往用亦同知。四結文可見。第十違，三不相違因，分四
一立 二徵 三釋 四結 初二文可見。三釋中分五：一欲界，二色，三無色，四不繫，五
例餘。初中言欲繫法將得生者，此明因也。言無障異者，此明內外緣具也。言爾時便生
者，此明果也。二色繫，三無色繫，四不繫，具緣緣時果皆生，故云亦爾。五例餘如論。四
結文可見。第二明建立緣，分四：一立因緣，二立等無間緣，三立所緣緣，四立增上緣。
初為前十五依處，前三各配一，後配十二，如論可知。第十建立果，前四各一，第五配十
一，亦如論可知。第二釋因等名，分三：一因，二緣，三果。初言順益者，謂果順於因，於有漏
果從善不善種生，无漏果從三乘種姓生，又因所作果，類上應知。二緣中言建立
者，謂內外緣能助於因，成就果故，名建立也。言成辦者，成為證成道理也。辨為成辦等果
義成辨故。第三明因之異門，分三：一能生因等異門，二發因等異門，三无常等異門。
初中分三：一標，二列名，三釋。初二如論可知。三釋中分五如論。初能生因中言生起者，十因之中
生起因也，謂於因必生果故。二方便因中言所餘因者，謂十因中所餘九種。三中，俱有因中言
攝受因，分者，謂攝受因於六依處，今取根依一分，為俱有因，於論文言於眼識等。四
無間滅因中言生起因者，問此中為能生因中生起，何別答彼約未能生，在說約因滅果
生義說，故於差別也。五久遠滅因中言牽引者，謂業等因於四種，一順現業，二順生業，
三順後業，四不定業，皆能牽引生久遠果，又建立因於五種相，此明第二發因等異門。
分二：一標，二列名。此初也。二列名，分五如論。一可愛者，人天因也。二不可愛者，三惡趣也。三
隨順者，四食住也。四流轉者，除相違因餘九種是。五還滅者，即相違因也，能入聖道
澄淨時生相違故。第三无常等異門，分三：一標，二釋，三結。初中言又建立等者，謂依无
常等十種相中建立十因也。言无常者，謂於諸法要是无常方能為因，若常法者猶若虛
空，不能為諸法作因，故破外道常見。文云於空而曰微何為，彼二云過果在於皮，若似虛
空，則果若似於皮是无常，故因果法要是无常。言或為生因者，謂生等五果皆因无常。
法為因故，方能生果，且如種子於內外因生五趣，及不繫果，若是常者，猶如堆種，雖遇緣時
不生果，故得成辦等准此說之。二他自性因中言他者，謂樂等也。言自性者，體等也，謂業藏
等生故，論文言非即此等也。三已生未滅者，謂內外緣助因方能生果，故論文言非不得
餘緣也。四餘緣因者，謂內外緣助因方能生果，故論文言非不得
餘緣也。五變異者，釋因成果也。六功能相應者，謂因能生果，雖於助緣如稚種等果
不生故，名失功能。七相稱者，謂善因生善果相稱故。言相順者，謂罪行順生三惡趣
皆准此說。三結文可見。廣釋中第二明相施設，分二：一略釋，二廣釋。初中分二：
一釋前五門中果施設門，文義差別建立異，問者具義已知。

能緣其自本種性故
業生故論文言非即此業耶也 ◎三已生未滅者 皆本文不言未滅而言已生已滅謂內外諸法生因生諸果 時業飯因已生已滅方能生果若因未生自體無故不能
亦因可難已生若不滅者障導果故無間緣不能爲因是故論文已生已滅方能爲因也
餘緣也 ◎五處異者釋因及果也 ◎六功能相應者謂因能生果體於助緣如雄種等果
四餘緣因者謂內外緣助因方能生果故論文言非不得
不生故名失功能 ◎七相稱者謂善因召善果相稱故 ◎言相吻者謂罪行吻生三惡趣
故餘准此說 ◎三諸文可見 第三廣釋中第三明相施設中文二 一略釋 二廣釋 二長行 初中分二
一頌 二長行 初中於問 前五門中第施設八門文義差別遠立尋伺者其義已知
相施設者云何建立故論答云嗢陀南曰頌中七義名尋伺相如論可知 ◎二長行分七
一標 二列數並如論可知 第二廣釋尋伺相分七 一明尋伺體性 二明尋伺所緣 三
明尋伺行相 四明尋伺等起 五明尋伺差別 六明尋伺決擇 七明尋伺流轉 初中分三
一標 二釋 三結文可知 ◎二釋中分二 一不深 二深 初言不深推度者謂不能細推求也 ◎言所緣
者據也 謂於漏無漏所緣除中麤思度彼 ◎二深者於前所緣能以其惠細伺察故是
以論云惠思爲體性 而字於上相合 第二尋伺所緣者謂蘊處界是於漏所緣如所於住
無漏所緣 ◎言名者詮自性義色受想等名守護自性故 ◎言句身者詮差別故謂因
句故能了諸行是無常等差別義也 ◎言文身者文爲文字是其所依名句能依
名句文身是尋伺 ◎言義者境也謂三科法門是漏無漏所緣境故 第三尋伺行相分三
一標 二釋 初文可見 ◎二釋分二 一尋行相 二伺行相 初中言謂即於此等者謂於三科
義尋求者敘論文言所緣尋求行相是尋 ◎二伺行相細觀察者其義可知 第四尋伺等
起分三 一標 二釋 三結文可見 ◎二釋中言發起語言者謂尋伺是語之加行生人見是身加行受
想是心之加行故論文言謂發起語言也 第五明尋伺差別分三 一標 二釋 三結文可見
◎二釋中言於七種者尋伺二種是意境界故以意識不共業中分別所緣七種差別而解釋故
七不深所有行相如前廣說 ◎言七種者 一有相 二無相 三尋求 四伺察 五染污 六不染汙
是以論云謂於相等如前所說 第六明尋伺決擇分三 一標 二問 三答 標文可見 ◎二問
中言若尋伺即分別者 此中意問亘有尋伺即是分別 或有分別非尋伺耶故論答云
謂諸尋伺必是分別 此中意說但有尋伺皆是分別 謂從第六意識起故體是分
別故 第七卷云或有分別非是尋伺者此中意說除出世後餘三界內五趣有情所
注運分別一切皆非尋伺所攝 是故論云皆是分別而非尋伺也 第七明尋伺流轉分二
一標 二釋 標文可見 ◎二釋分二 一問 二答 初問分六 一問地獄尋伺行相所觸所引相應亦求
等事 ◎二問傍生六事 三問鬼趣六事 四問人趣六事 五問欲天六事 六問初禪六事
初中言若那落迦等者此問尋伺於五趣等中云何流轉 故論文言何等行何所觸等
六問生起也 二問傍生 三問餓鬼 四人 五欲天 六初禪 並如論可知 ◎二答分六 謂答五趣
及初禪各於行相等六事 如論中次第答之 ◎問二禪已上無尋伺故不興六問 以理無違靜

BD05797號　瑜伽師地論隨聽記卷五　（21–16）

於往還分別一切皆非尋伺所攝，是故論云皆是分別而非尋伺也。第七明尋伺流轉分二
一標，二釋。標文可見。二釋分三：一問，二答。初問分六：一問地獄尋伺行相所觸所引相應所求
等轉。二問傍生六事。三問鬼趣六事。四問人趣六事。五問欲天六事。六問初禪六事。
初中言若那落迦等者，此問尋伺於五趣等中云何流轉，故論文言何等行何所觸等。
六問生起也。二問傍生。三問餓鬼。四人。五欲天。六初禪。並如論所明。二答分六：謂答五趣
及初禪各於行相等六事。如論中次第答之。問：二禪已上無尋伺，故不與六問為理。無違靜
慮中間無尋唯伺，何不問耶？答：雖中間禪無尋唯伺，亦合於問，然為初禪之所攝故，要求
別標。初地獄六答中言唯是慼行者，此初問也。謂地獄中非行所生故。二觸非愛境者，答第
二問也。謂地獄中唯見苦具，唯聞苦聲等故，彼尋伺觸非愛境。三引發於苦者，答第
三問。謂地獄中所有尋伺唯引苦故。四與憂相應者，雖聞鍾聲等，暫時恒憂受苦故。五常求
脫苦者，謂地獄中恒於希望脫苦心故。六嬈心業者，謂地獄中於諸苦具及獄卒生於嗔恚，
不能對治自業所感嬈惱自心。言釋者，入也。地獄尋伺恒入是，以六種義故，與上六文一一相
合。二答傍生餓鬼六義同地獄說，故論文言餓鬼尋伺亦爾。三答傍生六義中前五如論
可知。六嬈心業者，謂傍生中更相殘害故嬈惱心也。四答人趣六義中前五可知。言嬈心
業者，謂男女互相貪愛故也。愚養大力鬼同人趣中說之。五答欲天六義中言少分慼行者，
五衰現時心喜憂慼故。二非愛境者，少福德天於所得境不可愛故。三引苦者，意見懷慼
隨順喜樂生喜苦故。四憂相應者，眷屬遠所心極憂故。五求脫苦者，求苦本果天欲
救護故。六嬈心業者，見福德天威光赫奕便惱心故。第六答初靜慮中前四如論可知。
五言求不離欲者，謂由獲得初禪樂故不樂遠離。六不嬈心業者，謂彼諸天無有嫉妬
不從自心唯於尋伺業轉。廣釋中大門第三明如理作意施設建立分二：一略釋，二廣解。
初文分二：一問，二答。初中言復次云何等者，此中於問尋伺等果相文義並以何知如理作
意施設尋伺建立，云何故論答云嗢拖南曰：此中意說以八種相建立如理作意尋伺如頌
所明。第二廣釋分四：一標，二列名，三解釋，四雜明施主等相。初二文可見。三解釋分八：
一明依處，二明尋伺事，三明尋伺所求，四明尋伺受用，五明尋伺正行，六明聲聞乘資糧方便，
七明獨覺乘，八明到彼岸引發方便。初中分二：一標，二釋。標文可見。二釋分六，如論。一決定時
者，謂十一善中信也。若不決定信則不生。二正見時者，謂慚愧方能正見身口作行。三業時者，
謂無貪無嗔無癡精進四善根故，於諸善業以理尋伺。四世間離欲者，謂依止世間能離欲
故。五出世間離欲者，謂不放逸及行捨故，能於彼等捨及精進時出世間故。六攝益於他者，
謂不害故，與悲相應能饒益他也。第二明尋伺事分二：一標，二釋。標文可見。二釋分八，如論。一施所成福
作用事者，由因信故作等施福。言事者等也。二戒所成者，謂因慚愧謂戒三聚戒故。三修所成者，謂無貪
嗔二善根故，於所修事方能成就。四文所成事者，謂因無癡并明了故，隨聞三乘所有教法悉能成

七名攝受果 八名到彼岸引發方便 初中分二 一標 二釋 後文可見 二釋分六如論 一決定勝
者謂十一善中信也 若不決定信則不生 二正見勝者謂慚愧方能正見身口作行 三業勝者
謂无貪无嗔无癡精進四善根故於諸善業如理尋伺 四世間離欲者謂依[illegible]安能離欲
故 五出世間離欲者謂不放逸及行捨故能修等持及精進勤出世間故 六攝益有情者
謂不害故与悲相應能饒益也 第三名尋伺事分二 一標 二釋 標文可見 釋分八如論 一施所成福
作用事者由因信故作善福 言事者善也 二戒所成者謂因慚愧謂成三聚戒故 三修所成者謂无貪
嗔二善根故於所修事方能成就 四文所成事者謂因无癡極明了故隨聞三乘所有教法悉能成
辦 五思所成者謂精進故心不放逸方能成就所思善事 六修所成者謂因輕安及不放逸於
法三示所有善法及卅七道品三解脫十遍處等皆成就故 言餘者除四无量也此不名餘
七簡擇所成者謂由等捨故決擇對生除去惛等諸不善也 八攝益有情者謂不害故方能
攝益一切有情 文有異門此八依義依五蘊(?)立之 一對治不善根 二非極清淨 三極清淨 四
見 五障 与二三 三二一 隨次配釋 第三名尋伺所求分二 一標 二釋 標文可見 二釋中分二
一不与非法者離四邪命等求財也 二不冒險追求者謂非理禪(?)計及以情(?)依勢等求財
見 第四名尋伺受用分二 一標 二釋 標文可知 二釋分九如論 發(?)影(?)[illegible]字釋之 一言染者与諸
纏相應故 二住者謂与前除(?)相續住故 三耽者謂傳上軟(?)遍數待故 四傳者謂續彼耽染
事故 五悶者意言貪不所覆猶如醉人謂傳上作過失故 六著者謂悶所覆不受尊言教
故 七堅執者增上續前著深過失故 八不見過患者現世被賊王等五家(?)損害當來墮
三惡道於上事不能知故由諸染著晝夜无厭隨順被故 九不了出離者不知三乘出離道故
離此九種名无染等應如是知 第五名尋伺正行分二 一標 二釋 標文可見 二釋分二 一供養尊
受 二供養於餘 初文分三 一利益尊 二德尊 三族尊 初中謂如有一者到喻世 言父母者
謂於男女有大恩得故應可供養作利益事 二德尊中沙門婆羅門皆能修行出世道故應
可供養 三族中尊 言家長者謂家內无姉(?)等 二供養諸餘分三 一何方便 二何觀待 三
何所作 初中言利益所事者除上三種得田外餘有情遇苦應以悲田及敬田心而供養故
此方便也是以論云利益承事 二何觀待者謂於今世所造罪中生待佛(?)畏(?)恐當來世墮惡趣
故於諸有情廣行布施等也 三何所作中言行施者布施福也 言受齋者除一日一夜戒也
言持戒者謂七種終身戒也 此中意說若能如上修正行者乃得名為如理作意所起尋伺
第六名聲聞乘資糧方便分二 一標 二釋 第七名獨覺乘資糧方便分二 一標 二釋 第八名到彼
岸引發方便分二 一標 二釋 並如論文可知 第四雜染施主等相分四 一名施主戒修三相 二名
受相損惱二相 三名攝益善非善友引攝三相 併事因果聽患三學十五相 初中分三 一名施主
二名戒相 三名修相 初中有二 一標 二釋 初標中言復次施主等者此中有問何故別標施主等四門
義耶 答謂前尋伺正行中所行施作福受齋持戒理合應有施主等相彼但列名未辯體
[illegible]

BD05797號 瑜伽師地論隨聽記卷五　（21–18）

言稱讚者謂七種[illegible]
本二明聲聞乘從根分二。一標。二釋。本七明獨覺乘從根方便分二。一標。二釋。本八明到彼
岸引發方便分二。一標。二釋。並如論文可知。本四雜明施主等相分四。一明施主戒修三相。二明
受相損惱二相。三明攝益善非善友引攝三相。四明依事因果聰慧三學五相。初中分三。一明施主
二明戒相。三明修相。初中有二。一標。二釋。初標中言復次施主等者此中有四問何故別標施主等四門
義耶。答謂前尋伺正行中明行施作福受齋持戒理合應有施主等相彼但列名未廣顯
相故此門中一一解釋故論文言復次施主有四種相等。二釋中分四。一有欲者此依欲福經中
所說。言有欲者謂欲樂者謂德施信世若無信心必不樂欲行布施故。二無偏黨者行
施之時心無高下於等稱故。三除遣遠之者謂少衣服者皆供給故除彼遣之。四具正智
者謂能了知布施之者於現世中善名遠布於當來世獲大富樂及能證得三乘樂
故。二明戒相分二。一標。二釋。初中言具尸羅者此依攝戒經說故論文言有四相。二釋中分四
如論。言有欲樂者謂勝解世先起即持後生淨信。言橋梁者謂因尸羅為橋梁故能
渡苦海除煩惱熱故曰清涼。言不限行者善守六根防不流蕩故。言具正智者謂能
了知日持戒故獲增上生決定勝者故名正知。三明修相分二。一標。二釋。初中言成就修者
此依梵網經說修四無量能成就者故論文言有四相。二釋中分四如論。言欲解清淨者謂修
慈故樂欲利樂一切有情此亦依其德信建立。言引攝者此依悲故先於父母次於兄弟其
次眷屬朋友一相一方乃至十方起悲心者皆依斷次方能成就故論文言引攝清淨。言勝
解者謂大空也謂在空中見諸有情所作善事生隨喜故。言離清淨者謂梵行也若能
善捨修四無量必生梵世界中故此善捨名離清淨。本二明受施損惱二相分二。一明受施相
二明損惱相。初中分二。一標。二釋。初文可見。二釋中分六如論。一受學受施者謂諸沙門學能受學諸
戒法故堪受供養。二活命受施者謂婆羅門無求自活故。三貧匱受施者謂少衣乏食人邊
若能捨施獲大福故。四棄捨受施者謂無救護諸人或為父母眷屬棄捨名無救護若施
此等福亦大故。五羈遊受施者謂諸行客謂俱縶故無騎乘故往來遊履之時若施舟乘及
飲食獲大福故。六耽著受施者謂諸乞兒無衣食故耽著乞求若能施與獲福無量
本二明損惱相分二。初八二六相。初中分二。一標。二釋。標文可見。二釋中分八如論。言飢損惱者謂無
食故損惱其身若能施為五種正食獲大福故名為如理作意尋伺。二渴。三麤食可知。四服
倦者謂道行人。五寒。六熱可知。七無覆障者無舍宅也。八有覆障者無燈燭也。二明六相損
分二。一標。二釋。初標可見。二釋中有六如論。言俱生者謂飢渴也。言所欲遠乏者謂貴乏人也
言逼切者道行人也。言時節變異者謂寒熱也。言流漏者無舍宅也。言障業休廢者
謂無燈燭故也。本三明攝益善非善友引攝三相為四。一明攝益。二明善友相。三明非善友相。四
明引攝相。初中分二。一標。二釋。標文可見。二釋中分六如論。言任持者謂欲界段食也。言勇健無

BD05797號　瑜伽師地論隨聽記卷五

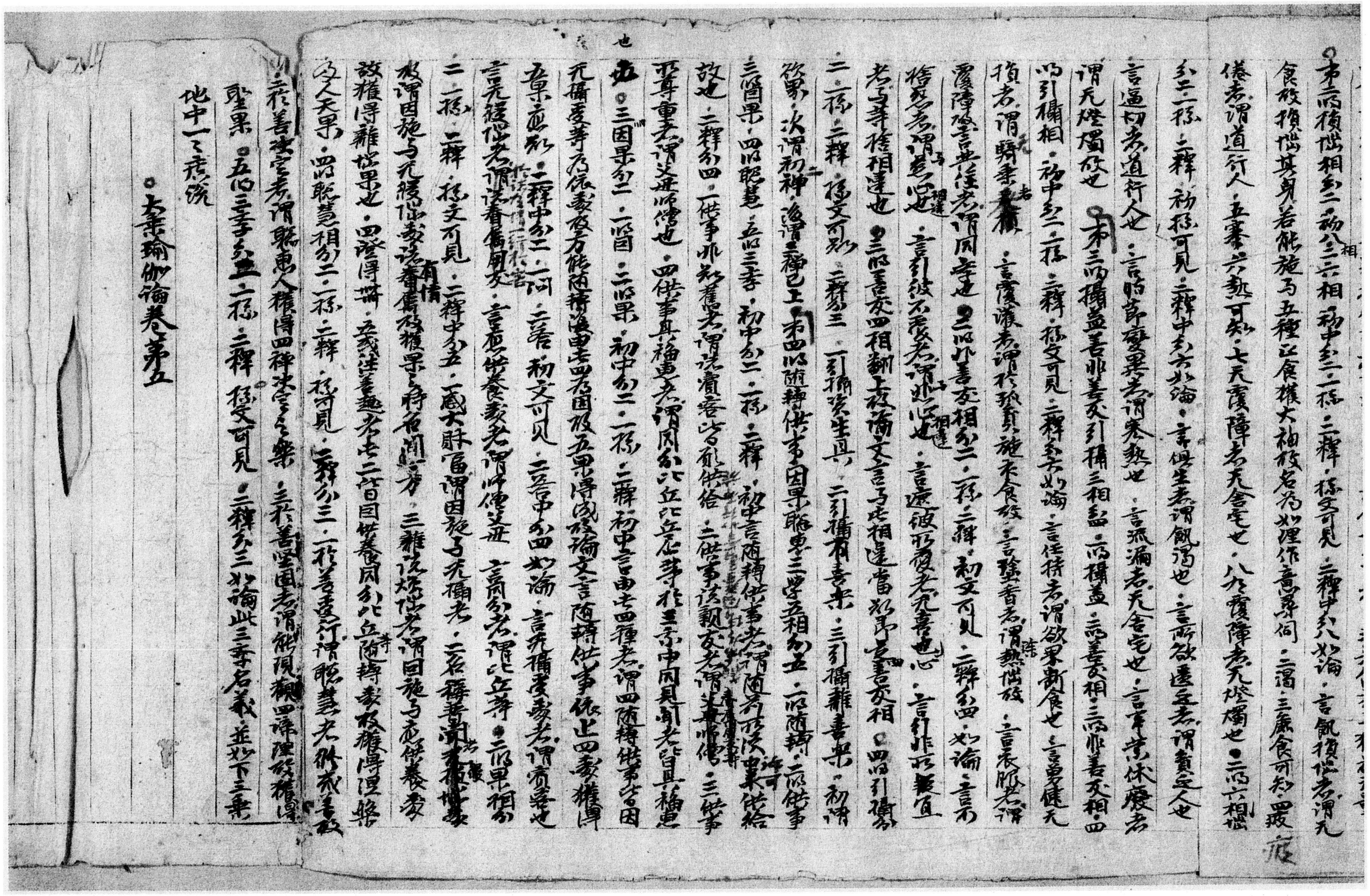

BD05797號　瑜伽師地論隨聽記卷五

（21–20）

三得果・四明聪慧・五明三事。初中分二。一標。二釋。初中言隨轉供事者，謂隨彼所須衆具供給
故也。二釋分四。一供事非親舊者，謂諸資產皆能供給。二供事諸親友者，謂善友師僧。三供事
恭尊重者，謂父母師僧也。四供事具福田者，謂四分六位比丘尼等於三寶中具聞者皆具福田
也。◎三因果分二。一得因。二明果。初中分二。一標。二釋。初中言由是四種者，謂四隨轉供事皆因
无損受等。所依處故方能隨轉。後由是四者，因彼五果得成。故瑜論文言隨轉供事依止四處，獲得
五果。應知。二釋中分二。一問。二答。初文可見。二答中分四。如論。言无損害處者，謂資養也。
言无損惱者，謂諸眷屬朋友。言應供養處者，謂師僧父母。言福田者，謂比丘等。◎二明果相分
二。一標。二釋。標文可見。二釋中分五。一感大財富，謂因施与无損者。二名稱普聞者，[illegible]
故謂因施与无損惱處諸眷屬故，獲果得名聞十方。三離諸灾橫者，謂因施与應供養處
故獲得離諸果也。四證得樂。五感生善趣者，七二皆由供養同分比丘隨轉處，故獲得涅槃
及人天果。四明聪慧相分二。一標。二釋。標可見。二釋分三。一於善處行，謂聪慧者，能成善故。
二於善法宣者，謂聪慧人獲得四禪決定之樂。三於善堅固者，謂能現觀四諦理故，獲得
聖果。◎五明三事分三。一標。二釋。標文可見。二釋分三，如論。此三事名義，並如下三乘
地中一一廣說。

◎大乘瑜伽論卷第五

言四无記者 一異熟无記 二威儀无記 三工巧无記 四變化无記 亦名通果无記

〇極十五依處配十因者，一語依處，配隨說因；二領受依處，觀待因；三習氣依處，牽引因；四有潤種子依處，生起因；
五無間滅依處，六境界依，七根依，八作用依，九士用依，十真實見依，已上六種配攝受因；十一隨順依，引發因；
十二差別功能依，十三和合依，同事因；十四障礙依，相違因；十五無障礙依，配不相違因。
〇四緣中，一因緣，有潤種子為依處；二等無間緣，無間滅為依處；三所緣緣，境界為依處；四增上緣依處，餘十一處為 種
謂語、領受、習氣、根、作用、士用、真實見、隨順、善別功能、和合、障礙、無障礙。
〇五果依處者，一異熟果，習氣為依處；二等流果，隨順為依處；三離繫果，真實見為依處；四士用
果，士用為依處；五增上果，所餘十一為依處，語、領受、有潤種子、無間滅、境界、根、作用、差別功能、和合、障礙、
無障礙

如是我聞一時佛住王舍城耆闍崛山中與大比丘衆万二千人俱
皆是阿羅漢諸漏已盡無復煩惱逮得己利盡諸有結心得自在
其名曰　其所舍皆名　爾時世尊四衆圍遶供養恭敬尊重讚歎
為諸菩薩說大乘經名無量義教菩薩法佛所護念說此經已入
於無量義處三昧身心不動天雨四花地六種動爾時會中比丘云云諸
大衆得未曾有歡喜合掌一心觀佛　爾時佛放眉間白毫相
光照東方万八千世界靡不周遍下至阿鼻地獄上至
阿迦尼吒天於此世界盡見彼土六趣衆生云云　爾時彌勒
作是念今者世尊現神變相以何因緣而有此瑞今佛世尊
入于三昧不可思議現希有事當以問誰誰能答者復作此念
是文殊師利法王之子已曾親近供養過去無量諸佛必應
見此希有之相我今當問爾時比丘云云衆咸作此念是佛光
明神通之相今當問誰爾時彌勒欲自決疑又觀四衆比
丘云云衆會之心而問文殊言以何因緣而有此瑞神通之相
放大光明照于東方万八千土悉見彼佛國界莊嚴於是彌勒
欲重宣此義云云　爾時文殊師利語彌勒及諸大士善男子如我惟
忖今佛世尊欲說大法雨大法雨我於過去諸佛曾見此瑞放
斯光已即說大法是故當知今佛現光亦復如是欲令衆生咸
得聞知一切世間難信之法故現斯瑞諸善男子如過去
無量無邊不可思議阿僧祇劫爾時有佛號日月燈明如來
乃至諸求三乘人若有疑悔者佛當為除斷令盡無有餘
未曾所有本

九中　為能舍癡
害者於諸有情不為……去為性能對治
恚為業謂即无嗔於有情……為損惱假名不
害无嗔翻對斷物命嗔不害正違損惱物害不……
樂不害拔苦是謂此二麁相差別理實无嗔實有自體
不害依彼一分假立為顯慈悲二相別故利樂有情彼二勝故
別立不害假實雙明故十一善後三是假前八實有相用別
故善亦折猒不慢不疑不憍誑等應非善法並雖皆善收
而无別體相用別者便別立之餘善不然不應為例又諸
染法遍六識者勝故翻之別立善法慢等忿等唯意
識俱害雖亦然而數現起損惱他故障无上乘勝因悲故
為了知彼增上過失翻立不害失念散乱及不正知翻入別
境善中不說染淨相翻淨寧少染淨勝染劣少敵多
故又解理通說多同體迷情事局隨相分多故於染淨不
應齊責十与五受皆得相應除憂苦所謂輕安有逼迫
受无調暢故此与別境皆得相應信等欲等不相違故輕
安非欲餘通三界皆學等三非見所斷說唯終斷非所斷故
餘門分別如理應思　論根本煩惱六者一貪二嗔三癡四慢
五疑六不正見　關曰此顯六種根本煩惱以此六種自性尤重
煩擾惱亂有情身心能生忿等諸隨煩惱是故名為根
煩惱俱舍論說為大煩惱地法唯癡一種与此論同餘五是此大
隨惑中放逸懈怠不信惛掉以遍染心煩雜熱惱是故為
名大煩惱法貪嗔慢疑不定中攝惡見是恵不別立故是

愛无調暢故此与別境皆得相應信等欲等不相違故輕
安非欲餘通三界皆學等三非見所斷說唯終斷非所斷故
餘門分別如理應思　論根本煩惱六者一貪二瞋三癡四慢
五疑六不正見　開曰此顯六種根本煩惱以此六種自性尤重
煩擾惱亂有情身心能生忿等諸隨煩惱是故名為根
煩惱俱舍論說為大煩惱地法唯癡一種与此論同餘五是此大
隨惑中放逸懈怠不信惛掉以遍染心煩雜熱惱惱是故名為
名大煩惱法貪瞋慢疑不定中攝惡見是惠不別立故是
大小乘宗義差別所言貪者於有有具染著為性能障无
貪生苦為業謂由愛力取蘊生故所言瞋者於苦苦具
憎恚為性能障无瞋不安惡得行所依為業謂瞋必
令身心熱惱起諸惡業不善性故所言癡者於諸理
事迷闇為性能障无癡一切雜染所依為業謂由无明起
疑邪定貪等煩惱業能招後生雜染法故所言慢者
恃己於他高舉為性能障不慢生苦為業謂若有慢於
德心不謙下由此生死輪轉无窮受諸苦故此慢差別有七
九種謂於三品我德處生所言疑者於諸諦理猶豫為
性能障不疑善品為業謂由疑故今惠不決懷猶豫心
善不生故不正見者於諸諦理顛倒推度染惠
性能障善見招苦為業謂惡見者多受苦故此見行相差
別有五一薩迦耶見謂於五取蘊執我我所一切見取所依為
業此見差別有廿句六十五等分別氣攝二邊執見謂即於
彼隨執斷常障處中行出離為業此見者別諸見趣
中有執前際四遍常論四一分常論及計後際有想十六
无想俱非各有八論七斷滅等分別氣攝三邪見謂謗因果
作用實事及非四見諸餘邪執如增上緣名義遍故此見
差別諸見趣　中有執前際二无因論四有邊
等不死嬌亂及計後際五現涅槃或計自在世主釋梵及
餘物類常恒不易或計自在等是一切物因或有橫計
諸邪解脫或有妄執非道為道諸如是等皆邪攝四
見取謂於諸見及所依蘊執為最勝能清淨一切鬪諍
所依為業五戒禁取謂於順諸見戒禁及所依蘊執為最

[illegible]等分別兼攝三邪見謂謗因果
作用實事及非四見諸餘邪執如增上緣名義遍故此見
差別諸見趣　中有執前際二无曰論四有邊
等不死嬌乱及計後際五現湼式計自在世主釋梵及
餘物類常恒不易或計自在等是一切物因或有横計
諸邪觧脫或有妄執非道為道諸如是等皆邪見攝四
見取謂於諸見及所依蘊執為最勝能清淨一切闘諍
所依為業五戒禁取謂於順諸見戒禁及所依蘊執為最
勝能得清淨无利勤苦所依為業如是惣別十煩惱中貪
与嗔疑定不俱起愛憎二境必不故於境不决无染著故与
慢五見或得相應所染所恃境可同故於五見境皆可愛
故嗔与慢疑或得俱起所蔑所憎境可同故久思不决便
憤發故与後二見必不相應執為勝道不增彼故与前三
見或得相應於苦蘊執身斷常生增恚故邪見
撥亂无好惡事或嗔有故慢於定境疑即不然故慢与
疑无相應義然与五見皆得相應行相展轉不相違故
疑不番决与見相違故疑与見定不俱起五見展轉必不
相應非一心中有多慧故癡与九種皆得相應諸煩惱生必
由癡故又由俱生分別異故性繫地等通局亦殊故此惣別
十煩惱中六通生及分別起任運思察方得生故疑後三見
唯分別起要由惡友及邪教力自審思察方得生故此二煩
惱既通三界隨通不善无記二性若欲界繫分別起者
唯不善攝發惡行故若是俱生發惡業亦不善攝損
自他故餘无記攝細不障善非極損惱自他處故上二界
者唯无記攝定力所伏不發惡故由此故知嗔唯在欲是
不善性損自他故餘通三界通二性故生在下地未離下
染上地煩惱不現在前要得彼地根本定者能伏下地
諸惑不起彼上地或容現前故生在上地下地諸或分別
俱生皆容現起生第四定中有中者由謗解說生地獄故
身在上地将生下時起下潤生俱生愛故下地煩惱三緣上
地貪求上味上定故既說嗔恚憎嫉滅道亦應憎嫉離
欲地故惣緣諸行執我[illegible]常[illegible]得緣上故餘[illegible]

流上地煩惱不現在前要[illegible]彼地[illegible]者[illegible]依下地
諸惑不起彼上地惑容現前故生在上地下地諸惑分別
俱生皆容見起生第四定中有中者由謗解脫生地獄故
身在上地將生下時起下潤生俱生愛故下地煩惱三緣上
地貪求上味上定之故既說嗔恚憎嫉滅道亦應憎嫉離
欲地故總緣諸行執我我所斷常慢者得緣上故餘五
緣上其理極成上地煩惱亦緣下地說生上者於下有情
恃己勝德而陵彼故總緣諸行執我我所斷常愛者
得緣上故疑後三見如理應思若分別者唯見所斷麁易斷
故若俱生者唯修所斷細難斷故故末那識相應煩惱非
見所斷極微細故非非所斷是染汙故見所斷十實俱頓
斷雖迷諦有總別親疏而真見道總緣諦故其迷諦
相有總別者總謂十種皆迷四諦苦集是彼因依處故滅
道是彼怖畏處故別謂別迷四諦相起二唯迷苦八通迷四
身邊二見唯遍處起別空非我屬苦諦故於所迷諦有親
疏者謂疑三見親迷苦理二取執彼三見戒禁及所依蘊為勝
能淨於自他見及彼眷屬如次隨應起貪恚慢相應無
明與九同迷不共無明親迷苦理疑及邪見親迷迷集等
二取貪等准苦應知然嗔之能親迷滅道由怖畏彼生嫉
憎故迷諦親疏麁相如是委細說者如唯識明修所斷者
有頓漸斷隨其三乘根利鈍故若第六識相應煩惱一類二乘
三界九地一一漸次九品別斷一類二乘三界九地合為一聚九品別斷
若末那識相應煩惱與有頂地下下煩惱一時頓斷勢微細
故菩薩要至金剛喻定一剎那中三界九地兼末那惑一時頓
斷此十類煩惱要要義如是諸餘門義如論應明　論隨
煩惱有二十者一忿二恨三惱四覆五誑六諂七憍八害九嫉十慳
十一無慚十二無愧十三不信十四懈怠十五放逸十六惛沈十七掉舉
十八失念十九不正知廿心亂　開曰次列第五隨
煩惱分位差別等流性故名隨煩惱然此二十類別有三謂忿等
十各別起故名小隨煩惱俱舍名為小煩惱地法無慚等二遍
不善故名中隨煩惱俱舍名為不大善地法不信等八遍染
心故名大隨煩惱俱舍先此大隨煩惱以前五法大煩惱攝其

十各別起故名小隨煩惱俱舍名為小煩惱地法無慚等二遍
不善故名中隨煩惱俱舍名為不大善地法不信等八遍染
心故名大隨煩惱俱舍無此大隨煩惱以前五法大煩惱攝其
後三種無別體故所言忿者依對現前不饒益境憤發為
性能障不忿執杖為業為懷忿者多發暴惡身表業故
所言恨者由忿為先懷惡不捨結怨為性能障不恨熱惱為
業為結恨者不能含忍恒熱惱故所言惱者由忿恨為先追
觸暴惡佷戾為性能障不惱蛆螫為業諸追往惡觸
現違緣心佷戾多發囂暴凶鄙麁言蛆螫他故所言覆
者於自作罪恐失利譽隱藏為性能障不覆悔惱為業
謂覆罪者後必悔惱在曰及果不安隱故所言誑者為獲
利譽矯現為德詭詐為性能障不誑邪命為業謂矯
誑者心懷異謀多現不實邪命事故所言諂者為罔他
故矯設異儀險曲為性能障不諂教誨為業謂諂曲者
為罔冒他曲順時宜矯設方便為取他意或藏己失不任
師友正教誨故所言憍者於自盛事深生染著醉傲為
性能障不憍染依為業謂憍醉者生長一切雜染法故所
言害者於法有情心無悲愍損壞為性能障不害逼惱
為業謂有害者逼惱他故所言嫉者殉名利不耐他榮
妬忌為性能障不嫉憂慼為業謂嫉妬者聞見他榮深
深懷憂慼不安隱故所言慳者耽著財法不能惠捨秘
悋為性能障不慳鄙畜為業謂慳悋者必多秘悋畜積
財法不能捨故言無慚者不顧自法輕拒賢善為性能障
礙慚生長惡行為業謂於自法無所顧者輕拒賢善不恥
過惡障慚生長諸惡行故言無愧者不顧世間崇重暴惡
為性能障礙愧生長惡行為業謂於世間無所顧者崇重
暴惡不恥過罪障愧生長諸惡行故不恥過惡是二通相以無
慚愧皆不恥故拒善崇惡是二別相依無慚愧各別起故不善
心時隨緣何境皆有輕拒善及崇重惡義故此二種俱遍惡心
言不信者於實德能不忍樂欲心穢為性能障淨信墮依
為業謂不信者多懈怠故不信三相翻信應知於實德能

記
南无寶上世界名寶作如來彼如來受名法住
菩薩阿耨多羅三藐三菩提記
南无月世界名量顏如來彼如來受名散花
菩薩阿耨多羅三藐三菩提記
南无善住世界名寶聚如來彼如來受名衆
王菩薩阿耨多羅三藐三菩提記
南无普光明世界名娑羅自在王如來彼如
來授名勝慧菩薩阿耨多羅三藐三菩提記
南无華手世界名寶光明如來彼如來授名日
德菩薩阿耨多羅三藐三菩提記
南无普山世界名寶山如來彼如來受名大得
菩薩阿耨多羅三藐三菩提記
南无憂蓋入世界名上首如來彼如來授名
上莊嚴菩薩阿耨多羅三藐三菩提記
南无无憂世界名發无邊功德如來彼如來
受名不發觀菩薩阿耨多羅三藐三菩提記
南无一切功德住世界名善上首如來彼如來
受名普至菩薩阿耨多羅三藐三菩提記

BD05799號　佛名經（十六卷本）卷三　（26–1）

菩薩阿耨多羅三藐三菩提記
南无憂蓋入世界名上首如來彼如來授名
上莊嚴菩薩阿耨多羅三藐三菩提記
南无无憂世界名發无邊功德如來彼如來
受名不發觀菩薩阿耨多羅三藐三菩提記
南无一切功德住世界名善上首如來彼如來
受名普至菩薩阿耨多羅三藐三菩提記
南无寶光明世界名須弥光明如來彼如來
受善住菩薩阿耨多羅三藐三菩提記
南无一切得住世界名无量境界如來彼如來授
名藥王菩薩阿耨多羅三藐三菩提記
南无莊嚴菩提世界名高妙王如來彼如來授
名思益勝慧菩薩阿耨多羅三藐三菩提記
南无无垢世界名寶花成就功德如來彼如來
受名得勝慧菩薩阿耨多羅三藐三菩提記
南无雲世界名奮迅如來彼如來受名自在
觀菩薩阿耨多羅三藐三菩提記
南无花同覆世界名一切發衆生信發心如
來彼如來授名勝惠菩薩阿耨多羅三藐
三菩提記
南无星宿行世界名樂星宿起如來彼如來
授名无憂菩薩阿耨多羅三藐三菩提記
南无寶華世界名勝衆如來彼如來授名妙
勝菩薩阿耨多羅三藐三菩提記
南无无量王世界名无畫花如來彼如來受
名香爲菩薩阿耨多羅三藐三菩提記

BD05799號　佛名經（十六卷本）卷三　（26–2）

三菩提記
南无星宿行世界名樂星宿起如來彼如來
授名无憂菩薩阿耨多羅三藐三菩提記
南无寶華世界名勝衆如來彼如來授名妙
勝菩薩阿耨多羅三藐三菩提記
南无无量王世界名无量花如來彼如來受
名香爲菩薩阿耨多羅三藐三菩提記
南无花世界名寶勝如來彼如來授名遠離
諸有菩薩阿耨多羅三藐三菩提記
南无種種幢世界名月功德如來彼如來受
名斷一切諸難菩薩阿耨多羅三藐三菩
提記
南无可樂世界名即發心轉法輪如來彼如
來受名不退轉輪菩薩阿耨多羅三藐三
菩提記
南无无畏世界名十方稱名如來彼如來授
名智稱菩薩阿耨多羅三藐三菩提記
南无自在世界迦陵伽佛　南无安樂世界日輪燈明佛
南无无畏世界寶勝佛　南无智成就世界智起佛
南无純樂世界功德王住佛　南无蓋行花世界无障礙眼佛
南无金剛輪世界无畏佛　南无發起世界智積佛
南无善清淨世界无觀相發行佛
南无普光明世界光明輪威德王勝佛
南无高幢世界因慧佛　南无得世界那羅延佛
南无垢世界无垢幢佛
南无遠離一切憂障世界安隱佛
南无賢上世界遠離諸煩惱佛

BD05799號　佛名經（十六卷本）卷三

（26–3）

南无普光明世界光明輪威德王勝佛
南无高幢世界因慧佛　南无得世界那羅延佛
南无垢世界无垢幢佛
南无遠離一切憂障世界安隱佛
南无賢上世界遠離諸煩惱佛
南无一切安樂清淨慧佛
南无无量功德具足世界善思惟發佛
南无平等世界降伏諸惡佛
南无无畏世界憂波羅勝佛
南无十方光明世界勝力王佛
南无常光明世界无量光明雲香彌留佛
南无常莊嚴世界降伏男女佛
南无沉水香世界種種花佛
南无香蓋世界无邊智佛　南无香世界彌留佛
南无栴檀香世界寶王佛
南无普善世界知見一切衆生信佛
南无不可量世界无邊齊佛
南无佛花莊嚴世界智功德勝佛
南无善住世界不動步佛
南无花世界无障礙吼聲佛
南无月世界普寶藏佛　南无堅住世界迦葉佛
南无普波頭摩世界觀一切境界鏡佛
南无栴檀世界上首佛　南无寶世界成就義佛
南无有月世界成就勝佛　南无无障礙世界名稱佛
南无安樂世界斷一切疑佛　南无王世界智勝佛
南无怖畏世界月佛

BD05799號　佛名經（十六卷本）卷三

（26–4）

南无普波頭摩世界觀一切境界鏡佛
南无栴檀世界上首佛　南无寶世界成就義佛
南无有月世界成就勝佛　南无无障㝵世界名稱佛
南无安樂世界斷一切難佛　南无主世界智勝佛
南无怖畏世界月佛
南无種種成就世界功德幢佛
南无種種花世界星宿王佛　南无廣世界无量幢佛
南无羅网世界羅网光明佛
南无无驚怖世界淨聲佛
南无可樂世界現寶勝佛
南无離觀世界一切法无所發佛
南无常稱世界不斷一切衆生發行佛
南无常歡喜世界无量奮迅佛
南无普鏡世界達一切法佛
南无普照世界普見一切佛
南无一切功德成就世界成就无邊勝功德佛
南无无垢世界智起光佛
南无怖憂鉢羅世界波頭摩勝王佛
南无波頭摩怖世界十方勝佛
南无天世界堅固衆生佛
南无光明世界智光明佛
南无安樂世界脩智佛
南无安樂世界遠離胎佛
南无无染世界明王佛
南无雲世界斷一切煩惱佛

BD05799號　佛名經（十六卷本）卷三　（26–5）

南无天世界堅固衆生佛
南无光明世界智光明佛
南无安樂世界脩智佛
南无安樂世界遠離胎佛
南无无染世界明王佛
南无雲世界斷一切煩惱佛
南无普色世界无邊智稱佛
從此以上一千九百佛十二部經一切賢聖
南无堅固世界栴檀屋勝佛
南无无比功德世界成就无比勝花佛
次礼十二部尊經大藏法輪
南无導神足經　南无轉輪本起經
南无瑞應本起經　南无法㲖經
南无阿真曇薩經　南无日光三昧經
南无作形像經　南无轉女身經
南无威儀經　南无比羅三昧經
南无放食五種福經　南无梵經
南无龍樹因緣經　南无龍樹所問經
南无阿難四事經　南无七婦經
南无灌佛經　南无五福德子經
南无五濁世經　南无滅十方冥經
南无時食經　南无大頭陀經
南无孚妙經　南无門妙分起經
南无四帝經　南无尼宅迴王經
南无菩提經　南无稱揚佛經
次礼十方諸大菩薩摩訶薩

BD05799號　佛名經（十六卷本）卷三　（26–6）

南无五濁世經　南无滅十方冥經
南无時食經　南无大願陁經
南无孚妙經　南无門妙分起經
南无四帝經　南无尼宅迴王經
南无菩提經　南无稱揚佛經
次禮十方諸大菩薩摩訶薩
南无堅勝菩薩　南无斷諸惡道菩薩
南无不疲倦菩薩　南无須彌山菩薩
南无大須彌山菩薩　南无心勇猛菩薩
南无師子奮迅行菩薩　南无不可思議菩薩
南无善勝菩薩　南无善意菩薩
南无寶語菩薩　南无愛見菩薩
南无无鄣身菩薩　南无斷諸疑菩薩
南无寶住菩薩　南无廣德菩薩
南无護贊歎菩薩　南无寶月菩薩
南无淨陁婆香菩薩　南无樂住菩薩
南无无垢稱菩薩　南无思益菩薩
南无普華稱菩薩　南无月勝菩薩
南无月山菩薩　南无智山菩薩
南无若鳩羅菩薩　南无遮鳩羅菩薩
南无鳩陁羅菩薩　南无秀伽伽羅菩薩
南无日陳羅菩薩
歸命如是等十方无量无邊菩薩
復次應稱辟支佛
南无善快辟支佛　南无達陁辟支佛
南无吉沙辟支佛　南无憂波吉沙辟支佛

南无日陳羅菩薩
歸命如是等十方无量无邊菩薩
復次應稱辟支佛
南无善快辟支佛　南无達陁辟支佛
南无吉沙辟支佛　南无憂波吉沙辟支佛
南无斷有辟支佛　南无憂波叉羅辟支佛
南无斷愛辟支佛　南无施婆羅辟支佛
南无轉覺辟支佛　南无主垢辟支佛
南无高主辟支佛　南无阿恙多辟支佛
歸命如是等无量无邊辟支佛
次復懺悔
弟子今以捴相懺悔一切諸業今當次第
更復一一別相懺悔若捴若別若麁若細
若輕若重若說不說品類相從願皆消滅
別相懺悔者先懺身三次懺口四其餘諸
障次第稽顙身三業者第一殺害如經所
明恕己可為喻勿煞勿行杖雖復禽獸之
殊保命畏死其事是一若尋此衆生无始
以來或是我父母兄弟六親眷屬以業因
緣輪迴六道出生入死改形易報不復相
識而今興害食噉其肉傷慈之甚是故
佛言設得餘食當如飢世食子肉想何況
食噉此魚肉耶又言為利煞衆生以錢納
衆生肉二俱是惡業死墮叫呼地獄故知
殺害及以食噉罪深河海過重丘岳然
弟子等无始以來不遇善友皆為此業

佛言設得餘食當知飢世食子肉想何况
食噉此魚肉耶又言爲利煞衆生以錢納
衆生肉二俱是惡業死墮叫呼地獄致知
殺害及以食噉罪深河海過重丘岳然
弟子等无始以來不遇善友皆爲此業
是故經言殺害之罪能令衆生墮於地獄
餓鬼受苦若在畜生則受虎豹豺狼鷹
鷂等身或受毒蛇蝮蝎等身常懷惡心
或受麞鹿熊羆等身常懷恐怖若生人
中得二種果報一者多病二者斷命煞肉食
噉既有如是无量種種諸惡果報是故弟
子至到稽顙歸依
南无東方滅諸怖畏佛
南无南方日月燈明佛
南无西方覺華光佛　南无北方發功德佛
南无東南方除衆感冥佛
南无西南方无生自在佛
南无西北方大通王佛　南无東北方空離垢心佛
南无下方同像空无佛　南无上方璢璃藏勝佛
如是十方盡虚空界一切三寶
弟子自從无始以來至於今日有此心識常
懷慘毒无慈悲心或因貪起煞因瞋因癡
及以慢煞或與惡方便撍煞願煞及以呪
煞或破决湖池焚燒山野田獵魚捕或因
放火飛鷹放犬惱害一切如是等罪今悉
懺悔

弟子自從无始以來至於今日有此心識常
懷慘毒无慈悲心或因貪起煞因瞋因癡
及以慢煞或與惡方便撍煞願煞及以呪
煞或破决湖池焚燒山野田獵魚捕或因
放火飛鷹放犬惱害一切如是等罪今悉
懺悔
或以檻檻阬撥收戢弓弩彈射飛鳥走
獸之類或以罛網罾釣料漉水性魚鼈黿鼉
鼉蝦蜆螺蜯濕居之屬使水陸之與空行藏
竄无地或畜養雞豬牛羊犬豕鵝鴨之屬
自供庖廚或貨他宰殺使其哀聲未盡
毛羽脫落鱗甲傷毀身首分離骨肉銷碎
剝裂屠割炮燒煮炙楚毒酸切横加无辜
但取一時之快口得味甚寡不過三寸舌根
而已然其罪報殃累永劫如是等罪今
日至誠皆悉懺悔
又復无始以來至於今日或復興師相伐壃
場交諍兩陣相向更相煞害或自煞教煞
聞煞歡喜或習屠鱠儈爲刑戮烹宰
他命行於不忍或恣忿怒揮戈舞刃或斬
或刺或推坑壍或以水沉溺或塞穴壞巢
土石磓砌或以車馬雷轢踐蹹一切衆生
如是等罪无量无邊今日發露皆悉懺悔
又復无始以來或墮胎破卵毒藥蠱道
傷煞衆生墾土掘地種殖田園養蠶煮繭
傷煞滋甚或打撲蚊蚋掐嚙蚤虱或燒除

土石磓砌或以車馬雷轢践蹋一切衆生
如是等罪无量无邊今日發露皆悉懺悔
又復无始以來或墮胎破卵毒藥蠱道
傷煞衆生𡑞土掘地種殖田園養蝅煑繭
傷煞滋甚或打撲蚊蝱掐嚙蚤虱或燒除
糞掃開決溝渠枉害一切或啖菓實或
用穀米或水或菜横煞衆生或然焦薪
或露燈燭燒諸虫類或食醬酢不看搖
動或寫湯水燒煞虫蟻如是乃至行住坐
卧四威儀中恒常傷煞飛空著地細微衆
生弟子以凡夫識矒不覺不智今日發露
皆悉懺悔
又復弟子无始以來至于今日或以鞭杖
枷鏁桁械壓立拷掠打擲手脚蹴蹋的
縛籠繫斷絶水穀如是種種諸惡方便
苦惱衆生今日至誠向十方佛尊法聖
衆皆悉懺悔
願弟子等承是懺悔煞害等罪所生功
德生生世世得金剛身壽命无窮永離
怨憎无煞害想於諸衆生得一子地若
見危難危厄之者不惜身命方便救解
令得解脫然後爲說微妙正法使諸衆
生覩形見影皆蒙安樂聞名聽聲恐怖
悉除 礼一拜
南无寶世界善住力王佛
南无十方上首世界起月光佛

BD05799號 佛名經(十六卷本)卷三

(26–11)

見危難危厄之者不惜身命方便救解
令得解脫然後爲說微妙正法使諸衆
生覩形見影皆蒙安樂聞名聽聲恐怖
悉除 礼一拜
南无寶世界善住力王佛
南无十方上首世界起月光佛
南无龍王世界上首佛
南无善住世界善高聚佛
南无无怖畏世界作稱佛
南无受香世界斷諸難佛
南无成就一切功德善住世界稱親佛
南无憂慧世界遠離諸憂佛
南无成就一切勢善住世界稱堅固佛
南无憂慧世界遠離諸憂佛
南无稱世界起波頭摩功德王佛
南无光俱蘇摩住世界善散花幢佛
南无十方名稱世界放光明普王佛
南无十方上首世界名稱眼佛
南无寶慧世界放寶佛
從此以上二千佛 十二部經一切賢聖
南无吼世界十方稱名佛
南无光明世界自在稱留佛
南无寶光明世界大光明佛
南无常歡喜世界寶熾佛
南无有世界三界自在奮迅佛
南无无畏世界放光明輪佛
南无常慈世界衆[illegible]像佛

BD05799號 佛名經(十六卷本)卷三

(26–12)

南无寶光明世界大光明佛
南无常歡喜世界奕熾佛
南无有世界三界自在奮迅佛
南无畏世界放光明輪佛
南无常懸世界衆寂勝佛
南无波頭摩王世界无盡勝佛
南无普吼世界妙鼓聲佛　南无无畏世界善勝佛
南无十方名稱世界智稱佛
南无地世界山王佛
南无地功德世界波頭摩勝王佛
南无然燈輪世界善住佛
南无普莊嚴世界大莊嚴佛
南无倚世界作一切功德佛
南无歡喜世界畢竟成就佛
南无星宿行世界智上勝佛
南无蓋行莊嚴世界智起光明威德王
勝佛
南无波頭摩世界波頭摩生王佛
南无法境世界自在佛　胡本中自此以下皆有世界略不明条
南无月中光明佛　南无音爲佛
南无阿弥陁光明佛　南无波頭摩山佛
南无波頭摩生勝佛　南无旃檀勝佛
南无寶積佛　南无智慈佛
南无无畏作王佛　南无功德成就勝佛
南无光明幢佛　南无无量功德作佛
南无功德成就勝佛　南无一切功德成就勝佛

南无阿弥陁光明佛　南无波頭摩山佛
南无波頭摩生勝佛　南无旃檀勝佛
南无寶積佛　南无智慈佛
南无无畏作王佛　南无功德成就勝佛
南无光明幢佛　南无无量功德作佛
南无功德成就勝佛　南无一切功德成就勝佛
南无波頭摩成就勝佛　南无炬任持佛
南无寶上勝佛　南无金色花佛
南无上王佛　南无星宿王佛
南无无量弥留佛　南无虛空輪清淨王佛
南无无量聲佛　南无寶山佛
南无種種寶俱蘇摩花佛
南无勝衆佛　南无无塵離塵佛
南无不宿發脩行佛　南无金色光佛
南无寶含佛　南无種種花成就佛
南无放光明佛　南无俱蘇摩成佛
南无放蓋佛　南无力稱王佛
南无淨聲佛　南无淨勝佛
南无无量衆佛　南无上首佛
南无无障㝵眼佛　南无破散一切起諸佛
南无斷一切疑佛　南无无相聲佛
南无畢竟得无邊佛功德　南无寶成就勝佛
南无波頭摩上勝佛　南无寶上佛
南无无障㝵發脩佛　南无无邊佛
南无寶弥留佛　南无日燃燈上勝佛
南无智成就勝佛　南无憂鉢羅然燈佛

南无[illegible]佛　南无[illegible]佛
南无畢竟得无邊功德佛　南无寶成就勝佛
南无波頭摩上勝佛　南无寶上佛
南无无障㝵齊脩佛　南无无邊佛
南无寶弥留佛　南无日燃燈上勝佛
南无智成就勝佛　南无憂鉢羅然燈佛
南无十方然燈佛　南无賢勝佛
南无娑羅自在王佛　南无師子佛
南无大寶弥留佛　南无毗婆尸佛
南无妙勝光明佛　南无功德王光明佛
南无花王佛　南无无量明佛
南无功德一味佛　南无十方然燈佛
南无賢勝佛　南无娑羅自在王佛
南无師子王佛　南无寶弥留堅佛
南无毗婆尸羅佛
南无明王佛　南无上首佛
南无月上王佛　南无大龍佛
南无香上勝佛　南无香勝幢佛
南无栴檀屋佛　南无香幢佛
南无栴檀香佛　南无无邊精進佛
從此以上二千一百佛　十二部經一切賢聖
南无十方光明佛
南无波頭摩上佛
南无鵞悕波頭摩花成就上王佛
南无寶同佛　南无善住王佛
南无香爲王佛　南无與一切樂佛
南无示一切念佛　南无不空說佛

南无鵞悕波頭摩花成就上王佛
南无寶同佛　南无善住王佛
南无香爲王佛　南无與一切樂佛
南无示一切念佛　南无不空說佛
南无能滅一切怖畏佛
南无不住王佛　南无寶光明佛
南无与一切衆生安隱佛
南无觀无邊境界佛　南无虛空莊嚴勝佛
南无无憂莊嚴佛　南无脩行幢佛
南无成就鵞悕勝莊佛　南无賢勝佛
南无清淨眼佛　南无大將軍佛
南无上勝高佛　南无不可勝憶佛
南无可依佛　南无无量无邊佛
南无香弥留佛　南无月輪聞王佛
南无妙弥留寶成就勝佛
南无聞弥留善勝佛
南无淨勝佛　南无无障㝵眼佛
南无无邊功德住佛　南无成德王佛
南无願善思惟成就佛
南无清淨輪王佛
南无智上佛　南无精進山佛
南无智山佛　南无方作佛
南无大會上首佛　南无最上首佛
南无智讓佛　南无上勝佛
南无不成境界佛　南无現示衆生境鄣見佛
南无示現衆生境界无障㝵佛

南无智山佛 南无方作佛
南无大會上首佛 南无㝡上首佛
南无智議佛 南无上勝佛
南无不成境界佛 南无現示衆生境鄣見佛
南无示現衆生境界无障㝵佛
南无鄣㝵光明佛 南无發光明无㝵佛
南无佛波頭摩上成就勝佛
南无觀一切佛境界現佛形佛
南无說堅佛 南无化聲佛
南无波頭摩勝佛 南无寶成就勝佛
南无海彌留佛 南无无垢慧佛
南无智花成就佛 南无積勝上成德寂靜佛
南无離貪境界佛 南无離一切取佛
南无不可思議功德成就勝佛
南无現成就勝佛 南无无畏王佛
南无香風佛 南无无等香光佛
南无雲妙鼓聲佛 南无功德成就勝佛
南无功德成就勝佛
南无无量奮迅境界彌留聚佛
南无香勝彌留佛 南无无量彌留佛
南无无量光明佛 南无普見佛
南无无畏佛 南无得无畏佛
南无月然燈佛 南无大然燈佛
南无勝備佛 南无勝衆佛
南无金剛成佛 南无智自在王佛
南无智力稱佛 南无无畏勝佛

南无无畏佛 南无得无畏佛
南无月然燈佛 南无大然燈佛
南无勝備佛 南无勝衆佛
南无金剛成佛 南无智自在王佛
南无智力稱佛 南无无畏勝佛
南无功德王光明佛 南无善眼佛
南无堅自在王佛 南无彌留王佛
南无虛空彌留寶勝佛 南无堅上勝佛
南无梵吼聲佛 南无寶花佛
南无波頭摩成就勝佛 南无栴檀香佛
南无須彌劫佛 南无勝莊嚴佛
南无寶蓋佛 南无香鳥佛
南无无邊勝佛 南无不空說名佛
南无不可思議功德王光明佛
南无无畏王佛 南无波頭摩上勝佛
從此以上一千二百佛 十二部經一切賢聖
南无常得精進佛
南无藥王佛
南无安隱佛
南无无邊意行佛 南无无邊境界佛
南无无邊光明佛 南无无邊眼佛
南无邊虛空境界佛 南无金色境界佛
南无星宿王佛 南无香上勝佛
南无虛空勝佛 南无妙勝佛
南无方作佛 南无妙彌留佛
南无无障㝵眼佛 南无金剛堅强佛

南无无邊光眼佛　南无无邊眼佛
南无无邊虛空境界佛　南无金色境界佛
南无星宿王佛　南无香上勝佛
南无虛空勝佛　南无妙勝佛
南无方作佛　南无妙孫留佛
南无无障㝵眼佛　南无金剛堅鎧佛
南无然燈炬佛
歸命如是等无量无邊佛應如
南无大幢佛　南无暗无垢威德光佛
南无智積佛　南无稱力王佛
南无功德王光明佛　南无見智佛
南无波頭摩妙勝佛　南无成就勝佛
南无寶光佛　南无寶蓮華勝佛
南无遠離疑惑成就佛　南无衆上首佛
南无拘留孫佛　南无幢王佛
南无波頭摩功德佛　南无放光明佛
南无彌勒佛　南无光明波頭摩光佛
南无勝王佛　南无法幢佛
南无无量奮迅佛　南无海須彌佛
南无妙佛　南无釋迦牟尼佛
南无不空見佛　南无无障㝵吼聲佛
南无无量功德勝名光明佛
南无无分別脩行佛　南无无邊光明佛
南无善眼佛　南无南方普寶藏佛
南无无垢遠離垢解脫佛
歸命如是等无量无邊佛應如
[illegible]

[illegible]
南无无量功德勝名光明佛
南无无分別脩行佛　南无无邊光明佛
南无善眼佛　南无南方普寶藏佛
南无无垢遠離垢解脫佛
歸命如是等无量无邊佛應如
南无西方无量華佛　南无无量照佛
南无无量光明佛　南无无量明佛
南无无境界佛　南无无量自在佛
南无无量奮迅佛　南无普蓋佛
南无蓋行佛　南无寶蓋佛
南无星宿王佛　南无普星宿佛
南无光明輪佛　南无明王佛
南无光明上勝佛　南无无邊見佛
南无勝佛　南无无邊境界奮迅佛
南无无障㝵吼聲佛　南无大雲光明佛
南无羅网王佛　南无善德平等光明佛
南无波頭摩勝王佛　南无山王佛
南无月衆增上佛　南无高光明佛
南无合聚佛　南无不空光明佛
南无須勝王佛　南无北方不空然燈佛
南无不空奮迅佛　南无无邊境界佛
南无不空光明佛　南无无邊精進佛
南无娑羅自在王佛　南无寶娑羅王佛
南无普蓋佛　南无蓋莊嚴佛
南无寶積佛　南无栴檀屋佛
南无栴檀香佛　南无无量光明佛

南无不空奮迅佛　南无不空境界佛
南无不空光明佛　南无无邊精進佛
南无娑羅自在王佛　南无寶娑羅王佛
南无善蓋佛　南无蓋莊嚴佛
南无寶積佛　南无旃檀屋佛
南无旃檀香佛　南无无量光明佛
南无光明輪莊嚴彌留佛
南无障㝵眼佛　南无无量眼佛
南无寶成就佛　南无一切功德佛
南无佛華成就功德佛　南无善住慧佛
南无无量步佛　南无不空勝佛
南无寶步佛　南无无邊脩行佛
南无无邊莊嚴勝佛　南无虛空輪光明佛
南无无量聲佛　南无藥王佛
南无无畏佛
次礼十二部尊經大藏法輪
南无枯樹經　南无當來變經
南无放牛經　南无乇真羅經
南无相績經　南无濰食經
從此以上二千三百佛十二部經一切賢聖
南无本文文經
南无目連問經
南无持成而經
南无太子思休經　南无忍辱經
南无微密經　南无雜泄經
南无菩薩經　南无孔雀王呪經

南无目連問經
南无持成而經
南无太子思休經　南无忍辱經
南无微密經　南无雜泄經
南无菩薩經　南无孔雀王呪經
南无迦羅子經　南无童生太子暮晲經
南无彌勒成佛經　南无唯意長者子經
南无龍女經　南无梵網長者子經
南无燎滿經　南无泥犁經
南无沙彌五母子經　南无月光童子經
南无太子須達拏經　南无勝鬘經
南无賓頭盧經
次礼十方諸大菩薩摩訶薩
南无勝山菩薩　南无光山菩薩
南无賢首菩薩　南无功德山菩薩
南无勝讓菩薩　南无那羅延菩薩
南无龍德菩薩　南无龍勝菩薩
南无住持色菩薩　南无摩留大菩薩
南无入功德菩薩　南无然燈首菩薩
南无常舉手菩薩　南无光明常照王菩薩
南无寶手菩薩　南无普光菩薩
南无星宿王菩薩　南无金剛步菩薩
南无不動華步菩薩　南无步三界菩薩
南无无邊步菩薩　南无海慧菩薩
南无善光无垢住持威德菩薩
南无智山菩薩　南无常觀菩薩

南无寶手菩薩　南无普光菩薩
南无星宿王菩薩　南无金剛步菩薩
南无不動華步菩薩　南无步三界菩薩
南无无邊步菩薩　南无海慧菩薩
南无善无无垢住持威德菩薩
南无智山菩薩　南无常觀菩薩
南无高精進菩薩　南无遠多羅菩薩
南无无邊陁羅菩薩　南无因陁羅菩薩
南无无量明菩薩　南无勇力菩薩
南无寶藏菩薩　南无寶藏菩薩
歸命如是等十方世界无量无邊菩薩
復次應稱辟支佛名
南无无漏辟支佛　南无憍慢辟支佛
南无盡憍慢辟支佛　南无親辟支佛
南无得脫辟支佛　南无无垢辟支佛
南无獨辟支佛　南无雜畫辟支佛
南无能作憍慢辟支佛　南无退辟支佛
南无不退盡辟支佛　南无尊辟支佛
歸命如是等无量无邊辟支佛
次復懺悔
次懺劫盜之業經中說言若物屬他他所守
護於此物中一草一葉不與不取何況盜竊
但自衆生唯見現在利故以種種不道而取
致使未來受此殃累是故經言劫盜之罪能
令衆生墮於地獄餓鬼受苦若在畜生則
受牛馬驢騾駝等形以其所有身力血肉

護於此物中一草一葉不與不取何況盜竊
但自衆生唯見現在利故以種種不道而取
致使未來受此殃累是故經言劫盜之罪能
令衆生墮於地獄餓鬼受苦若在畜生則
受牛馬驢騾駝等形以其所有身力血肉
償他宿債若生人中爲他奴婢衣不蔽形
食不充命貧寒困苦人理殆盡劫盜既
有如是苦報是故弟子今日至到稽顙歸依佛
南无東方壞諸煩惱佛　南无南方妙音自在佛
南无西方大雲自光佛　南无北方雲自在王佛
南无東南方无緣莊嚴佛　南无西南方過諸魔怨佛
南无西北方見无怨懼佛　南无東北方一切德嚴佛
南无上方蓮華藏光佛　南无下方妙善住王佛
如是十方盡虛空界一切三寶
弟子自從无始以來至於今日或盜他財
寶興刃強奪或自恃身逼迫而取或恃
公王或假勢力高桁大械枉壓良善吞納姦
貨考直爲曲爲此因緣身羅憲網或任邪
治領他財物侵公益私侵私益公損彼利此
損此利彼割他自饒口與心悋或竊沒租估
偷度關稅匿公課輸藏隱使役如是等罪
今悉懺悔或是佛物法物僧物不與而取
或經像物或治塔寺物或供養常住僧物
或擬招提僧物或盜取換用恃勢不還或
自惜或貸人或復換貸漏妄或三寶混亂
雜用或以衆物穀米藁薪鹽豉醬酢菜茹

僧房閑私房□許車肩隨住住□等寶
今悉懺悔或是佛物法物僧物不与而取
或經像物或治塔寺物或供養常住僧物
或擬招提僧物或盜取悞用恃勢不還或
自借或貸人或復換貸漏妄或三寶混亂
雜用或以衆物穀米蕀薪墻鼓醤酢菜茹
菓實錢帛竹木繒綵幡蓋香花油燭隨情
逐意或自用或与人或摘佛花菓用僧鬘
物因三寶財私自利己如是等罪无量无
邊今日慚愧皆悉懺悔
又復无始以來至於今日或作周旋朋友師僧
同學父母兄弟六親眷屬共住同止百一所須
更相欺罔或於鄉隣比近移籬拓墻侵地宅畞
標易相突略田園因公託私奪人邸店及以屯
野如是等罪今悉懺悔
又復无始以來或攻城破邑燒村壞柵偷賣良
民誘他奴婢或復枉壓无罪之人使其形殂血
刃身被徒鏁家業破散骨肉生離分張異
域一生隔絕如是等罪无量无邊今悉至到
皆悉懺悔
又復无始以來至於今日或商估博貨邸店
市易輕秤小斗減割尺寸盜竊分銖欺罔奚
合以麤易好以短換長巧欺百端希望毫利
如是等罪今悉懺悔
又復无始以來至于今日穿踰墻壁道斷抄
掠抵捍債負息情違要面欺心口或非道陵
奪鬼神禽獸四生之物或託卜相取人財寶

BD05799號　佛名經（十六卷本）卷三　（26–25）

市易輕秤小斗減割尺寸盜竊分銖欺罔奚
合以麤易好以短換長巧欺百端希望毫利
如是等罪今悉懺悔
又復无始以來至于今日穿踰墻壁道斷抄
掠抵捍債負息情違要面欺心口或非道陵
奪鬼神禽獸四生之物或託卜相取人財寶如
是乃至以利求利惡求多求无厭无足如是
等罪无量无邊不可說盡今日至到向十方
佛尊法衆皆悉懺悔
願弟子等承是懺悔劫盜等罪所生功德
生生世世得如意寶常雨七珎上妙衣服百
味甘露種種湯藥隨意所須應念即至一
切衆生无偷奪相一切皆能少欲知足不
耽不染常樂惠施行急濟道頭目髓惱
如棄涕唾迴向滿足檀波羅蜜 礼一拜

佛名經卷第三

BD05799號　佛名經（十六卷本）卷三　（26–26）

況復加害
設復有人若有罪若
其身稱觀世音菩薩
解脫若三千大千國
將諸商人賫持重寶經過嶮
是唱言諸善男子勿得恐怖
心稱觀世音菩薩名号是菩
於衆生汝等若稱名者於此怨賊
衆商人聞俱發聲言南无觀世
故即得解脫无盡意觀世音菩薩
威神之力巍巍如是
若有衆生多於婬欲常念恭
便得離欲若多嗔恚常念恭
便得離嗔若多愚癡常念
薩便得離癡无盡意觀世音
等大威神力多所饒益是故
若有女人設欲求男礼拜供
便生福德智慧之男設欲求女
相之女宿殖德本衆人愛敬无
菩薩有如是力若有衆生恭敬礼拜
菩薩福不唐捐是故衆生皆應受持
菩薩名号

BD05800號　觀世音經

（6–1）

等大威神力多所饒益是故
若有女人設欲求男礼拜供
便生福德智慧之男設欲求女
相之女宿殖德本衆人愛敬无
菩薩有如是力若有衆生恭敬礼拜
菩薩福不唐捐是故衆生皆應受持
菩薩名号
无盡意若有人受持六十二億恒河沙菩薩
名字復盡形供養飲食衣服卧具醫藥於
汝意云何是善男子善女人功德多不无盡
意言甚多世尊佛言若復有人受持觀世
音菩薩名号乃至一時礼拜供養是二人福
正等无異於百千萬億劫不可窮盡无盡
意受持觀世音菩薩名号得如是无量无邊
福德之利
无盡意菩薩白佛言世尊觀世音菩薩云何
遊此娑婆世界云何而為衆生說法方便之
力其事云何佛告无盡意菩薩善男子若有
國土衆生應以佛身得度者觀世音菩薩即
現佛身而為說法應以辟支佛身得度者即
現辟支佛身而為說法應以聲聞身得度
者即現聲聞身而為說法應以梵王身得度
者即現梵王身而為說法應以帝釋身得度
者即現帝釋身而為說法應以自在天身得
度者即現自在天身而為說法應以大自在
天身得度者即現大自在天身而為說法應

BD05800號　觀世音經

（6–2）

現辟支佛身而為說法應以聲聞身得度
者即現聲聞身而為說法應以梵王身得度
者即現梵王身而為說法應以帝釋身得度
者即現帝釋身而為說法應以自在天身得
度者即現自在天身而為說法應以大自在
天身得度者即現大自在天身而為說法應
以天大將軍身得度者即現天大將軍身而
為說法應以毗沙門身得度者即現毗沙門
身而為說法應以小王身得度者即現小王
身而為說法應以長者身得度者即現長者
身而為說法應以居士身得度者即現居士
身而為說法應以宰官身得度者即現宰
官身而為說法應以婆羅門身得度者即現
婆羅門身而為說法應以比丘比丘尼優婆
塞優婆夷身得度者即現比丘比丘尼優婆
夷身而為說法應以長者居士宰官婆羅門
婦女身得度者即現婦女身而為說法應以
童男童女身得度者即現童男童女身而為說
應以天龍夜叉乾闥婆阿脩羅迦樓羅緊那
羅摩睺羅伽人非人等身得度者即皆現之
而為說法應以執金剛神得度者即現執金
剛神而為說法无盡意是觀世音菩薩成
就如是功德以種種形遊諸國土度脫衆生是
故汝等應當一心供養觀世音菩薩是觀世
音菩薩摩訶薩於怖畏急難之中能施无
畏是故此娑婆世界皆号之為施无畏者无
盡意菩薩白佛言世尊我今當供養觀世音

BD05800 號　觀世音經　（6–3）

而為說法應以執金剛神得度者即現執金
剛神而為說法无盡意是觀世音菩薩成
就如是功德以種種形遊諸國土度脫衆生是
故汝等應當一心供養觀世音菩薩是觀世
音菩薩摩訶薩於怖畏急難之中能施无
畏是故此娑婆世界皆号之為施无畏者无
盡意菩薩白佛言世尊我今當供養觀世音
菩薩即解頸衆寶珠瓔珞價直百千兩金而
以與之作是言仁者受此法施珎寶瓔珞時觀
世音菩薩不肯受之无盡意復白觀世音菩薩
言仁者愍我等故受此瓔珞尒時佛告觀世音
菩薩當愍此无盡意菩薩及四衆天龍夜叉
乾闥婆阿脩羅迦樓羅緊那羅摩睺羅伽人
非人等故受是瓔珞即時觀世音菩薩愍諸
四衆及於天龍人非人等受其瓔珞分作二分
一分奉釋迦牟尼佛一分奉多寶佛塔无盡
意觀世音菩薩有如是自在神力遊於娑婆
世界尒時无盡意菩薩以偈問曰
世尊妙相具　我今重問彼　佛子何因緣　名為觀世音
具足妙相尊　偈荅无盡意　汝聽觀音行　善應諸方所
弘誓深如海　歷劫不思議　侍多千億佛　發大清淨願
我為汝略說　聞名及見身　心念不空過　能滅諸有苦
假使興害意　推落大火坑　念彼觀音力　火坑變成池
或漂流巨海　龍魚諸鬼難　念彼觀音力　波浪不能沒
或在須弥峯　為人所推墮　念彼觀音力　如日虛空住
或被惡人逐　墮落金剛山　念彼觀音力　不能損一毛
或值怨賊遶　各執刀加害　念彼觀音力　咸即起慈心

BD05800 號　觀世音經　（6–4）

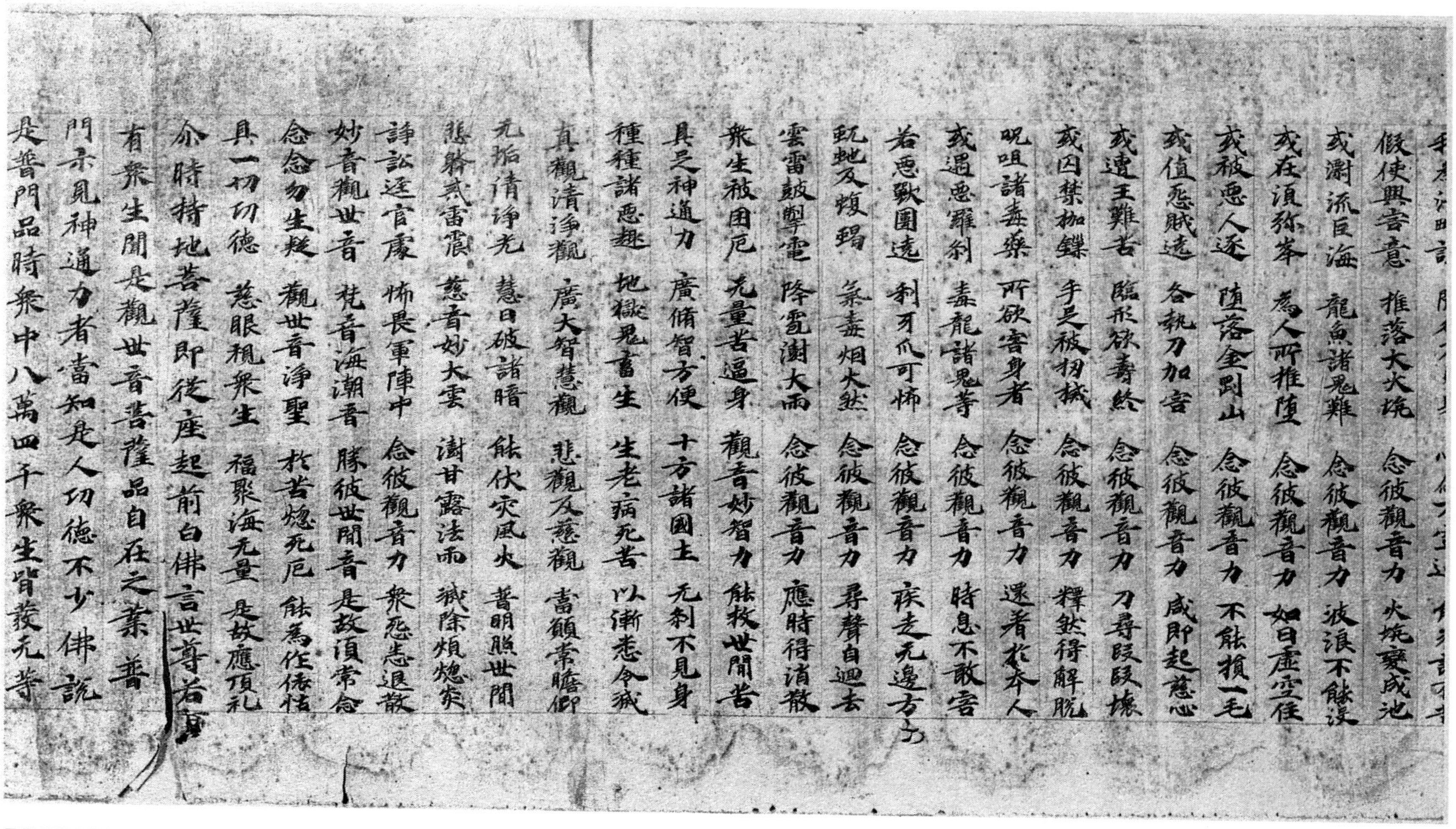
假使興害意　推落大火坑　念彼觀音力　火坑變成池
或漂流巨海　龍魚諸鬼難　念彼觀音力　波浪不能沒
或在須弥峯　為人所推墮　念彼觀音力　如日虛空住
或被惡人逐　墮落金剛山　念彼觀音力　不能損一毛
或值怨賊遶　各執刀加害　念彼觀音力　咸即起慈心
或遭王難苦　臨刑欲壽終　念彼觀音力　刀尋段段壞
或囚禁枷鏁　手足被杻械　念彼觀音力　釋然得解脫
呪詛諸毒藥　所欲害身者　念彼觀音力　還著於本人
或遇惡羅刹　毒龍諸鬼等　念彼觀音力　時悉不敢害
若惡獸圍遶　利牙爪可怖　念彼觀音力　疾走无邊方
蚖蛇及蝮蝎　氣毒烟火然　念彼觀音力　尋聲自迴去
雲雷鼓掣電　降雹澍大雨　念彼觀音力　應時得消散
衆生被困厄　无量苦逼身　觀音妙智力　能救世間苦
具足神通力　廣脩智方便　十方諸國土　无刹不現身
種種諸惡趣　地獄鬼畜生　生老病死苦　以漸悉令滅
真觀清淨觀　廣大智慧觀　悲觀及慈觀　常願常瞻仰
无垢清淨光　慧日破諸闇　能伏灾風火　普明照世間
悲體戒雷震　慈意妙大雲　澍甘露法雨　滅除煩惱焰
諍訟經官處　怖畏軍陣中　念彼觀音力　衆怨悉退散
妙音觀世音　梵音海潮音　勝彼世間音　是故須常念
念念勿生疑　觀世音淨聖　於苦惱死厄　能為作依怙
具一切功德　慈眼視衆生　福聚海无量　是故應頂礼
尒時持地菩薩即從座起前白佛言世尊若有
衆生聞是觀世音菩薩品自在之業普
門示現神通力者當知是人功德不少佛說
是普門品時衆中八萬四千衆生皆發无等

BD05800號　觀世音經

（6–5）

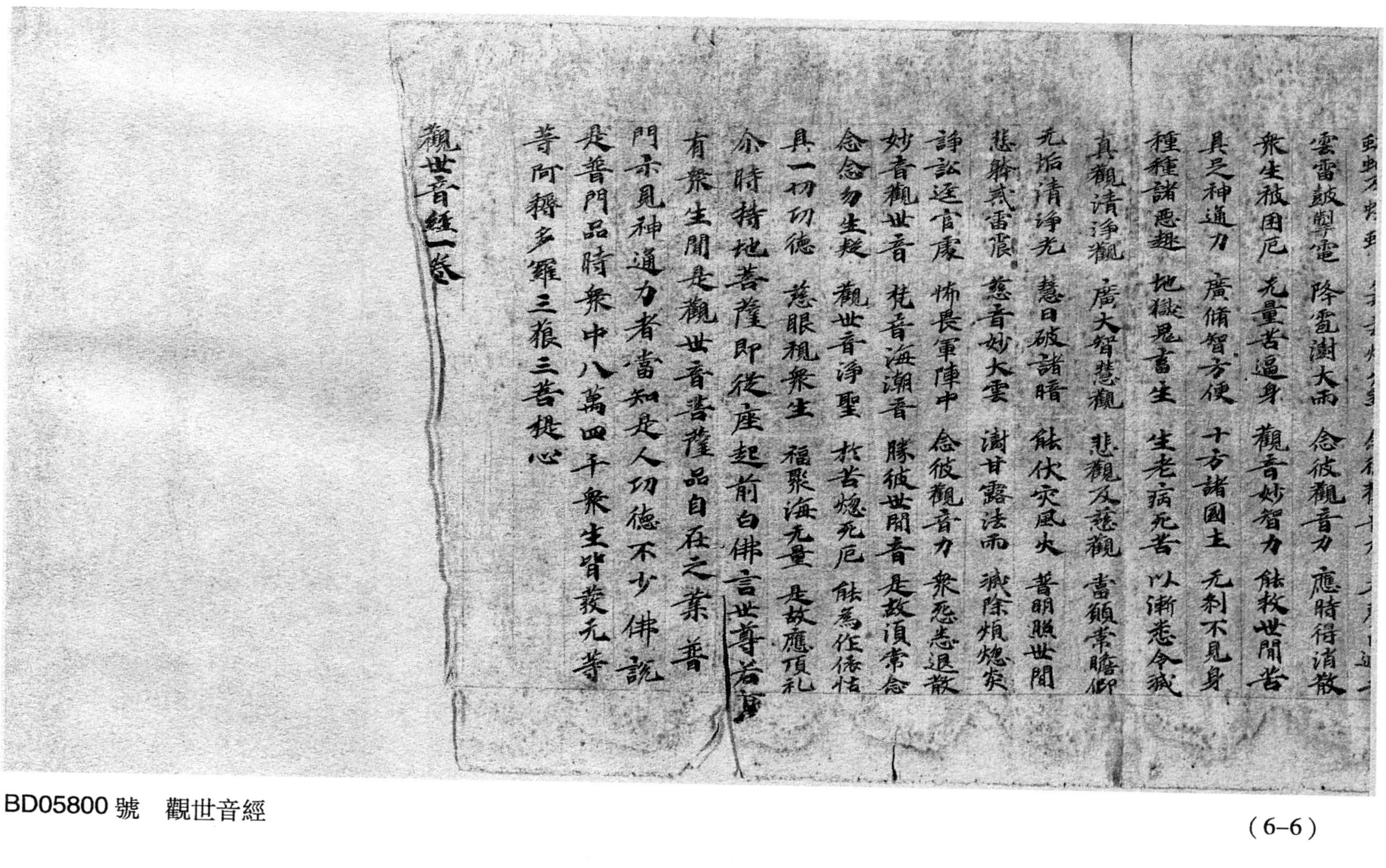
雲雷鼓掣電　降雹澍大雨　念彼觀音力　應時得消散
衆生被困厄　无量苦逼身　觀音妙智力　能救世間苦
具足神通力　廣脩智方便　十方諸國土　无刹不現身
種種諸惡趣　地獄鬼畜生　生老病死苦　以漸悉令滅
真觀清淨觀　廣大智慧觀　悲觀及慈觀　常願常瞻仰
无垢清淨光　慧日破諸闇　能伏灾風火　普明照世間
悲體戒雷震　慈意妙大雲　澍甘露法雨　滅除煩惱焰
諍訟經官處　怖畏軍陣中　念彼觀音力　衆怨悉退散
妙音觀世音　梵音海潮音　勝彼世間音　是故須常念
念念勿生疑　觀世音淨聖　於苦惱死厄　能為作依怙
具一切功德　慈眼視衆生　福聚海无量　是故應頂礼
尒時持地菩薩即從座起前白佛言世尊若有
衆生聞是觀世音菩薩品自在之業普
門示現神通力者當知是人功德不少佛說
是普門品時衆中八萬四千衆生皆發无等
等阿耨多羅三藐三菩提心
觀世音經一卷

BD05800號　觀世音經

（6–6）

著 録 凡 例

本目録採用條目式著録法。諸條目意義如下：

1.1 著録編號。用漢語拼音首字“BD”表示，意為“北京圖書館藏敦煌遺書”，簡稱“北敦號”。文獻寫在背面者，標註為“背”。一件遺書上抄有多個文獻者，用數字 1、2、3 等標示小號。一號中包括幾件遺書，且遺書形態各自獨立者，用字母 A、B、C 等區別。

1.2 著録分類號。本條記目録暫不分類，該項空缺。

1.3 著録文獻的名稱、卷本、卷次。

1.4 著録千字文編號。

1.5 著録縮微膠卷號。

2.1 著録遺書的總體數據。包括長度、寬度、紙數、正面抄寫總行數與每行字數、背面抄寫總行數與每行字數。如該遺書首尾有殘破，則對殘破部分單獨度量，用加號加在總長度上。凡屬這種情況，長度用括弧標註。

2.2 著録每紙數據。包括每紙長度及抄寫行數或界欄數。

2.3 著録遺書的外觀。包括：(1) 裝幀形式。(2) 首尾存況。(3) 護首、軸、軸頭、天竿、縹帶，經名是書寫還是貼簽，有無經名號，扉頁、扉畫。(4) 卷面殘破情況及其位置。(5) 尾部情況。(6) 有無附加物（蟲繭、油污、線繩及其他）。(7) 有無裱補及其年代。(8) 界欄。(9) 修整。(10) 其他需要交待的問題。

2.4 著録一件遺書抄寫多個文獻的情況。

3.1 著録文獻首部文字與對照本核對的結果。

3.2 著録文獻尾部文字與對照本核對的結果。

3.3 著録録文。

3.4 著録對文獻的説明。

4.1 著録文獻首題。

4.2 著録文獻尾題。

5 著録本文獻與對照本的不同之處。

6.1 著録本遺書首部可與另一遺書綴接的編號。

6.2 著録本遺書尾部可與另一遺書綴接的編號。

7.1 著録題記、題名、勘記等。

7.2 著録印章。

7.3 著録雜寫。

7.4 著録護首及扉頁的内容。

8 著録年代。

9.1 著録字體。如有武周新字、合體字、避諱字等，予以説明。

9.2 著録卷面二次加工的情況。包括句讀、點標、科分、間隔號、行間加行、行間加字、硃筆、墨塗、倒乙、删除、兑廢等。

10 著録敦煌遺書發現後，近現代人所加内容，裝裱、題記、印章等。

11 備註。著録揭裱互見、圖版本出處及其他需要説明的問題。

上述諸條，有則著録，無則空缺。

為避文繁，上述著録中出現的各種參考、對照文獻，暫且不列版本説明。全目結束時，將統一編制本條記目録出現的各種參考書目。

本條記目録為農曆年份標註其公曆紀年時，未進行歲頭年末之换算，請讀者使用時注意自行换算。

條記目錄

BD05748—BD05800

1.1　BD05748 號
1.3　金剛般若波羅蜜經
1.4　柰 048
1.5　094:3766
2.1　(4.5+164)×26.5 厘米；4 紙；95 行，行 17 字。
2.2　01：4.5+18.5，11；　02：49.0，28；　03：49.0，28；
04：47.5，28。
2.3　卷軸裝。首殘尾脫。首紙有破裂，各紙均有殘洞。有烏絲欄。已修整。
3.1　首 1 行上殘→大正 235，8/749B8～9。
3.2　尾殘→8/750B20。
8　8 世紀。唐寫本。
9.1　楷書。
11　圖版：《敦煌寶藏》，80/247A～249A。

1.1　BD05749 號
1.3　七階佛名經
1.4　柰 049
1.5　316:8356
2.1　(2.5+59.2+3.3)×26.3 厘米；3 紙；31 行，行字不等。
2.2　01：2.5+22.4，12；　02：31.8，15；　03：5+3.3，4。
2.3　卷軸裝。首尾均殘。通卷上下邊有殘損，內有殘洞，尾紙殘破。有折疊欄。已修整。
3.4　說明：
本文獻首行上殘，尾行上殘。乃中國人所撰佛教禮懺文，未為歷代大藏經所收。形態複雜，有待進一步研究。
8　9～10 世紀。歸義軍時期寫本。
9.1　楷書。
11　圖版：《敦煌寶藏》，110/66B～67A。

1.1　BD05750 號
1.3　無量壽宗要經
1.4　柰 050
1.5　275:7846
2.1　168.5×31.5 厘米；4 紙；114 行，行 30 餘字。
2.2　01：42.5，28；　02：42.0，29；　03：42.0，29；
04：42.0，28。
2.3　卷軸裝。首尾均全。前 3 紙上下邊有破裂殘損，第 2 紙中間有殘洞。有烏絲欄。
3.1　首全→大正 936，19/82A3。
3.2　尾全→19/84C29。
4.1　大乘無量壽經（首）。
4.2　佛說無量壽宗要經（尾）。
7.1　尾紙有題名“張涓子”。
8　8～9 世紀。吐蕃統治時期寫本。
9.1　楷書。
9.2　有刮改。
11　圖版：《敦煌寶藏》，108/111A～113A。

1.1　BD05751 號
1.3　妙法蓮華經卷二
1.4　柰 051
1.5　105:4910
2.1　101.7×25.5 厘米；2 紙；56 行，行 17 字。
2.2　01：51.0，28；　02：50.7，28。
2.3　卷軸裝。首尾均脫。經黃紙。有烏絲欄。
3.1　首殘→大正 262，9/13B10。
3.2　尾殘→9/14A17。
8　7～8 世紀。唐寫本。
9.1　楷書。
11　圖版：《敦煌寶藏》，87/210A～211B。

1.1　BD05752 號
1.3　四分律刪繁補闕行事鈔疏（擬）
1.4　柰 052
1.5　159:6985

2.1　87.5×31.5 厘米；2 紙；64 行，行 31 字。
2.2　01：44.0，32；　02：43.5，32。
2.3　卷軸裝。首尾均脱。接縫處下部開裂。有烏絲欄。
3.4　説明：
本文獻首尾均殘，内容為疏釋《四分律刪繁補闕行事鈔》中"持犯方軌篇第十五"、"懺六聚法篇第十六"兩篇。未為歷代大藏經所收。
8　9～10 世紀。歸義軍時期寫本。
9.1　楷書。
9.2　有重文號。
11　圖版：《敦煌寶藏》，103/252B～253B。

1.1　BD05753 號
1.3　金有陀羅尼經
1.4　柰 053
1.5　254:7605
2.1　65×26.9 厘米；2 紙；40 行，行 20～24 字。
2.2　01：45.0，28；　02：20.0，12。
2.3　卷軸裝。首脱尾全。有烏絲欄。
3.1　首殘→大正 2910，85/1456A19。
3.2　尾全→85/1456C10。
4.2　金有陀羅尼經一卷（尾）。
8　8～9 世紀。吐蕃統治時期寫本。
9.1　楷書。
9.2　有刮改。有行間校加字。
11　圖版：《敦煌寶藏》，107/82A～B。

1.1　BD05754 號
1.3　金剛般若波羅蜜經
1.4　柰 054
1.5　094:4308
2.1　（140.8＋1.3）×25.5 厘米；3 紙；82 行，行 17 字。
2.2　01：49.0，28；　02：48.8，28；　03：43＋1.3，26。
2.3　卷軸裝。首脱尾殘。經黄紙。有烏絲欄。
3.1　首殘→大正 235，8/751B22。
3.2　尾殘→8/752B27。
5　與《大正藏》本相比，本卷經文無冥司偈，參見《大正藏》，8/751C16～19。
8　7～8 世紀。唐寫本。
9.1　楷書。
9.2　有硃筆校改。
11　圖版：《敦煌寶藏》，82/627A～628B。

1.1　BD05755 號
1.3　融即相無相論
1.4　柰 055
1.5　356:8420
2.1　（10＋509.5）×28 厘米；13 紙；280 行，行 20 餘字。
2.2　01：10＋16，15；　02：40.0，23；　03：41.0，25；
04：41.0，26；　05：41.0，25；　06：41.0，24；
07：41.0，24；　08：41.0，23；　09：41.5，19；
10：41.5，18；　11：41.5，20；　12：41.5，19；
13：41.5，19。
2.3　卷軸裝。首殘尾全。前 5 紙上下邊殘損破裂，第 4 紙中間有殘洞。卷上邊有筆痕。背有近代裱補。有邊欄，竪欄為折疊欄。
3.4　説明：
本文獻首 6 行中上殘，尾全。為中華佛教撰著，作者不詳。全論分十二篇，現存第二篇後部分至卷尾，全文基本保存完整，甚爲可貴。
尾題後有關於《承相王五門佛性義》的介紹，並有歸敬偈一首。
其後又有文字三行，前二行應是對本文獻標題中"融"字的疏釋。
4.2　融即相無相論一卷（尾）。
7.1　尾有題記"比丘釋導許。沙彌庫狐純所寫"。
8　5～6 世紀。南北朝寫本。
9.1　行楷。
9.2　有倒乙。
10　卷首下方鈐有正方形陽文硃印"國立北/平圖書/館收藏/"，1.9×1.9 厘米。
11　圖版：《敦煌寶藏》，110/262A～268B。

1.1　BD05756 號
1.3　大般若波羅蜜多經卷二七〇
1.4　柰 056
1.5　084:2723
2.1　（2＋89.6）×25.9 厘米；3 紙；54 行，行 17 字。
2.2　01：02.0，護首；　02：44.0，26；　03：45.6，28。
2.3　卷軸裝。首全尾脱。有護首，下邊殘缺。第 1、2 紙接縫處下開裂，第 2 紙有破裂，通卷下邊殘破，卷尾殘破。有烏絲欄。
3.1　首全→大正 220，6/366B1。
3.2　尾殘→6/366C28。
4.1　大般若波羅蜜多經卷第二百七十，/初分難信解品第卅四之八十九，三藏法師玄奘奉詔譯/（首）。
8　8～9 世紀。吐蕃統治時期寫本。
9.1　楷書。
11　圖版：《敦煌寶藏》，74/540B～541B。

1.1　BD05757 號
1.3　無量壽宗要經
1.4　柰 057
1.5　275:7847
2.1　164×32 厘米；4 紙；110 行，行 30 餘字。

2.2 01：44.0，31； 02：44.0，32； 03：44.0，32；
04：32.0，15。
2.3 卷軸裝。首尾均全。首紙上下邊有破裂殘缺，中間有殘洞。有烏絲欄。
3.1 首全→大正936，19/82A3。
3.2 尾全→19/84C29。
4.1 大乘無量壽經（首）。
4.2 佛説無量壽宗要經（尾）。
7.1 尾紙有題記“令狐晏兒寫”。
8 8～9世紀。吐蕃統治時期寫本。
9.1 楷書。
9.2 有校改。
11 圖版：《敦煌寶藏》，108/113B～115B。

1.1 BD05758號
1.3 金剛般若波羅蜜經
1.4 柰058
1.5 094:3776
2.1 （71.5+199）×26.5厘米；6紙；165行，行17字。
2.2 01：39.5，24； 02：32+15，29； 03：46.0，28；
04：46.0，28； 05：46.0，28； 06：46.0，28。
2.3 卷軸裝。首殘尾脱。前2紙下部殘缺，卷面有殘洞。有烏絲欄。已修整。
3.1 首43行下殘→大正235，8/748C22～749B10。
3.2 尾殘→8/750C23。
8 7～8世紀。唐寫本。
9.1 楷書。
11 圖版：《敦煌寶藏》，80/285B～289A。

1.1 BD05759號1
1.3 要行捨身經
1.4 柰059
1.5 004:0076
2.1 （7.5+382.9）×25.5厘米；10紙；212行，行17～18字。
2.2 01：7.5+27，19； 02：39.8，21； 03：40.0，22；
04：39.8，22； 05：40.0，22； 06：40.0，22；
07：40.0，22； 08：40.0，22； 09：39.8，21；
10：36.5，19。
2.3 卷軸裝。首殘尾全。首紙有殘洞，破裂碎損，第7、8紙接縫處有開裂，尾紙有殘洞。有烏絲欄。已修整。
2.4 本遺書包括3個文獻：（一）《要行捨身經》，50行，今編為BD05759號1。（二）《捨身發願文》，25行，今編為BD05759號2。（二）《大方廣華嚴十惡品經》，137行，今編為BD05759號3。
3.1 首4行下中殘→大正2895，85/1415A25。
3.2 尾全→85/1415C19。
5 與《大正藏》本對照，文字略有不同。
8 9～10世紀。歸義軍時期寫本。
9.1 楷書。
11 圖版：《敦煌寶藏》，56/311A～317A。

1.1 BD05759號2
1.3 捨身發願文
1.4 柰059
1.5 004:0076
2.4 本遺書由3個文獻組成，本號為第2個，25行。餘參見BD05759號1之第2項、第11項。
3.4 説明：
本文獻首尾均全。乃敦煌僧人所撰，未為歷代大藏經所收。
4.1 佛説捨身發願文（首）。
8 9～10世紀。歸義軍時期寫本。
9.1 楷書。

1.1 BD05759號3
1.3 大方廣華嚴十惡品經
1.4 柰059
1.5 004:0077
2.4 本遺書由3個文獻組成，本號為第2個，137行。餘參見BD05759號1之第2項、第11項。
3.1 首全→《藏外佛教文獻》，1/第360頁第3行。
3.2 尾全→《藏外佛教文獻》，1/第368頁第11行。
4.1 大方廣華嚴十惡品經（首）。
4.2 大方廣華嚴十惡品經（尾）。
8 9～10世紀。歸義軍時期寫本。
9.1 楷書。

1.1 BD05760號
1.3 妙法蓮華經卷七
1.4 柰060
1.5 105:6099
2.1 142.5×26厘米；3紙；84行，行17字。
2.2 01：47.5，28； 02：47.5，28； 03：47.5，28。
2.3 卷軸裝。首尾均脱。前2紙有破裂，卷面多水漬。有烏絲欄。
3.1 首殘→大正262，9/58B18。
3.2 尾殘→9/59C10。
8 9～10世紀。歸義軍時期寫本。
9.1 楷書。
11 圖版：《敦煌寶藏》，97/10B～12A。

1.1 BD05761號
1.3 妙法蓮華經卷七
1.4 柰061
1.5 105:6043

2.1　(30.5＋82＋2)×25.5 厘米；3 紙；66 行，行 17 字。
2.2　01：30.5，18；　02：48.5，28；　03：33.5＋2，20。
2.3　卷軸裝。首尾均殘。卷面多殘破，尾紙下邊殘缺。有烏絲欄。已修整。
3.1　首 18 行上下殘→大正 262，9/57B1～19。
3.2　尾行上殘→9/58B8。
8　8～9 世紀。吐蕃統治時期寫本。
9.1　楷書。
11　圖版：《敦煌寶藏》，96/376B～378A。

1.1　BD05762 號
1.3　金光明最勝王經卷六
1.4　柰 062
1.5　083:1800
2.1　(3.5＋265.6)×26.8 厘米；8 紙；150 行，行 17 字。
2.2　01：3.5＋27.5，18；　02：42.7，25；　03：42.9，25；
04：42.6，25；　05：42.6，25；　06：18.5，11；
07：25.8，16；　08：23.0，05。
2.3　卷軸裝。首殘尾全。有燕尾。有烏絲欄。
3.1　首 2 行上中殘→大正 665，16/430C26～27。
3.2　尾全→16/432C10。
4.2　金光明最勝王經卷第六（尾）。
5　尾附音義。
8　7～8 世紀。唐寫本。
9.1　楷書。
11　圖版：《敦煌寶藏》，70/130B～133B。

1.1　BD05763 號
1.3　大般若波羅蜜多經卷三九〇
1.4　柰 063
1.5　084:3052
2.1　107.9×26.5 厘米；3 紙；62 行，行 17 字。
2.2　01：47.7，28；　02：47.2，28；　03：13.0，06。
2.3　卷軸裝。首脱尾全。首紙上下邊殘破，第 2、3 紙接縫處開裂。有烏絲欄。
3.1　首殘→大正 220，6/1020A2。
3.2　尾全→6/1020C4。
4.2　大般若波羅蜜多經卷第三百九十（尾）。
8　8～9 世紀。吐蕃統治時期寫本。
9.1　楷書。
11　圖版：《敦煌寶藏》，76/228A～229A。

1.1　BD05764 號
1.3　妙法蓮華經卷二
1.4　柰 064
1.5　105:4965
2.1　(6.4＋195.3)×25.2 厘米；6 紙；121 行，行 17 字。
2.2　01：04.6，03；　02：1.8＋45.2，28；　03：46.9，28；
04：47.0，28；　05：46.9，28；　06：09.3，06。
2.3　卷軸裝。首殘尾斷。經黄紙。第 2 紙前上方有 2 處殘損。有烏絲欄。
3.1　首 4 行上下殘→大正 262，9/17B4～8。
3.2　尾全→9/19A11。
8　7～8 世紀。唐寫本。
9.1　楷書。
11　圖版：《敦煌寶藏》，87/342A～344B。

1.1　BD05765 號
1.3　金剛般若波羅蜜經
1.4　柰 065
1.5　094:4291
2.1　(145.5＋10)×25.4 厘米；4 紙；91 行，行 17 字。
2.2　01：48.5，28；　02：48.5，28；　03：48.5，28；
04：10.0，07。
2.3　卷軸裝。首脱尾全。經黄紙。第 2、3 紙接縫處脱開，卷下部黴爛，卷尾下部殘缺，上部有蟲繭。有烏絲欄。
3.1　首殘→大正 235，8/751B15。
3.2　尾 5 行殘→8/752B29～C3。
4.2　金剛般若波羅蜜經（尾）。
5　與《大正藏》本相比，本卷經文無冥司偈，參見《大正藏》，8/751C16～19。
8　7～8 世紀。唐寫本。
9.1　楷書。
11　圖版：《敦煌寶藏》，82/594B～596B。

1.1　BD05766 號
1.3　妙法蓮華經卷一
1.4　柰 066
1.5　105:4698
2.1　70.4×26.2 厘米；2 紙；37 行，行 20 字（偈）。
2.2　01：51.8，28；　02：18.6，09。
2.3　卷軸裝。首脱尾全。經黄紙。首紙上方有破裂，接縫處下方開裂。有烏絲欄。
3.1　首殘→大正 262，9/9C9。
3.2　尾全→9/10B21。
4.2　妙法蓮華經第一（尾）。
8　7～8 世紀。唐寫本。
9.1　楷書。
11　圖版：《敦煌寶藏》，85/301A～B。

1.1　BD05767 號
1.3　太上洞玄靈寳業報因緣經卷二
1.4　柰 067
1.5　367:8448

2.1 （3.2＋114）×25.5 厘米；4 紙；70 行，行 18 字。
2.2 01：3.2＋9，07； 02：46.4，28； 03：46.4，28；
04：12.2，07。
2.3 卷軸裝。首尾均殘。經黄紙。卷首上邊有殘缺。有烏絲欄。
3.1 首殘→《道藏》本卷二惡報品第三，第 9b3 行“矯詐中來”
3.2 尾殘→《道藏》本卷二惡報品第三，第 13a2 行“陰謀毒惡得此報”句。
8 7～8 世紀。唐寫本。
9.1 楷書。
11 圖版：《敦煌寶藏》，110/345A～346B。

1.1 BD05768 號
1.3 大乘稻芉經
1.4 柰 068
1.5 058:0474
2.1 （8.5＋143.1）×27.8 厘米；4 紙；108 行，行 20 字。
2.2 01：8.5＋27，27； 02：46.8，36； 03：47.3，30；
04：22.0，15。
2.3 卷軸裝。首尾均殘。有烏絲欄。已修整。
3.1 首 7 行下殘→大正 712，16/823B27～C7。
3.2 尾行中殘→16/825B2。
8 8～9 世紀。吐蕃統治時期寫本。
9.1 楷書。
9.2 有行間校加字。有校改及倒乙。
11 圖版：《敦煌寶藏》，59/300B～302B。

1.1 BD05769 號
1.3 妙法蓮華經卷七
1.4 柰 069
1.5 105:6147
2.1 161×25.5 厘米；4 紙；85 行，行 17 字。
2.2 01：51.0，28； 02：51.0，28； 03：51.0，28；
04：08.0，01。
2.3 卷軸裝。首脱尾全。經黄紙。通卷下部有水漬，首紙下邊有破裂，第 2、3 紙接縫處下邊開裂。有烏絲欄。
3.1 首殘→大正 262，9/61A25。
3.2 尾全→9/62B1。
4.2 妙法蓮華經卷第七（尾）。
8 7～8 世紀。唐寫本。
9.1 楷書。
11 圖版：《敦煌寶藏》，97/129B～131B。

1.1 BD05770 號
1.3 妙法蓮華經卷五
1.4 柰 070
1.5 105:5519
2.1 （12.8＋38.3）×24.1 厘米；2 紙；30 行，行 17 字。
2.2 01：12.8＋31，26； 02：07.3，04。
2.3 卷軸裝。首尾均殘。卷面多水漬，首紙有 2 個殘洞。有烏絲欄。
3.1 首 6 行上殘→大正 262，9/37A10～15。
3.2 尾殘→9/37B13。
8 7～8 世紀。唐寫本。
9.1 楷書。
11 圖版：《敦煌寶藏》，92/615B～616A。

1.1 BD05771 號
1.3 金剛般若波羅蜜經
1.4 柰 071
1.5 094:3804
2.1 154.1×25.3 厘米；3 紙；84 行，行 17 字。
2.2 01：51.3，28； 02：51.5，28； 03：51.3，28。
2.3 卷軸裝。首尾均脱。經黄紙。首紙有破裂。有烏絲欄。
3.1 首殘→大正 235，8/749B18。
3.2 尾殘→8/750B17。
8 7～8 世紀。唐寫本。
9.1 楷書。
11 圖版：《敦煌寶藏》，80/413A～415A。

1.1 BD05772 號
1.3 大般若波羅蜜多經（兑廢稿）卷二〇六
1.4 柰 072
1.5 084:2519
2.1 （8＋41.6）×26 厘米；1 紙；31 行，行 17 字。
2.3 卷軸裝。首殘尾斷。卷面有殘洞、破裂及下邊殘缺。有烏絲欄。已修整。
3.1 首 5 行下殘→大正 220，6/26C6。
3.2 尾殘→6/27A4。
7.3 首有雜寫“若聲香味觸精羅”1 行。尾 2 行有倒寫經名及品名“大般若波羅蜜多經卷第二百六”，“初分難信解品第三十四之”。背面有雜寫“五十張”及《千字文》雜寫等雜寫，不錄文。
8 8～9 世紀。吐蕃統治時期寫本。
9.1 楷書。
11 圖版：《敦煌寶藏》，73/608B～609B。

1.1 BD05773 號
1.3 無量壽宗要經
1.4 柰 073
1.5 275:8044
2.1 （11.5＋109＋8.5）×31 厘米；3 紙；89 行，行 30 餘字。
2.2 01：11.5＋32，29； 02：43.0，30； 03：34＋8.5，30。
2.3 卷軸裝。首尾均殘。下邊殘損，中間有破裂，脱落一殘片。

有烏絲欄。
3.1 首全→大正936，19/82A3。
3.2 尾6行中下殘→19/84A18～27。
8 8～9世紀。吐蕃統治時期寫本。
9.1 行楷。
9.2 有刮改。
11 圖版：《敦煌寶藏》，108/597B～599A。

1.1 BD05774號
1.3 金剛般若波羅蜜經
1.4 柰074
1.5 094:4201
2.1 (9+88)×25.5厘米；2紙；56行，行17字。
2.2 01：9+39.5，28； 02：48.5，28。
2.3 卷軸裝。首尾均脫。經黄紙。首紙上部破損，有脫落殘片，已綴接。有烏絲欄。已修整。
3.1 首5行上殘→大正235，8/750C20～25。
3.2 尾殘→8/751B22。
8 7～8世紀。唐寫本。
9.1 楷書。
11 圖版：《敦煌寶藏》，82/385A～386A。

1.1 BD05775號
1.3 放光般若經（異卷）卷一
1.4 柰075
1.5 086:3421
2.1 718.4×26.9厘米；15紙；413行，行17字。
2.2 01：48.7，26； 02：48.1，28； 03：48.1，28；
04：48.3，28； 05：48.2，28； 06：48.2，28；
07：48.3，28； 08：48.3，28； 09：48.2，28；
10：48.2，28； 11：48.2，28； 12：48.2，28；
13：48.3，28； 14：48.2，28； 15：42.9，23。
2.3 卷軸裝。首尾均全。首紙前端下邊有殘損。有烏絲欄。
3.1 首全→大正221，8/1A3。
3.2 尾全→8/5C13。
4.1 摩訶般若波羅蜜放光經放光品第一（首）
4.2 放光經卷第一（尾）。
5 與《大正藏》本對照，分卷不同。本卷經文相當於卷第1之第1、2品與第3品之前部。與歷代大藏經本分卷均不相同。
7.1 卷首背有勘記“二教”。
8 8世紀。唐寫本。
9.1 楷書。有武周新字“國”。
9.2 有刮改。
11 圖版：《敦煌寶藏》，77/541B～550B。

1.1 BD05776號
1.3 大智度論卷五五
1.4 柰076
1.5 218:7291
2.1 (8.5+292+1.5)×25厘米；8紙；正面186行，行19字；背面179行，行20餘字。
2.2 01：08.5，05； 02：45.5，28； 03：45.5，28；
04：45.5，28； 05：45.5，28； 06：45.5，28；
07：45.5，28； 08：19+1.5，13。
2.3 卷軸裝。首尾均殘。卷背有鳥糞。有烏絲欄。
2.4 本遺書包括2個文獻：（一）《大智度論》卷五五，186行，抄寫在正面，今編為BD05776號。（二）《佛經論釋》（擬），179行，抄寫在背面，今編為BD05776號背。
3.1 首5行上下殘→大正1509，25/450C18～25。
3.2 尾1行上中殘→25/453C10～12。
5 與《大正藏》本對照，品次不同。與日本《聖語藏》本品次相同。
8 5世紀。東晉寫本。
9.1 隸書。
9.2 有重文號、刪除號。有行間校加字。
11 圖版：《敦煌寶藏》，105/335B～344A。

1.1 BD05776號背
1.3 佛經論釋（擬）
1.4 柰076
1.5 218:7291
2.4 本遺書由2個文獻組成，本號為第2個，179行，抄寫在背面。餘參見BD05776號之第2項、第11項。
3.4 說明：
本文獻首尾均殘。內容為論述佛教的因果、修持理論。未為歷代大藏經所收。詳情有待進一步深入研究。
8 5～6世紀。南北朝寫本。
9.1 隸楷。

1.1 BD05777號
1.3 妙法蓮華經卷六
1.4 柰077
1.5 105:5720
2.1 (2+35+4)×25厘米；1紙；23行，行17字。
2.3 卷軸裝。首尾均殘。經黄紙。卷面殘破。卷背粘有其他寫經的經文殘字。背有古代裱補。有烏絲欄。
3.1 首行下殘→大正262，9/46C15～16。
3.2 尾2行上下殘→9/47A8～10。
7.3 背面粘有其他經卷的殘字。
8 7～8世紀。唐寫本。
9.1 楷書。
11 圖版：《敦煌寶藏》，94/384A～B。

1.1 BD05778號

1.3　四分比丘尼戒本
1.4　柰 078
1.5　157:6960
2.1　(15 +709) ×26.8 厘米；18 紙；457 行，行 21 字。
2.2　01：15 +41，36；　02：40.0，25；　03：42.0，26；
04：42.0，26；　05：42.0，27；　06：40.0，25；
07：40.0，26；　08：41.0，26；　09：40.0，26；
10：40.0，27；　11：39.0，25；　12：31.0，20；
13：40.0，25；　14：41.0，26；　15：41.0，26；
16：40.0，25；　17：39.0，25；　18：30.0，15。
2.3　卷軸裝。首殘尾全。卷首殘破嚴重，脱落一塊殘片，可以綴接。卷面多油污，卷尾有蟲繭。背有古代裱補。有烏絲欄。
3.1　首 10 行中下殘→大正 1431，22/1033C23 ~1034A7。
3.2　尾全→22/1041A18。
4.2　四分尼戒本（尾）。
7.3　尾端有“今身”2 字。
8　9 ~10 世紀。歸義軍時期寫本。
9.1　楷書。
9.2　有校改。
11　圖版：《敦煌寶藏》，103/132B ~141B。

1.1　BD05779 號
1.3　妙法蓮華經卷三
1.4　柰 079
1.5　105:4980
2.1　958.6 ×25.8 厘米；21 紙；556 行，行 17 字。
2.2　01：19.7，護首；　02：44.4，26；　03：47.0，28；
04：47.0，28；　05：47.3，28；　06：47.2，28；
07：47.4，28；　08：47.3，28；　09：47.1，28；
10：47.1，28；　11：47.0，28；　12：47.1，28；
13：47.1，28；　14：47.2，28；　15：47.0，28；
16：47.0，28；　17：47.0，28；　18：47.2，28；
19：46.9，28；　20：46.9，28；　21：46.7，26。
2.3　卷軸裝。首尾均全。有護首，已殘破。卷面多水漬，第 15、16 紙接縫處上方開裂。有烏絲欄。
3.1　首全→大正 262，9/19A14。
3.2　尾全→9/27B9。
4.1　妙法蓮華經藥草喻品第五，三（首）。
4.2　妙法蓮華經卷第三（尾）。
8　9 ~10 世紀。歸義軍時期寫本。
9.1　楷書。
9.2　有刮改。
11　圖版：《敦煌寶藏》，87/405A ~418A。

1.1　BD05780 號
1.3　金光明經（兑廢稿）卷二
1.4　柰 080
1.5　081:1384
2.1　48 ×27.7 厘米；1 紙；28 行，行 17 字。
2.3　卷軸裝。首尾均脱。有烏絲欄。
3.1　首殘→大正 663，16/341B14。
3.2　尾殘→16/341C15。
7.1　上邊有“兑”字。
8　8 世紀。唐寫本。
9.1　楷書。
9.2　有刮改。
11　圖版：《敦煌寶藏》，67/296。

1.1　BD05781 號
1.3　諸星母陀羅尼經
1.4　柰 081
1.5　273:7688
2.1　(2.5 +36.6 +7.5) ×24.6 厘米；2 紙；29 行，行 17 ~18 字。
2.2　01：25 +36.6，25；　02：07.5，04。
2.3　卷軸裝。首尾均殘。卷面污穢，多有殘破。有烏絲欄。已修整。
3.1　首 2 行下殘→大正 1302，21/420B4 ~6。
3.2　尾 4 行上下殘→21/420C1 ~4。
8　9 ~10 世紀。歸義軍時期寫本。
9.1　楷書。
11　圖版：《敦煌寶藏》，107/322A ~B。

1.1　BD05782 號
1.3　淨名經集解關中疏卷下
1.4　柰 082
1.5　078:1328
2.1　(6.4 +1601.5 +62.4) ×30.8 厘米；38 紙；1266 行，行 33 字。
2.2　01：6.4 +32，29；　02：45.8，34；　03：45.7，34；
04：45.6，33；　05：45.9，35；　06：45.7，35；
07：45.8，34；　08：45.6，35；　09：45.7，35；
10：45.8，36；　11：45.6，35；　12：45.3，35；
13：45.2，34；　14：45.2，34；　15：45.3，36；
16：45.2，35；　17：45.1，35；　18：45.2，35；
19：45.1，36；　20：45.6，35；　21：45.2，36；
22：45.7，36；　23：45.4，36；　24：45.5，36；
25：45.7，35；　26：45.6，35；　27：45.6，35；
28：45.6，35；　29：45.6，35；　30：45.6，34；
31：45.4，35；　32：30.7，23；　33：43.3，32；
34：43.4，32；　35：43.3，32；　36：43.5，32；
37：49.5，36；　38：12.9，01。
2.3　卷軸裝。首殘尾全。通卷上部黴爛，有油污及殘缺。第 35、36 紙接縫處脱開。有烏絲欄。卷背有上下界欄。已修整。

3.1　首5行上下殘→《藏外佛教文獻》，3/第88頁第11～18行。
3.2　尾37行上殘→《藏外佛教文獻》，3/第211頁第15行～214頁第13行。
4.2　□…□疏卷下（尾）。
8　8～9世紀。吐蕃統治時期寫本。
9.1　行書。
9.2　有硃筆科分、點標。有刮改、校改及刪除號。
11　圖版：《敦煌寶藏》，66/611A～630A。
卷中夾裹一塊殘片，今編為BD16408號。

1.1　BD05783號
1.3　大智度論卷五九
1.4　柰083
1.5　218:7294
2.1　(1.5+195)×26.3厘米；4紙；108行，行17字。
2.2　01：1.5+49，31；　02：50.5，30；　03：50.5，31；
04：45.0，16。
2.3　卷軸裝。首殘尾全。卷尾有蟲繭。有燕尾。有烏絲欄。
3.1　首1行下殘→大正1509，25/480A15～16。
3.2　尾全→25/481B12。
4.2　大智論卷第五十九（尾）。
8　5～6世紀。南北朝寫本。
9.1　楷書。
11　圖版：《敦煌寶藏》，105/348B～350B。

1.1　BD05784號
1.3　佛頂尊勝陀羅尼經（佛陀波利本）
1.4　柰084
1.5　229:7350
2.1　(21.3+279.9)×26厘米；6紙；159行，行17字。
2.2　01：21.3+29.2，28；　02：50.5，28；　03：50.3，28；
04：50.1，28；　05：50.2：28，　06：49.6：19。
2.3　卷軸裝。首殘尾全。經黃紙。卷首殘破嚴重，卷面多水漬，有蟲繭，接縫處有開裂。有燕尾。有烏絲欄。
3.1　首12行下殘→大正967，19/350A24～B7。
3.2　尾全→19/352A26。
4.2　佛頂尊勝陀羅尼經（尾）。
5　咒語與《大正藏》本不同，略相當於所附的宋本，參見19/352A27～B23。
8　7～8世紀。唐寫本。
9.1　楷書。
9.2　有刮改。
11　圖版：《敦煌寶藏》，105/569B～573B。

1.1　BD05785號
1.3　大般涅槃經後分卷上
1.4　柰085
1.5　118:6597
2.1　1075.5×26厘米；22紙；584行，行17字。
2.2　01：23.0，護首；　02：50.0，26；　03：50.5，28；
04：50.5，28；　05：50.5，28；　06：50.0，28；
07：50.0，28；　08：50.5，28；　09：50.5，28；
10：50.5，28；　11：50.0，28；　12：50.5，28；
13：50.0，28；　14：50.0，28；　15：50.0，28；
16：50.5，28；　17：50.0，28；　18：50.0，28；
19：50.0，28；　20：50.0，28；　21：50.5，28；
22：48.0，26。
2.3　卷軸裝。首尾均全。有護首，已殘破。前2紙有等距離殘洞。有烏絲欄。
3.1　首全→大正377，12/900A3。
3.2　尾全→12/906C10。
4.1　大般涅槃經□…□卷上，憍陳如品之末（首）。
4.2　大般涅槃經闍維分卷上（尾）。
8　9～10世紀。歸義軍時期寫本。
9.1　楷書。
9.2　有刮改。
11　圖版：《敦煌寶藏》，100/434B～449B。

1.1　BD05786號
1.3　金剛般若波羅蜜經
1.4　柰086
1.5　094:3577
2.1　(13+129.2)×25厘米；4紙；79行，行17字。
2.2　01：13+18.2，18；　02：46.5，26；　03：14.0，07；
04：50.5，28。
2.3　卷軸裝。首殘尾脫。卷中多有破裂。前2紙為歸義軍時期後補。第1紙後部及第2紙為雙層，後一層為經黃紙，上面有字，朝內粘貼，從裂開處裸露文字，可知後一層紙上所抄亦為7～8世紀唐寫本《金剛經》。第3、4紙為經黃紙。背有古代裱補。有烏絲欄。已修整。
3.1　首7行下殘→大正235，8/748C22～749A1。
3.2　尾殘→8/749C19。
8　7～8世紀。唐寫本。
9.1　楷書。
9.2　有行間校加字。
11　圖版：《敦煌寶藏》，78/624A～625B。

1.1　BD05787號
1.3　優婆離問佛經
1.4　柰087
1.5　183:7129
2.1　(4+32)×24.8厘米；1紙；21行，行17字。
2.3　卷軸裝。首尾均殘。經黃紙。卷面多水漬。有烏絲欄。

3.1　首2行中下殘→大正1466，24/903A20～21。
3.2　尾殘→24/903B13。
8　7～8世紀。唐寫本。
9.1　楷書。
11　圖版：《敦煌寶藏》，104/250B。

1.1　BD05788號
1.3　佛名經（十六卷本）卷一三
1.4　柰088
1.5　063:0747
2.1　1183.6×25.5厘米；23紙；576行，行16字。
2.2　01：39.0，護首；　02：57.0，27；　03：49.5，28；
04：49.3，28；　05：49.5，28；　06：49.3，28；
07：49.3，28；　08：49.3，28；　09：49.3，28；
10：49.0，28；　11：49.3，28；　12：49.3，28；
13：49.0，28；　14：49.0，28；　15：49.3，28；
16：49.0，28；　17：49.0，28；　18：49.3，28；
19：49.3，28；　20：49.3，28；　21：49.3，28；
22：34.5，15；　23：17.5，02。
2.3　卷軸裝。首尾均全。有護首，已殘缺。前2紙為歸義軍時期後補，第3紙以後為經黄打紙，研光上蠟。接縫處有開裂，第4、5紙接縫處脱開。有烏絲欄，第2紙為刻劃欄。
3.1　首全→《七寺古逸經典研究叢書》，3/638頁第1行。
3.2　尾全→《七寺古逸經典研究叢書》，3/684頁第608行。
4.1　佛說佛名經第十三（首）。
4.2　佛名經卷第十三（尾）。
5　與《七寺古逸經典研究叢書》對照，佛名有漏抄。
7.1　尾紙有題記："沙門道真修此經，年十九，浴（俗）性（姓）/張氏。/"
卷背第1、2紙騎縫處有題記"三界寺道真念"；
各紙騎縫處有勘記"三界"、"界"、"三界，道真"多處。
第2紙背有題記"三界寺沙門道真受持"。
第3紙背有勘記"十三，十三"。
拖尾原為護首，上有經名"佛名經卷第十六"，上有經名號。下部有題記"界比丘道真受持，張"。
7.3　第3紙背有雜寫"南無住持大般若"。
7.4　護首有經名"佛說佛經卷□…□"。
8　7～8世紀。唐寫本。
9.1　楷書。
11　圖版：《敦煌寶藏》，62/65A～81B。

1.1　BD05789號
1.3　釋僧戒初篇四波羅夷義決
1.4　柰089
1.5　170:7071
2.1　90×26.5厘米；2紙；正面52行，背面11行，行29字。
2.2　01：45.0，25；　02：45.0，27。
2.3　卷軸裝。首尾均全。有烏絲欄。背紙文字補充正面經文，共11行。
3.4　説明：
本文獻首殘尾缺。未為歷代大藏經所收，敦煌遺書存有多號。
7.3　紙背另有雜寫1行："夫受形三界，稟質閻浮，若電影之難留，似石光而速轉。然則生之有滅，倏忽須臾，痛哉無常，可略言矣。"
8　8～9世紀。吐蕃統治時期寫本。
9.1　楷書。
9.2　有行間加行、行間校加字。有塗抹。
11　圖版：《敦煌寶藏》，104/78B～80A。

1.1　BD05790號
1.3　金光明最勝王經卷三
1.4　柰090
1.5　083:1627
2.1　293.6×27.1厘米；7紙；161行，行17字。
2.2　01：43.5，25；　02：43.7，25；　03：43.9，25；
04：43.3，25；　05：43.4，25；　06：43.5，25；
07：32.3，11。
2.3　卷軸裝。首脱尾全。首紙有殘缺破損。有燕尾。有烏絲欄。已修整。
3.1　首殘→大正665，16/415C22。
3.2　尾全→16/417C16。
4.2　金光明經卷第三（尾）。
5　尾附音義。
8　7～8世紀。唐寫本。
9.1　楷書。
11　圖版：《敦煌寶藏》，69/25B～29A。

1.1　BD05791號
1.3　大佛頂如來密因修證了義諸菩薩萬行首楞嚴經卷七
1.4　柰091
1.5　237:7418
2.1　（13.9+765.2）×25.9厘米；17紙；450行，行17字。
2.2　01：13.9+20.3，19；　02：46.5，28；　03：46.7，28；
04：46.8，28；　05：46.5，28；　06：46.8，28；
07：46.7，28；　08：46.7，28；　09：46.5，28；
10：46.8，28；　11：46.7，28；　12：46.5，28；
13：46.3，28；　14：46.6，28；　15：46.7，28；
16：47.0，28；　17：45.1，11。
2.3　卷軸裝。首殘尾全。尾有原軸，鑲蓮蓬形軸頭。有烏絲欄。
3.1　首8行上殘→大正945，19/133A12～18。
3.2　尾全→19/139A13。
4.2　大佛頂萬行首楞嚴經卷第七（尾）。
8　8世紀。唐寫本。

9.1 楷書。
11 圖版：《敦煌寶藏》，106/165A～175B。

1.1 BD05792 號
1.3 薩婆多毗尼毗婆沙卷八
1.4 柰 092
1.5 181:7127
2.1 730×26.3 厘米；17 紙；442 行，行 17 字。
2.2 01：43.0，26； 02：43.0，26； 03：43.0，26；
04：43.0，26； 05：43.0，26； 06：43.0，26；
07：43.0，26； 08：43.0，26； 09：43.0，26；
10：43.0，26； 11：43.0，26； 12：42.5，26；
13：43.0，26； 14：42.5，26； 15：43.0，26；
16：43.0，26； 17：43.0，26。
2.3 卷軸裝。首尾均脫。經黄打紙。卷面有油污及火灼殘洞，卷中部多有殘破，接縫處有開裂。有烏絲欄。
3.1 首殘→大正 1440，23/553A3。
3.2 尾殘→23/558A24。
8 7～8 世紀。唐寫本。
9.1 楷書。
11 圖版：《敦煌寶藏》，104/239B～249A。

1.1 BD05793 號
1.3 勝鬘經疏（擬）
1.4 柰 093
1.5 013:0114
2.1 (4+1344.6)×26 厘米；38 紙；863 行，行字不等。
2.2 01：04.0，03； 02：37.0，25； 03：37.3，25；
04：37.5，25； 05：38.0，25； 06：37.5，25；
07：37.8，25； 08：38.0，25； 09：37.0，25；
10：38.0，25； 11：37.8，25； 12：38.0，25；
13：38.0，25； 14：37.8，25； 15：38.0，25；
16：38.0，25； 17：37.9，25； 18：38.0，25；
19：38.0，24； 20：36.3，23； 21：36.4，23；
22：36.2，23； 23：36.2，23； 24：36.0，23；
25：36.1，23； 26：36.3，23； 27：36.2，23；
28：36.2，23； 29：36.2，23； 30：36.2，23；
31：36.2，23； 32：36.2，23； 33：36.0，23；
34：36.2，23； 35：36.1，22； 36：36.0，23；
37：36.0，21； 38：14.0，拖尾。
2.3 卷軸裝。首殘尾全。卷面多有破損。有烏絲欄。尾有餘空。已修整。
3.4 說明：
本文獻首殘尾全。未為歷代大藏經所收。
8 5～6 世紀。南北朝寫本。
9.1 隸楷。
9.2 有硃筆點標、科分。有行間加行、行間校加字。有圈刪及重文號。
11 圖版：《敦煌寶藏》，56/536A～556A。

1.1 BD05794 號
1.3 大般涅槃經（北本　宮本）卷三九
1.4 柰 094
1.5 115:6520
2.1 780×25.5 厘米；17 紙；447 行，行 17 字。
2.2 01：48.0，28； 02：47.8，28； 03：47.8，28；
04：47.8，28； 05：47.8，28； 06：47.8，28；
07：47.8，28； 08：47.8，28； 09：47.7，28；
10：47.8，28； 11：47.8，28； 12：47.8，28；
13：47.8，28； 14：47.7，28； 15：47.7，28；
16：47.6，27； 17：15.5，拖尾。
2.3 卷軸裝。首脫尾全。經黄打紙，研光上蠟。卷面有油污，上下有破裂，接縫處多有開裂，第 3、4 紙脫開，卷尾殘破。背有古代裱補。有燕尾。有烏絲欄。
3.1 首殘→大正 374，12/593A22。
3.2 尾全→12/598B15。
4.2 大般涅槃經卷第卌九（尾）。
5 與《大正藏》本對照，分卷不同。經文相當於《大正藏》卷三十九“憍陳如品第十三之一”至卷第四十“憍陳如第十三之二”。與日本宮内寮本及中國《思溪藏》、《普寧藏》、《嘉興藏》本分卷相同。
8 7～8 世紀。唐寫本。
9.1 楷書。
11 圖版：《敦煌寶藏》，100/86B～97A。

1.1 BD05795 號
1.3 妙法蓮華經卷六
1.4 柰 095
1.5 105:5792
2.1 (14+501.8)×25 厘米；12 紙；304 行，行 17 字。
2.2 01：14+4，11； 02：46.5，28； 03：46.7，28；
04：46.6，28； 05：47.0，28； 06：47.0，28；
07：47.0，28； 08：47.0，28； 09：47.0，28；
10：47.0，28； 11：47.0，28； 12：29.0，13。
2.3 卷軸裝。首殘尾全。第 2 紙接縫處有破裂殘缺，第 3 紙有破裂。有燕尾。卷背有鳥糞。有烏絲欄。已修整。
3.1 首 8 行下殘→大正 262，9/51A17～26。
3.2 尾全→9/55A9。
4.2 妙法蓮華經卷第六（尾）。
8 7～8 世紀。唐寫本。
9.1 楷書。
11 圖版：《敦煌寶藏》，95/136A～142B。

1.1 BD05796 號 1

1.3　扉畫彩繪菩薩像（擬）
1.4　柰096
1.5　094:3500
2.1　(23.4+477.1)×25.2厘米；12紙；285行，行17字。
2.2　01：23.4，佛像；　02：45.4，27；　03：46.5，28；
04：46.6，28；　05：46.6，28；　06：46.5，28；
07：46.5，28；　08：46.5，28；　09：46.5，28；
10：46.3，28；　11：46.2，28；　12：13.5，06。
2.3　卷軸裝。首殘尾全。有護首，已殘缺。扉頁繪有彩色菩薩像，已殘。卷面有油污，第6紙有破洞。背有古代裱補。有烏絲欄。已修整。
2.4　本遺書包括3個文獻：（一）《扉畫彩繪菩薩像》（擬），畫在扉頁上，今編為BD05796號1。（二）《金剛般若波羅蜜經》，282行，今編為BD05796號2。（三）《金剛經陀羅尼咒》（附轉經咒），3行，今編為BD05796號3。
3.4　說明：
此乃扉畫，畫在扉頁上，為一彩繪菩薩像，有背光。惜已半殘。
7.1　第2紙背有勘記“第四”。
8　9～10世紀。歸義軍時期寫本。
11　圖版：《敦煌寶藏》，78/304B～311B。

1.1　BD05796號2
1.3　金剛般若波羅蜜經
1.4　柰096
1.5　094:3500
2.4　本遺書由3個文獻組成，本號為第2個，282行。餘參見BD05796號1之第2項、第11項。
3.1　首全→大正235，8/748C17。
3.2　尾全→8/752C3。
4.1　金剛般若波羅蜜經（首）。
4.2　金剛般若波羅蜜經（尾）。
5　與《大正藏》本相比，本卷經文無冥司偈，參見《大正藏》，8/751C16～19。
8　9～10世紀。歸義軍時期寫本。
9.1　楷書。
9.2　有硃筆校改、點標。有墨筆校改及倒乙。

1.1　BD05796號3
1.3　金剛經陀羅尼咒（附轉經咒）
1.4　柰096
1.5　094:3500
2.4　本遺書由3個文獻組成，本號為第3個，3行。餘參見BD05796號1之第2項、第11項。
3.4　說明：
本文獻首尾均全。屬於念誦《金剛經》後儀。
5　與《大正藏》本對照，尾部真言文字略有不同。且真言前多“誦《金剛經陀羅尼》一遍，如誦《金剛經》一萬九千遍”一句。真言後附《轉經咒》及轉經功德。
8　9～10世紀。歸義軍時期寫本。
9.1　楷書。

1.1　BD05797號
1.3　瑜伽師地論隨聽記卷五
1.4　柰097
1.5　201:7184
2.1　716.8×31.2厘米；19紙；正面494行，背面30行，行35～37字不等。
2.2　01：43.5，28；　02：42.4，30；　03：42.6，30；
04：42.7，30；　05：42.7，30；　06：42.8，30；
07：42.7，30；　08：15.6，11；　09：21.7，15；
10：43.1，30；　11：39.4，28；　12：38.9，27；
13：42.9，30；　14：42.9，30；　15：43.0，30；
16：43.1，30；　17：42.9，30；　18：29.8，21；
19：14.1，04。
2.3　卷軸裝。首尾均全。卷首殘破，卷面有殘洞，尾紙有破裂。偶有雙行小字夾註。有烏絲欄。
2.4　本遺書包括3個文獻：（一）《瑜伽師地論隨聽記》卷五，494行，抄寫在正面，今編為BD05797號。（二）《十因四緣五果依處》（擬），抄寫在背面，8行，今編為BD05797號背1。（三）《妙法蓮華經序品鈔》抄寫在背面，22行，今編為BD05797號背2。
3.4　說明：
本文獻為敦煌高僧法成講解《瑜伽師地論》時弟子的筆記。敦煌遺書中存有多種。
卷背面有1行硃筆：“言四無記者，一異熟無記；二威儀無記；三工巧無記；四變化無記，亦名通果無記。”應為對正面經文的補充說明。
4.1　瑜伽論五卷隨聽手記（首）。
4.2　大乘瑜伽論卷第五（尾）。
8　9～10世紀。歸義軍時期寫本。
9.1　楷書。
9.2　有硃、墨筆科分、點標、校改、行間加行、行間校加字。有硃筆塗抹。
11　圖版：《敦煌寶藏》，104/399A～408B。

1.1　BD05797號背1
1.3　十因四緣五果依處（擬）
1.4　柰097
1.5　201:7184
2.4　本遺書由3個文獻組成，本號為第2個，8行。餘參見BD05797號之第2項、第11項。
3.3　錄文：
依十五依處配十因者，一語依處，配隨說因；二領受依處，觀待因；三習氣依處，牽引因；四閏種子依處，生起因；五無間滅依處；六境界依；七根依；八作用依；九士用依；十真實見依。已上六種配攝受因。十一隨順依，引發因；十二差別功德依；十三和合依，同事因；十四障礙依，相違因；十五無障礙依，配不相違因。

四緣中，一因緣，有閏種子爲依處；二等無間緣，無間滅爲依處；三所緣緣，境界爲依處；四增上緣，餘十二種爲依處，謂：語、領受、習氣、根、作用、士用、真實見、隨順、善（差?）別功德、和合、障礙、無障礙。

五果依處者，一異熟果，習氣爲依處；二等流果，隨順爲依處；三離系果，真實見爲依處；四士用果，士用爲依處；五增上果，所餘十一爲依處：語、領受、閏種子、無間滅、境界、根、作用、差別功德、和合、障礙、無障礙。

（錄文完）

8　9～10 世紀。歸義軍時期寫本。

9.1　行書。

9.2　有硃筆經文補注。

1.1　BD05797 號背 2

1.3　妙法蓮華經序品鈔

1.4　柰 097

1.5　201:7184

2.4　本遺書由 3 個文獻組成，本號為第 3 個，22 行。餘參見 BD05797 號之第 2 項、第 11 項。

3.1　首全→大正 262，9/1C16。

3.2　尾全→9/5B23。

8　9～10 世紀。歸義軍時期寫本。

9.1　章草。

9.2　有硃筆點標。

1.1　BD05798 號

1.3　大乘百法明門論開宗義記

1.4　柰 098

1.5　205:7228

2.1　(5＋171)×30.5 厘米；5 紙；125 行，行 20 餘字。

2.2　01：5.5＋7，09；　02：41.0，29；　03：41.0，29；
04：41.0，29；　05：41.0，29。

2.3　卷軸裝。首殘尾脫。首紙殘破，第 2 紙有殘洞，第 3、4 紙接縫處下部開裂。有烏絲欄。已修整。

3.1　首 4 行上下殘→大正 2810，85/1056C15～19。

3.2　尾殘→85/1058C4。

8　8～9 世紀。吐蕃統治時期寫本。

9.1　楷書。

11　圖版：《敦煌寶藏》，104/638B～640B。

1.1　BD05799 號

1.3　佛名經（十六卷本）卷三

1.4　柰 099

1.5　063:0621

2.1　917.6×27 厘米；19 紙；525 行，行 17 字。

2.2　01：48.4，28；　02：48.3，28；　03：48.3，28；
04：48.3，28；　05：48.3，28；　06：48.3，28；
07：48.3，28；　08：48.3，28；　09：48.3，28；
10：48.3，28；　11：48.4，28；　12：48.3，28；
13：48.3，28；　14：48.3，28；　15：48.3，28；
16：48.0，28；　17：48.0，28；　18：48.0，28；
19：48.0，21。

2.3　卷軸裝。首脫尾全。卷下部有油污，接縫處多有開裂，尾紙下部殘缺。有烏絲欄。

3.1　首殘→《七寺古逸經典研究叢書》，3/124 頁第 104 行。

3.2　尾全→《七寺古逸經典研究叢書》，3/163 頁第 619 行。

4.2　佛名經卷第三（尾）。

8　7～8 世紀。唐寫本。

9.1　楷書。

11　圖版：《敦煌寶藏》，60/430A～442A。

1.1　BD05800 號

1.3　觀世音經

1.4　柰 100

1.5　111:6239

2.1　179.6×25.2 厘米；5 紙；104 行，行 17 字。

2.2　01：14.2，8；　02：47.7，27；　03：47.3，28；
04：47.4，28；　05：23.0，13。

2.3　卷軸裝。首殘尾全。卷面有黴斑，前 2 紙下半殘缺。有烏絲欄。

3.1　首殘→大正 262，9/56C20。

3.2　尾全→9/58B7。

4.2　觀世音經一卷（尾）。

8　8 世紀。唐寫本。

9.1　楷書。

11　圖版：《敦煌寶藏》，97/441B～444A。

新舊編號對照表

一、千字文號與北敦號、縮微膠卷號對照表

千字文號	北敦號	縮微膠卷號
柰 048	BD05748 號	094：3766
柰 049	BD05749 號	316：8356
柰 050	BD05750 號	275：7846
柰 051	BD05751 號	105：4910
柰 052	BD05752 號	159：6985
柰 053	BD05753 號	254：7605
柰 054	BD05754 號	094：4308
柰 055	BD05755 號	356：8420
柰 056	BD05756 號	084：2723
柰 057	BD05757 號	275：7847
柰 058	BD05758 號	094：3776
柰 059	BD05759 號 1	004：0076
柰 059	BD05759 號 2	004：0076
柰 059	BD05759 號 3	004：0077
柰 060	BD05760 號	105：6099
柰 061	BD05761 號	105：6043
柰 062	BD05762 號	083：1800
柰 063	BD05763 號	084：3052
柰 064	BD05764 號	105：4965
柰 065	BD05765 號	094：4291
柰 066	BD05766 號	105：4698
柰 067	BD05767 號	367：8448
柰 068	BD05768 號	058：0474
柰 069	BD05769 號	105：6147
柰 070	BD05770 號	105：5519
柰 071	BD05771 號	094：3804
柰 072	BD05772 號	084：2519
柰 073	BD05773 號	275：8044
柰 074	BD05774 號	094：4201
柰 075	BD05775 號	086：3421

千字文號	北敦號	縮微膠卷號
柰 076	BD05776 號	218：7291
柰 076	BD05776 號背	218：7291
柰 077	BD05777 號	105：5720
柰 078	BD05778 號	157：6960
柰 079	BD05779 號	105：4980
柰 080	BD05780 號	081：1384
柰 081	BD05781 號	273：7688
柰 082	BD05782 號	078：1328
柰 083	BD05783 號	218：7294
柰 084	BD05784 號	229：7350
柰 085	BD05785 號	118：6597
柰 086	BD05786 號	094：3577
柰 087	BD05787 號	183：7129
柰 088	BD05788 號	063：0747
柰 089	BD05789 號	170：7071
柰 090	BD05790 號	083：1627
柰 091	BD05791 號	237：7418
柰 092	BD05792 號	181：7127
柰 093	BD05793 號	013：0114
柰 094	BD05794 號	115：6520
柰 095	BD05795 號	105：5792
柰 096	BD05796 號 1	094：3500
柰 096	BD05796 號 2	094：3500
柰 096	BD05796 號 3	094：3500
柰 097	BD05797 號	201：7184
柰 097	BD05797 號背 1	201：7184
柰 097	BD05797 號背 2	201：7184
柰 098	BD05798 號	205：7228
柰 099	BD05799 號	063：0621
柰 100	BD05800 號	111：6239

二、縮微膠卷號與北敦號、千字文號對照表

縮微膠卷號	北敦號	千字文號
004：0076	BD05759 號 1	柰 059
004：0076	BD05759 號 2	柰 059
004：0077	BD05759 號 3	柰 059
013：0114	BD05793 號	柰 093
058：0474	BD05768 號	柰 068
063：0621	BD05799 號	柰 099
063：0747	BD05788 號	柰 088
078：1328	BD05782 號	柰 082
081：1384	BD05780 號	柰 080
083：1627	BD05790 號	柰 090
083：1800	BD05762 號	柰 062
084：2519	BD05772 號	柰 072
084：2723	BD05756 號	柰 056
084：3052	BD05763 號	柰 063
086：3421	BD05775 號	柰 075
094：3500	BD05796 號 1	柰 096
094：3500	BD05796 號 2	柰 096
094：3500	BD05796 號 3	柰 096
094：3577	BD05786 號	柰 086
094：3766	BD05748 號	柰 048
094：3776	BD05758 號	柰 058
094：3804	BD05771 號	柰 071
094：4201	BD05774 號	柰 074
094：4291	BD05765 號	柰 065
094：4308	BD05754 號	柰 054
105：4698	BD05766 號	柰 066
105：4910	BD05751 號	柰 051
105：4965	BD05764 號	柰 064
105：4980	BD05779 號	柰 079
105：5519	BD05770 號	柰 070
105：5720	BD05777 號	柰 077
105：5792	BD05795 號	柰 095
105：6043	BD05761 號	柰 061
105：6099	BD05760 號	柰 060
105：6147	BD05769 號	柰 069
111：6239	BD05800 號	柰 100
115：6520	BD05794 號	柰 094
118：6597	BD05785 號	柰 085
157：6960	BD05778 號	柰 078
159：6985	BD05752 號	柰 052
170：7071	BD05789 號	柰 089
181：7127	BD05792 號	柰 092
183：7129	BD05787 號	柰 087
201：7184	BD05797 號	柰 097
201：7184	BD05797 號背 1	柰 097
201：7184	BD05797 號背 2	柰 097
205：7228	BD05798 號	柰 098
218：7291	BD05776 號	柰 076
218：7291	BD05776 號背	柰 076
218：7294	BD05783 號	柰 083
229：7350	BD05784 號	柰 084
237：7418	BD05791 號	柰 091
254：7605	BD05753 號	柰 053
273：7688	BD05781 號	柰 081
275：7846	BD05750 號	柰 050
275：7847	BD05757 號	柰 057
275：8044	BD05773 號	柰 073
316：8356	BD05749 號	柰 049
356：8420	BD05755 號	柰 055
367：8448	BD05767 號	柰 067